Revit+Dynamo 互通式立交桥梁参数化建模

主　编　鲍大鑫　张　涛　严　晗　严心军
副主编　杨红波　李　解　胡楚丽　田仲翔

北　京
冶　金　工　业　出　版　社
2023

内 容 提 要

本书是国内首部基于 Revit+Dynamo 模式的互通式立交桥梁参数化建模技术书籍，以互通式立交现浇箱梁桥案例为核心，以 Excel 数据编制、参数化族库搭建、Dynamo 程序设计为主要手段，实现互通式立交桥梁模型搭建，囊括软件数据交互、Python Script 算法设计、空间几何构造、编码体系建立等重要知识。本书共分 5 章，由浅入深，全面阐述了互通式立交桥梁的路线中心线创建、项目环境搭建、桥梁下部结构、现浇箱梁桥桥跨结构以及其余桥梁部件的创建思路与详细流程，并针对一箱多室渐变段桥跨结构、分流鼻、重复执行程序旧构件消失、构件二次编码等问题提供详细解决方案。

本书可为基于 Autodesk 平台的线路工程（桥梁、隧道、道路）BIM 建模工作者提供参考。基于本书的 Revit+Dynamo 建模技术，为互通式立交桥梁建模提供完整解决方案，同时为公路、铁路、市政、城轨等工程领域的 BIM 建设设计者提供指导。

图书在版编目 (CIP) 数据

Revit+Dynamo 互通式立交桥梁参数化建模/ 鲍大鑫等主编 . —北京：冶金工业出版社，2023. 4

ISBN 978-7-5024-9472-8

Ⅰ. ①R… Ⅱ. ①鲍… Ⅲ. ①互通式立交—跨线桥—桥梁设计—计算机辅助设计—应用软件 Ⅳ. ①U448. 172. 5

中国国家版本馆 CIP 数据核字（2023）第 063873 号

Revit+Dynamo 互通式立交桥梁参数化建模

出版发行	冶金工业出版社	电 话	（010）64027926
地 址	北京市东城区嵩祝院北巷 39 号	邮 编	100009
网 址	www.mip1953.com	电子信箱	service@ mip1953.com

责任编辑 赵缘园 美术编辑 彭子赫 吴 璇 版式设计 郑小利
责任校对 郑 娟 责任印制 禹 蕊
北京博海升彩色印刷有限公司印刷
2023 年 4 月第 1 版，2023 年 4 月第 1 次印刷
787mm×1092mm 1/16；27.75 印张；671 千字；431 页
定价 160.00 元

投稿电话 （010）64027932 投稿信箱 tougao@cnmip.com.cn
营销中心电话 （010）64044283
冶金工业出版社天猫旗舰店 yjgycbs.tmall.com
（本书如有印装质量问题，本社营销中心负责退换）

编写人员

主　　编　　鲍大鑫　张　涛　严　晗　严心军

副 主 编　　杨红波　李　解　胡楚丽　田仲翔

参编人员　　鲍大鑫　张　涛　严　晗　严心军　杨红波

　　　　　　李　解　胡楚丽　田仲翔　赵克旭　杨震宇

　　　　　　段先航　齐　超　钟世原　魏飞虎　付心建

　　　　　　张邦旭　张　堃　杨洪涛　丁　轩　田泽春

　　　　　　陶　瑜　江文化　王海波

序

党的二十大以来，建设数字中国成为众多企业发展的共同目标。未来，随着建筑行业数字化转型的逐步推进，中国建造大步迈向智能建造的过程中，BIM 技术的价值也会辐射到建筑行业的各个分支，BIM 模型也会成为企业数据资产的重要纽带。

如何深耕智能建造，赋能企业数字化转型升级，需要在建筑全生命期中进行数据的科学挖掘、分析与应用，满足与建筑相关的活动需求。BIM 技术作为当下建筑业数字化发展的基石，BIM 模型成为建筑全生命期的最佳信息载体，放眼建筑业数字化转型浪潮，基于 BIM 模型的建筑信息生产能力、应用能力决定着企业数字化建设的发展水平。

在建筑全生命期的上游，如何准确、快速进行 BIM 信息模型的建立，是推动实现数据互通、全生命期业务深度融合的有力保障，特别是异形建筑，其中以桥梁工程作为典型，桥梁工程又以互通式立交为最。本书采用 Revit、Dynamo 等软件实现互通式立交的参数化建模，形成一套成熟、可靠的技术流程，全面提升桥梁工程 BIM 建模可行性、准确性，给桥梁工程 BIM 技术的应用推广奠定了良好的基础，是当下的一项关键技术突破。

本书的技术内容涉及线路数据创建、参数化族设计、设计数据编整、桥梁结构自动建模及自动编码与赋参，准确地定义了桥梁工程的数字化表达方式，同时很好地提炼了 Dynamo 数据分析及 Dynamo 与 Revit 的 API 交互能力，解决了桥梁工程 BIM 工程师最迫切的困难，塑造了线路工程的标杆技术。全书紧密结合 Dynamo 可视化编程工具，良好的亲和力，促进工程师与计算机语言的融合，将工程师的专业知识低门槛转化为程序算法，也是当下培养建筑工程师成为复合型人才的趋势所在。

数字中国的建设有赖于建筑行业的所有工程师，向不限于桥梁专业的 BIM 工程师推荐此书，希望未来的 BIM 更加精彩！

曹小卫

中铁置业集团总工程师

前　言

互通式立交是高速公路之间和高速公路与其他公路交叉时所采用的主要交叉方式之一，作为高速公路的重要组成部分，是协同公路网交通功能的关键设施。互通式立交的设计形式多样，桥跨结构复杂，即使在 BIM 技术蓬勃发展的今天，仍然存在众多问题，尤其是现浇箱梁等异形构件的准确表达，很大程度上阻碍了互通式立交精细化模型的搭建以及进一步落地应用。

Revit 是一款 Autodesk 系列通用建模平台，Dynamo 则是可以在 Revit 上运行的可视化编程开源插件，利用 Dynamo 的基础节点和自定义节点，通过拖拽、连接的方式自由组合节点，以"所见即所得"的形式完成程序设计，并且 Dynamo 拥有较开放的软件数据交互能力，例如支持读写 Excel 数据、调用 RevitAPI，为基于 Excel 的建模数据维护与 Revit 异形构件创建提供支撑，通过 Revit 和 Dynamo 相互协作、相互补充，形成"Revit + Dynamo"协作模式，实现可视化参数建模。

基于该模式，为解决互通式立交桥梁设计建模中，上部结构复杂等困难，本书通过采集线路设计线数据、创建 Revit 参数化构件族、编制 Excel 参数表、设计 Dynamo 自动建模程序等工作，提供了一套基于"Revit + Dynamo"模式的完整互通式立交桥梁设计建模方法，实现了空间异形的桥跨结构构件创建，以及下部结构的快速建模。大大提高了建模的精细化程度和效率，为互通式立交桥梁建模的数据提取、数据分析提供更可靠的依据。同时过程中结合了大量的思路分析与流程表述，也为线路工程中隧道、道路建模设计提供思路。

本书涵盖互通式立交桥梁的中心线创建、项目环境搭建、桥梁下部结构、现浇箱梁、桥面系、分流鼻等桥梁数据或部件的创建思路与详细流程。第 1 章包含基于 Civil 3D 软件的路线中心线数据制作、项目环境搭建与两种中心线创建方式；第 2 章梳理了桥梁下部结构的分类与创建原则、下部结构族设计、建模数据编制与自动搭建程序设计，就下部结构特定位置处空间信息快速捕捉，提出"金蝉脱壳"方法，就支座垫石等依附于它族的构件，提出"树上开花"

方法，实现难点降维；第 3 章就现浇箱梁的几何特征与变化规律，进行建模设计流程梳理，将现浇箱梁拆解为主梁体与内部构造，通过设计参数化关键断面轮廓、编制断面轮廓排布数据、基于 Python Script 脚本语言设计现浇箱梁建模节点、Revit 族转化以及参数赋值等流程，完成现浇箱梁创建，其中针对复杂融合节段，提出构造函数解决；第 4 章主要剖析了变宽段、分流鼻等三维模型的建模设计，直击痛点，并就重复执行程序旧构件消失、构件二次编码等"疑难杂症"，提出解决方案；第 5 章详细介绍了护栏、桥面铺装、道路标线等桥面系构件的建模方法，其中针对道路标线，提出轮廓融合法与投影法两种解决方案，完整解决了交叉口、分流段等场景下道路标线和建模难题。

本书适合桥梁、隧道、异形标志建筑等复杂异构物的创建，过程中还形成了一套互通式立交桥梁的编码标准及快速编码技术，为 BIM 技术落地应用奠定基础。

本书参编作者中，严晗、张涛、陶瑜、严心军、张邦旭、鲍大鑫、田仲翔来自中铁建工集团有限公司建筑工程研究院（中铁建工集团智慧科技有限公司），杨红波、张堃来自中铁建工集团第二建设有限公司，杨洪涛、田泽春、李解来自中铁建工集团建筑安装有限公司，胡楚丽、丁轩来自中国地质大学（武汉），赵克旭、杨震宇来自中铁建工集团有限公司北京路桥分公司，王海波、段先航来自中铁建工集团有限公司西南分公司，齐超来自中建八局第二建设有限公司，钟世原、魏飞虎来自中铁建工集团有限公司华北分公司，江文化来自中铁云网信息科技有限公司，付心建来自上海慧之建建设顾问有限公司。

最后，希望本书对基于 Autodesk 平台的桥梁 BIM 工程师有所帮助，快速形成 BIM 基础数据，为进一步落地应用奠定基础，加快推进数智化转型升级。

本书疏漏之处在所难免，衷心希望各位专家、读者给予批评指正！

编 者
2023 年 2 月

目　　录

1 中心线创建与项目环境搭建 ……………………………………………… 2

　1.1　采集中心线数据 …………………………………………………… 2

　　1.1.1　创建路线 ……………………………………………………… 2

　　1.1.2　创建纵断面 …………………………………………………… 18

　　1.1.3　创建装配 ……………………………………………………… 22

　　1.1.4　创建道路 ……………………………………………………… 23

　　1.1.5　中心线数据提取 ……………………………………………… 24

　1.2　项目环境搭建 ……………………………………………………… 30

　　1.2.1　Revit 项目环境创建 …………………………………………… 30

　　1.2.2　桥梁上部结构族样板定制 …………………………………… 31

　1.3　Dynamo 环境下的桥梁中心线 …………………………………… 34

　　1.3.1　基于"Excel 点报告"创建中心线 …………………………… 34

　　1.3.2　基于"中心线三维模型"创建中心线 ……………………… 38

2 现浇箱梁桥下部结构创建 …………………………………………… 46

　2.1　下部结构族分析与设计 …………………………………………… 46

　　2.1.1　下部结构的分类及组成 ……………………………………… 46

　　2.1.2　族类别的适用规则 …………………………………………… 47

　　2.1.3　下部结构形变分析 …………………………………………… 49

　　2.1.4　下部结构驱动控制 …………………………………………… 56

　2.2　下部结构族创建 …………………………………………………… 67

　　2.2.1　下部结构构造 ………………………………………………… 67

　　2.2.2　桩基础 ………………………………………………………… 77

　　2.2.3　承台 …………………………………………………………… 80

　　2.2.4　墩柱 …………………………………………………………… 85

　　2.2.5　肋板 …………………………………………………………… 100

　　2.2.6　盖梁 …………………………………………………………… 102

　　2.2.7　桥台顶部 ……………………………………………………… 115

　　2.2.8　支座垫石 ……………………………………………………… 126

　　2.2.9　支座 …………………………………………………………… 128

　2.3　下部结构建模数据编制 …………………………………………… 131

　　2.3.1　数据编制原则 ………………………………………………… 131

2.3.2　桩基础数据编制 ·················· 133

2.3.3　承台数据编制 ·················· 134

2.3.4　墩柱、肋板数据编制 ·················· 134

2.3.5　盖梁、桥台顶部数据编制 ·················· 138

2.3.6　支座垫石数据编制 ·················· 138

2.3.7　支座数据编制 ·················· 140

2.4　下部结构自动搭建 ·················· 143

2.4.1　桩基础 ·················· 143

2.4.2　承台 ·················· 156

2.4.3　墩柱及肋板 ·················· 169

2.4.4　盖梁及桥台顶部 ·················· 175

2.4.5　支座垫石 ·················· 179

2.4.6　支座 ·················· 195

3　现浇箱梁桥桥跨结构创建 ·················· 203

3.1　现浇箱梁桥跨结构创建思路 ·················· 203

3.2　关键断面轮廓设计 ·················· 205

3.2.1　关键断面轮廓种类 ·················· 206

3.2.2　关键断面轮廓设计 ·················· 208

3.3　关键断面轮廓排布数据设计 ·················· 221

3.4　桥梁中心线、路线的 PythonScript 创建方案 ·················· 225

3.4.1　Excel 数据的读取 ·················· 225

3.4.2　桥梁中心线、路线创建 ·················· 225

3.5　关键断面轮廓基准坐标系 ·················· 228

3.5.1　引入数据的处理 ·················· 230

3.5.2　相对桩号值计算 ·················· 230

3.5.3　坐标系及中心桩号点的创建 ·················· 231

3.6　关键断面轮廓排布转换 ·················· 233

3.6.1　引用库 ·················· 234

3.6.2　关键断面轮廓唯一族实例的创建 ·················· 235

3.6.3　关键断面轮廓参数设置及轮廓线提取 ·················· 236

3.6.4　关键断面轮廓转换 ·················· 237

3.7　主要梁体创建 ·················· 238

3.7.1　放样导线创建 ·················· 239

3.7.2　翼缘板加厚段函数设计 ·················· 240

3.7.3　主梁体创建 ·················· 244

3.8　内部构造创建 ·················· 246

3.8.1　B-C 节段函数设计 ·················· 247

3.8.2　C-C 节段函数设计 ·················· 251

3.8.3 内部构造创建 ·· 253

3.9 布尔运算 ·· 255

3.10 向 Revit 族转化 ·· 255

3.10.1 基于用户定制族样板转化 ·································· 256

3.10.2 基于系统内置族样板转化 ·································· 261

3.11 参数赋值 ·· 263

4 现浇箱梁桥设计建模进阶技能 ·· 265

4.1 一箱多室渐变段桥跨结构 ·· 265

4.1.1 关键断面轮廓设计 ·· 266

4.1.2 关键断面轮廓排布数据设计 ································ 272

4.1.3 一箱多室渐变段桥跨结构创建 ······························ 272

4.2 分/合流鼻创建 ·· 276

4.2.1 创建思路 ·· 278

4.2.2 关键断面轮廓设计 ·· 284

4.2.3 关键断面轮廓排布数据设计 ································ 287

4.2.4 关键断面轮廓的转换 ······································ 289

4.2.5 交汇节段主梁体创建设计 ·································· 296

4.2.6 交汇节段翼缘板加厚过渡段主梁体创建设计 ·················· 311

4.2.7 交汇节段主梁体完整创建 ·································· 321

4.2.8 交汇节段内部构造创建设计 ································ 323

4.2.9 融合节段主梁体创建设计 ·································· 327

4.2.10 融合节段内部构造创建设计 ······························ 332

4.2.11 汇合节段整体创建设计 ···································· 333

4.2.12 分流跨形状整合及族转化 ·································· 339

4.3 关于重复执行程序时旧构件消失的解决方案 ······················ 343

4.4 构件参数的增减处理 ·· 344

4.4.1 增加族参数 ·· 344

4.4.2 删除族参数 ·· 346

4.5 其他数据交互方式 ·· 347

4.5.1 Dynamo 与 Sql Server 进行数据交互 ······················ 348

4.5.2 Dynamo 与 Web Server 进行数据交互 ······················ 348

5 其余桥梁部件创建 ·· 351

5.1 防撞护栏创建 ·· 351

5.1.1 左护栏轮廓族设计 ·· 353

5.1.2 右护栏轮廓族设计 ·· 356

5.1.3 护栏创建程序设计 ·· 357

5.2 桥面铺装层创建 ·· 361

5.2.1　桥面铺装层轮廓族创建 ················· 361

5.2.2　桥面铺装层创建程序设计 ··············· 362

5.3　道路标线创建 ························· 366

5.3.1　轮廓融合法创建标线 ················· 366

5.3.2　投影法创建标线 ···················· 375

5.4　其他构件创建简述 ······················ 384

5.4.1　防抛网、声屏障构件创建 ··············· 384

5.4.2　桥梁照明路灯创建 ··················· 388

附录 ································· 391

附录1　现浇梁桥编码表 ····················· 391

A1.1　总体编码规则 ····················· 391

A1.2　文件编码规则 ····················· 391

A1.3　构件编码规则 ····················· 393

附录2　Excel 数据编制 ····················· 395

附录3　Dynamo 节点连接大图 ················· 420

附录4　"Ps6" 节点完整代码 ·················· 422

后记 ································· 427

某高速公路项目，与既有高速十字交叉互通，设计双向六车道，桥宽 34.5m，设计行车速度 120km/h。新建某枢纽互通式立交为十字全苜蓿叶立交互通（以下称 PP 互通），PP 互通建成后为"半定向混合型"枢纽互通式立交，该立交分三层布设，互通式立交桥梁总计 25 座、桥梁总长为 7614.74m。基础采用桩基础，上部结构形式为现浇箱梁及钢混叠合梁，共计桩基础 874 根，盖梁 369 个，墩台 385 个，现浇箱梁 177 跨。

　　本书选用 PP 互通作为案例，选取 R1 匝道桥作为中心线、下部结构及一般桥跨结构的案例内容，选取 G1 匝道桥作为变宽段桥跨结构、桥面系结构的案例内容，选取 C4 匝道与 D 匝道合流段作为分流跨桥跨结构与道路标线案例内容。R1 匝道下部结构包含桩基础、承台、花瓶墩、盖梁等结构，桥跨结构为一箱单室现浇箱梁，G1 匝道桥跨结构为一箱三室现浇箱梁，C4 匝道与 D 匝道合流段桥跨结构为一箱四室现浇箱梁。上述案例内容涵盖了 PP 互通式立交所有组成部分的建模方案类型。

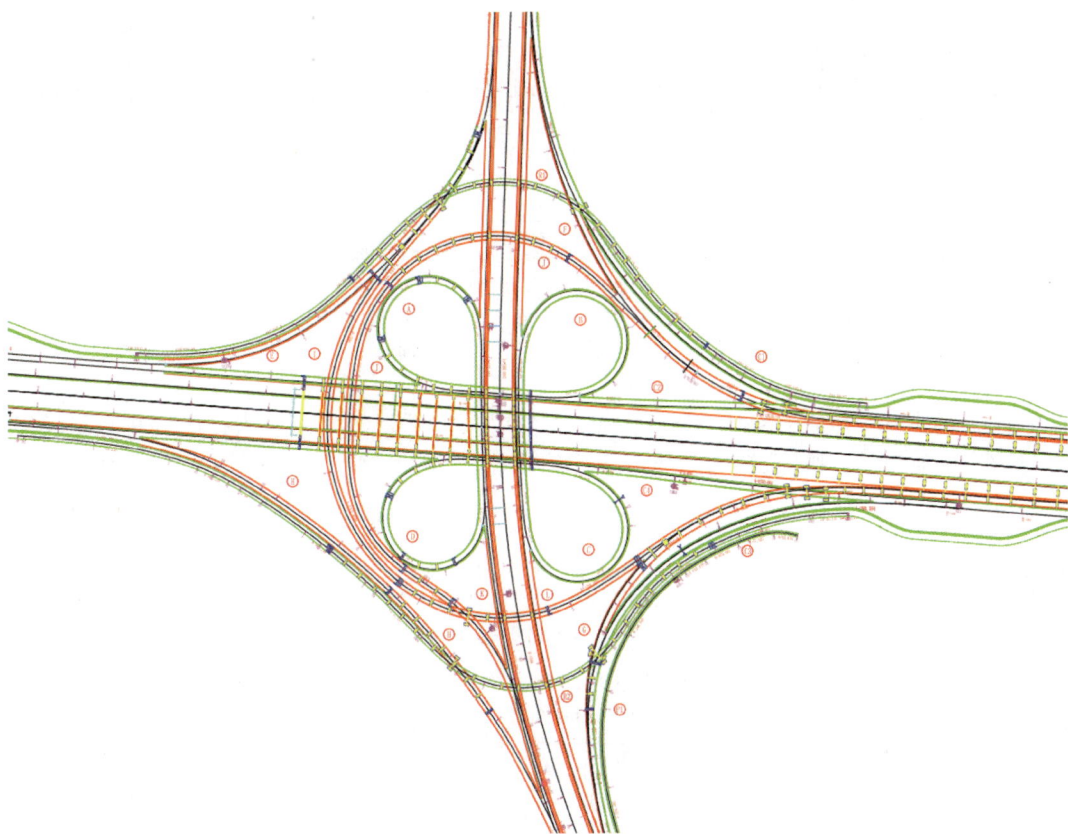

PP 互通式立交平面图

1 中心线创建与项目环境搭建

桥梁路线中心设计线（以下简称桥梁中心线），作为桥梁路线几何设计中的重要特征线，和桥梁结构的空间位置有着密不可分的重要关系。通常桥梁结构的位置都是以基于桥梁中心线的桩号、偏距及高程等参数来确定的，所以桥梁中心线数据的创建成为桥梁建模最基础的工作，其准确度也是创建桥梁模型最根本的保证。

1.1 采集中心线数据

使用 Autodesk 系列软件时，一般使用 Civil 3D 软件进行基于桥梁中心线的道路创建，然后提取道路中心线数据，数据的形式一般为道路点报告及中心线三维模型，主要流程如图 1-1 所示。

图 1-1 道路中心线数据创建流程

该工作的目的是通过 Civil 3D 获取 Revit 桥梁模型创建的基准元素，所以相较道路设计过程，更加简单、快捷。本流程涉及的导出"道路点报告"为 Civil 3D 2017 及以上版本具有的功能。

1.1.1 创建路线

路线的子图元（线形元素）为直线、圆曲线以及缓和曲线（平面线形三要素），根据不同的组合设计形式，形成多种复合曲线及相关的软件创建方式。通常地，互通式立交的路线设计较分离式立交及常规大中小桥更加复杂，尤其表现在匝道的路线设计部分。

路线的创建，一般可分为"路线创建工具""创建最佳拟合路线""从对象创建路线""从道路创建路线""创建偏移路线"等方式，其中常用的方式为"路线创建工具"和"从对象创建路线"，并且"从对象创建路线"适用于没有缓和曲线的路线设计，可实现快速转化。根据桥梁中心线多缓和曲线的特点，更多的是使用"路线创建工具"来实现路线的创建。

路线创建工具，也称路线布局工具，具有较为全面的路线创建命令，各命令功能及简述如图 1-2 所示。

当仅有中心线数据表时，如直曲表（直线、曲线及转角表）、线位数据表等设计成果时，则通过路线创建工具以交点法创建路线；当有桥梁完整线位数据图时（或含有线路的桥梁 CAD 平面图及中心线数据表），应先对 CAD 图的坐标、比例及基本曲线要素进行校

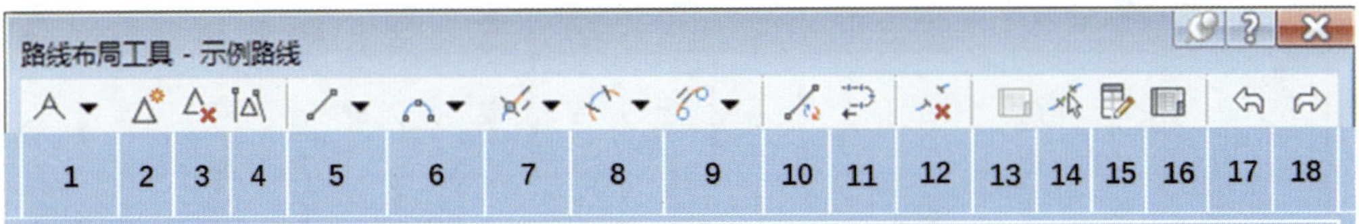

1	2	3	4	5	6	7	8	9	10	11	12	13	14	15	16	17	18

序号	功能	注释
1	切线-切线（没有曲线）	绘制连续直线段
	切线-切线（带有曲线）	绘制连续直线，交点处自动设置预设曲线
	曲线和缓和曲线设定	设定曲线、缓和曲线的曲线参数， 作为切线-切线（带有曲线）的预设参数
2	插入交点	在已有直线段路线处创建交点
3	删除交点	删除一处交点，使前后两处交点连成新的路线段
4	断开交点	在交点处断开，并删除两端直线、切线的一定长度
5	直线工具	创建固定线、浮动线及自由线
6	曲线工具	创建固定曲线、浮动曲线及自由曲线
7	带有缓和曲线的浮动线	通过自由线+通过点的形式，或自由线终点+长度的形式创建带有 缓和曲线的浮动线
8	带有缓和曲线的曲线	创建带有缓和曲线的浮动曲线、带有缓和曲线的浮动反向曲线， 以及两个图元之间的复合曲线
9	缓和曲线工具	创建固定缓和曲线、自由缓和曲线及复合缓和曲线
10	转换 AutoCAD 直线和圆弧	支持将 AutoCAD 直线或圆曲线对象转化为路线图元 （需注意转化后的路线方向）
11	反转子图元方向	反转直线或曲线子图元的方向
12	删除子图元	
13	为所有图元编辑 最佳拟合数据	显示最佳拟合数据表格，包含按最佳拟合创建的所有路线子图元 的原始回归数据
14	拾取子图元	弹出"路线布局参数"对话框，显示选定子图元的参数以进行编辑
15	子图元编辑器	弹出"路线布局参数"对话框
16	路线格栅视图	显示路线全景对话框，逐行显示对应路线图元的各项参数
17	放弃	撤销一步操作
18	重做	重新执行已撤销的操作

图 1-2　Civil 3D 路线布局工具命令功能简述

核，再基于 CAD 图，拾取路线中的直线、圆曲线，以及补充缓和曲线的方式进行路线创建。

以 PP 互通式立交案例中的 R1 匝道为例，提供以上两种情景下创建路线的思路。

1.1.1.1　情景一（基于中心线数据表）

R1 匝道线位数据表如表 1-1 所示。

表 1-1 　R1 匝道线位数据表

匝道名称	编号	曲线类型	偏向	起点曲率	终点曲率	曲线长度	曲线参数(A)	起点桩号	终点桩号	起点坐标		终点坐标	
										X(N)	Y(E)	X(N)	Y(E)
R1匝道	1	直线				10.159		R1K0+000	R1K0+010.159	3369732.883	482963.049	3369733.659	482952.919
	2	缓和曲线	右偏	∞	287.250	58.712	129.865	R1K0+010.159	R1K0+068.871	3369733.659	482952.919	3369740.133	482894.593
	3	圆曲线	右偏	287.250	287.250	60.329		R1K0+068.871	R1K0+129.200	3369740.133	482894.593	3369756.988	482836.782
	4	缓和曲线	右偏	287.250	480.000	79.701	238.773	R1K0+129.200	R1K0+208.901	3369756.988	482836.782	3369795.738	482767.323
	5	圆曲线	右偏	480.000	480.000	138.712		R1K0+208.901	R1K0+347.613	3369795.738	482767.323	3369890.046	482666.649
	6	缓和曲线	右偏	480.000	∞	42.487	142.807	R1K0+347.613	R1K0+390.100	3369890.046	482666.649	3369924.490	482641.215
	7	缓和曲线	左偏	∞	170.000	42.487	84.987	R1K0+390.100	R1K0+432.587	3369924.490	482641.215	3369957.802	482614.891
	8	圆曲线	左偏	170.000	170.000	221.201		R1K0+432.587	R1K0+653.788	3369957.802	482614.891	3369992.264	482411.873
	9	缓和曲线	左偏	170.000	∞	108.487	135.804	R1K0+653.788	R1K0+762.275	3369992.264	482411.873	3369923.084	482328.943
	10	缓和曲线	右偏	∞	287.250	108.487	176.530	R1K0+762.275	R1K0+870.762	3369923.084	482328.943	3369850.160	482248.853
	11	圆曲线	右偏	287.250	287.250	115.571		R1K0+870.762	R1K0+986.332	3369850.160	482248.853	3369804.243	482143.644
	12	缓和曲线	右偏	287.250	1183.307	123.959	216.845	R1K0+986.332	R1K1+110.291	3369804.243	482143.644	3369798.189	482020.213
	13	圆曲线	右偏	1183.307	1183.307	2.619		R1K1+110.291	R1K1+112.910	3369798.189	482020.213	3369798.343	482017.599

依据如下所示线位数据表示例，创建步骤如下。

（1）新建 Civil 3D 图形，选择创建路线。

"常用"选项卡→"创建设计"面板→"路线"下拉列表→单击"路线创建工具"→弹出"创建路线-布局"对话框（图 1-3）。

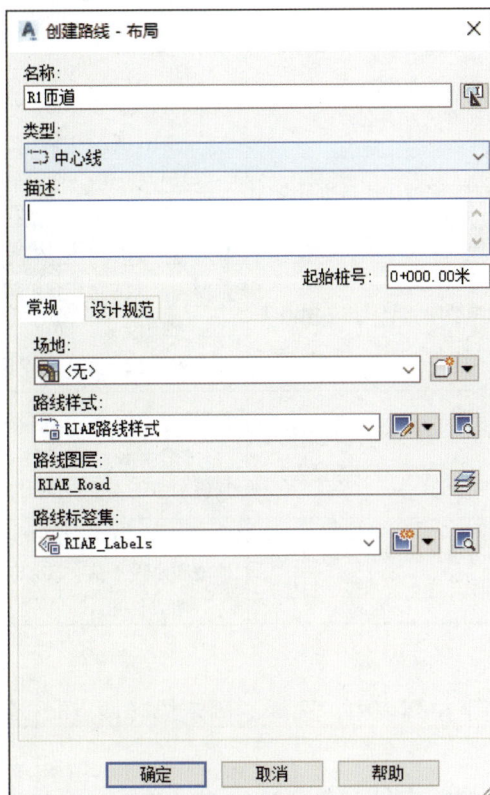

图 1-3　"创建路线-布局"对话框

在"创建路线-布局"对话框中，为路线输入名称"R1 匝道"，指定路线的类型为"中心线"，起点桩号为"0"。

点击"确定"后，显示一个"路线布局工具"的工具条（图 1-4）。

图 1-4　路线布局工具

（2）分析路线曲线类型组成，匹配创建命令。

对线位数据表进行分析后，发现只在路线起点处含有一段短直线，其余均为曲线（圆曲线、缓和曲线），通过常规的交点法很难创建路线。综合分析，可以采用"带有缓和曲线的浮动曲线"命令进行曲线子图元的创建，结合线位数据表数据，路线所有子图元创建的命令及所需参数如表 1-2 所示。

表 1-2　R1 路线子图元创建命令与参数

编号	曲线类型	创建项	创建匹配功能	所需参数	备　注
1	直线	1	固定线（两点）	起点坐标（482963.049、3369732.883） 终点坐标（482952.919、3369733.659）	Y（E）对应CAD 中的 X 坐标 X（N）对应CAD 中的 Y 坐标
2	缓和曲线	2	带有缓和曲线的浮动曲线（自图元终点、半径、长度）	曲线半径：287.25 前缓和曲线 A 值：129.865 曲线长度：60.329	选用缓和曲线 A 值摒弃缓和曲线长度
3	圆曲线				
4	缓和曲线	3	带有缓和曲线的浮动曲线（自图元终点、半径、长度）	曲线半径：480 前缓和曲线 A 值：238.773 曲线长度：138.712	选用缓和曲线 A 值摒弃缓和曲线长度
5	圆曲线				
6	缓和曲线	4	带有缓和曲线的浮动反向曲线（自曲线、半径、通过点）	前缓和曲线 A 值：142.807 曲线半径：170 后缓和曲线 A 值：84.987	须创建 8 号圆曲线终点（482411.873、3369992.264）作为该命令的指定通过点
7	缓和曲线				
8	圆曲线				
9	缓和曲线	5	带有缓和曲线的浮动反向曲线（自曲线、半径、通过点）	前缓和曲线 A 值：135.804 曲线半径：287.25 后缓和曲线 A 值：176.530	须创建 11 号圆曲线终点（482143.644、3369804.243）作为该命令的指定通过点
10	缓和曲线				
11	圆曲线				
12	缓和曲线	6	带有缓和曲线的浮动曲线（自图元终点、半径、长度）	曲线半径：1183.307 前缓和曲线 A 值：216.845 曲线长度：2.619	选用缓和曲线 A 值摒弃缓和曲线长度
13	圆曲线				

（3）创建项 1。

在"直线工具"功能下拉列表中，选择"固定线（两点）"命令，按提示在命令行窗口输入数据。

起点坐标：（482963.049，3369732.883）。

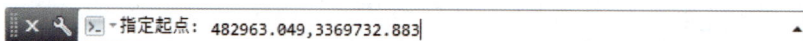

再输入终点坐标：（482952.919，3369733.659）。

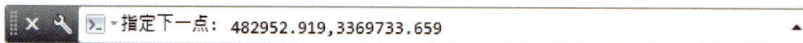

完成创建项 1 的创建（图 1-5）。

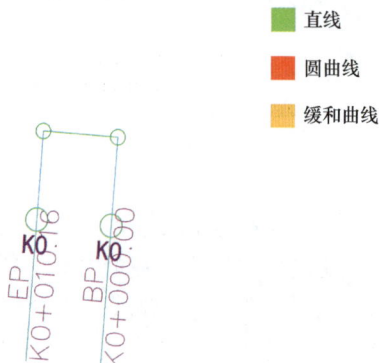

图 1-5　创建项 1 创建结果与图例

（4）创建项 2。

选择"带有缓和曲线的浮动曲线（自图元终点、半径、长度）"命令，执行"选择要附着的图元"步骤，点击创建项 1 直线段图元，按提示在命令行窗口输入数据。

曲线半径：287.25。

> 指定半径 或 [曲度(D)] <200.000米>: 287.25

前缓和曲线 A 值：129.865。

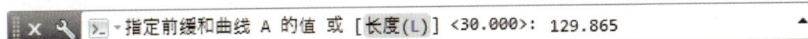

> 指定前缓和曲线 A 的值 或 [长度(L)] <30.000>: 129.865

曲线偏向均为右偏，指定曲线方向为：顺时针。

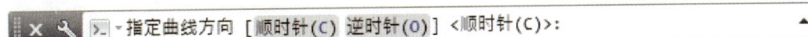

> 指定曲线方向 [顺时针(C) 逆时针(O)] <顺时针(C)>:

指定长度（圆曲线）：60.329。

> 指定长度: 60.329

完成创建项 2 的创建（图 1-6）。

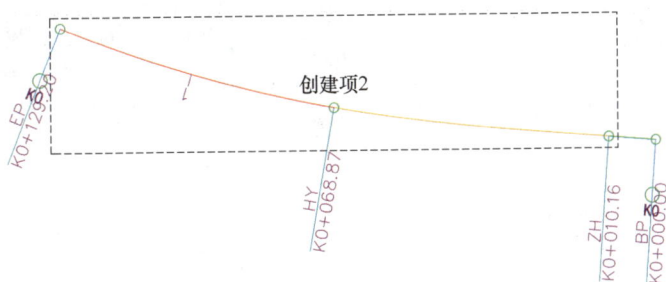

图 1-6　创建项 2 创建结果

（5）创建项 3。

选择"带有缓和曲线的浮动曲线（自图元终点、半径、长度）"命令，执行"选择要附着的图元"步骤，点击创建项 2 圆曲线段图元，按提示在命令行窗口输入数据。

曲线半径：480。

> 指定半径 或 [曲度(D)] <200.000米>: 480

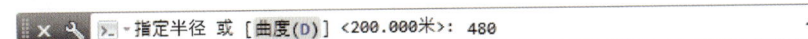

前缓和曲线 A 值：238.773。

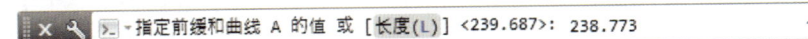

> 指定前缓和曲线 A 的值 或 [长度(L)] <239.687>: 238.773

指定长度（圆曲线）：138.712。

> 指定长度: 138.712

完成创建项 3 的创建（图 1-7）。

（6）创建项 4。

按以下步骤路径打开"创建点"对话框：

"常用"选项卡→"创建地面数据"面板→"点"下拉列表→"点创建工具"（图 1-8）。

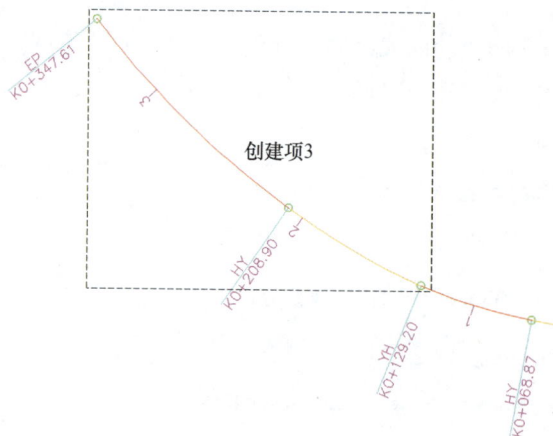

图 1-7 创建项 3 创建结果

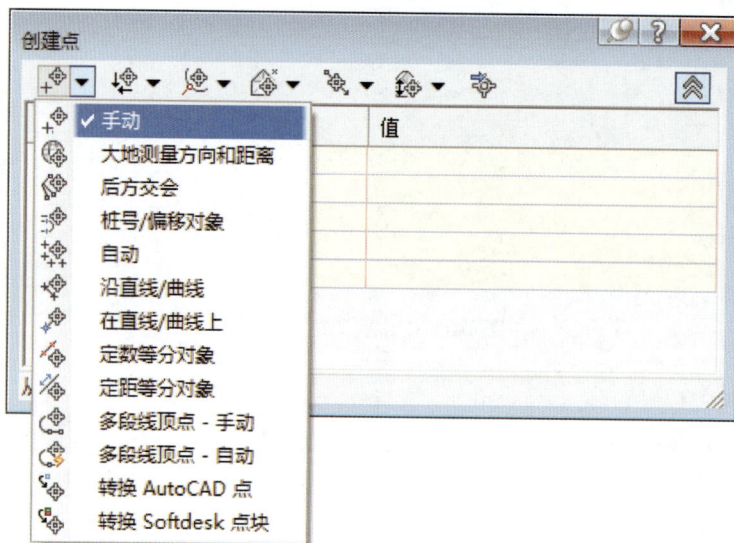

图 1-8 创建项 4 创建结果

执行手动创建点，输入坐标 8 号圆曲线终点（482411.873，3369992.264）：

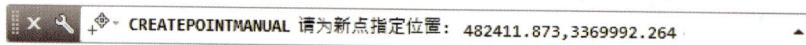

输入高程：0。

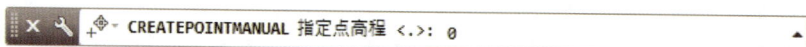

完成 1 号辅助点创建（图 1-9）。

选择"带有缓和曲线的浮动反向曲线（自曲线、半径、通过点）"命令，执行"选择要附着的图元"步骤，点击创建项 3 圆曲线段图元，按提示在命令行窗口输入数据：

前缓和曲线 A 值：142.807。

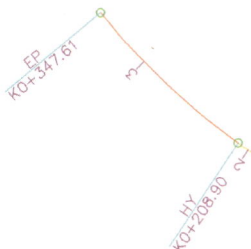

图1-9　1号辅助点建立

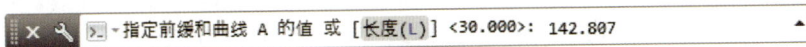

> ─ 指定前缓和曲线 A 的值 或 [长度(L)] <30.000>: 142.807

曲线半径：170。

> ─ 指定半径 或 [曲度(D)] <200.000米>: 170

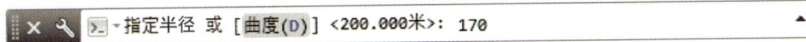

后缓和曲线 A 值：84.987。

> ─ 指定后缓和曲线 A 的值 或 [长度(L)] <30.000>: 84.987

指定通过点，选择1号辅助点，完成创建项4的创建（图1-10）。

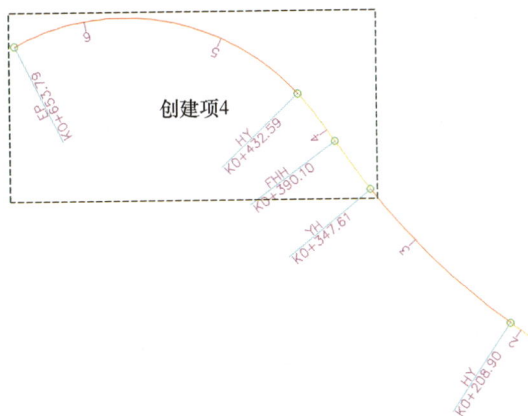

图1-10　创建项4创建结果

（7）创建项5。

执行手动创建点，输入坐标11号圆曲线终点（482143.644，3369804.243）：

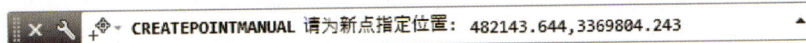

> ─ CREATEPOINTMANUAL 请为新点指定位置: 482143.644,3369804.243

输入高程：0。

> ▓ ✕ 🔧 ⊕ ▾ **CREATEPOINTMANUAL** 指定点高程 <.>: 0 ▲

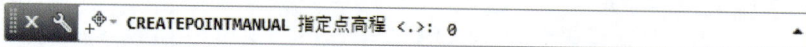

完成 2 号辅助点创建（图 1-11）。

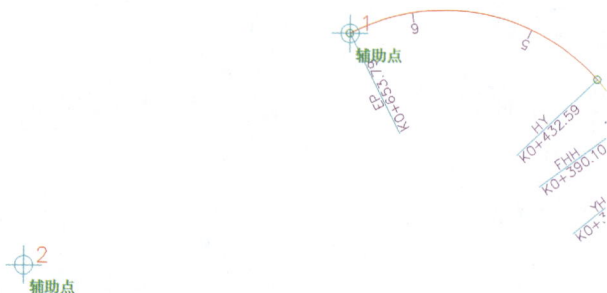

图 1-11　2 号辅助点建立

选择"带有缓和曲线的浮动反向曲线（自曲线、半径、通过点）"命令，执行"选择要附着的图元"步骤，点击创建项 4 圆曲线段图元，按提示在命令行窗口输入数据：

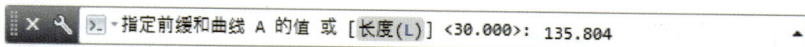

前缓和曲线 A 值：135.804。

> ▓ ✕ 🔧 >_ ▾ 指定前缓曲线 A 的值 或 [长度(L)] <30.000>: 135.804 ▲

曲线半径：287.25。

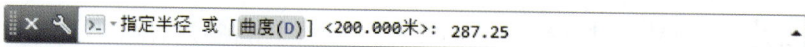

> ▓ ✕ 🔧 >_ ▾ 指定半径 或 [曲度(D)] <200.000米>: 287.25 ▲

后缓和曲线 A 值：176.530。

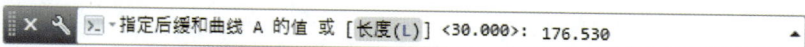

> ▓ ✕ 🔧 >_ ▾ 指定后缓曲线 A 的值 或 [长度(L)] <30.000>: 176.530 ▲

指定通过点，选择 2 号辅助点，完成创建项 5 的创建（图 1-12）。

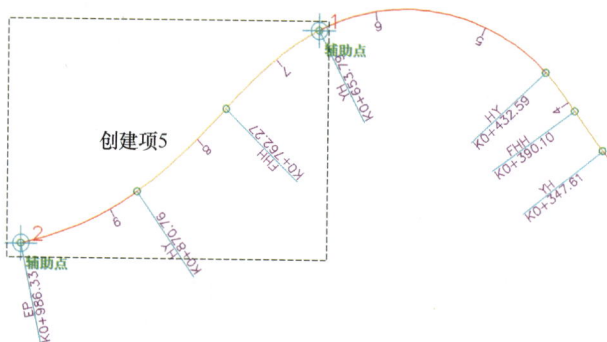

图 1-12　创建项 5 创建结果

（8）创建项 6。

选择"带有缓和曲线的浮动曲线（自图元终点、半径、长度）"命令，执行"选择要附着的图元"步骤，点击创建项 5 圆曲线段图元，按提示在命令行窗口输入数据：

曲线半径：1183.307。

```
X  🔧  >_ ▾ 指定半径 或 [曲度(D)] <200.000米>: 1183.307          ▲
```

前缓和曲线 A 值：216.845。

```
X  🔧  >_ ▾ 指定前缓和曲线 A 的值 或 [长度(L)] <30.000>: 216.845      ▲
```

指定长度（圆曲线）：2.619。

```
X  🔧  >_ ▾ 指定长度: 2.619                                        ▲
```

完成创建项 6 的创建（图 1-13）。

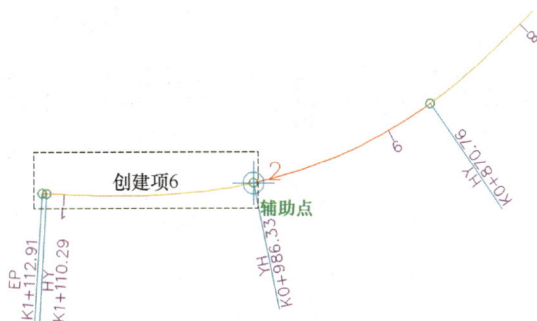

图 1-13　创建项 6 创建结果

以上完成了情景一中实例 R1 匝道路线创建。

1.1.1.2　情景二（基于线位数据图）

创建路线时，基于已有 CAD 平面图可以非常便捷地实现路线创建，当然，前提是 CAD 平面图具有较高的准确性。PP 互通式立交 CAD 平面图如图 1-14 所示。

AutoCAD 中的路线多由直线、圆弧、多段线组成，所以 AutoCAD 的路线图元和路线子图元有如表 1-3 对应关系。

表 1-3　AutoCAD 路线图元和路线子图元对照表

AutoCAD 的路线图元	路线子图元（线形元素）
直线	直线
圆弧	圆曲线
多段线	缓和曲线

该情景下，主要依赖于路线创建工具中的"转换 AutoCAD 直线和圆弧"命令及缓和曲线创建工具，"转换 AutoCAD 直线和圆弧"命令可将 AutoCAD 中的直线、圆弧转换为直线、圆曲线子图元，过程中"反转子图元方向"命令可进行必要的子图元方向调整，确保所有子图元方向与路线前进方向保持一致。最后根据缓和曲线或缓和曲线组合特点，选择合适的曲线创建命令补充剩余曲线。

依据示例互通立交 CAD 平面图，创建步骤如下。

（1）分离路线图元。

通常地，路线所在的平面图内图元较多、图层丰富，为了建立良好的路线创建环境，

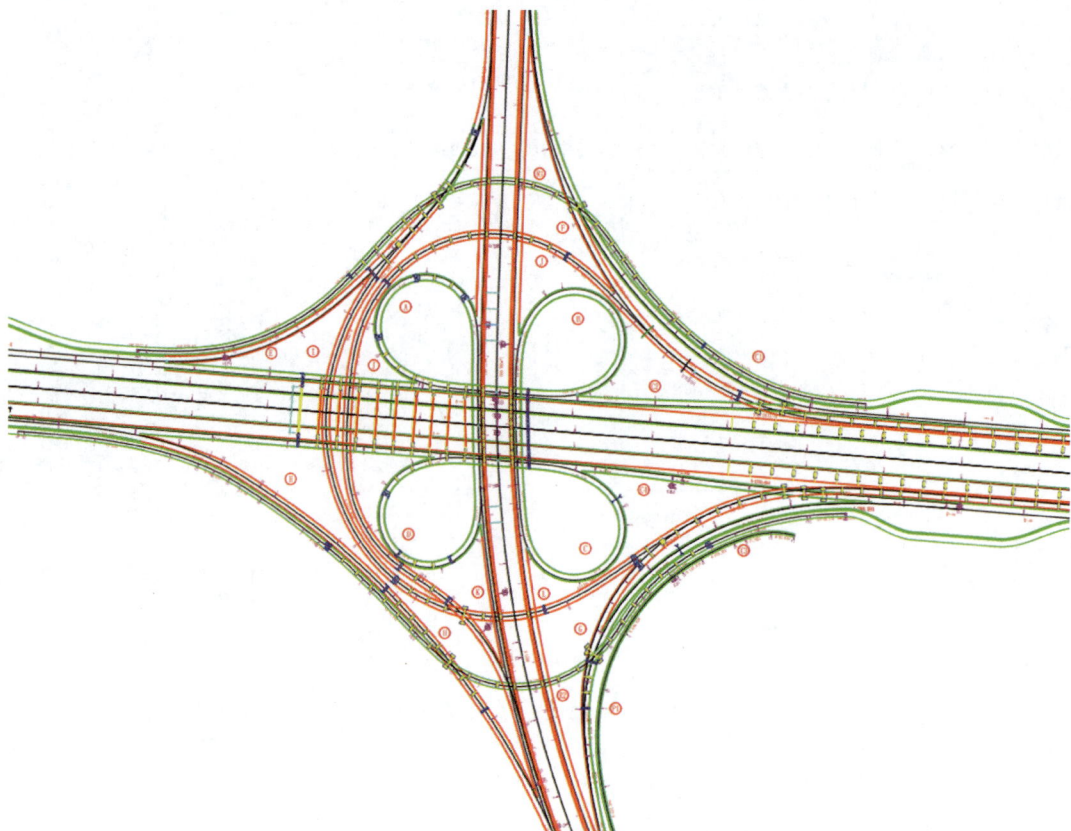

图 1-14　PP 互通式立交 CAD 平面图

通常将路线提取至新的图形空间。

　　以 Civil 3D 软件打开互通立交 CAD 平面图，选中 R1 匝道路线所有图元，按"Ctrl +
C"复制路线图元。基于合适的样板文件（根据个人喜好不限）创建新的图形，在新的图
形空间中，鼠标右击→剪贴板→粘贴到原坐标，实现将 R1 匝道路线复制到新的图形空
间（图 1-15），且保持其空间位置不变。

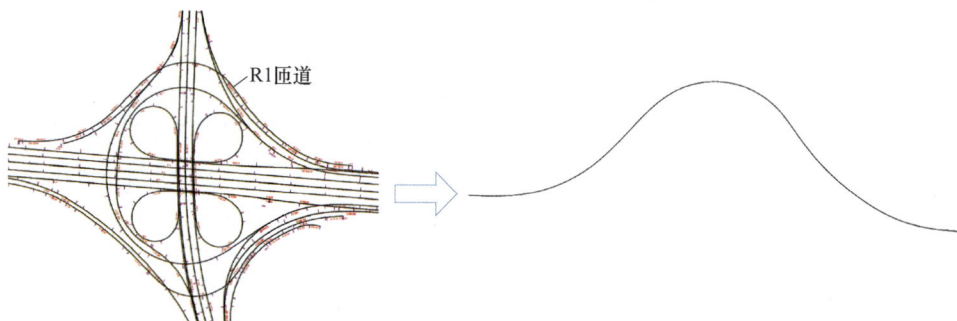

图 1-15　分离 R1 匝道路线图元

　　选择若干处图元，观察其起点、端点坐标值，以及基本图元要素（直线段长度、圆弧
半径等），是否与中心线数据表对应项一致。以此结论可以判断路线位置、比例、基本曲

线参数是否正确。分离 R1 匝道路线图元如图 1-16 所示。

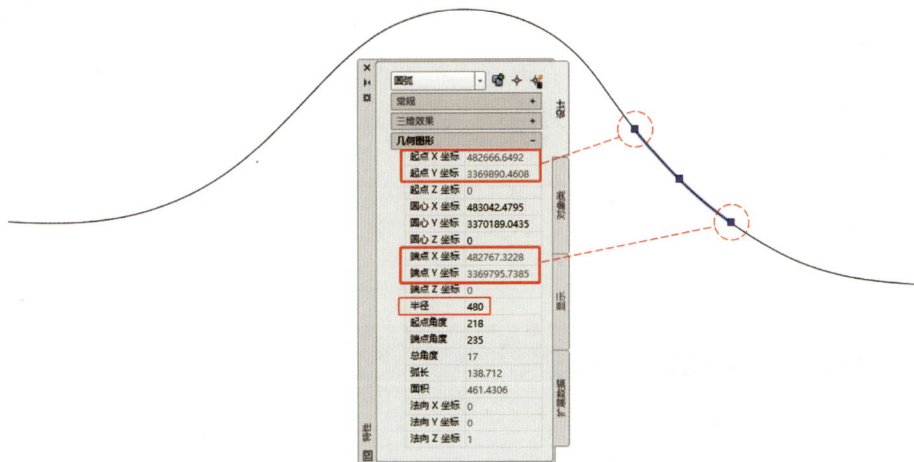

图 1-16 分离 R1 匝道路线图元

经对比分析，以上示例 R1 匝道数据准确，可以作为参照执行的文件，保存新建图形文件。

（2）分析路线曲线类型组成，匹配创建命令。

经分析，1、3、5、8、11、13 号均为直线或圆弧，可通过"转换 AutoCAD 直线和圆弧"命令实现转化；2、4、12 号缓和曲线均处于两个图元（直线或圆弧）之间，可通过"自由缓和曲线（两个图元之间）"命令创建；6 号和 7 号、9 号和 10 号缓和曲线两两一组，并且均为反向关系，可通过"自由反向缓和曲线-缓和曲线（两条曲线之间）"命令创建。

路线创建以"转换 AutoCAD 直线和圆弧"命令为主，曲线命令为辅，路线所有子图元创建的命令及所需参数如表 1-4 所示。

表 1-4 路线子图元和路线子图元对照表

编号	曲线类型	创建项	创建匹配功能	所需参数	备 注
1	直线	1	转换 AutoCAD 直线和圆弧	/	须校对直线/曲线方向
2	缓和曲线	2	自由缓和曲线（两个图元之间）	/	
3	圆曲线	1	转换 AutoCAD 直线和圆弧	/	须校对直线/曲线方向
4	缓和曲线	3	自由缓和曲线（两个图元之间）	/	
5	圆曲线	1	转换 AutoCAD 直线和圆弧	/	须校对直线/曲线方向
6	缓和曲线	4	自由反向缓和曲线-缓和曲线（两条曲线之间）	曲线长 L1/L2 比例：1 [前缓和曲线长→42.487] [后缓和曲线长→42.487]	须注意两条曲线的偏向
7	缓和曲线				
8	圆曲线	1	转换 AutoCAD 直线和圆弧	/	须校对直线/曲线方向
9	缓和曲线	5	自由反向缓和曲线-缓和曲线（两条曲线之间）	曲线长 L1/L2 比例：1 [前缓和曲线长→108.487] [后缓和曲线长→108.487]	须注意两条曲线的偏向
10	缓和曲线				
11	圆曲线	1	转换 AutoCAD 直线和圆弧	/	须校对直线/曲线方向
12	缓和曲线	6	自由缓和曲线（两个图元之间）	/	
13	圆曲线	1	转换 AutoCAD 直线和圆弧	/	须校对直线/曲线方向

（3）创建路线。

"常用"选项卡→"创建设计"面板→"路线"下拉列表→单击"路线创建工具"→弹出"创建路线-布局"对话框。

在"创建路线-布局"对话框中，为路线输入名称"R1匝道"，指定路线的类型为"中心线"，起点桩号为"0"。R1匝道路线"创建路线-布局"创建对话框如图1-17所示。

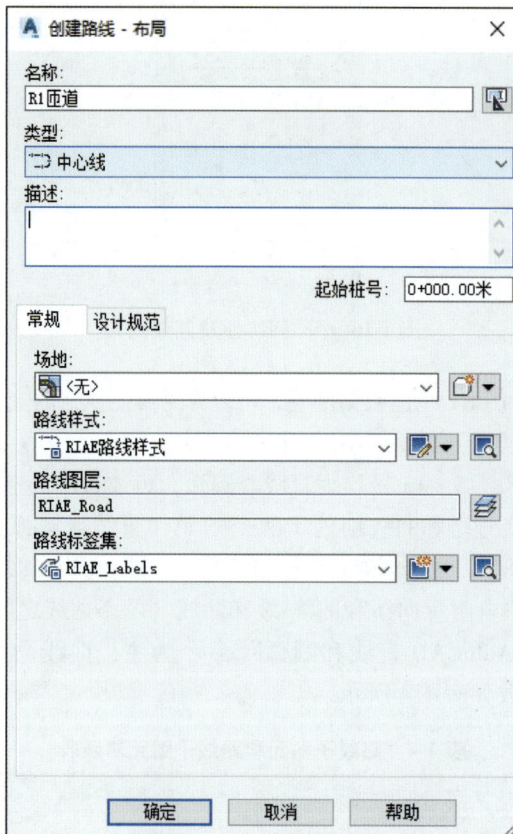

图1-17　R1匝道路线"创建路线-布局"创建对话框

点击"确定"后，显示一个"路线布局工具"的工具条（图1-18）。

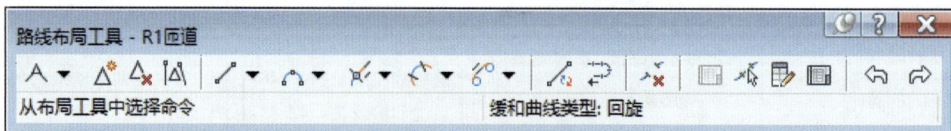

图1-18　R1匝道路线"路线布局工具"创建工具条

（4）创建项1（转换AutoCAD图元）。

选择"转换AutoCAD直线和圆弧"命令，按路线方向，依次点击AutoCAD图元中的直线、圆弧（图1-19）。

观察转化的路线子图元方向是否与路线前进方向，采用"反转子图元方向"命令，对

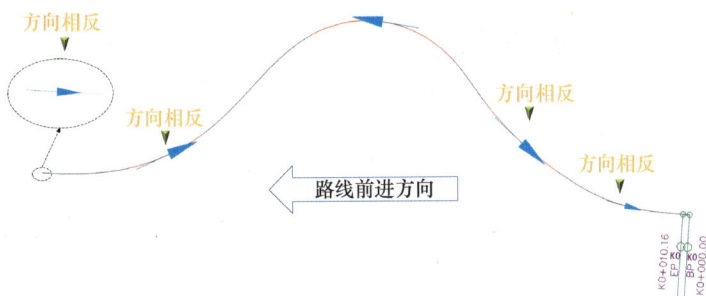

图 1-19　R1 匝道路线直线、圆弧转换

方向相关的子图元进行方向校正，确保与路线前进方向一致（图 1-20）。

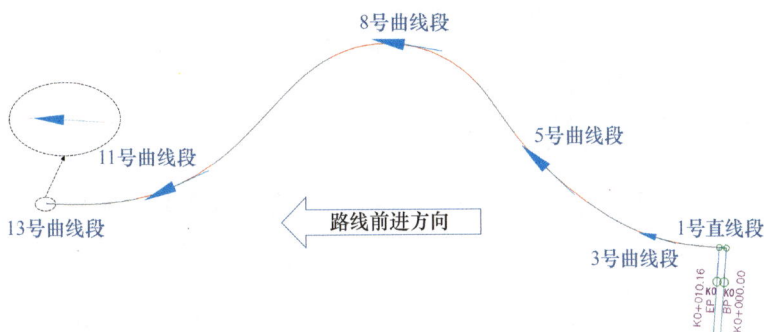

图 1-20　R1 匝道路线直线、圆弧方向统一

小提示

　　如果第一段 AutoCAD 图元不可被转化，或转化后方向相反，都有可能造成最终路线起点桩号出现偏差，需要对路线起点桩号进行校对（图 1-21）。如果起点桩号与预期不符，可选中路线右击进入路线特性→桩号控制，对路线起点（A）、起点桩号（B）进行更改，并且当路线含有短链、断链时，亦需要进行短链、断链的添加（C）。

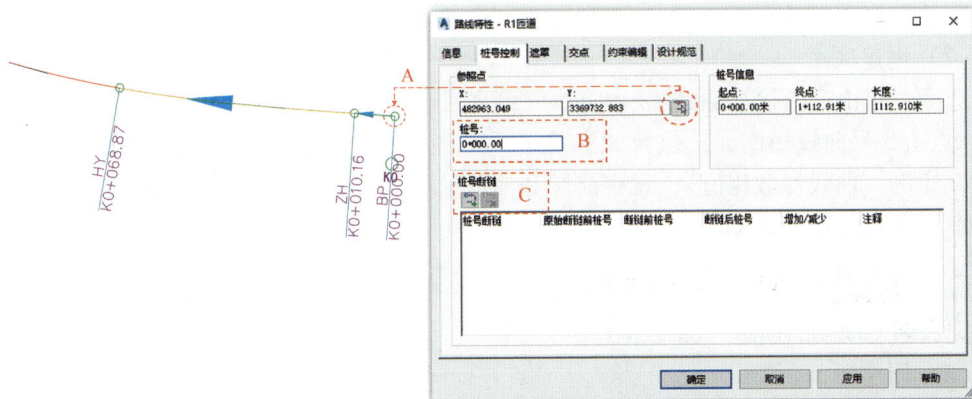

图 1-21　R1 匝道路线起点桩号进行校对

（5）创建项2。

选择"自由缓和曲线（两个图元之间）"命令，执行"选择第一个图元"，点击1号直线段图元，执行"选择下一个图元"，点击3号曲线段图元，完成创建项2的创建（图1-22）。

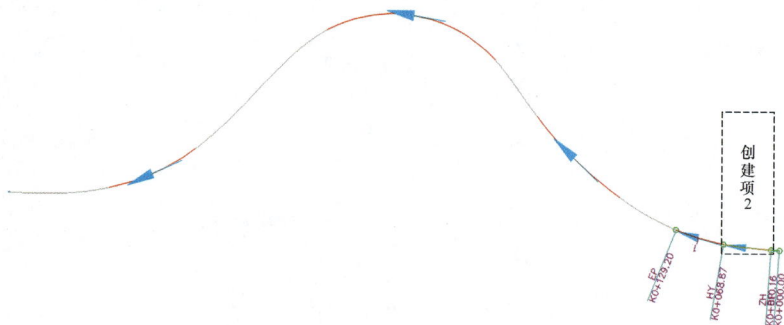

图1-22 创建项2

（6）创建项3。

选择"自由缓和曲线（两个图元之间）"命令，执行"选择第一个图元"，点击3号曲线段图元，执行"选择下一个图元"，点击5号曲线段图元，完成创建项3的创建（图1-23）。

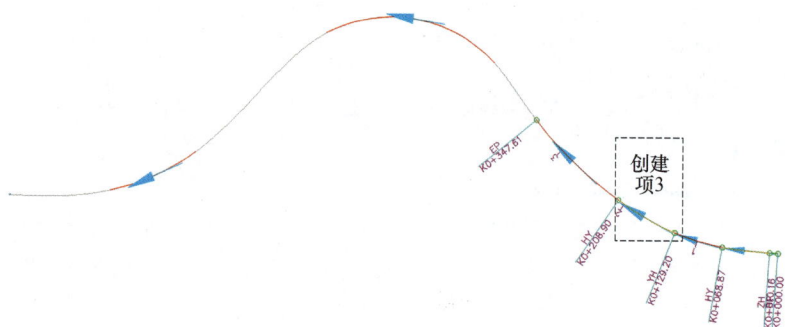

图1-23 创建项3

（7）创建项4。

选择"自由反向缓和曲线-缓和曲线（两条曲线之间）"命令，执行"选择第一个图元"，点击5号曲线段图元，执行"选择下一个图元"，点击8号曲线段图元，提示指定A1/A2比例（曲线参数比值），观察前缓和曲线长、后缓和曲线长均为42.487m，切换为"长度（L）"比值，输入值：1。

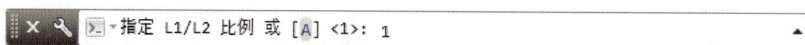

```
    ×    >_ ·指定 L1/L2 比例 或 [A] <1>: 1                                    ▲
```

完成创建项4的创建（图1-24）。

（8）创建项5。

选择"自由反向缓和曲线-缓和曲线（两条曲线之间）"命令，执行"选择第一个图元"，点击8号曲线段图元，执行"选择下一个图元"，点击11号曲线段图元，提示指定

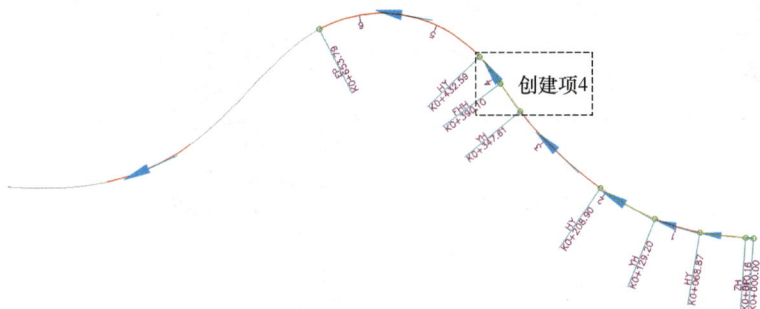

图 1-24　创建项 4

A1/A2 比例（曲线参数比值），观察前缓和曲线长、后缓和曲线长均为 108.487m，切换为"长度（L）"比值，输入值：1。

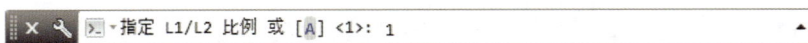

完成创建项 5 的创建（图 1-25）。

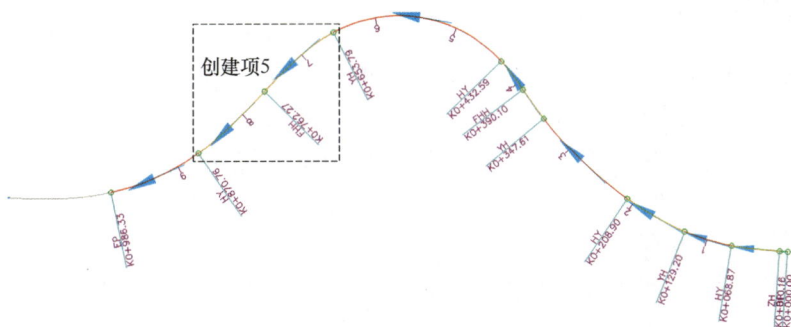

图 1-25　创建项 5

（9）创建项 6。

　　选择"自由缓和曲线（两个图元之间）"命令，执行"选择第一个图元"，点击 11 号曲线段图元，执行"选择下一个图元"，点击 13 号曲线段图元，完成创建项 6 的创建（图 1-26）。

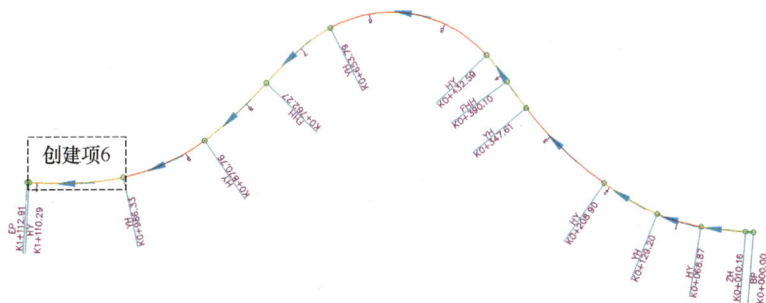

图 1-26　创建项 6

以上完成了情景二中实例 R1 匝道路线创建。

小提示

完成创建后，记得打开路线格栅视图（图 1-27），核对路线关键参数是否正确。

编号	A	编号	长度	起点桩号	终点桩号	起点	终点	内曲	起点处半径	终点处半径	半径	弦长	交点桩号	交点
1		1	10.159米	0+000.00米	0+010.16米	(482963.049米,3369732.883米...	(482952.919米,3369733.659米...							
2.1	129.865米	2	58.712米	0+010.16米	0+068.87米	(482952.919米,3369733.659米...	(482894.593米,3369740.133米...	内曲	无穷大米	287.250米				
2.2		2	60.329米	0+068.87米	0+129.20米	(482894.593米,3369740.133米...	(482836.782米,3369756.989米...				287.250米	60.218米	0+099.15米	(482864.7...
3.1	238.773米	3	79.701米	0+129.20米	0+208.90米	(482836.782米,3369756.989米...	(482767.323米,3369795.739米...	外曲	287.250米	480.000米				
3.2		3	138.711米	0+208.90米	0+347.61米	(482767.323米,3369795.739米...	(482666.649米,3369890.461米...				480.000米	138.229米	0+278.74米	(482710.0...
4.1	142.807米	4	42.487米	0+347.61米	0+390.10米	(482666.649米,3369890.461米...	(482641.216米,3369924.498米...	外曲	480.000米	无穷大米				
4.2	84.907米	4	42.487米	0+390.10米	0+432.59米	(482641.216米,3369924.498米...	(482614.892米,3369967.297米...	内曲	无穷大米	170.000米				
4.3		4	221.201米	0+432.59米	0+653.79米	(482614.892米,3369967.802米...	(482411.873米,3369992.264米...				170.000米	205.923米	0+561.98米	(482526.4...
5.1	135.804米	5	108.487米	0+653.79米	0+762.27米	(482411.873米,3369992.264米...	(482328.943米,3369923.083米...	外曲	170.000米	无穷大米				
5.2	176.530米	5	108.487米	0+762.27米	0+870.76米	(482328.943米,3369923.083米...	(482246.854米,3369850.160米...	内曲	无穷大米	287.250米				
5.3		5	57.786米	0+870.76米	0+928.55米	(482248.054米,3369850.160米...	(482198.566米,3369821.092米...				287.250米	57.688米	0+899.75米	(482225.1...
6.1	216.845米	6	123.969米	0+928.55米	1+052.51米	(482198.566米,3369821.893米...	(482078.835米,3369791.297米...	外曲	287.250米	1183.307米				
6.2		6	2.619米	1+052.51米	1+055.12米	(482078.835米,3369791.297米...	(482076.242米,3369790.926米...				1183.307米	2.619米	1+053.81米	(482077.5...

图 1-27 路线格栅视图

1.1.2 创建纵断面

纵断面是沿平面路线，控制目标工程高程的重要设计。在 Civil 3D 软件中，需要先创建纵断面图，作为纵断面的容器。

纵断面的常见类型包含道路纵断面、曲面纵断面、叠合纵断面及快速纵断面，各类型的说明及用途如表 1-5 所示。

表 1-5 纵断面类型及说明

序号	纵断面类型	说 明	用途
1	道路纵断面	按照道路的等级、沿线地形地物、工程地质等条件，确定路线中心的竖向高程、纵向坡度起伏关系等。纵断面由直线和竖曲线组成，用于控制目标工程高程变化	设计核心
2	曲面纵断面	地形纵断面，为沿指定路线经过的原地面高程，及高程起伏变化情况	重要依据
3	叠合纵断面	在道路主线的纵断面图中同步显示与其相邻的另外一条路线的纵断面在该主线上的投影	用于交叉设计
4	快速纵断面	预览沿所选对象（直线、曲线）或一系列点的高程	用于选线预览

为使创建的步骤更加简单，目标更加明确，不建议引入地形数据，按设计要求提炼数据，创建纵断面。

1.1.2.1 提炼数据

根据设计纵断面图或竖曲线要素表提取相关变坡点及竖曲线数据，将 R1 匝道纵断面设计汇总的竖曲线要素表如表 1-6 所示。

1.1.2.2 创建纵断面图

选择"R1 匝道"路线→"创建设计"面板→"纵断面"下拉列表→单击"纵断面创建工具"→点击"路线：R1 匝道"启动平台面板中的"纵断面图"，如图 1-28 所示。

表1-6　竖曲线要素表

序号	桩号	竖曲线							纵坡/%		变坡点间距/m	直坡段长/m
		标高/m	凸曲线半径R/m	凹曲线半径R/m	切线长T/m	外距E/m	起点桩号	终点桩号	+	-		
1	R1K0+000	488.358										
2	R1K0+018.345	488.266		1240	17.98	0.13	0.365	36.325		0.5	18.345	0.365
3	R1K0+500.388	499.835	3000		64.5	0.69	435.886	564.886	2.4		482.041	399.561
4	R1K0+905.890	492.131		1640	44.28	0.6	861.61	950.17		1.9	405.504	296.724
5	R1K1+112.910	499.377							3.5		207.02	162.74

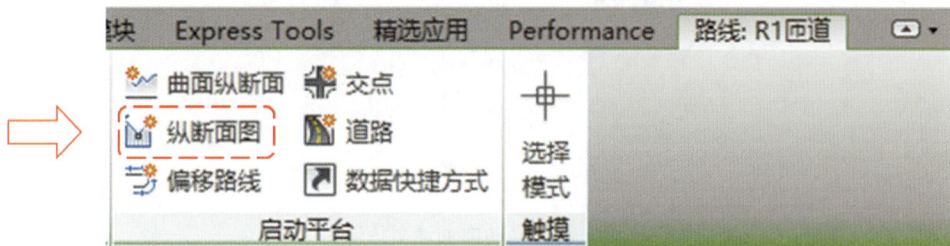

图1-28　纵断面图创建命令

弹出"创建纵断面图-基本"对话框后，在"常规"栏添加纵断面图名称：R1匝道纵断面图，在"纵断面图高度"栏将纵断面高度从"自动"修改为"用户指定"，参照竖曲线要素表，最小值指定为：486.00m，最大值指定为：502.00m，其余参数均保持默认，创建纵断面图（图1-29）。

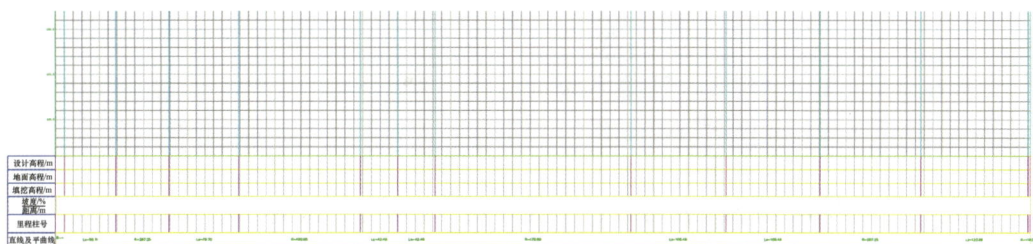

图1-29　R1匝道纵断面图

1.1.2.3　创建纵断面

按提炼数据，创建纵断面：单击"R1匝道纵断面图"→"纵断面图：R1匝道纵断面图"选项卡→"启动平台"面板→单击"纵断面创建工具"→弹出"创建纵断面"对话框。

设置创建纵断面的名称：R1匝道纵断面，选择默认或合适的样式及标签集，如图1-30所示。

点击"确定"，在弹出的纵断面布局工具中，选择曲线绘制命令中的"绘制切线"，如图1-31所示。

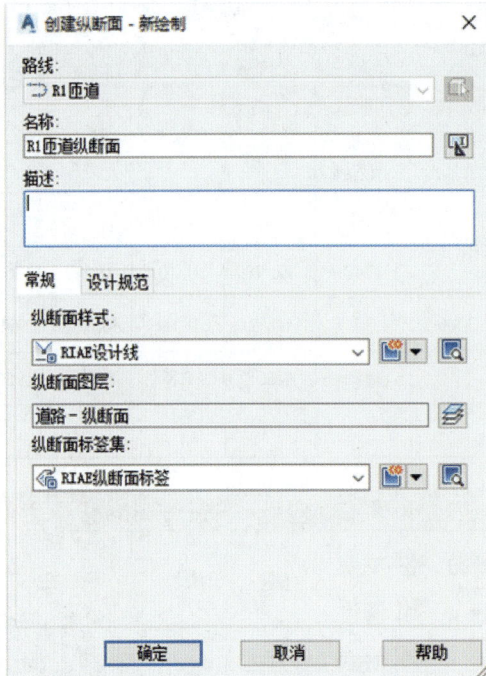

图 1-30　纵断面创建对话框

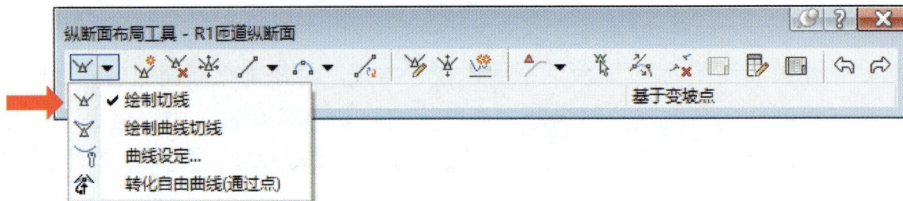

图 1-31　绘制切线命令

　　继而在纵断面图中创建 R1 匝道的纵断面曲线，沿桩号通过直线段大致绘制出纵断面的曲线变化，再通过"纵断面格栅视图"（图 1-32）界面进行数据精确调整。

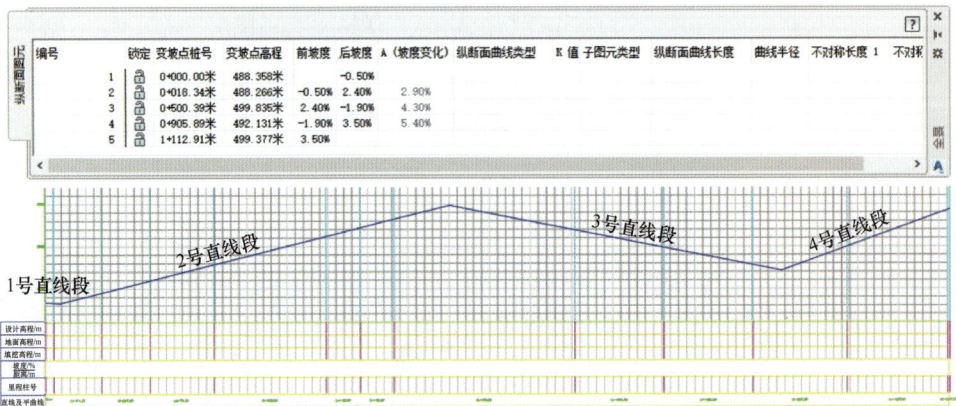

图 1-32　纵断面格栅视图

最后确定"自由竖曲线（圆形）"命令（图1-33）添加竖曲线。

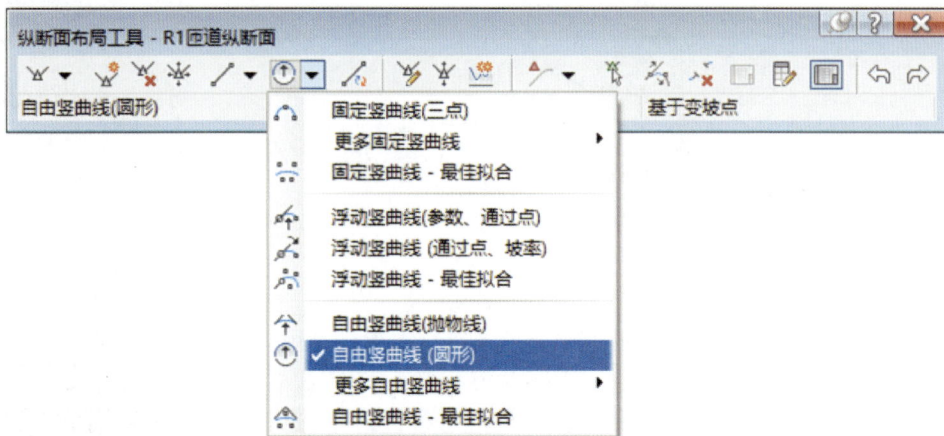

图1-33 "自由竖曲线（圆形）"命令

拾取1号直线段、2号直线段，输入指定半径：1240。

拾取2号直线段、3号直线段，输入指定半径：3000。

拾取3号直线段、4号直线段，输入指定半径：1640。

完成R1匝道纵断面的创建（图1-34）。

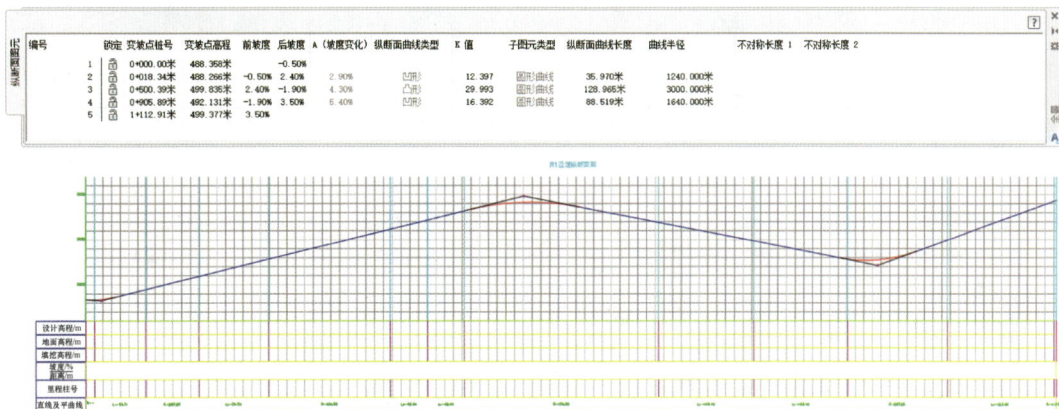

图1-34 R1匝道纵断面

小提示

为避免创建纵断面时出现"无解决方案"错误，先绘制切线，再调整变坡点桩号及高程，最后再添加竖曲线，这样才不容易出错哦（图1-35）！

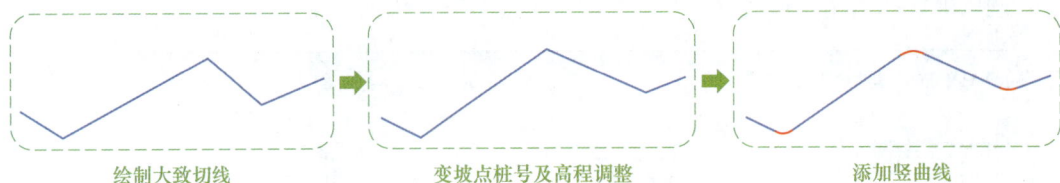

绘制大致切线   变坡点桩号及高程调整   添加竖曲线

图 1-35 "无解决方案"规避流程

1.1.3 创建装配

装配，可以理解为道路横断面的结构组成及放坡设计，由若干个部件对象组成，用以表达道路的行车道、人行道、路缘、水沟及边坡等。

本实例的目的是通过创建道路，从而提取桥梁中心线数据，所以，横断面的类型并不影响中心线数据，就最简单的方式创建装配即可。

1.1.3.1 创建装配

"常用"选项卡→"创建设计"面板→"装配"下拉列表→单击"创建装配"→弹出"创建装配"对话框，如图 1-36 所示。

输入对应装配名称：R1 匝道装配，选择默认或合适的样式及代码集，点击"确定"，鼠标点击空白处（图 1-37）。

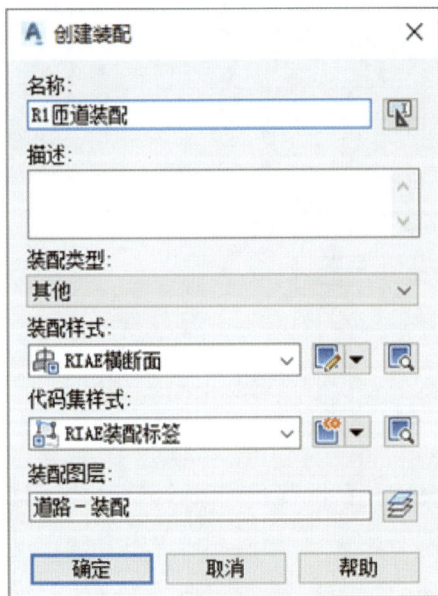

图 1-36 "创建装配"对话框

图 1-37 装配初始状态

1.1.3.2 创建行车道

点击"R1 匝道装配"，在该装配的选项卡中，点击"启动平台"面板的"工具选项板"命令，弹出"公制部件"选项框，切换至"常用"选项卡，执行操作：选择"连接宽度和坡度"部件（规避与曲面交互的部件）→ 特性面板中调整"侧"参数→点击装配标记点，如图 1-38 所示。

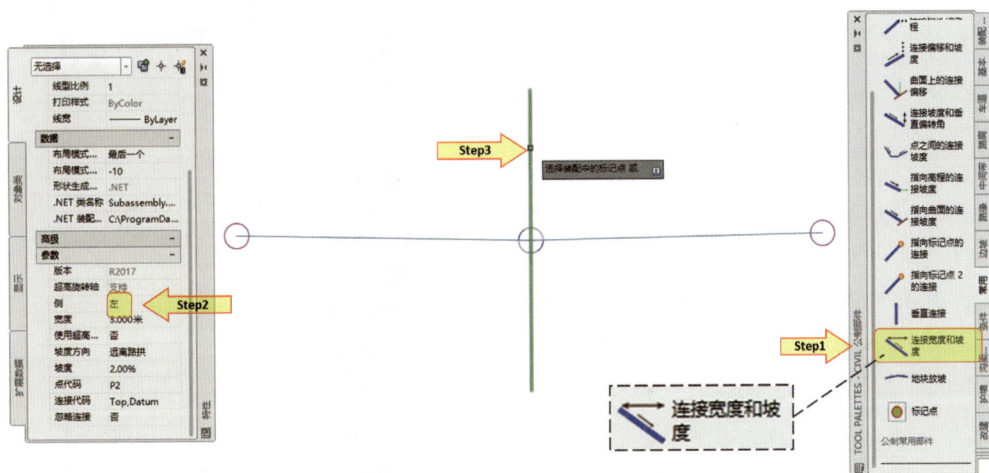

图 1-38　行车道创建步骤

分别调整特性面板中的"侧"参数为"左""右"，基于装配标记点创建一次"连接宽度和坡度"部件，完成简易装配行车道的创建。

1.1.3.3　添加中心线点标记

"常用"选项卡中，执行操作：选择"标记点"部件→特性面板中命名"点代码"参数→点击装配标记点，如图 1-39 所示。

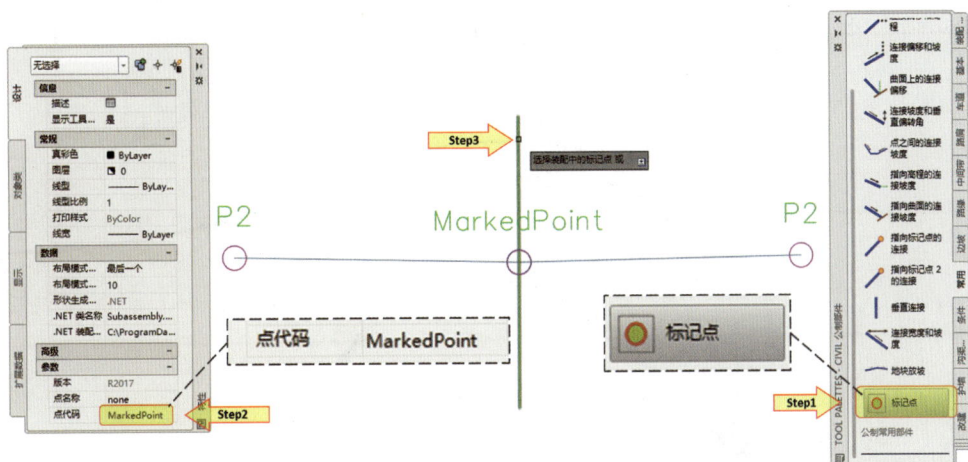

图 1-39　点标记添加步骤

至此完成装配的创建。

1.1.4　创建道路

当路线、纵断面、装配创建完成之后，已具备创建道路的条件，创建的步骤为："常

用"选项卡→"创建设计"面板→单击
"道路"→弹出"创建道路"对话框。定
义名称为"R1 匝道道路",确定路线为
"R1 匝道"、纵断面为"R1 匝道纵断面"、
装配为"R1 匝道装配"(图 1-40)。

点击"确定",在弹出的"基准线和
区域参数"对话框中,可调整道路起点桩
号、终点桩号及步长等参数,本实例保持
默认,点击"确定",系统弹出"道路特
性"对话框,点击"重新生成道路",完
成 R1 匝道道路创建,如图 1-41 所示。

1.1.5 中心线数据提取

中心线数据的提取,按数据类型的不
同,主要分为:"道路点报告"和"中心
线三维模型",两种类型的数据提取过程
如下。

1.1.5.1 道路点报告提取

在"工具空间"窗口中,选择"工具
箱",依次从"其他实用工具→报告→
Corridor→Corridor Points Report"菜单路径
中找到"Corridor Points Report",如图 1-42
所示。

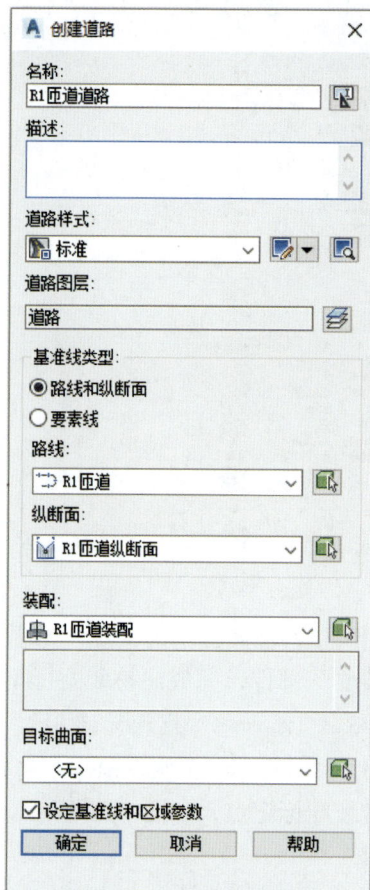

图 1-40　创建道路命令

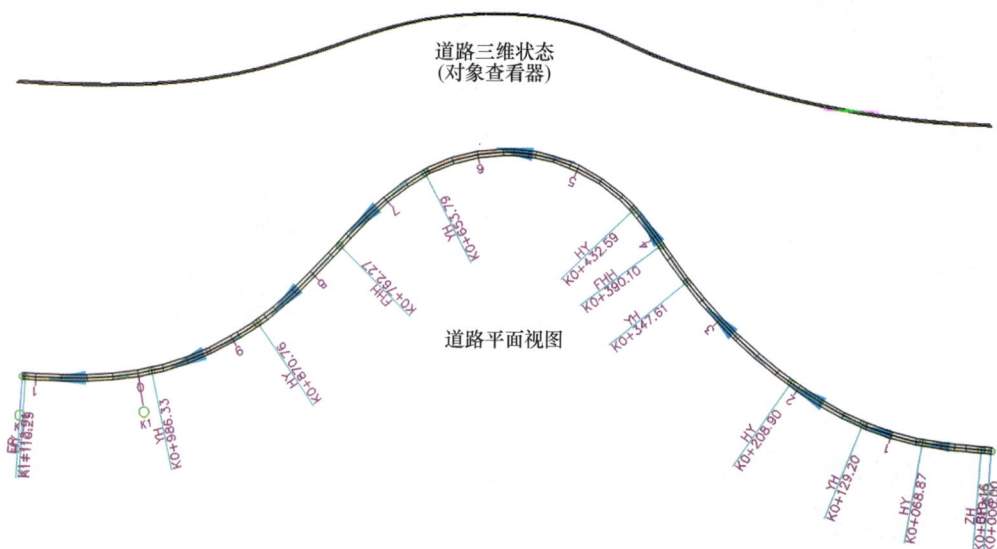

图 1-41　R1 匝道道路

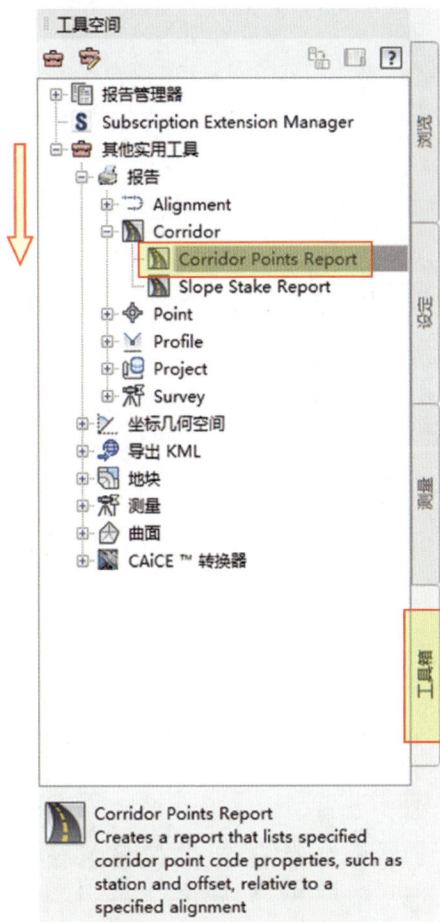

Corridor Points Report
Creates a report that lists specified
corridor point code properties, such as
station and offset, relative to a
specified alignment

图 1-42　道路中心线点报告

双击打开，Step1：选择"R1 匝道道路"；Step2：设定起点、终点桩号范围（保持默认）；Step3：选择点代码为"MarkedPoint"（设计线中心位置点）；Step4：选择文件保存路径；Step5：选择保存类型为 Excel 格式文件，并重新编辑文件名为"R1 匝道中心线点报告 .xls"；Step6：点击保存；Step7：点击创建报告，软件将自动在选定的路径下已设定的文件格式保存点报告文件；Step8：点击"完成"，完成点报告文件的创建，整体过程如图 1-43 所示。

点报告文件格式及基础数据，如图 1-44 所示。

在 Dynamo 环境中，世界坐标系（绝对坐标系）的原点参照 Revit 软件的项目基点，观察点报告数据，其中北距、东距数值过大，很容易超出 Dynamo 的图形界限，从而导致数据计算误差及三维环境中观察不便等问题。

针对以上问题，需要对 Revit 项目基点的坐标进行重新定义，创建互通式立交模型时，一般可将项目基点定在互通立交中心位置，并将数值适当取整。

观察该项目数据，互通立交中心点约为：（3369700.00（北距），482500（东距）），定义该点作为 Revit 项目基点预设坐标值，参照该坐标值，对 R1 匝道中心线点数据数值进

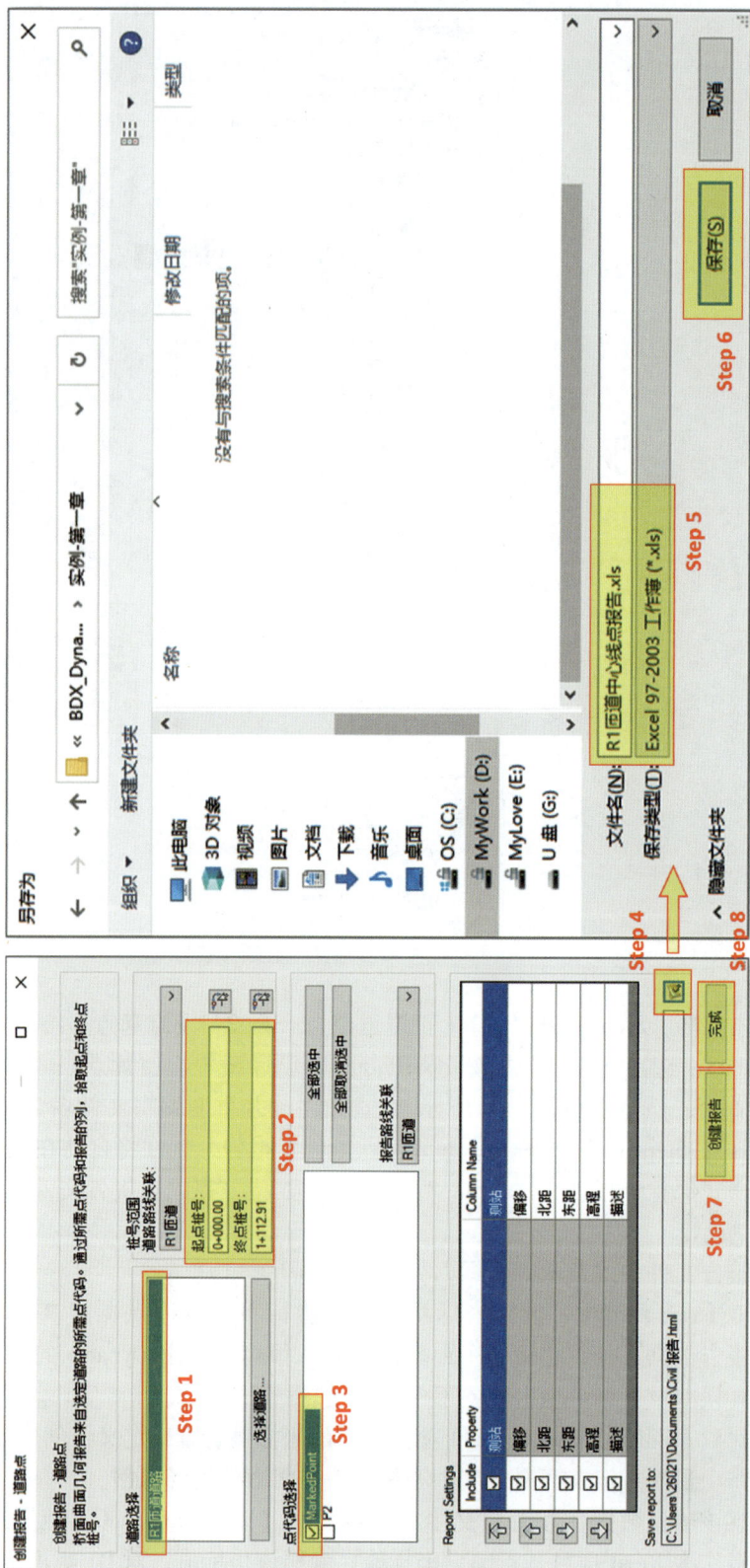

图1-43 点报告导出步骤

	测站	偏移	北距	东距	高程	描述
15	0+000.00	0	3369732.883	482963.049	488.358	MarkedPoint
16	0+000.36	0	3369732.91	482962.692	488.356	MarkedPoint
17	0+006.58	0	3369733.385	482956.492	488.341	MarkedPoint
18	0+010.16	0	3369733.659	482952.919	488.346	MarkedPoint
19	0+025.00	0	3369734.825	482938.124	488.477	MarkedPoint
20	0+036.33	0	3369735.835	482926.842	488.698	MarkedPoint
21	0+050.00	0	3369737.326	482913.252	489.026	MarkedPoint
22	0+068.87	0	3369740.133	482894.593	489.479	MarkedPoint
23	0+075.00	0	3369741.287	482888.574	489.626	MarkedPoint
24	0+099.04	0	3369747.042	482865.245	490.203	MarkedPoint
25	0+100.00	0	3369747.313	482864.319	490.226	MarkedPoint
26	0+125.00	0	3369755.425	482840.68	490.826	MarkedPoint
27	0+129.20	0	3369756.988	482836.782	490.927	MarkedPoint
28	0+150.00	0	3369765.537	482817.824	491.426	MarkedPoint
29	0+175.00	0	3369777.399	482795.823	492.026	MarkedPoint
30	0+200.00	0	3369790.706	482774.664	492.626	MarkedPoint
31	0+208.90	0	3369795.738	482767.323	492.839	MarkedPoint
32	0+225.00	0	3369805.187	482754.289	493.226	MarkedPoint
33	0+250.00	0	3369820.71	482734.696	493.826	MarkedPoint
34	0+275.00	0	3369837.233	482715.938	494.426	MarkedPoint
35	0+278.26	0	3369839.457	482713.558	494.504	MarkedPoint
36	0+300.00	0	3369854.71	482698.066	495.026	MarkedPoint
37	0+325.00	0	3369873.093	482681.127	495.626	MarkedPoint
38	0+347.61	0	3369890.461	482666.649	496.168	MarkedPoint

图 1-44　点报告文件格式及基础数据

行修改，修改方式为：

修改点北距 = 点北距 − Revit 项目基点北距

修改点东距 = 点东距 − Revit 项目基点东距

修改点高程 = 点高程

提取修改点北距、修改点东距、修改点高程建立新的 Excel 表格（R1 匝道桥梁数据）如图 1-45 所示，完整数据见附表 B2-1。

修改数据表名称："Sheet1"→"CenterLine"。

至此完成中心线点报告数据的创建。

1.1.5.2　桥梁中心线三维模型

在"1.1.2 创建纵断面"创建完成之后，即在平面路线的设计基础上增加纵断面设

桩号	北距/Y	东距/X	高程/Z
0+000.00	32.883	463.049	488.358
0+000.36	32.91	462.692	488.356
0+006.58	33.385	456.492	488.341
0+010.16	33.659	452.919	488.346
0+025.00	34.825	438.124	488.477
0+036.33	35.835	426.842	488.698
0+050.00	37.326	413.252	489.026
0+068.87	40.133	394.593	489.479
0+075.00	41.287	388.574	489.626
0+099.04	47.042	365.245	490.203
0+100.00	47.313	364.319	490.226
0+125.00	55.425	340.68	490.826
0+129.20	56.988	336.782	490.927
0+150.00	65.537	317.824	491.426
0+175.00	77.399	295.823	492.026
0+200.00	90.706	274.664	492.626
...	...	...	...

CenterLine ⊕

图 1-45   中心线点报告整理

计，中心线也成为三维曲线，提取中心线的三维模型，其操作步骤如下：

调整 ViewCube，或者同时按住"Shift"键及鼠标滚轮键转动视图，使路线处于三维视图状态，点击选择三维曲线，通过同时按住"Ctrl + 1"键调出特性面板，因 R1 匝道纵断面设计时，未与任何地形曲面作交互运算，所以视图中有且仅有一条的名称为"R1 匝道纵断面"的纵断面三维曲线，即 R1 匝道的中心线，如图 1-46 所示。

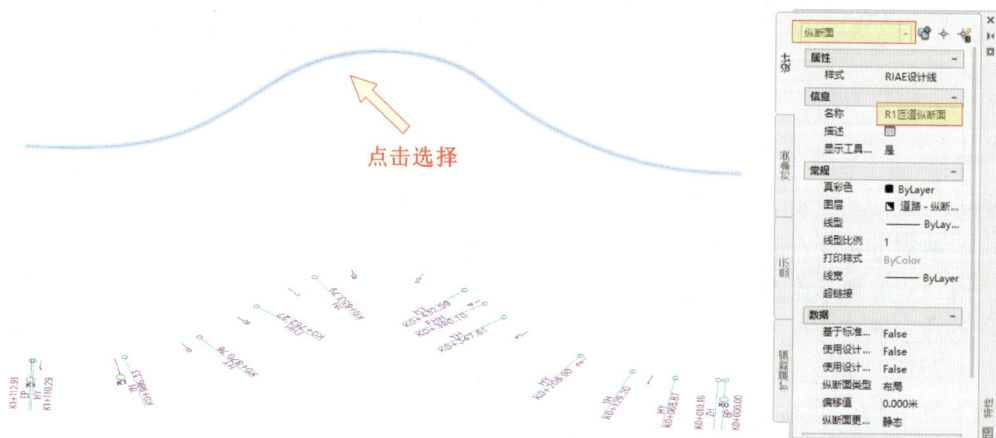

点击选择

图 1-46   中心线三维模型

选中 R1 匝道纵断面之后，执行两次分解命令，流程如图 1-47 所示。

图 1-47　中心线三维模型分解

可将纵断面分解为三维多段线，如图 1-48 所示。

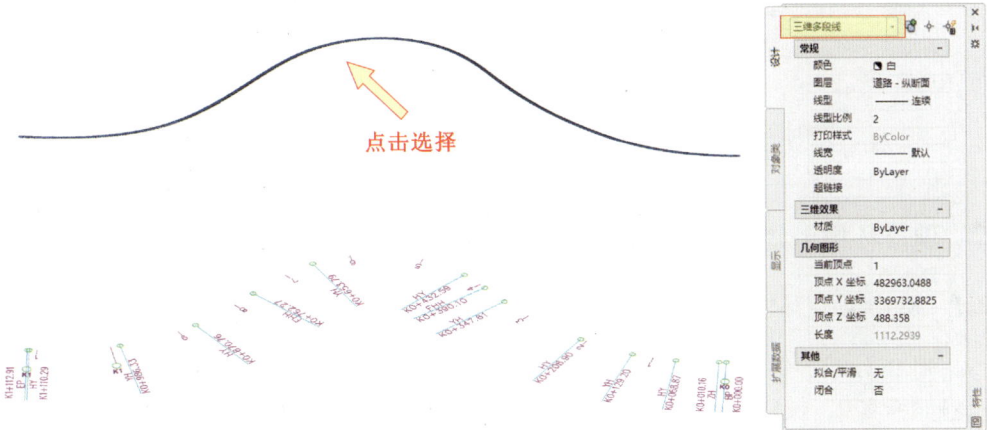

图 1-48　分解后的中心线三维模型

选中分解后的对象，同时按住"Ctrl + C"键，将三维多段线复制到剪贴板，新建 Civil 3D 图形，鼠标右键→剪贴板→粘贴到原坐标，如图 1-49 所示。

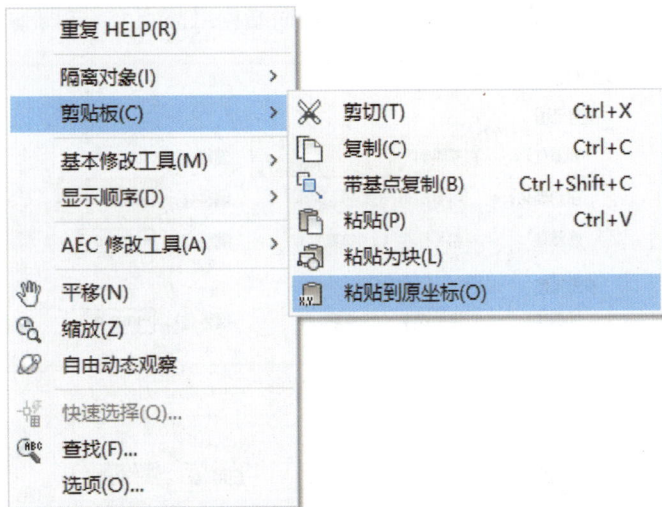

图 1-49　粘贴到原点命令

R1 匝道中心线的三维多段线将保持空间位置不变，复制到新的图形空间中。参照 Revit 基点坐标值，对三维多段线进行移动，向左移动 482500.00，并向下移动 3369700.00 个单位，保存该文件，命名为"R1 匝道中心线模型"，如图 1-50 所示。

至此完成桥梁中心线三维模型的创建。

向左移动 482500.00

向下移动 3369700.00

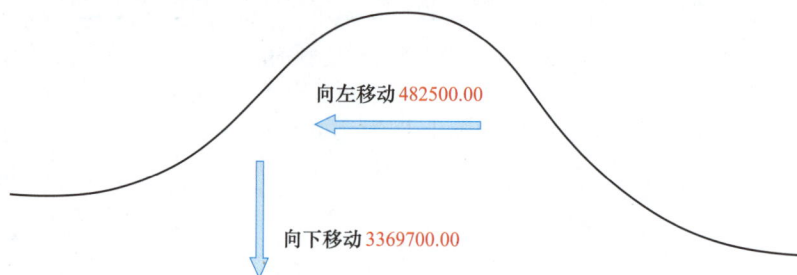

图 1-50　平面位置移动

1.2　项目环境搭建

1.2.1　Revit 项目环境创建

采用 Revit2020 软件，基于结构样板，创建项目，命名为"R1 匝道桥梁 . rvt"。删除标高 2，保留标高 1，并修改名称为"±0 标高"（图 1-51）。

±0.000　±0 标高

图 1-51　标高初始化

进入"±0 标高"结构平面，调整"属性"面板中"视图范围"，顶部范围设置为"无限制"，剖切面设置为"500m"（使其大于桥面结构最高点），如图 1-52 所示。

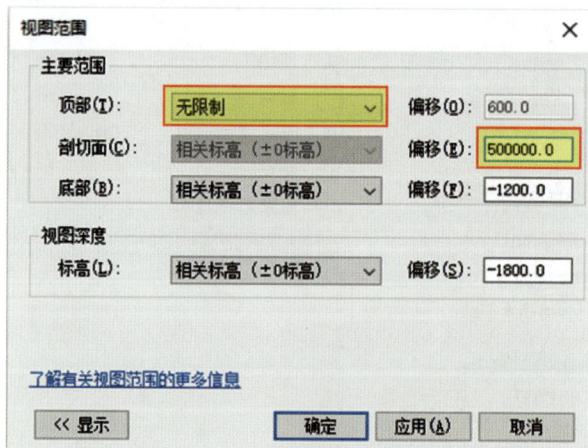

图 1-52　视图范围调整

"管理"选项卡→"设置"面板→"项目单位"命令，将项目单位设置为米，并舍入 2 个小数位，如图 1-53 所示。

回到"±0 标高"结构平面，按"VV"快捷键，弹出"可见性/图形替换"窗口，依次勾选"场地"可见性"项目基点"可见性，如图 1-54 所示。

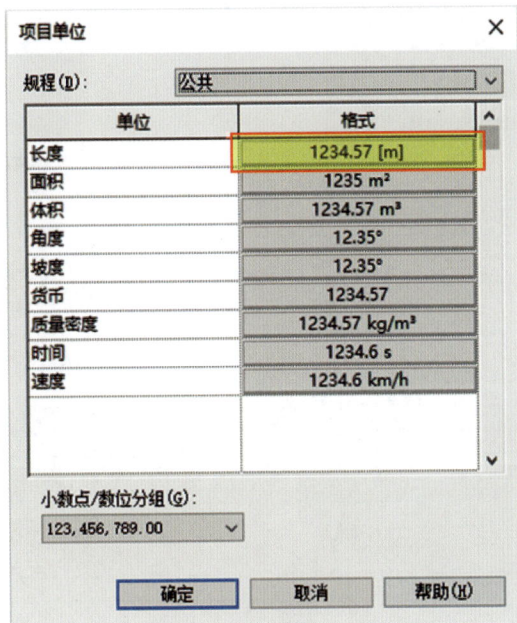

图 1-53　项目单位设置

点击"确定","±0 标高"结构平面中将显示项目基点图标⊗，点击该图标，保持"修改点的剪裁状态"为锁定状态🔒（默认状态）。在其属性栏中，将"北/南"的数值修改为：3369700.0000，"东/西"的数值修改为：482500.0000，如图 1-55 所示。

保存项目，完成 Revit 项目环境创建。

1.2.2　桥梁上部结构族样板定制

桥梁上部结构中，除支座以外，多为空间异形结构。其中通过 Dynamo 创建三维形状再转化为 Revit 族的方式居多，转化过程中，需要设定族样板、族名称、材质、族类别等属性，其中族样板及材质是工程量统计和信息模型外观控制的关键要素，如需直接设置材质，需要材质是选定族样板内部持有的，如需转化后再进行赋予材质，则可先关联材质参数，再关联项目环境中的现有材质。

针对以上问题，修改创建新的族样板，初始内置所需材质，使得满足 Dynamo 在转化桥梁上部结构过程中的需求。

以设计现浇箱梁的族样板为例，采用 Revit2020 软件，基于"公制结构框架-综合体和桁架"族样板，新建族，在族的环境中，"管理"选项卡→"设置"面板→"材质"命令，弹出材质浏览器，删除非必要材质，新建"C50_现浇箱梁"材质名称，并赋予一定的外观参数，如图 1-56 所示。

同时，根据需求，可以拟设相关的参数，如创建参数类型、参数分组为"文字"的实例参数"边跨起始桩号"，如图 1-57 所示。

根据读者需求，族样板环境中的其他属性也可进行调整和修改。

将该族保存为"现浇箱梁族样板.rfa"，关闭后，在文件夹系统中，找到文件并修改文件后缀".rfa"为".rft"，即完成一项简易的族样板创建。

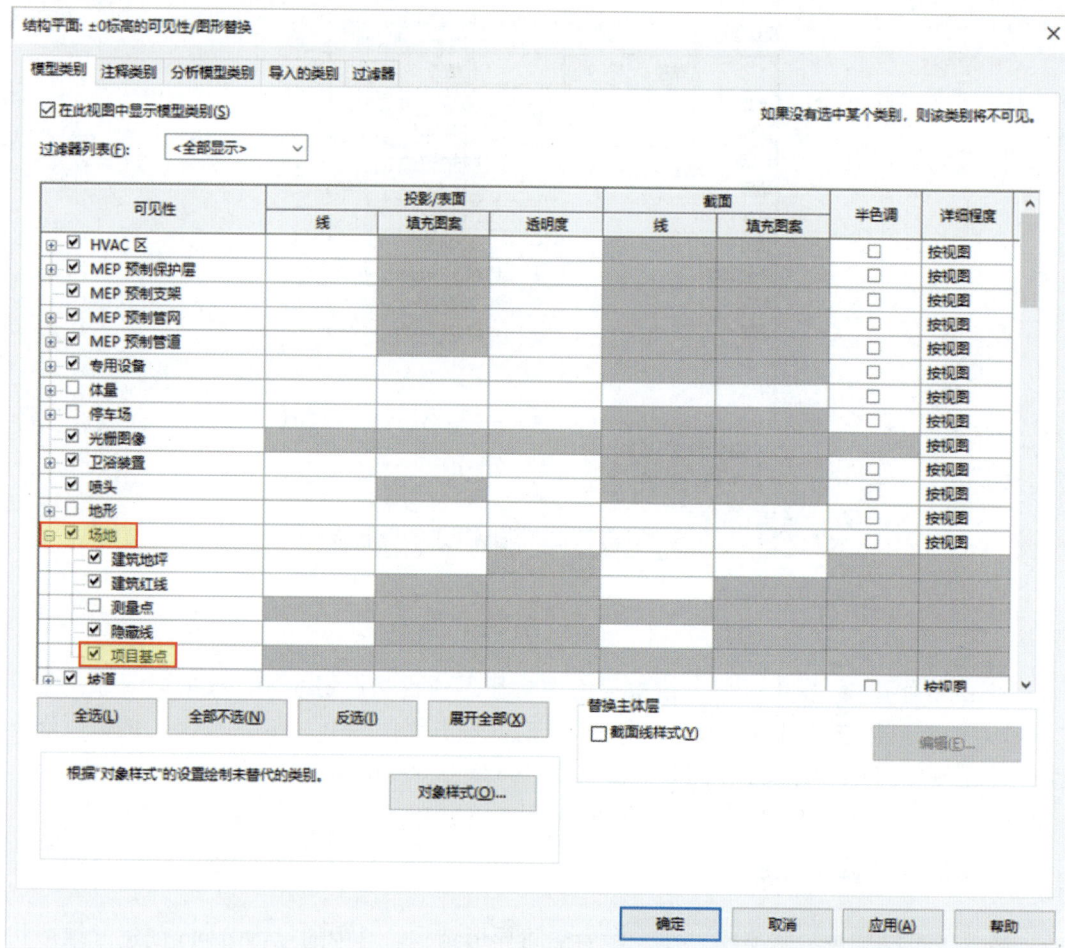

图 1-54　项目单位设置

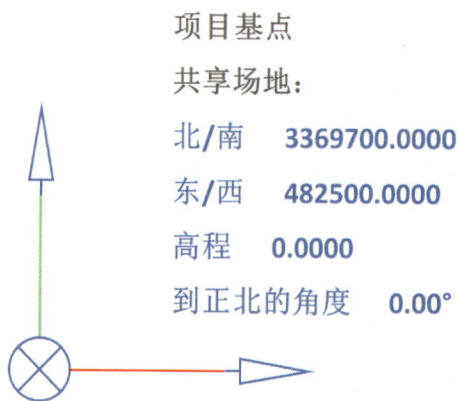

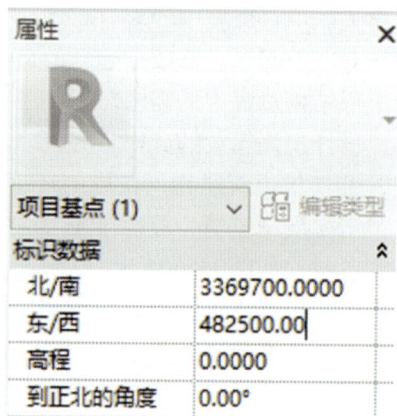

项目基点

共享场地：

北/南　　**3369700.0000**

东/西　　**482500.0000**

高程　**0.0000**

到正北的角度　　**0.00°**

属性

项目基点 (1)　　　　　　　编辑类型

标识数据

北/南	3369700.0000
东/西	482500.00
高程	0.0000
到正北的角度	0.00°

图 1-55　项目基点设置

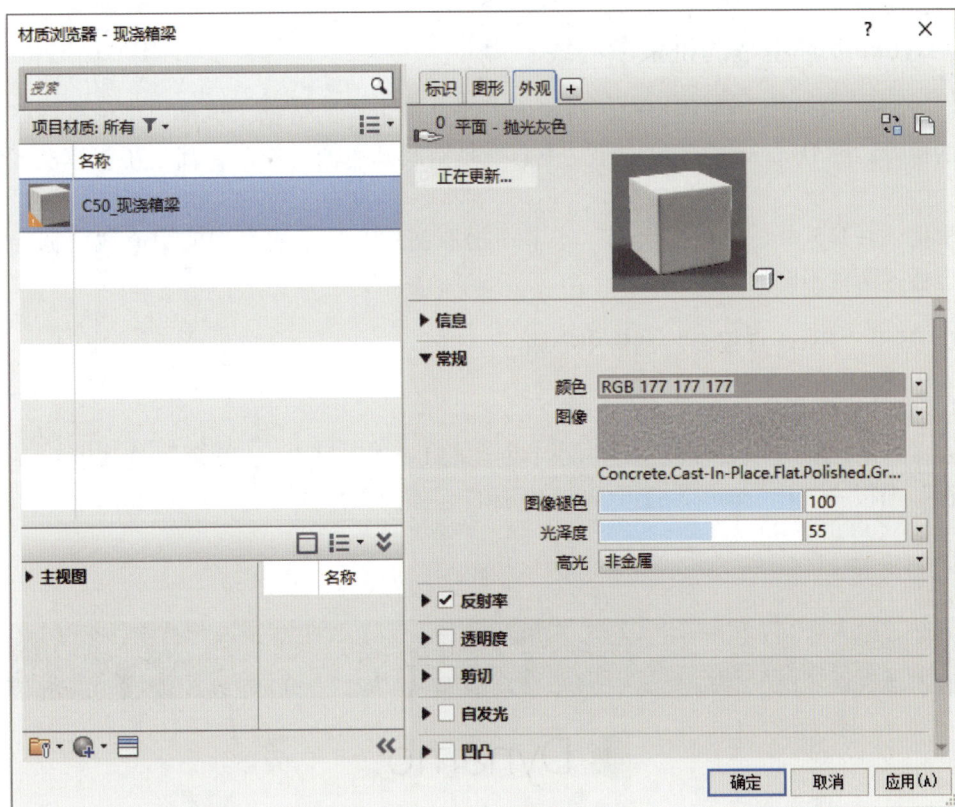

图 1-56 创建材质

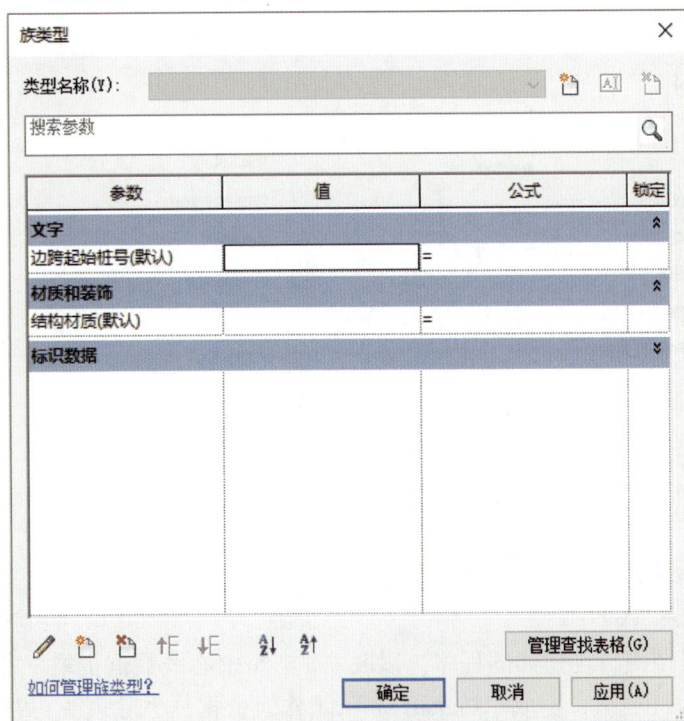

图 1-57 族参数创建

1.3 Dynamo 环境下的桥梁中心线

通过 Dynamo 创建桥梁模型时，桥梁中心线是最重要的依据，也是模型信息准确性最根本的保障。在 Dynamo 的环境中建立中心线是空间几何的一小步，却是桥梁建模工作迈出的一大步。

根据"1.1.5 中心线数据提取"小节所提取到的两种不同类型的中心线数据，对应地，也通过两种不同的方式去处理。

1.3.1 基于"Excel 点报告"创建中心线

1.3.1.1 新建 Dynamo 文件

在"1.2.1 Revit 项目环境创建"小节创建的 Revit 项目中，"管理"选项卡→"可视化编程"面板→"Dynamo"，打开 Dynamo 插件，如图 1-58 所示。

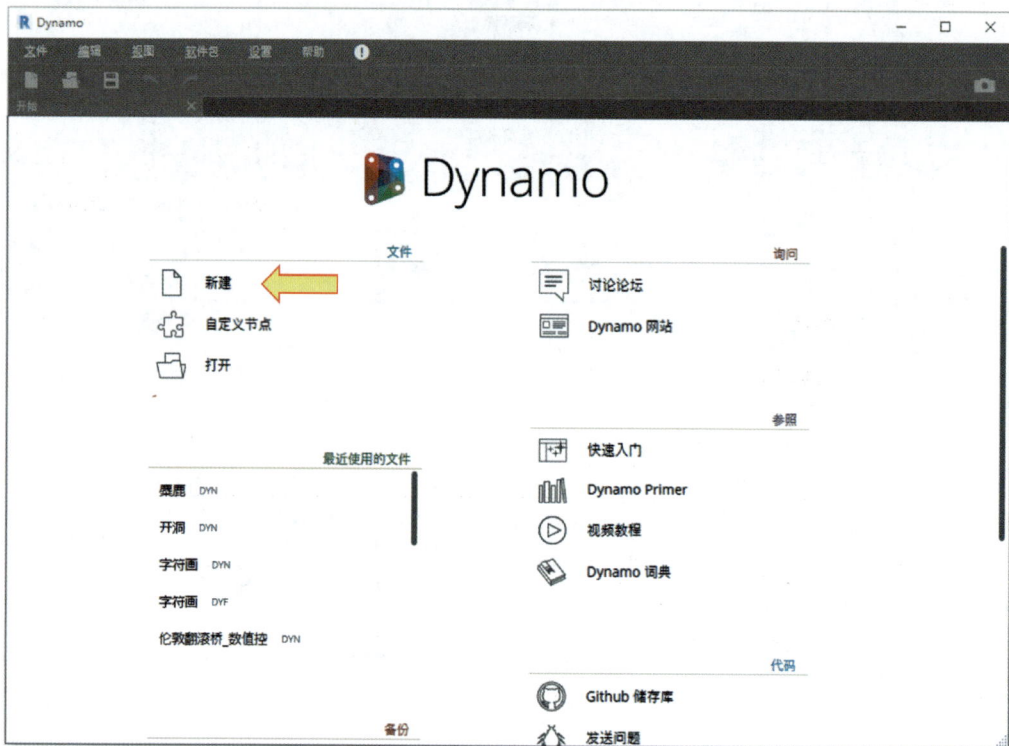

图 1-58　Dynamo 插件的启动

新建 Dynamo 文件，进入程序编辑界面。

1.3.1.2 读取 Excel 文件

通过 Dynamo 节点，创建如图程序，读取"1.1.5 中心线数据提取"小节中"道路点报告提取"的 Excel 成果，提取"CenterLine"工作表数据，去除表头，并执行行列互换，最终形成含有里程桩号、北距、东距、高程 4 列数据的列表，节点内容如图 1-59 所示。

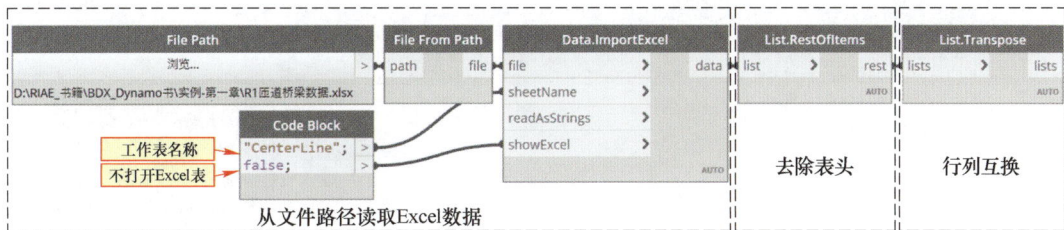

图 1-59 中心线数据读取节点

1.3.1.3 里程桩号数据处理

在桩号数据中，需要提取的信息包含：起始桩号、起止桩号差。

墩台实际里程桩号与起始桩号之差作为沿路线的曲线长度，用来确定墩台等结构与中心线相对位置关系；起止桩号差与路线的实际总长度的差值可以校核路线的精度。

引用"List. Transpose"节点输出数据，针对第一项子列表数据，观察到里程桩号为"0+520.00"形式的字符串，因此，采用字符替换的方式去除"+"字符，再将字符串转化为数值，最后读取列表的第一项作为起始里程桩号，最后一项减去第一项作为起止里程桩号差，节点内容如图 1-60 所示。

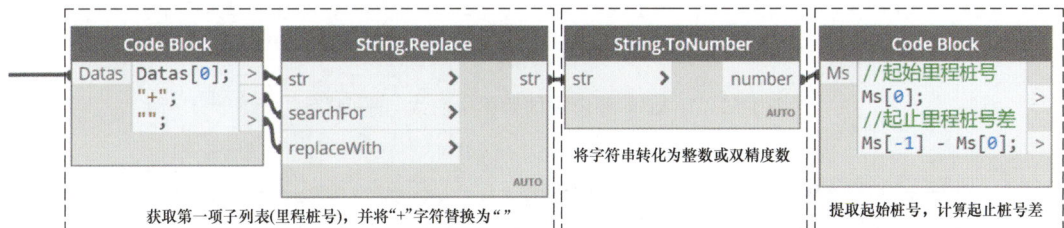

图 1-60 起始里程桩号、起止里程桩号差计算节点

1.3.1.4 创建三维中心线及路线

引用"List. Transpose"节点输出数据，第二项子列表数据，即点报告的北距值，作为点的 Y 坐标值，第三项子列表数据，即点报告的东距值，作为点的 X 坐标值，第四项子列表数据，即点报告的高程值，作为点的 Z 坐标值，依据以上 X、Y、Z 值创建点。

通过"NurbsCurve. ByPoints"节点，基于点列表创建三维曲线，创建为桥梁中心线。再使用"Curve. PullOntoPlane"节点，将桥梁中心线投影到世界坐标系的 XY 平面上，还原为平面路线，节点设计如图 1-61 所示。

在 Dynamo 三维环境中的预览效果如图 1-62 所示。

1.3.1.5 路线精度校核

桥梁结构的位置坐标，主要通过桩号、偏距、高程及偏转角确定，在通过 Dynamo 进行程序化创建的过程中，同样是通过上述参数确定位置，而这些参数都和路线的准确性息息相关，所以对路线的校核是重点工作。

对路线的校核工作，主要通过对起止桩号差值与路线（曲线）长度做差，再与允许误差值比较，判定路线是否满足预期要求，如图 1-63 所示。

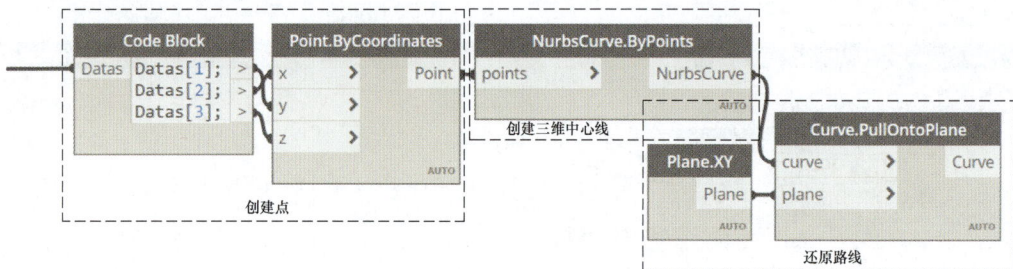

图 1-61　平面路线还原节点

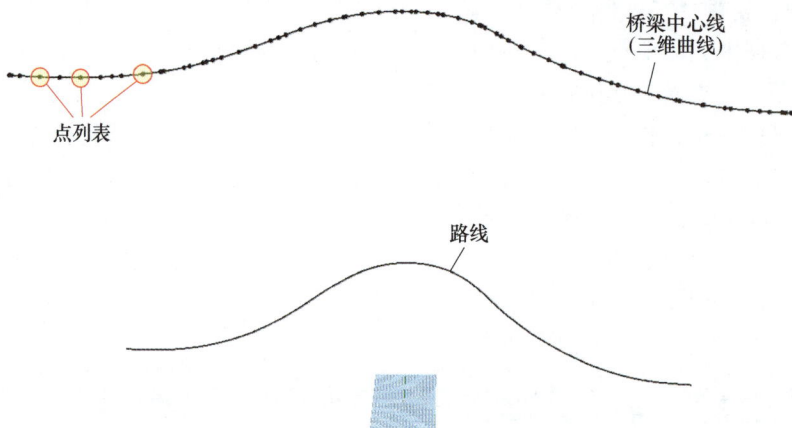

图 1-62　Dynamo 环境中的桥梁中心线与平面路线

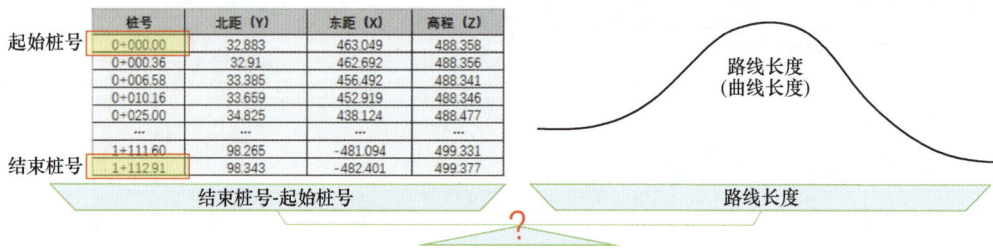

图 1-63　路线精度校核判断标准

小提示

当存在长短链、断链情况时，须对路线长度进行增减。

引用"Curve. PullOntoPlane"节点输出数据、"Ms[-1]-Ms[0]"输出起止桩号差值。创建 Code Block 代码块，通过"DSCore. Math. Abs((Cur. Length-DifMs)＊1000)"计算式，对两者进行减法运算，放大 1000 倍转化为 mm 单位，再取绝对值，即得到最终误差值，经实际计算本实例 R1 匝道误差值为 0.115mm。

通过"Color Palette"节点，创建绿色、红色。如预期误差允许值为 2mm，通过数值比较，判定目标路线误差是否在允许值内，当目标线路误差在允许值内，则导出绿色，否则导出红色，并通过"Color Range"节点显示颜色（图 1-64）。

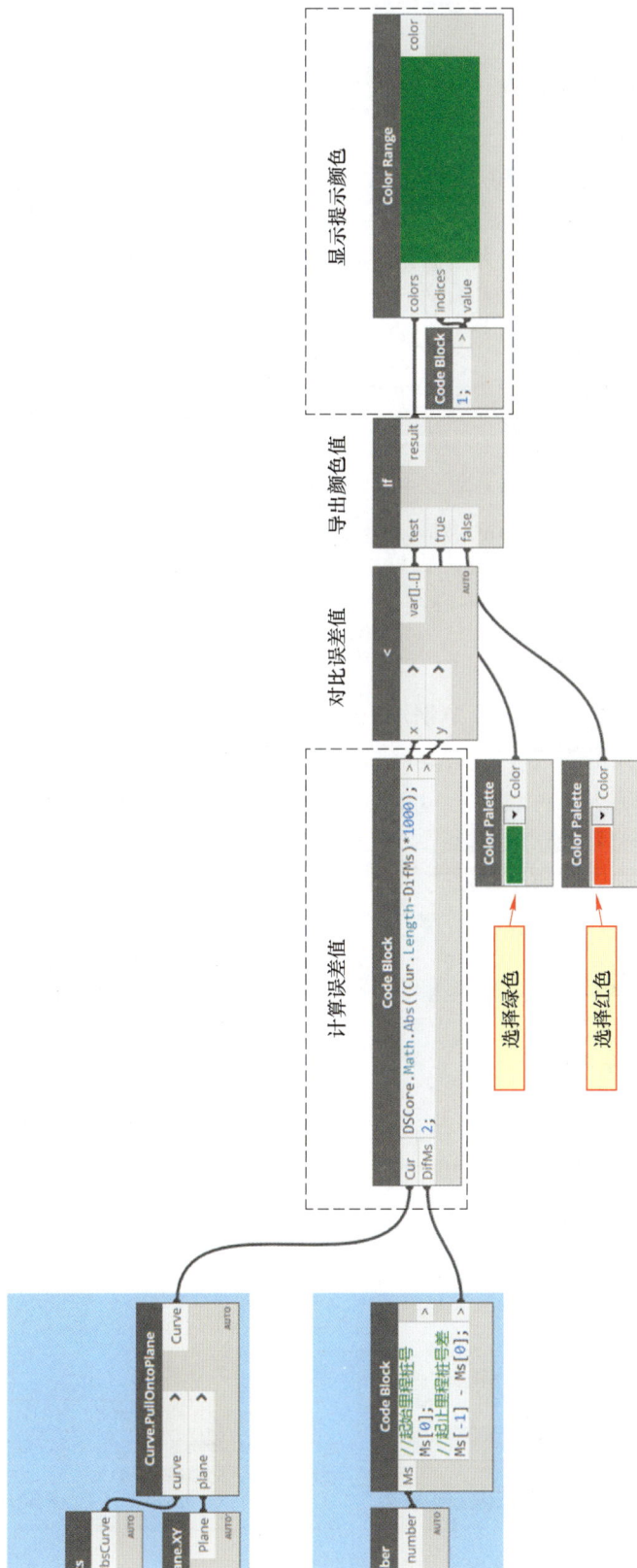

图 1-64　路线精度校核计算节点

小提示

"Color Range"节点输入端中，"indices"和"value"都输入为 1，可以直接显示 "colors"输入端中的唯一颜色值。

通过以上程序，可以快速鉴定，路线是否满足预期的精度要求。

当线路误差超出允许值时，需要回到"1.1.4 创建道路"小节中，在"基准线和区域 参数"对话框中，缩小步长值，即增大断面密集程度，如无意外错误，路线误差可被调整 到预期范围内。线路创建基本流程如图 1-65 所示。

图 1-65   线路创建基本流程

1.3.2   基于"中心线三维模型"创建中心线

1.3.2.1   导入中心线三维模型

在"1.2.1 Revit 项目环境创建"小节创建的 Revit 项目中，"插入"选项卡→"导入" 面板→"导入 CAD"，在弹出的"导入 CAD 格式"对话框中，选择"1.1.5 中心线数据提 取"小节创建的"R1 匝道中心线模型 .dwg"文件，调整导入单位与 CAD 文件一致 （m），确定定位方式为"自动-原点到原点"，打开文件，如图 1-66 所示。

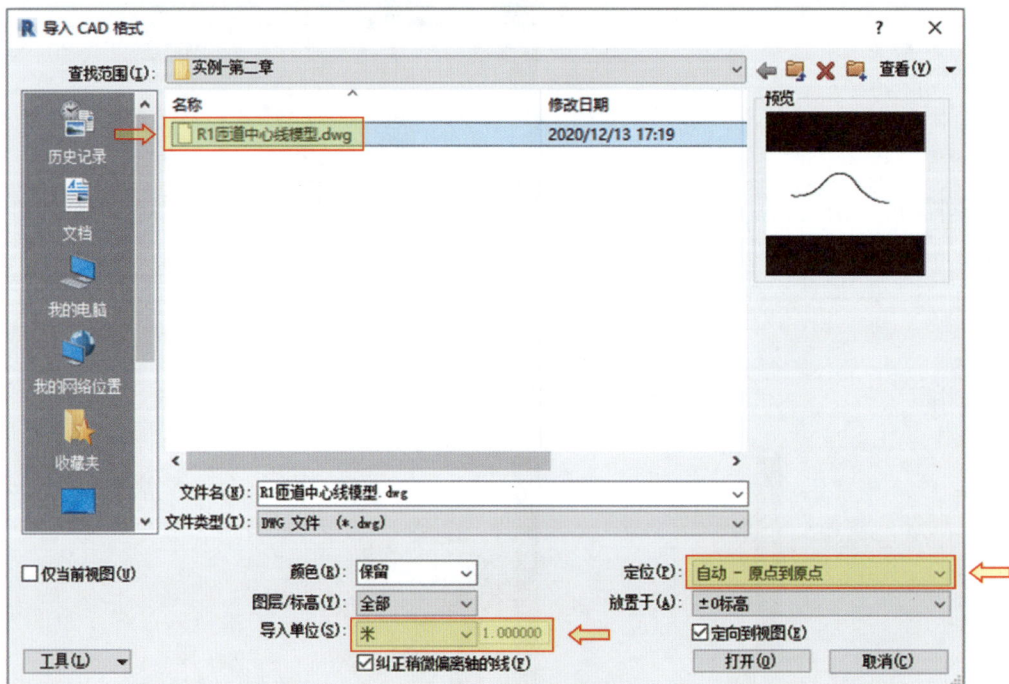

图 1-66   中心线模型导入

导入效果如图 1-67 所示。

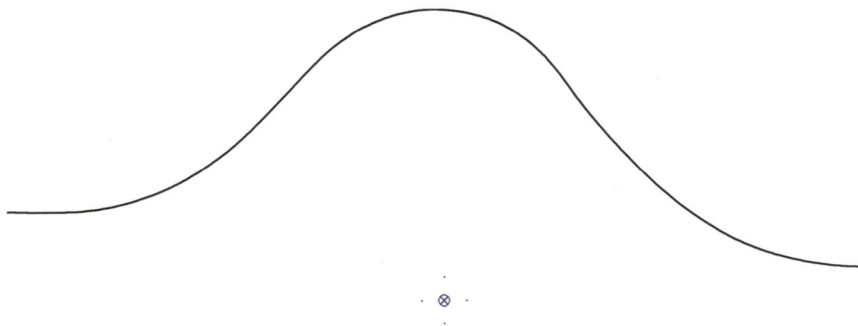

图 1-67　导入 Revit 后的中心线模型

1.3.2.2　读取中心线模型

新建 Dynamo 文件，进入程序编辑界面，使用"Select Model Element"节点拾取 Revit 项目中的"中心线三维模型"CAD 图形，并执行对象解析，从该图形中获取几何图形，如图 1-68 所示。

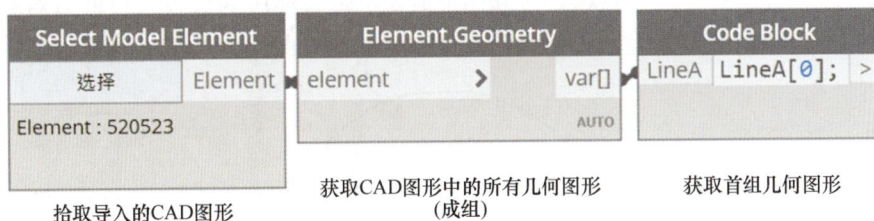

图 1-68　中心线模型拾取及解析节点

通过以上节点程序，获取到唯一一组几何图形，且列表中仅有一个成员，即三维多段线的几何图形，如图 1-69 所示。

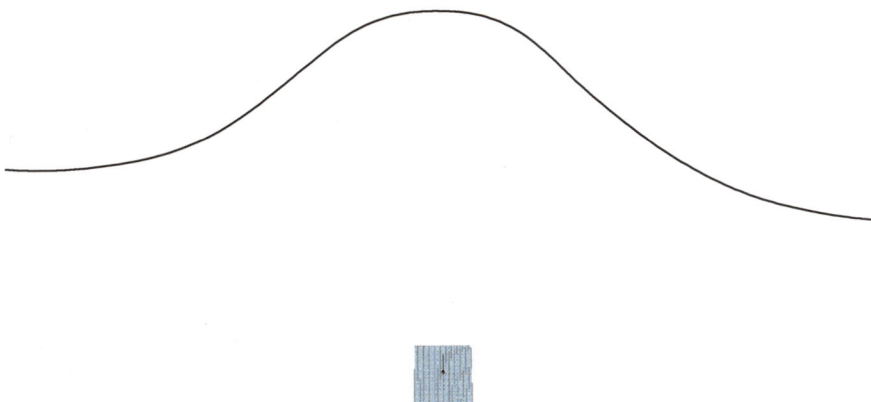

图 1-69　经节点读取后的桥梁中心线

1.3.2.3　线型变更

Civil 3D 中生成的三维中心线模型，是由多条三维空间中的直线段组成的，而非曲线。

如在对 R1 匝道进行纵断面设计时，拟合段步长过大（图中所示步长为 50m），将会观察到三维中心线呈明显的多段线状态，如图 1-70 所示。

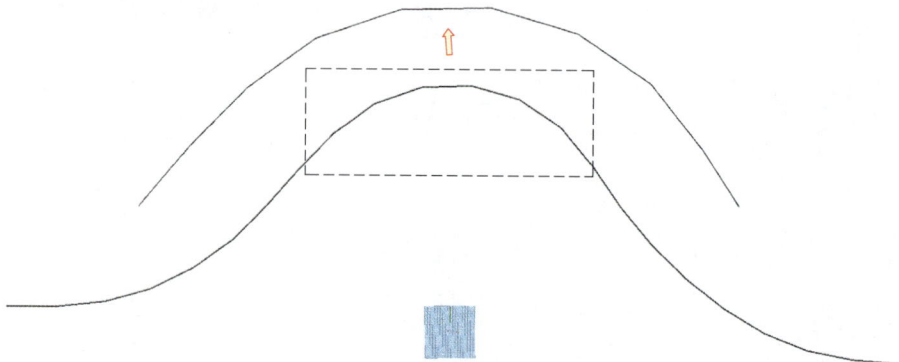

图 1-70　桥梁中心线的组成特点

而创建桥梁需要的是三维曲线（三维曲线更加地拟合线路特点，且任意点的空间位置及切向量等参数更加精准），所以，在使用三维中心线的几何数据之前，还需要对其线型进行转换。执行线型转换的思路是，按顺序提取每一段直线段的起点，以及最后一条直线段的终点，排列成新的点列表，根据点列表创建新的三维曲线，如图 1-71 所示。

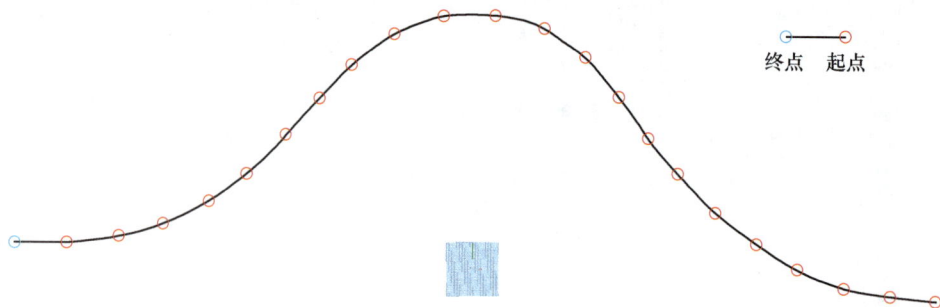

图 1-71　中心线模型组成曲线的点拆离

在 Dynamo 环境中的三维多段线几何图形基础上，应用"PolyCurve. Curves"节点分解三维多段线，被分解出的空间直线段列表按照线路方向排列，且每段直线段起点到终点的方向顺应线路方向。

按照这样的规律，提取出每一段直线段的起点、终点，将整个起点列表与终点列表最后一位成员合并为一个新的点列表，最后依据新的点列表创建三维曲线（图 1-72、图 1-73）。

1.3.2.4　路线精度校核

类似于读取 Excel 数据表的形式，最终创建了 Dynamo 环境下的桥梁中心线，同样地，也需要对中心线进行精度校核（图 1-74）。

在没有建立 Excel 中心线点报告数据的前提下，可以在 Dynamo 中手动记录设计桩号差，本实例中，举例通过"Code Block"代码块创建桩号差函数。并且将桥梁中心线向世界坐标系的 XY 平面投影，比较路线的长度与设计桩号差。

通过将误差值放大 1000 倍，观察到误差值为 910.00mm，远超出预期，所以需要重新

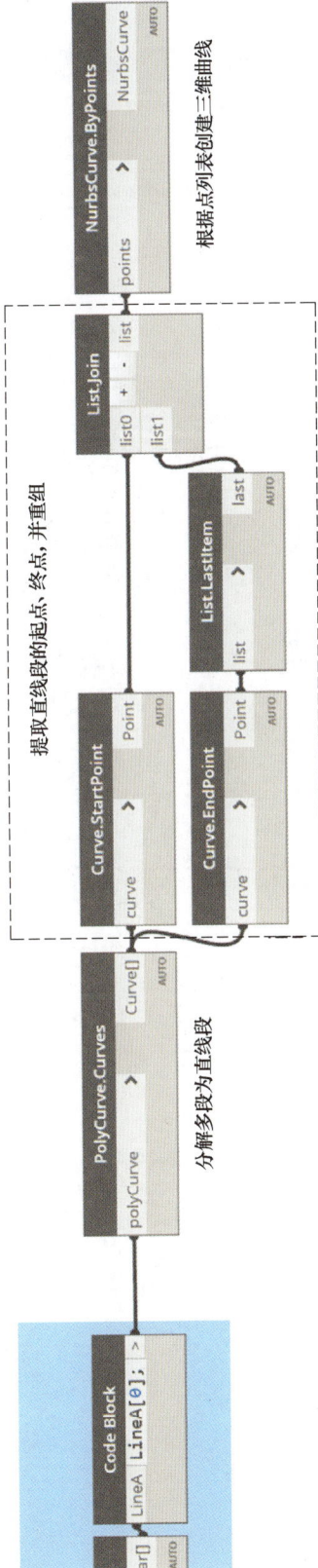

图 1-72 重组创建桥梁中心线

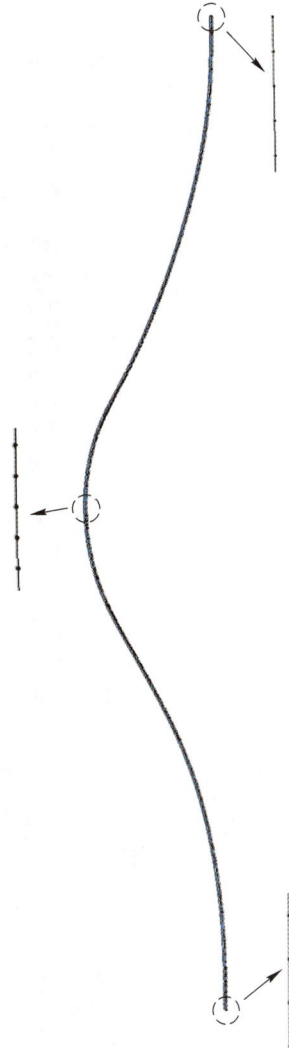

图 1-73 桥梁中心线创建效果

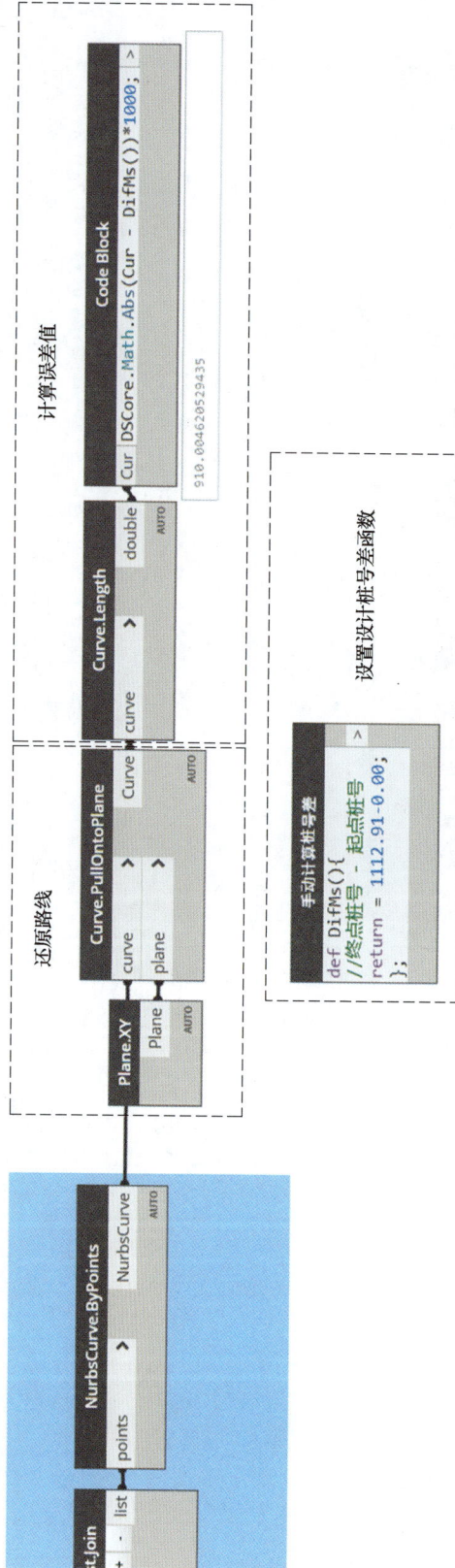

图 1-74 路线精度校核

对中心线三维模型进行设计和导出。

1.3.2.5 中心线模型重新设计

重新执行"1.1.5 中心线数据提取"小节中的"桥梁中心线三维模型"创建环节，当路线处于三维视图状态时，点击选择三维曲线，"纵断面图：R1 匝道纵断面图"选项卡→"修改纵断面"面板→单击"纵断面特性"，弹出"纵断面特性-R1 匝道纵断面"对话框，对当前纵断面的"对象样式"，即"RIAE 设计线"进行编辑，修改"概要"→"设计"→"拟合段步长"的数值（图 1-75）。

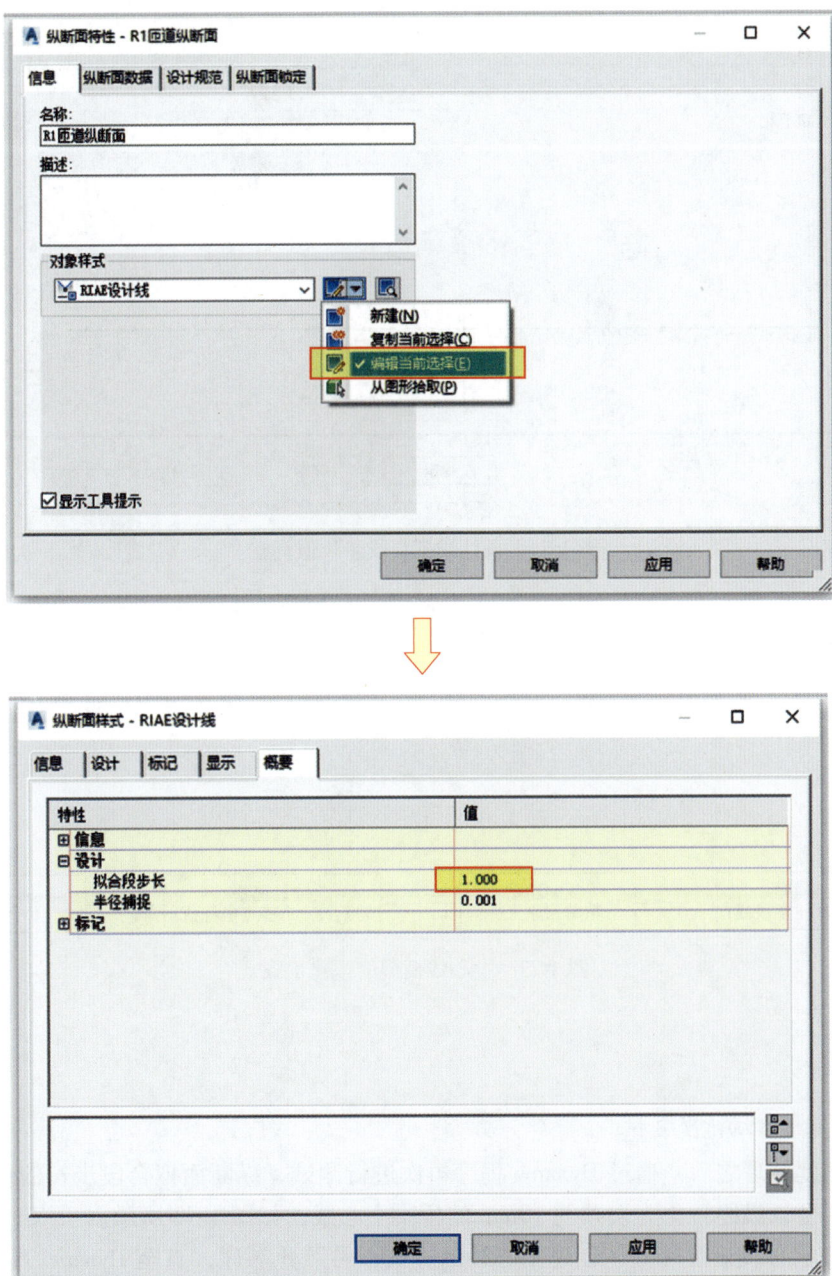

图 1-75 设计线拟合段步长设置

拟合段步长的值（单位为米）代表了中心线模型（多段线）中每一段直线段的长度，所以为了提高中心线模型的精度，将其缩小调整为0.1，如图1-76所示。

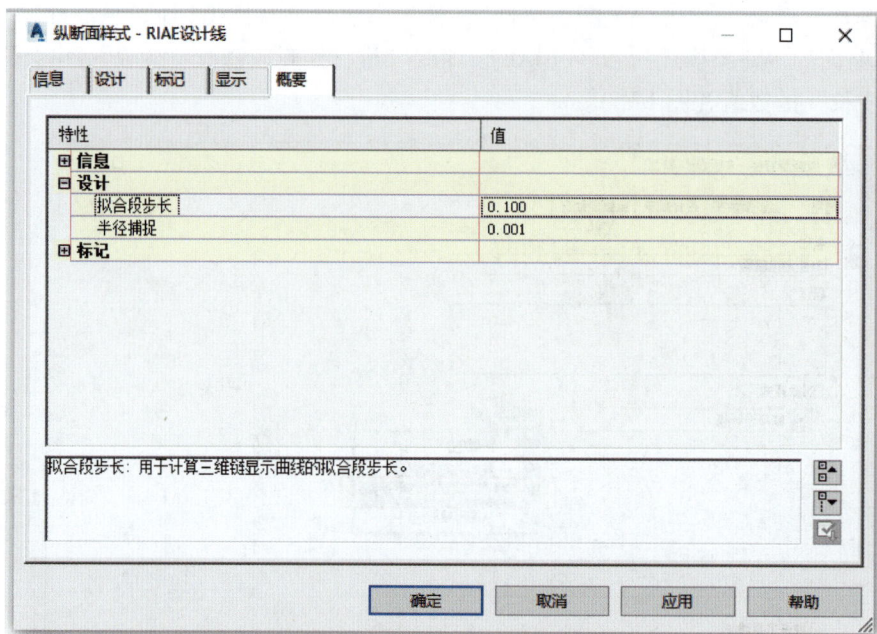

图 1-76　设计线拟合段步长值调整

调整之后，重新执行分解、复制、调整等操作，创建为"R1 匝道中心线模型2"（图 1-77）。

图 1-77　中心线模型的重建步骤

1.3.2.6　路线精度复核

经过精度处理之后，通过 Dynamo 程序再次进行测试，纵断面拟合段步长的值为 0.1m 的中心线模型，最终转化为误差约 10mm 的桥梁中心线，如图 1-78 所示。

基于"中心线三维模型"创建中心线的方式，参照此顺序，直至 Dynamo 环境下的路线误差在预期范围内即可。

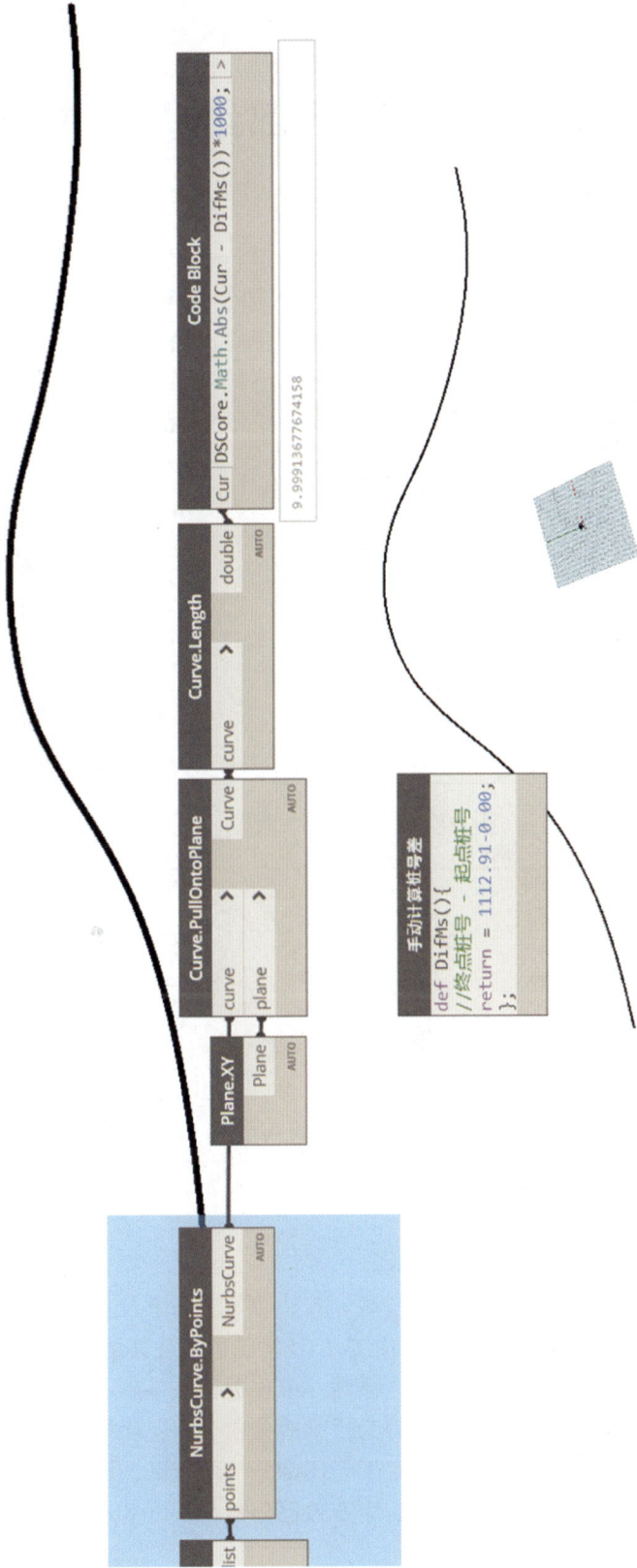

图 1-78　路线精度复核的再执行

2 现浇箱梁桥下部结构创建

现浇箱梁桥下部结构宜通过设计 Dynamo 程序进行自动式创建，根据不同桥梁类型，构造具有合理参数化程度的下部结构族，导入拟定的 Revit 项目，通过维护 Excel 数据，实现桥梁下部结构的搭建。其中 Dynamo 程序应支持与 Excel 数据的拓展适配，例如根据桥跨数量差异，Excel 表行数量不等情况下的适配，或根据下部结构族参数化程度不同导致的参数数量差异，Excel 表列数量不等情况下的适配。下部结构创建流程如图 2-1 所示。

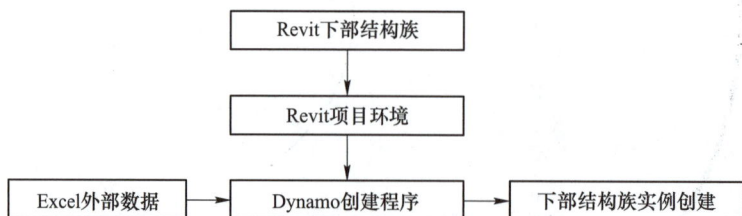

图 2-1 下部结构创建流程

2.1 下部结构族分析与设计

2.1.1 下部结构的分类及组成

桥梁下部结构可分为桥墩、桥台及墩台基础。

2.1.1.1 桥台及基础的常见形式及组成

常见的桥台及基础形式主要有重力式桥台、肋板式桥台、轻型桥台等，主要由桩基础、扩大基础、承台、肋板、台身、基础墙、台帽、耳背墙、垫石挡块等结构组成，其常见形式及其结构组成如图 2-2 所示。

2.1.1.2 桥墩及基础的常见形式及组成

常见的桥墩形式主要有实心墩、空心桥墩、双柱墩等，桥墩及基础主要由桩基础、承台、墩柱、盖梁（墩帽）、垫石挡块等结构组成，其常见形式及其结构组成如图 2-3 所示。

在桥梁工程下部结构工程中，通常都是循序、单独进行桩基础、承台、墩柱等结构的施工作业，桩基础、承台及墩柱通常也划分为桥梁的分项工程，而桥梁中的每颗桩、每个承台等则为单独检验批，其中墩柱根据施工工艺还常分节段施工，为使 BIM 模型能够较大程度地精细化，继而运用于项目施工管理、生产数据分析，所以 BIM 模型的单元划分尤为重要，也是数据精细化产出与应用的基础。

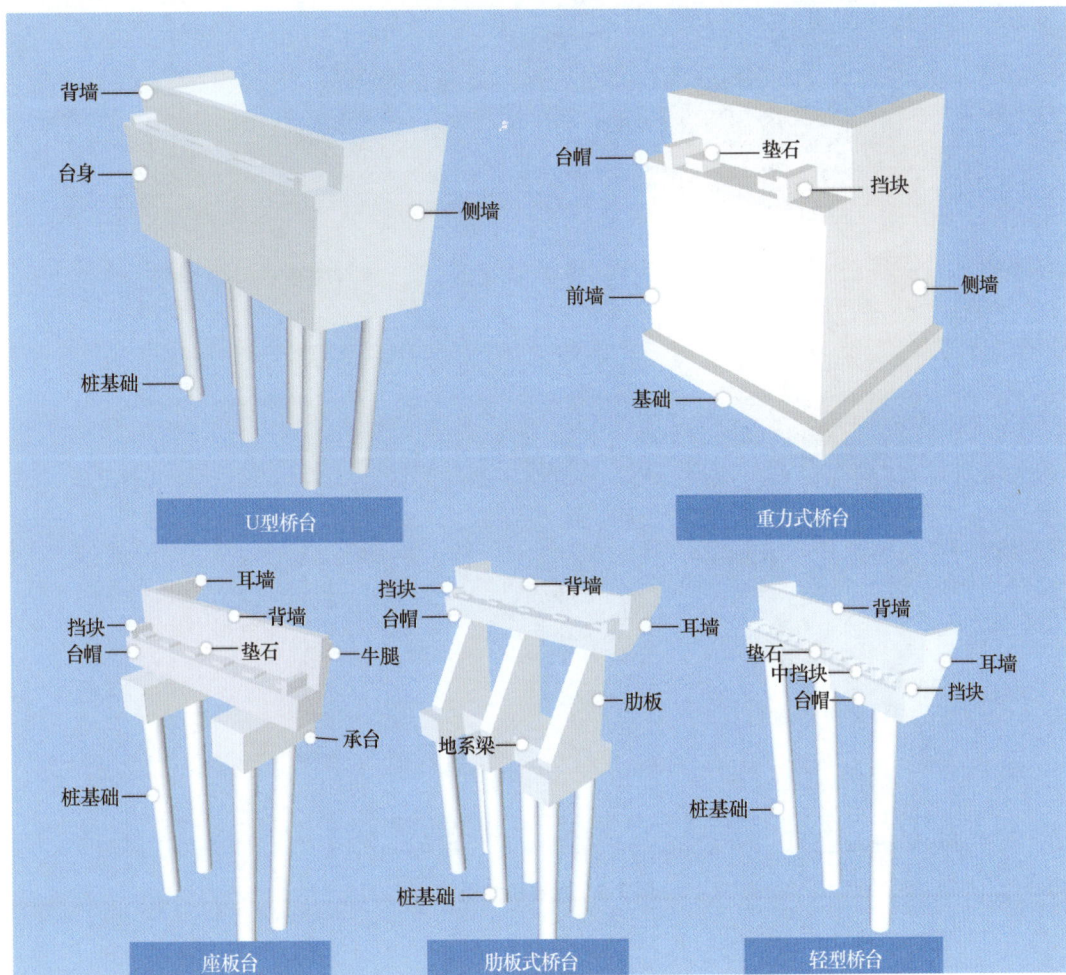

图 2-2 主要桥台类型

2.1.2 族类别的适用规则

2.1.2.1 结构纵向划分

下部结构按照纵向空间划分（图 2-4），可分为三部分，自下而上分别是以桩基、承台及扩大基础为代表的底部基础类结构，以及以墩柱、肋板及台身为代表的中部结构，和以盖梁、台帽及背墙为代表的顶部结构。

三部分下部结构具体包含的内容如表 2-1 所示。

2.1.2.2 族类别应用

参考房建工程，并结合桥梁下部结构分类，以上三部分桥梁结构中，底部基础构件适合基于"公制结构基础"族样板进行创建；中部结构多为类柱状结构，可通过"公制结构柱"族样板进行创建；顶部结构多为类梁状结构，可通过"公制结构框架-梁和支撑""公制结构框架-综合体和桁架""公制常规模型"族样板进行创建。

而为有针对性制定结构创建约束预设、参数预设、材质预设等环境，通常会基于桥梁

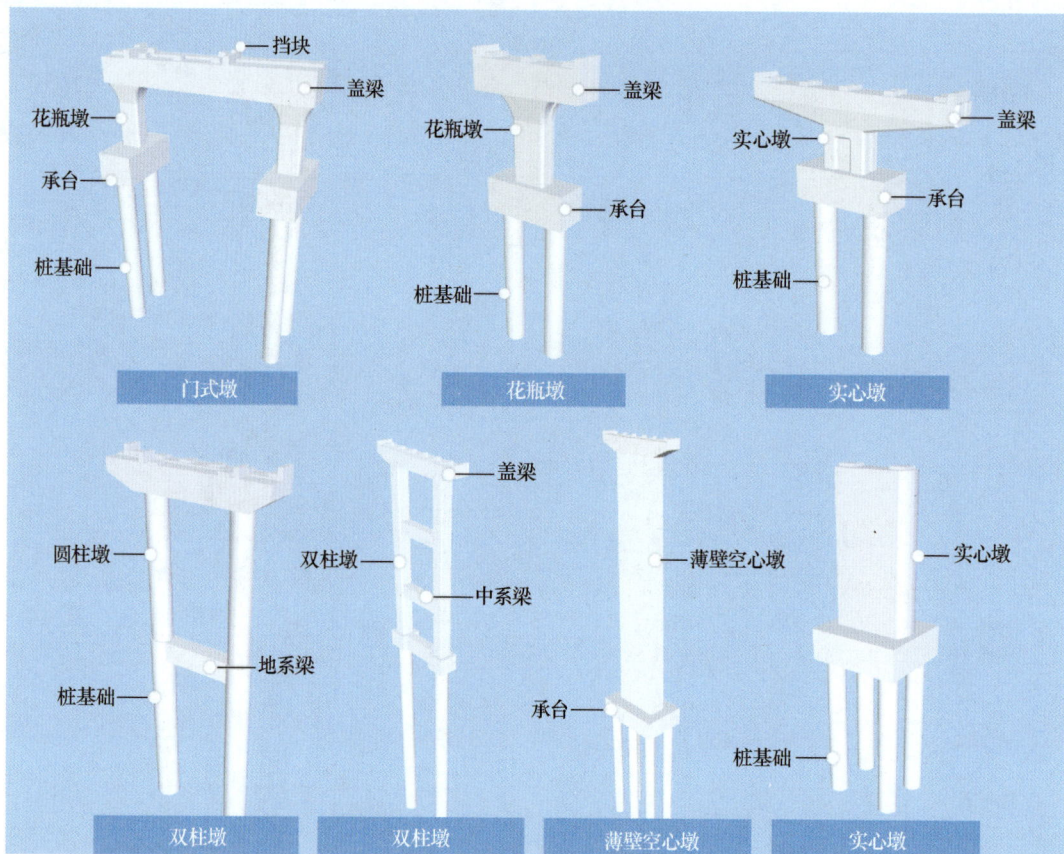

图 2-3 主要桥墩类型

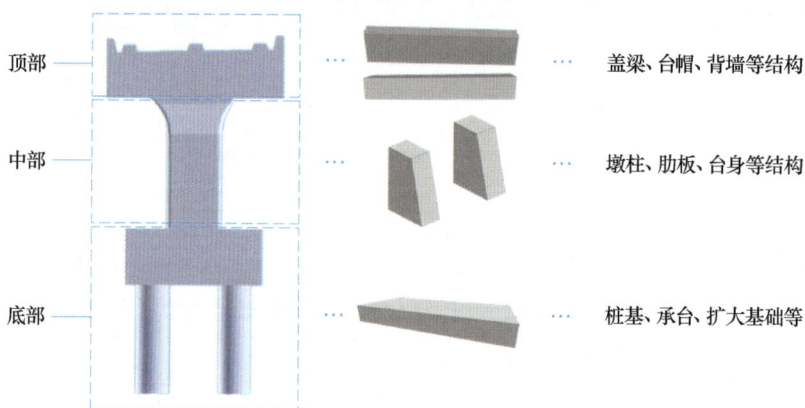

图 2-4 下部结构纵向划分

下部结构构件特性，创建族样板文件，族样板文件的创建可基于"公制常规模型"进行修改、完善，合适的族样板为结构族的创建建立了先天条件。

应对桥梁中异形结构构件的创建，基于"自适应公制常规模型"族样板创建的自适应族通常能有效解决不均匀渐变曲面、空间不定态（形体受其他结构驱动）等问题。

表 2-1　下部结构纵向划分组成

纵向划分	构件名称
顶部	盖梁
	台帽
	背墙（含牛腿）
	耳墙
	墩系梁
	挡块
	支座垫石
	搭板
中部	墩身（柱）
	台身
	肋板
	扶壁
	侧墙
底部	桩基
	桩系梁
	承台
	扩大基础

当桥梁同一部件中存在多种族样板规划时，尽量统一使用同一族样板，一方面便于按照类别管理构件，另一方面为统一 Dynamo 创建族实例的流程。

当桥梁上部结构采用"公制结构框架"类族样板时，盖梁/桥台不应采用"公制结构框架"类族样板，受 Revit 内部机制影响，容易导致模型发生错误或不必要的剪切或连接。

在桥梁工程中，运用多个族、多类别族创建嵌套组合族也是复杂桥梁结构创建的重要解决方式。

2.1.3　下部结构形变分析

下部结构族通常需要在创建构件的过程中通过各类尺寸约束来驱动三维形状的变化，如桩基础的桩径、承台的长宽高、台帽的横坡等，但一些复杂的下部结构则需要形变分析，主要涉及**形状拆分、参数控制、逻辑设计、数学计算**。

以薄壁空心墩为例，薄壁空心墩是一种具有良好的结构刚度和强度的桥墩，并且自重轻、截面积小，常出现在高桥的建设中。其内部包含若干组纵向分布的空心仓，空心仓之间通过人孔连接，在实际施工作业中，会结合施工工艺、施工模具等重要参数进行分节施工，在前期 BIM 工作中，也会依据同样的原则进行分节建模。薄壁空心墩建模拆分设计如图 2-5 所示。

2.1.3.1　形状拆分

观察墩柱节柱，主要分为实心体、空心体。实心体为外截面自下而上逐渐变窄的四棱

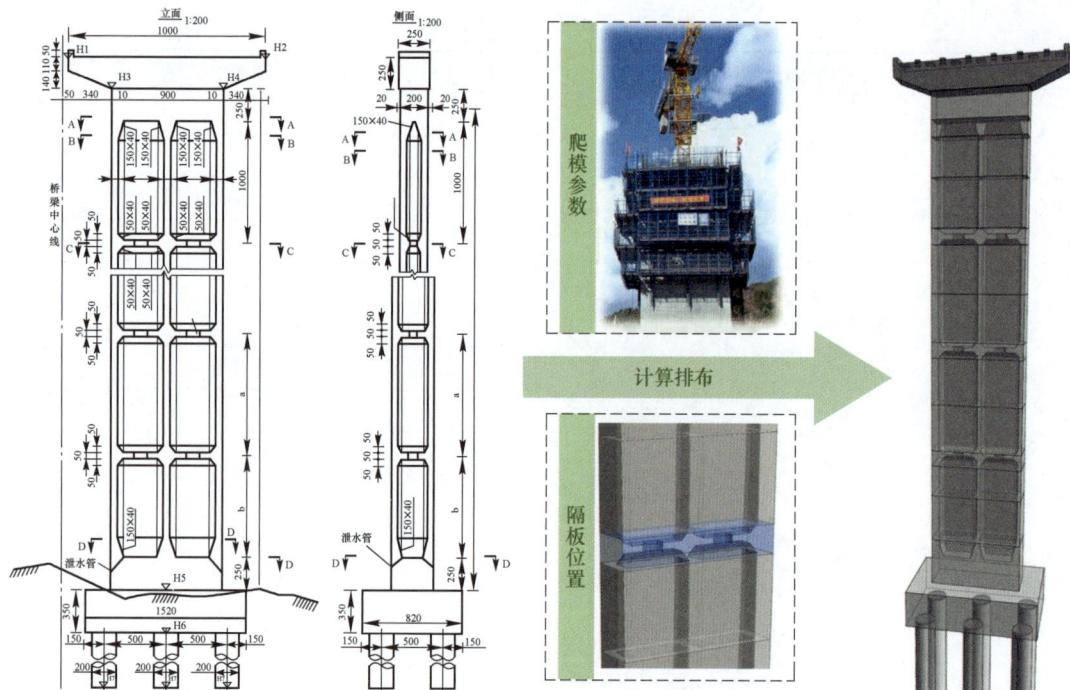

图 2-5 薄壁空心墩建模拆分设计

台；空心体主要为空心仓及人孔，其中空心仓为 1 个八棱台和 2 个四-八棱台的组合形状，人孔则为八棱柱（图 2-6）。在建模作业中，通过拉伸及融合命令进行各实心、空心形状的创建。

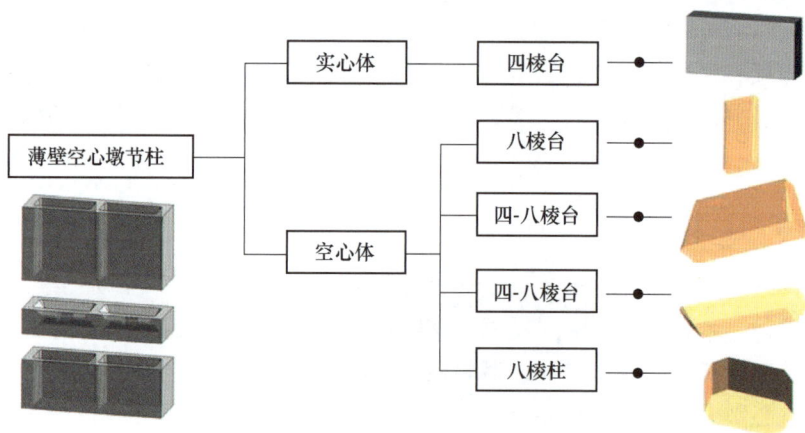

图 2-6 薄壁空心墩形状拆分组成

2.1.3.2 参数控制

由形状分析拆分可知，最终由棱柱、棱台两类形状组成。

棱柱由平面八边形拉伸形成八棱柱（图 2-7），平面轮廓由外边长 A、B 及倒角 a、b 尺寸控制。

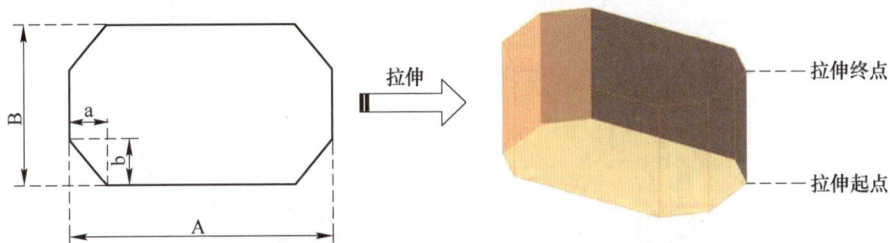

图 2-7   八棱柱形状拉伸创建

棱台由四/八边形融合形成棱台，平面轮廓由四边形、八边形组成，其中八边形由外边长 A1、B2 及倒角 a、b 尺寸控制，四边形则由边长 A2、B2 尺寸控制（图 2-8）。

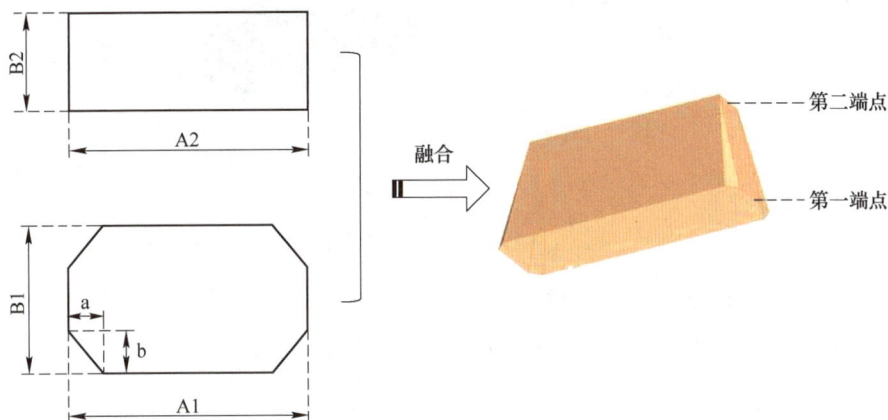

图 2-8   棱台形状融合创建

2.1.3.3   逻辑设计

A   逻辑设计背景

结合工程采用的施工工艺进行分析，如该墩柱工程采用爬模施工，液压爬模支持最大浇筑高度为 4.5m，且每节段空心仓高约为 10m，人孔高为 0.5m。

当遇人孔处时，宜将人孔及其上下空心仓端头一次浇筑，便于模板支设。顶节空心仓端头宜单独浇筑，便于其模板支设及仓内模板取出。

B   逻辑设计

由逻辑设计背景分析，薄壁空心墩节柱最大高度为 4.5m，其最大可跨越两节空心仓段，设定实心棱台 1 项，空心仓的创建量为 2 节（纵向），人孔创建量为 1 处，通过不同高度差的组合形成不同位置处的墩柱节柱模型。墩柱节柱与空心形状相对位置关系如图 2-9 所示。

使用"剪切命令"，预先使每一个空心形状都裁剪到实心棱台，通过参数驱动拉伸/融合形状端面的高度，即可实现不同墩柱节段的形状。再通驱动拉伸/融合轮廓草图的尺寸，使其与符合该节柱在整体墩柱中的尺寸。

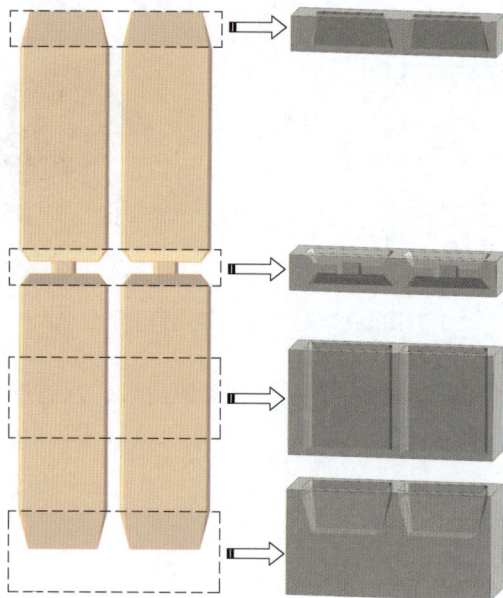

图 2-9 墩柱节柱与空心形状相对位置关系

2.1.3.4 数学计算

A 实心棱台

首先需要根据排布出的墩柱节柱所处高度及其自身高度，结合整体墩柱上下截面尺寸，计算实心棱台端面轮廓尺寸及端面高度（图 2-10）。

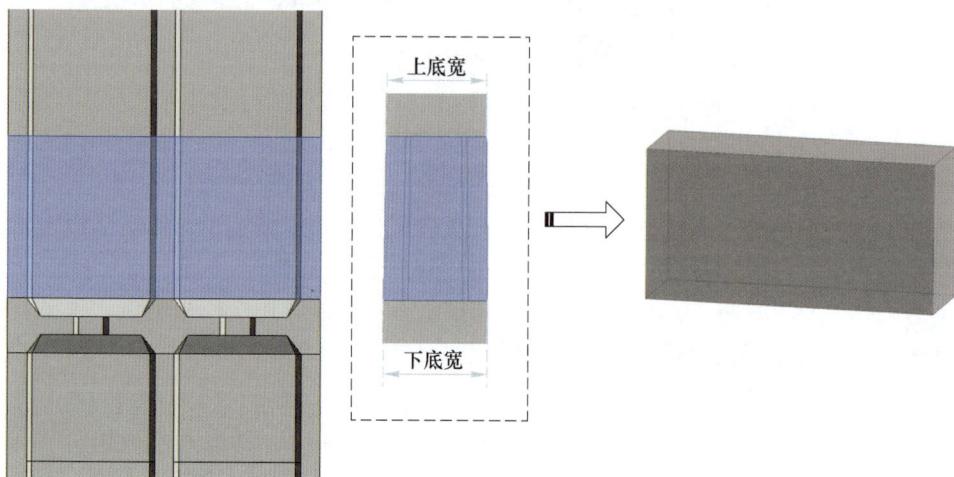

图 2-10 实心棱台创建

B 空心形状编号计算

根据参数输入的底端实心段高度，以及每一节段空心仓高度、人孔高度，可计算出，在纵向分布上离当前节柱最近的两节段空心仓。空心形状编号如图 2-11 所示。

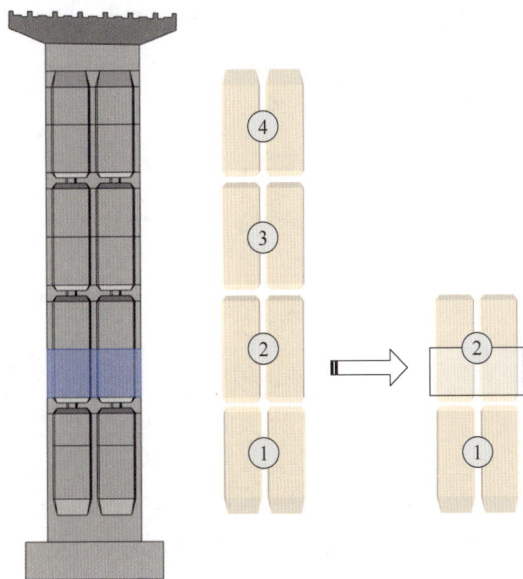

图 2-11 空心形状编号

C 空心形状融合端面高度计算（含人孔）

根据参数输入的底端实心段高度、人孔高度、各节段空心仓高度（以及不同阶段空心仓端头类型），计算出空心形状各个融合端面与墩柱节柱底面的高度差，如：

H 端面 1 = H 实心段 - Hbase

H 端面 2　= H 端面 1 + H 端口类型 A - Hbase

H 端面 3　= H 端面 1 + H 1 - H 端口类型 B - Hbase

…

空心形状各融合端面高度关系如图 2-12 所示。

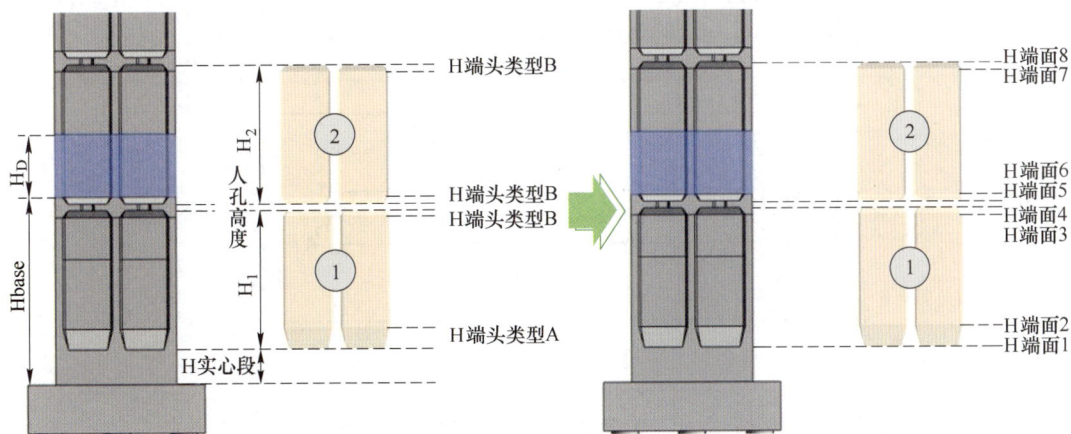

图 2-12 空心形状各融合端面高度关系示意图

D　空心形状融合端面轮廓尺寸计算

计算外轮廓尺寸，其中横桥向宽度恒定，顺桥向宽度自墩柱顶向下逐渐变宽，如图 2-13 所示，Bx 处宽度为：

$$Bx = Bbase - Hx * (Bbase - Btop) / Htotal$$

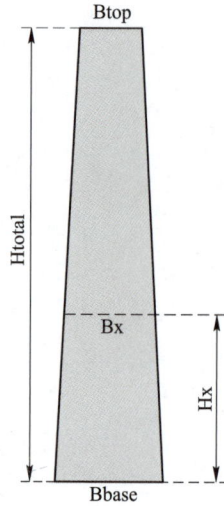

图 2-13　薄壁空心段侧立面宽与墩高关系示意图

通过 Bx 尺寸，结合不同截面类型及壁厚尺寸，进行内轮廓尺寸的计算，如图 2-14 所示。

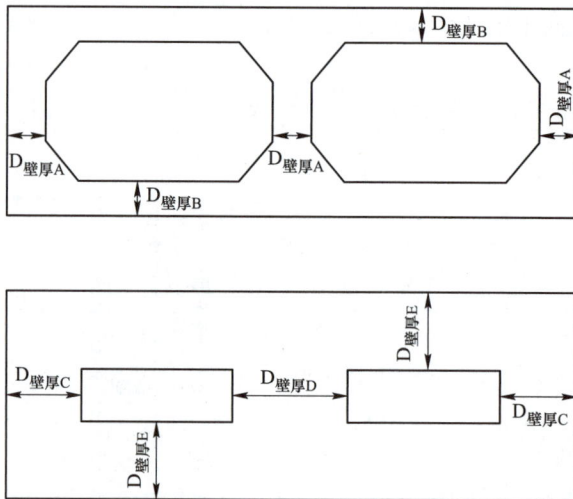

图 2-14　不同截面类型及壁厚尺寸示意图

通过以上**形状拆分**、**参数控制**、**逻辑设计**、**数学计算**等步骤，可以解决薄壁空心墩节柱的参数化族创建解决方案。薄壁空心墩族参数设计如图 2-15 所示。

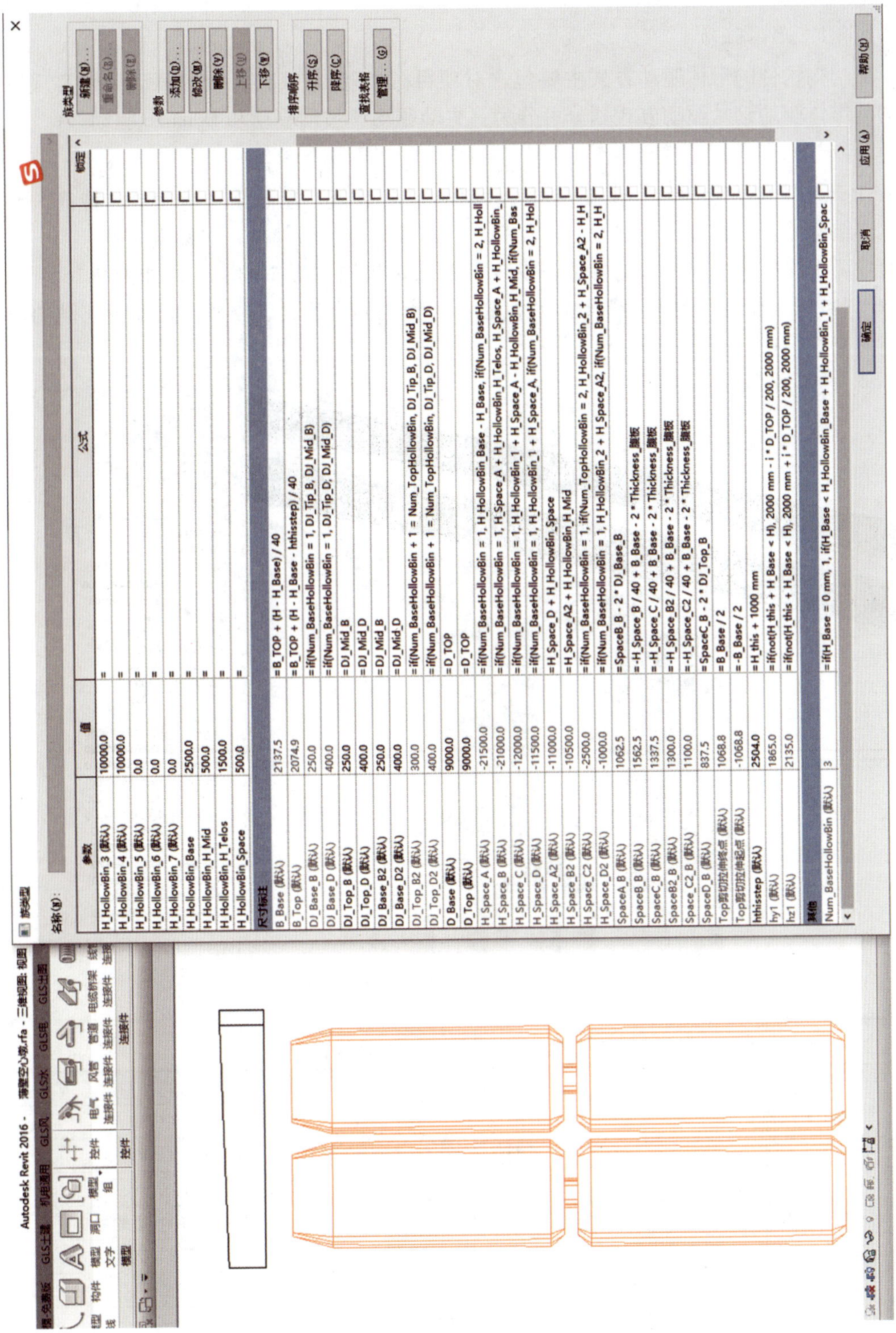

图 2-15 薄壁空心墩族参数设计

2.1.4 下部结构驱动控制

2.1.4.1 形体驱动

下部结构构件的形体驱动方式主要包含对项目/共享参数、族参数的驱动，来实现对结构物的形体驱动，从驱动方式划分可分为：主动驱动、被动驱动和 Dynamo 驱动。

A 主动驱动

Revit 环境下的主动驱动，主要指通过手动调整参数值，控制结构物理形体特征，在桥梁下部结构中，常有桩长、桩径、承台横（顺）桥向宽、墩柱高、盖梁横坡等。

通过调整族实例、族类型的参数，实现下部结构族构件形态的驱动，如图 2-16 所示实心墩，"数据"分组参数中的弧面半径、墩高、横桥向直边长、顺桥向长即为驱动的墩柱形体的主要参数（表 2-2）。

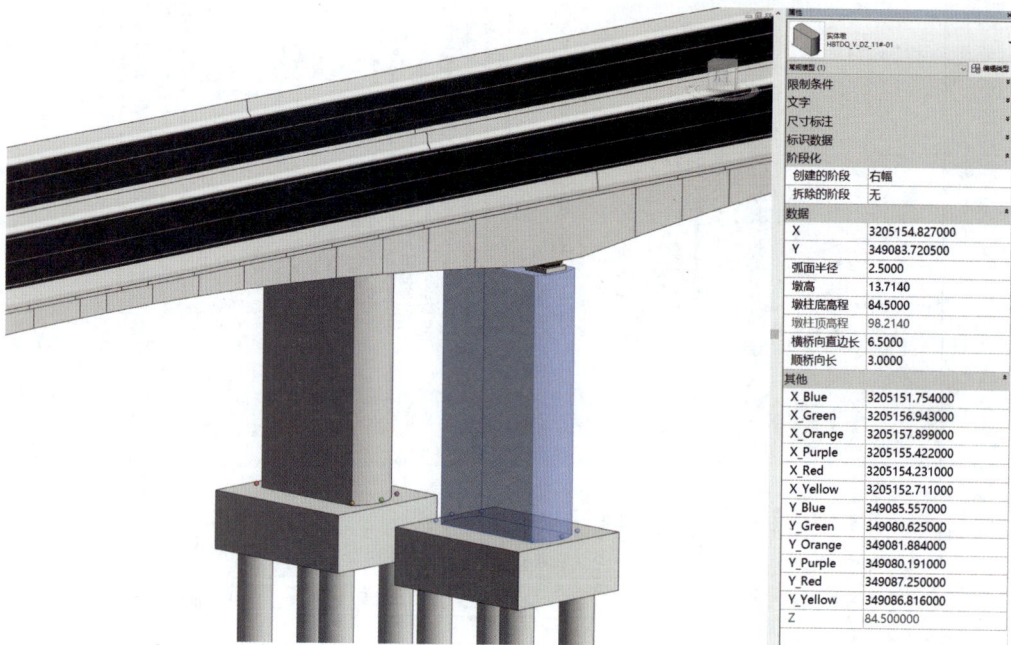

图 2-16　桥梁下部结构构件常见属性示例

表 2-2　桥梁墩柱构件位置及尺寸驱动数据示例 （m）

参数名称	参数示例	参数释义
墩柱底高程	84.5000	墩柱底高程
墩柱顶高程	98.2140	墩柱顶高程
墩高	13.7140	墩高
横桥向直边长	6.5000	墩柱横桥向中直边的宽度
顺桥向长	3.0000	墩柱顺桥向宽度
弧面半径	2.5000	墩柱两侧弧面半径
X	3205154.827000	X 坐标
Y	349083.720500	Y 坐标

图 2-17 背墙中,搭板槽高、背墙横坡、搭板槽宽、背墙根宽、背墙顶宽、背墙高及起始台等参数即为驱动的背墙形体的主要参数。

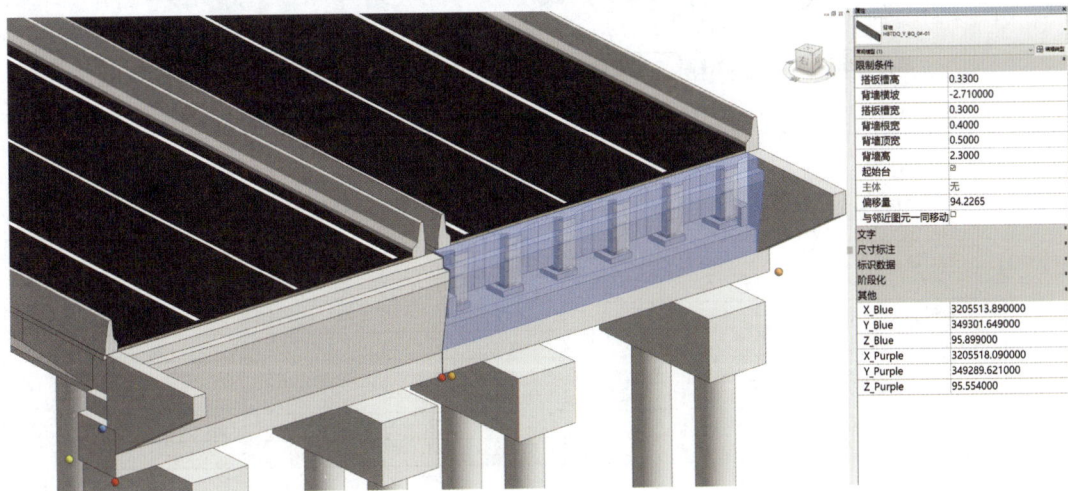

图 2-17 桥梁背墙结构构件常见属性示例

背墙参数含义如表 2-3 所示。

表 2-3 桥梁背墙构件位置及尺寸驱动数据示例

参数名称	参数示例	参数释义
背墙横坡	2	背墙横坡为 2%
搭板槽高	0.33	搭板槽高度 0.33m
搭板槽宽	0.3	搭板槽宽 0.3m
背墙根宽	0.4	背墙根宽 0.4m
背墙顶宽	0.5	背墙顶宽 0.5m
背墙高	2.3	背墙内墙面的高度 2.3m
起始台	True	为起始桥台背墙
	False	切换为结束端桥台背墙

B 被动驱动

结构尺寸形态受其他构件或环境的影响(多为空间距离、空间角度等),经过公式计算,反馈到当前结构本身。

该类构件常为自适应族,通过自适应点位获取其他构件或环境的参数,经过计算和参数间建立的逻辑关系,使其自身尺寸或形态发生改变,最终满足规范、承载力等方面的要求。

C Dynamo 驱动

当族的参数、参数值组合过多,缺乏规律,或者需要在过程中通过程序计算得出,那么,此类情况下非常适合使用 Dynamo 进行驱动。

Dynamo 的驱动通常是联合外部 Excel 数据,目的是降低数据的维护成本和提升驱动程序的通用性，通过 Excel 存储桥梁下部结构构件的参数，如图 2-18 所示的 Excel 数据表中，存储了某特大桥左幅墩柱的参数信息，主要包含了族实例编码及墩柱自身的空间尺寸参数，"／"表示该构件无此项参数。

族实例编码	墩柱高	墩顶横坡	墩径	墩侧弧半径	横桥向直边长	顺桥向长

InsCode	H	i	D	Dr	横桥向直边长	顺桥向长
HBTDQ_Z_DZ_1#-01	4.665	-4	1.4	/	/	/
HBTDQ_Z_DZ_1#-02	4.377	-4	1.4	/	/	/
HBTDQ_Z_DZ_2#-01	5	-4	1.4	/	/	/
HBTDQ_Z_DZ_2#-02	4.712	-4	1.4	/	/	/
...	...	...	...	...	...	...
HBTDQ_Z_DZ_9#-01	13.028	0	/	2.5	6.5	3
HBTDQ_Z_DZ_10#-01	13.643	0	/	2.5	6.5	3
HBTDQ_Z_DZ_11#-01	13.714	0	/	2.5	6.5	3
...	...	...	...	...	...	...

图 2-18　关于同类型桥梁构件中不同族的参数值数据记录方式

通过 Dynamo 读取上述 Excel 数据表数据，进行逐行、逐列有针对性地读取每个墩柱的参数，再根据族实例编码，向指定墩柱构件进行参数赋值（图 2-19）。

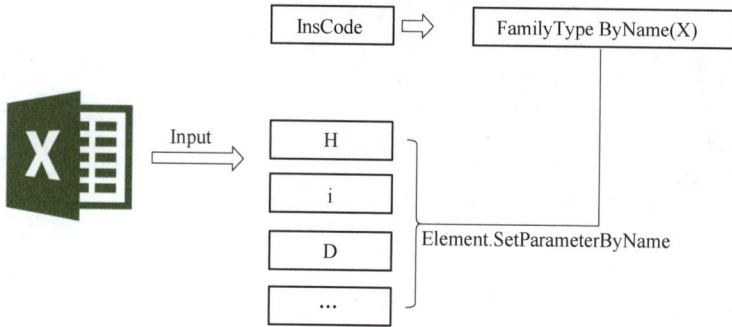

图 2-19　Dynamo 参数赋值流程

如族实例编码为"HBTDQ_Z_DZ_1#-01"墩柱的参数赋值结果示例 1 如图 2-20 所示。
如族实例编码为"HBTDQ_Z_DZ_9#-01"墩柱的参数赋值结果示例 2 如图 2-21 所示。

2.1.4.2　空间位置驱动

空间位置的驱动内容和顺序大致可分为：位置、方向及高程（图 2-22）。

其中，"位置"通常是根据结构中心所处的坐标值或里程桩号及偏距确定的，而通过 Dynamo 进行桥梁下部结构示例创建过程中，通常是根据结构的里程桩号及偏距来计算结构中心的位置（X，Y，0），这样做的好处有两方面：一方面，通过里程桩号、偏距可以计算结构中心的坐标，将值赋予给族参数，便于与设计给定的坐标作比较，印证 BIM 模型的正确性或设计成果的正确性。另一方面，便于计算线路在该里程桩号处的切向量等参数。桥梁构件与平面路线相对关系示意图如图 2-23 所示。

"方向"通常是使用"Curve. TangentAtParameter"节点计算该里程桩号处的切向量，

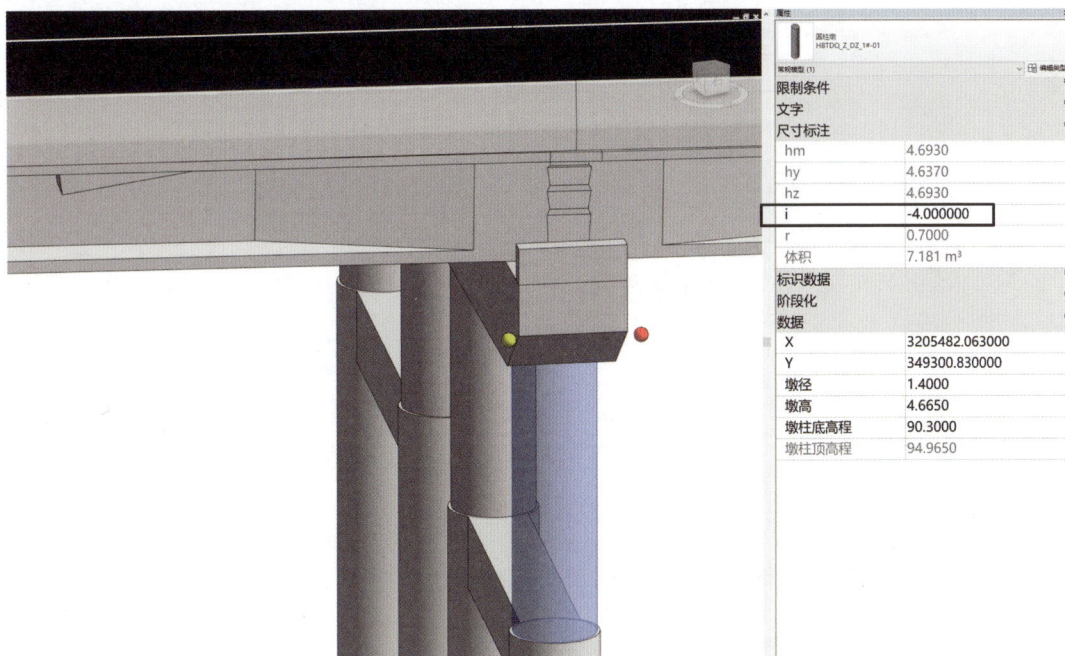

图 2-20　桥梁墩柱构件尺寸参数赋值结果示例 1

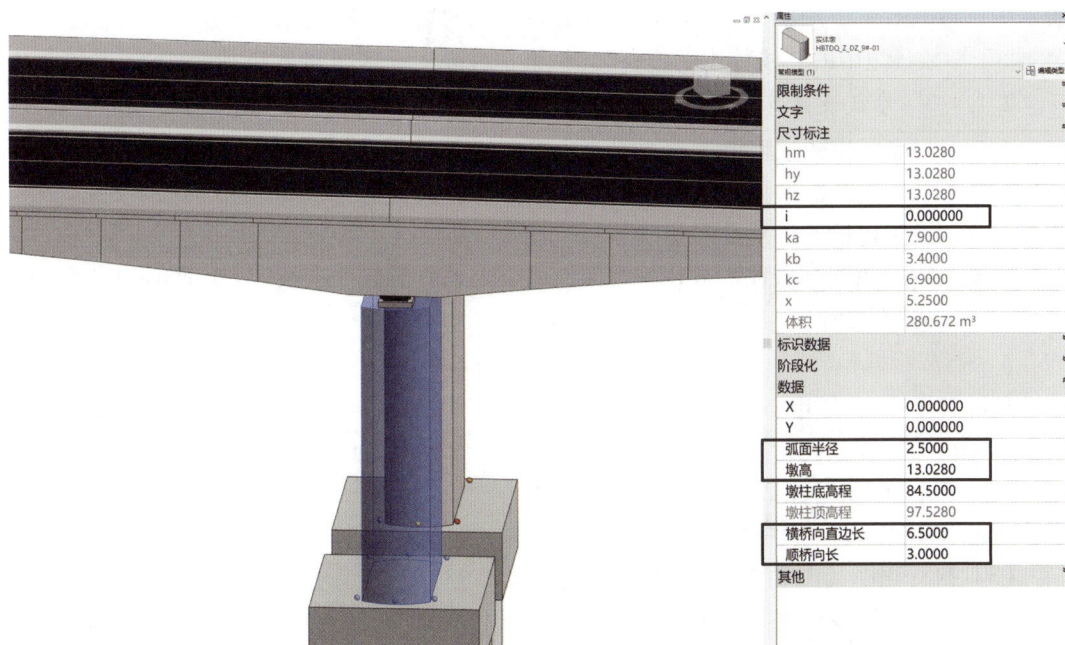

图 2-21　桥梁墩柱构件尺寸参数赋值结果示例 2

再通过"Vector. AngleAboutAxis"节点计算该切向量与世界坐标系中 Y 轴对应向量的夹角（0°～360°），最后使用"FamilyInstance. SetRotation"节点旋转族实例，完成结构族的"方向"调整。桥梁构件旋转角度设置节点设计如图 2-24 所示。

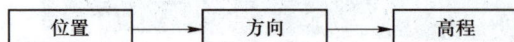

图 2-22　桥梁构件空间位置参数赋值顺序

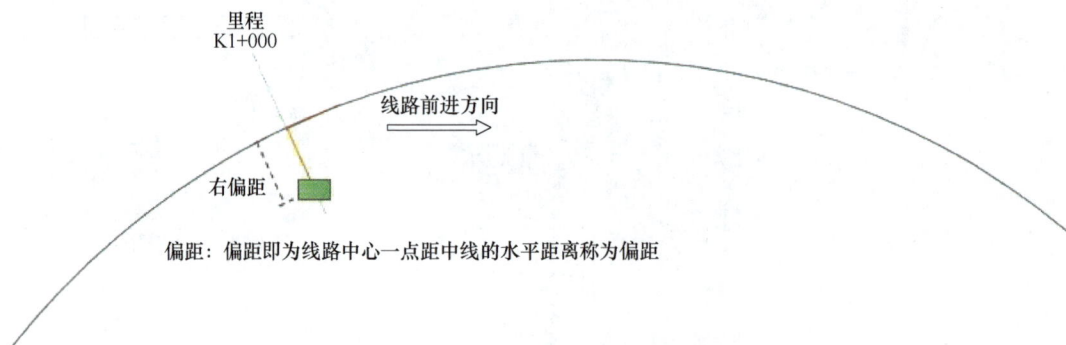

图 2-23　桥梁构件与平面路线相对关系示意图

"方向"调整示意如图 2-25 所示。

"高程"通常是通过调整标高的偏移量参数来实现的，但在不同版本中，对应的参数名称有所不同，如 2016 版本中，参数对应"限制条件"参数分组中的"偏移量"，2018 版本中，参数对应"约束"参数分组中的"自标高的高度偏移"，2020 版本中，参数对应"约束"参数分组中的"主体中的偏移"。桥梁构件高度设置如图 2-26 所示。

2. 1. 4. 3　参数设置

在项目模型的搭建过程中，通常需要为族类型或族实例设置参数值，例如构件的编码、设计参数、生产加工数据等，大量的参数值设置通常通过"Revit+Dynamo"来实现，而参数值的设置包括"外部数据参数""Dynamo 计算参数"等方式。

以图 2-27"雷鸣共振莲"族构件为例，可以由"外部数据参数""Dynamo 计算参数"两种方式完成驱动控制。

A　外部数据参数

外部数据通常采用 Excel 文件格式，记录族构件的各项参数，在 Revit 环境下通过 Dynamo 读取 Excel 数据，按照族参数名称进行匹配参数值，并赋予给族构件。

（1）编制 Excel（图 2-28）。

（2）编制 Dynamo 程序（图 2-29）。

（3）执行程序（图 2-30）。

执行前后，通过"莲叶摆幅角度"参数也可直观感受到 Dynamo 读取 Excel 设置族参数值的效率还是非常高的。不同角度赋值结果如图 2-31 所示。

B　Dynamo 计算参数

还有很多的参数，在项目创建之前可能处于未知状态，也可能需要在使用 Dynamo 程序计算才能得到。该类参数，则需要通过 Dynamo 将对应计算结果给定到族构件。

（1）在上述项目中，打开日光路径（图 2-32）。

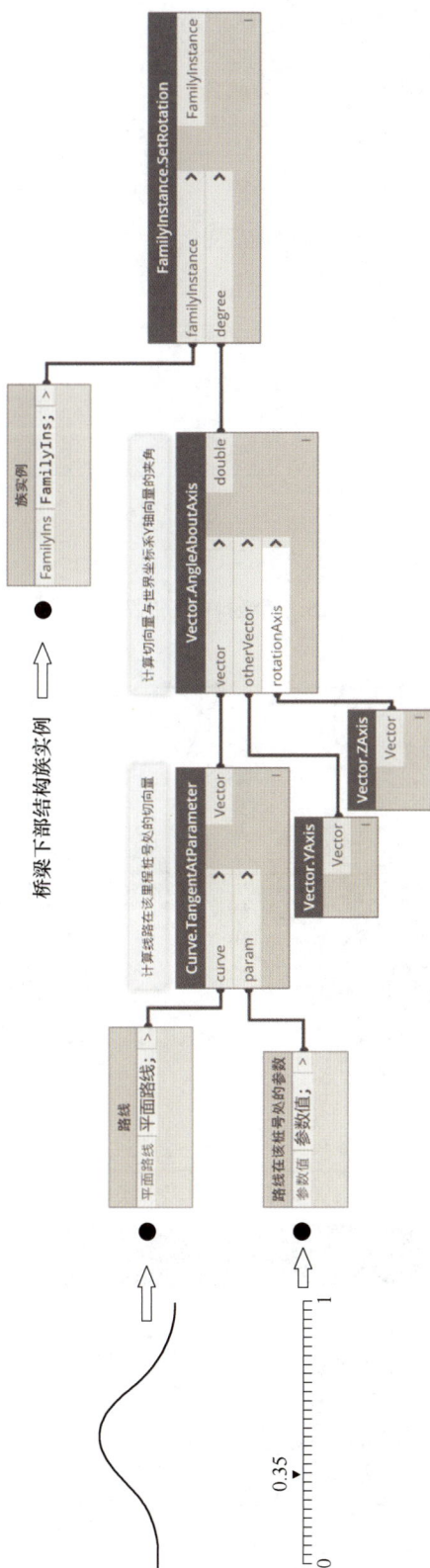

图 2-24　桥梁构件旋转角度设置节点设计

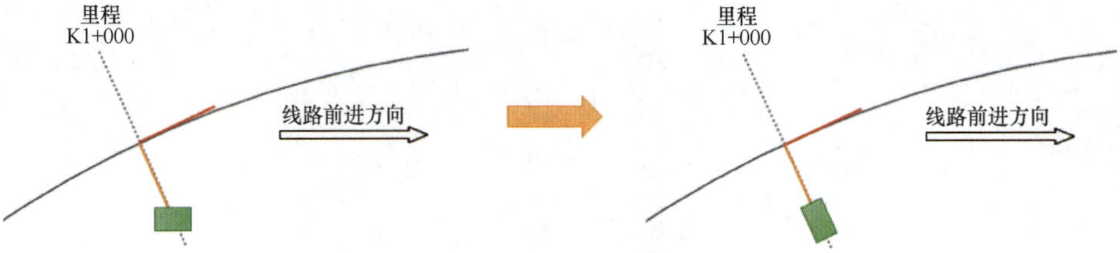

图 2-25　桥梁构件旋转前后变化与平面路线位置关系

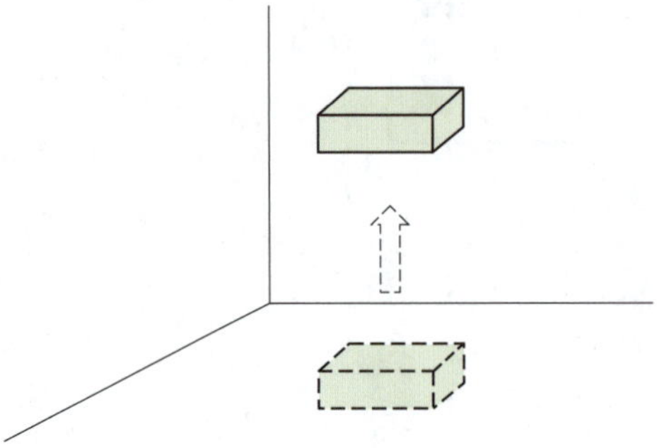

图 2-26　桥梁构件高度设置

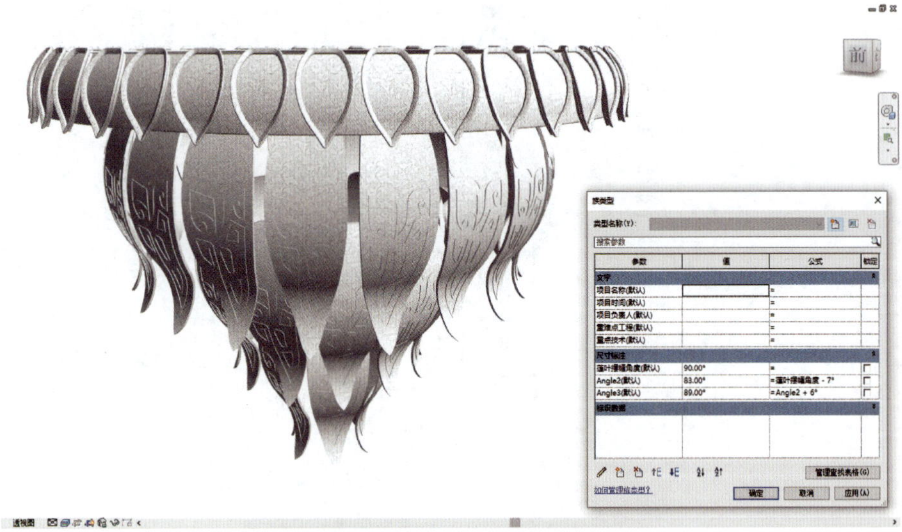

图 2-27　“雷鸣共振莲”及族类型面板

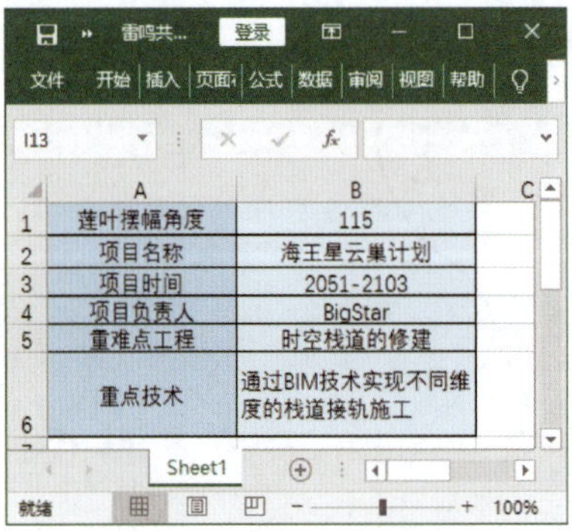

	A	B
1	莲叶摆幅角度	115
2	项目名称	海王星云巢计划
3	项目时间	2051-2103
4	项目负责人	BigStar
5	重难点工程	时空栈道的修建
6	重点技术	通过BIM技术实现不同维度的栈道接轨施工

图 2-28　Excel 外部数据

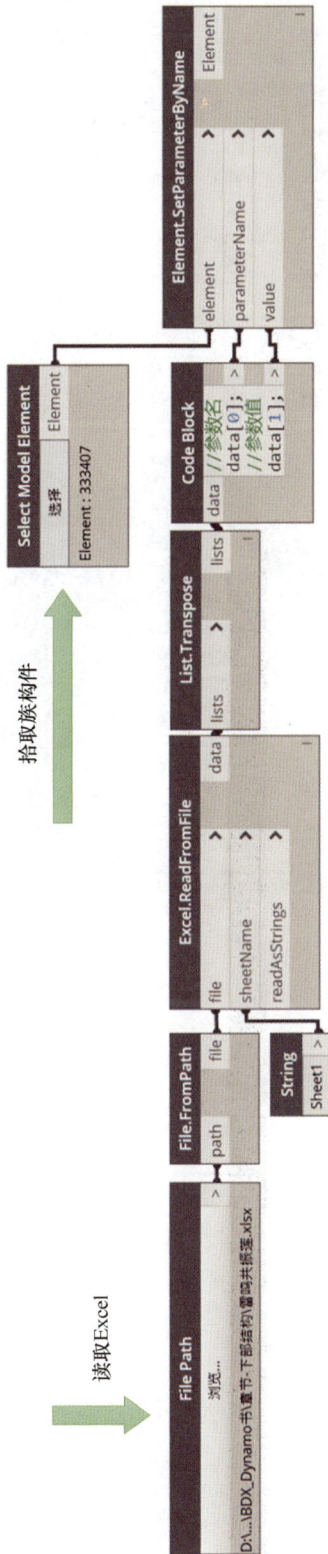

图 2-29 构件参数赋值节点

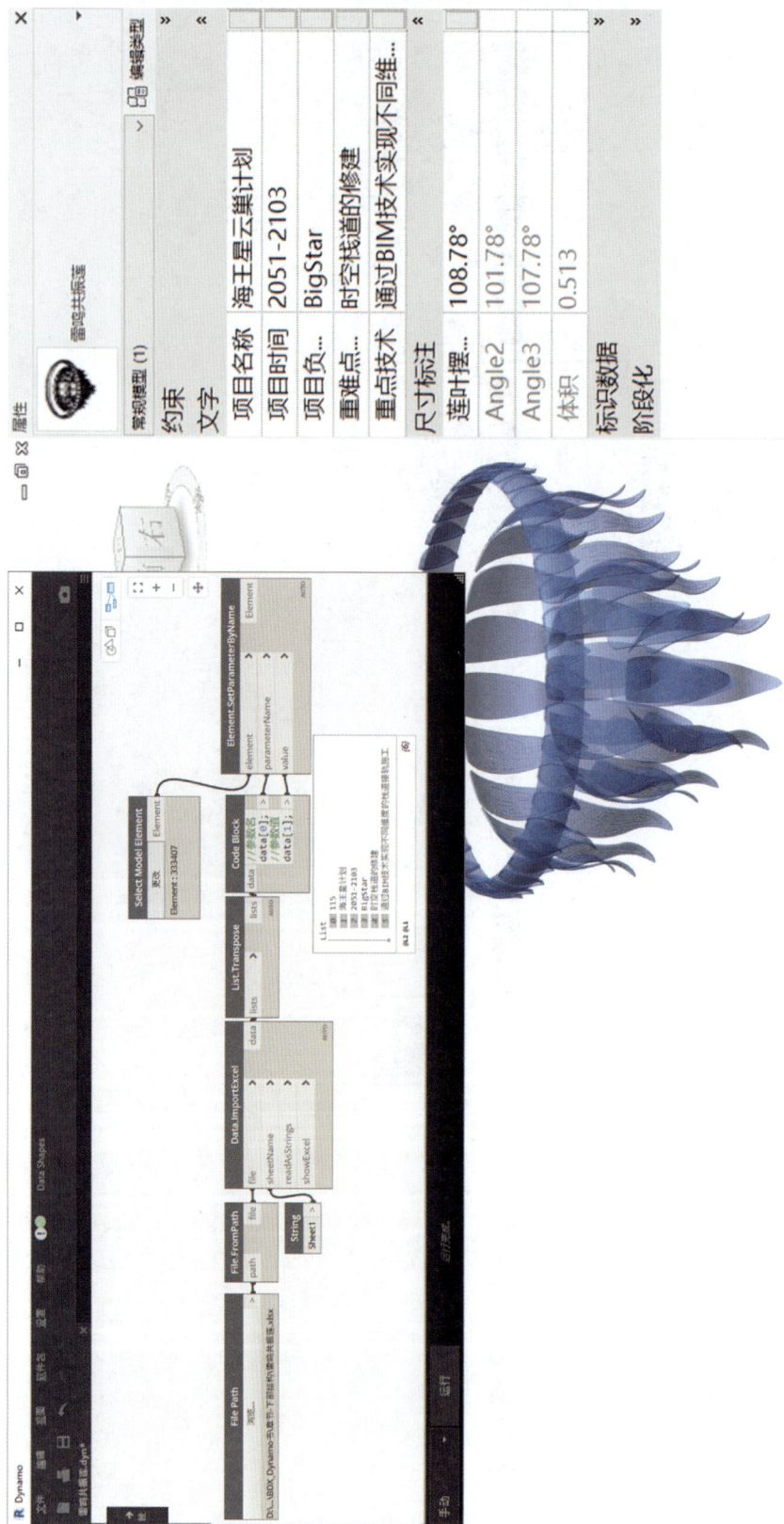

图 2-30　参数赋值程序执行效果

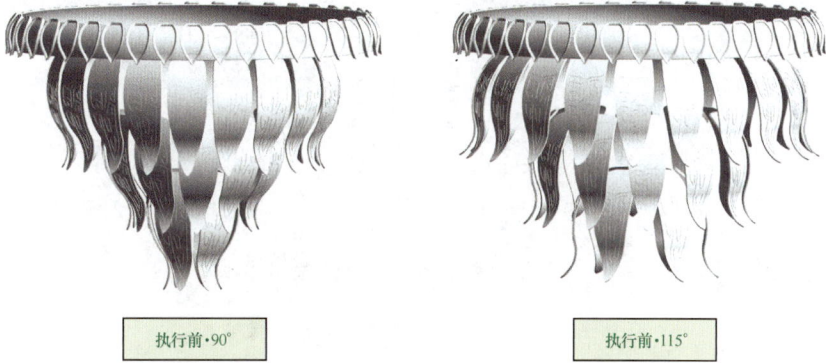

执行前·90°   执行前·115°

图 2-31　不同角度赋值结果

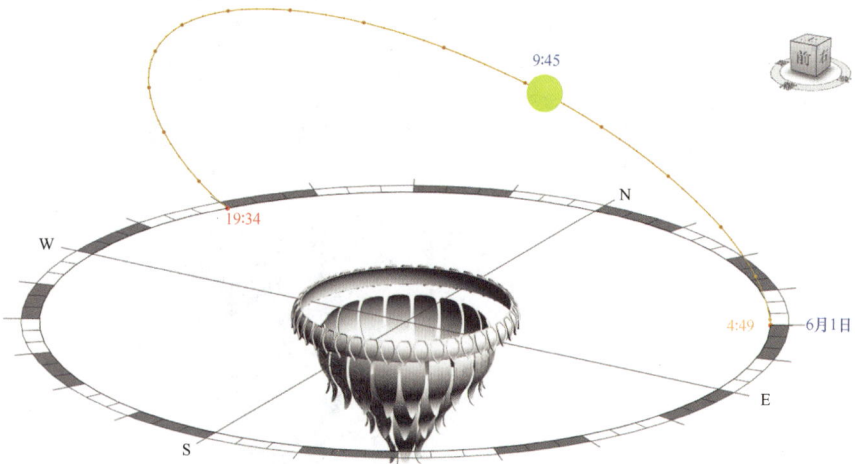

9:45

19:34

N

W

4:49　6月1日

E

S

前右

图 2-32　日光路径下的"雷鸣共振莲"

（2）编制 Dynamo 程序，读取日光角度（图 2-33）。

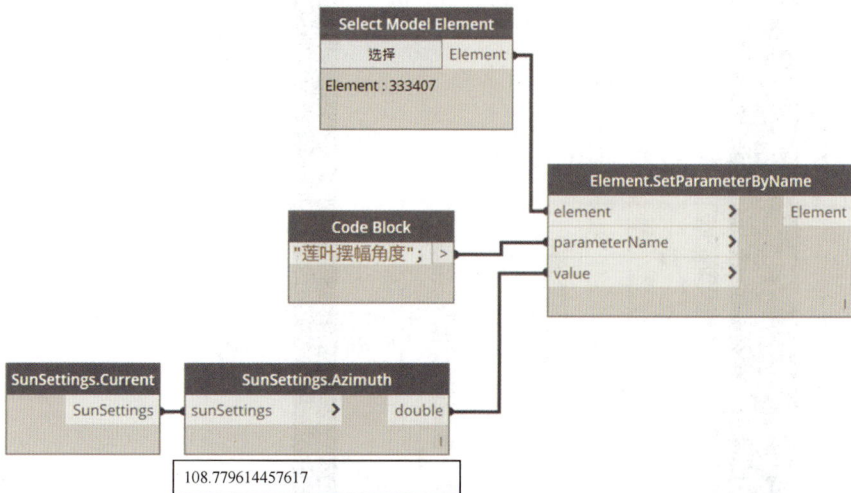

Select Model Element
选择　Element
Element : 333407

Element.SetParameterByName
element　Element
parameterName
value

Code Block
"莲叶摆幅角度";

SunSettings.Current
SunSettings

SunSettings.Azimuth
sunSettings　double

108.779614457617

图 2-33　日光角度关联莲叶摆幅角度

（3）执行程序，将日光角度作为"莲叶摆幅角度"的参数值赋予给族构件（图 2-34）。

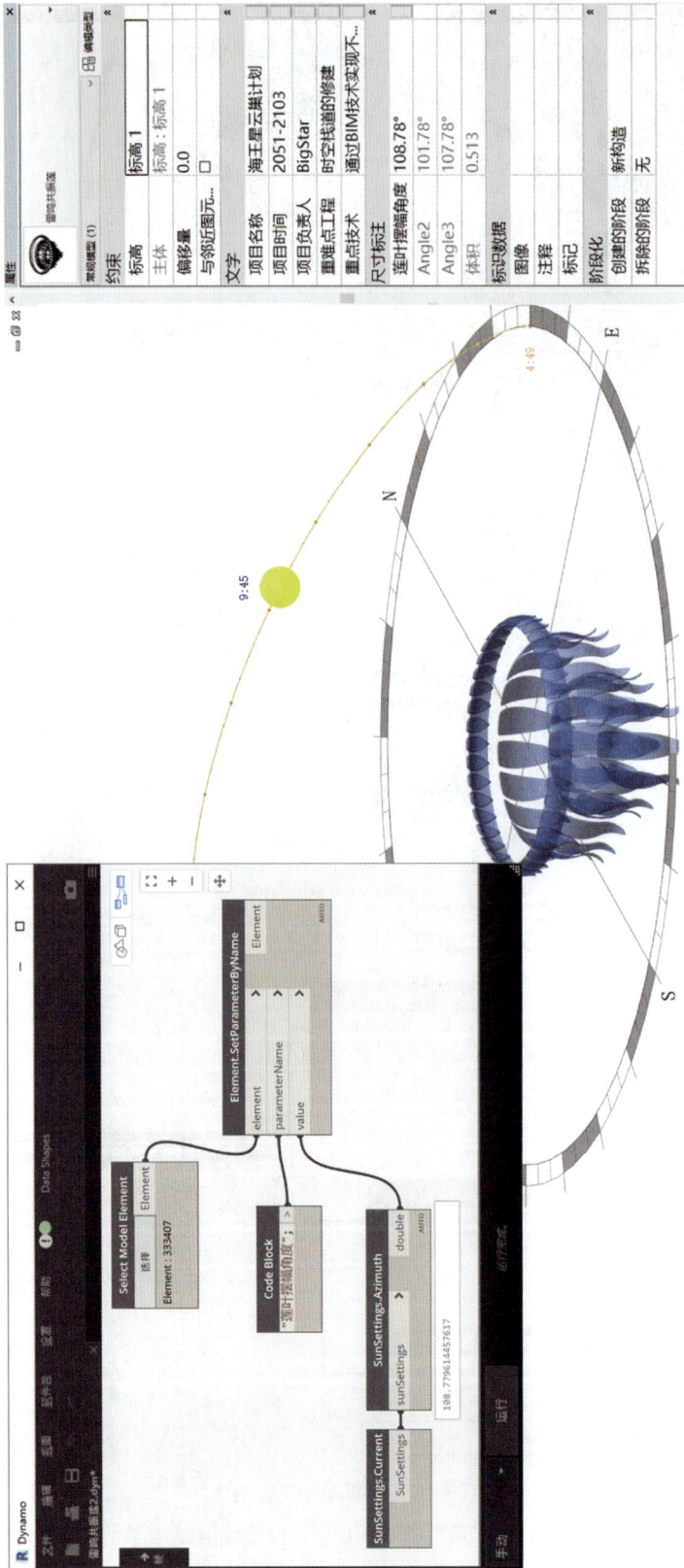

图 2-34　日光角度关联莲叶摆幅角度效果

2.2 下部结构族创建

2.2.1 下部结构构造

PP 互通式立交 R1 匝道桥下部结构中，共包含 27 跨，即 28 座墩台，0 号、28 号为桥台，1~27 号为桥墩，各桥墩、桥台的构造类型如表 2-4 所示。

表 2-4　R1 匝道桥下部结构墩台类型

墩台构造类型	适用范围	墩柱类型
桥墩-类型 A	1~2 号、4~6 号、15 号、17 号、19~21 号、23~24 号、26~27 号	花瓶墩
桥墩-类型 B	8 号、10 号	花瓶墩
桥墩-类型 C	3 号、18 号、22 号、25 号	花瓶墩
桥墩-类型 D	7 号	花瓶墩
桥墩-类型 E	12~13 号	花瓶墩
桥墩-类型 F	11 号	花瓶墩
桥墩-类型 G	14 号	花瓶墩
桥墩-类型 H	16 号	花瓶墩
桥墩-类型 I	9 号	圆柱墩
桥台-类型 A	0 号	/
桥台-类型 B	28 号	/

墩台构造类型三视图如下。

（1）桥墩-类型 A（图 2-35）。
（2）桥墩-类型 B（图 2-36）。
（3）桥墩-类型 C（图 2-37）。
（4）桥墩-类型 D（图 2-38）。
（5）桥墩-类型 E（图 2-39）。
（6）桥墩-类型 F（图 2-40）。
（7）桥墩-类型 G（图 2-41）。
（8）桥墩-类型 H（图 2-42）。
（9）桥墩-类型 I（图 2-43）。
（10）桥台-类型 A（图 2-44）。
（11）桥台-类型 B（图 2-45）。

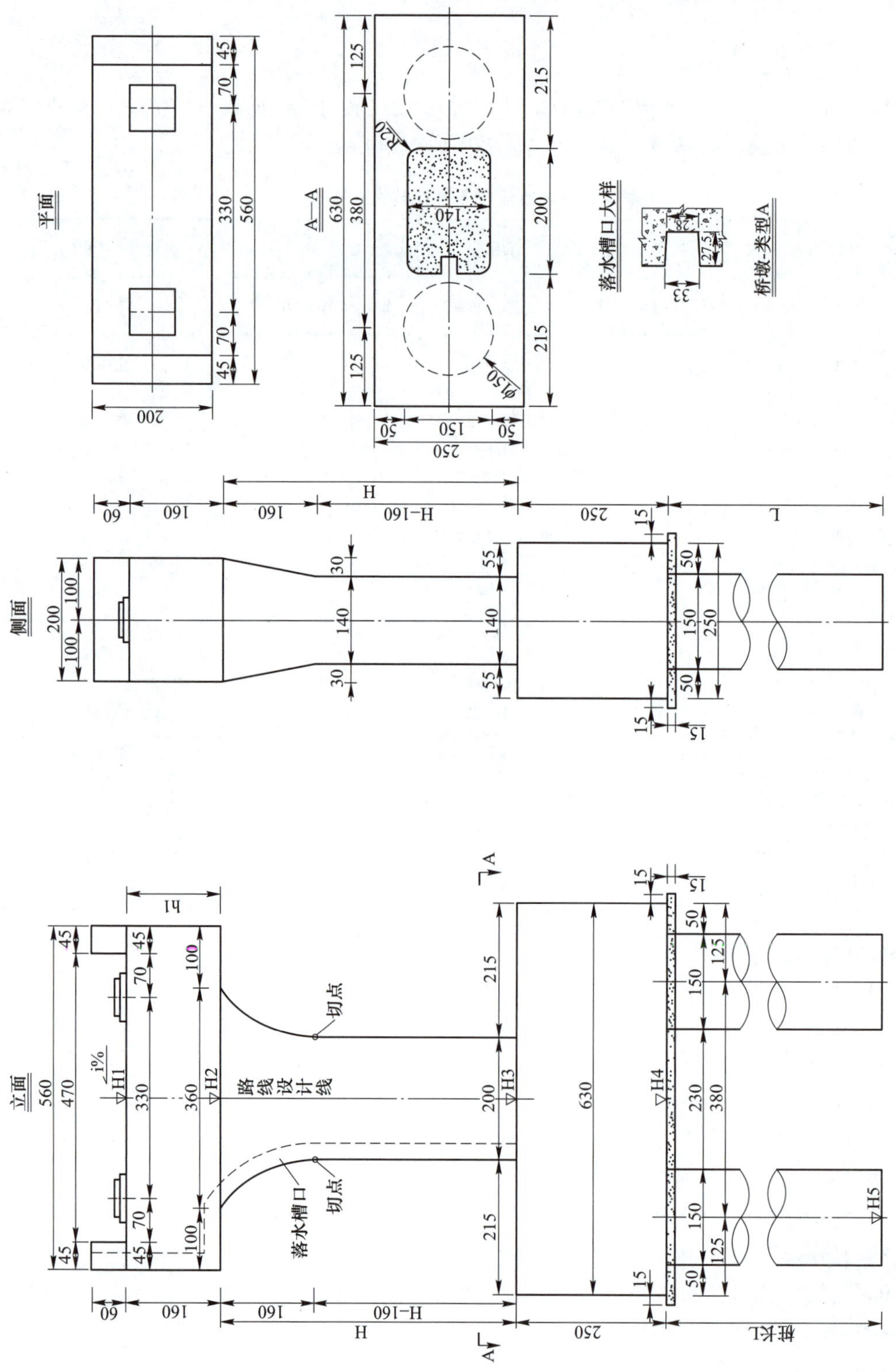

图 2-35 桥墩-类型 A（单位：cm）

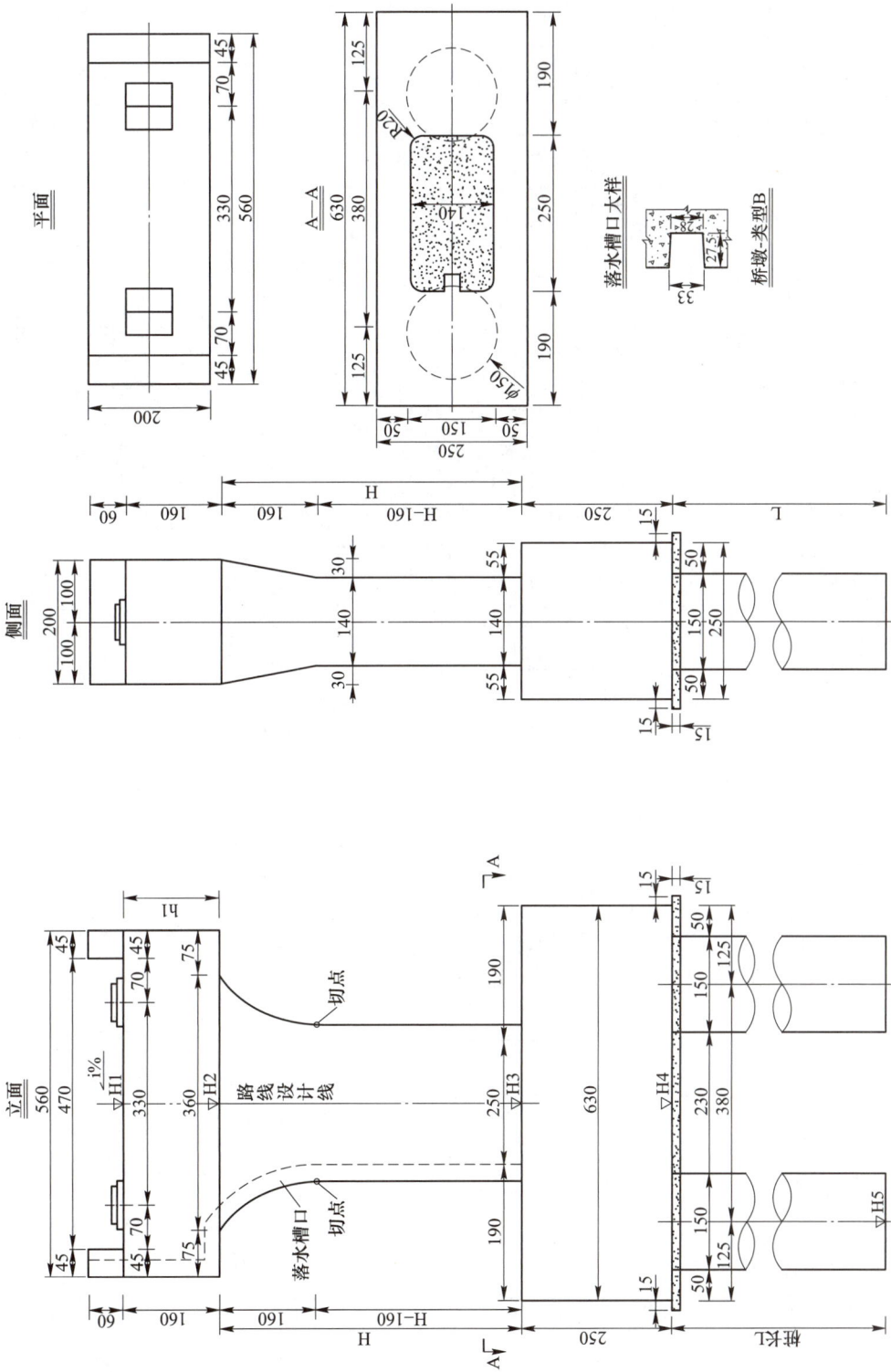

图 2-36 桥墩-类型 B（单位：cm）

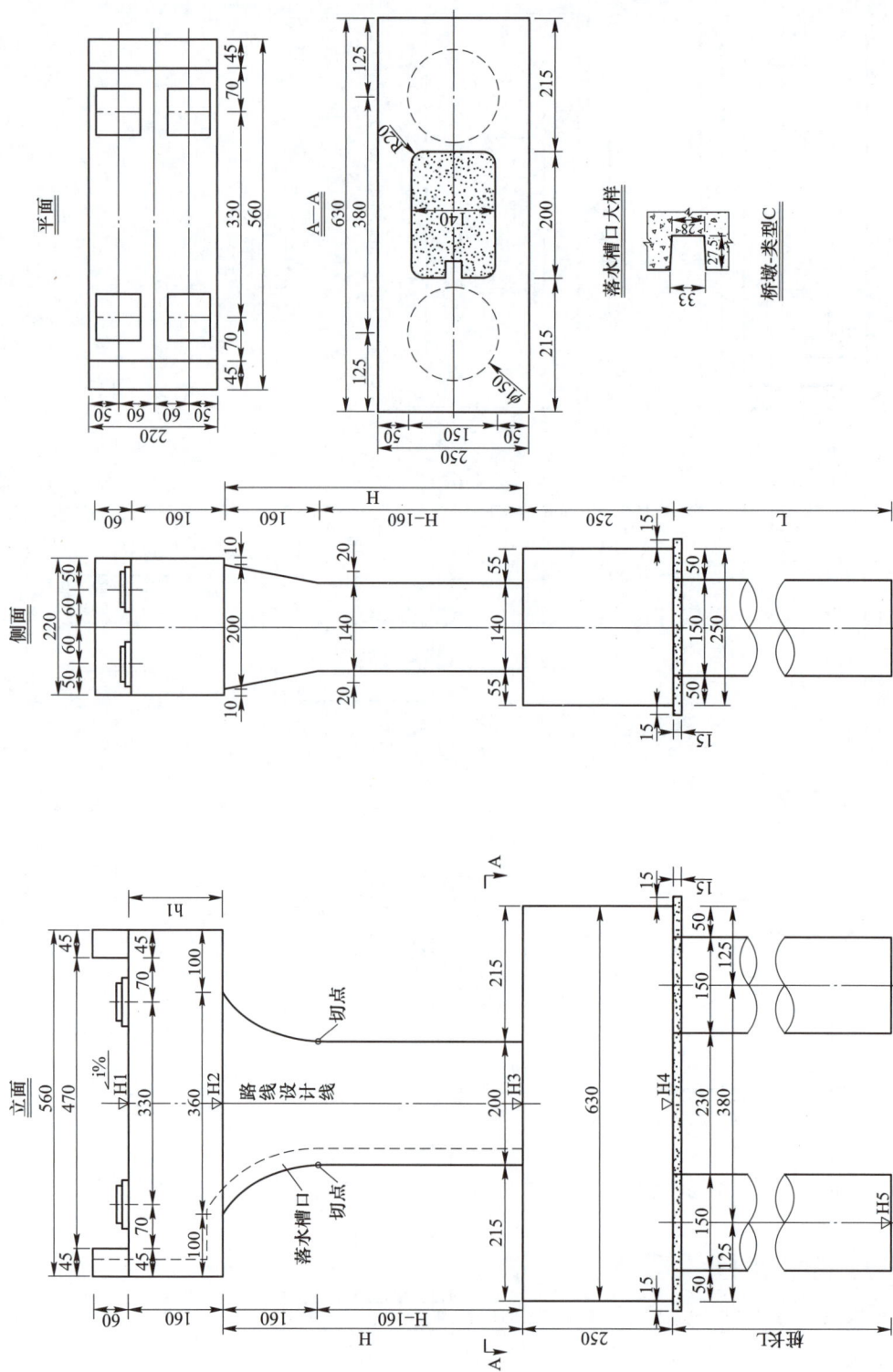

图 2-37 桥墩-类型 C（单位：cm）

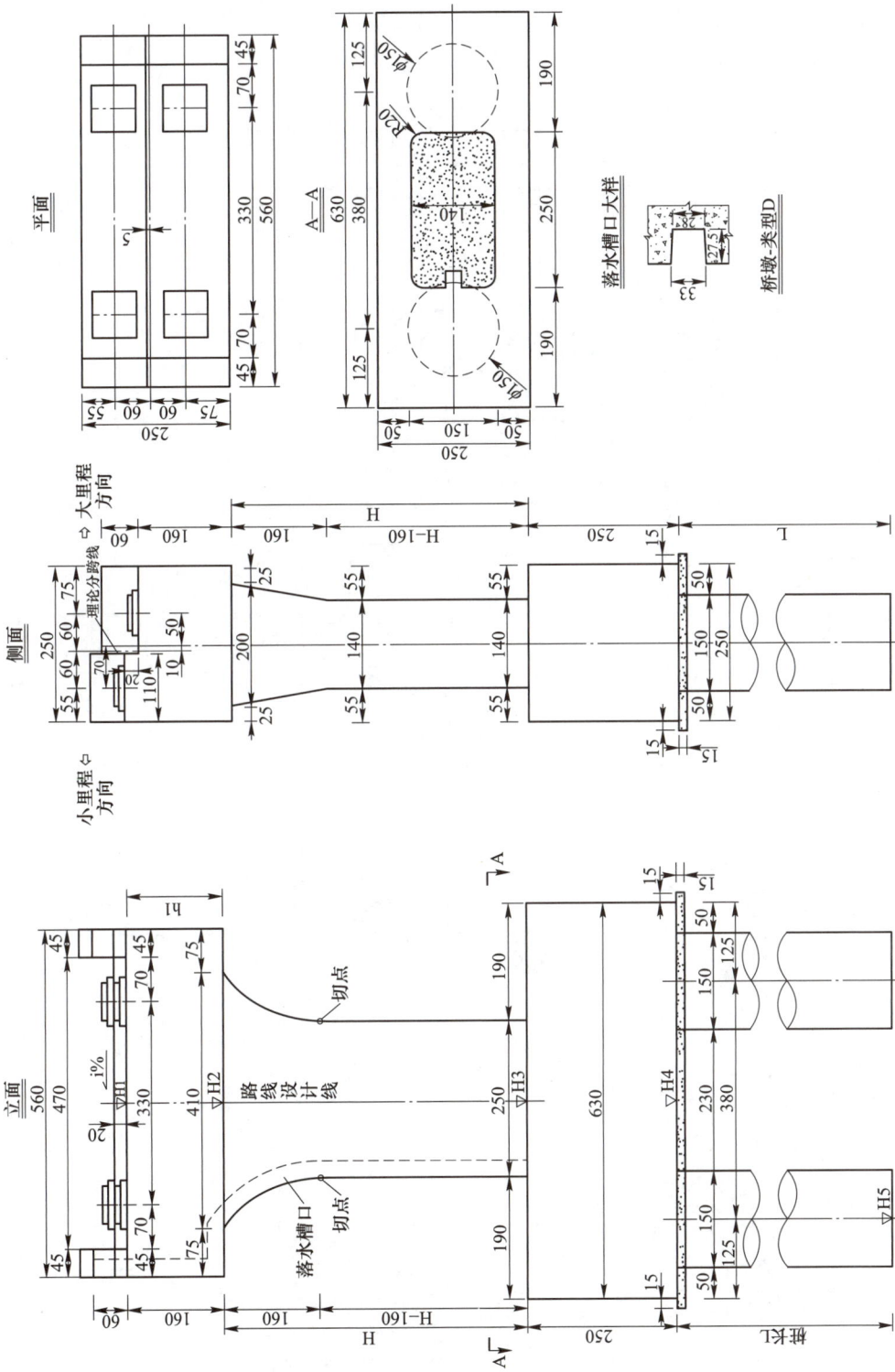

图 2-38 桥墩-类型 D（单位：cm）

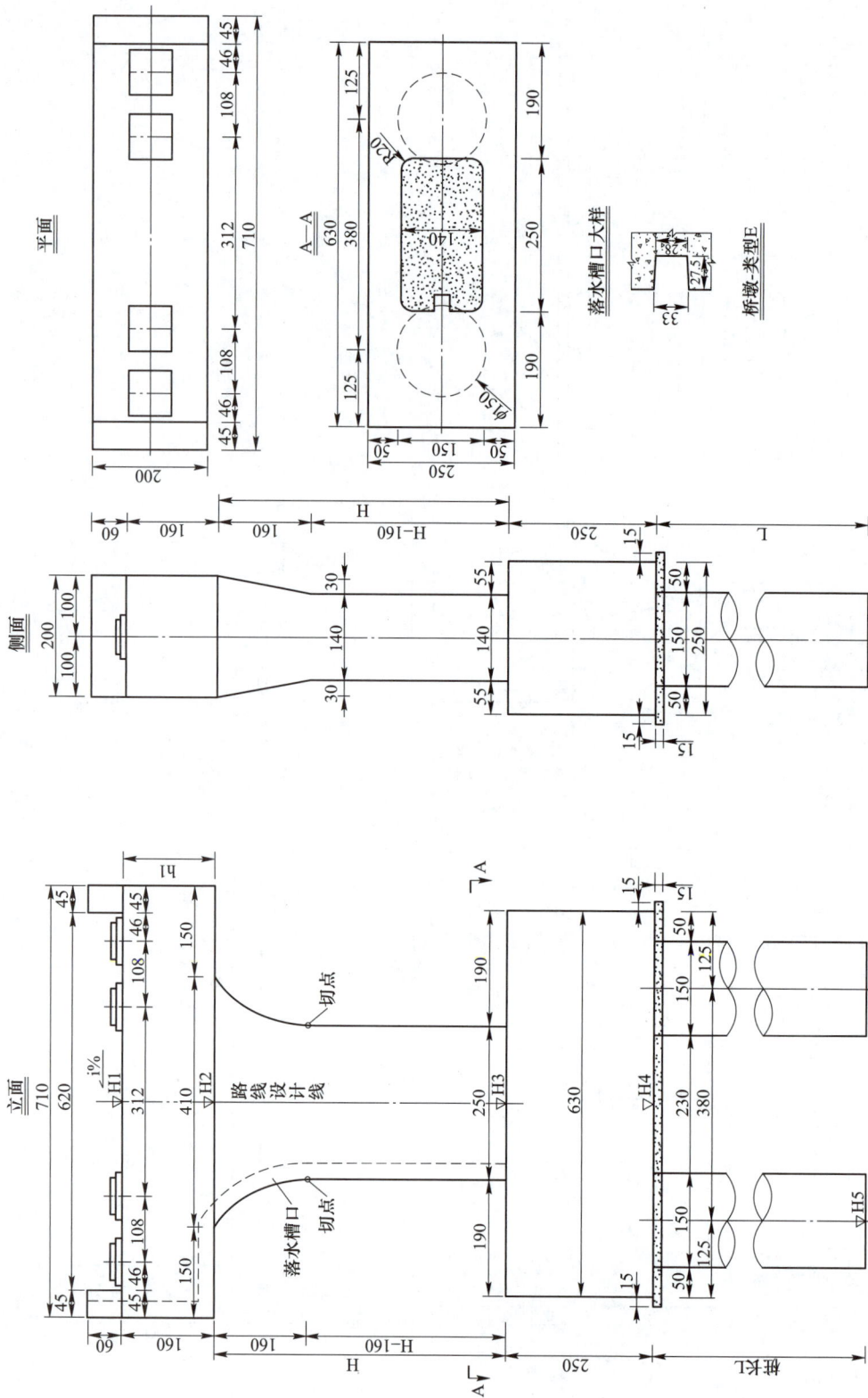

图 2-39 桥墩-类型 E（单位：cm）

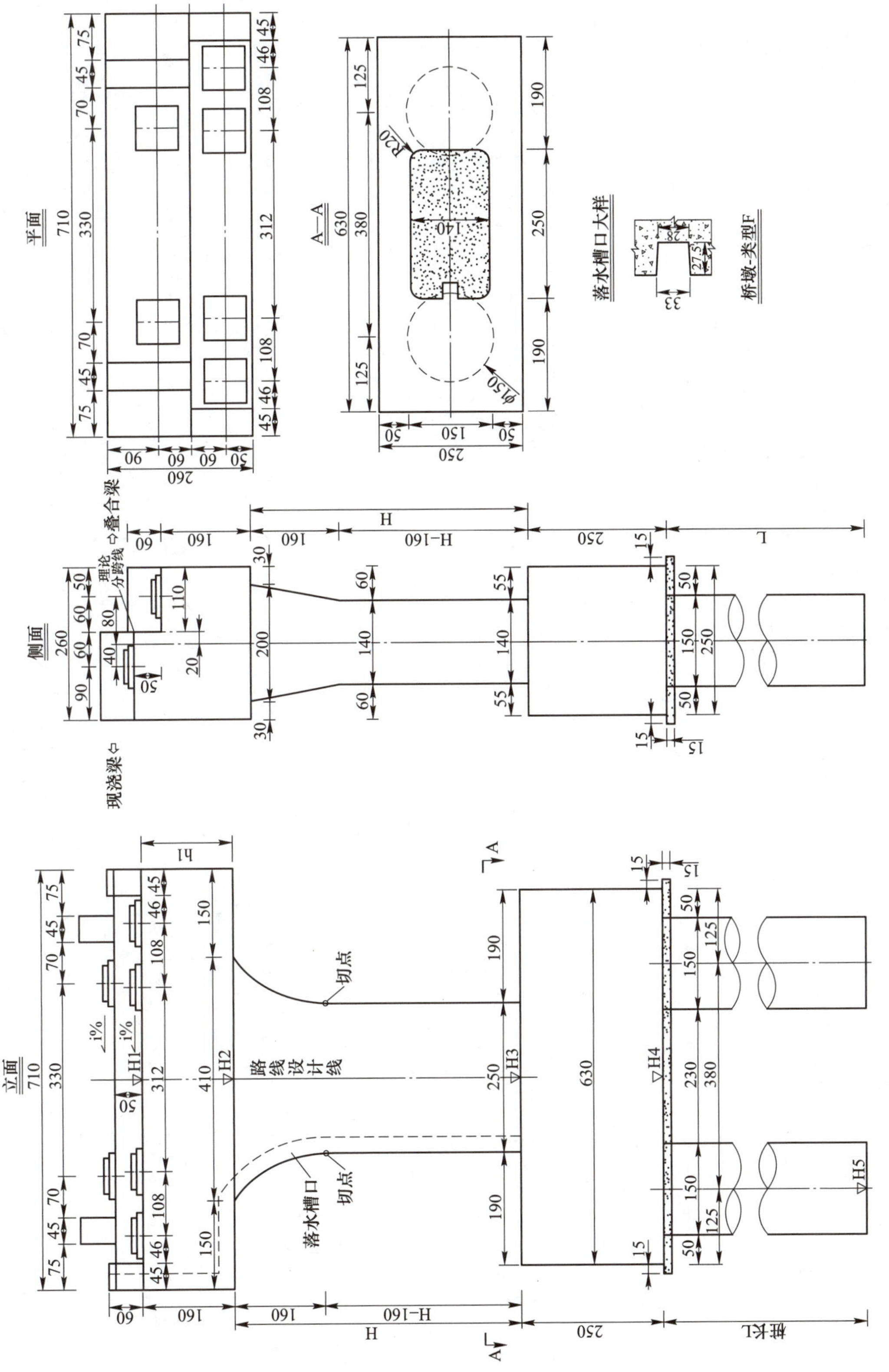

图 2-40 桥墩-类型 F（单位：cm）

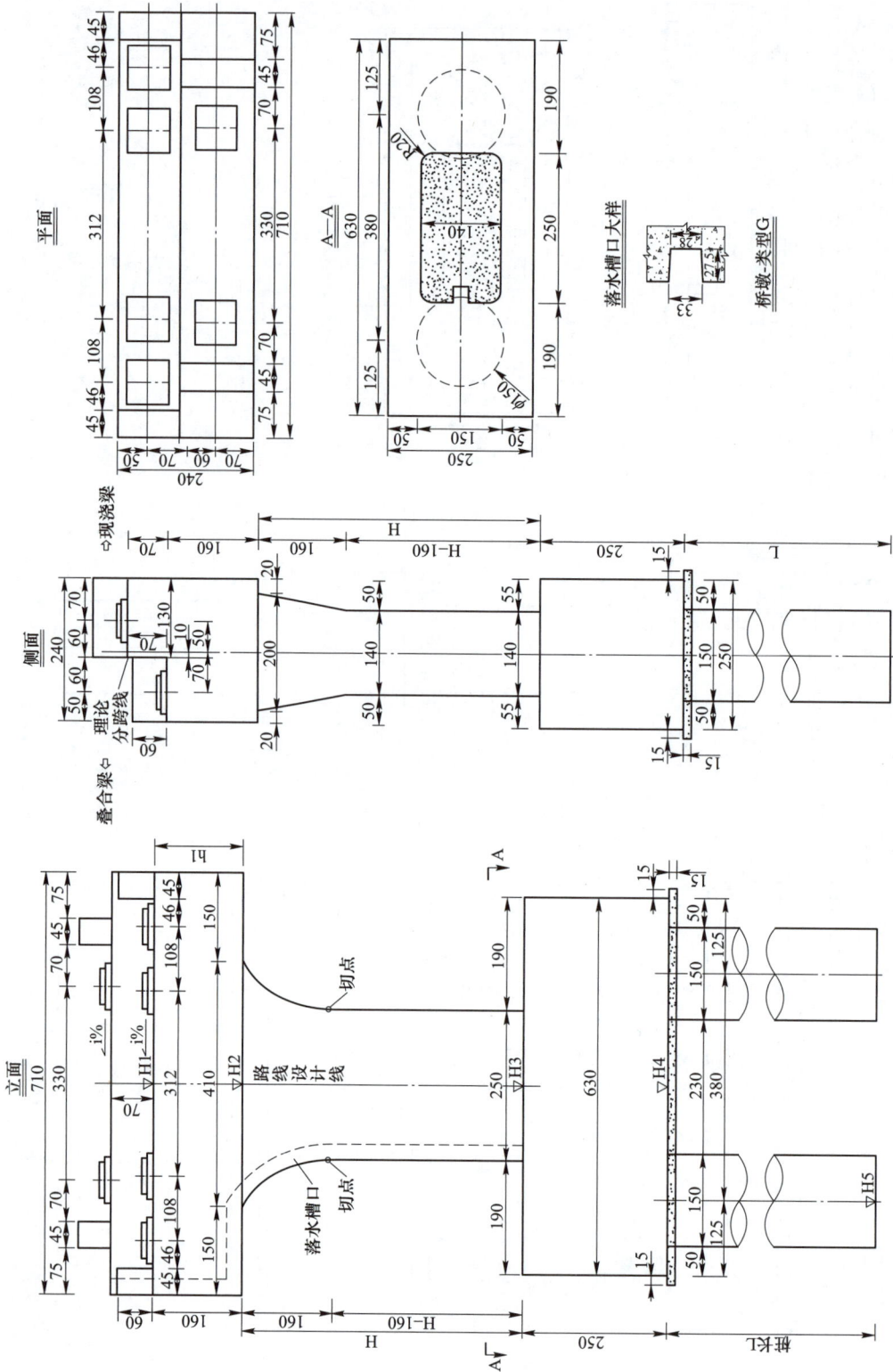

图 2-41 桥墩-类型 G（单位：cm）

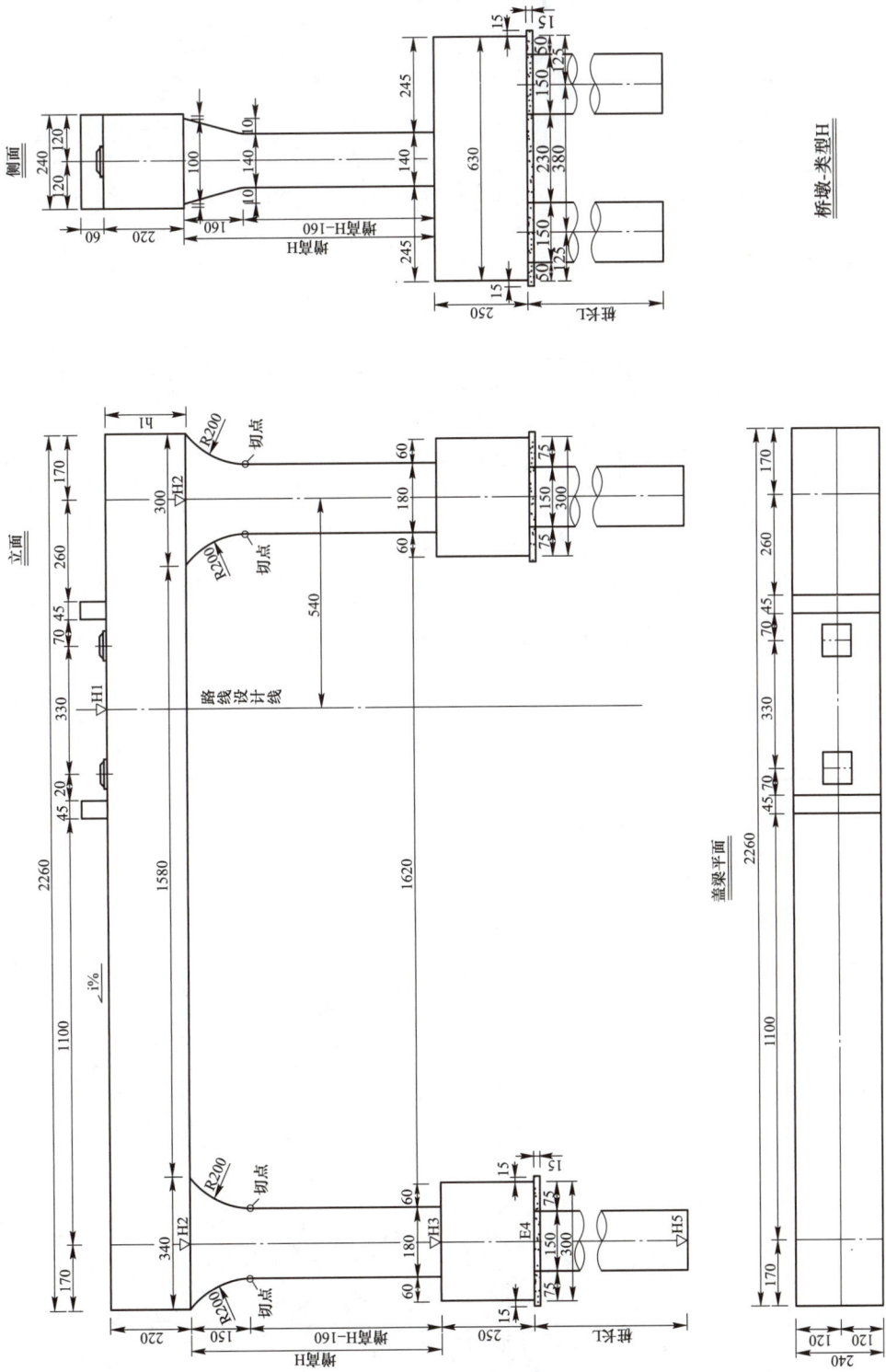

图 2-42 桥墩-类型 H（单位：cm）

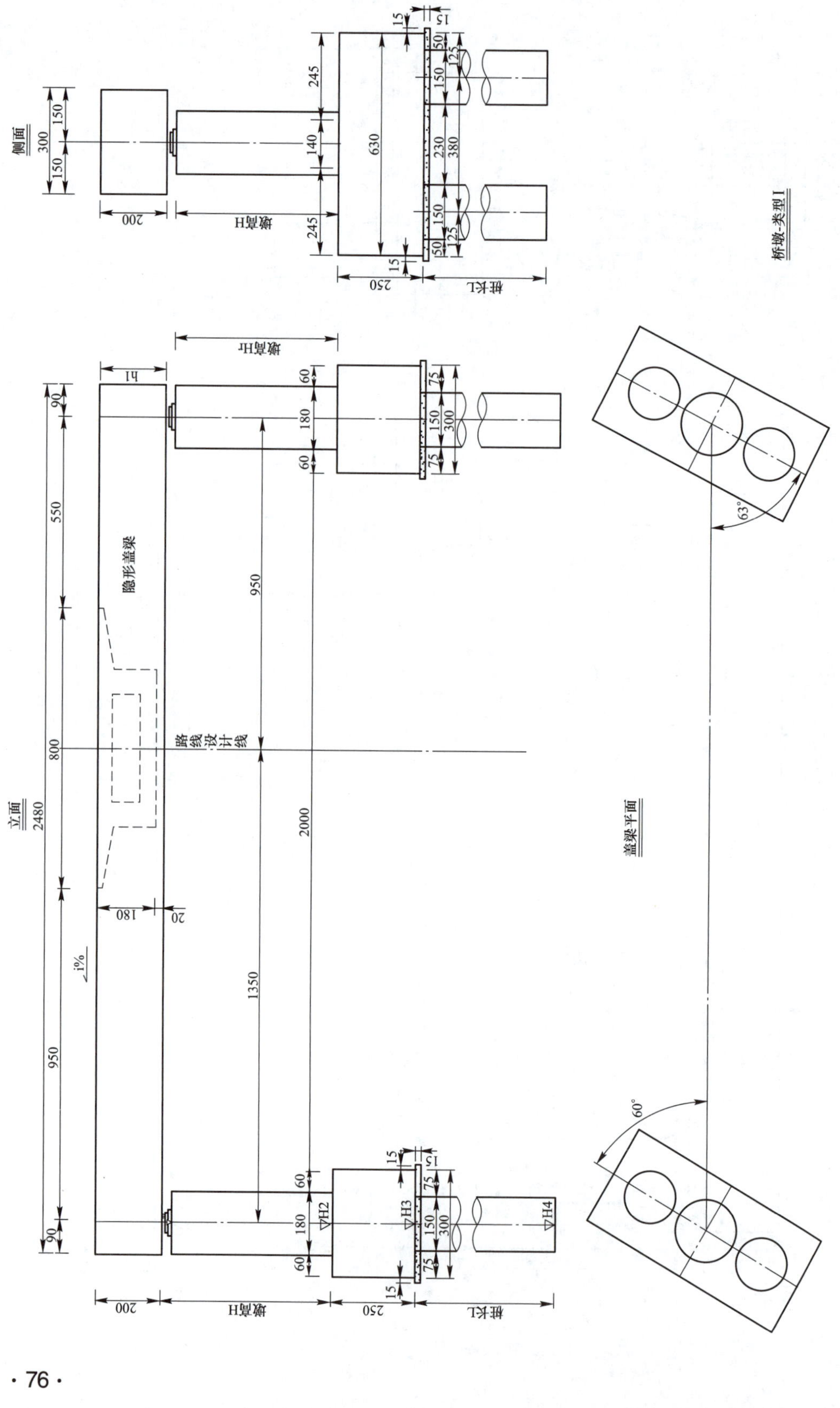

图 2-43 桥墩-类型 I（单位：cm）

立面

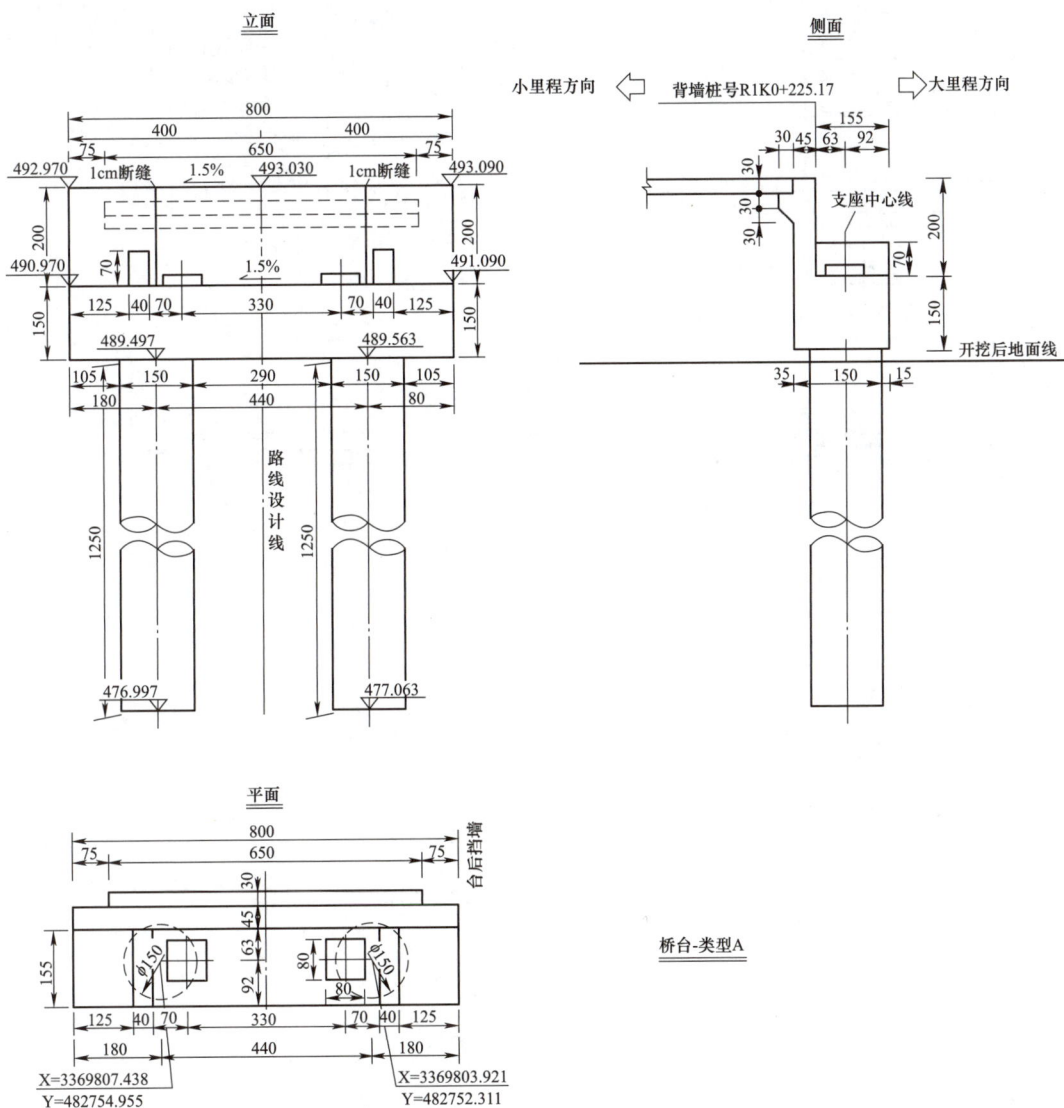

侧面

平面

桥台-类型A

图 2-44 桥台-类型 A（单位：cm）

2.2.2 桩基础

2.2.2.1 族类别选择

按照"2.1.2 族类别的适用规则"节内容，桩基础采用"公制结构基础"族样板进行创建。

2.2.2.2 基本形状创建

基于"参照标高"平面，以坐标原点为圆心创建圆形草图拉伸形状，标注圆形半径为"d"，可新建参数"D"表示桩径，通过 $d=\dfrac{1}{2}D$ 关系，控制"d"参数，并为拉伸终点添加参数为"H"，该参数的值即桩基础的长度，示意如图 2-46 所示。

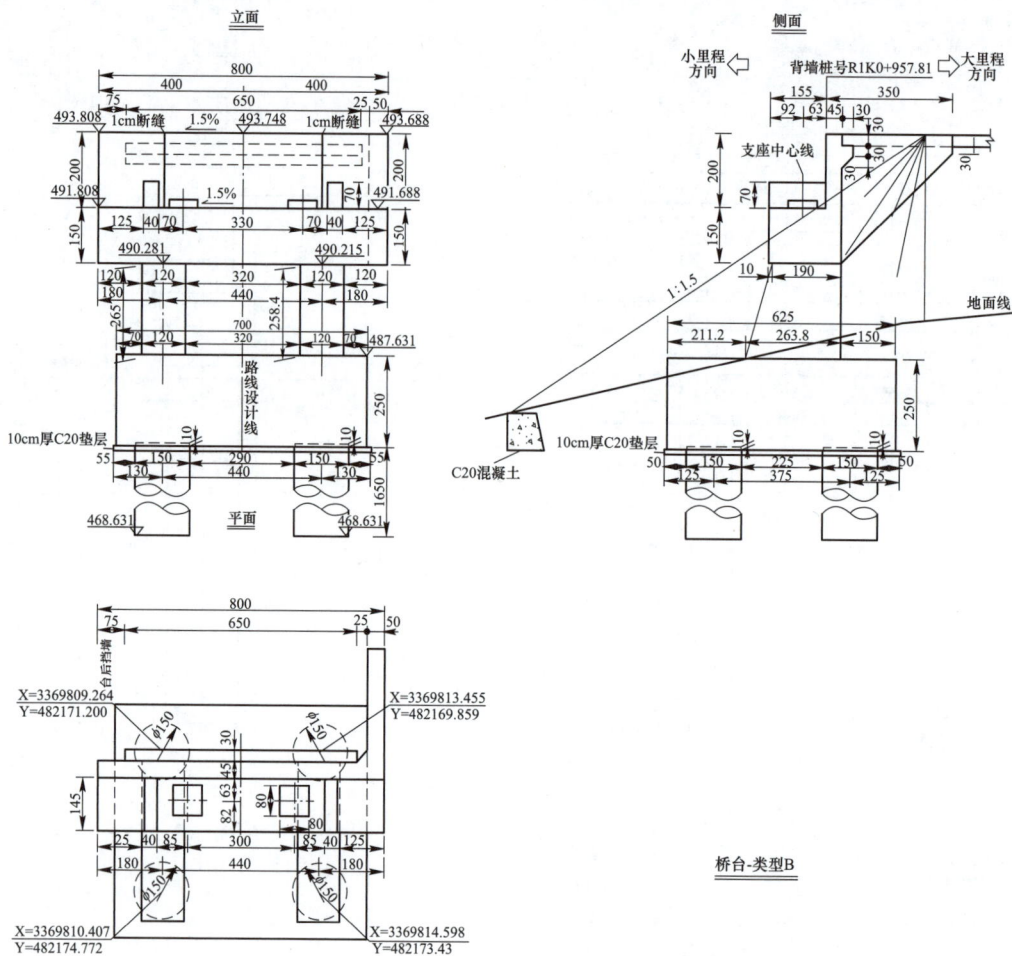

图 2-45　桥台-类型 B（单位：cm）

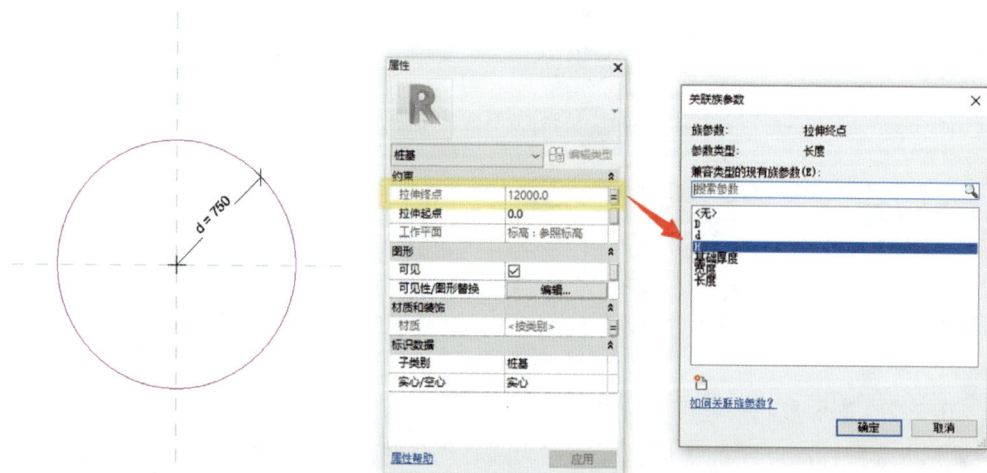

图 2-46　桩基础基本形状创建及约束关联

2.2.2.3 族参数设置

在执行桩基础族创建时，通常还需要添加其位置、高程、工程信息参数，用以在项目中记录桩基础的坐标（X/Y）、桩顶嵌入（承台）高程（H_Qr）、桩顶/底高程（H_top/H_base）等参数，如表2-5所示。

表 2-5 桩基础族构件主要参数表

参数名称	参数含义	参数类型	参数分组	建议
H_Qr	桩顶嵌入高程	长度	数据	按需求
H_top	桩顶高程	长度	数据	√
H_base	桩底高程	长度	数据	√
X	X 轴坐标	数值	数据	√
Y	Y 轴坐标	数值	数据	√

具体示例如图 2-47 所示。

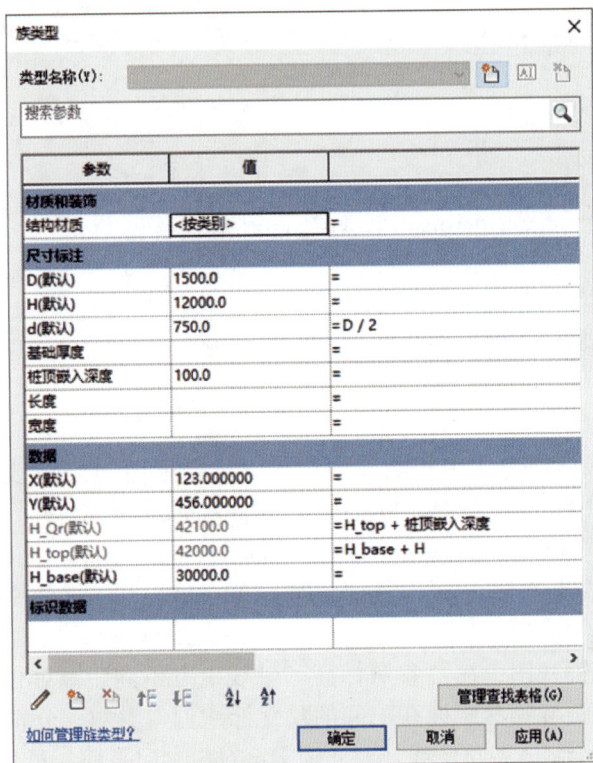

图 2-47 桩基础族类型面板

点击完成编辑模式，选择桩基础，将"材质"属性关联族文档的"结构材质"参数，完成桩基础模型创建。

2.2.2.4 数学计算

钢筋笼是钻孔灌注桩主要的组成部分，在施工生产中，快速获取不同类型钢筋材料用量对物资提料、工程结算均有重要意义。

可通过计算式关系，增加混凝土灌注桩的钢筋笼主筋用量、主筋接头套筒数量、钢筋笼箍筋用量、加强箍筋、声测管用量等参数，如钢筋笼主筋为 $\phi25$，通过单根长度、根数及单位长度重量计算最终主筋重量 = 3.85 * 34 * （H + 1665）/1000，计算式详解如图 2-48 所示。

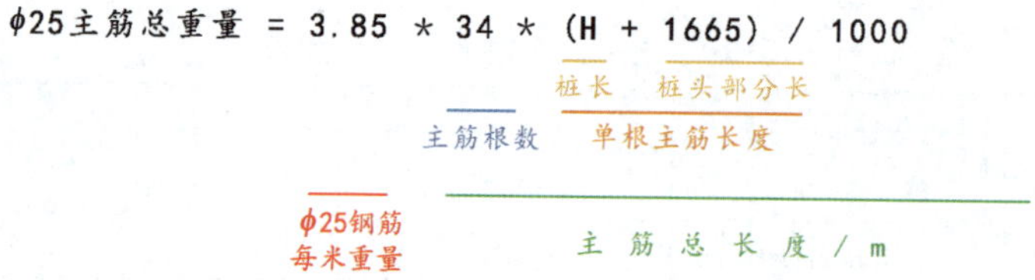

图 2-48　桩基础 $\phi25$ 钢筋用量计算

再如箍筋为 $\phi12$，通过桩身箍筋圈数、单圈长度、桩头箍筋长度及单位长度重量计算最终主筋重量 = 0.888 * （（80 + round（（H - 80 * 100）/150））* 4273 + 8542）/1000，计算式详解如图 2-49 所示。

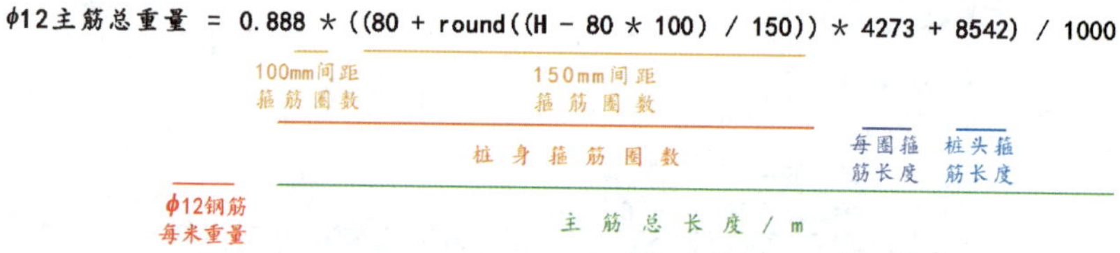

图 2-49　桩基础 $\phi12$ 钢筋用量计算

其他构件参数可参照此类方法进行添加。

最终完成桩基础族的创建（图 2-50）。

2.2.3　承台

按照"2.1.2 族类别的适用规则"节内容，承台采用"公制结构基础"族样板进行创建，基于"参照标高"平面，以"中心（左/右）"为中轴，等分绘制两道参照平面，新建参数"W_hqx"，并赋予两道参照间距尺寸。同样，以"中心（前/后）"为中轴，等分绘制两道参照平面，新建参数"W_sqx"，并赋予两道参照间距尺寸，示意如图 2-51 所示。

切换至"前"立面视图，在"参照标高"轴线上方不同距离处创建两道水平参照平面，并为两道参照平面与"参照标高"间的尺寸标注创建参数，分别为"hz""hy"。其次，创建拉伸，首先绘制 3 条草图线，对齐锁定至对应参照平面，再将左右两侧草图线顶点分别对齐锁定至与"参照标高"间距 hz、hy 的参照平面上（目的是让承台可以适应顶面为坡面的设计），如图 2-52 所示。

最后，绘制草图线，连接两条草图线上口端点，形成闭环。"前"立面视图拉伸轮廓如图 2-53 所示。

为实现承台高度参数的自适应，新建横坡百分比参数"i"，以及平均高度"H"参数，则上述"hz"参数即可通过 hz = H - （W_hqx /2）* i/100 计算得出。同理，hy = H + （W_hqx/2）* i/100。

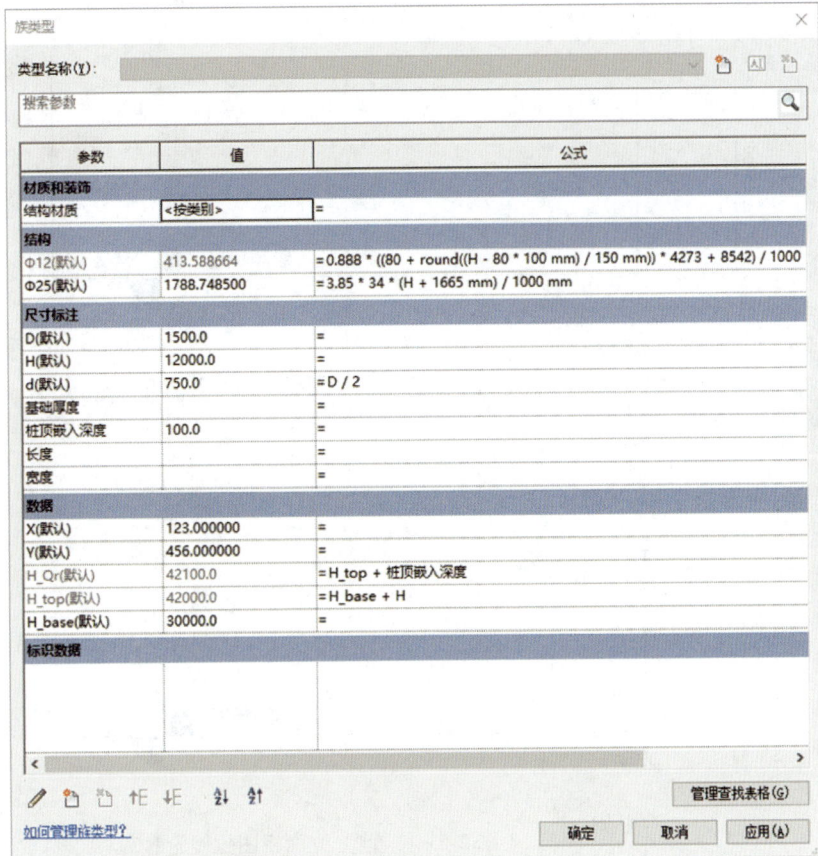

图 2-50　桩基础钢筋用量参数

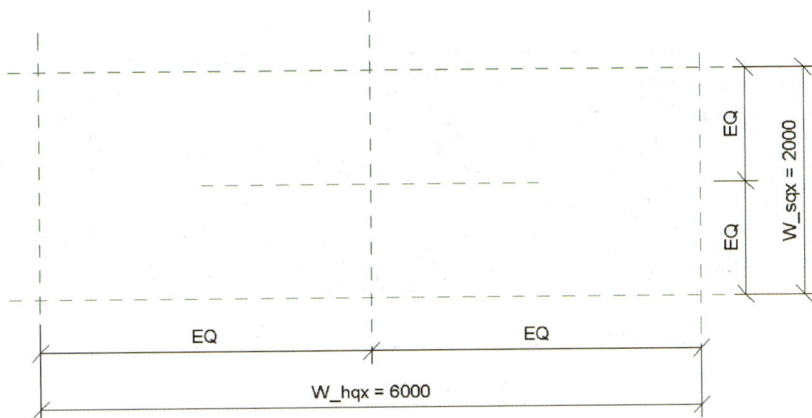

参数	值	公式
材质和装饰		
结构材质	<按类别>	=
结构		
Φ12(默认)	413.588664	= 0.888 * ((80 + round((H - 80 * 100 mm) / 150 mm)) * 4273 + 8542) / 1000
Φ25(默认)	1788.748500	= 3.85 * 34 * (H + 1665 mm) / 1000 mm
尺寸标注		
D(默认)	1500.0	=
H(默认)	12000.0	=
d(默认)	750.0	= D / 2
基础厚度		=
桩顶嵌入深度	100.0	=
长度		=
宽度		=
数据		
X(默认)	123.000000	=
Y(默认)	456.000000	=
H_Qr(默认)	42100.0	= H_top + 桩顶嵌入深度
H_top(默认)	42000.0	= H_base + H
H_base(默认)	30000.0	=
标识数据		

图 2-51　标高平面中参照平面及尺寸关系

　　点击"完成编辑模式",完成创建,切换至"参照标高"平面,将拉伸起点、拉伸终点面分别对齐锁定至"中心(前/后)"轴两侧的参照平面上,完成承台形状的位置及尺寸约束。然后,对"中心(前/后)"轴两侧的参照平面分别"名称"参数值"前""后",如图 2-54 所示。

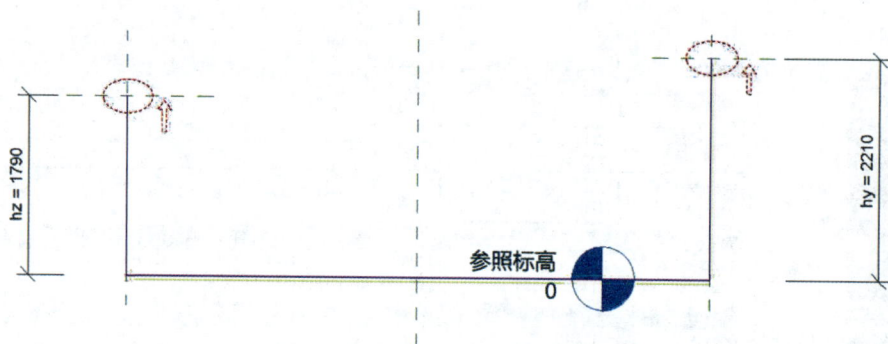

图 2-52 竖向草图线顶部约束设置

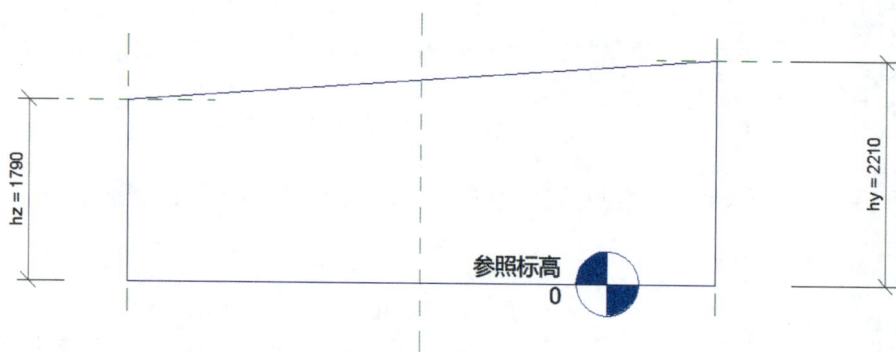

图 2-53 "前"立面视图拉伸轮廓

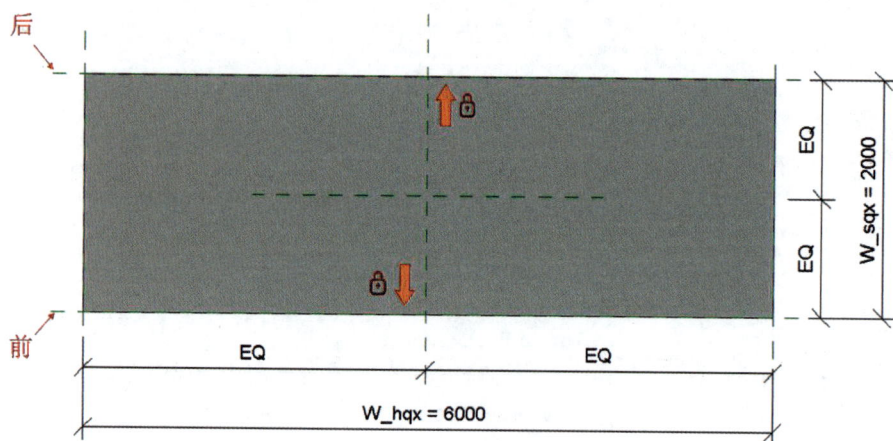

图 2-54 平面视图中拉伸边界的约束

在实际施工作业中，通常在安装承台钢筋、模板前，需要测量员对承台垫层、承台平面角点位置进行测量放样，在上述承台中，需要进行坐标放样的是平面矩形的四个角点，为了在实际项目中，坐标参数值与三维模型能够建立直观联系，可通过创建 4 类子类别，供线图元子类别设定，形成不同显示样式的线图元，从而为参数建立三维模型的对照标识，具体步骤如下。

2.2.3.1 子类别设置

使用"VV"快捷键，打开"可见性/图形"对话框，点击"对象样式"打开如下界面，通过在"修改子类别"对话框内使用"新建"功能，创建属于结构基础的"承台红""承台橙""承台黄""承台绿"4 项子类别，并分别修改子类别线颜色为"红""橙""黄""绿"，线型图案均为"实线"即可（图 2-55）。

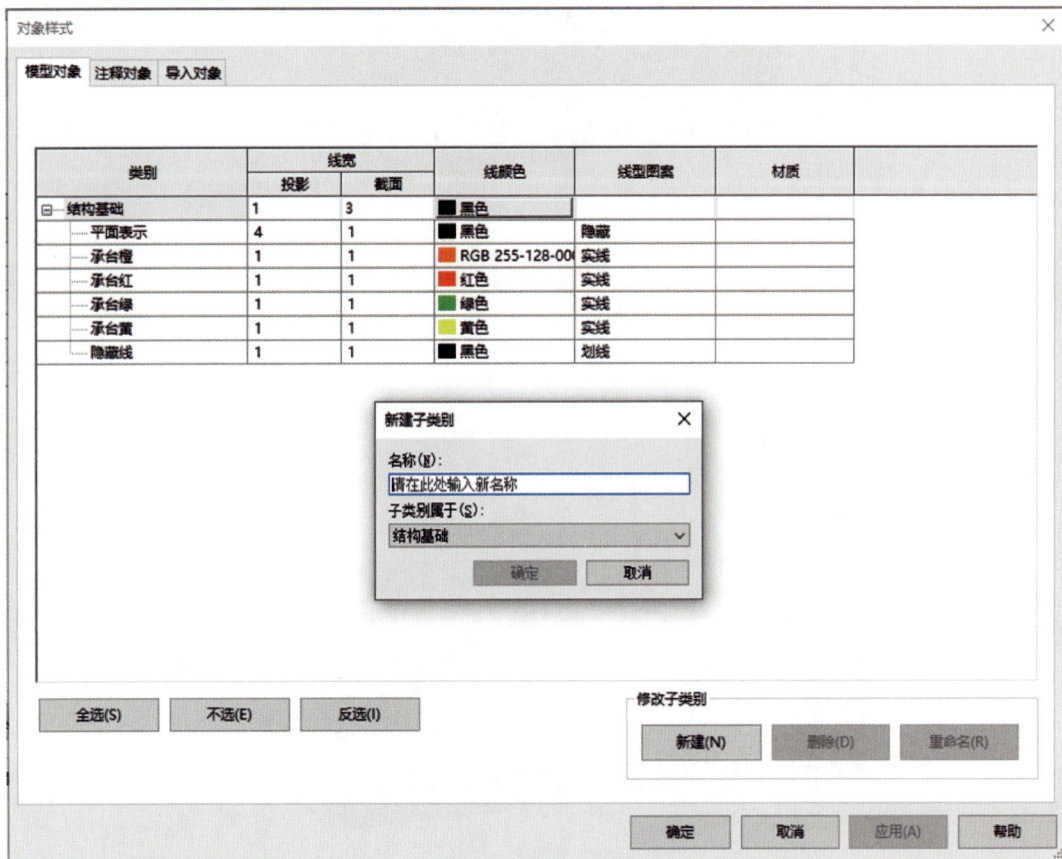

图 2-55　新建子类别

2.2.3.2 添加标识线

在"前"参照平面中，创建模型线，使其对齐锁定至承台左侧，且顶端对齐锁定至承台左侧顶参照平面，然后设置其子类别为"承台红"；在"前"参照平面中，创建模型线，使其对齐锁定至承台右侧，且顶端对齐锁定至承台右侧顶参照平面，然后设置其子类别为"承台橙"（图 2-56）。

在"后"参照平面中，创建模型线，使其对齐锁定至承台左侧，且顶端对齐锁定至承台左侧顶参照平面，然后设置其子类别为"承台黄"；在"后"参照平面中，创建模型线，使其对齐锁定至承台右侧，且顶端对齐锁定至承台右侧顶参照平面，然后设置其子类别为"承台绿"（图 2-57）。

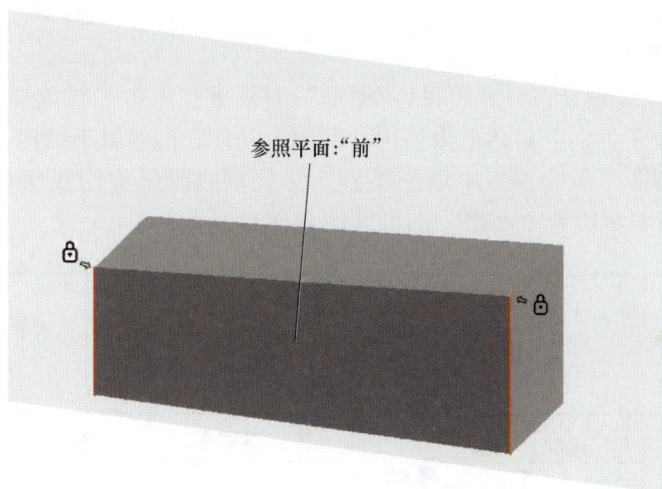

图 2-56 创建模型线并锁定约束

图 2-57 按顺序设置子类别

2.2.3.3 参数设置

且在执行承台族创建时，通常还需要添加其位置、高程、工程信息参数，用以在项目中记录承台平面角点的坐标($X\_.. / Y\_..$)、承台顶横坡（i）、承台横/顺桥向宽（W_hqx/W_sqx）、承台顶/底高程（H_top/H_base）、构件编码（Code）、结构描述（Description）、材质（Material）、图纸设计版本（Version）等参数，如表 2-6 所示。

表 2-6 承台族构件主要参数表

参数名称	参数含义	参数类型	参数分组	建议
Code	构件编码	文字	约束	√
Description	结构描述	文字	约束	√

参数名称	参数含义	参数类型	参数分组	建议
Material	材质名称	文字	约束	√
Version	图纸版本	文字	约束	按需求
W_hqx	横桥向宽	数值	约束	√
W_sqx	顺桥向宽	数值	约束	√
H_top	承台顶高程	数值	约束	√
H_base	承台底高程	数值	约束	√
i	承台顶横坡	百分比数值	约束	按需求
X_Red	"承台红"子类别模型线 X 坐标	数值	约束	按需求
Y_Red	"承台红"子类别模型线 Y 坐标	数值	约束	按需求
X_Orange	"承台橙"子类别模型线 X 坐标	数值	约束	按需求
Y_Orange	"承台橙"子类别模型线 Y 坐标	数值	约束	按需求
X_Yellow	"承台黄"子类别模型线 X 坐标	数值	约束	按需求
Y_Yellow	"承台黄"子类别模型线 Y 坐标	数值	约束	按需求
X_Green	"承台绿"子类别模型线 X 坐标	数值	约束	按需求
Y_Green	"承台绿"子类别模型线 Y 坐标	数值	约束	按需求

2.2.4　墩柱

本匝道桥梁下部结构中包含花瓶墩、圆柱墩两种类型，需要分别进行花瓶墩和圆柱墩的族创建。

2.2.4.1　花瓶墩

按照"2.1.2 族类别的适用规则"小节内容，花瓶墩形状可拆分为瓶颈、柱身及流水槽，其中瓶颈部分为单曲面形状，应当采用"自适应公制常规模型"族样板进行创建。

基于"自适应公制常规模型"族样板新建族，但是使用该族样板，仅仅为了解决不均匀渐变形状创建问题，在 Revit 项目中同样需要基于原点创建族实例，所以在创建形状之前，需要对"中心（前/后）""中心（左/右）"进行锁定，并勾选"定义原点"属性（图 2-58）。

如果需要在项目中为花瓶墩创建钢筋，还需要勾选族的"可将钢筋附着到主体"属性（图 2-59）。

花瓶墩族的创建，可分为三步：第一步，创建花瓶瓶颈；第二步，创建柱身；第三步，创建流水槽。

A　创建花瓶瓶颈

通过花瓶瓶颈三视图（图 2-60），可以观察到，花瓶瓶颈在立面视图中的水平截面宽呈不均匀变化趋势，而从侧面视图观察，则呈均匀变化趋势。

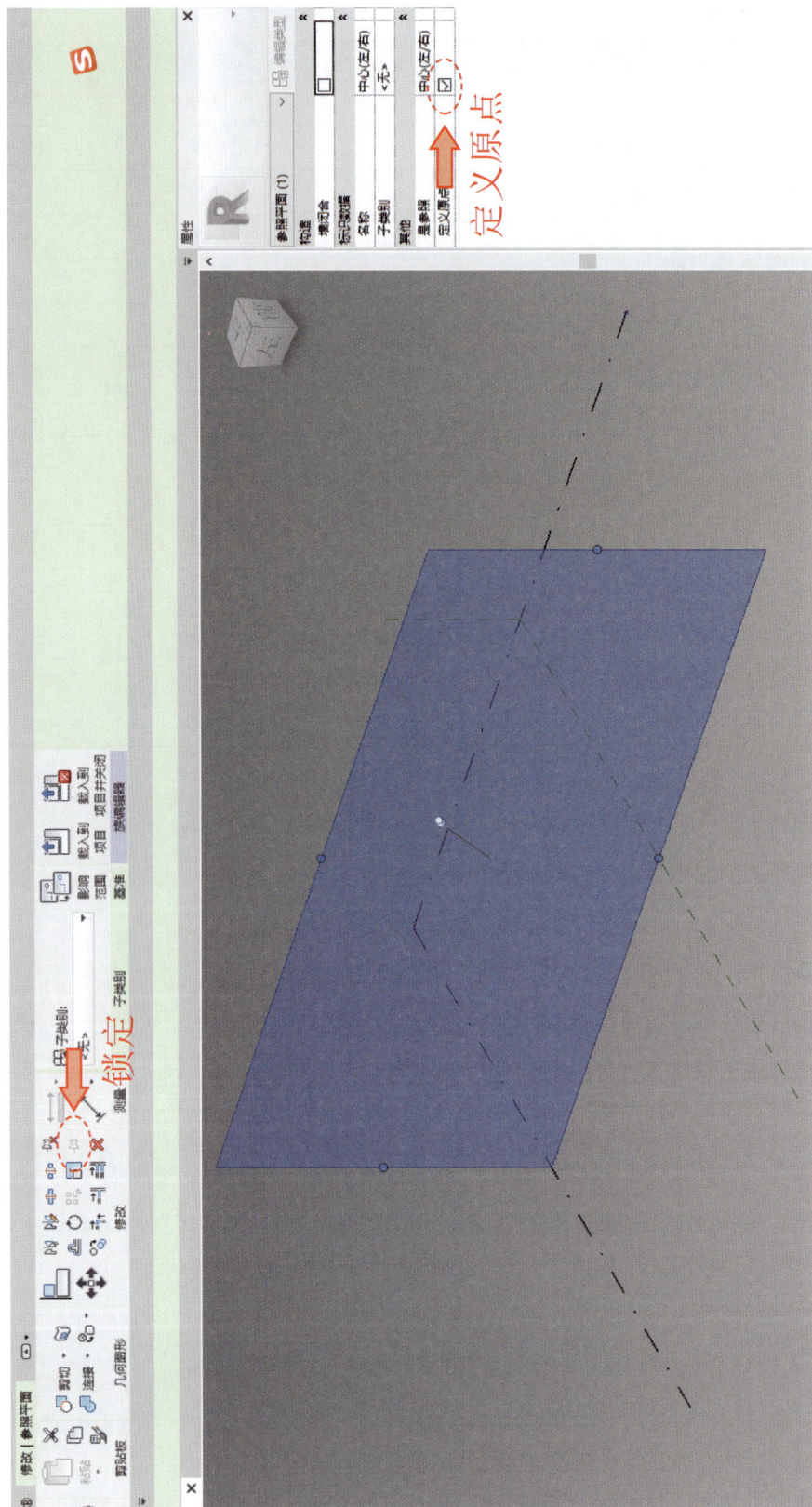

图 2-58 定义原点属性设置

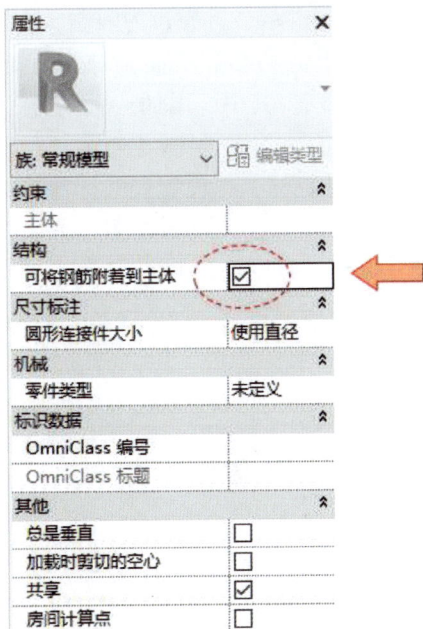

图 2-59 可将钢筋附着到主体属性设置

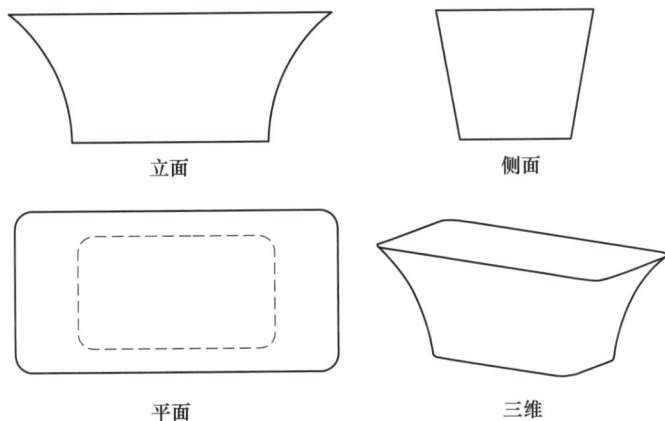

图 2-60 花瓶瓶颈三视图和三维视图

所以，花瓶瓶颈形状的创建方式可以剖析为 3 个及以上个闭合不交叉轮廓融合产生（图 2-61）。

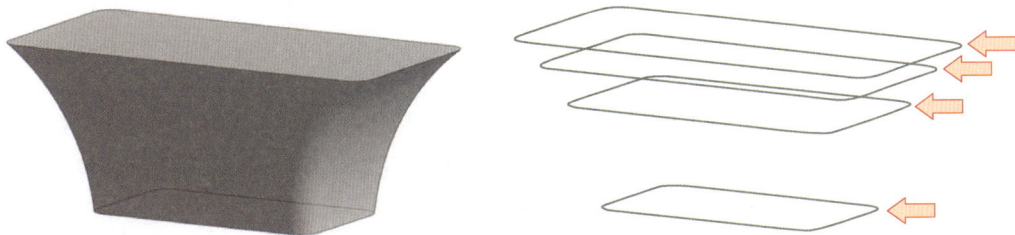

图 2-61 花瓶瓶颈融合创建方法

本书以 3 个轮廓为例，进行创建讲示。首先，为限制 3 个轮廓的高度，在"后"立面视图中，创建 3 个位于"标高 1"上方的参照平面，自下而上分别为"限高参照平面 1""限高参照平面 2""限高参照平面 3"。其中，添加"标高 1"至"限高参照平面 3"的尺寸标注，并设置尺寸标注参数为"H"；用于限制花瓶瓶颈顶部高度，添加"限高参照平面 1"至"限高参照平面 3"的尺寸标注，并设置尺寸标注参数为"Hpj"；用于限制花瓶瓶颈的高度，添加"限高参照平面 1"至"限高参照平面 2"及"限高参照平面 2"至"限高参照平面 3"的连续尺寸标注，并设置为 EQ（等分），"限高参照平面 2"用于限制一半高度处的瓶颈轮廓高度。完成创建后，需要对上述三个限高参照平面进行命名，即设置参照平面"名称"属性为对应的名称，如图 2-62 所示。

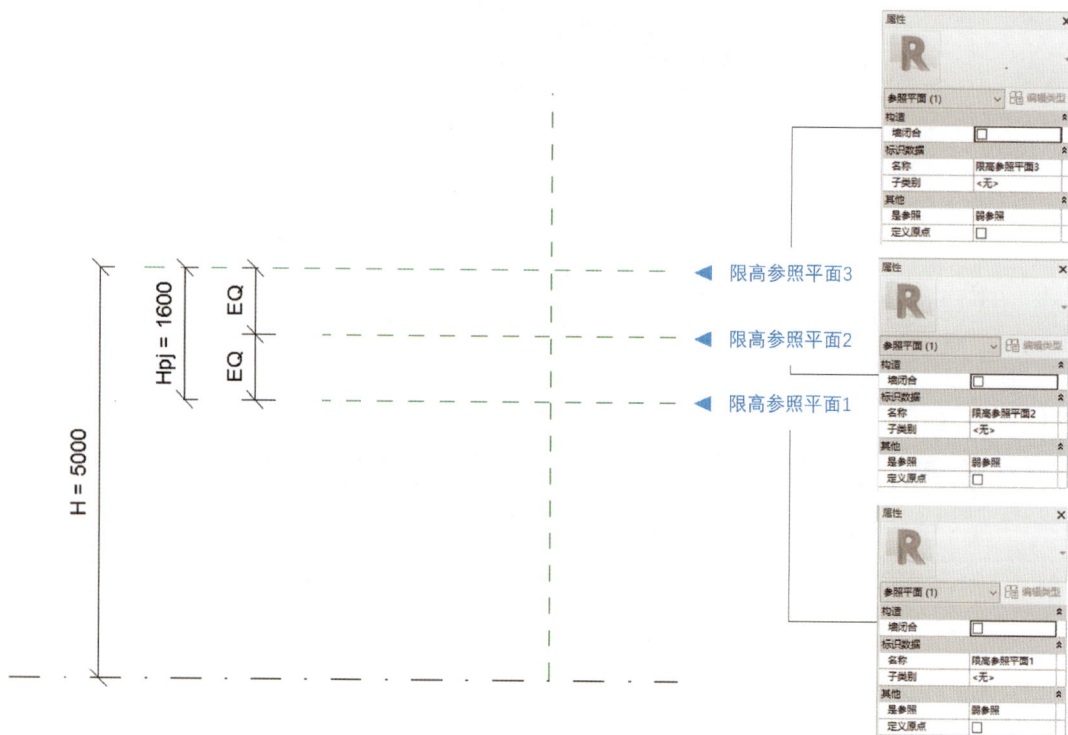

图 2-62　限高参照平面创建与名称设置（单位：mm）

　　创建 3 组沿"中心（左/右）"左右对称的竖向参照平面，分别为"立面限宽参照平面组 1""立面限宽参照平面组 2""立面限宽参照平面组 3"。分别设置每一组立面限宽参照平面组关于"中心（左/右）"对称，即添加立面限宽组参照平面与"中心（左/右）"的连续尺寸标注，且设置为 EQ 等分，并添加相应的尺寸标注参数，分别为 L1、L2、L3。分别对应为花瓶瓶颈底立面宽、花瓶瓶颈半高立面宽、花瓶瓶颈顶立面宽（图 2-63）。

　　切换至"左"立面视图，创建 3 组沿"中心（前/后）"左右对称的竖向参照平面，分别为"侧面限宽参照平面组 1""侧面限宽参照平面组 2""侧面限宽参照平面组 3"。分别设置每一组侧面限宽参照平面组关于"中心（前/后）"对称，并添加相应的尺寸标注参数，分别为 D1、D2、D3，分别对应为花瓶瓶颈底侧面宽、花瓶瓶颈半高侧面宽、花瓶瓶颈顶侧面宽（图 2-64）。

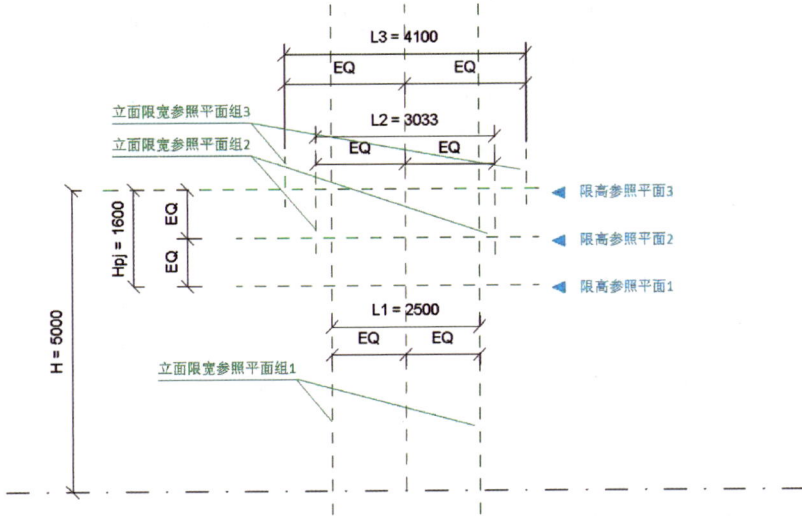

图 2-63 "前"立面视图中的宽度约束参照平面(单位:mm)

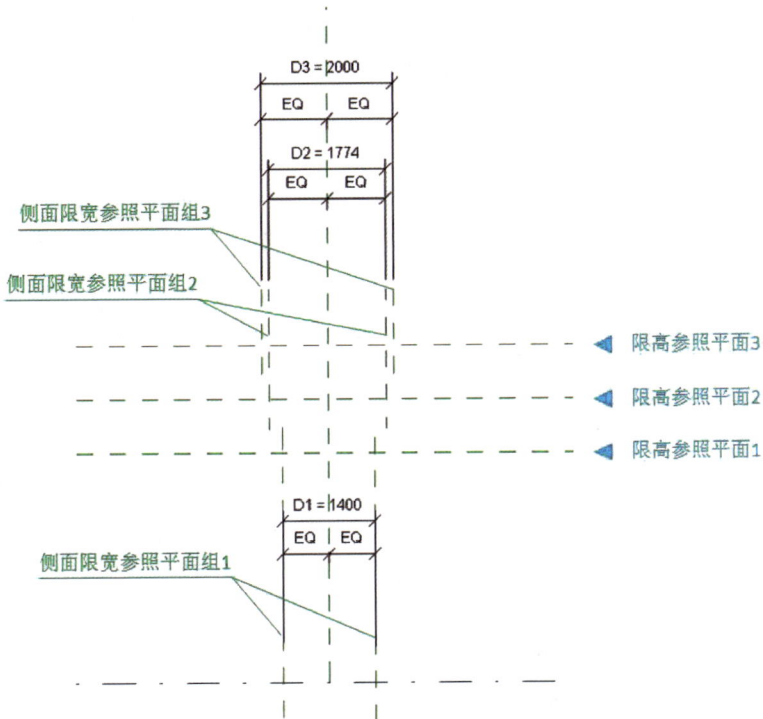

图 2-64 "左"立面视图中的宽度约束参照平面

观察图纸数据规律发现,侧面视图中,瓶颈水平截面宽均匀变化,即满足 D2-D1 = D3-D2,其中 D1、D3 为图纸已知数据,所以可知 D2 的数值:D2 = (D1+D3)/2;其次,立面视图中,L1、L3 为图纸已知数据,瓶颈水平截面宽不均匀变化,图纸给定的截面宽变化为半径 R 为 2000mm 的圆弧轨迹（图 2-65），根据勾股定理，红色线段长：$X=R-\sqrt{R^{2}-(Hpj)^{2}}$，则可知 $L3=L1+2*(R-\sqrt{R^{2}-(Hpj)^{2}})$，在 Revit 中需要表示为：$L2=L1+2*(R-sqrt(R*R-(Hpj)*(Hpj)))$。

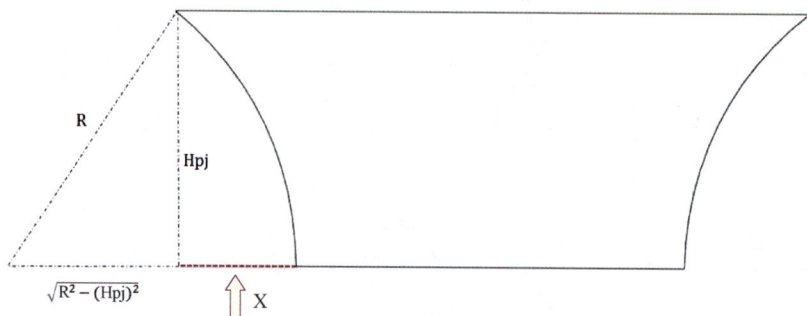

图 2-65　花瓶瓶颈宽度差值计算

想知道花瓶瓶颈半高立面宽 L2，需要知道图 2-66 中红色虚线段长，根据勾股定理，红色线段宽：$X=R-\sqrt{R^{2}-\left(\dfrac{Hpj}{2}\right)^{2}}$，则可知 $L2=L1+2*\left(R-\sqrt{R^{2}-\left(\dfrac{Hpj}{2}\right)^{2}}\right)$，在 Revit 中需要表示为：$L2=L1+2*(R-sqrt(R*R-(Hpj/2)*(Hpj/2)))$。

且瓶颈高度 Hpj 始终恒定为 1600mm，瓶颈顶立面宽始终比瓶颈底立面宽大 1600m，且满足 L2，即 $L3-L1=1600mm$。

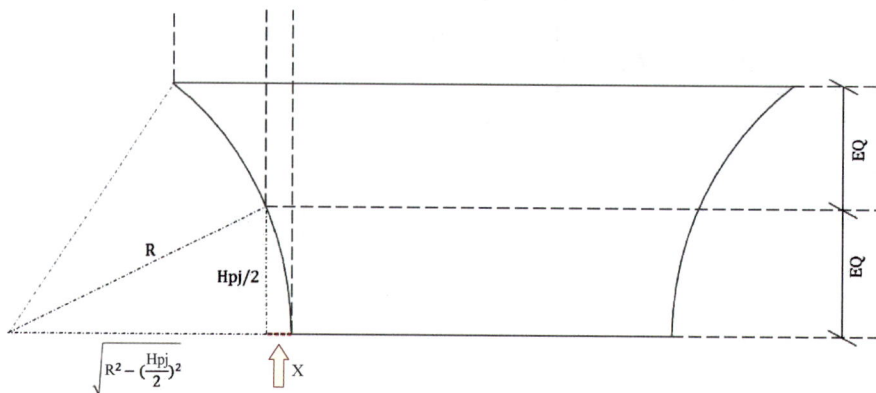

图 2-66　花瓶瓶颈中间部位宽度差值计算

Revit 环境下的参数关系如图 2-67 所示。

切换"参照标高"平面，依次在"限高参照平面 1""限高参照平面 2""限高参照平面 3"参照平面中绘制对应高度的瓶颈轮廓，并锁定至对应的参照平面。

通过"创建"面板→"设置"命令，按照名称选择"限高参照平面 1"作为参照平面，创建带圆角的矩形线框，将四边对齐锁定至"立面限宽参照平面组 1""侧面限宽参照平面组 1"，并按照图纸信息，设置添加圆角半径尺寸标注，并增加半径参数 r，设定其值为 200mm，如图 2-68 所示。

参数	值	公式	锁定
约束			
材质和装饰			
尺寸标注			
D1(默认)	1400.0	=	☐
D2(默认)	1700.0	=(D1 + D3) / 2	☐
D3(默认)	2000.0	=	☐
L1(默认)	2500.0	=	☐
L2(默认)	2833.9	=L1 + 2 * (R - sqrt(R * R - (Hpj / 2) * (Hpj / 2)))	☐
L3(默认)	4100.0	=L1 + 2 * (R - sqrt(R * R - (Hpj) * (Hpj)))	☐
R(默认)	2000.0	=	☐

图 2-67　花瓶瓶颈宽度主要参数与公式

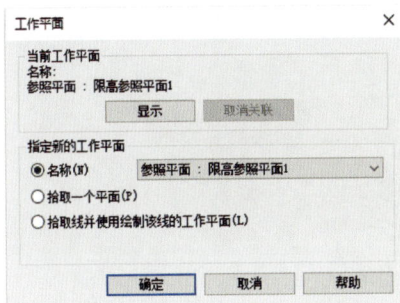

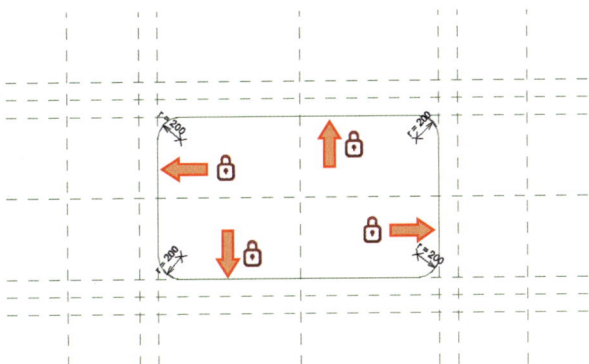

图 2-68　参照平面 1 上的轮廓与对齐锁定

选择"限高参照平面 2"作为参照平面，创建带圆角的矩形线框，将四边对齐锁定至"立面限宽参照平面组 2""侧面限宽参照平面组 2"，并设置添加圆角尺寸为参数 r，如图 2-69 所示。

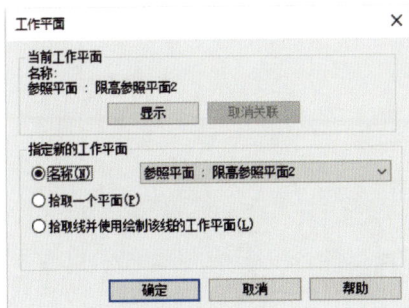

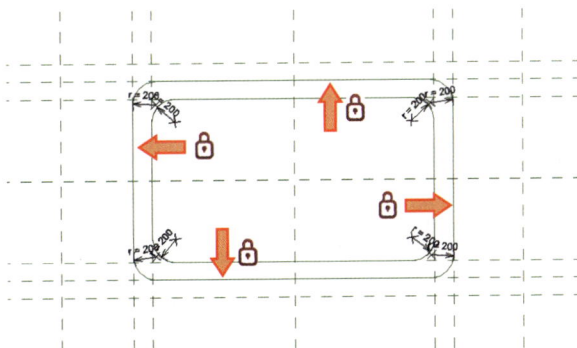

图 2-69　参照平面 2 上的轮廓与对齐锁定

选择"限高参照平面 3"作为参照平面，创建带圆角的矩形线框，将四边对齐锁定至"立面限宽参照平面组 3""侧面限宽参照平面组 3"，并设置添加圆角尺寸为参数 r，如图 2-70 所示。

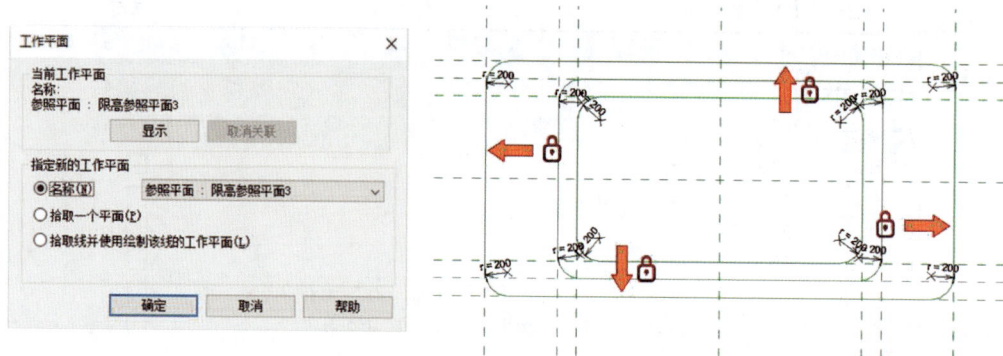

图 2-70 参照平面 3 上的轮廓与对齐锁定

选择上述三道轮廓，创建实心形状，可调整 L1、D1、D3 及 R 的值，观察参数约束是否成功。通过上述操作，即完成花瓶墩瓶颈的形状创建（图 2-71）。

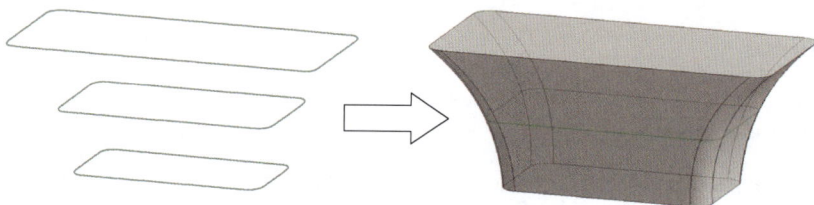

图 2-71 花瓶瓶颈的融合创建

B 创建柱身

柱身为横截面柱体，且截面与瓶颈底部一致，所以在创建花瓶瓶颈形状的基础上，创建柱身只需要选择瓶颈底部，即"限高参照平面 1"中的一组轮廓线，选择创建实心形状，即可生成柱身，沿竖向拉动其正偏移约束面至"标高 1"平面锁定，即可完成柱身形状创建（图 2-72）。

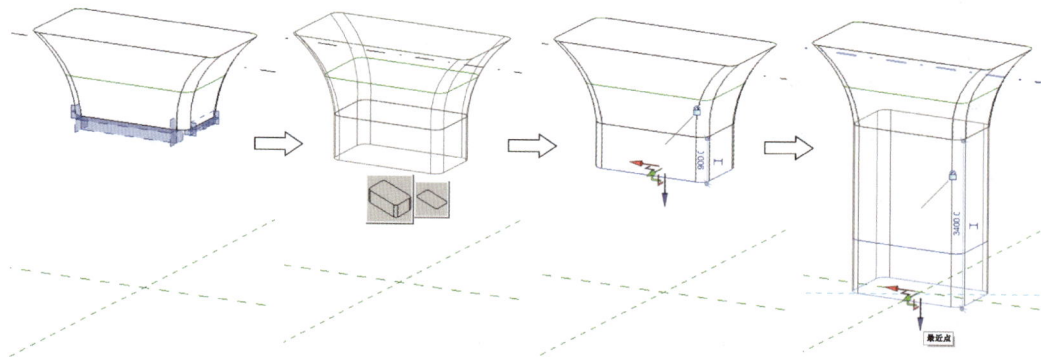

图 2-72 花瓶瓶身的形状创建与对齐锁定

当桥梁中存在矮墩（H≤Hpj）时，即只有瓶颈或部分瓶颈时，柱身部分将不存在，如图 2-73 所示。

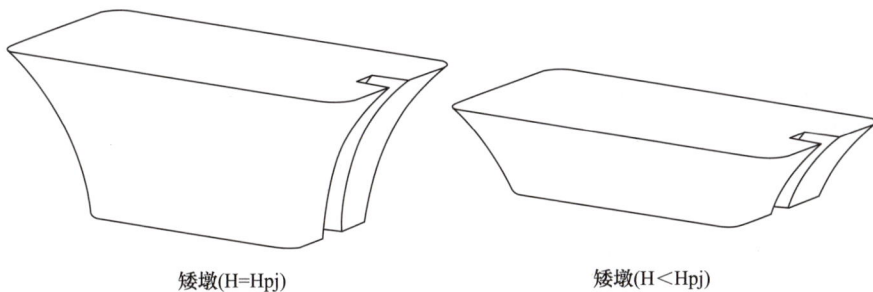

矮墩(H=Hpj)　　　　　　矮墩(H<Hpj)

图 2-73　花瓶瓶身的形状创建与对齐锁定

应对以上情况，可在"标高 1"下方大于瓶颈高度的距离处创建一个参照平面，将柱身正偏移约束面对齐至"柱身下限参照平面"进行锁定。并在"标高 1"与"柱身下限参照平面"之间创建截面大于柱身截面的空心拉伸，通过空心拉伸裁剪柱身及瓶颈，即可实现矮墩（H≤Hpj）族形态的参数化转变，如图 2-74 所示。

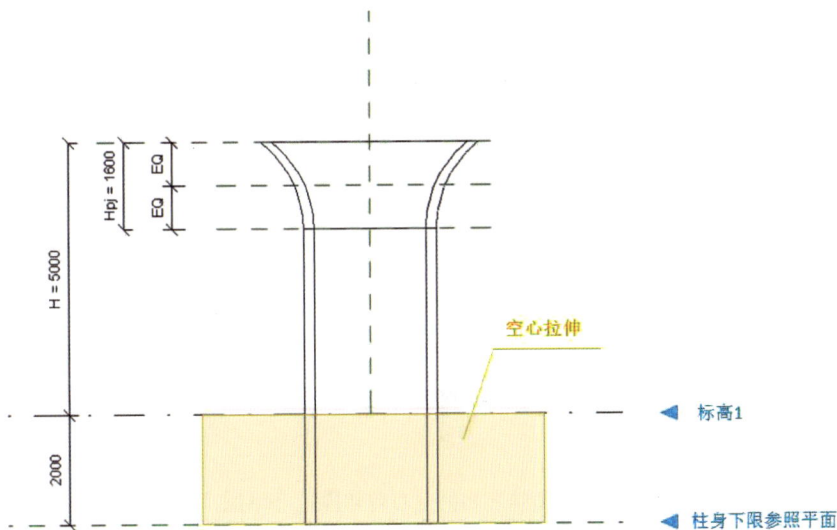

图 2-74　应对特殊墩高的空心剪切措施（单位：mm）

C　创建流水槽

观察桥梁中花瓶墩的流水槽，有以下规律：

（1）流水槽都在桥梁线路左侧；

（2）沿着立面左边际线做剖切，任意剖切面上流水槽的截面是一致的；

（3）部分花瓶墩（门式墩）无流水槽。

得出结论：

流水槽可理解为是一定轮廓沿立面左边际线做扫略/放样形成的空心形状，对桥墩进行了形状的剪切，而部分花瓶墩有流水槽，部分花瓶墩无流水槽，则可通过参数控制空心形状与实心形状的空间位置关系，制造是否剪切。

实现方法：

切换至"后"立面视图，在花瓶墩左侧创建竖直向参照线，且下端对齐锁定至"标高 1"，上端锁定至"限高参照平面 1"，添加其与"中心（左/右）"尺寸标注，并将尺寸定义为新建参数"DisL"，记该参照线为"参照线 A"；同样地，在"参照线 A"左侧创建竖直向参照线，下端对齐锁定至"标高 1"，上端锁定至"限高参照平面 1"，添加其与"参照线 A"尺寸标注，并定义尺寸为参数"R"，记该参照线为"参照线 B"；最后，以"参照线 B"上端点为圆心，"参照线 A"上端点为起点，逆时针绘制圆弧，直至与"限高参照平面 3"相交，并将圆弧终点锁定至"限高参照平面 3"。创建该圆弧半径尺寸参数，定义尺寸为参数"R"，记该参照线为"参照线 C"。此时，可通过调整墩柱高 H，以及DisL 参数，观察"参照线 A""参照线 B""参照线 C"是否成功被约束。应对特殊墩高的空心剪切措施如图 2-75 所示。

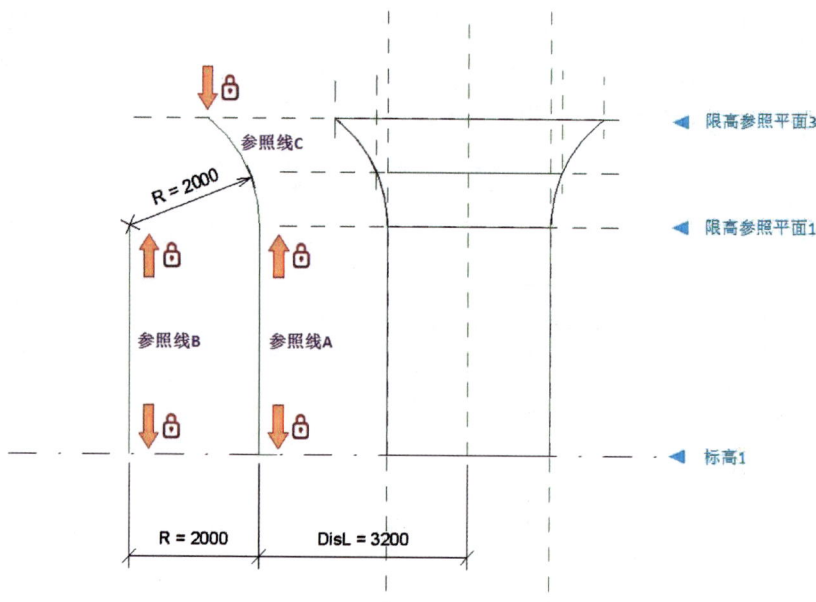

图 2-75　应对特殊墩高的空心剪切措施（单位：mm）

思考

为什么参照线 B 不采用参照平面呢？

下一步，需要以"参照线 A""参照线 C"组成参照线为路径轨迹，绘制流水槽截面轮廓。切换至"三维"视图，设置"参照线 A"下端点参照面为工作平面，如图 2-76 所示。

因该轨迹是依照花瓶墩立面左侧迹线创建的，所以流水槽截面轮廓线当以上述轨迹左侧边线向右侧绘制。参照图纸给定的流水槽界面尺寸大样，在上述工作平面中，以参照线绘制等腰梯形，记为"轮廓草图"，并约束其尺寸，如图 2-77 所示。

完成"轮廓草图"创建之后，选择上述"参照线 A""参照线 C""轮廓草图"，进行空心形状创建，形成如图 2-78 所示空心形状。

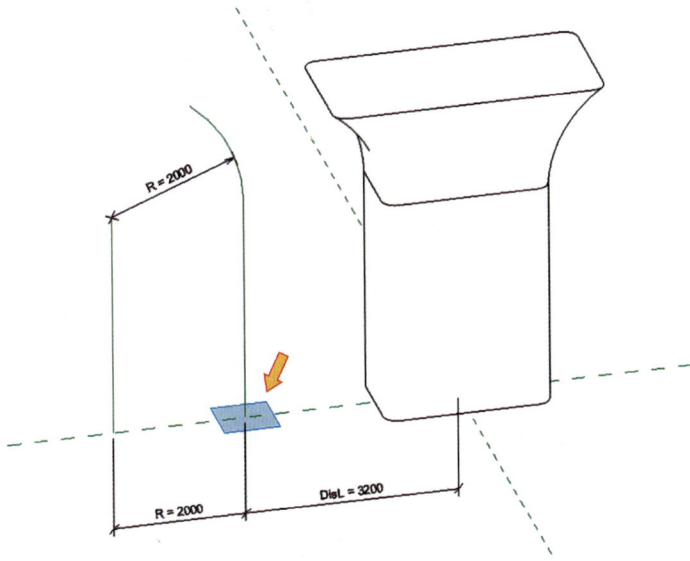

图 2-76 流水槽截面轮廓创建工作平面（单位：mm）

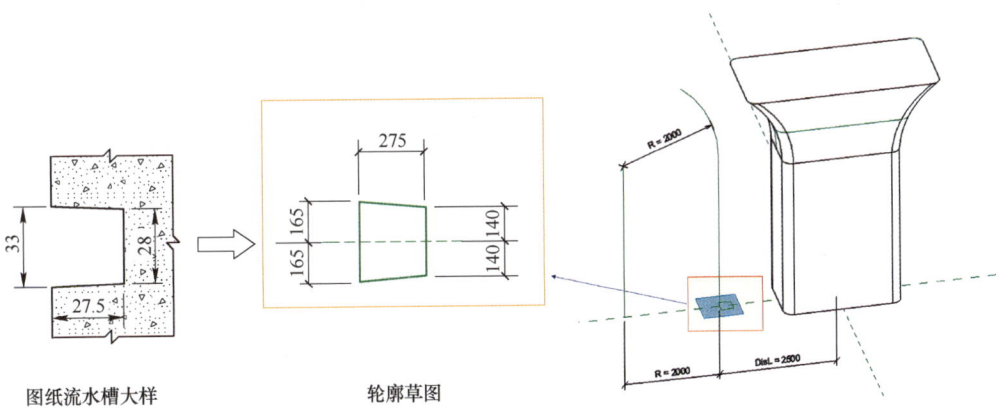

图纸流水槽大样   轮廓草图

图 2-77 流水槽截面轮廓参照线的绘制（单位：mm）

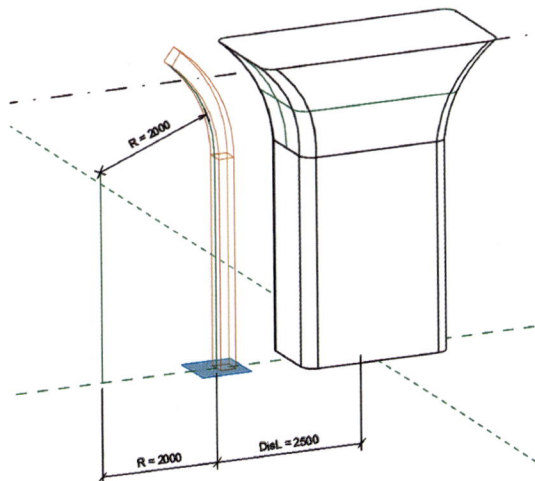

图 2-78 流水槽空心形状的创建（单位：mm）

使用"多重剪切"功能，用上述空心形状剪切柱身及瓶颈，打开族类型面板，设置"DisL"参数值为 L1/2，点击应用，系统会自动弹出错误提示"无法使图元保持连接"（图 2-79）。

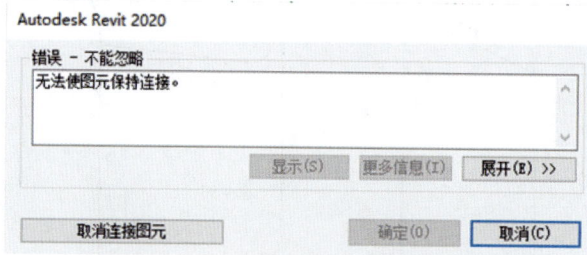

图 2-79　"无法使图元保持连接"提示框

造成该问题的原因，是在瓶颈部分，空心的流水槽是严格以半径为 R 的圆弧进行放样的，而在创建瓶颈实心形状时，则是采用多轮廓融合形成，在"前"/"后"立面视图中，放大观察瓶颈，其左右侧迹线是大致拟合半径为 R 的圆弧，而非完全重合。所以当空心流水槽剪切瓶颈时，部分区域会遗留"薄片"，这在 Revit 的软件机制中可能不被允许，于是报出错误。

解决的办法是，在创建"轮廓草图"时，对轮廓草图左侧进行延展，本书以 275mm 宽为例，对"轮廓草图"进行修改，如图 2-80 所示。

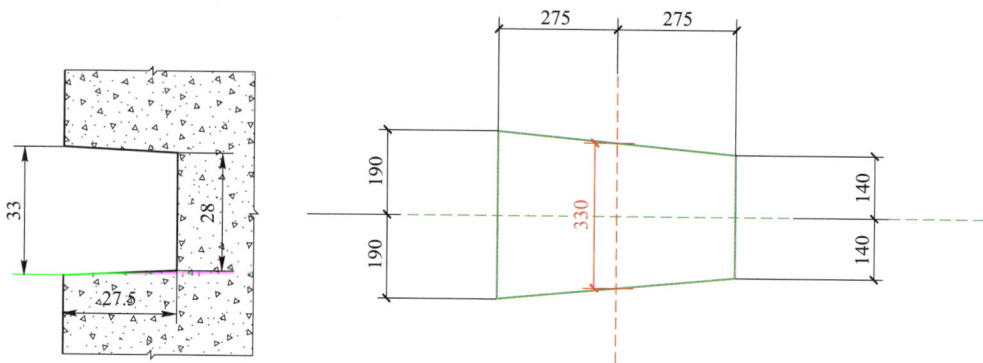

图 2-80　流水槽截面轮廓的优化（单位：mm）

完成"轮廓草图"修改之后，重新选择"参照线 A""参照线 C""轮廓草图"，进行空心形状创建，形成图 2-81 所示空心形状。

使用"多重剪切"功能，以上述空心形状剪切柱身及瓶颈，打开族类型面板，设置"DisL"参数值为 L1/2，点击应用，流水槽被正确剪切形成（图 2-82）。

为快速实现流水槽的剪切与否，新建参数类型为"是/否"的实例参数"Lsc"，为"DisL"参数设置公式"if（Lsc，L1/2，L1）"，即当设置"Lsc"参数为"是"时，DisL=L1/2，则流水槽空心形状正确剪切花瓶墩，当设置"Lsc"参数为"否"时，DisL=L1，流水槽空心形状远离花瓶墩（图 2-83）。

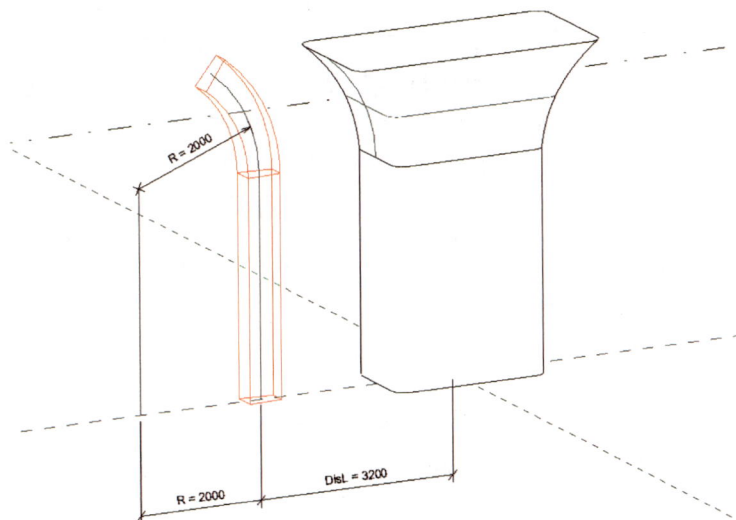

图 2-81 流水槽截面轮廓的优化（单位：mm）

至此，花瓶墩族创建完毕，可合理调试上述未增加公式的参数数值，观察花瓶墩形态变化。

小节要点：

（1）应对桥梁中异形结构构件的创建，基于"自适应公制常规模型"族样板创建的自适应族通常能有效解决渐变曲面、空间不定态（形体受其他结构驱动）等问题。

（2）"自适应公制常规模型"族样板中的"前/后"立面视图传统理解意义相反，即"前"立面对应的是传统"后"立面视图，"后"立面对应的是传统"前"立面视图。

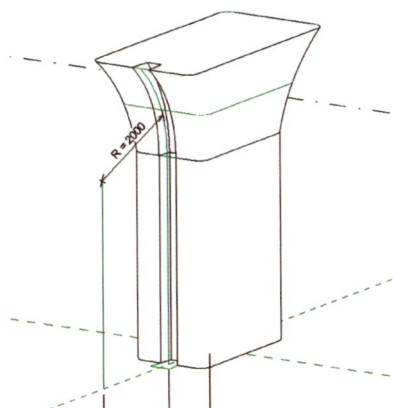

图 2-82 仅流水槽裁剪后的
花瓶墩形状（单位：mm）

2.2.4.2 圆柱墩

按照"2.1.2 族类别的适用规则"节内容，圆柱墩形状为单一圆柱形状，可采用"公制常规结构柱"，但由于"花瓶墩"已采用"自适应公制常规模型"（属于"常规模型"类别）族样板，在此可采用"公制常规模型"族样板进行创建。

基于"公制常规模型"族样板新建族，进入"参照标高"平面，新建拉伸形状，以坐标原点为圆心绘制圆形草图，标注圆的半径尺寸标注，并为其添加实例参数"R"，控制圆柱墩的半径，再增加参数"D"，作为圆柱墩直径，为"R"参数设置公式，R＝D/2，如图 2-84 所示。

参数添加之后，需要再对该拉伸的"拉伸终点"进行参数设定，新建实例参数"H"，控制圆柱墩的高度（图 2-85）。

点击"完成编辑模式"即可完成圆柱墩形状创建，点击圆柱形状，为"材质"属性增加参数，参数命名为"结构材质"即可（图 2-86）。

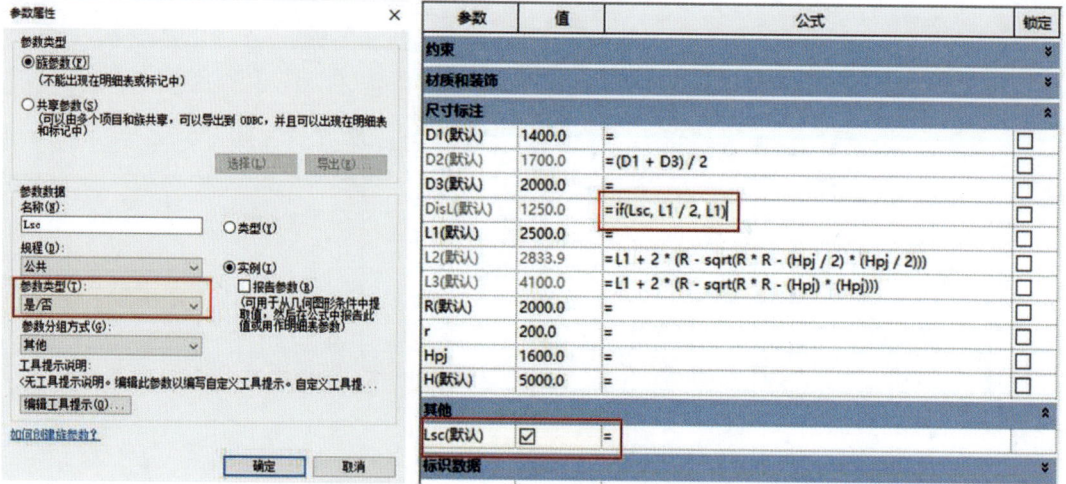

图 2-83　有无流水槽的驱动参数

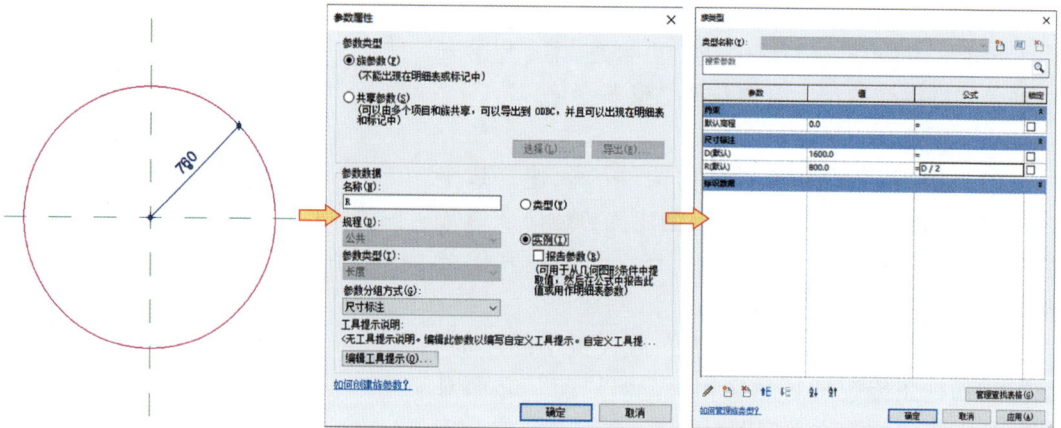

图 2-84　圆柱墩的拉伸形状与半径参数设置

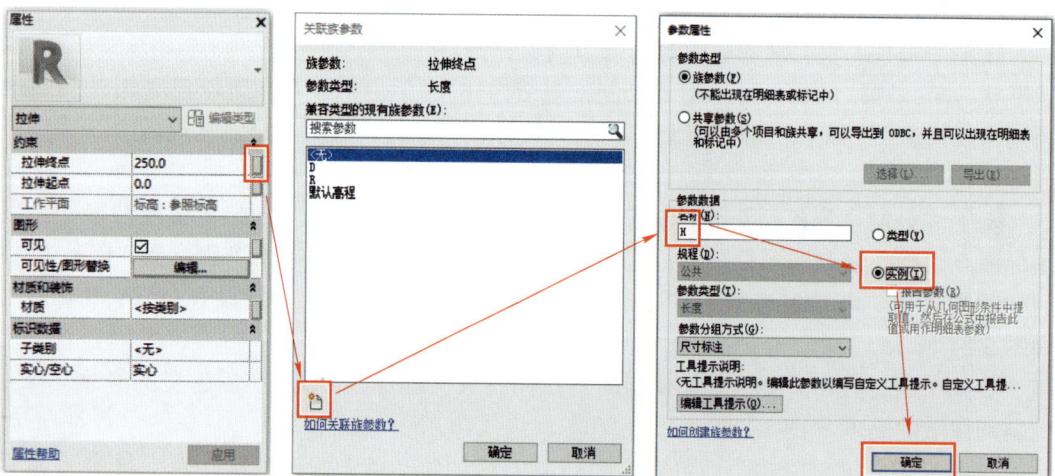

图 2-85　拉伸终点关联墩高参数

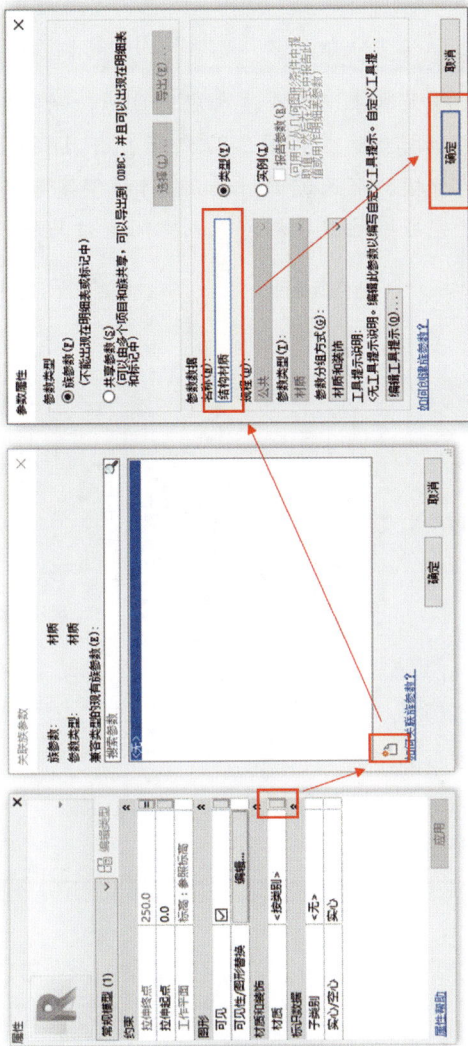

图 2-86 材质参数关联

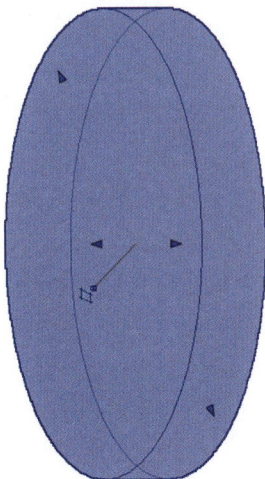

保存该族为"圆柱墩",完成圆柱墩族的创建。

小提示

应对墩柱结构,可按照项目需求、BIM技术应用目标,制定空间定位方案。如在"花瓶墩"顶部、底部按顺序添加标识线,如图2-87所示,并且预设模型线起点/终点坐标值实例参数。在下部结构创建阶段,可通过Dynamo进行模型线起点、终点坐标值数据提取,并向墩柱族实例进行赋值,完成墩柱族实例特殊点空间定位与标识工作。

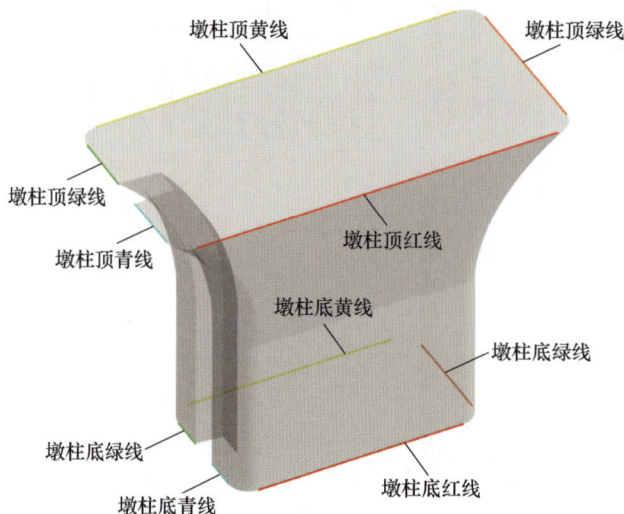

图2-87 花瓶墩模型线敷设方案

2.2.5 肋板

此肋板指肋板式桥台的结构组成部分,在创建过程中,通常与墩柱同阶段创建。结合"2.1.2 族类别的适用规则"节内容,以及本书实例中"花瓶墩""圆柱墩"采用"常规模型"类别族样板的现状,在此可采用"公制常规模型"族样板进行肋板族创建。

观察肋板形状特征,横桥向截面为直角梯形。当肋板式桥台横坡为0时,肋板横桥向截面边界相同;当肋板式桥台横坡不为0时,肋板横桥向截面边界近似,但高度存在差异。故此,可基于"左"立面视图进行融合形状创建,实现肋板族创建。

基于"公制常规模型"族样板新建族,进入"左"立面视图,新建融合形状,观察肋板形状与桥台里程桩号定义轴线的空间位置关系,可以"中心(前/后)"为桥台里程桩号定义轴线,以"参照标高"平面为肋板底部基准线,位置关系应如图2-88所示。

针对融合形状的"底部""顶部"设计边界草

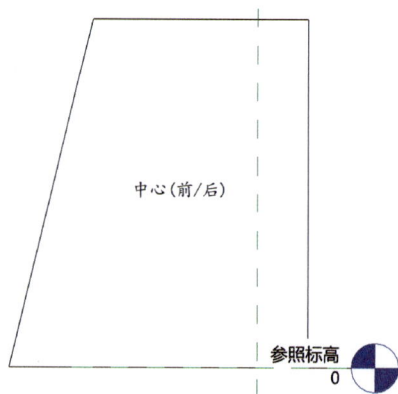

图2-88 肋板与"中心(前/后)"
参照平面位置关系

图。在草图中，相同数值设计的长度、角度，采用同一参数标签进行控制。实现肋板融合形状的边界草图及相关尺寸约束标签如图 2-89 所示。

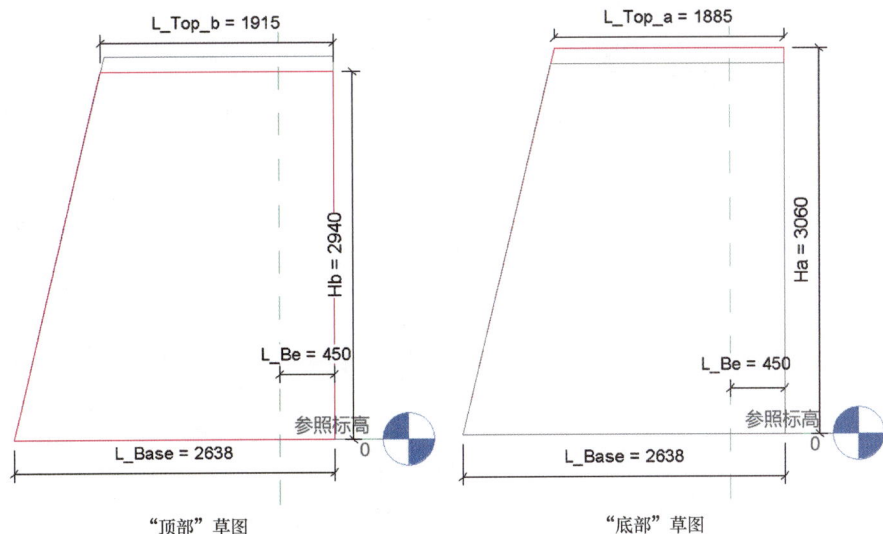

图 2-89 融合形状顶/底部草图和尺寸约束关系（单位：mm）

为实现对肋板厚度的驱动，设置融合形状的"第一端点""第二端点"参数，分别为"offe""offs"。同时，创建参数"D"（参数类型为"尺寸标注"），用于定义肋板厚度，并且通过表 2-7 的定义实现融合形状的"底部""顶部"端点面偏移。

表 2-7 融合形状顶/底部关联参数及值设定

融合属性	关联参数	公式
第一端点	offe	D/2
第二端点	offs	−D/2

首先，点击"完成编辑模式"，完成肋板的形状创建。其次，创建参数"H"（参数类型为"尺寸标注"），用于定义肋板横桥向中心梯形截面高度；创建参数"L_Top"（参数类型为"尺寸标注"），用于定义肋板横桥向中心梯形截面顶部宽度；创建参数"i"（参数类型为"数值"），用于定义肋板顶部横桥向横坡百分值。最后，用上述参数，设定"Ha""Hb""L_Top_a""L_Top_b"参数的公式，各参数及其公式如表 2-8 所示。

表 2-8 肋板其他关联参数及值设定

参数名称	Ha	Hb	L_Top_a	L_Top_a
参数值计算式	H+D＊i/200	H−D＊i/200	L_Base−Ha＊＊(L_Base−L_Top)/H	L_Base−Hb＊(L_Base−L_Top)/H

最终族类型面板下，所有参数及其关系展示如图 2-90 所示。

通过调整"H""D""L_Base""L_Be""L_Top""i"参数的值，检查是否能够正常驱动肋板族形体发生合理的改变。点击"确定"即可完成融合形状创建。点击融合形状，为"材质"属性增加参数，参数命名为"结构材质"即可。

保存该族为"肋板"，完成肋板族的创建。肋板族三维效果如图 2-91 所示。

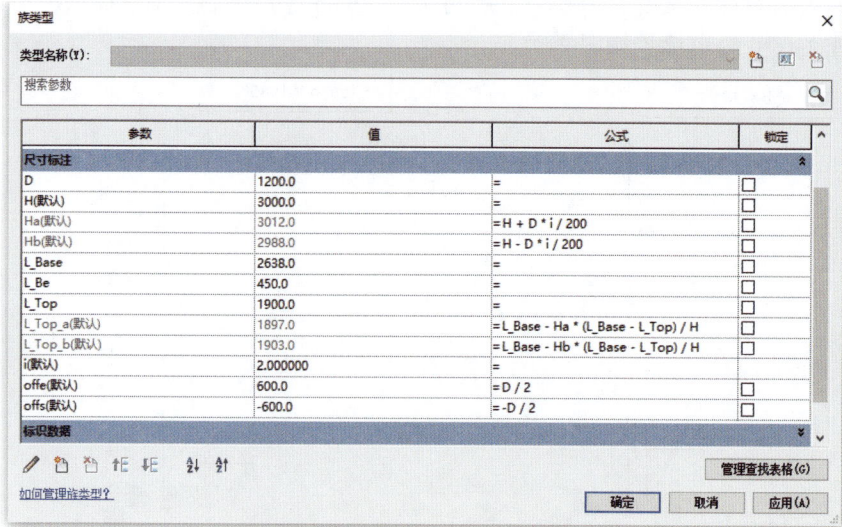

图 2-90　肋板族类型面板内容

图 2-91　肋板族
三维效果

2.2.6　盖梁

2.2.6.1　族类别选择

按照"2.1.2 族类别的适用规则"节内容，盖梁采用"公制结构框架-综合体和桁架"族样板进行创建。

2.2.6.2　基本形状创建

按照"2.2.1 下部结构构造"节内容，分析盖梁形状特点，当盖梁顶面存在坡度时，盖梁模型为梯形截面的结构，部分含有流水槽，交界墩处大、小里程侧的高度不一致，顶面为带横坡的斜面。

针对该形状特征的结构，需要创建 2 项整体高度不一致的梯形截面拉伸模型、2 项流水槽空心放样。

基于"左"立面视图，在"中心（前/后）"参照平面两侧分别创建 1 道竖向参照平面（1、2 号参照平面），使用对齐尺寸标注及 EQ 命令，使 1、2 号参照平面关于"中心（前/后）"参照平面对称。在两道参照平面之间创建 1 道竖向参照平面（3 号参照平面），创建 1-3 号参照平面的尺寸标注并关联新建参数"D_Start"，用于控制小里程侧形状拉伸，创建 2-3 号参照平面的尺寸标注并关联新建参数"D_End"，用于控制大里程侧形状拉伸，如图 2-92 所示。

切换至"前"立面视图（图 2-93），在"中心（左/右）"参照平面两侧分别创建 1 道竖向参照平面（4、5 号参照平面），使用对齐尺寸标注分别添加 4 号、5 号参照平面关于"中心（左/右）"参照平面的尺寸标注，并关联新建参数"Lz""Ly"，用于控制盖梁形状长度。在"标高 1"平面上方创建 6、7、8、9 共 4 道水平参照平面，其中 6、7 号参照平面用于控制盖梁左侧顶部高度，8、9 号参照平面则用于控制盖梁右侧顶部高度。

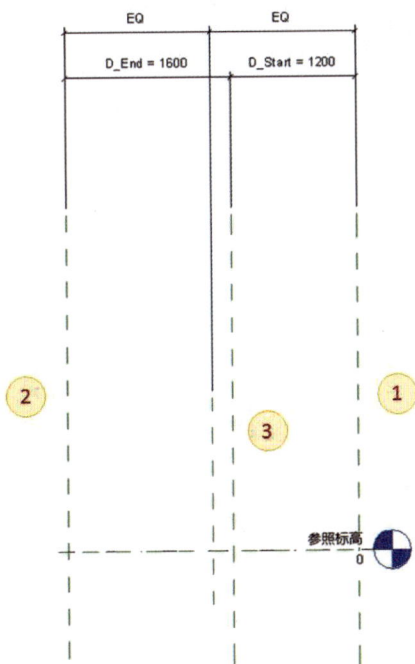

图 2-92 "左"立面视图参照平面与尺寸参数

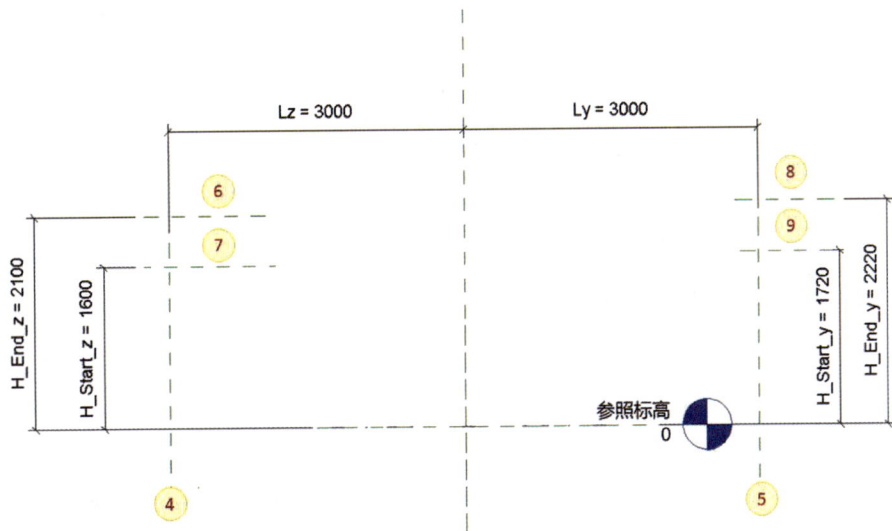

图 2-93 "前"立面视图参照平面与尺寸参数（单位：mm）

创建"标高 1"平面到上述 6、7、8、9 号参照平面的尺寸标注，并关联新建参数，关联关系如表 2-9 所示。

表 2-9 参照平面尺寸间距与参数关系

尺寸标注	绑定参数
标高 1-6 号参照平面	H_End_z
标高 1-7 号参照平面	H_Start_z
标高 1-8 号参照平面	H_End_y
标高 1-9 号参照平面	H_Start_y

在该立面视图中，使用拉伸命令，绘制梯形草图轮廓，如图 2-94 所示，左右两侧草图线分别对齐锁定至 4、5 号参照平面，底部草图线对齐锁定至"标高 1"平面，顶部草图斜线左端点对齐锁定至 7 号参照平面，右端点对齐锁定至 9 号参照平面，点击完成编辑模式，完成小里程侧盖梁形状创建。

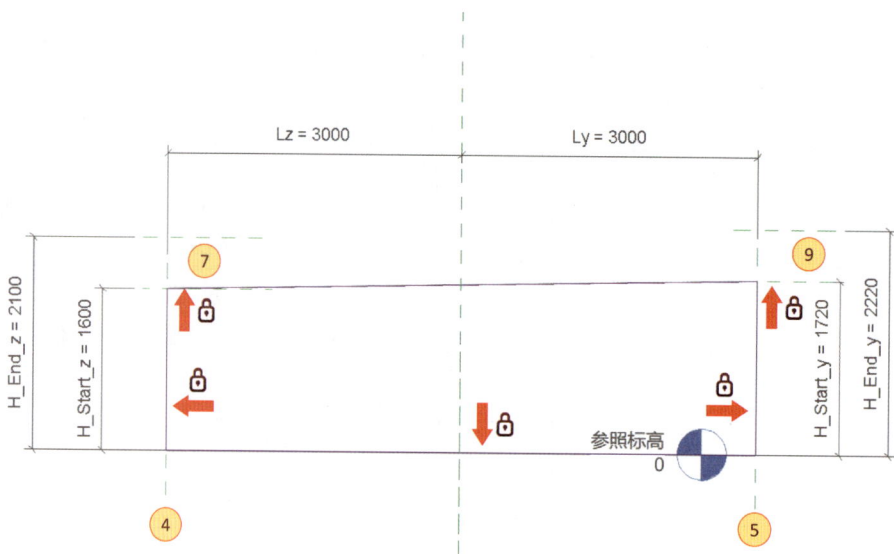

图 2-94 小里程侧盖梁形状拉伸轮廓（单位：mm）

切换至"左"立面视图，将小里程侧盖梁形状的拉伸起点、拉伸终点面分别对齐锁定至 1、3 号参照平面（图 2-95）。

切换至"前"立面视图，采用同样方式进行拉伸形状创建，如图 2-96 所示，左右两侧草图线分别对齐锁定至 4、5 号参照平面，底部草图线对齐锁定至"标高 1"平面，顶部草图斜线左端点对齐锁定至 6 号参照平面，右端点对齐锁定至 8 号参照平面，点击完成编辑模式，完成大里程侧盖梁形状创建。

切换至"左"立面视图，将大里程侧盖梁形状的拉伸起点、拉伸终点面分别对齐锁定至 3、2 号参照平面（图 2-97）。

创建实例参数"H_Start""H_End""i"，对应参数类型如表 2-10 所示。

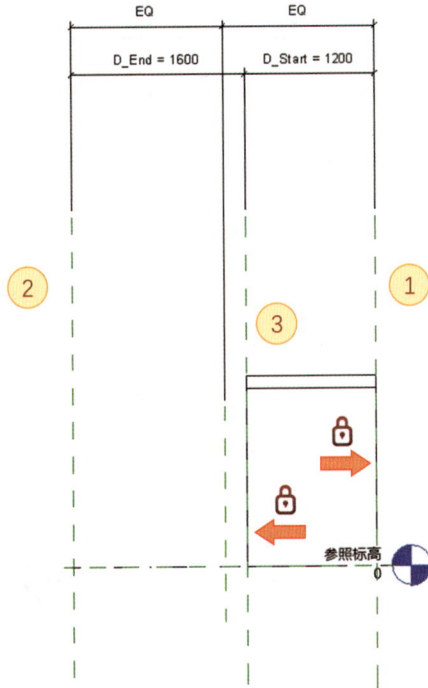

图 2-95 小里程侧盖梁拉伸边界对齐关系（单位：mm）

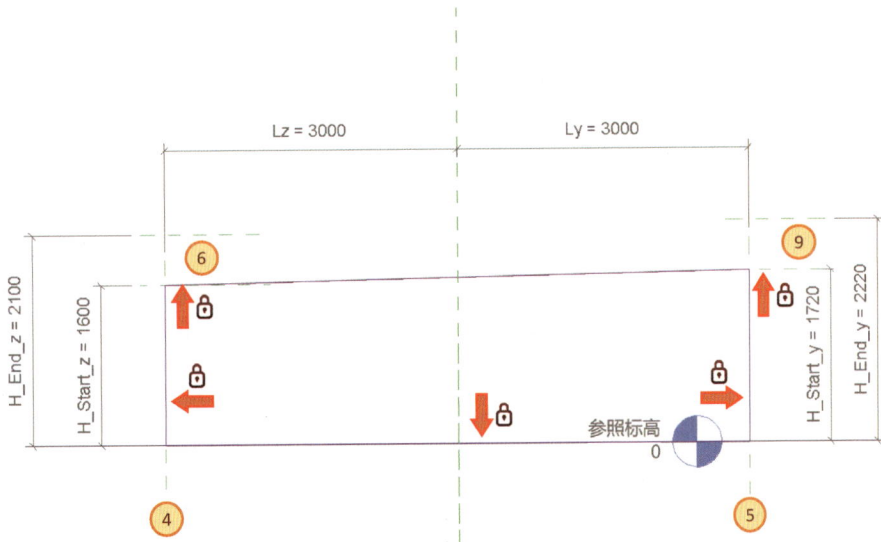

图 2-96 大里程侧盖梁形状拉伸轮廓（单位：mm）

表 2-10 大/小里程侧盖梁拉伸高度、横坡参数与公式

参数名称	参数类型	参数含义
H_Start	长度（实例参数）	小里程侧盖梁拉伸形状最低侧高度
H_End	长度（实例参数）	大里程侧盖梁拉伸形状最低侧高度
i	数值（实例参数）	盖梁顶面横坡/%

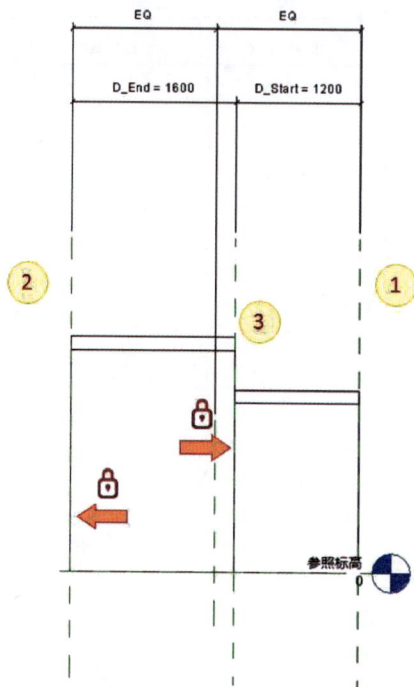

图 2-97　大里程侧盖梁拉伸边界对齐关系（单位：mm）

　　按照"2.2.1 下部结构构造"节内容，图纸给定盖梁最低侧高度，当横坡 i>0 时，表示盖梁横桥向截面左低右高，且左侧高度=图纸给定高度，右侧高度需要根据左侧高度及横坡进行计算；当横坡 i<0 时，表示盖梁横桥向截面左高右低，且右侧高度=图纸给定高度，左侧高度需要根据右侧高度及横坡进行计算；当横坡 i=0 时，表示盖梁横桥向截面等高，左、右侧高度=图纸给定高度。

　　根据以上结论，为参数"H_Start_z""H_Start_y""H_End_z""H_ End _z"设置公式如表 2-11 所示。

表 2-11　大/小里程侧盖梁左右侧高度参数与公式

参数	公式
H_End _z	if(i<0,H_End-(Lz+Ly)＊j/100,H_End)
H_Start_z	if(i<0,H_Start-(Lz+Ly)＊i/100,H_Start)
H_End _y	if(i>0,H_End-(Lz+Ly)＊i/100,H_End)
H_Start_y	if(i>0,H_Start-(Lz+Ly)＊i/100,H_Start)

　　通过设置"i""H_Start""H_End""Lz""Ly""D_Start""D_End"参数数值，观察大、小里程侧盖梁形状是否发生变化，检查错误。

　　盖梁的挡块、支座垫石通常被要求与盖梁同时浇筑，但是在实际施工中，为使支座垫石标高易控，通常分两次浇筑盖梁和支座垫石。而挡块则在混凝土和易性较好时，与盖梁同步浇筑，本实例结合部分盖梁挡块包含流水槽考虑，合并创建盖梁与挡块模型。

　　按照"2.2.1 下部结构构造"节图纸，观察桥梁中盖梁挡块关于盖梁横桥向中心线左右对称，结合交界墩盖梁大小里程侧不齐高、隐形盖梁考虑，分建大小里程侧两组挡块形状。

首先在"前"立面视图中，在"中心（左/右）"参照平面两侧分别创建 1 道竖向参照平面，即 10、11 号参照平面，使用对齐尺寸标注及 EQ 命令，使 10、11 号参照平面关于"中心（左/右）"参照平面对称，创建 10-11 参照平面的尺寸标注，并关联新建参数"Ldk_Start"，用于控制小里程侧挡块外侧间距（图 2-98）。

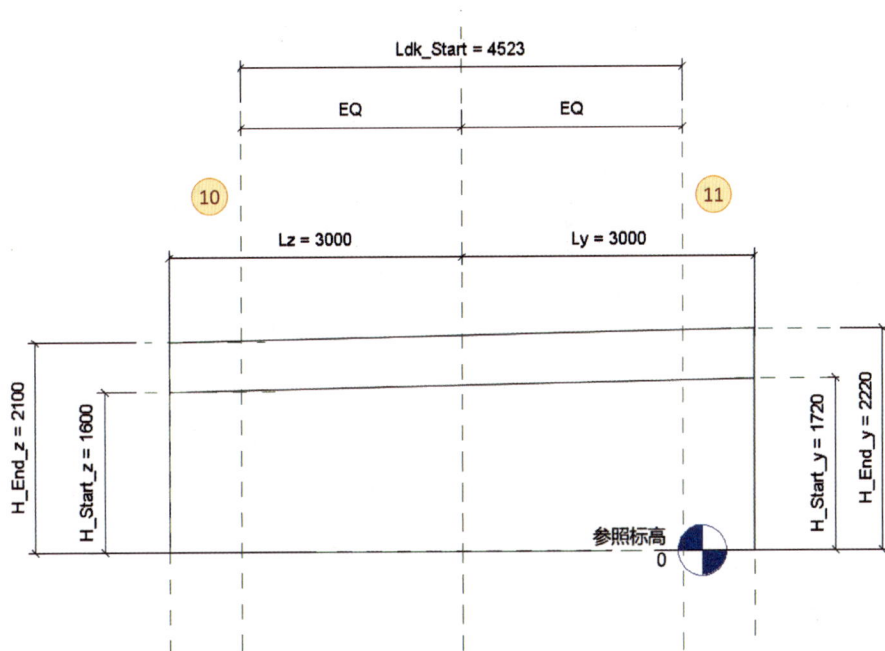

图 2-98　小里程侧挡块宽度参照平面与尺寸参数（单位：mm）

使用拉伸创建形状，绘制如图 2-99 草图线，分别为两个矩形，按图中锁定箭头标示，将对应矩形边锁定至参照线/标高线上，再添加矩形宽尺寸标注，关联到新建类型参数"Ddk"上，用于控制两组挡块的厚度。再分别添加矩形高尺寸标注，分别关联到新建参数"Hdk_Start_z""Hdk_Start_y"上，用于控制小里程侧左、右侧挡块顶相距盖梁地面高度。

按照"2.2.1 下部结构构造"节图纸，观察挡块厚度固定，为 450mm。挡块高度均为 600mm，但考虑部分盖梁无挡块，为了区分或控制有无挡块，新建实例参数"HaveDK"（参数类型为"是/否"），用于驱动挡块"Hdk_Start_z""Hdk_Start_y"数值，间接控制盖梁是否含有挡块。即当"HaveDK"为"true"时，左右侧挡块分别比所在盖梁顶面高 600mm，当"HaveDK"为"false"时，左右侧挡块均为 10mm，此时挡块均"躲藏"在盖梁内部，实现向无挡块盖梁转变，具体设置目标内容如表 2-12 所示。

表 2-12　小里程侧挡块拉伸轮廓高度参数与公式

参　数	公　式
Hdk_Start_z	if(HaveDK，（H_Start_z+Lz＊i/100）−Ldk_Start＊i/200+600mm，10mm)
Hdk_Start_y	if(HaveDK，（H_Start_z+Lz＊i/100）+Ldk_Start＊i/200+600mm，10mm)

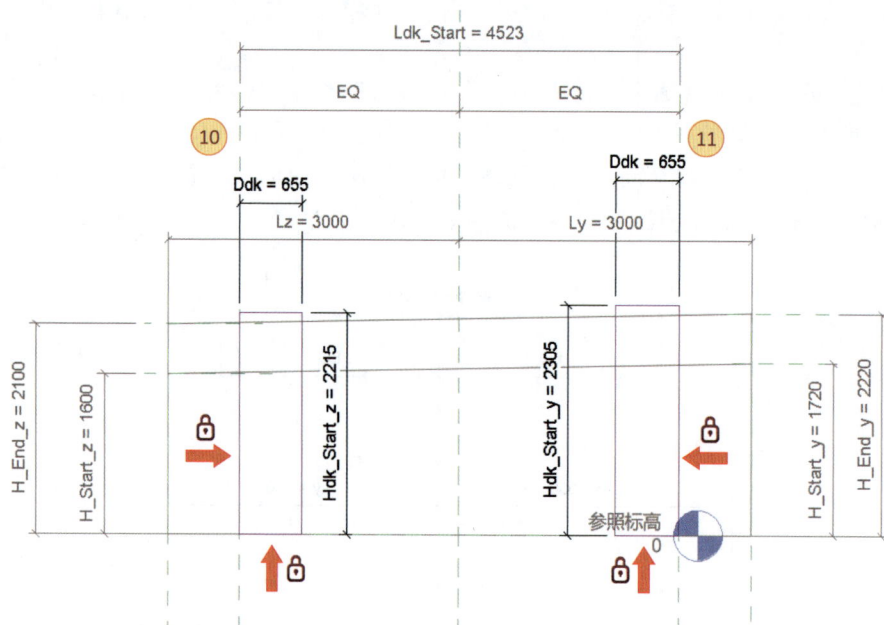

图 2-99　小里程侧左右侧挡块拉伸轮廓（单位：mm）

　　点击完成编辑模式，完成小里程侧挡块形状创建。切换至"左"立面视图中，将小里程侧挡块形状拉伸起点、拉伸终点面分别对齐锁定至 1 号、3 号参照平面上，实现对小里程侧挡块的拉伸起止面控制（图 2-100）。

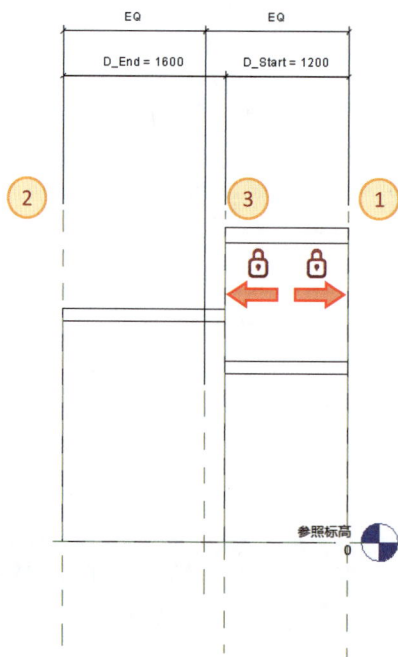

图 2-100　小里程侧挡块拉伸边界对齐关系（单位：mm）

回到"前"立面视图中，在"中心（左/右）"参照平面两侧分别创建1道竖向参照平面，即12、13号参照平面，使用对齐尺寸标注及EQ命令，使12、13号参照平面关于"中心（左/右）"参照平面对称，创建12-13参照平面的尺寸标注，并关联新建参数"Ldk_End"，用于控制大里程侧挡块外侧间距（图2-101）。

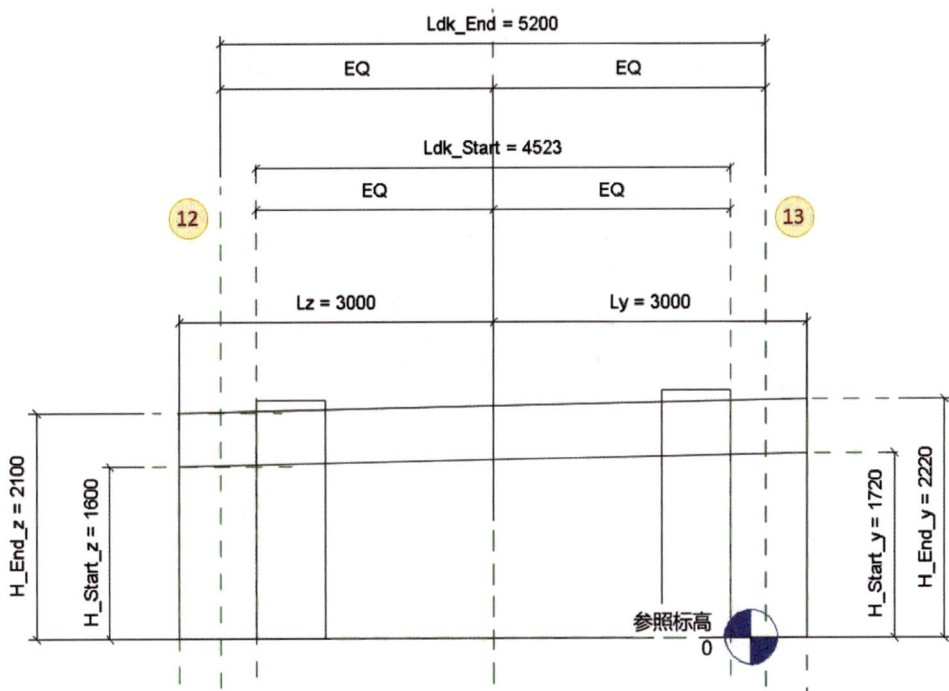

图2-101 大里程侧挡块宽度参照平面（单位：mm）

使用拉伸创建形状，绘制如图2-102草图线，分别为两个矩形，按图中锁定箭头标示，将对应矩形边锁定至参照平面/标高平面上，再添加矩形宽尺寸标注，关联到已有参数"Ddk"上，用于控制两组挡块的厚度。分别添加矩形高尺寸标注，分别关联到新建参数"Hdk_End_z""Hdk_End_y"上，用于控制大里程侧左、右侧挡块顶相距盖梁地面高度。

与小里程侧挡块相同的，通过参数"HaveDK"驱动挡块"Hdk_End_z""Hdk_End_y"数值，间接控制盖梁是否含有挡块。通过对"Hdk_End_z""Hdk_End_y"参数设定公式实现大里程侧挡块位置及有无，具体设置目标内容如表2-13所示。

表2-13 大里程侧挡块拉伸轮廓高度参数与公式

参数	公 式
Hdk_End_z	if(HaveDK，（H_End_z+Lz＊i/100）−Ldk_End＊i/200+600mm，10mm)
Hdk_End_y	if(HaveDK，（H_End_z+Lz＊i/100）+Ldk_End＊i/200+600mm，10mm)

点击完成编辑模式，完成大里程侧挡块形状创建。切换至"左"立面视图中，将大里程侧挡块形状拉伸起点、拉伸终点面分别对齐锁定至3号、2号参照平面上，实现对大里程侧挡块的拉伸起止面控制（图2-103）。

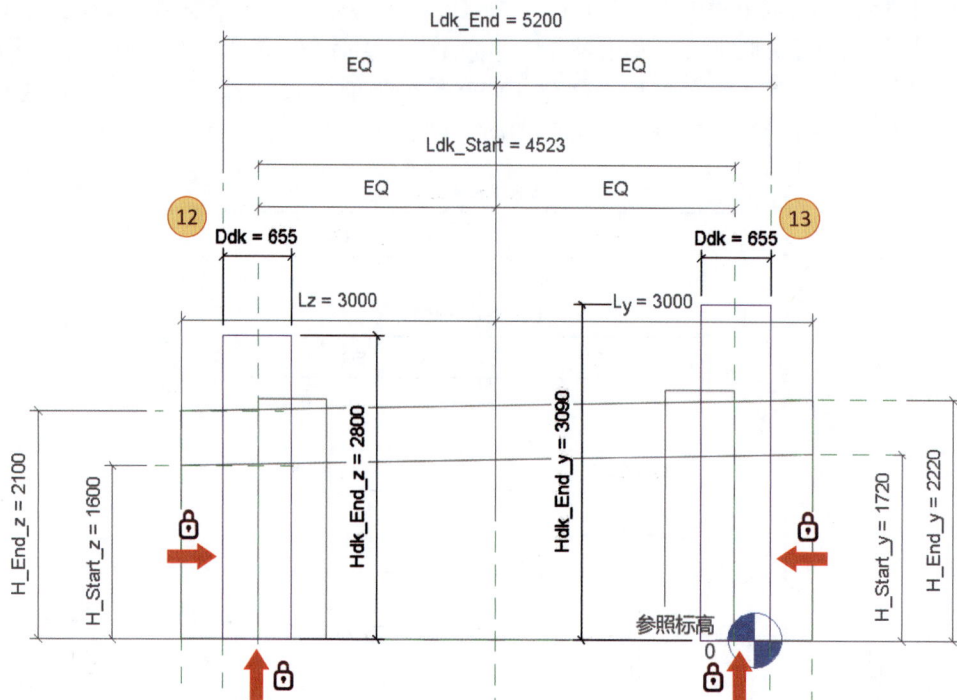

图 2-102 大里程侧左右侧挡块拉伸轮廓（单位：mm）

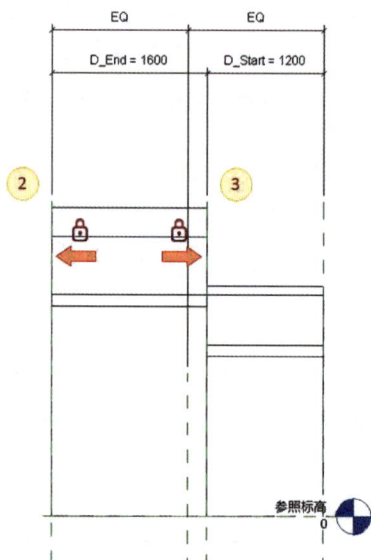

图 2-103 大里程侧挡块拉伸边界对齐关系（单位：mm）

适当合理调整"HaveDK""Ddk""Hdk_Start_z""Hdk_Start_y""Hdk_End_z""Hdk_End_y"参数，观察挡块是否根据参数控制进行形状变化。

观察桥梁中盖梁的流水槽，有以下规律：

（1）流水槽都在桥梁线路左侧；

（2）沿着立面左边际线做剖切，任意剖切面上流水槽的截面是一致的；

（3）部分盖梁（门式墩）无流水槽。

得出结论：

流水槽可理解为是一定轮廓沿立面左边际线做扫略/放样形成的空心形状，对盖梁进行了形状的剪切，而部分盖梁有流水槽，部分盖梁无流水槽，可通过参数控制空心形状与实心形状的空间位置关系，制造是否剪切。

实现方法：

在"前"立面视图中，创建如图 2-104 所示 14-20 号参照平面，其中 15-17 号参照平面间固定间距 2000mm，16-17 号参照平面间固定间距 800mm，18-19 号参照平面间固定间距 1600mm，以上固定间距均为设定流水槽空心形状放样的路径轨迹。

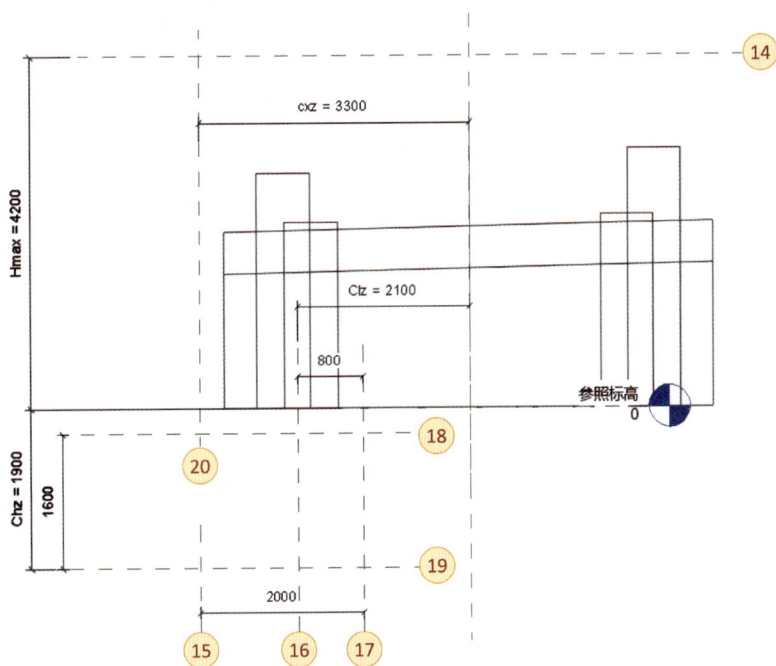

图 2-104　流水槽创建辅助参照平面与尺寸参数（单位：mm）

同时，添加标高 1-14 号参照平面的尺寸标注并关联新建实例参数"Hmax"，后面可为该参数设置公式，使其高于挡块/盖梁最高点。再添加标高 1-19 号参照平面的尺寸标注并关联新建实例参数"Chz"，控制 19 号参照平面在标高 1 平面下面的偏距。水平方向上，添加中心（左/右）-20 号参照平面的尺寸标注并关联新建实例参数"cxz"，控制 20 号参照平面在中心（左/右）参照平面左侧的偏距。添中心（左/右）-16 号参照平面的尺寸标注并关联新建实例参数"Clz"，控制 16 号参照平面在中心（左/右）参照平面左侧的偏距。

在 20 号参照平面上，创建 14-18 号参照平面的参照线"参照线 A"，将"参照线 A"起点对齐锁定至 14 号参照平面，"参照线 A"对齐锁定至 20 号参照平面；在 18 号参照平面上，创建 20-16 号参照平面的参照线"参照线 B""参照线 B"对齐锁定至 18 号参照平面；以 15-19 号参照平面交点为圆心，创建圆弧参照线"参照线 C"，以 16-18 号参照平面交点为起点、17-19 号参照平面交点为终点，添加圆弧半径尺寸标注，确定半径值为 2000mm，对齐锁定

"参照线 C"终点至 19 号参照平面。流水槽创建辅参照线如图 2-105 所示。

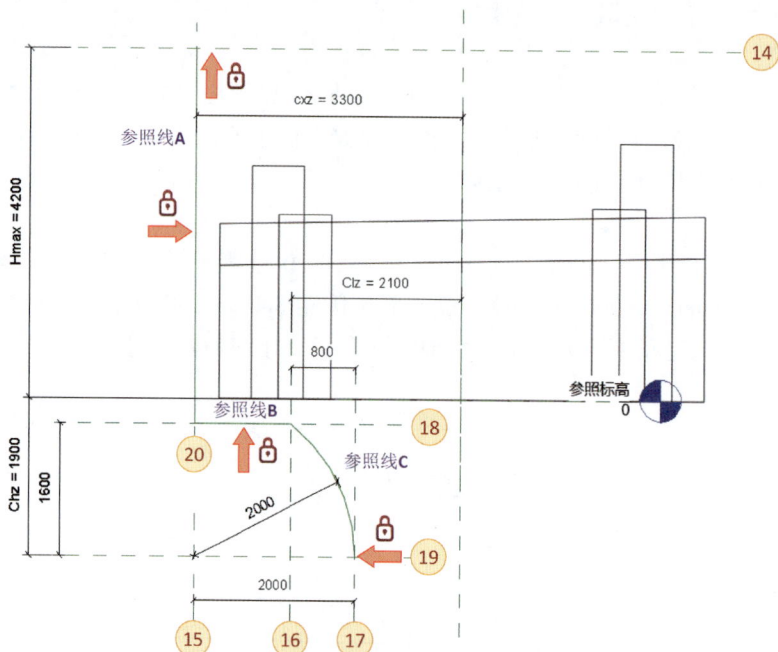

图 2-105 流水槽创建辅助参照线（单位：mm）

切换至三维视图中，使用空心放样命令创建形状，采用"拾取路径"命令依次选择"参照线 A""参照线 B""参照线 C"，系统默认在"参照线 A"中点处生成轮廓平面（图 2-106）。

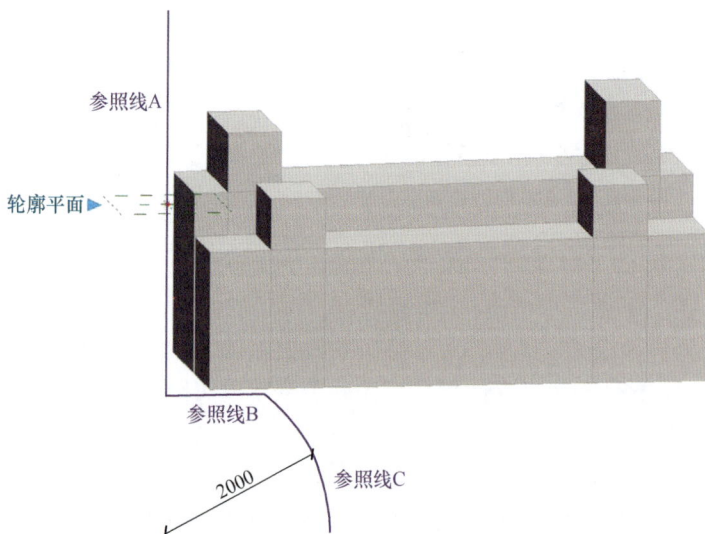

图 2-106 流水槽的放样路径与轮廓平面（单位：mm）

下一步切换至"参照标高"平面中编辑轮廓，采用花瓶墩流水槽"轮廓草图"延展方案（参见2.2.4节），绘制如图2-107草图，对每一项尺寸标注进行数值锁定。

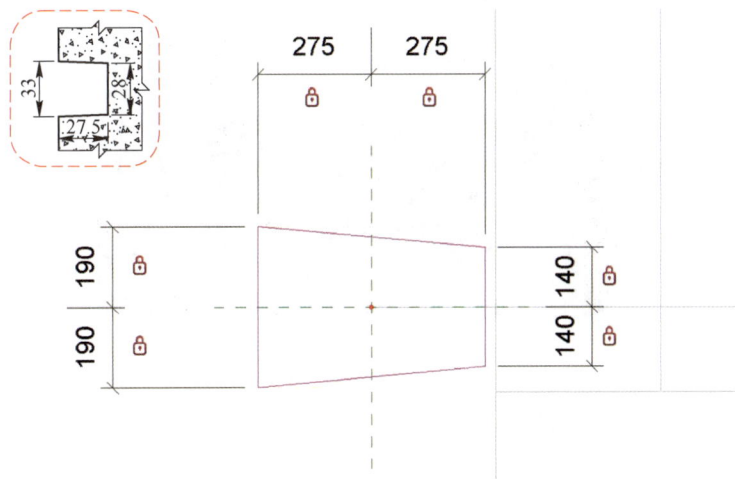

图 2-107　流水槽的放样路径与轮廓平面（单位：mm）

点击完成编辑模式，完成空心流水槽形状的创建，并且会因创建空心形状时，"参照线 A""参照线 B""参照线 C"距离盖梁及挡块距离不同，形成不同剪切模式，如本实例中，空心形状不与盖梁及挡块接触，则不会产生剪切，空心形状独立存在（图2-108）。

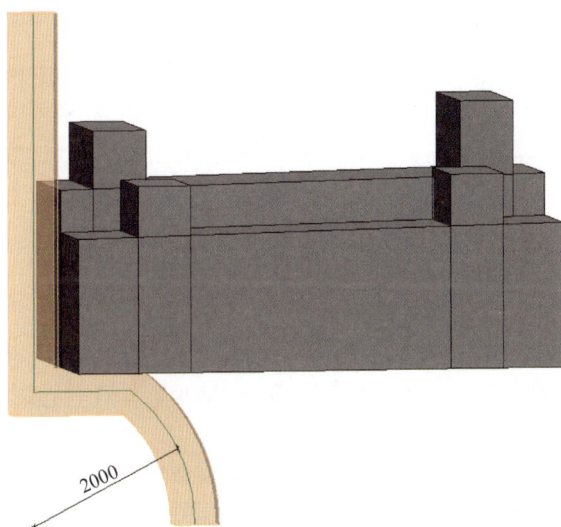

图 2-108　流水槽不参与剪切时的形态（单位：mm）

为确保空心形状剪切到大、小里程侧盖梁及挡块，须使用多重剪切命令，使用空心形状依次判断剪切大、小里程侧盖梁及挡块。确定空心形状已剪切大、小里程侧盖梁及挡块，再使用多重连接命令，连接大、小里程侧盖梁及挡块（图2-109）。

注：同样是常见流水槽空心形状，花瓶墩、盖梁方式不一样，是因为前者采用了"自适应公制常规模型"族样板，该族样板与其他族样板存在创建形状方式上的差异。

至此完成盖梁模型的创建，下一步，需要通过设定参数，实现盖梁整体形状变化的驱

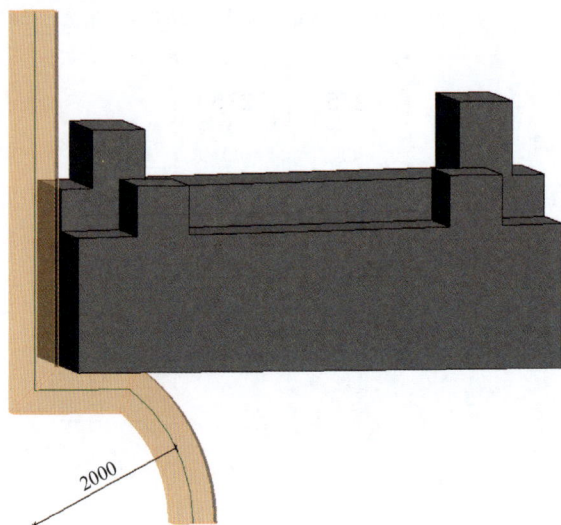

图 2-109 确定形状连接与剪切关系（单位：mm）

动。首先，上述"Clz"参数对应花瓶墩中"L3"参数数值的一半，为标识并驱动参数"Clz"，创建实例参数"L3"，并为"Clz"参数设置公式：Clz = L3/2。

当盖梁含有流水槽时，应当同时满足：

cxz = Lz

Chz = 1600mm

当盖梁不含流水槽时，应当使流水槽空心形状远离盖梁及盖梁挡块，结合流水槽空心形状尺寸，应当同时满足：

cxz > Lz+275mm

Chz > 1600mm+275mm

本实例以 300mm 间距，分离流水槽空心形状与盖梁及盖梁挡块，即驱动：

cxz = Lz+300mm

Chz = 1600mm+300mm

为快速实现盖梁是否含有流水槽，新建参数类型为"是/否"的实例参数"Lsc"，通过对"cxz""Chz"设置公式，实现"Lsc"参数驱动流水槽空心形状与盖梁形状距离如表 2-14 所示。

表 2-14 流水槽位置驱动参数与公式

参数	公 式
cxz	if（Lsc, Lz, Lz+300mm）
Chz	if（Lsc, 1600mm, 1900mm）

完成上述步骤之后，合理调试各参数，观察盖梁是否能够形成如图 2-110 所示图纸样式。

思考

当盖梁挡块左右不对称，且不垂直于横桥向截面时，如何创建？

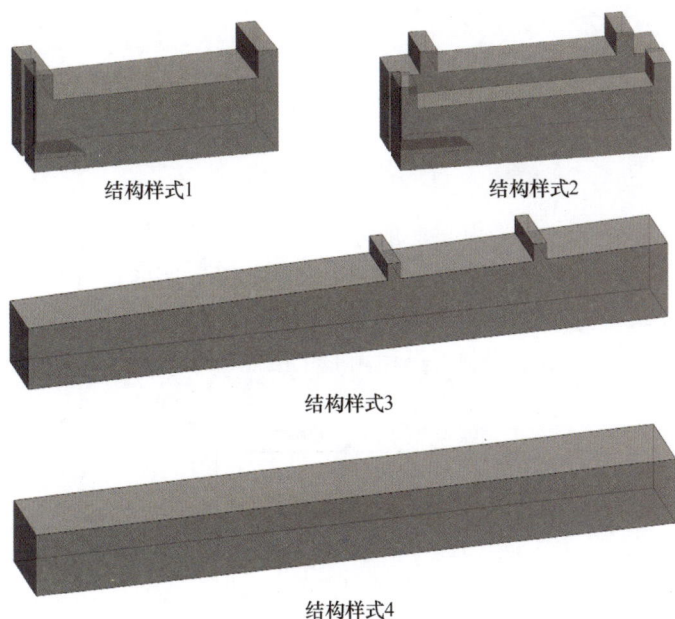

图 2-110　盖梁参数调试与形态变化

2.2.7　桥台顶部

2.2.7.1　族类别选择

以本书 R1 匝道桥肋板式桥台为例，参照设计图纸分析桥台结构组成部分，主要包含台帽、背墙、耳墙、牛腿、挡块、肋板、垫石、承台、桩基础等，本实例将台帽、背墙、耳墙、牛腿、挡块作为整体单元进行建模（读者可按照项目信息化管理、检验批划分等要求进行划分建模，原理一致）。桥台顶部（本小节简称"桥台"）及其组成部分如图 2-111所示。

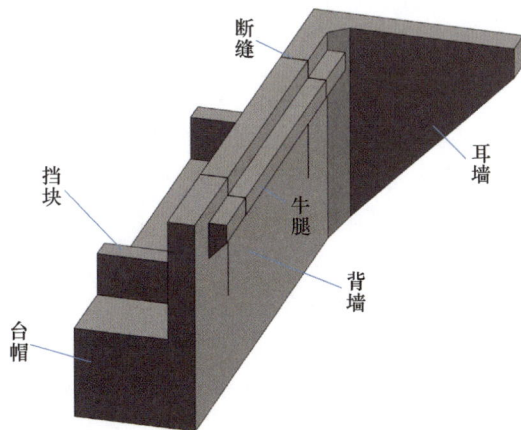

图 2-111　R1 匝道桥桥台组成

按照"2.1.2 族类别的适用规则"节内容，桥台采用"公制结构框架-综合体和桁架"族样板进行创建。

2.2.7.2　基本形状创建

按照"2.2.1 下部结构构造"节内容，分析桥台形状特点，与盖梁存在较多创建通性。

A　桥台顺桥向约束

基于"左"立面视图，在"中心（前/后）"参照平面两侧分别创建 1 道竖向参照平面（1、2 号参照平面），创建 1-中心（前/后）号参照平面的尺寸标注并关联新建参数"D_Start"，用于控制小里程侧形状拉伸，创建 2-中心（前/后）号参照平面的尺寸标注并关联新建参数"D_End"，用于控制大里程侧形状拉伸，如图 2-112 所示。

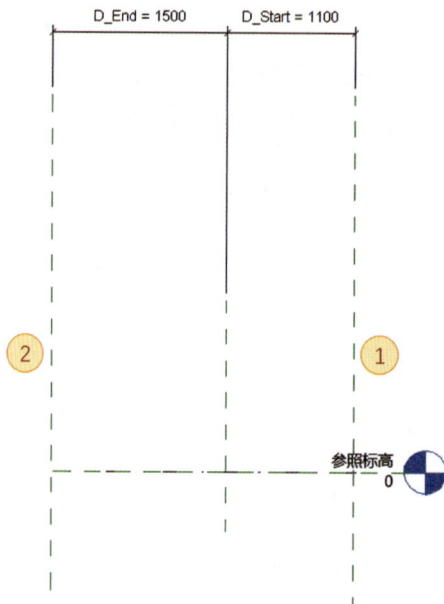

图 2-112　"左"立面主要参照平面与尺寸参数（单位：mm）

B　创建台帽形状

切换至"前"立面视图，在"中心（左/右）"参照平面两侧分别创建 2 道竖向参照平面（3、4、5、6 号参照平面），使用对齐尺寸标注分别添加 3 号与 4 号、5 号与 6 号参照平面的距离标注，并设置关于"中心（左/右）"参照平面等分。分别关联新建参数"L""Ldk"，用于控制台帽形状长度、左右侧挡块外侧间距。在"标高 1"平面上方创建 7、8 共 2 道水平参照平面，分别用于控制台帽左、右侧顶部高度。分别创建"标高 1"平面到 7、8 号参照平面的尺寸标注，并关联新建参数，分别为"H_z""H_y"，如图 2-113 所示。

该立面视图中，使用拉伸命令，绘制平行四边形草图轮廓，如图 2-114 所示，左右两侧草图线分别对齐锁定至 7、8 号参照平面，顶部草图斜线左端点对齐锁定至 7 号参照平面，右端点对齐锁定至 8 号参照平面。对两侧竖向草图线使用对齐尺寸标注，并关联新建参数"H_tm"，点击完成编辑模式，完成台帽形状创建。

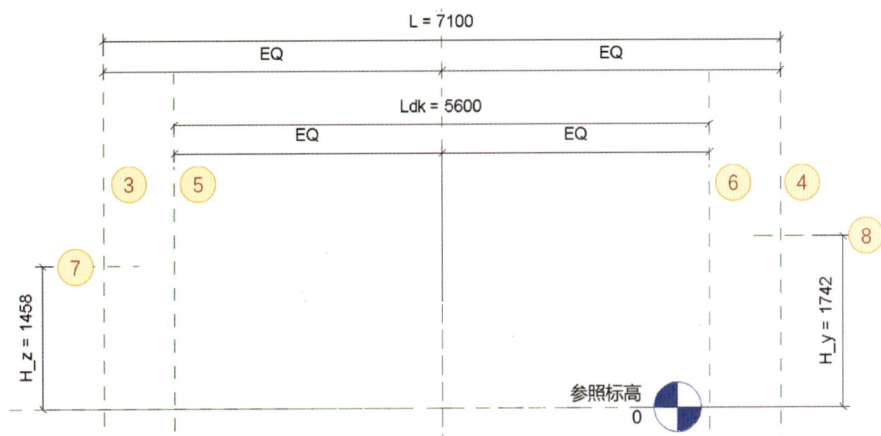

图 2-113 "前"立面主要参照平面与尺寸参数（单位：mm）

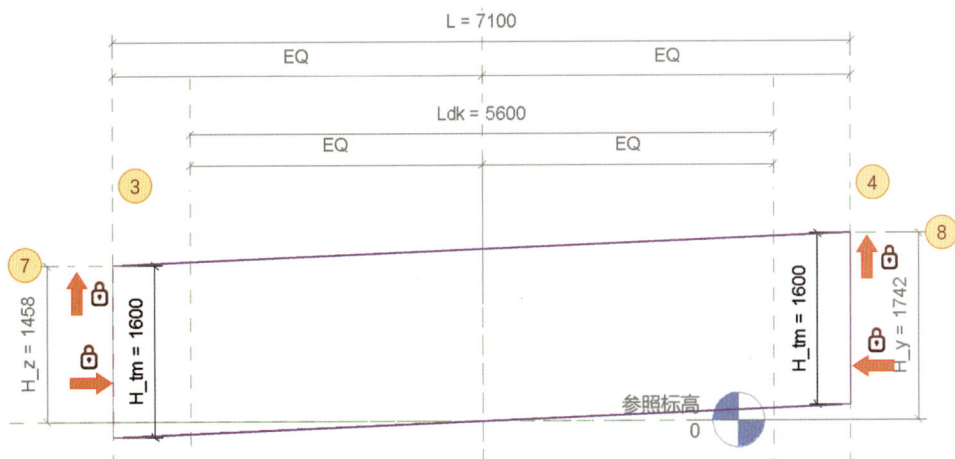

图 2-114 台帽形状拉伸轮廓（单位：mm）

创建定义台帽横坡值的实例参数"i"，参数类型为数值，并为上述"H_z""H_y"参数添加公式，实现通过横坡驱动台帽横桥向坡度变化。并通过表 2-15 中公式进行关联约束。

表 2-15 台帽左右侧顶部高度参数与公式

参数	公　式
H_z	$H\_tm - L * i/200$
H_y	$H\_tm + L * i/200$

C　创建挡块形状

使用拉伸创建形状，绘制如图 2-115 草图线，分别为两个矩形，按图中锁定箭头标示，将对应矩形边锁定至参照平面上。添加矩形宽、高尺寸标注，分别关联到新建参数"Ddk"和"H_tm"参数上，用于控制两组挡块的厚度、高度（为满足挡块与台帽可以实现无缝连接，需要满足前提：挡块实际高 < H_tm < H_tm+挡块实际高，否则需要创建其他参数及公式进行约束）。再分别添加矩形顶部边线与"标高 1"平面的尺寸标注，分别关联到新建参数"Hdk_z""Hdk_y"上，用于控制左、右侧挡块顶部高度。

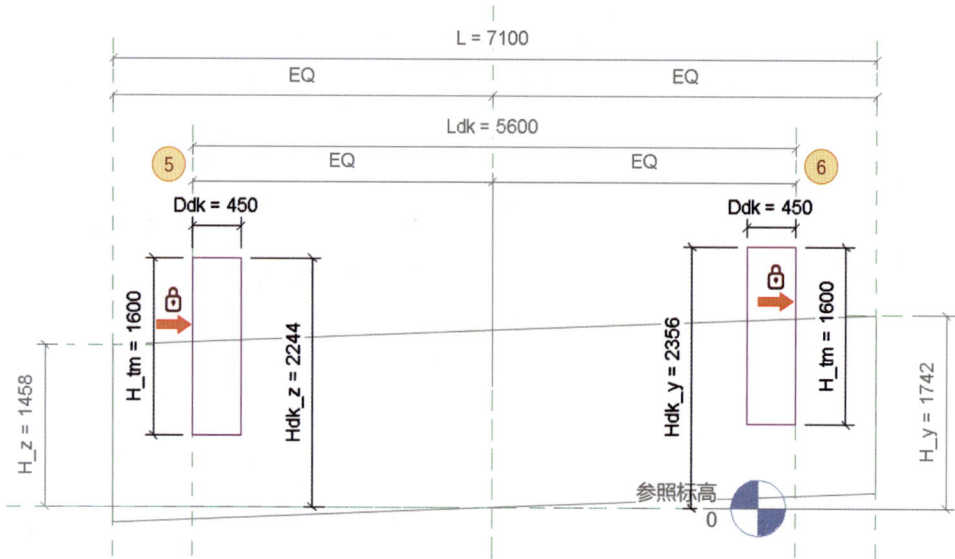

图 2-115　挡块形状拉伸轮廓（单位：mm）

使用参数"i"，为上述"Hdk_z""Hdk_y"参数添加公式，实现通过横坡驱动两侧挡块高度变化。并通过表 2-16 中公式进行关联约束。

表 2-16　左右侧挡块顶部高度参数与公式

参数	公 式
Hdk_z	H_tm-Ldk ＊i/200+700mm
Hdk_y	H_tm+Ldk ＊i/200+700mm

切换至"左"立面视图，将台帽、挡块拉伸端面分别对齐锁定至 1 号、2 号参照平面上，如图 2-116 所示。

D　创建背墙形状

为创建背墙形状，切换至"前"立面视图，采用拉伸命令，创建如图 2-117 平行四边形。其中左右两条竖向边分别对齐锁定至 3 号、4 号参照平面，底边左右端点分别对齐锁定至 7 号、8 号参照平面。并通过尺寸约束两条竖向边长度，同时，关联至新建实例参数"H_bq"上，点击完成编辑模式。

将背墙的创建形状拉伸起点、拉伸终点分别关联至新建实例参数"BQ_Pstart""BQ_Pend"上，在项目中，可通过驱动参数值，实现不同尺寸形状、起终点桥台类型的变化（图 2-118）。

为创建牛腿，切换至"前"立面视图，采用融合命令，创建如图 2-119 平行四边形底部草图。通过尺寸标注设置左右竖向边相对于"中心（左/右）"平面左右等分，并约束其宽度关联至新建实例参数"L_nt"上。通过尺寸约束两条竖向边长度，并关联至新建类

图 2-116 挡块形状拉伸边界对齐关系（单位：mm）

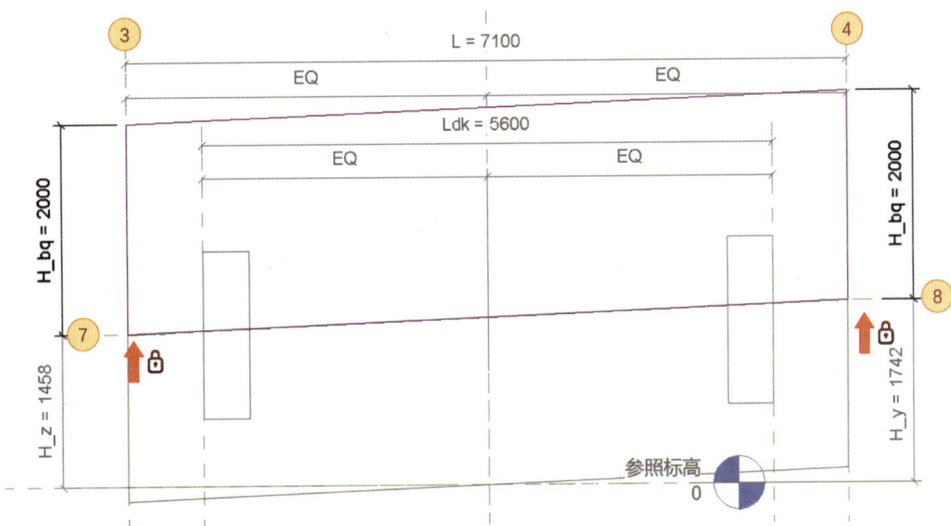

图 2-117 背墙形状拉伸轮廓（单位：mm）

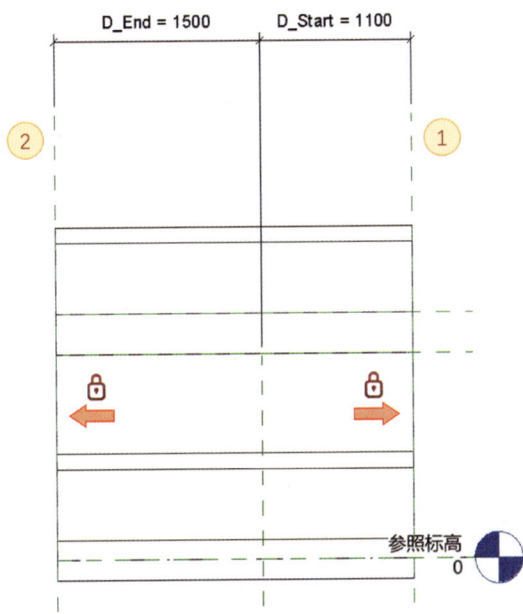

图 2-118 背墙形状拉伸起/终点与参数关联关系

型参数"H_nta"上。通过尺寸约束两条竖向边顶端至"参照标高"平面，并分别关联左右、侧尺寸标注至新建实例参数"Hnt_z""Hnt_y"上。点击切换"编辑顶部"。

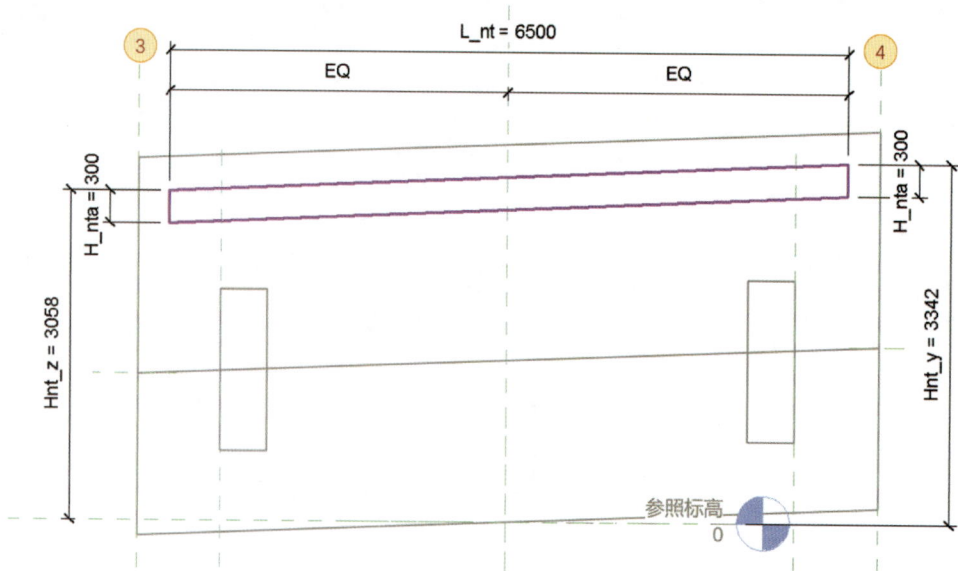

图 2-119　牛腿融合形状底部轮廓（单位：mm）

　　创建如图 2-120 平行四边形顶部草图。通过尺寸标注设置左右竖向边相对于"中心（左/右）"平面左右等分，并约束其宽度关联至参数"L_nt"上。通过尺寸约束两条竖向边长度，并关联至新建类型参数"H_ntb"上。通过尺寸约束两条竖向边顶端至"参照标高"平面，并分别关联左右、侧尺寸标注至参数"Hnt_z""Hnt_y"上。点击完成编辑模式。

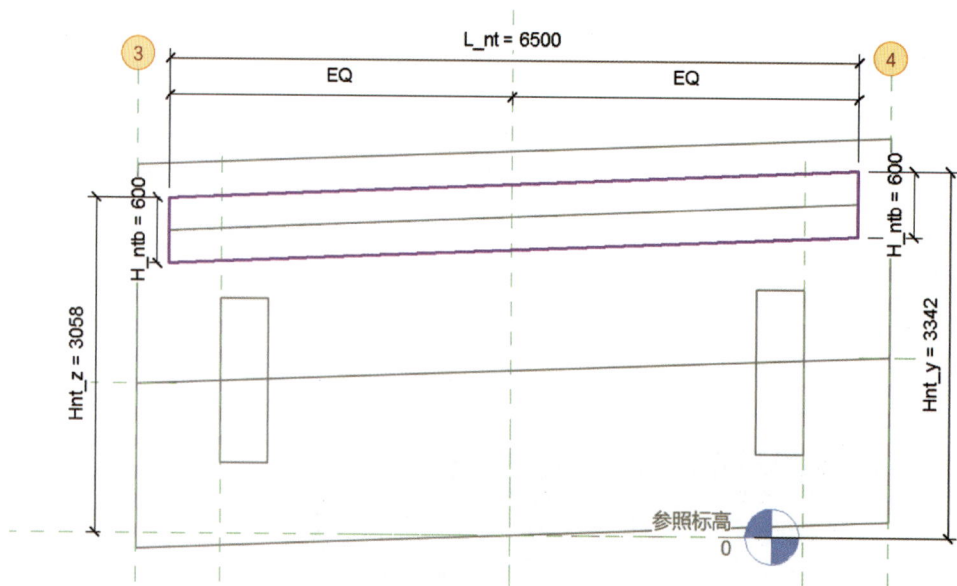

图 2-120　牛腿融合形状顶部轮廓（单位：mm）

将背墙的创建形状拉伸起点、拉伸终点分别关联至新建实例参数"NT_Pstart""NT_Pend"上，在项目中，可通过驱动参数值，实现不同尺寸形状、起终点桥台类型的变化（图2-121）。

图 2-121　牛腿融合形状端点与参数关联关系

基于背墙、牛腿形状，需要按图纸创建断缝，将形状分隔开。主要可通过在"前"立面视图，创建空心拉伸实现。采用空心拉伸命令，创建如图2-122两个不相交矩形，矩形底部均对齐锁定至"参照标高"平面，并通过尺寸约束矩形高度，并关联至新建实例参数"H_df"上。再通过尺寸标注设置相对于"中心（左/右）"平面左右等分，并约束矩形内侧相邻边距离，关联至新建实例参数"L_df"上。最后，约束断缝宽度，关联至新建实例参数"D_df"上。

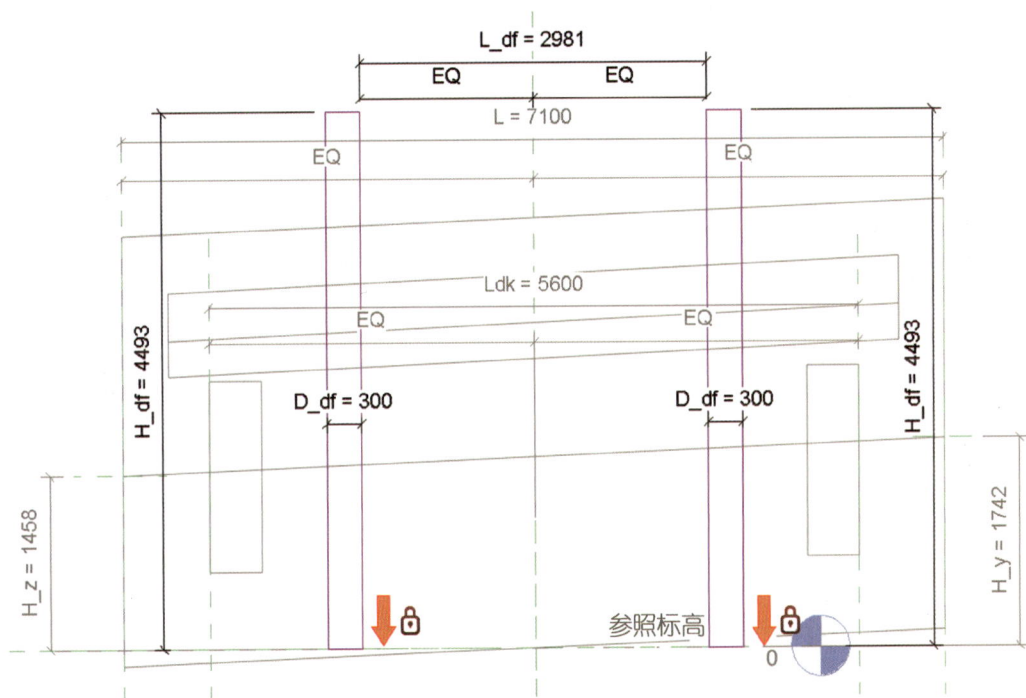

图 2-122　断缝形状拉伸轮廓（单位：mm）

通过调整空心拉伸起点、终点，使其在顺桥向方向跨度大于背墙及牛腿跨度（也可通过参数控制，驱动断缝始终满足剪裁到背墙、牛腿），本实例中将拉伸起点调整至-2000mm，拉伸终点调整至2000mm。并通过"剪切几何图形""取消剪切几何图形"命令，使空心拉伸形状仅剪切背墙及牛腿形状，最终裁剪效果如图2-123所示。

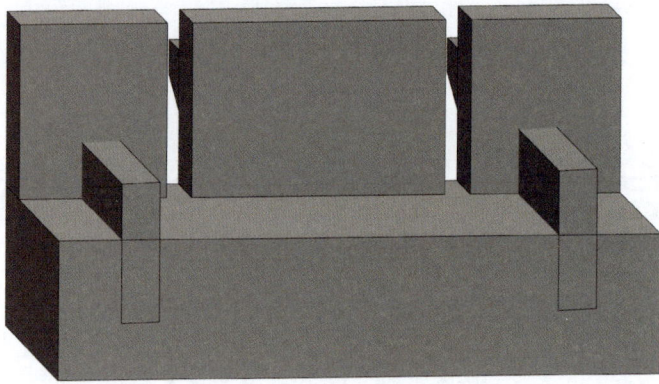

图 2-123 断缝裁剪效果

E 创建耳墙形状

为创建耳墙，切换至"前"立面视图，采用融合命令，创建如图 2-124 平行四边形底部草图。设置左右竖向边对齐锁定至 3 号、4 号参照平面。通过尺寸约束两条竖向边顶端至 7 号、8 号参照平面，并关联至参数"H_bq"上。通过尺寸约束两条竖向边底端至 7 号、8 号参照平面，并关联至参数"H_tm"上。点击切换"编辑顶部"。

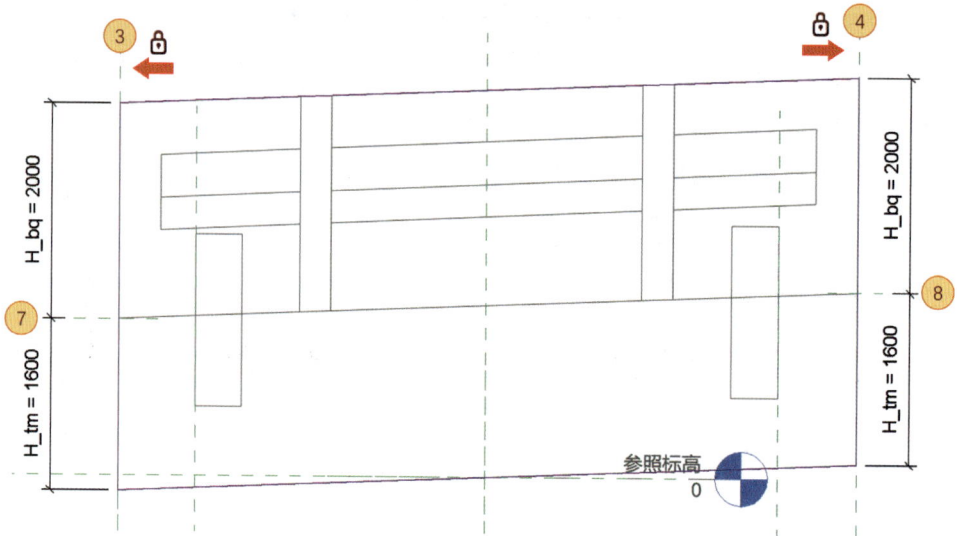

图 2-124 耳墙融合形状底部轮廓（单位：mm）

创建如图 2-125 所示平行四边形顶部草图。设置左右竖向边对齐锁定至 3 号、4 号参照平面。通过尺寸约束两条竖向边长度，并关联至新建类型参数"H_eqa"上。通过尺寸约束两条竖向边顶端至 7 号、8 号参照平面，并关联至参数"H_bq"上。点击完成编辑模式。

将背墙的创建形状拉伸起点、拉伸终点分别关联至新建实例参数"EQ_Pstart""EQ_Pend"上，在项目中，可通过驱动参数值，实现不同尺寸形状、起终点桥台类型的变化（图 2-126）。

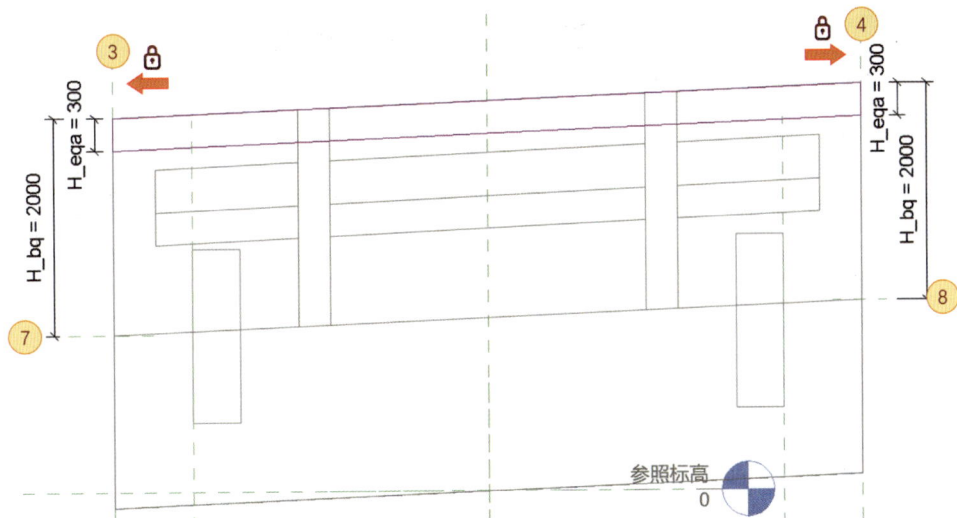

图 2-125　耳墙融合形状顶部轮廓（单位：mm）

图 2-126　耳墙融合形状端点与参数关联关系

　　为驱动左、右耳墙形状尺寸变化，以及存在与否，需要进一步创建空心形状对其进行剪切。主要可通过在"前"立面视图，创建空心拉伸实现。采用空心拉伸命令，创建如图 2-127 矩形。设置矩形顶边至"参照平面"距离为 4500mm，设置矩形底边至"参照平面"距离为 1000mm，并锁定尺寸标注值。矩形顶边、底边距离"参照平面"距离须根据设计图纸，保证在耳墙形状变化范围内，在竖向空间完全剪切耳墙，如项目桥台尺寸变化复杂，可通过设置参数，以及公式关联，进行驱动。同理，设置该空心拉伸的拉伸起点、终点，在顺桥向空间，完全剪切耳墙（本实例中将拉伸起点调整至−4000mm，拉伸终点调整至 4000mm）。并通过尺寸约束左、右矩形边相距"中心（左/右）"平面距离，并分别关联至新建实例参数"EQ_Cut_z""EQ_Cut_y"上（图 2-127）。

　　切换至三维视图，通过"剪切几何图形""取消剪切几何图形"命令，使空心拉伸形状仅剪切背墙形状，最终裁剪效果如图 2-128 所示。

　　F　公式设计

　　为满足驱动桥台形状适应起点、终点类型，新增实例参数"Type_S"，参数类型为"是/否"。参数设计含义为：当"Type_S"值为"是"，表示该桥台为起点桥台，反之为终点桥台。创建实例参数"EQ_Z""EQ_Y"，参数类型为"是/否"。参数设计含义为：当参数"EQ_Z"值为"是"，表示该桥台左侧存在而且，反之无耳墙。参数"EQ_Y"则驱动右侧耳墙，设计意图一致。

　　观察"2.2.1"节中 0 号、28 号桥台形状，台帽及挡块在背墙桩号的前后的宽度恒

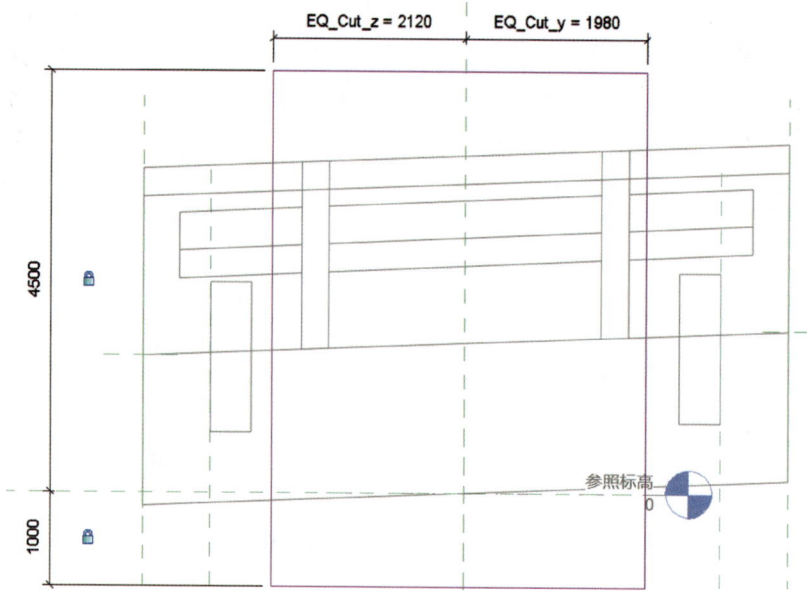

图 2-127 耳墙剪裁部分形状拉伸轮廓（单位：mm）

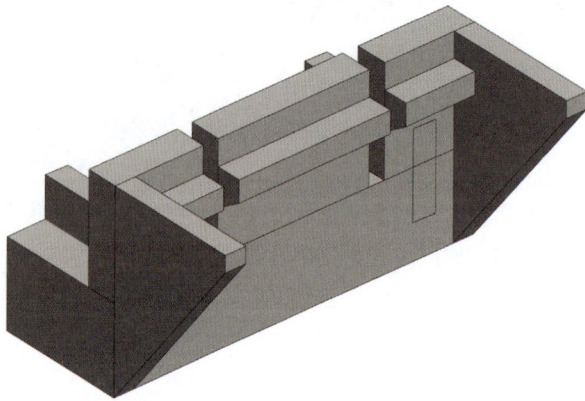

图 2-128 耳墙被剪裁效果

定，支座侧宽为 1.55m，背墙侧宽为 0.45m。R1 匝道桥台侧立面图如图 2-129 所示。

为驱动台帽、挡块变化，对"D_Start""D_End"参数进行公式设计，即判断参数"Type_S"，设置不同值，公式应如表 2-17 所示。

表 2-17 台帽大/小里程侧宽度参数与公式

参数	公式
D_Start	if（Type_S，450mm，1550mm）
D_End	if（Type_S，1550mm，450mm）

同理，背墙、牛腿、耳墙在背墙桩号后的宽度分别恒定为 0.45m、0.3m、3.05m，且

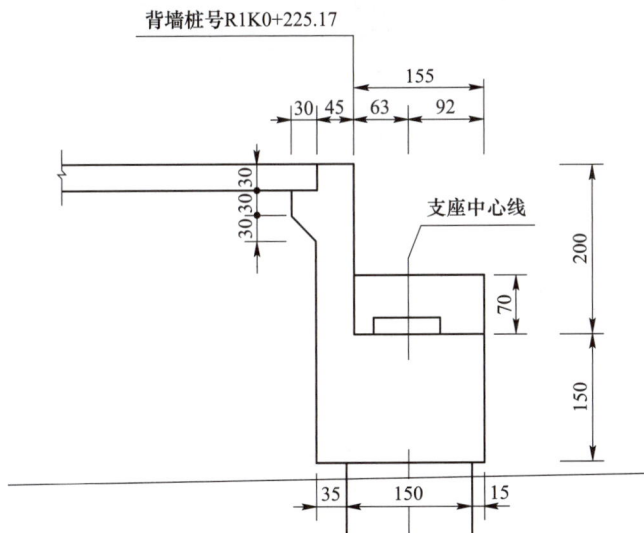

图 2-129　R1 匝道桥台侧立面图（单位：cm）

融合面距离背墙桩号恒定。为驱动背墙、牛腿、耳墙变化，对"BQ_Pstart""BQ_Pend"
"NT_Pstart""NT_Pend""EQ_Pstart""EQ_Pend"参数进行公式设计，通过判断参数
"Type_S"，设置不同值，公式应如表 2-18 所示。

表 2-18　背墙、牛腿、耳墙在大/小里程侧宽度参数与公式

参数	公　式
BQ_Pstart	if(Type_S, 450mm, −450mm)
BQ_Pend	0mm
NT_Pstart	if(Type_S, 750mm, −750mm)
NT_Pend	if(Type_S, 450mm, −450mm)
EQ_Pstart	if(Type_S, 450mm, −450mm)
EQ_Pend	if(Type_S, 3500mm, −3500mm)

观察桥台构造特点，耳墙厚均为 500mm。为驱动耳墙变化，对"EQ_Cut_z""EQ_Cut_y"
参数进行公式设计，即判断参数"EQ_Z""EQ_Y"，设置不同值，公式应如表 2-19 所示。

表 2-19　两侧耳墙宽度参数与公式

参数	公　式
EQ_Cut_z	if(EQ_Z, L/2−500mm, L/2)
EQ_Cut_y	if(EQ_Y, L/2−500mm, L/2)

**注：如上述桥台尺寸，如耳墙等变化复杂，可通过双参数驱动。即创建实际耳墙厚度
参数"L_eq_z""L_eq_y"，分别表示左、右侧耳墙厚度。修改上述公式，如表 2-20
所示。**

表 2-20 两侧耳墙宽度参数与公式（双参数）

参数	公式
EQ_Cut_z	if(EQ_Z, L/2−L_eq_z, L/2)
EQ_Cut_y	if(EQ_Y, L/2−L_eq_y, L/2)

上述公式中，参数"EQ_Z""EQ_Y"仅控制了左、右侧耳墙的有无，参数"L_eq_z""L_eq_y"则控制左、右侧耳墙的厚度。

观察其他空间位置关系，其中，牛腿顶端距离背墙顶部为 300mm，可创建实例参数"Hnt"，通过"H_bq+H_tm-300mm"公式驱动"Hnt"参数。再根据横坡向坡度变化，基于"L_nt""i"参数设定公式，驱动牛腿随横坡值变化，设计公式如表 2-21 所示。

表 2-21 牛腿两侧高度参数与公式

参数	公式
Hnt	H_bq+H_tm−300mm
Hnt_z	Hnt−L_nt * i/200
Hnt_y	Hnt+L_nt * i/200

参考设计图纸，设置其他类型、参数值。连接所有实心形状，最终桥台外观如图 2-130 所示。

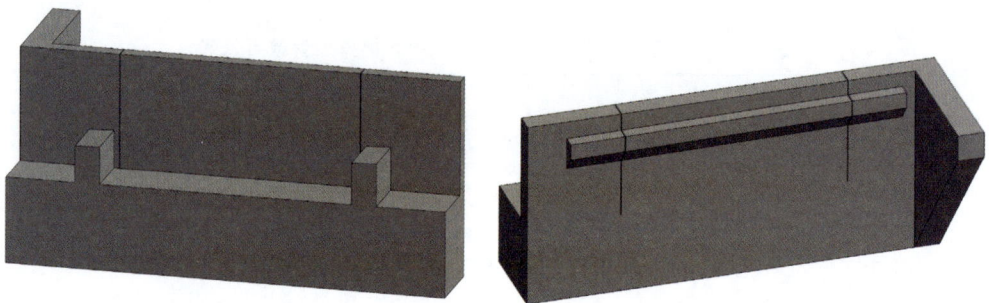

图 2-130 R1 匝道桥台三维效果图（左：桥台正面；右：桥台背面）

2.2.8 支座垫石

2.2.8.1 族类别选择

按照"2.1.2 族类别的适用规则"小节内容，支座垫石采用"公制结构框架-综合体和桁架"族样板进行创建。

2.2.8.2 基本形状创建

按照"2.2.1 下部结构构造"小节内容，分析支座垫石形状特点，支座垫石底面与盖梁顶面贴合，当盖梁顶面存在坡度时，支座垫石模型为梯形截面的结构。

针对该形状特征的结构，需要创建 1 项整体高度不一致的梯形截面拉伸模型。

基于"左"立面视图，在"中心（前/后）"参照平面两侧分别创建 1 道竖向参照平面（1、2 号参照平面），使用对齐尺寸标注及 EQ 命令，使 1、2 号参照平面关于"中

心（前/后）"参照平面对称，同时创建 1-2 参照平面的尺寸标注，并关联新建实例参数
"W_sqx"，用于控制支座垫石顺桥向宽，如图 2-131 所示。

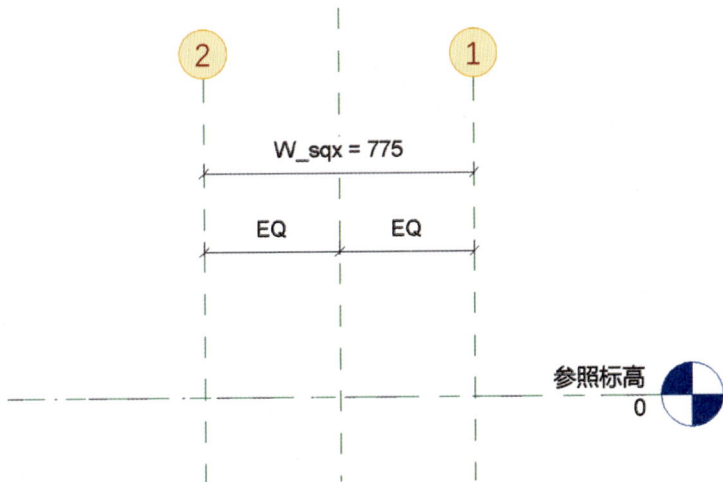

图 2-131 "左"立面视图参照平面与尺寸参数（单位：mm）

切换至"前"立面视图，在"中心（左/右）"参照平面两侧分别创建 1 道竖向参照平
面（3、4 号参照平面），使用对齐尺寸标注及 EQ 命令，使 3、4 号参照平面关于"中
心（左/右）"参照平面对称，同时创建 3-4 号参照平面的尺寸标注，并关联新建实例参数
"W_hqx"，用于控制支座垫石横桥向宽。在"参照标高"平面上方创建 5 号参照平面，添加
参照标高至 5 号参照平面的尺寸标注，并关联新建实例参数"H"，用于控制支座垫石中心
线处高度（平均高度）。在"参照标高"平面上方创建 6 号参照平面，添加参照标高至 6 号
参照平面的尺寸标注，并关联新建实例参数"Href"，"Href"参数数值默认设置为大于桥梁
支座垫石理论最大高度即可，同时在 6 号参照平面下方分别创建 7、8 号参照平面，同时创
建 6-7 号、6-8 号参照平面的尺寸标注，并分别关联新建实例参数"hz""hy"，分别用于控
制支座垫石横桥向宽截面中，底部左右顶点距 6 号参照平面的间距（图 2-132）。

使用拉伸创建形状，绘制如图 2-133 所示草图线，按图中锁定箭头标示，将对应矩形
边锁定至参照平面上，将底部斜线草图左、右端点，分别对齐锁定至 7、8 号参照平面上。

点击完成编辑模式，切换至"左"立面视图，将支座垫石形状的拉伸起点、拉伸终点
面分别对齐锁定至 1、2 号参照平面（图 2-134）。

创建实例参数"i"，表示支座垫石底面横坡，同时根据参数"i"计算参数"hz"
"hy"的数值，如表 2-22 所示。

表 2-22 支座垫石两侧高度参数与公式

参数	公式
hz	Href-W_hqx $*$ i/200
hy	H_Href+W_hqx $*$ i/200

切换至三维视图，调整上述"W_hqx""W_sqx""H""i"参数数值，观察支座垫石
模型是否跟随参数变化，验证参数有效性。

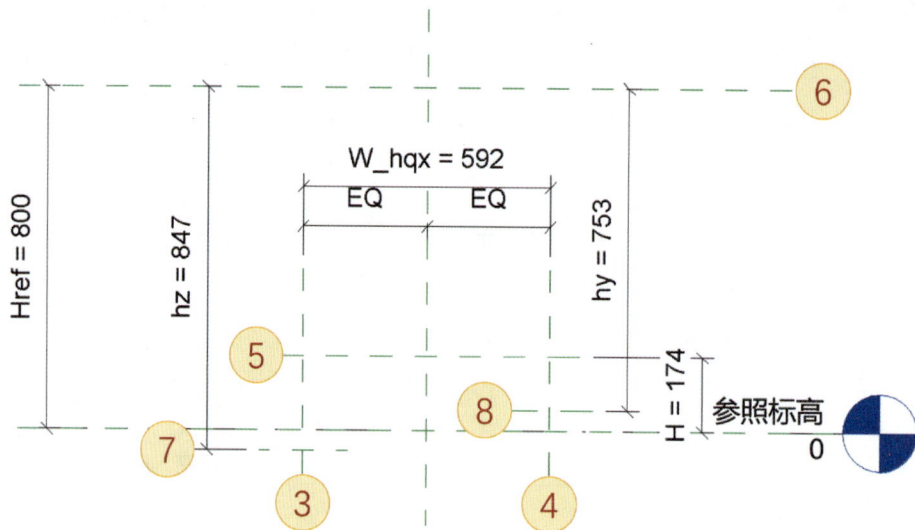

图 2-132　"前"立面视图参照平面与尺寸参数（单位：mm）

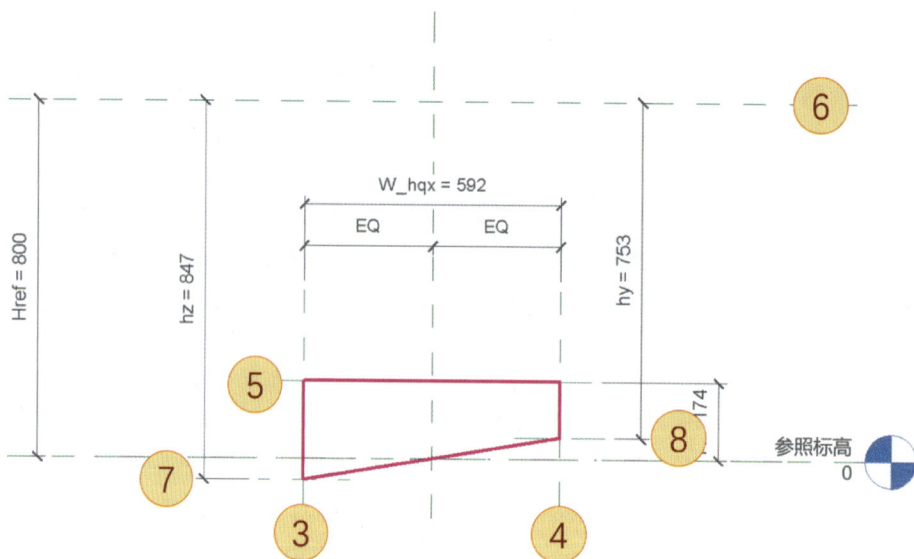

图 2-133　支座垫石形状拉伸轮廓（单位：mm）

选择三维模型，为"材质"参数关联"结构材质"参数，完成支座垫石模型创建。

2.2.9　支座

2.2.9.1　族类别选择

桥台支座是连接桥梁上下部结构的关键部件，其本身多为金属与其他物质的制式结构，可采用"公制常规模型"族样板进行创建。

2.2.9.2　基本形状创建

支座的类型不同，其结构组成及尺寸规格也存在差异，但相对固定，所以可以按照设

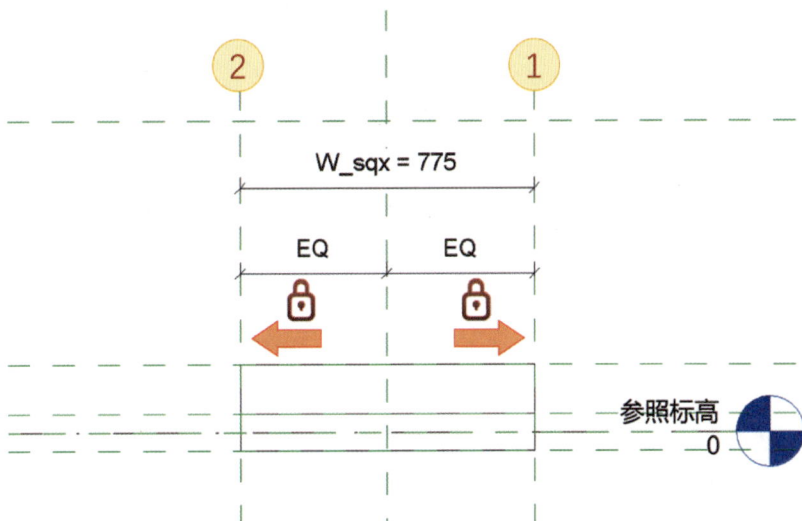

图 2-134　支座垫石拉伸边界对齐关系（单位：mm）

计图纸（需要结合项目具体预采购的支座规格进行合理调整）尺寸，进行模型创建。

　　查阅项目桥梁附属工程设计图纸，R1 匝道桥梁中，所涉及所有支座类型及相关尺寸参数如表 2-23 所示。

表 2-23　支座类型及相关尺寸参数表

桥跨结构类型	支座类型	数量	支座基本参数/m								
			A	B	C	D	A1	B1	C1	D1	H
现浇梁段	GPZ(Ⅱ)8.0GD	2	0.77	0.77	0.77	0.77	0.65	0.65	0.65	0.65	0.115
	GPZ(Ⅱ)8.0DX	2	0.81	0.89	0.78	0.78	0.74	0.69	0.71	0.62	0.17
	GPZ(Ⅱ)6.0GD	12	0.67	0.67	0.67	0.67	0.57	0.57	0.57	0.57	0.14
	GPZ(Ⅱ)6.0DX	18	0.74	0.77	0.68	0.68	0.68	0.6	0.62	0.54	0.15
	GPZ(Ⅱ)4.0DX	4	0.64	0.635	0.555	0.555	0.59	0.485	0.505	0.435	0.13
	GPZ(Ⅱ)3.5DX	24	0.62	0.6	0.52	0.52	0.57	0.46	0.47	0.4	0.115
钢混叠合梁	LNR(H)	8	0.42	0.52	/	/	/	/	/	/	0.159
	HDR(Ⅱ)	8	0.52	0.62	/	/	/	/	/	/	0.173

　　其中，GPZ(Ⅱ)系列（同 GPZ（2009）系列）支座，构件图如图 2-135 所示。

　　新建族，以垫石底部中心点为原点，创建 8 类支座族。

　　因支座族无相对统一的尺寸约束要求，读者可根据经验、本书其他下部结构族创建思路，自由设计尺寸约束范围、材质设置等要求，确保支座符合图纸设计、施工管理应用、交付及运维等要求即可。

　　本书设计类型参数 A、B、C、D、A1、B1、C1、D1、H 控制 GPZ(Ⅱ)系列支座，设计类型参数 A、B、H 控制 LNR(H)/HDR(Ⅱ)系列支座，读者自拟参数设计方案。同时，也是为了补充"2.2.8 支座垫石"设计方案中可以补充垫石/支座中心项目坐标、高程值的方案，特设实例参数 X、Y、Z_Base、Z_top 四项参数，分别存储支座中心坐标 X、Y值，以及底部高程 Z_Base、顶部高程 Z_top，如图 2-136 所示。

GPZ(2009)GD盆式橡胶支座示意图

GPZ(2009)DX盆式橡胶支座示意图

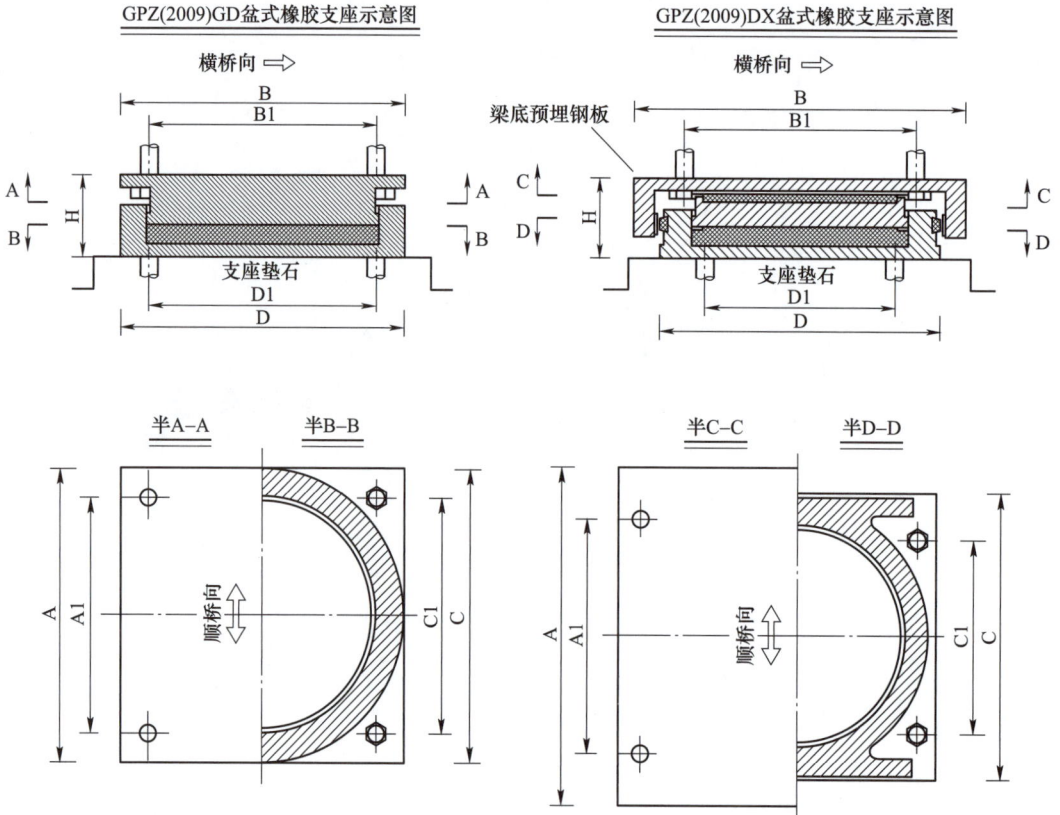

图 2-135 支座构件图

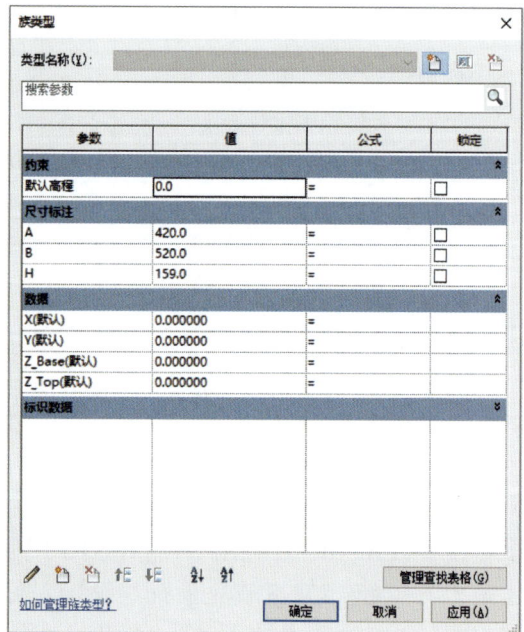

图 2-136 支座构件图（左 GPZ(Ⅱ)系列；右 LNR(H)/HDR(Ⅱ)）

其中 GPZ(Ⅱ)4.0DX 支座的三维模型及各项参数尺寸如图 2-137 所示（其中上下层锚栓间距 A1、B1、C1、D1 未标识）。

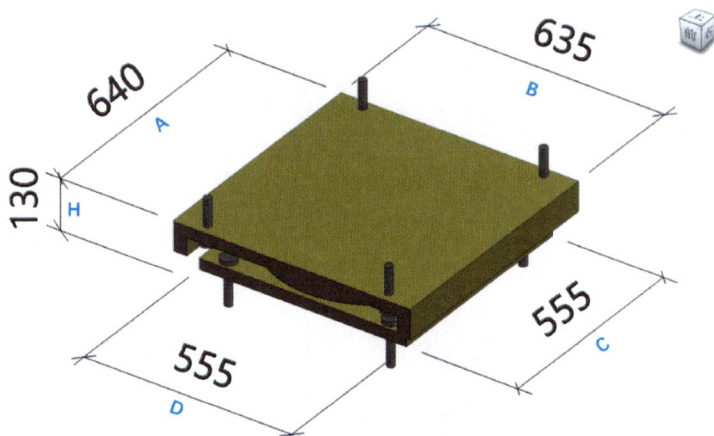

图 2-137　GPZ(Ⅱ)4.0DX 支座三维模型及尺寸

最终支座创建成果如图 2-138 所示。

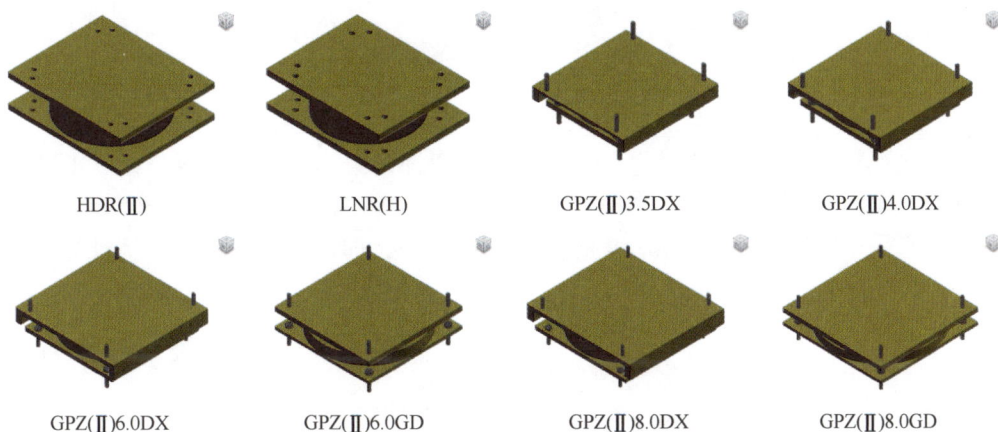

| HDR(Ⅱ) | LNR(H) | GPZ(Ⅱ)3.5DX | GPZ(Ⅱ)4.0DX |

| GPZ(Ⅱ)6.0DX | GPZ(Ⅱ)6.0GD | GPZ(Ⅱ)8.0DX | GPZ(Ⅱ)8.0GD |

图 2-138　GPZ(Ⅱ)4.0DX 支座三维模型及尺寸

2.3　下部结构建模数据编制

2.3.1　数据编制原则

下部结构数据编制，应当包含三部分内容，分别是构件位置数据、构件参数数据、构件编码数据。其中构件位置数据是指能够描述下部结构构件创建位置的相关数据，常用描述方式包括桩号、偏距、偏转角与高程等；构件参数数据是指能够驱动下部结构构件完成尺寸、形状变化的数据，由名称、数值组成，名称与构件参数名称一致，数值的数据类型与参数类型一致，并且取值符合参数设定逻辑；构件编码数据是指一般覆盖项目全局，且用于描述构件编码相关的数据，常包含唯一编码、项目编码、位置、版本、材料、描述等。

互通式立交等线路工程 BIM 建模设计的核心在于找准合适的定位参照系统，对三维异形构件的创建流程进行降维，合理选定参数族的类型与内容，编制简明易读、可操作、可拓展的 Excel 外部数据，作为建模基础数据来源，进一步通过数据处理以及几何计算，形成具有一定适用范围的设计程序，从而支撑工程设计、施工或运维信息化模型的创建。

2.3.1.1 数据编制规则

结构数据的编制形式多样，本书应对互通式立交桥梁下部结构特征，主要提供两种方式，分别为单列式、组合式。其中单列式的表头由两行组成，分别由参数名描述和参数名组成，参数名描述便于读者明白参数指代或含义，参数名即桥梁部件族参数名称，便于程序对指定参数进行赋值；表身则填充参数值，即记录每一项族实例对应参数的具体数值，如图 2-139 所示。

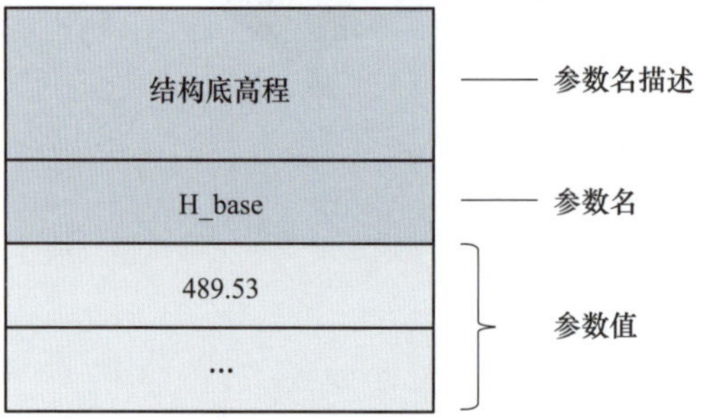

图 2-139　单列式数据组成

组合式的表头由两行组成（图 2-140），分别由参数名描述和参数名识别符组成，参数名描述便于读者明白参数指代或含义，参数名识别符是固定字符串，便于计算机语言识别，例如计算机语言识别"Para_Name"时，则自动进入参数名/值组合分解工作中，反之则认为其为正常参数名；表身则填充参数名/值组合，即记录每一项族实例对应参数名称的字符串组合或参数值的字符串组合，并通过固定符号进行分隔，如"＊"。

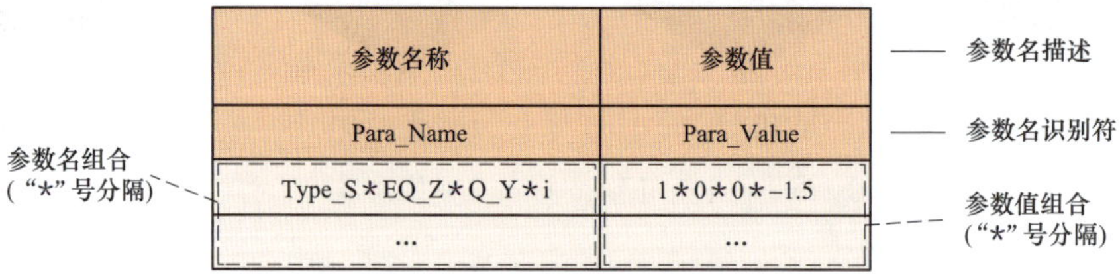

图 2-140　组合式数据组成

单列式适用于在桥梁同一部件中，所采用族的各项参数大体一致的应用场景，该一致性主要描述所需驱动参数的名称、类型，例如某大桥桩基础中，包含"端承桩""摩擦桩"两项桩基族，但其参数均为半径（R）、桩长（H）等参数的名称与参数类型均一致，此时宜采用单列式记录各项参数；组合式则适用于在桥梁同一部件中，所采用族的各项参数存在较大差异的应用场景，该差异性也是描述所需驱动参数的名称、类型，例如某大桥桥墩中，包含"花瓶墩""门式墩""薄壁空心墩"等形式墩柱，各类墩柱参数差异较大，其中花瓶墩包含描述高度、瓶身及瓶颈相关尺寸的参数，门式墩则包含描述群墩高度、截面尺寸等相关的参数，此时宜采用组合式记录各项参数，通过"＊"等符号进行组合，后续通过程序进行识别分割，分别还原参数名称、参数值，再构造循环，依次进行赋值。

单列式相对较易于维护，内容清晰整洁，组合式则便于解决桥梁部件组成复杂的场景。

2.3.1.2 构件编码及数据

编码是 BIM 项目管理的核心，也是追溯构件信息的基础，同时构件编码必须唯一，才能有助于实现 BIM 项目全生命期管理。

根据项目需求，通常还需要创建 BIM 信息传递、施工管理、运维监测等标识数据，以表 2-24 数据为例，拟为本项目规划设定部分项目参数。

表 2-24 本项目拟定项目参数

参数名称	参数含义	参数类型	参数分组建议	建议
Code	构件编码	文字	数据	√
Description	结构描述	文字	数据	√
Material	材质名称	文字	数据	√
Version	图纸版本	文字	数据	按需求
QRcode	二维码	图像	数据	按需求

在编制桥梁结构建模数据时，可追加构件编码及数据字段，作为构件参数值，在创建项目的过程中，对指定构件进行参数赋值，实现建模与信息赋能同步进行。

上述编码"Code"，编制规则见附录 1 现浇梁桥构件编码表。

本项目选择建立"Code""Description""Material""Version"四项构件编码参数。

2.3.2 桩基础数据编制

根据设计图纸，按线路前进方向采集编制桥梁各墩台处桩基础数据，数据主要包含桩基创建或空间信息表达的空间位置数据、尺寸参数、项目构件编码数据。

从设计图纸中剥离出桩基创建或空间信息表达的空间位置数据，主要包含有墩台号、桩号、族类型名称、横桥向偏距、横桥向偏角、顺桥向偏移、顺桥向偏角及桩顶高程，尺寸参数则包含桩底高程及桩径。

上述数据中，横桥向偏距（PJ_HQX）、横桥向偏角（Angle_HQX）、顺桥向偏移（PY_SQX）、顺桥向偏角（Angle_SQX）四项参数设定如图 2-141 所示。

其中，横桥向偏角，设定为偏距方向绕坐标系原点，以 Y 轴为旋转轴进行逆时针方向旋转的角度值（顺时针向则为负数）。顺桥向偏角，设定为绕偏距处点位，顺桥向偏移点绕该点逆时针方向旋转的角度值（顺时针向则为负数）。横桥向偏距，参考空间坐标系 X 轴方向为正，反之为负。顺桥向偏移，参考空间坐标系 Z 轴方向为正，反之为负。

以及"2.3.1"节所述的四项构件编码参数（参照附录 1 现浇梁桥编码表中 A1.3 构件编码规则进行编制）。

综上，在"R1 匝道桥梁数据.xlsx"Excel 文件中编制如表 2-25 所示参数（逐列记录同类型数据），完整数据见附表 B2-2。

并将上述工作表命名为"桩基础"，完成桥梁桩基础数据的编制。

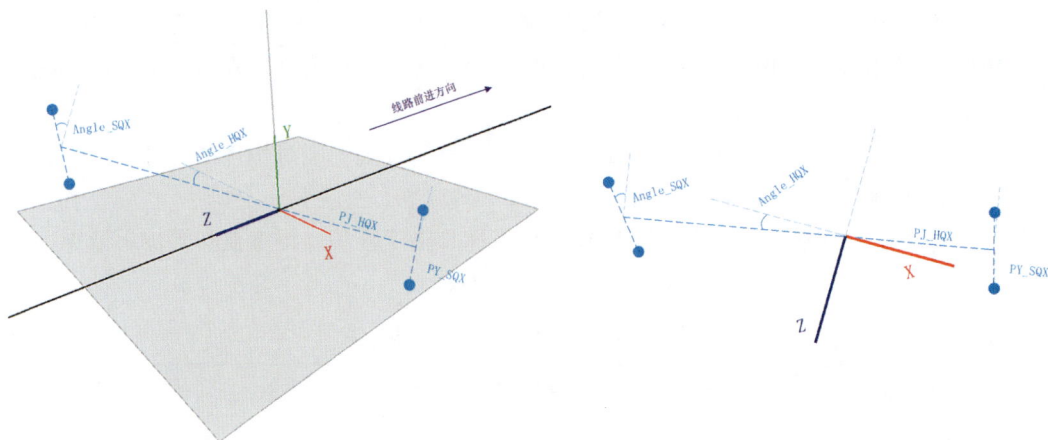

图 2-141　参数设定示意图

2.3.3　承台数据编制

近似地，根据设计图纸，整理编制承台的空间位置数据、尺寸参数、项目构件编码数据。空间位置数据主要包含有墩台号、桩号、族类型名称、横桥向偏距、横桥向偏角、顺桥向偏移、顺桥向偏角及承台底高程，尺寸参数则包含承台高、横桥向宽、顺桥向宽及承台顶横坡。

以及"2.3.1"节所述的四项构件编码参数（参照附录 1 现浇梁桥编码表中 A1.3 构件编码规则进行编制）。

综上，在"R1 匝道桥梁数据.xlsx"Excel 文件中编制如表 2-26 所示参数（逐列记录同类型数据），完整数据见附表 B2-3。

并将上述工作表命名为"承台"，完成桥梁承台基础数据的编制。

2.3.4　墩柱、肋板数据编制

按照"2.1.1"节结构纵向划分内容，墩柱、肋板、台身等结构在墩台竖向分布中，均处于中部部位。在创建阶段，Dynamo 程序的计算机制近似相同，所以在数据编制工作中，可将墩柱、肋板编制进一张工作表。

根据设计图纸，整理编制花瓶墩、圆柱墩及肋板的空间位置数据、尺寸参数、项目构件编码数据。空间位置数据主要包含有墩台号、桩号、族类型名称、横桥向偏距、横桥向偏角、顺桥向偏移、顺桥向偏角及结构底高程。

尺寸参数中，根据族类型以及项目中结构尺寸的复杂程度不同，可以自由组合参数名称及参数值，参数名称或参数值之间使用"＊"进行分隔（后期根据 Dynamo 程序进行拆分）。如针对花瓶墩，选择"H""L1""D1""D3"及"Lsc"参数的组合，通过驱动这些参数，即可满足 R1 匝道桥中，花瓶墩的变化。

项目构件编码参照其他下部结构，建立"Code""Description""Material""Version"数据列。

综上，在"R1 匝道桥梁数据.xlsx"Excel 文件中编制如表 2-27 所示参数，完整数据见附表 B2-4。

表2-25　R1匝道桥梁桩基础数据

墩台号	桩号 PileNo	族类型名称 FamilyType Name	横桥向偏距 PJ_HQX	横桥向偏角 Angle_HQX	顺桥向偏移 PY_SQX	顺桥向偏角 Angle_SQX	桩顶高程 H_Top	桩底高程 H_Base	桩径 D	编码 Code	编码描述 Description	建筑材料 Material	图纸版本 Version
0号	225.17	桩基础	−2.2	0	−0.65	0	489.563	477.063	1.5	PPHT-R1-ZJC-0#1	PP互通R1匝道桥0号台1号桩基础	C30水下砼	20211202-V1.0
0号	225.17	桩基础	2.2	0	−0.65	0	489.497	476.997	1.5	PPHT-R1-ZJC-0#2	PP互通R1匝道桥0号台2号桩基础	C30水下砼	20211202-V1.0
1号	250.2	桩基础	−1.9	0	0	0	485.801	475.801	1.5	PPHT-R1-ZJC-1#1	PP互通R1匝道桥1号墩1号桩基础	C30水下砼	20211202-V1.0
...	...	...	...	...	...	...	...	...	...	...	...	...	...
28号	957.81	桩基础	−2.2	0	3.05	0	485.131	468.631	1.5	PPHT-R1-ZJC-28#1	PP互通R1匝道桥28号台1号桩基础	C30水下砼	20211202-V1.0
28号	957.81	桩基础	2.2	0	3.05	0	485.131	468.631	1.5	PPHT-R1-ZJC-28#2	PP互通R1匝道桥28号台2号桩基础	C30水下砼	20211202-V1.0
28号	957.81	桩基础	−2.2	0	−0.7	0	485.131	468.631	1.5	PPHT-R1-ZJC-28#3	PP互通R1匝道桥28号台3号桩基础	C30水下砼	20211202-V1.0
28号	957.81	桩基础	2.2	0	−0.7	0	485.131	468.631	1.5	PPHT-R1-ZJC-28#4	PP互通R1匝道桥28号台4号桩基础	C30水下砼	20211202-V1.0

表 2-26　R1 匝道桥梁承台数据

墩台号	桩号 PileNo	族类型名称 FamilyType Name	横桥向偏距 PJ_HQX	横桥向偏角 Angle_HQX	顺桥向偏移 PY_SQX	顺桥向偏角 Angle_SQX	承台底高程 H_base	横桥向宽 W_hqx	顺桥向宽 W_sqx	承台高 H	承台顶横坡 i	编码 Code	编码描述 Description	建筑材料 Material	图纸版本 Version
1 号	250.2	承台	0	0	0	0	485.801	6.3	2.5	2.5	0	PPHT-R1-CT-1#1	PP 互通 R1 匝道桥 1 号墩 1 号承台	C30 砼	20211202-V1.0
2 号	275.2	承台	0	0	0	0	486.376	6.3	2.5	2.5	0	PPHT-R1-CT-2#1	PP 互通 R1 匝道桥 2 号墩 1 号承台	C30 砼	20211202-V1.0
3 号	300.2	承台	0	0	0	0	486.751	6.3	2.5	2.5	0	PPHT-R1-CT-3#1	PP 互通 R1 匝道桥 3 号墩 1 号承台	C30 砼	20211202-V1.0
…	…	…	…	…	…	…	…	…	…	…	…	…	…	…	…
28 号	957.81	承台	0	0	1.175	0	485.131	7	6.25	2.5	0	PPHT-R1-CT-28#1	PP 互通 R1 匝道桥 28 号承台 1 号承台	C30 砼	20211202-V1.0

表 2-27　R1 匝道桥梁墩柱及肋板数据

墩台号	桩号 PileNo	族类型名称 FamilyType Name	横桥向偏距 PJ_HQX	横桥向偏角 Angle_HQX	顺桥向偏移 PY_SQX	顺桥向偏角 Angle_SQX	结构底高程 H_base	参数名称 Para_Name	参数值 Para_Value	编码 Code	编码描述 Description	建筑材料 Material	图纸版本 Version
1 号	250.2	花瓶墩	0	0	0	0	488.301	$H*L1*D1*$ $D3*Lsc$	$1.738*2*$ $1.4*2*1$	PPHT-R1-DZ- 1#-1	PP 互通 R1 匝道桥 1 号墩 1 号墩柱	C40 砼	20211202- V1.0
2 号	275.2	花瓶墩	0	0	0	0	488.876	$H*L1*D1*$ $D3*Lsc$	$1.763*2*$ $1.4*2*1$	PPHT-R1-DZ- 2#-1	PP 互通 R1 匝道桥 2 号墩 1 号墩柱	C40 砼	20211202- V1.0
⋮	⋮	⋮	⋮	⋮	⋮	⋮	⋮	⋮	⋮	⋮	⋮	⋮	⋮
9 号	464.2	圆柱墩	−13.5	0	0	−30	484.865	$H*D$	$11.929*1.8$	PPHT-R1-DZ- 9#-1	PP 互通 R1 匝道桥 9 号墩 1 号墩柱	C40 砼	20211202- V1.0
⋮	⋮	⋮	⋮	⋮	⋮	⋮	⋮	⋮	⋮	⋮	⋮	⋮	⋮
16 号	657.78	花瓶墩	−13.8	0	0	0	475.773	$H*L1*D1*$ $D3*Lsc$	$16.52*1.8*$ $1.4*2.2*0$	PPHT-R1-DZ- 16#-1	PP 互通 R1 匝道桥 16 号墩 1 号墩柱	C40 砼	20211202- V1.0
⋮	⋮	⋮	⋮	⋮	⋮	⋮	⋮	⋮	⋮	⋮	⋮	⋮	⋮
28 号	957.81	肋板	2.2	0	0	180	487.631	$H*i$	$2.584*1.5$	PPHT-R1-LB- 28#-2	PP 互通 R1 匝道桥 28 号台 2 号肋板	C40 砼	20211202- V1.0

并将上述工作表命名为"墩柱及肋板",完成桥梁墩柱、肋板基础数据的编制。

2.3.5 盖梁、桥台顶部数据编制

按照"2.1.1"节结构纵向划分内容,盖梁、台帽、耳墙、背墙等结构在墩台竖向分布中,均处于顶部部位。在创建阶段,Dynamo 程序的计算机制近似相同,所以在数据编制工作中,可将盖梁、桥台顶部(本小节简称"桥台")编制进一张工作表。

根据设计图纸,整理编制盖梁、桥台的空间位置数据、尺寸参数、项目构件编码数据。空间位置数据主要包含有墩台号、桩号、族类型名称、横桥向偏距、横桥向偏角、顺桥向偏移、顺桥向偏角及结构底高程。

尺寸参数中,根据族类型以及项目中结构尺寸的复杂程度不同,可以自由组合参数名称及参数值,参数名称或参数值之间使用"＊"进行分隔(后期根据 Dynamo 程序进行拆分)。如针对盖梁,选择"Lz""Ly""Ldk_Start""Ldk_End""L3""H_Start""i""HaveDK"及"Lsc"等参数的组合。针对桥台,选择"H_tm""L""EQ_Z""i""Type_S"及"Lsc"等参数的组合,通过驱动这些参数,即可满足 R1 匝道桥中盖梁及桥台的变化。

项目构件编码参照其他下部结构,建立"Code""Description""Material""Version"数据列。

综上,在"R1 匝道桥梁数据.xlsx"Excel 文件中编制如表 2-28 所示参数,完整数据见附表 B2-5。

并将上述工作表命名为"盖梁及桥台",完成桥梁盖梁及桥台基础数据的编制。

针对项目中数量较少,或结构尺寸变化较小的结构,通过在将族载入项目前,对族的各项参数进行统配设置,即设置某些参数与项目中实际参数一致。如此,可以降低编制数据表的时间成本。如本实例中,起点、终点桥台结构尺寸近似一致,针对左右侧耳墙有无、台面横坡值等特殊参数,进行编制即可。

2.3.6 支座垫石数据编制

通过查阅本书 R1 匝道桥梁图纸,设计提供支座及垫石组合高度,主要指支座垫石、支座、C50 钢筋混凝土楔形调平块及预埋钢板的组合高度(平面中心)。本书为清晰表达不同类型构件建模思路,使过程更加明了,将组合简化为支座垫石+支座。

根据设计图纸,整理编制支座垫石的空间位置数据、尺寸参数、项目构件编码数据。空间位置数据主要包含有墩台号、族类型名称、盖梁/台帽中心高度、最左垫石偏距、垫石顺桥向偏移、垫石间距。

尺寸参数中,则包含盖梁/台帽顶横坡值、垫石支座组合高、支座高、横桥向宽、顺桥向宽。查阅设计图纸,结合不同墩台处的设计支座,发现垫石规格与支座类型/墩台类型存在表 2-29 所示对应关系。

表 2-28　R1 匝道桥盖梁及桥台数据

墩台号	桩号 PileNo	族类型名称 FamilyType Name	横桥向偏距 PJ_HQX	横桥向偏角 Angle_HQX	顺桥向偏移 PY_SQX	顺桥向偏角 Angle_SQX	结构底高程 H_base	参数名称 Para_Name	参数值 Para_Value	编码 Code	编码描述 Description	建筑材料 Material	图纸版本 Version
1 号	225.17	桥台	0	0	0	0	489.53	$Type\_S * EQ\_Z * EQ\_Y * i$	$1 * 0 * 0 * -1.5$	PPHT-R1-QTD-0#1	PP 互通 R1 匝道桥 0 号台 1 号桥台	C30 砼	20211202-V1.0
2 号	250.2	盖梁	0	0	0	0	490.039	$Lz * Ly * Ldk\_Start * Ldk\_End * D\_Start * D\_End * H\_Start * H\_End * Lsc * HaveDK * L3 * i$	$2.8 * 2.8 * 5.6 * 5.6 * 1 * 1 * 1.6 * 1.6 * 1 * 1 * 3.6 * -1.5$	PPHT-R1-GL-1#1	PP 互通 R1 匝道桥 1 号墩 1 号盖梁	C40 砼	20211202-V1.0
...	...	...	...	...	...	...	...	...	...	...	...	...	...
9 号	464.2	盖梁	0	0	0	0	496.794	$Lz * Ly * D\_Start * D\_End * H\_Start * H\_End * Lsc * HaveDK * L3 * i$	$14.4 * 10.4 * 1.5 * 1.5 * 1.054 * 1.504 * 0 * 0 * 2$	PPHT-R1-GL-9#1	PP 互通 R1 匝道桥 9 号墩 1 号盖梁	C40 砼	...
...	...	...	...	...	...	...	...	...	...	...	...	...	...
16 号	657.78	盖梁	0	0	0	0	492.293	$Lz * Ly * Ldk\_Start * Ldk\_End * D\_Start * D\_End * H\_Start * H\_End * Lsc * HaveDK * i$	$15.5 * 7.1 * 5.6 * 5.6 * 1.2 * 1.2 * 2.2 * 2.2 * 0 * 0 * 1 * 1.301$	PPHT-R1-GL-16#1	PP 互通 R1 匝道桥 16 号墩 1 号盖梁	C40 砼	20211202-V1.0
...	...	...	...	...	...	...	...	...	...	...	...	...	...
28 号	957.81	桥台	0	0	0	0	490.248	$Type\_S * EQ\_Z * EQ\_Y * i$	$0 * 0 * 1 * -1.5$	PPHT-R1-QTD-28#1	PP 互通 R1 匝道桥 28 号台 1 号桥台	C30 砼	20211202-V1.0

表 2-29 R1 匝道桥梁支座类型及规格

支座规格/梁体类型	垫石规格/cm
小箱梁支座	70×70
钢梁支座-交界墩	70×70
钢梁支座-中墩处	80×80
GPZ(Ⅱ) 2.5~3.5	70×70
GPZ(Ⅱ) 4~5	80×80
GPZ(Ⅱ) 6	90×90
GPZ(Ⅱ) 7~8	100×100
GPZ(Ⅱ) 9	110×110

项目构件编码参照其他下部结构，建立"Code""Description""Material""Version"数据列。

综上，在"R1 匝道桥梁数据.xlsx"Excel 文件中编制如表 2-30 所示参数，完整数据见附表 B2-6。

并将上述工作表命名为"支座垫石"，完成桥梁支座垫石基础数据的编制。

2.3.7 支座数据编制

结合本书 R1 匝道桥梁图纸中支座选型设计，以及支座垫石数据编制规定。进行数据编整，因支座类型不同，各类型支座尺寸规格相对固定，所以不需要设置尺寸参数，主要针对空间位置数据、尺寸参数、项目构件编码数据。

空间位置数据主要包含有墩台号、族类型名称、最左垫石偏距及垫石顺桥向偏移，尺寸参数主要包含盖梁/台帽中心高度、垫石间距、盖梁/台帽顶横坡值、垫石支座组合高、支座高（其中记录垫石支座组合高、支座高两项参数，目的为计算支座垫石高度，从而计算支座的高程）。

项目构件编码参照其他下部结构，建立"Code""Description""Material""Version"数据列。

综上，在"R1 匝道桥梁数据.xlsx"Excel 文件中编制如表 2-31 所示参数，完整数据见附表 B2-7。

并将上述工作表命名为"支座"，完成桥梁支座基础数据的编制。

表 2-30　R1 匝道桥梁支座垫石数据

墩台号	族类型名称 FamilyType Name	盖梁/台帽中心高度 H_base	最左垫石偏距 PJ_left	垫石顺桥向偏移 PY_dszz	垫石间距 Dis	盖梁/台帽顶横坡值 _i	垫石支座组合高 H_dszz	支座高 H_zz	横桥向宽 W_hqx	顺桥向宽 W_sqx	编码前级 Code_pr	编码描述前级 Description_pr	建筑材料 Material	图纸版本 Version
0号	支座垫石	1.5	-1.65	-0.63	3.3	-1.5	0.4	0.115	0.7	0.7	PPHT-R1-ZZDS-0#	PP 互通 R1 匝道桥 0 号台	C40 砼	20211202-V1.0
1号	支座垫石	1.642	-1.65	0	3.3	-1.5	0.35	0.15	0.9	0.9	PPHT-R1-ZZDS-1#	PP 互通 R1 匝道桥 1 号墩	C40 砼	20211202-V1.0
…	…	…	…	…	…	…	…	…	…	…	…	…	…	
11号	支座垫石	2.171	-1.65	0.4	3.3	2	0.353	0.13	0.8	0.8	PPHT-R1-ZZDS-11#	PP 互通 R1 匝道桥 11 号墩	C40 砼	20211202-V1.0
11号	支座垫石	1.671	-2.64	-0.8	1.08 * 3.12 * 1.08	2	0.465	0.159	0.7	0.7	PPHT-R1-ZZDS-11#	PP 互通 R1 匝道桥 11 号墩	C40 砼	20211202-V1.0
…	…	…	…	…	…	…	…	…	…	…	…	…	…	
28号	支座垫石	1.5	-1.65	0.63	3.3	-1.5	0.4	0.115	0.7	0.7	PPHT-R1-ZZDS-28#	PP 互通 R1 匝道桥 28 号台	C40 砼	20211202-V1.0

表 2-31 R1 匝道桥梁支座数据

墩台号	族类型名称 FamilyType Name	盖梁/台帽中心高度 H_base	最左垫石偏距 PJ_left	垫石顺桥向偏移 PY_dszz	垫石间距 Dis	盖梁/台帽顶横坡值 _i	垫石支座组合高 H_dszz	支座高 H_zz	编码前缀 Code_pr	编码描述前缀 Description_pr	建筑材料 Material	图纸版本 Version
0 号	GPZ(Ⅱ)3.5DX	1.5	-1.65	-0.63	3.3	-1.5	0.4	0.115	PPHT-R1-ZZ-0#	PP 互通 R1 匝道桥 0 号台	金属	20211202-V1.0
1 号	GPZ(Ⅱ)6.0DX	1.642	-1.65	0	3.3	-1.5	0.35	0.15	PPHT-R1-ZZ-1#	PP 互通 R1 匝道桥 1 号墩	金属	20211202-V1.0
…	…	…	…	…	…	…	…	…	…	…		
11 号	GPZ(Ⅱ)4.0DX	2.171	-1.65	0.4	3.3	2	0.353	0.13	PPHT-R1-ZZ-11#	PP 互通 R1 匝道桥 11 号墩	金属	20211202-V1.0
11 号	LNR (H)	1.671	-2.64	-0.8	1.08*3.12*1.08	2	0.465	0.159	PPHT-R1-ZZ-11#	PP 互通 R1 匝道桥 11 号墩	金属	20211202-V1.0
…	…	…	…	…	…	…	…	…	…	…		
28 号	GPZ(Ⅱ)3.5DX	1.5	-1.65	0.63	3.3	-1.5	0.4	0.115	PPHT-R1-ZZ-28#	PP 互通 R1 匝道桥 28 号台	金属	20211202-V1.0

2.4 下部结构自动搭建

2.4.1 桩基础

2.4.1.1 工作表数据获取及分离

基于"1.3.1"节 Dynamo 代码，采用读取"桩基础"工作表、去除表头 2 行、行列互换操作，最终获取分离逐列数据，建立"读取'桩基础'工作表，并分离逐列数据"节点组，内部节点连接方式如图 2-142 所示。

2.4.1.2 基于平面路线的墩台空间坐标系创建

基于桥梁平面路线的墩台桩号点为原点，相切于平面路线曲线指向小里程方向为 Z 轴，空间竖直向上方向为 Y 轴，建立空间坐标系，此时坐标系 XY 平面垂直于该点处的平面路线，空间坐标系与平面路线关系如图 2-143 所示。

引用"1.3.1"节 Dynamo"创建三维中心线及路线"节点组中的"Curve.PullOntoPlane"节点输出端（以下简称"平面路线"），引用上文"读取'桩基础'工作表，并分离逐列数据"节点组"List.Transpose"节点输出端的桩基础数据（以下简称"墩台桩号"）。实施步骤分四步。

A　获取墩台桩号点

创建"Code Block"代码块连接"读取'桩基础'工作表，并分离逐列数据"节点组中"List.Transpose"节点输出端，通过"Datas［1］"代码引出"2.3.3"节所创建工作表中"PileNo"列桩号数据。然后，通过创建"Curve.PointAtSegmentLength"节点，输入端分别引入平面路线、墩台桩号，输出墩台桩号点。

B　建立空间坐标系 A

首先，创建"Curve.ParameterAtPoint"节点，输入端分别引入平面路线、墩台桩号点，输出墩台桩号点在平面路线上的参数（以下简称"墩台桩号点曲线参数"）；其次，创建"Curve.TangentAtParameter"节点，输入端分别引入平面路线、墩台桩号点曲线参数，输出平面路线在墩台桩号点处的切向量；再次，创建"Plane.ByOriginNormalXAxis"节点，"origin"输入端意为确定所创建平面原点，连接墩台桩号点。"normal"输入端意为确定所创建平面法向量，连接规范 Z 轴向量（世界坐标系 Z 轴向量）。"XAxis"输入端意为确定所建平面 X 轴，连接墩台桩号点处的切向量。经该节点输出一项具有指定 X 轴、法向量的空间平面（以下简称"参考平面 A"）；最后，通过"Plane.ToCoordinateSystem"节点，将参考平面 A 转化为空间坐标系 A，该坐标系的 X 轴在该点处相切于平面路线，Z 轴则竖直向上，Y 轴在该点处垂直平面路线指向线左。

C　转化为空间坐标系 B

在空间坐标系 A 的基础上，通过"CoordinateSystem.Rotate"节点（输入端组合为：coordinateSystem、plane、degrees），将空间坐标系 A 连接"coordinateSystem"输入端，作为被旋转空间坐标系。将参考平面 A 连接"plane"输入端，作为旋转基准平面。创建数值节点连接"degrees"输入端，确定旋转角度，旋转方向参考右手定则（即伸平右手使拇指与四指垂直，当手掌平面垂直旋转基准平面，且拇指指向旋转基准平面法向量方向，弯曲四指向手心，此时四指弯曲方向为旋转方向，如图 2-144 所示）。

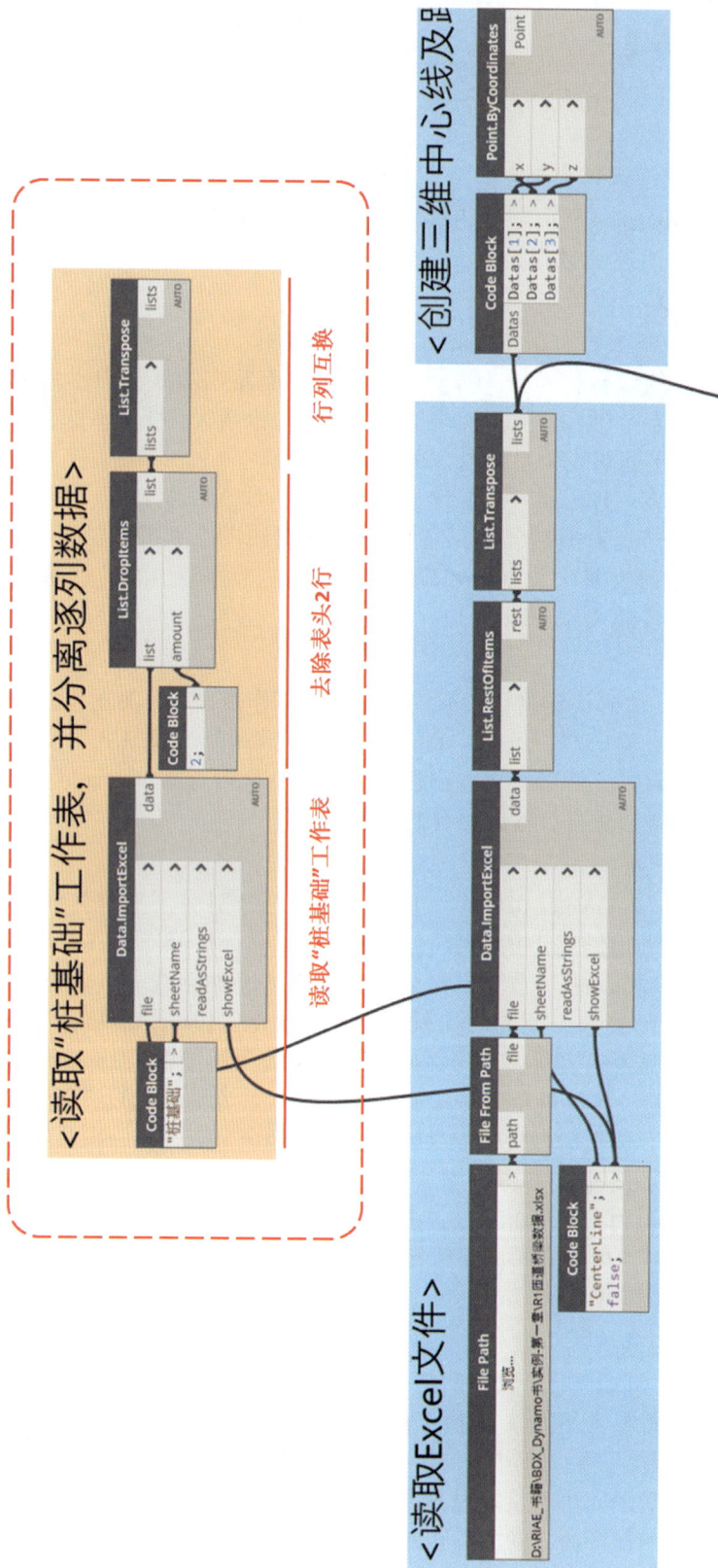

图 2-142　桩基础数据获取及分离

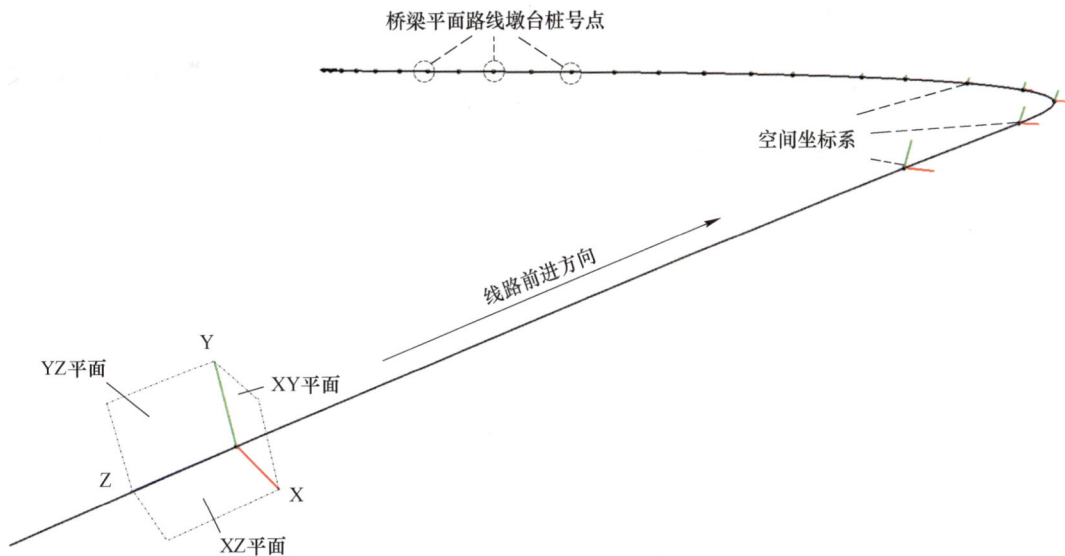

图 2-143 基于平面路线的墩台空间坐标系

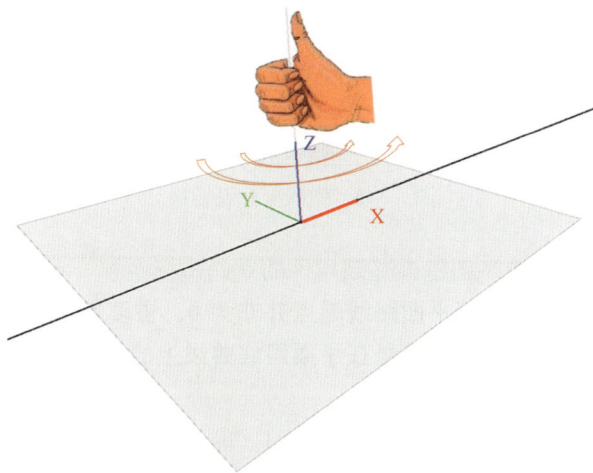

图 2-144 右手定则示意图

D 转化为空间坐标系 C

在空间坐标系 B 的基础上，通过 "CoordinateSystem. Rotate" 节点（输入端组合为：coordinateSystem、origin、axis、degrees），将空间坐标系 B 连接 "coordinateSystem" 输入端，作为被旋转空间坐标系。将墩台桩号点连接 "origin" 输入端，作为旋转基点。创建 "CoordinateSystem. XAxis" 节点连接空间坐标系 B，获取空间坐标系 B 的 X 轴，并连接至 "axis" 输入端，作为旋转轴。创建数值节点连接 "degrees" 输入端，确定旋转角度，旋转方向参考右手定则（此时应理解为，伸平右手使拇指与四指垂直，且拇指指向旋转轴矢量方向，弯曲四指向手心，四指弯曲方向为旋转方向）。

将上述四个步骤所述形成的节点组合成节点组，标识为 "基于平面路线的墩台空间坐标系创建"，节点组内部及与外部连接方式如图 2-145（大图见附图 C3-1）所示。

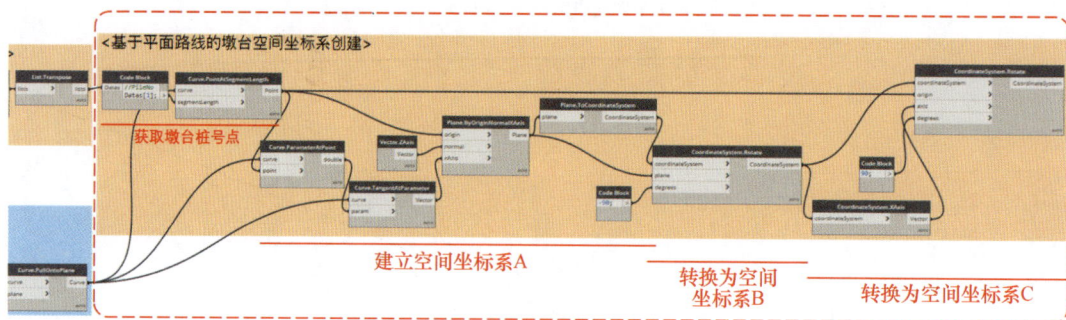

图 2-145　墩台空间坐标系创建与转换

经上述节点的计算，空间坐标系的转化如图 2-146 所示。

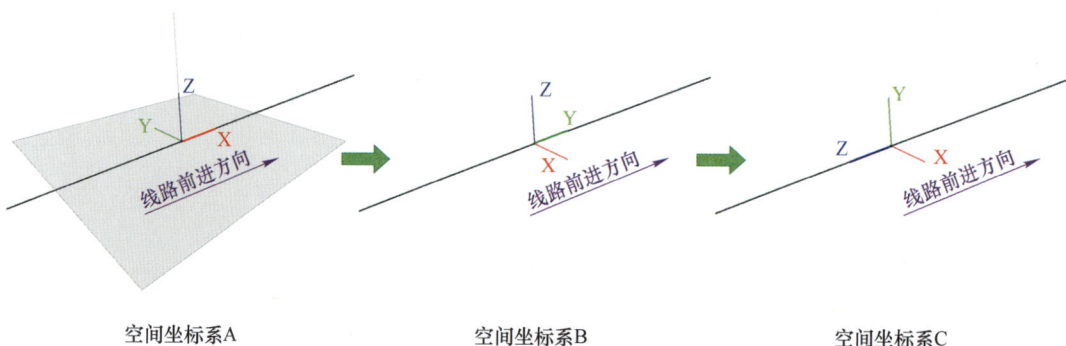

图 2-146　空间坐标系转换

上述空间坐标系 C 为最终创建桩基础构件的空间坐标系。

注：获取墩台桩号点时，若平面路线起点并非为 0，需要将墩台桩号与平面路线起点里程桩号作差，作差结果即为墩台桩号在平面路线曲线上的实际位置。

2.4.1.3　桩基础族实例创建

桩基础族实例创建主要包含三个阶段，分别是桩基础中心点坐标计算、桩基础族类型排列及桩基础族实例创建。

A　桩基础中心点坐标计算

参考"2.3.3"节数据的编制设定，依据 Excel 各项数据进行几何运算，获得最终桩基础结构构件坐标值。

此处为便于公式计算，采用"Python Script"节点进行运算表达，为创建的"Python Script"节点（以下简称"Ps1 节点"）增加输入端至 2 个，分别连接"读取'桩基础'工作表，并分离逐列数据"节点组中"List. Transpose"节点输出端、"基于平面路线的墩台空间坐标系创建"节点组中最后 1 个"CoordinateSystem. Rotate"节点输出端，如图 2-147 所示。

该节点的核心是内部的 Python 代码，而计算的目的是基于空间坐标系，依据横桥向偏距（PJ_HQX）、横桥向偏角（Angle_HQX）、顺桥向偏移（PY_SQX）、顺桥向偏角（Angle_SQX）四项参数进行计算。

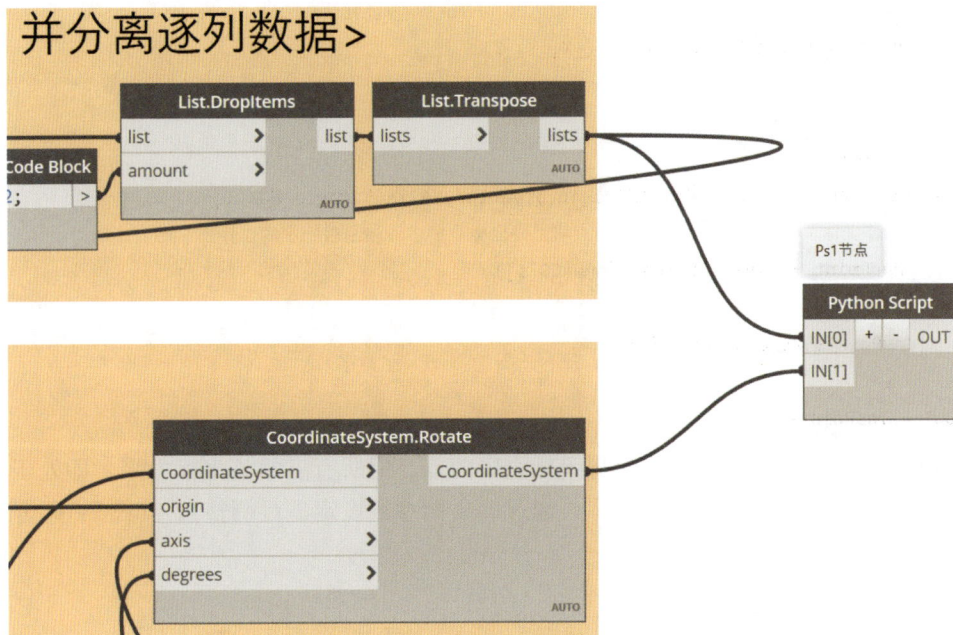

图 2-147　Ps1 节点及其输入端连接关系

Ps1 节点内代码及其目的如下：

```
1.   import clr
2.   clr.AddReference('ProtoGeometry')
3.   from Autodesk.DesignScript.Geometry import *
4.   #引用 math 库
5.   from math import *
6.   #引入 Excel 中：横桥向偏距（PJ_HQX）、横桥向偏角（Angle_HQX）、顺桥向偏移（PY_SQX）、
     顺桥向偏角（Angle_SQX）四项参数
7.   PJ_HQX = IN[0][3]
8.   Angle_HQX = IN[0][4]
9.   PY_SQX = IN[0][5]
10.  Angle_SQX = IN[0][6]
11.  #引入 CoordinateSystem 空间坐标系
12.  CS = IN[1]
13.  #创建空列表，用于存储桩基础中心点
14.  InsPoints = []
15.  #通过 for 循环为每一颗桩基础结构构件计算中心点
16.  for i in range(len(PJ_HQX)):
17.      #忽略"横桥向偏角"，结合横桥向偏距（PJ_HQX）、顺桥向偏移（PY_SQX）、顺桥向偏角
         （Angle_SQX）三项参数计算坐标值
18.      _X = PY_SQX[i]*cos(pi*(90-Angle_SQX[i])/180)+PJ_HQX[i]
19.      _Y = 0
20.      _Z = PY_SQX[i]*sin(pi*(90-Angle_SQX[i])/180)
```

21.	#基于上述坐标值创建点
22.	_Point = Point.ByCoordinates(_X,_Y,_Z)
23.	#以世界坐标系原点为基点，世界坐标系的 Y 轴为旋转轴，将上述点逆时针旋转"横桥向偏角"角度值
24.	_RoPoint = Geometry.Rotate(_Point,Point.Origin(),Vector.YAxis(),Angle_HQX[i])
25.	#通过坐标系转化，将上述旋转后的点从世界坐标系中，转移至对应空间坐标系
26.	_PurPoint = _RoPoint.Transform(CS[i])
27.	#将转化坐标系后的点添加到列表
28.	InsPoints.append(_PurPoint)
29.	#将输出内容指定给 OUT 变量
30.	OUT = InsPoints

以上代码可计算出桩基础在世界坐标系中的点，但所有点的 Z 坐标为零，即处于世界坐标系 XY 平面上（桩基础的 Z 坐标可通过族实例参数设定进行调整），如图 2-148 所示。

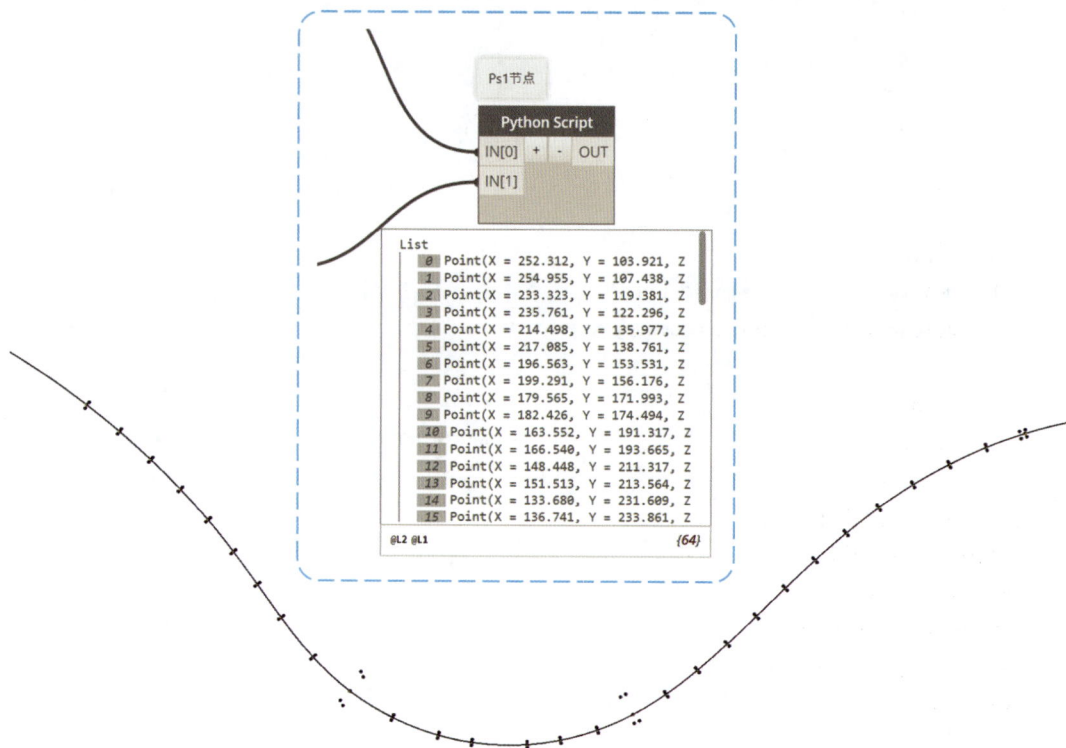

图 2-148　桩基础中心点的计算

B　桩基础族类型排列

在"桩基础"工作表中第 3 列记录了桩基础所选用的族类型，在创建族实例之前，需要为每一个点位处的桩基础匹配对应族类型。

创建"Code Block"代码块，连接"读取'桩基础'工作表，并分离逐列数据"节点组中"List.Transpose"节点输出端，通过"Datas[2]"代码引出"2.3.3"节所创建工作表中"FamilyTypeName"列族类型名称数据。紧接着,通过"FamilyType. ByName"节点,从当前 Revit 项目中获取到名称所对应的族类型,如图 2-149 所示。

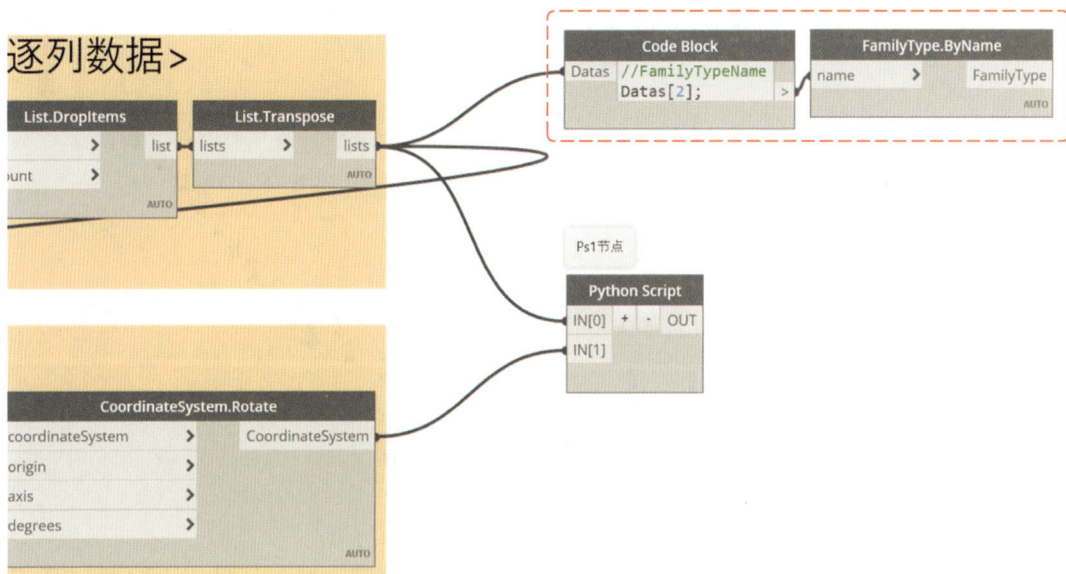

图 2-149 按族类型名称获取族类型

C 桩基础族实例创建

创建"FamilyInstance. ByPoint"节点,该节点意为根据族类型(FamilyType)及空间点,创建族实例。该节点"familyType"输入端连接上述"FamilyTypeName"节点输出端,"point"输入端则连接 Ps1 节点输出端。

将上述三个阶段的节点组合为节点组,标识为"桩基础族实例创建",节点组内部及与外部连接如图 2-150 所示。

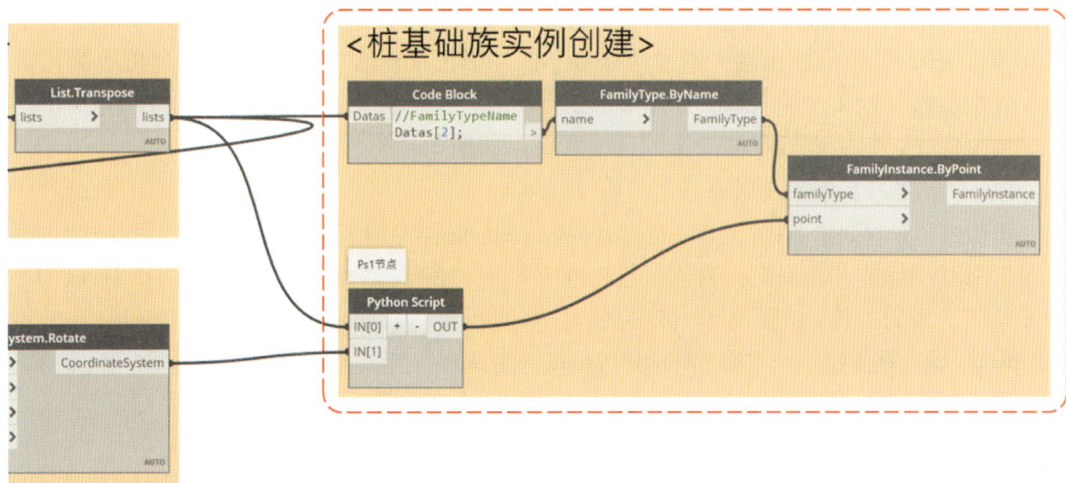

图 2-150 桩基础族实例创建节点

运行程序，完成桩基础族实例的创建，如图 2-151 所示。

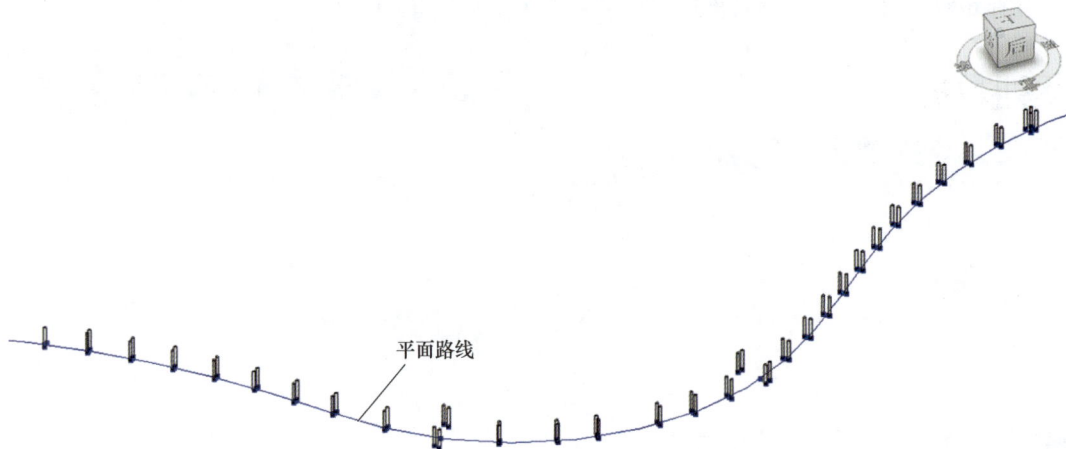

平面路线

图 2-151　桩基础族实例创建效果

2.4.1.4　桩基础族实例参数设置

桩基础族实例参数设置主要包含桩基础族实例位置高度、桩长、桩径等空间位置及物理形状参数，以及高程为代表的施工数值类参数和编码类参数。通过"Element. SetParameterByName"节点可以对族实例进行参数值修改，该节点"element"输入端须连接族实例或族实例列表，"parameterName"输入端须连接参数名称，"value"则需要连接需要设定的参数值。

A　桩基础族实例高度调整

在 Revit2020 版本环境下，调整项目中族实例高度的系统默认参数为"自标高的高度偏移"，通过创建"Element. SetParameterByName"节点，"element"输入端连接"2.4.1.3"小节"C 桩基础族实例创建"的末端节点输出端，即"FamilyInstance. ByPoint"节点输出端。创建"Code Block"代码块，写入"自标高的高度偏移"参数名称的同时，连接"读取'桩基础'工作表，并分离逐列数据"节点组中"List. Transpose"节点输出端，通过"Datas[8]"引出工作表中"H_Base"列桩底高程数据。分别连入其他 2 个输入端，如图 2-152 所示。

运行程序，将实现桩基础高度的自动调整，如图 2-153 所示。

B　桩基础族实例桩长调整

类似地，复制创建上述"Element. SetParameterByName""Code Block"节点，保持"Code Block"连接同样节点数据源，调整参数名称字符为"H"，调整引用公式为"H＝Datas[7]-Datas[8]"，意为桩长＝桩顶高程-桩底高程，修改新建"Element. SetParameterByName"节点"element"输入端连接上一"Element. SetParameterByName"节点输出端，如图 2-154 所示。

运行程序，将实现桩基础桩长的自动调整如图 2-155 所示。

C　桩基础参数及编码设置

同样，采用该方式，在上述程序之后，追加节点，为桩基础族实例设置"H_base""D""Code""Description""Material"及"Version"参数值。分别引用"桩基础"工作

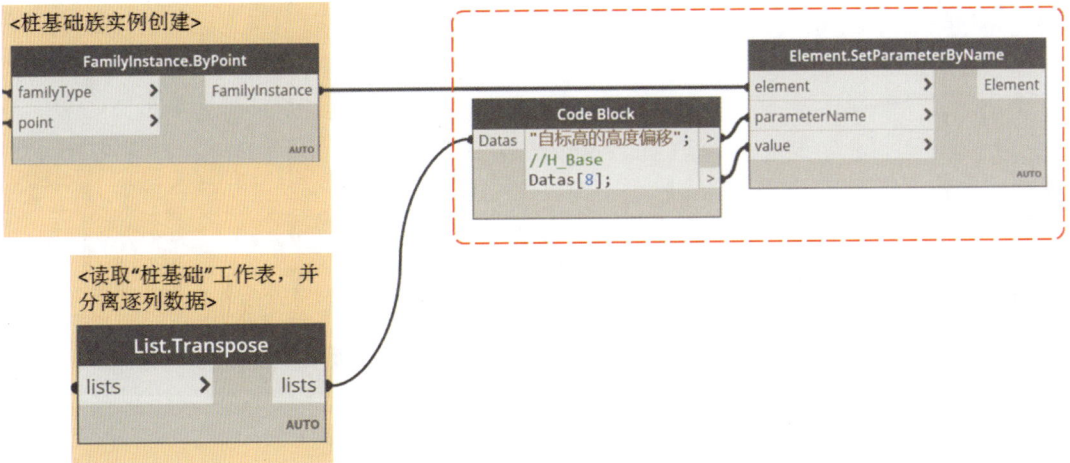

图 2-152　桩基础族实例高度偏移设置节点

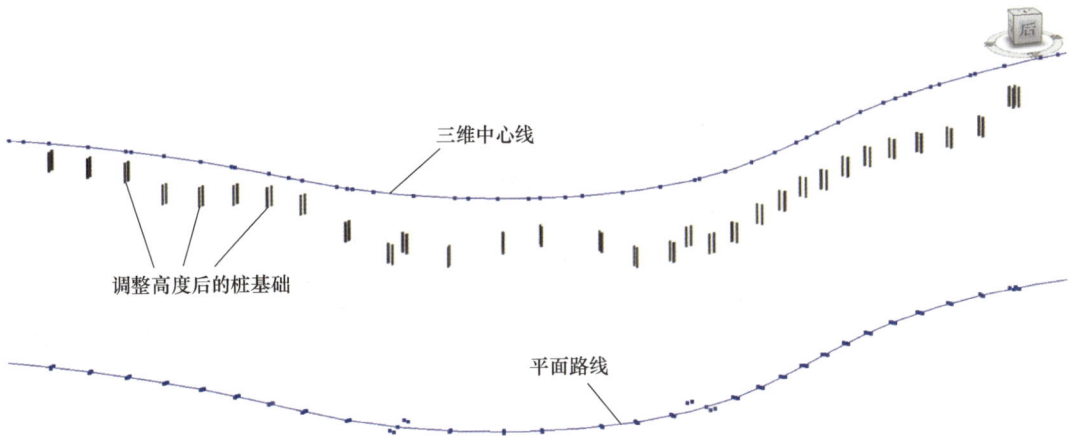

图 2-153　桩基础族实例高度偏移设置效果

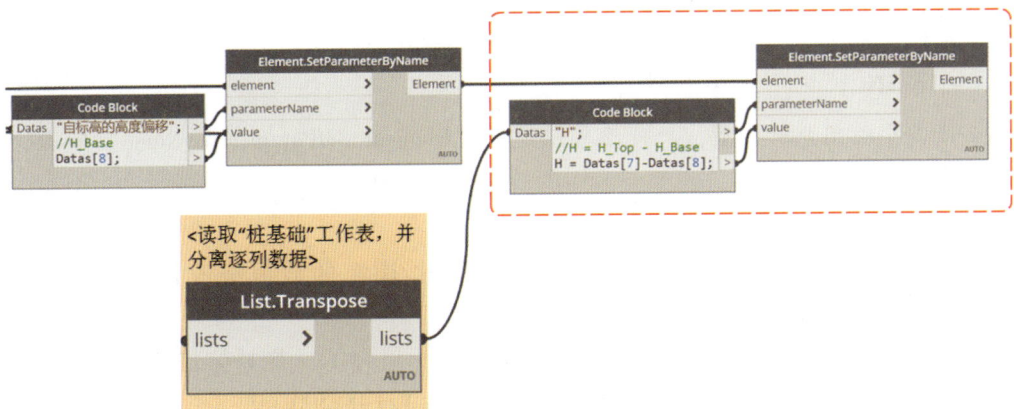

图 2-154　桩基础族实例桩长设置节点

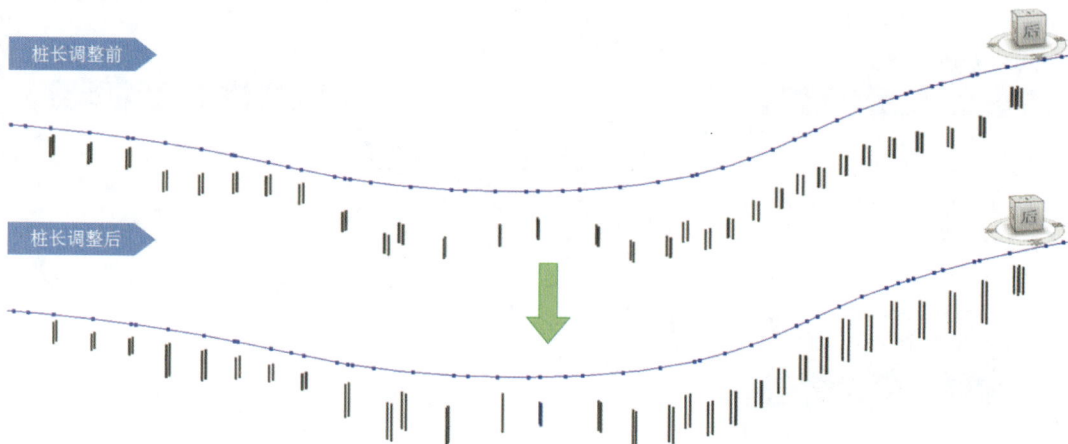

图 2-155　桩基础族实例桩长设置前后对比

表中 9~14 列数据，即通过 Datas[8] ～ Datas[13] 从"读取'桩基础'工作表，并分离逐列数据"节点组中"List. Transpose"节点输出端引出，如图 2-156（大图见附图 C3-2）所示。

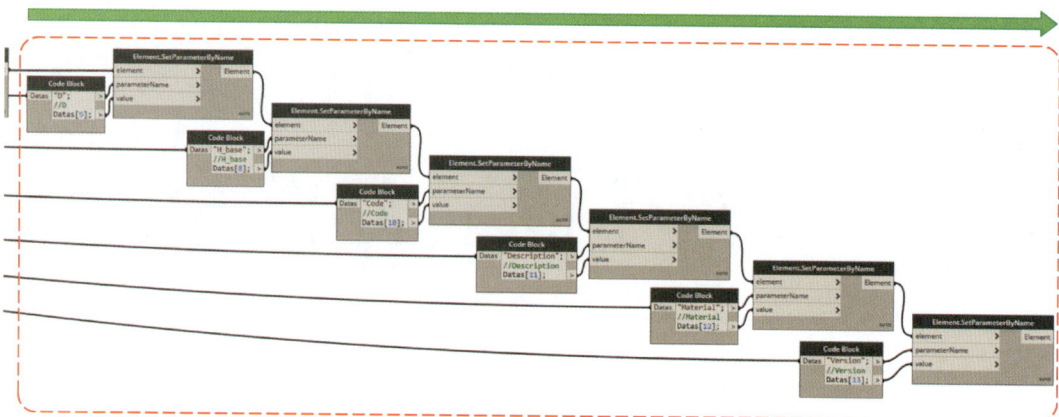

图 2-156　其余桩基础参数及编码赋值节点

运行程序，将实现桩基础族实例参数及编码设置结果如图 2-157 所示。

小提示

如果需要关闭分析模型，此处还可以通过"Element. SetParameterByName"节点，输入参数名"启用分析模型"，以及"False"布尔值，进行关闭。

D　桩基中心坐标值计算及参数赋值

回顾"1.2.1"节内容，在本项目中已将"北/南"的数值修改为：3369700.00，"东/西"的数值修改为：482500.00。

故此，假设桩基础中心点 X 坐标值为 Xz，Y 坐标值为 Yz，则桥梁桩基础中心点的实际 X 坐标值 Xs＝Xz+3369700.00，实际 Y 坐标值 Ys＝Yz+482500.00。

但为提高程序的使用性，本书采用 Python 语句，自动获取项目基点坐标值，实施方

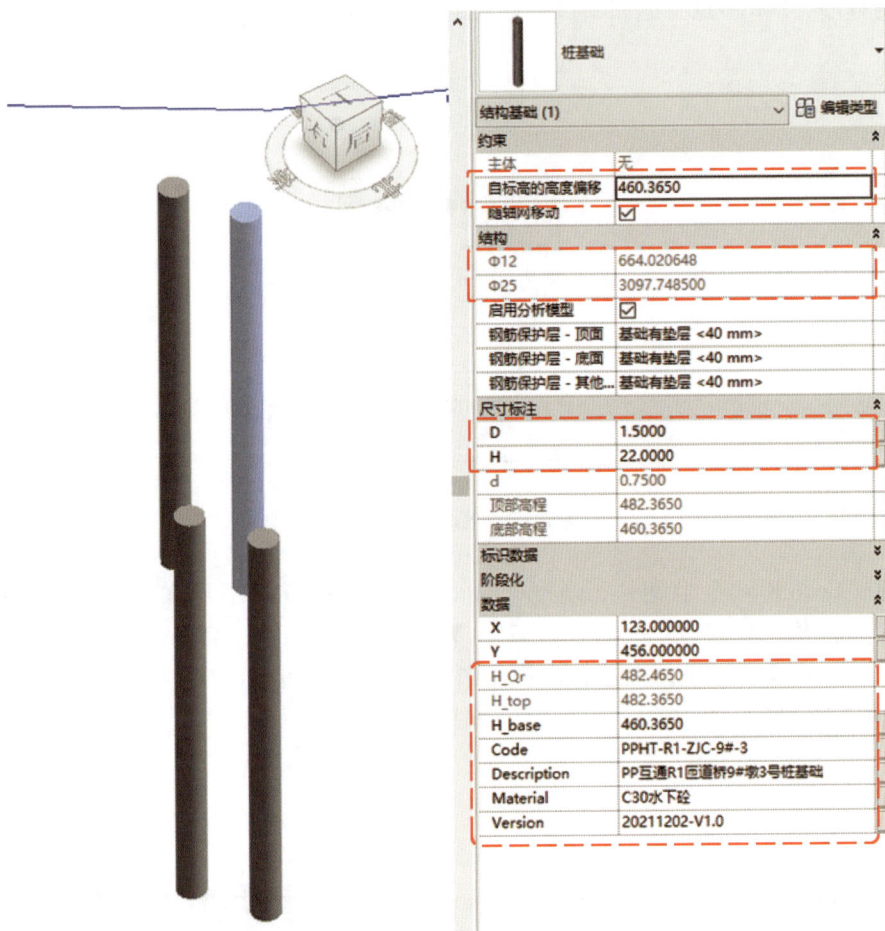

图 2-157 桩基础族实例属性面板主要参数

式为，创建"Python Script"节点（以下简称"Ps2 节点"），在节点内编写如下代码：

```python
1.  #引入 Revit 内置库
2.  import clr
3.  clr.AddReference("RevitAPI")
4.  from Autodesk.Revit.DB import *
5.  clr.AddReference("RevitServices")
6.  from RevitServices.Persistence import DocumentManager
7.  doc = DocumentManager.Instance.CurrentDBDocument
8.  #获取项目基点北距
9.  _north =
    doc.ActiveProjectLocation.GetProjectPosition(XYZ.Zero).NorthSouth*0.3048
10. #获取项目基点东距
11. _east = doc.ActiveProjectLocation.GetProjectPosition(XYZ.Zero).EastWest*0.3048
12. #输出
13. OUT=_north,_east
```

运行程序，Ps2 节点将返回项目基点北距、东距值，如图 2-158 所示。

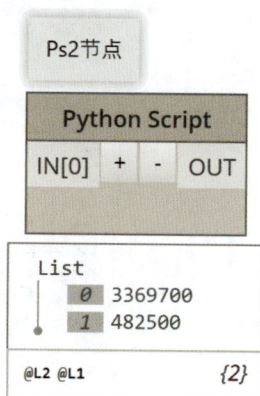

图 2-158　Ps2 节点返回值

创建"Code Block"代码块，通过"points"变量连接 Ps1 节点输出端，引用桩基础中心点。其次通过"Base"变量连接"Ps2"节点输出端，引用项目基点北距、东距。最后通过"points. Y + Base［0］"获取桩基础中心点实际 X 坐标值，通过"points. X + Base［1］"获取桩基础中心点实际 Y 坐标值，如图 2-159 所示。

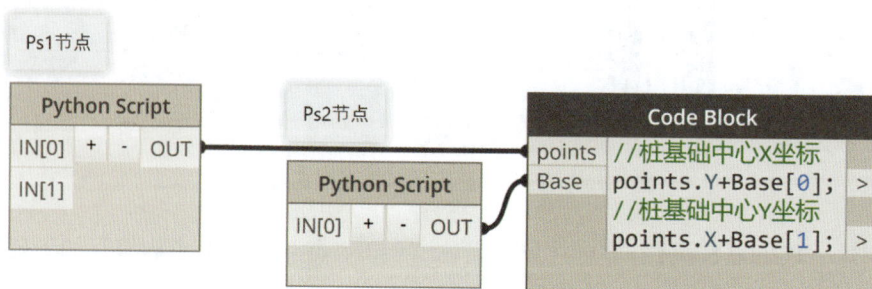

图 2-159　Ps2 节点连接关系与桩中心实际坐标计算

最后，同样采用"Element. SetParameterByName"节点进行桩基础中心点坐标的参数值设置，续接"2.4.1.4"小节末端节点，将上述结果分别作为 X、Y 坐标值赋值桩基础族实例，节点连接方式如图 2-160 所示。

将本过程阶段进行成组，便于后期管理，标识组名称为"桩基础族实例参数设置"，如图 2-161 所示。

最终桩基础已具备本书设定的所有参数信息，当设计数据准确时，呈现设计图纸、三维模型、Dynamo 计算值三相一致的成效（图 2-162）。

注：本书设计的构件编码规则与设计图纸存在异同，设计图纸 9 号墩 2 号桩基础，与实际项目 9 号墩 3 号桩基础为同一桩基础，具体参考附录 1 现浇梁桥编码表。

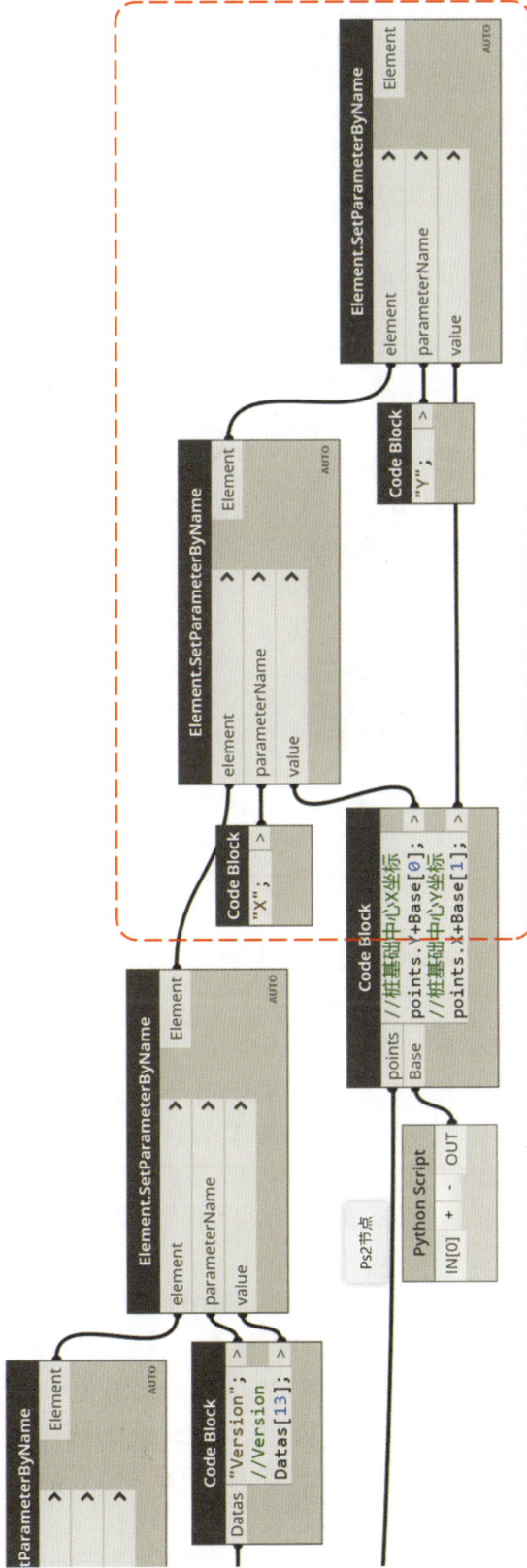

图 2-160　桩基础坐标参数赋值节点

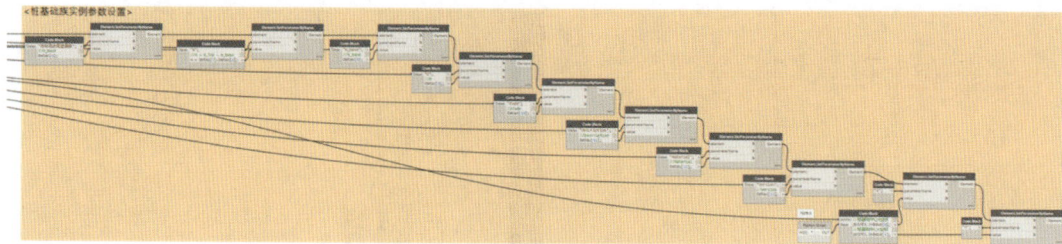

图 2-161　桩基础参数赋值节点成组

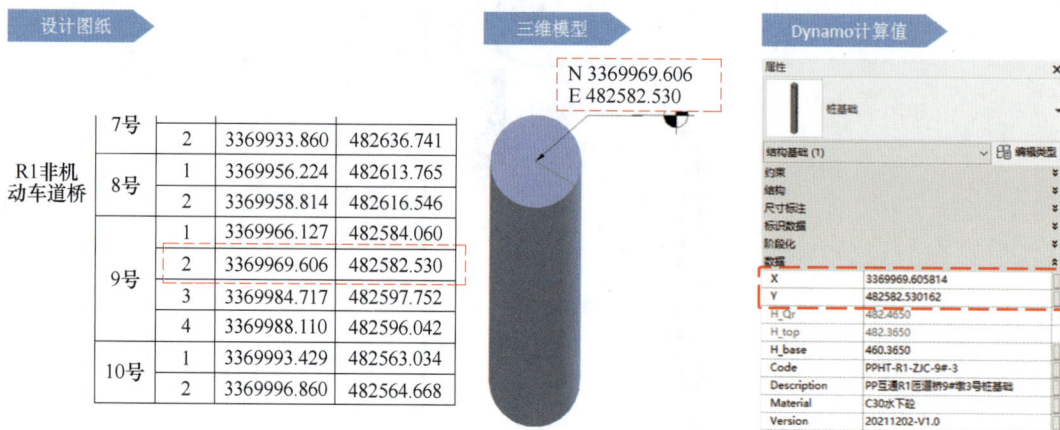

图 2-162　桩基础中心坐标三相校核

2.4.2　承台

介于承台模型的创建流程与桩基础类似，故此，将"2.4.1"节 dyn 文件进行另存，作为承台模型创建的底版程序，在此基础上作修改。

2.4.2.1　工作表数据获取及分离

保持"读取 Excel 文件""创建三维中心线及路线"节点组内容不变。

修改底版程序"读取'桩基础'工作表，并分离逐列数据"节点组中，"Code Block"代码块中的字符串为"承台"，使得"Data. ImportExcel"节点能从"承台"工作表中获取数据，可以修改节点组标识，修改后冻结下游节点，运行程序，观察数据获取到的数据是否正确（图 2-163）。

经程序计算后，上述"List. Transpose"节点输出内容与预计结果一致，符合要求。

2.4.2.2　基于平面路线的墩台空间坐标系创建

由于"基于平面路线的墩台空间坐标系创建"节点组摄入参数为平面路线曲线、上游程序所取工作表第 2 列数据（墩台桩号数值）共两项数据，项目保持采用"CenterLine"工作表数据建立三维中心线及平面路线，且观察"承台""桩基础"工作表，均采用第 2 列数据记录桩号值，且格式一致，故本节点组维持不变。

取消冻结本节点组并冻结下游节点，运行程序，可观察所创建坐标系是否正确。

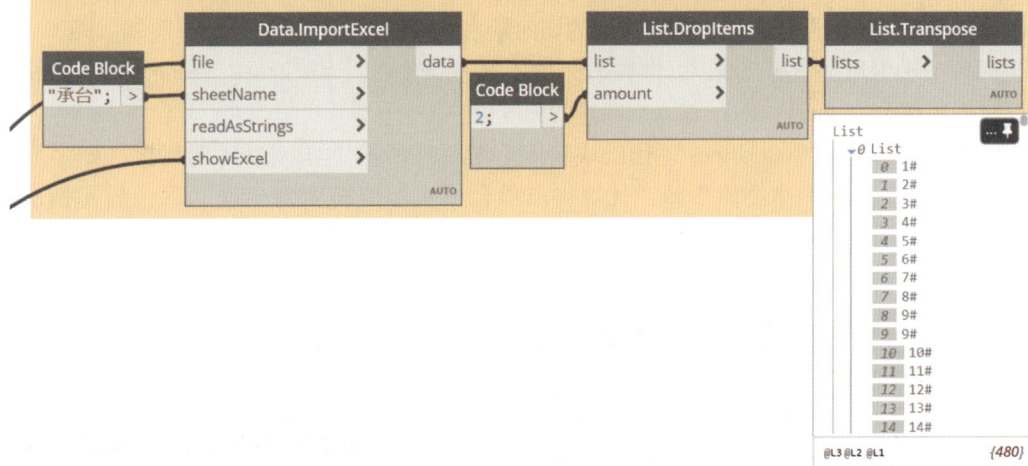

图 2-163 Excel 数据读取节点组修改

2.4.2.3 承台族实例创建

由于"桩基础族实例创建"节点组，摄入参数为上游程序所取工作表第 3 列数据（族类型名称）、上游空间坐标系结果共两项数据，观察"承台""桩基础"工作表第 3 列数据类型及格式一致，本节点组维持不变，取冻本节点组并冻结下游节点，运行程序，已创建承台族实例（图 2-164）。

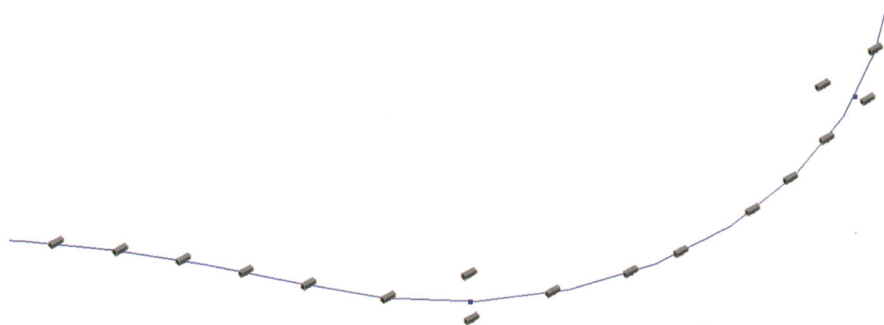

图 2-164 承台族实例创建效果

修改该节点组标识为"承台族实例创建"。

2.4.2.4 承台族实例姿态调整

观察已创建的承台族实例，发现族实例原点位置正确，但未旋转至准确角度及位置。

为调整承台族实例的姿态，以平面路线在墩台桩号处的切向量与世界坐标系的 Y 轴作角度差计算，再减去工作表中"顺桥向偏角"列角度值。最后，通过"FamilyInstance.SetRotation"节点执行族实例旋转操作，实现承台族实例姿态调整。

A 旋转角度计算

采用"Vector.AngleAboutAxis"节点（计算两个向量之间的角度，支持计算0°~360°的范围），将"基于平面路线的墩台空间坐标系创建"节点组中"Curve.TangentAtParameter"节点所输出的结果（平面路线在墩台桩号点处的切向量），连接向该节点的"vector"输入端，以世界坐标系Y轴为角度差基准轴，以世界坐标系Z轴为旋转轴，计算返回"vector"输入端向量逆时针向旋转至"otherVector"输入端向量的角度值。

此时，再通过"Code Block"代码块获取上游程序所取工作表第7列数据，即"顺桥向偏角"。将上述两个角度值作差，计算得出承台族实例旋转所需角度。承台族实例旋转角度计算节点如图2-165所示。

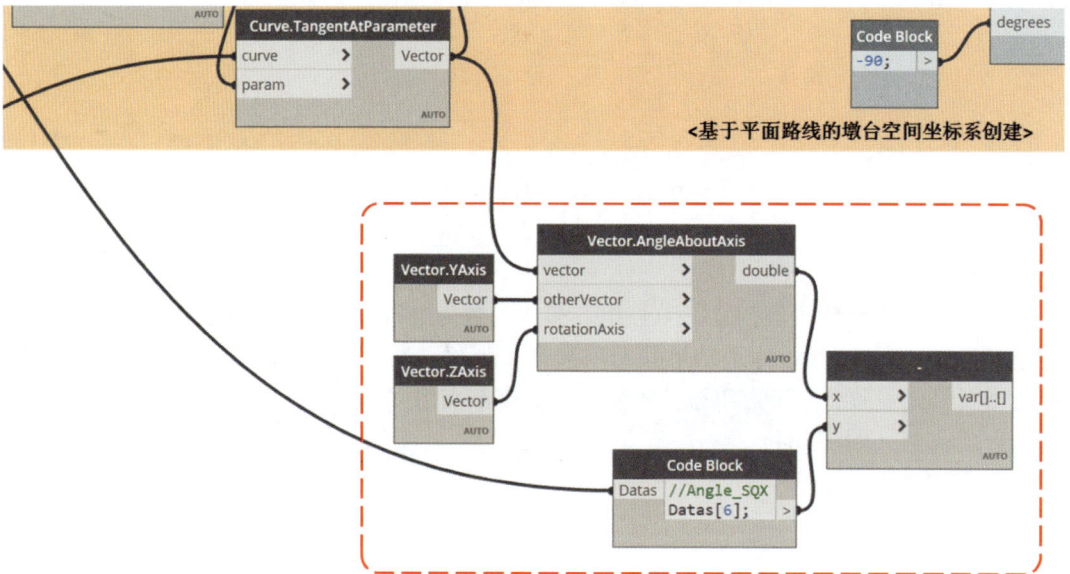

图2-165　承台族实例旋转角度计算节点

B 执行族实例旋转

创建"FamilyInstance.SetRotation"节点，"familyInstance"输入端连接"承台族实例创建"节点组中末端节点输出端，"degree"输入端连接上述承台族实例旋转所需角度值。组合本阶段代码，标识命名为"承台族实例姿态调整"，如图2-166所示。

运行程序，观察承台姿态已经发生转变，且与设计意图相吻合，如图2-167所示。

注：以平面路线在墩台桩号处的切向量与世界坐标系的Y轴作角度差计算，原因是因为创建族的时候，是基于"前"立面进行拉伸创建的，而该工作平面的法向量与世界坐标系的Y轴重合。

减去工作表中"顺桥向偏角"列角度值，原因是"顺桥向偏角"列角度值为逆时针向角度，而"FamilyInstance.SetRotation"节点执行的是顺时针向旋转。

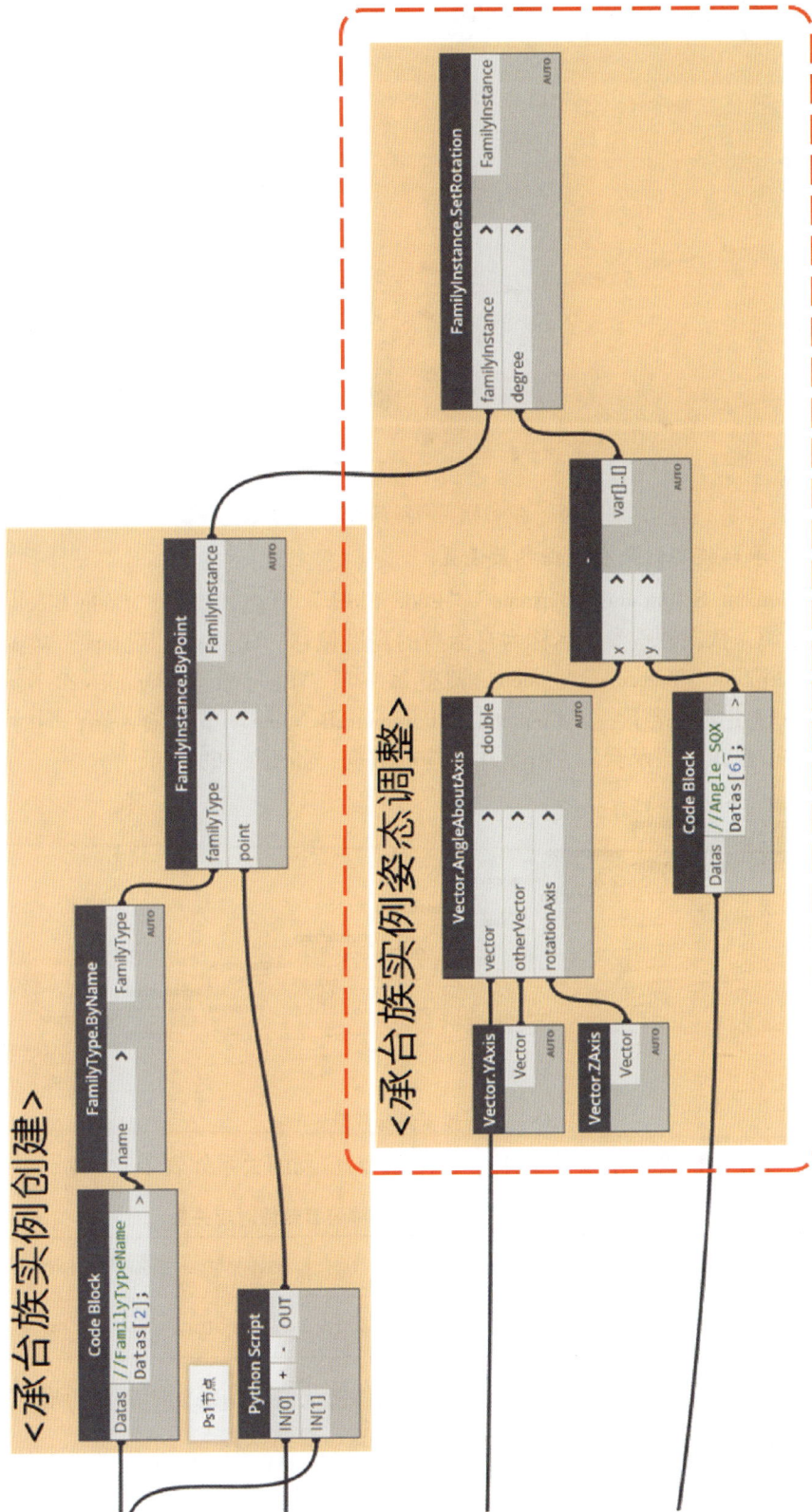

图 2-166 承台族实例姿态调整节点

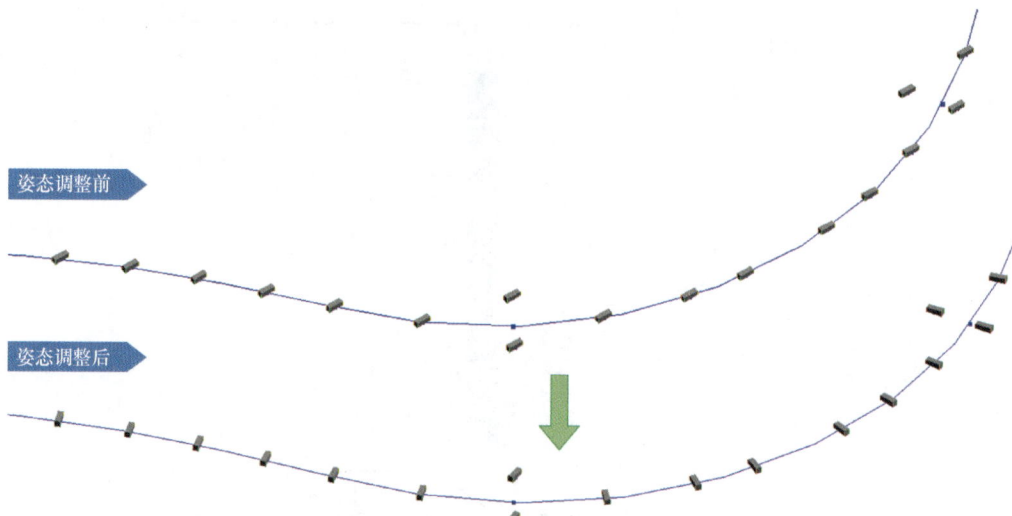

姿态调整前

姿态调整后

图 2-167 承台族实例姿态调整前后对比

2.4.2.5 承台族实例既有数据参数设置

通过"Element. SetParameterByName""Code Block"节点，保持"Code Block"连接同样节点数据源，依次调整参数名称为自标高的高度偏移、H_base、W_hqx、W_sqx、H、i、Code、Description、Material、Version，调整每一项"Element. SetParameterByName"节点"element"输出端连接下一"Element. SetParameterByName"节点输入端，同时分别为上述参数修改节点匹配"承台"工作表中相应列数据，如图 2-168 所示。

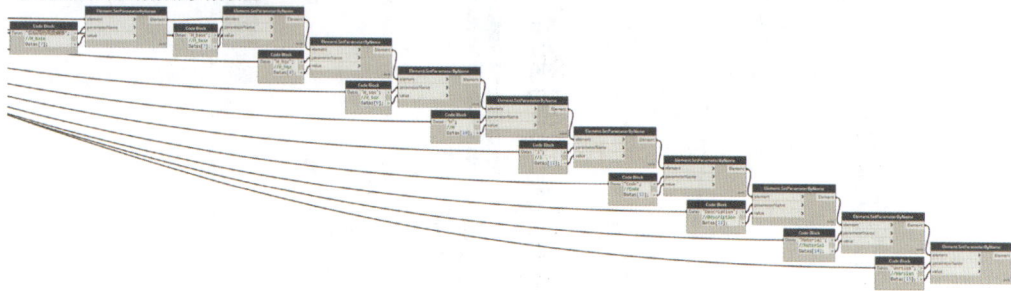

<承台族实例既有数据参数设置>

图 2-168 承台族实例参数设置节点

上述节点连接的参数名称与"承台"工作表中对应列的关系如表 2-32 所示。

表 2-32 承台族实例参数设置中名称与参数值对应关系

参数名称	自标高的高度偏移	H_base	W_hqx	W_sqx	H	i	Code	Description	Material	Version
参数值计算式	Datas[7]	Datas[7]	Datas[8]	Datas[9]	Datas[10]	Datas[11]	Datas[12]	Datas[13]	Datas[14]	Datas[15]

运行程序，上述参数及相关关联参数已经被更新修改值，结果如图 2-169 所示。

将上述节点创建组，标识为"承台族实例既有数据参数设置"。

2.4.2.6 承台族实例计算数据参数设置

当我们将 BIM 模型用于施工、运维时，通常是采取标注的形式获取位置坐标信息，但

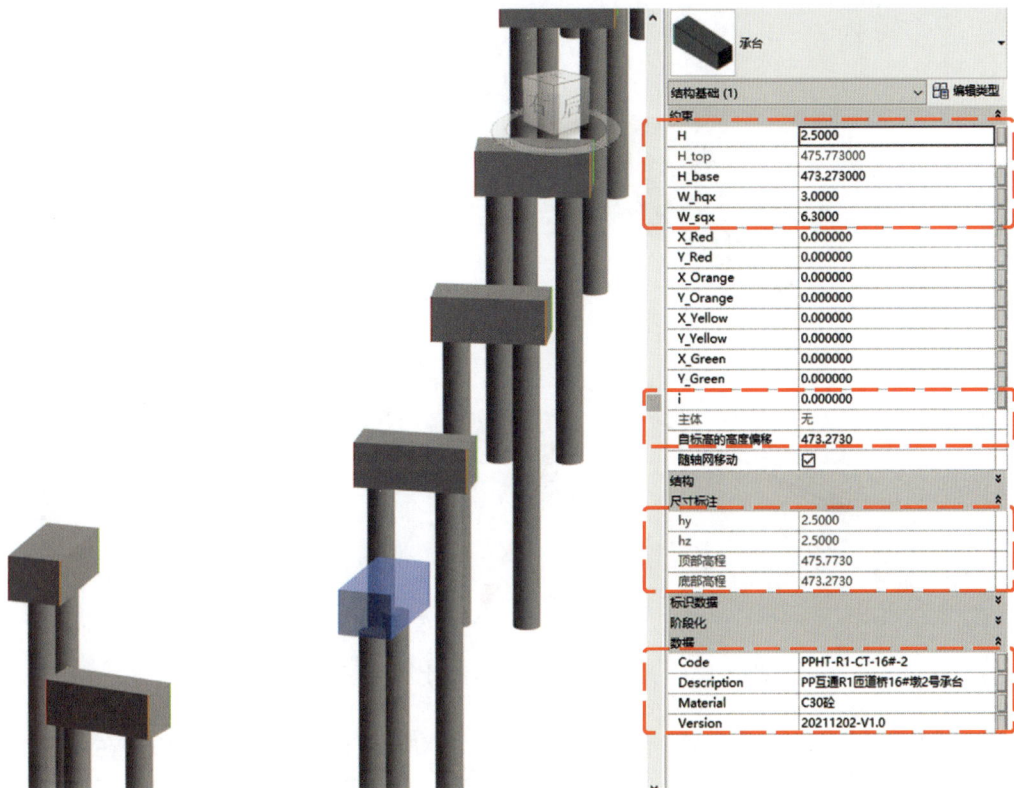

图 2-169 承台族实例属性面板主要参数

是在常见的轻量级平台中，很难便捷、准确地获取到，甚至没有这样的功能，这为施工、运维等阶段应用都增加了阻碍，还是无法脱离二维图纸。

那么，回顾"2.2.3"节内容，在创建承台族的时候，创建了4根不同颜色的模型线，分处在四个边角处。通过 Dynamo 计算出四个边角平面坐标，并快速赋值给承台四个角点对应 X、Y 参数，那么施工、运维等阶段中，就可以通过数模结合的阅读方式，获取坐标信息。

A 思路1：空间坐标系创建法

需要计算结构中关键位置、特殊位置的空间信息时，下部结构与平面路线、基于平面路线的桩号紧密相关，前文所建墩台桩号处的空间坐标系就是最好的参照系。所以可以通过设计数据（主要包含平面路线、桩号、偏距、偏转角等数据），来进行空间几何计算，得出目标位置在对应墩台桩号处空间坐标系的 X_{rel}、Y_{rel}、Z_{rel} 数值。继而基于该空间坐标系及坐标值数据创建 Dynamo 环境下的点，该点将以世界坐标系为基准，记录 X_{ori}、Y_{ori}、Z_{ori} 数值属性，结合项目基点北/东距计算后，结构关键位置、特殊位置的空间位置信息就展露无遗了。

依据该方法计算边角坐标值时，主要可划分为三个步骤。

（1）基于墩台中心空间坐标系，忽略横桥向偏角、顺桥向偏角，结合桩号、横桥向偏距、顺桥向偏移、横桥向宽及顺桥向宽进行计算，计算边角点相对于该坐标系的坐标值，再通过该坐标系创建出点（Pr、Po、Py、Pg），如图 2-170 所示。

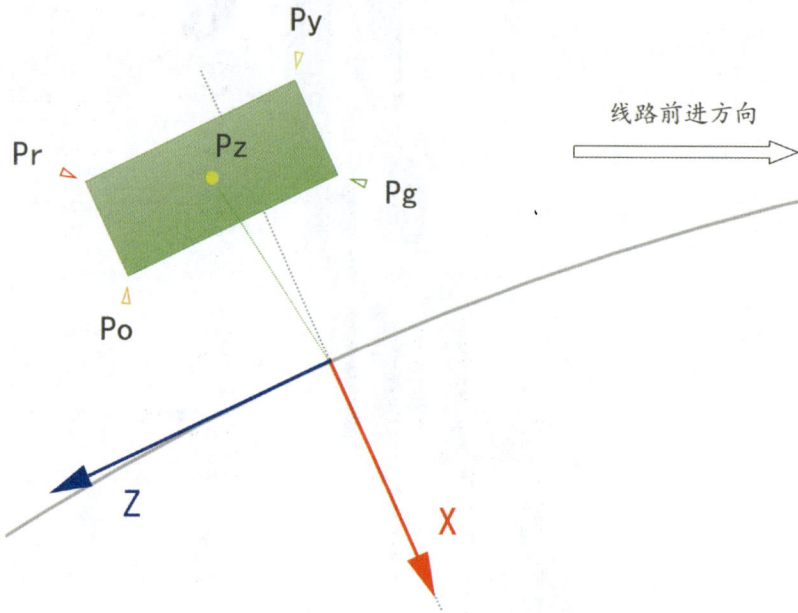

图 2-170　基于墩台空间坐标系创建承台平面角点

上述边角位置以 Pr 点为例，设 Pr 点 X 轴值为 XPr，Pr 点 Z 轴值为 ZPr，在对应墩台处空间坐标系 XZ 平面上，存在这样的关系（注意，PJ_HQX、PY_SQX 已包含正负符号）：

$$Xr = PJ\_HQX - X1 = PJ\_HQX - W\_hqx/2$$
$$Zr = PY\_SQX + Z1 = PY\_SQX + W\_sqx/2$$

具体空间关系如图 2-171 所示。

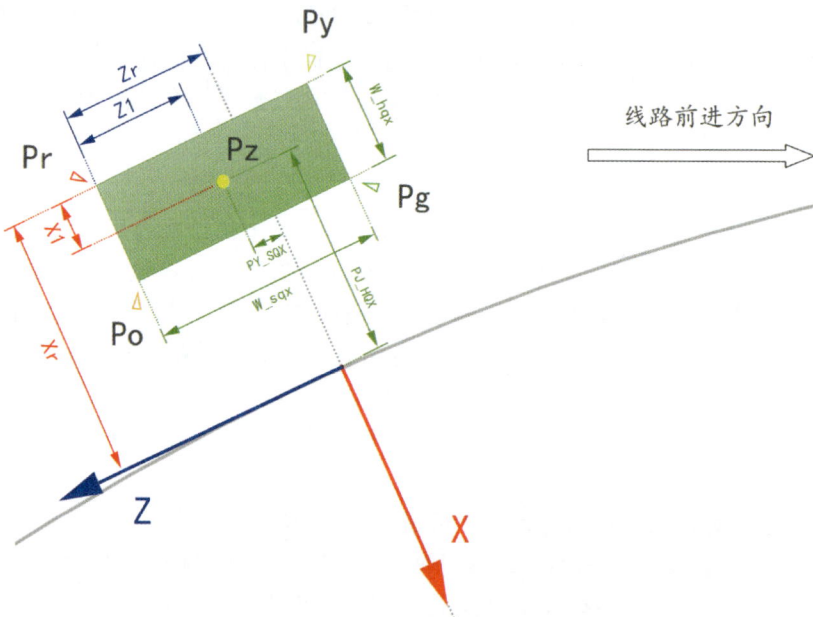

图 2-171　承台平面角点与墩台坐标系位置关系

（2）在（1）步骤之后，考虑根据顺桥向偏角进行偏转，偏转中心通常为结构的平面中心（族原点）。实现方法为，基于空间坐标系 XZ 平面将上述 Pr、Po、Py、Pg 四点绕 Pz 点逆时针旋转"顺桥向偏角"角度值（负值则为顺时针），如图 2-172 所示。

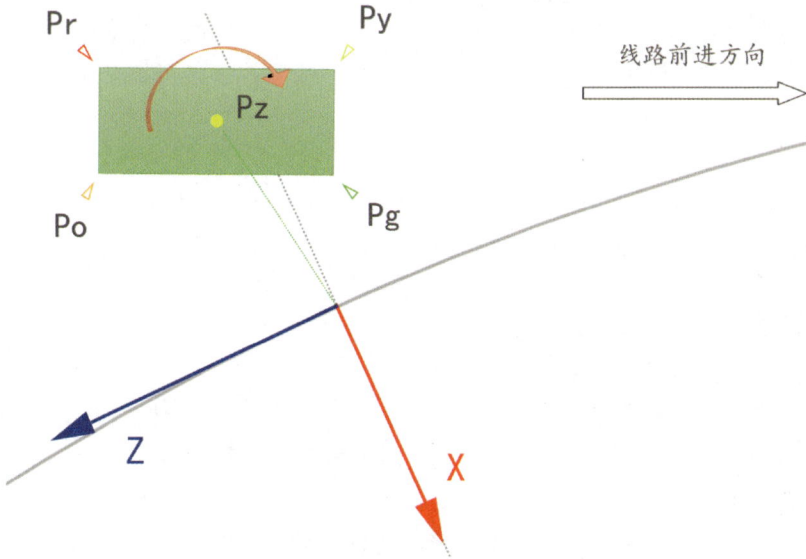

图 2-172　根据顺桥向偏角旋转后承台及角点位置

（3）在（2）步骤之后，再考虑根据横桥向偏角进行偏转，偏转中心为空间坐标系原点。实现方法为：基于空间坐标系 XZ 平面将上述 Pr、Po、Py、Pg 四点绕空间坐标系原点逆时针旋转"横桥向偏角"角度值（负值则为顺时针），如图 2-173 所示。

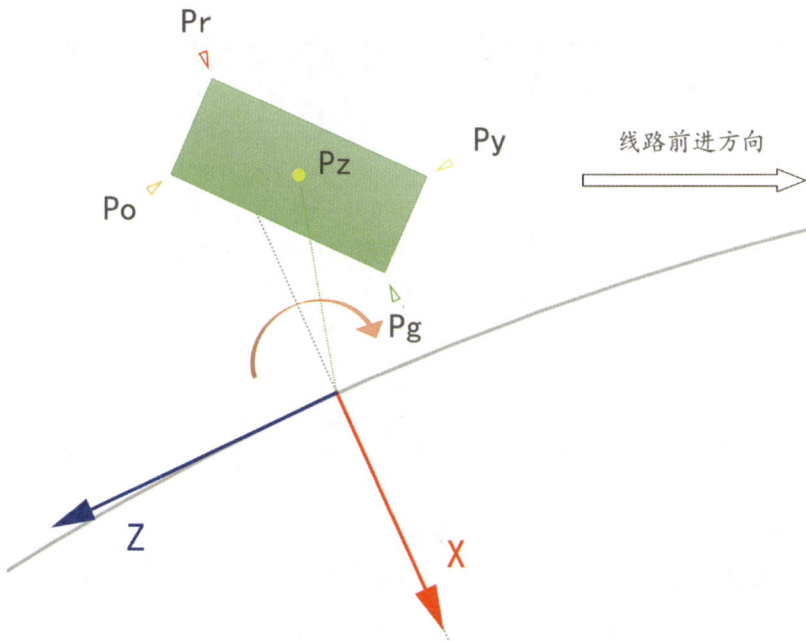

图 2-173　根据横桥向偏角旋转后承台及角点位置

通过以上三个步骤，即可获取 Pr、Po、Py、Pg 四点在空间坐标系中的 X、Z 坐标值（Y 坐标值可忽略），通过"Point. ByCartesianCoordinates"节点基于该空间坐标系创建点，创建形成的点将以世界坐标系轴分值为坐标值。

最后采用"2.4.1"节中，创建"Ps2 节点"的方式获取项目基点北/东距，通过计算获取最终实际坐标值，并对结构进行参数赋值，即可完成坐标值的数据标定。

注：上文定义的"顺桥向偏角""横桥向偏角"概念，读者可结合地球自转、公转进行联想。

B　思路 2："金蝉脱壳"法

回顾"2.2.3"节内容，在创建承台族的时候，创建的 4 根不同颜色的模型线，分处在 4 个边角处。借助四个边角处模型线的空间位置信息，同样可以获取到承台构件边角处的坐标。

模型线在承台族当中为特殊组成元素，按照创建顺序，拥有独立元素 ID，"金蝉脱壳"法是通过借助模型线元素，提取模型线上一点，获取其在世界坐标系下的 X、Y 坐标值，意在借"壳"行事，再结合"2.4.1.4"小节中"Ps2"节点的计算方式获取项目基点北/东距，通过计算获取最终实际坐标值，即为承台边角轴的 X、Y 坐标值，并对结构进行参数赋值，即可完成坐标值的数据标定。

为实现该流程，在上述承台完成创建之后，保存 dyn 文件，创建新的 dyn 项目，设计 Dynamo 程序，以实现从承台族实例中，获取模型线并转化为 Dynamo 线图元。

通过"承台"名称获取到承台族类型，使用"FamilyInstance.ByFamilyType"节点，获取该族类型下所有的承台族实例，即当前 Revit 项目中所有承台族实例。

使用"Element. Curves"节点从承台族实例中，获取模型线元素，将提取出红橙黄绿四色边角线，并转化为 Dynamo 环境下的线。节点设计如图 2-174 所示。

图 2-174　提取承台族实例中的模型线节点

运行程序，在 Dynamo 环境下将显示每个承台边角轴线（图 2-175）。

上述"Element. Curves"节点输出列表包含 3 个层级，L2 级别的子列表为包含单个承台 4 条边角线的子列表，逐项子列表顺序与创建承台的顺序一致，即按 Excel 表中数据编制排序。分析子列表中线的顺序，与"红、橙、黄、绿"轴线的对应关系（所有承台 4 条边角线的子列表均为该对应关系），该对应关系与创建承台族时的 4 条模型线的创建顺序有关，如在本实例中，子列表中的顺序分别为：绿→黄→橙→红，如图 2-176 所示。

针对以上输出列表，可通过"List. Transpose"节点，对列表执行行列互换操作，那么在转换后的列表中，第一组子列表的线对应了所有承台的绿色边角线，第二组子列表的线则对应了所有承台的黄色边角线，同样满足"绿→黄→橙→红"的顺序。

通过使用"Curve. StartPoint"或"Curve. EndPoint"，获取承台边角轴线的起点或终

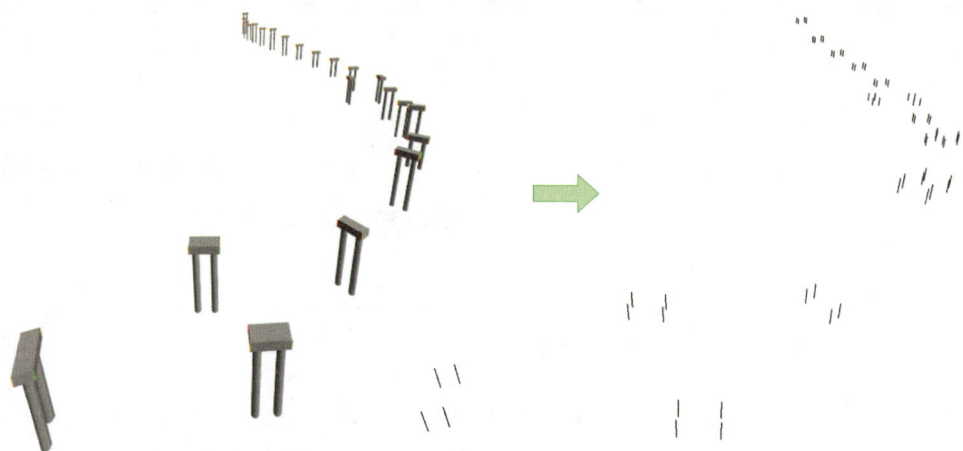

图 2-175　Dynamo 环境中预览承台边角轴线

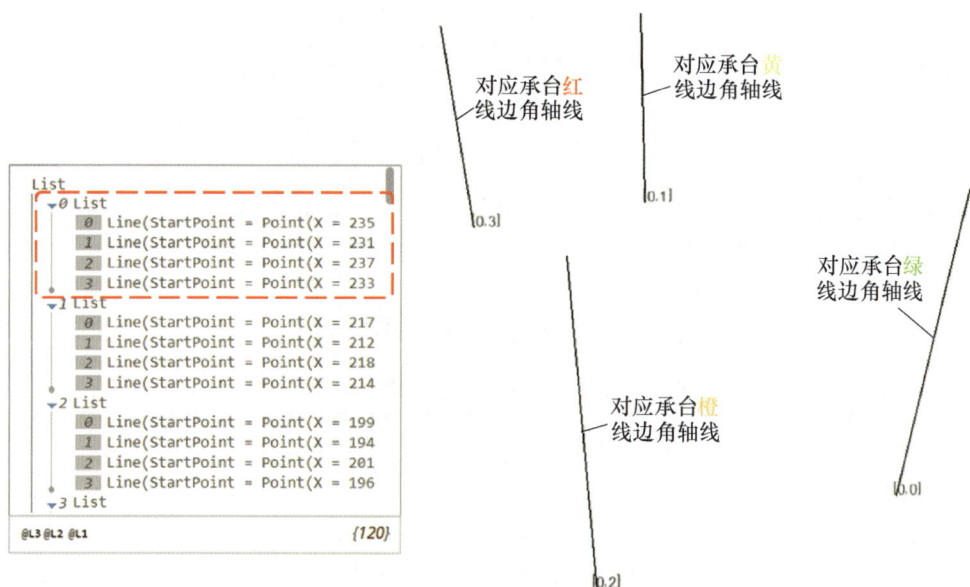

图 2-176　节点输出列表顺序与颜色的对应关系

点，分别以"Point. X""Point. Y"节点获取点的 X、Y 分量，再通过创建"2.4.1"节中
"Ps2"节点，引用项目基点北距、东距。通过创建"Code Block"节点并以"Base[1]"
代码引用出项目基点的东距坐标，与承台边角轴线端点的 X 坐标值相加，得到承台边角轴
线端点的实际 Y 坐标值。同理，以"Base[0]"代码引用出项目基点的北距坐标，与承台
边角轴线端点的 Y 坐标值相加，得到承台边角轴线端点的实际 X 坐标值，节点连接如
图 2-177 所示。

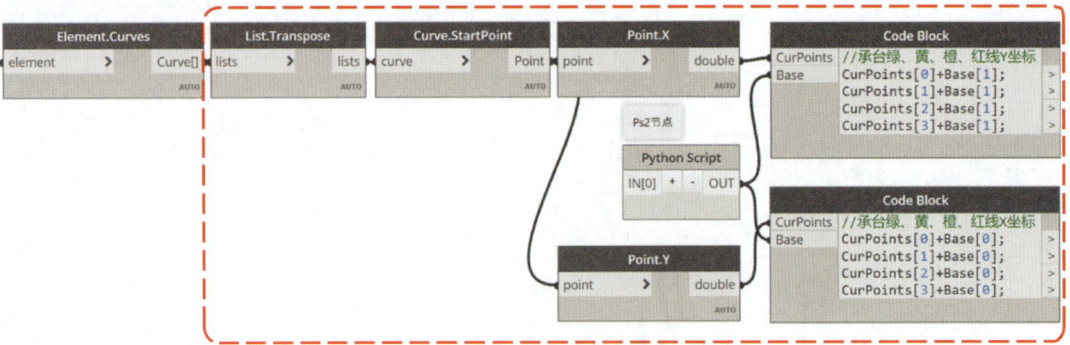

图 2-177　Dynamo 环境中预览承台边角轴线

　　以修改承台边角轴线端点 Y 实际坐标值为例，创建 "Element. SetParameterByName" 节点修改承台参数值。引用 "FamilyInstance. ByFamilyType" 节点输出的承台族实例，连接 "element" 输入端，创建 Code Block 节点并填写承台边角轴线端点 Y 坐标参数名称。最后将上述实际 Y 坐标值分别连接到对应节点的 "value" 输入端。参数名称及参数值计算式如表 2-33 所示。

表 2-33　承台边角轴线 Y 坐标参数与参数值计算

参数名称	Y_Green	Y_Yellow	Y_Orange	Y_Red
参数值计算式	CurPoints[0]+Base[1]	CurPoints[1]+Base[1]	CurPoints[2]+Base[1]	CurPoints[3]+Base[1]

　　节点设计如图 2-178 所示。

　　同理，X 坐标值中参数名称及参数值计算式如表 2-34 所示。

表 2-34　承台边角轴线 X 坐标参数与参数值计算

参数名称	X_Green	X_Yellow	X_Orange	X_Red
参数值计算式	CurPoints[0]+Base[0]	CurPoints[1]+Base[0]	CurPoints[2]+Base[0]	CurPoints[3]+Base[0]

　　承台边角轴线端点 X 实际坐标值修改的节点设计如图 2-179 所示。

　　运行上述程序，实现对所有承台的边角 X、Y 坐标值的赋值，以 9 号墩 1 号承台为例，最终效果如图 2-180 所示。

　　至此，完成承台族的创建、调整和参数及编码赋值。

　　注：当承台模型创建完毕、坐标值赋值完毕后。如不需要标识用模型线，可编辑承台族，删除标识用的 "红、橙、黄、绿" 模型线，重新载入项目中，族实例中的模型线将会消失，但对承台既有参数数据不会产生影响（图 2-181），即 "金蝉脱壳"！

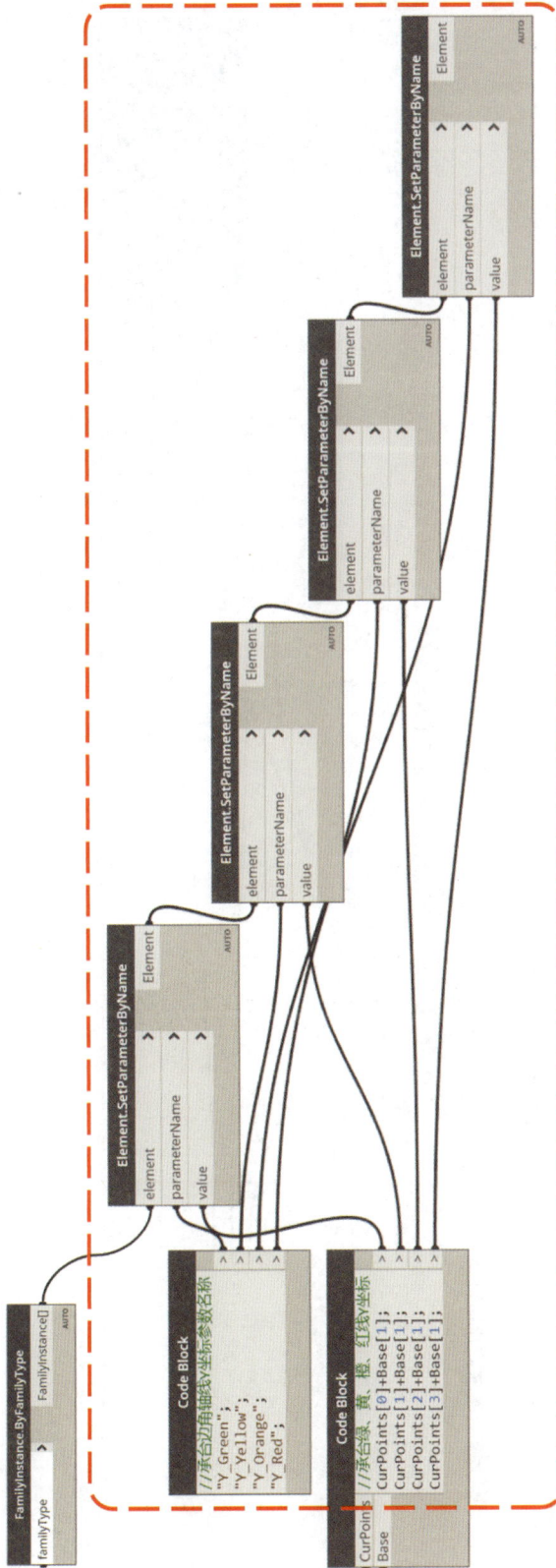

图 2-178　承台边角轴线 Y 坐标值赋值节点

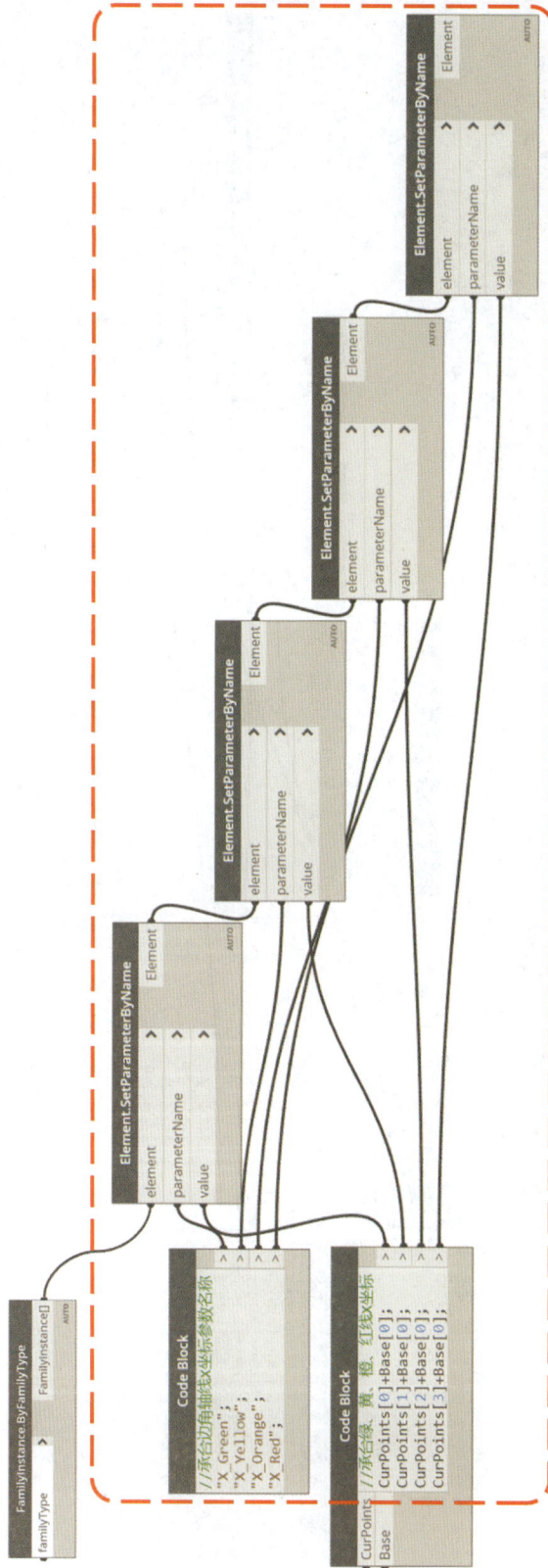

图 2-179 承台边角轴线 X 坐标值赋值节点

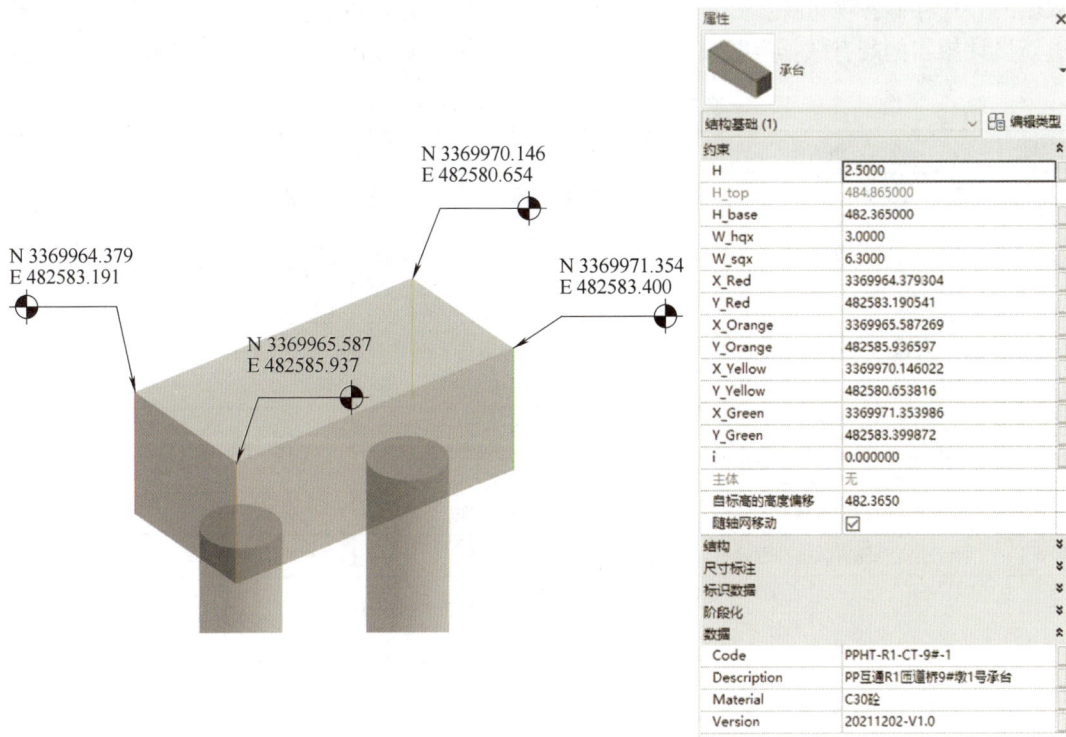

属性		×
	承台	
结构基础 (1)		编辑类型

约束	
H	2.5000
H_top	484.865000
H_base	482.365000
W_hqx	3.0000
W_sqx	6.3000
X_Red	3369964.379304
Y_Red	482583.190541
X_Orange	3369965.587269
Y_Orange	482585.936597
X_Yellow	3369970.146022
Y_Yellow	482580.653816
X_Green	3369971.353986
Y_Green	482583.399872
i	0.000000
主体	无
自标高的高度偏移	482.3650
随轴网移动	☑
结构	
尺寸标注	
标识数据	
阶段化	
数据	
Code	PPHT-R1-CT-9#-1
Description	PP互通R1匝道桥9#墩1号承台
Material	C30砼
Version	20211202-V1.0

图 2-180　承台边角轴线平面坐标与计算值对比

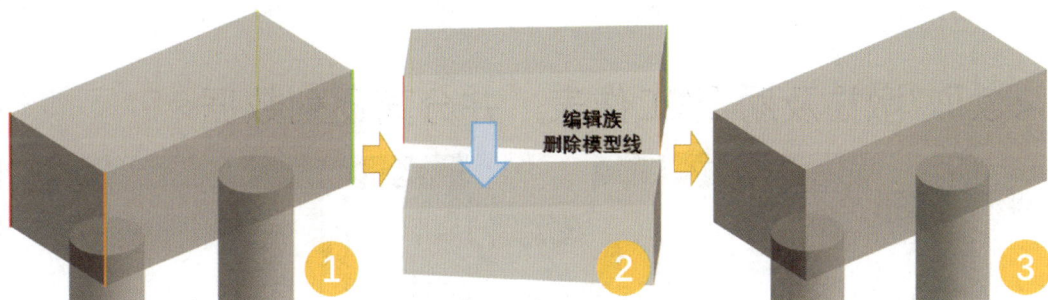

图 2-181　"金蝉脱壳"计划

2.4.3　墩柱及肋板

在本项目中，载入"2.2.4""2.2.5"节所创建的花瓶墩、圆柱墩及肋板族。介于上述族模型的创建流程与承台类似，故此，将"2.4.2"节 dyn 文件进行另存，作为墩柱及肋板模型创建的底版程序，在此基础上作修改。

其中，大部分节点组功能已满足要求，主要需要作修改是读取墩柱及肋板 Excel 工作表，需要修改工作表名称，切换引入数据源。另外，可修改节点组名称。本小节所创建的工作表中，根据族类型以及项目中结构尺寸的复杂程度不同，采用自由组合参数名称及参数值的方式存储各项重要参数值，需要通过程序进行拆分参数名称或参数值，因此，需要重新设计族实例既有数据参数设置相关的节点组，具体修改内容如表2-35所示。

表2-35　dyn文件各节点组修改内容

序号	原节点组名称	修改后节点组名称	修改内容
1	读取Excel文件	读取Excel文件	无修改
2	读取"承台"工作表，并分离逐列数据	读取"墩柱及肋板"工作表，并分离逐列数据	"Data.ImportExcel"节点"sheetName"输入端："承台"→"墩柱及肋板"
3	基于平面路线的墩台空间坐标系创建	基于平面路线的墩台空间坐标系创建	无修改
4	承台族实例创建	墩柱及肋板族实例创建	在Ps1节点后，修改点的Z坐标
5	承台族实例姿态调整	墩柱及肋板族实例姿态调整	无修改
6	承台族实例既有数据参数设置	/	删除
7	/	墩柱及肋板族实例既有数据参数设置	新建内容

2.4.3.1　修改既有节点

A　表2-35第2项修改内容

修改"Data.ImportExcel"节点"sheetName"输入端，将"Code Block"节点中的"承台"字符串更换为"墩柱及肋板"，实现下部结构数据源切换为"墩柱及肋板"工作表（图2-182）。

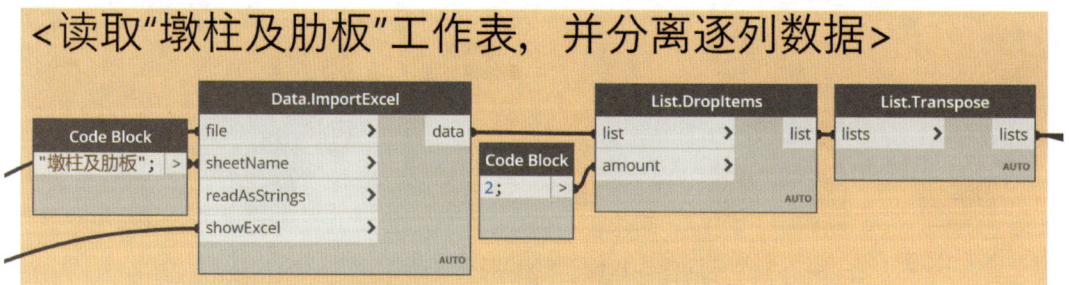

图2-182　Excel数据读取节点组修改

B　表2-35表第4项修改内容

在"Ps1节点"后，追加创建"Code Block"节点，通过"points"引用"Ps1节点"输出内容，通过"Datas"引用"读取'墩柱及肋板'工作表，并分离逐列数据"节点组输出端内容。目的是剥离出"Ps1节点"输出点的X、Y分量，并以"墩柱及肋板"工作表第8列数据（去除表头）作为Z分量，重新创建空间点，这些空间点即为墩柱及肋板族实例实际创建原点。

修改后，"墩柱及肋板族实例创建"节点组的内容及连接关系如图2-183所示。

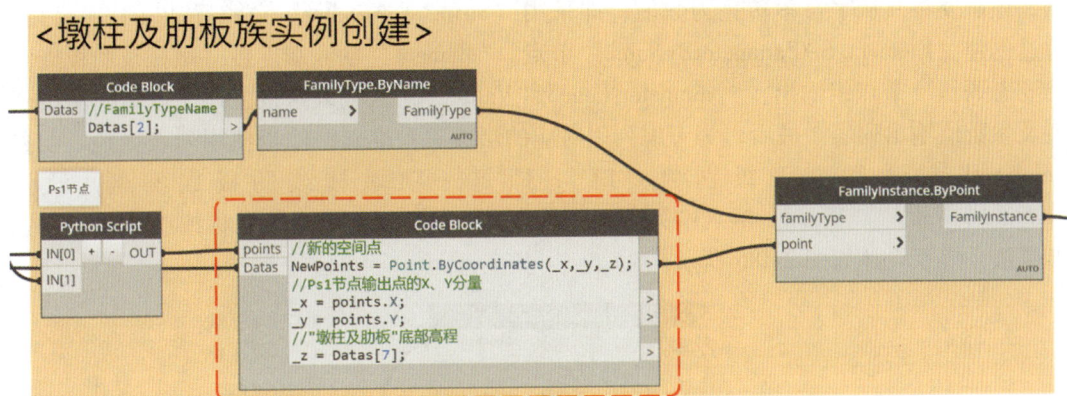

图 2-183 墩柱及肋板族实例创建节点组修改及连接关系

按表 2-35 修改 1~6 项节点组名称，运行程序，Dynamo 将实现花瓶墩、圆柱墩、肋板族实例的自动创建，其中部分区域如图 2-184 所示。

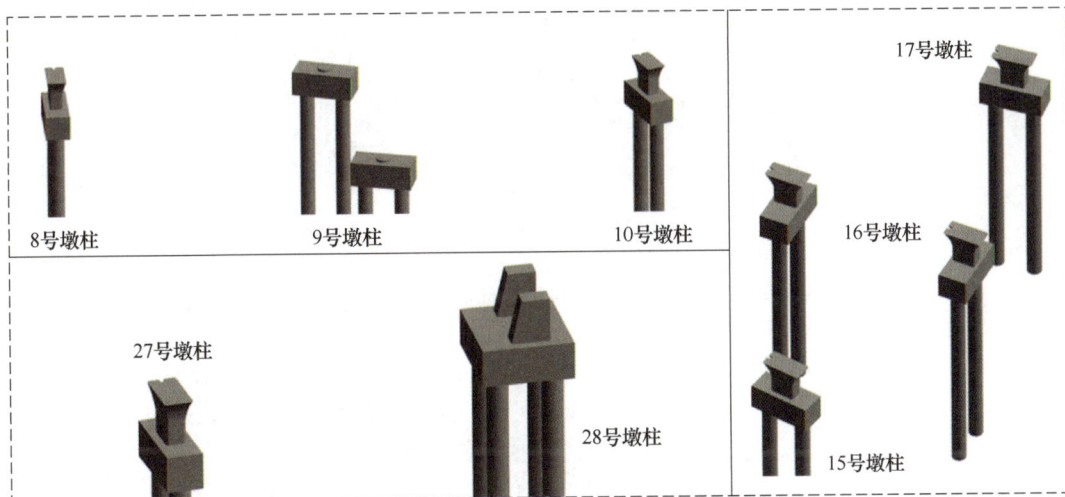

图 2-184 部分墩台处墩柱及肋板创建效果

小提示

墩柱及肋板的创建中，其中圆柱墩及肋板，族样板选用"公制常规模型"，载入项目后，可通过"主体中的偏移"参数进行族实例高度设置。而花瓶墩族样板为"自适应公制常规模型"，没有高度偏移相关参数，为统一设置方式，可通过计算出经高度偏移后的空间点，基于偏移后的空间点，创建族实例。

2.4.3.2 墩柱及肋板族实例既有数据参数设置

在创建墩柱及肋板族实例之后，首先，需要对墩柱及肋板的尺寸参数进行修改。通过"Code Block"节点连接"读取'墩柱及肋板'工作表，并分离逐列数据"节点组输出端，以"Datas［8］""Datas［9］"分别引出参数名称、参数值列数据，并采用"String.Split"节点，基于"＊"符号对参数名称、参数值列数据进行拆分。其次，针对参数值拆分数据，还需要将其从字符串转化为数值，即采用"String. ToNumber"节点完成转化。最后，通过创建"Element. SetParameterByName"节点，"element"输入端连接"墩柱及肋板族实例姿态调整"节点组输出，"parameterName""Value"输入端则连接上述参数名称输出列表及参数值输出列表。最后，为考虑列表对应的层级关系准确，应当使用列表级别，设置"element"输入端列表级别为"L1"，即每一项墩柱或肋板族实例，设置"parameterName""Value"输入端列表级别为"L2"，即每一组参数名称或参数值。设置参数值，节点设计如图 2-185 所示。

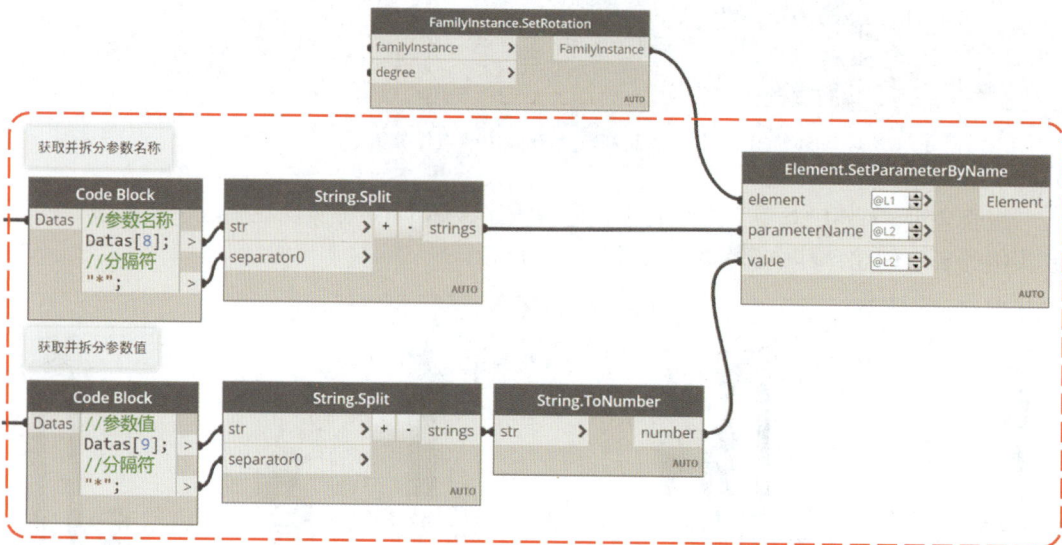

图 2-185　墩柱及肋板参数批量修改节点设计

经上述转化之后，最终输出的"Element"列表层级为 3，每一项 2 级列表中存在若干个相同的元素，2 级列表数量与每一项墩柱或肋板族实例的尺寸参数数量相同，元素对象其实也是同一个族实例对象。因此，需要从上数 3 级列表中提取出每项 2 级列表中的任意一项，可通过"List. FirstItem""List. LastItem"等节点，从 2 级列表中获取。此处，采用"List. LastItem"节点，设置使用级别，且为"L2"，获取每项 2 级列表中的最后一项，如图 2-186 所示。

完成上述工作之后，还需要对族实例进行编码参数的赋值，与桩基础、承台类似的，同样通过"Element. SetParameterByName""Code Block"节点进行参数修改及数据引用，依次调整参数名称为 Code、Description、Material、Version，调整每一项"Element. SetParameterByName"节点"element"输出端连接下一"Element. SetParameterByName"节点输入端，对应"2. 3. 5"节数据设计内容，同时分别为上述参数修改节点匹配"墩柱及肋板"工作表中相应列数据，如图 2-187 所示。

上述节点连接的参数名称与"墩柱及肋板"工作表中对应列的关系如表 2-36 所示。

表 2-36　墩柱及肋板族实例参数设置中名称与参数值对应关系

参数名称	Code	Description	Material	Version
参数值计算式	Datas[10]	Datas[11]	Datas[12]	Datas[13]

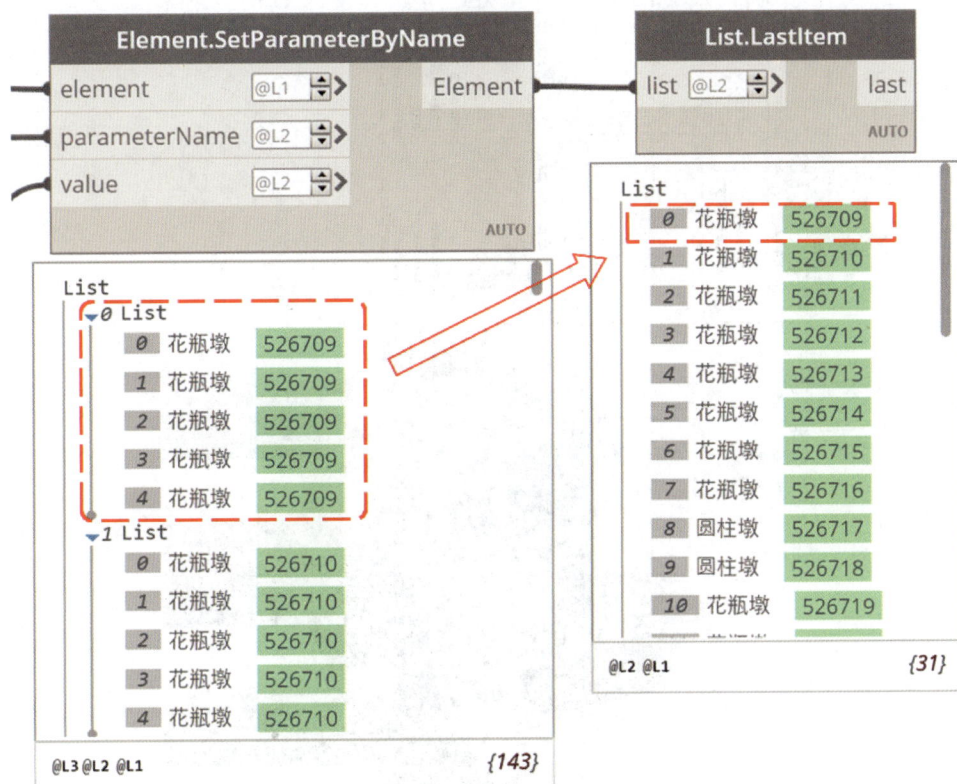

图 2-186　墩柱及肋板族实例列表唯一项提取

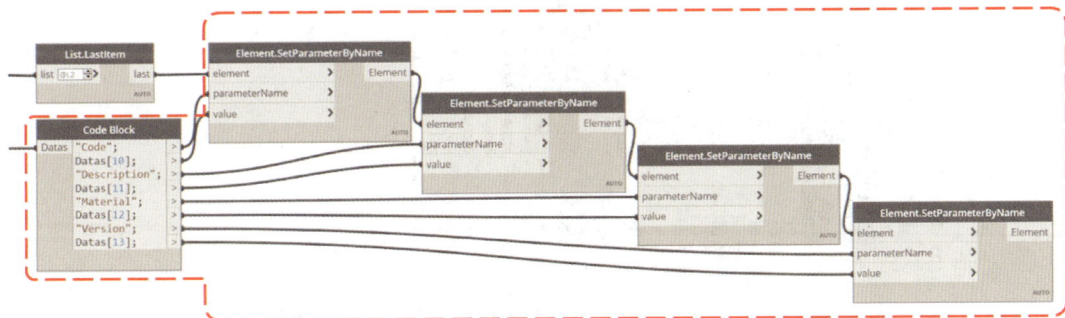

图 2-187　墩柱及肋板族实例编码参数赋值

运行程序，上述参数及相关关联参数已经被更新修改值，结果如图 2-188 所示。将上述节点创建组，标识为"墩柱及肋板族实例既有数据参数设置"。

小提示

Dynamo 通过数值 1、0 分别控制"是/否"参数类型的"是""否"值。

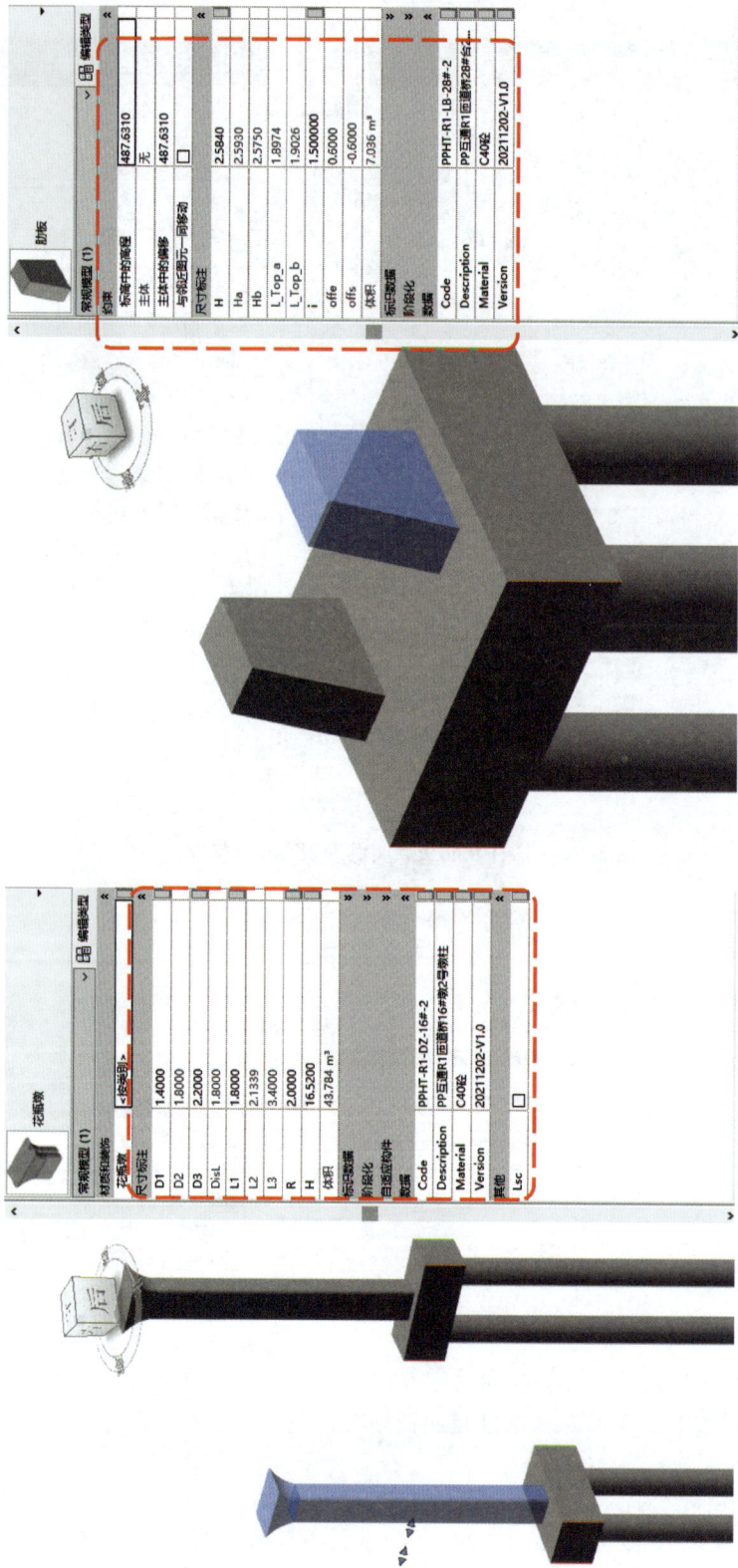

图 2-188　墩柱及肋板族实例属性面板主要参数

2.4.4 盖梁及桥台顶部

在本项目中，载入"2.2.6""2.2.7"节所创建的盖梁及桥台顶部（以下简称"桥台"）族。介于上述族模型的创建流程与墩柱及肋板类似，因此，将"2.4.3"节 dyn 文件进行另存，作为盖梁及桥台模型创建的底版程序，在此基础上作修改。

大部分节点组功能已满足要求，主要需要作修改是读取墩柱及肋板 Excel 工作表，首先，需要修改工作表名称，切换引入数据源。其次，可修改节点组名称。本小节所创建的工作表中，根据族类型以及项目中结构尺寸的复杂程度不同，采用自由组合参数名称及参数值的方式存储各项重要参数值，使用墩柱及肋板创建阶段的参数名称，参数值拆分方法即可，具体修改内容如表 2-37 所示。

表 2-37 墩柱及肋板族实例参数设置中名称与参数值对应关系

序号	原节点组名称	修改后节点组名称	修改内容
1	读取 Excel 文件	读取 Excel 文件	无修改
2	读取"墩柱及肋板"工作表，并分离逐列数据	读取"盖梁及桥台"工作表，并分离逐列数据	"Data. ImportExcel"节点"sheetName"输入端："墩柱及肋板"→"盖梁及桥台"
3	基于平面路线的墩台空间坐标系创建	基于平面路线的盖梁及桥台空间坐标系创建	无修改
4	墩柱及肋板族实例创建	盖梁及桥台族实例创建	无修改
5	墩柱及肋板族实例姿态调整	盖梁及桥台族实例姿态调整	无修改
6	墩柱及肋板族实例既有数据参数设置	盖梁及桥台族实例既有数据参数设置	无修改

参见表 2-37 第 2 项修改内容，修改"Data. ImportExcel"节点"sheetName"输入端，将"Code Block"节点中的"墩柱及肋板"字符串更换为"盖梁及桥台"，实现下部结构数据源切换为"盖梁及桥台"工作表（图 2-189）。

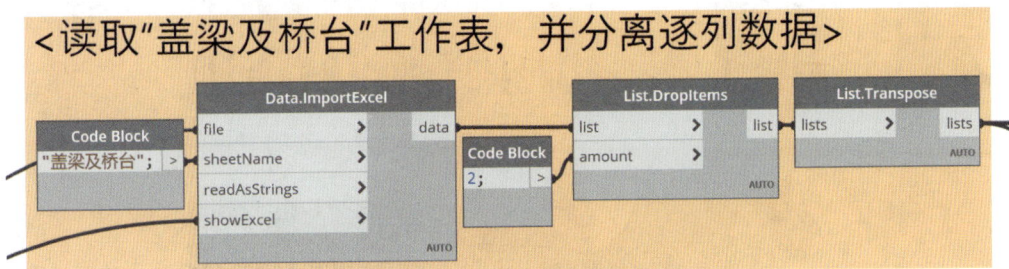

图 2-189 Excel 数据读取节点组修改

运行程序，盖梁及桥台的所有族实例被创建完毕，并且所有设定的参数已经按照 Excel 工作表中的内容更新修改值，其中常规盖梁及交界墩盖梁如图 2-190 所示。

其中，9 号、16 号墩（门式墩）盖梁如图 2-191 所示。

起点、终点桥台（顶部）如图 2-192 所示。

将上述节点创建组，标识为"盖梁及桥台族实例既有数据参数设置"。

盖梁 (其他) (1)

约束	
Lsc	
HaveDK	☑
i	-1.500000
主体	
主体中的偏移	无
与相近面元一同移...	□ 491.2390
参照和捕捉	
材质和装饰	
结构	
尺寸标注	
Lz	2.8000
Ly	2.8000
Ldk_Start	5.6000
Ldk_End	5.6000
L3	3.6000
Hmax	3.2000
Hdk_Start_z	2.2840
Hdk_Start_y	2.2000
Hdk_End_z	2.2840
Hdk_End_y	2.2000
H_Start	1.6000
H_End	1.6000
H_Start_z	1.6940
H_Start_y	1.6000
H_End_z	1.6940
H_End_y	1.6000
D_Start	1.1000
D_End	1.1000
ccz	2.8000
Ctz	1.8000
Chz	1.6000
体积	21.143 m³
标识数据	
阶段化	
Code	PPHT-R1-GL-3#-1
Description	PP互通R1匝道桥3#墩1号盖梁
Material	C40砼
Version	20211202-V1.0

盖梁 (其他) (1)

约束	
Lsc	
HaveDK	☑
i	2.000000
主体	
主体中的偏移	无
与相近面元一同移...	□ 493.2720
参照和捕捉	
材质和装饰	
结构	
尺寸标注	
Lz	3.5500
Ly	3.5500
Ldk_Start	7.1000
Ldk_End	5.6000
L3	4.1000
Hmax	4.6000
Hdk_Start_z	2.2000
Hdk_Start_y	2.3420
Hdk_End_z	2.9150
Hdk_End_y	3.0270
H_Start	1.6000
H_End	2.3000
H_Start_z	1.6000
H_Start_y	1.7420
H_End_z	2.3000
H_End_y	2.4420
D_Start	1.1000
D_End	1.3000
ccz	3.5500
Ctz	3.5500
Chz	2.0500
Chz	1.6000
体积	35.914 m³
标识数据	
阶段化	
Code	PPHT-R1-GL-14#-1
Description	PP互通R1匝道桥14#墩1号盖梁
Material	C40砼
Version	20211202-V1.0

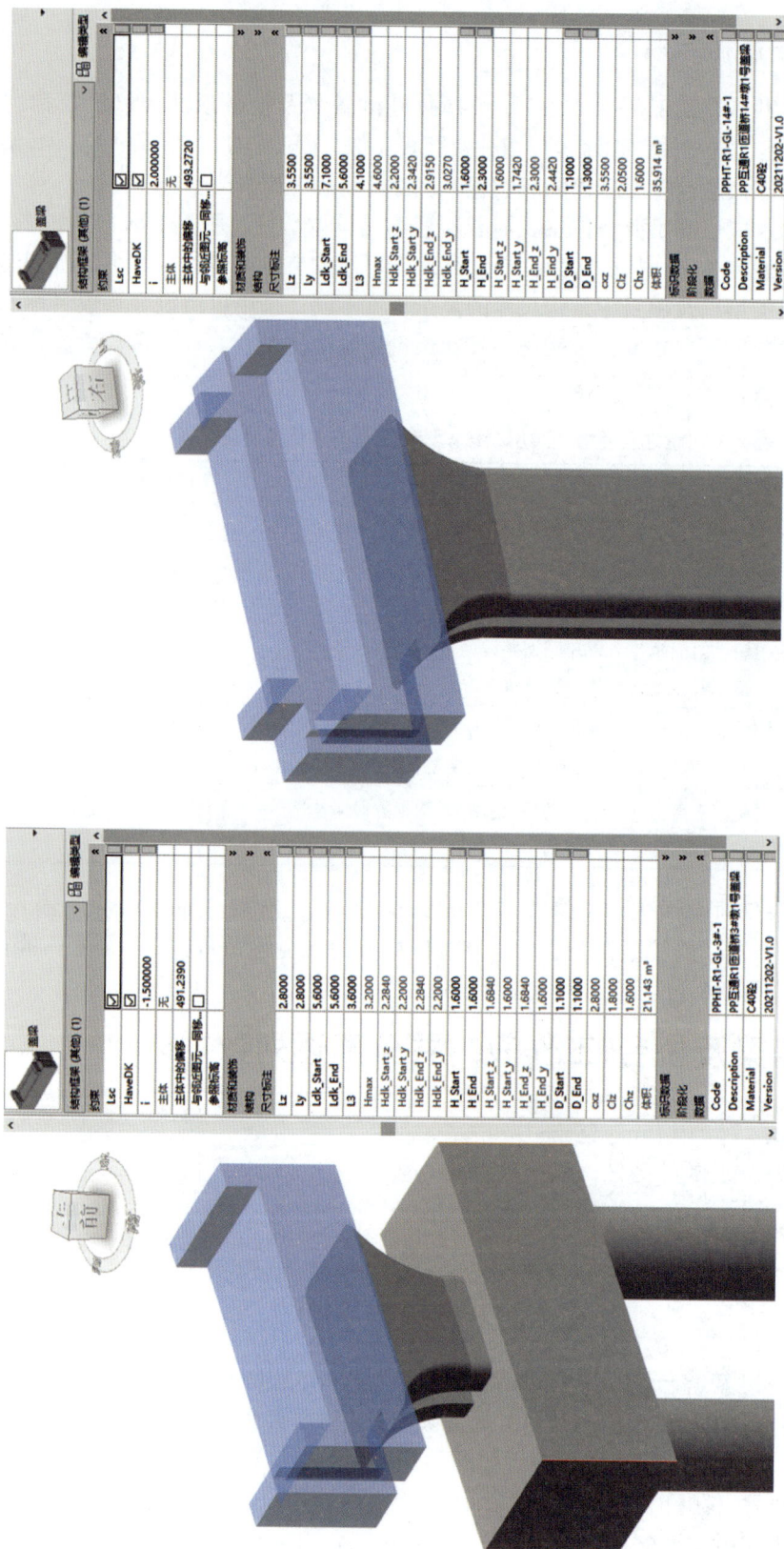

图 2-190　常规盖梁及交界墩盖梁及其属性面板（左：常规盖梁；右：交界墩盖梁）

上部面板（图 2-191 上）

结构框架 (其他) (1)

属性	值
Lsc	1.301000
HaveDK	☑
主体	i
主体中的偏移	无
与梁起点同一偏移…	492.2990
参照标高	
材质和渲染	
结构	
尺寸标注	
Lz	15.5000
Ly	7.1000
Ldk_Start	5.6000
Ldk_End	3.6000
L3	4.4000
Hmax	
Hdk_Start_z	2.9652
Hdk_Start_y	3.0381
Hdk_End_z	2.9652
Hdk_End_y	3.0381
H_Start	2.2000
H_End	2.2000
H_Start_z	2.2000
H_Start_y	2.4940
H_End_z	2.2000
H_End_y	2.4940
D_Start	1.2000
D_End	1.2000
ccz	15.8000
Clz	1.8000
Chz	1.9000
体积	128.598 m³
标识数据	
阶段化	
Code	PPHT-R1-GL-16#-1
Description	PP互通R1匝道16#墩1号盖应
Material	C40砼
Version	20211202-V1.0

下部面板（图 2-191 下）

结构框架 (其他) (1)

属性	值
Lsc	2.000000
HaveDK	
主体	i
主体中的偏移	无
与梁起点同一偏移…	496.7940
参照标高	
材质和渲染	
结构	
尺寸标注	
Lz	14.4000
Ly	10.4000
Ldk_Start	7.1000
Ldk_End	5.6000
L3	2.0000
Hmax	3.0080
Hdk_Start_z	0.0100
Hdk_Start_y	0.0100
Hdk_End_z	0.0100
Hdk_End_y	0.0100
H_Start	1.5040
H_End	1.5040
H_Start_z	1.5040
H_Start_y	2.0000
H_End_z	1.5040
H_End_y	2.0000
D_Start	1.5000
D_End	1.5000
ccz	14.7000
Clz	1.0000
Chz	1.9000
体积	130.349 m³
标识数据	
阶段化	
Code	PPHT-R1-GL-9#-1
Description	PP互通R1匝道9#墩1号盖梁
Material	C40砼
Version	20211202-V1.0

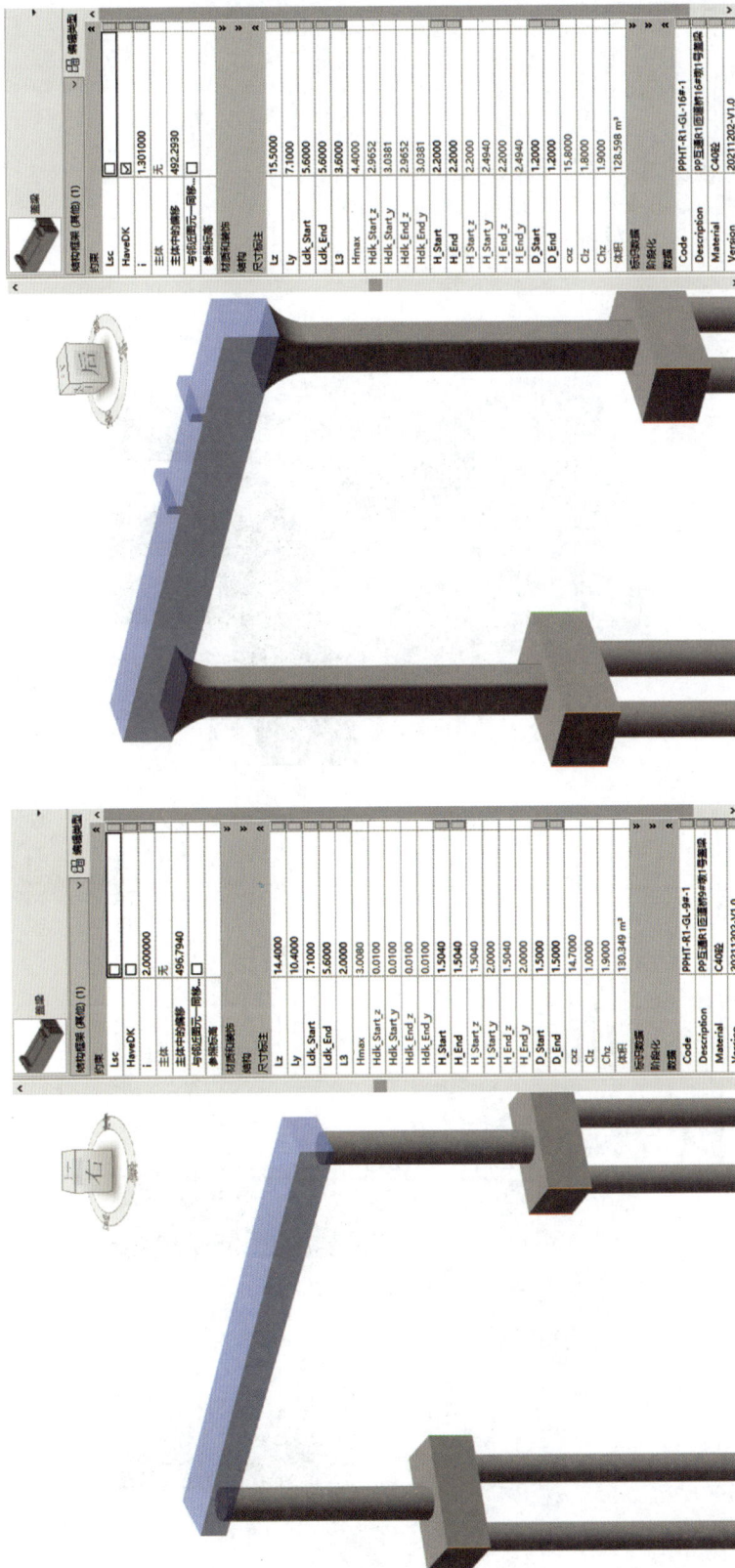

图 2-191 门式墩盖梁及其属性面板

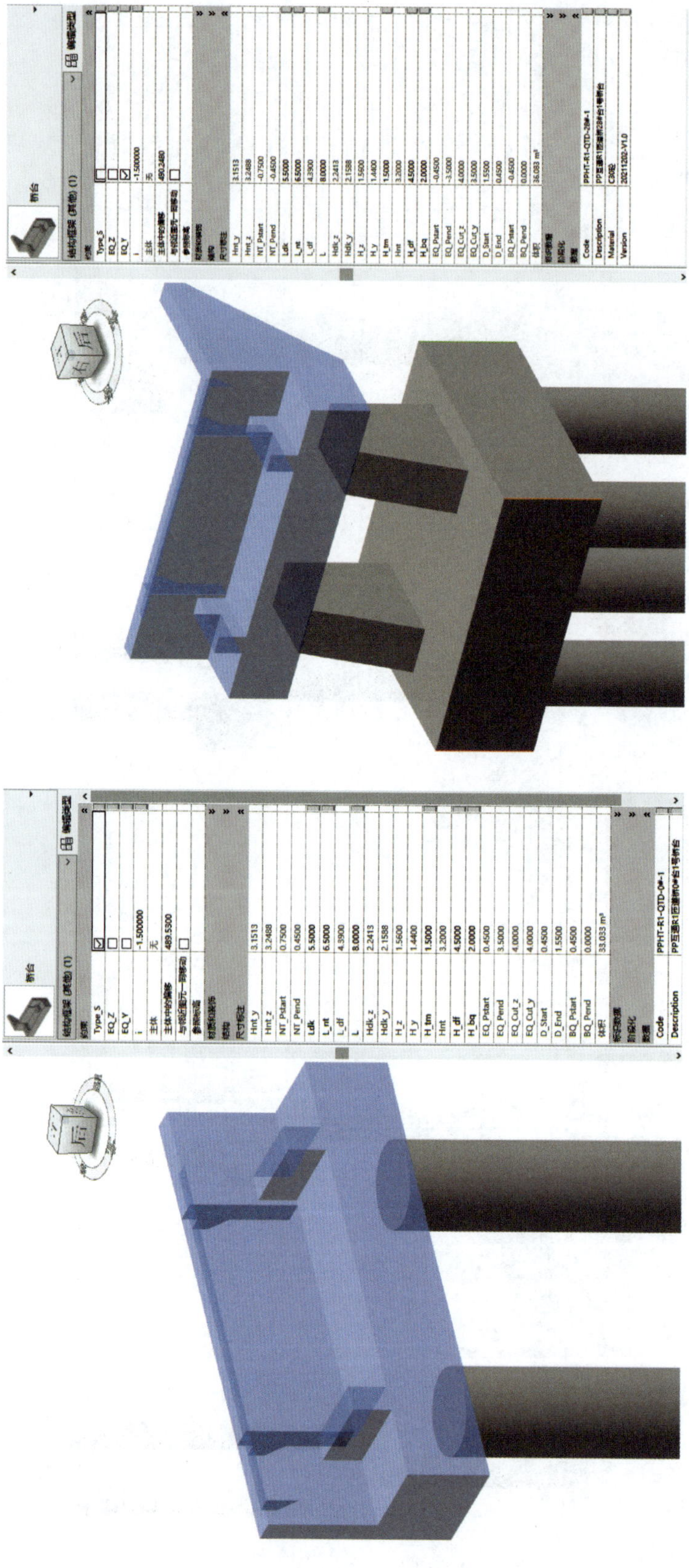

图 2-192 桥台及其属性面板

注：当盖梁、桥台需要进行进一步拆分时，在创建族的阶段中，需要进一步拆分设计，创建的方式一致。

小提示

（1）桥台族通过参数驱动可以变为起点桥台、终点桥台，而肋板在创建时未考虑通过参数区分了起点桥台、终点桥台。通过 Dynamo 创建时，肋板需要多旋转180°，并且取横坡设计值的相反数作为参数 i 的值，所以创建方式还是存在差异的。

（2）盖梁、桥台族采用"公制结构框架-综合体和桁架"族样板创建，在项目中使用时，拥有"主体中的偏移"属性参数，可参照桩基础、承台的实例创建方式，通过设置该类参数的值，实现调整族实例高度。

（3）当盖梁及桥台有特殊位置（标识线）时，可以参考承台坐标进行赋值。

2.4.5 支座垫石

在本项目中，载入"2.2.8"节所创建的支座垫石族。

在支座垫石的创建中，需要做的是定位支座垫石的空间位置，结合支座垫石族原点位置，以及桥梁设计图纸，设定支座垫石的创建程序。

与其他下部结构创建类似的，可以通过采用"横桥向偏距、横桥向偏角、顺桥向偏移、顺桥向偏角、结构底高程"等参数定位支座垫石的空间位置以及偏转角。但支座垫石的数量众多，特别是门式墩、交界墩等复杂结构较多时，规律性弱，且需要编制进 Excel 工作表的数据，后续计算量较大。

如何快速、便捷地进行支座垫石的创建，其实也是有物可依的，所有支座垫石与所在台帽或盖梁形成最紧密关系的参照，其空间相对位置也有设计图纸作为支撑，且相对明朗。所以可以基于台帽、盖梁结构，进行二次计算，获取支座垫石的空间位置及偏转角，可称为"树上开花"！

上述"树上开花"法，在执行过程中，可以在"2.4.4"节结构创建程序结束之后追加内容，与盖梁及桥台同步完成创建。也可以通过"2.3.7"节工作表内容，反向检索盖梁、桥台族实例，读取族实例空间位置属性，创建支座垫石。后者相较前者，需要增加族实例检索的程序设计。

2.4.5.1 读取"盖梁及桥台"工作表，并分离逐列数据

读取"盖梁及桥台"工作表、去除表头2行、行列互换操作，最终获取分离逐列数据，建立"读取'盖梁及桥台'工作表，并分离逐列数据"节点组，内部节点连接方式如图 2-193 所示。

图 2-193 Excel 数据读取节点组修改

2.4.5.2 获取盖梁及桥台所有族实例

获取上述分离数据第 3 行,即 Excel 工作表第 3 列内容(即 FamilyTypeName),获取盖梁及桥台所有族类型名称;通过"List.UniqueItems"节点,提取族类型名称列表的唯一项,在本 R1 匝道盖梁、桥台族类型中,共包含"桥台""盖梁"两种族类型,同时也是本节点的输出结果;创建"FamilyType.ByName"节点,通过上述节点输出内容,从当前 Revit 项目中读取到"桥台""盖梁"族类型;紧接着,通过"FamilyInstance.ByFamilyType"节点,分别获取"桥台""盖梁"族类型下的所有族实例。但此时,"桥台""盖梁"族实例分处两个子列表中,需要通过"List.Flatten"节点进行拍平处理,"amt"输入端缺省,默认将输入列表拍平为一维列表,完成盖梁及桥台所有族实例的初步获取。支座垫石族实例创建节点如图 2-194 所示。

图 2-194 支座垫石族实例创建节点

在后续"树上开花"法创建支座垫石时,需要为每一组支座垫石的 Excel 工作表创建数据匹配对应墩台的盖梁或桥台,作为支座垫石的依附对象。如此,就需要保证所提取出的盖梁及桥台列表按墩台号进行合理排布。

上述节点组将输出 Excel 工作表中记录的,且存在于项目中的所有盖梁、桥台族实例,但输出列表中的族实例按照族类型聚集,与按照墩台号排布的理想型列表相去甚远。

从图 2-195 展示的输出结果来看,列表分别按照"桥台""盖梁"的族类型顺序提取

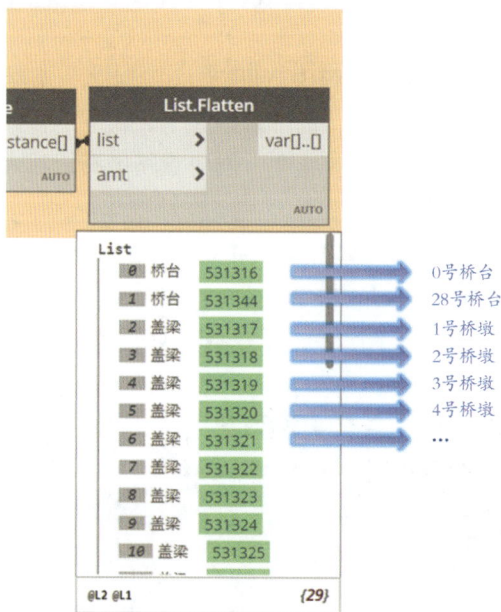

图 2-195 桥台与盖梁默认排序

出本项目的所有族实例，一共 29 个实例元素，与 R1 匝道桥的设计盖梁及桥台数量相符。每一种族类型在列表中按照构件的 ElementID 排布，而 ElementID 的数值大小与元素创建顺序有关，先创建元素相对较小，后创建元素相对较大，且独立存在。

但若是项目中已存在其他桥梁，且与 R1 匝道桥共用"桥台"或"盖梁"族类型时，上述方法输出族实例列表将较为混杂，需要做数据整理工作。

2.4.5.3 通过构件编码匹配到具体族实例

针对上述输出列表，族实例需要进行纠偏排布时，排布的方法有多种：例如提取族实例元素的"ElementID"，将其转化为整数，根据整数的值，进行由小到大排列，将根据"ElementID"列表排列前后的索引关系，对原族实例列表进行排列，可以还原自桥梁起点向终点墩台号的盖梁及桥台创建顺序，即实现按照墩台号排列盖梁及桥台的族实例。但该方法适用于本项目中当前创建桥梁的盖梁、桥台族类型不存在与其他桥梁共用的情况。

另外，较为合理的方式，可以通过盖梁、桥台的构件编码"Code"参数值，进行映射，根据构件编码定位到具体族实例，**这也是本书推荐的方式**。

在具体实施中，可通过创建"Code Block"代码块，编写"Datas［10］"从"读取'盖梁及桥台'工作表，并分离逐列数据"节点组输出端中，读取第 11 行数据，即盖梁、桥台构件编码，作为还原按墩台号排布的盖梁及桥台列表的依据。再者，通过"Element. GetParameterValueByName"节点，读取"获取盖梁及桥台所有族实例"节点组输出族实例的"Code"参数值，并且连接入"＝＝"关系等式的"y"输入端。最后，创建"List. Map"节点，进行关联映射，该节点的功能在于将函数应用到列表的所有元素，由结果生成一个新列表。所述节点的连接内容如图 2-196 所示。

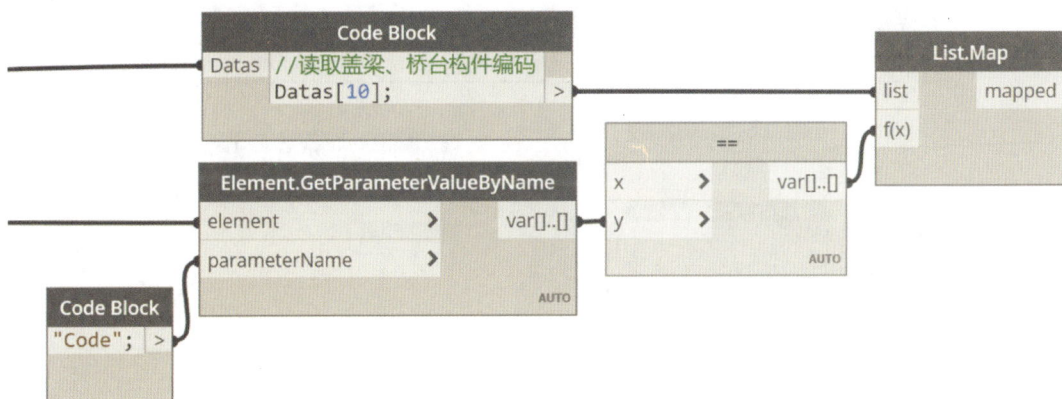

图 2-196 基于构件编码重映射匹配

将上述编写"Dates［10］"的"Code Block"代码块输出列表称为"目标桥梁构件编码列表"，将"Element. GetParameterValueByName"节点输出列表称为"当前提取构件编码列表"，通过"List. Map"实现了使用"当前提取构件编码列表"中每一个元素，去向"目标桥梁构件编码列表"作"＝＝"关系判断的匹配计算，两者相等则为"true"，反之为"false"，如图 2-197 所示。

通过上述方法，将会输出一个二维列表，含有数量等同于"当前提取构件编码列表"列表数量的一维子列表。每项子列表中，含有数量等同于"目标桥梁构件编码列表"列表数量的元

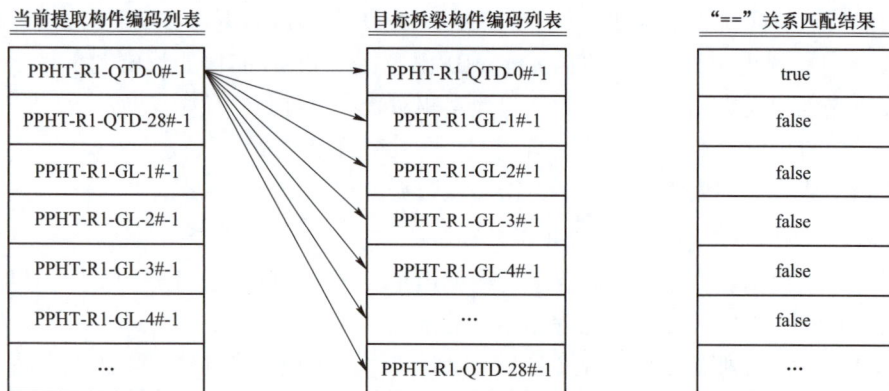

图 2-197　基于构件编码重映射排布的匹配规则

素，元素为"true"或"false"布尔值，且每个子列表中应有且仅有1项"true"值。

　　此时，通过"List. IndexOf"节点，引入上述匹配结果二维列表至"list"输入端，并设置使用列表级别为"L2"，设置"element"输入端为选中"True"值状态的"Boolean"节点。此时结果将返回，"当前提取构件编码列表"中的每一个编码名称元素在"目标桥梁构件编码列表"中的索引位置，按照该索引位置，通过创建"List. GetItemAtIndex"节点，即可从现有提取的盖梁及桥台族实例列表中，获取到按当前桥梁墩台号排布的盖梁及桥台族实例。将本部节点组合为节点组，标识为"通过构件编码匹配到具体族实例"，节点组内连接如图2-198所示。

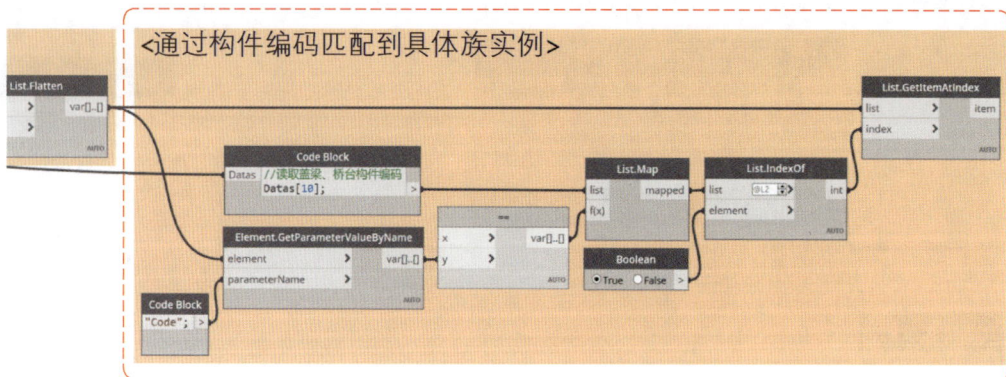

图 2-198　基于构件编码重映射排布的匹配规则

　　注：本小节至此完成的程序设计，其输出结果等同于"2.4.4 盖梁及桥台顶部"节最末端输出的内容。所以，支座垫石的创建程序也可以追加在其后面，与盖梁及桥台同步完成创建。

2.4.5.4　盖梁及桥台基准坐标系

　　当按墩台号提取到本桥梁中盖梁及桥台的族实例后，可以通过"FamilyInstance. Location"节点获取族实例的族原点位置，通过"FamilyInstance. FacingOrientation"节点，获取族实例的面对朝向（可以理解为族创建环境下，由前立面指向后立面的方向），此时基于族原点位置，以族实例的面对朝向为X轴，以世界坐标系的Z轴为Y轴，建立空间坐标系，即可形成盖梁及桥台的基准坐标系（仅为通过盖梁/桥台创建支座垫石的空间坐标系称谓）。将本部节点组合为节点组，并标识为"盖梁及桥台基准坐标系"，节点组内连接如图 2-199 所示。

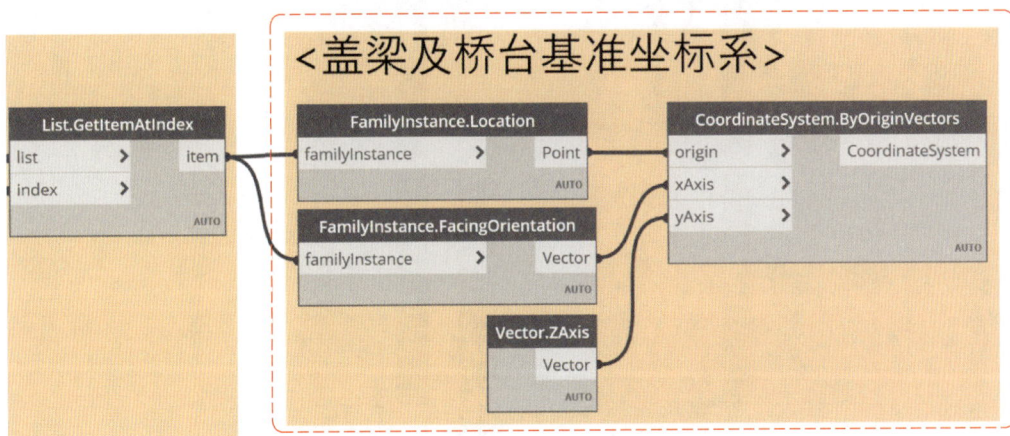

图 2-199　盖梁及桥台基准坐标系创建节点

以起点桥台为例，上述面对朝向、基准坐标系与桥台族实例的关系如图 2-200 所示，其中基准坐标系的 X 轴与面对朝向一致，Y 轴竖直向上，Z 轴则指向结构右侧。

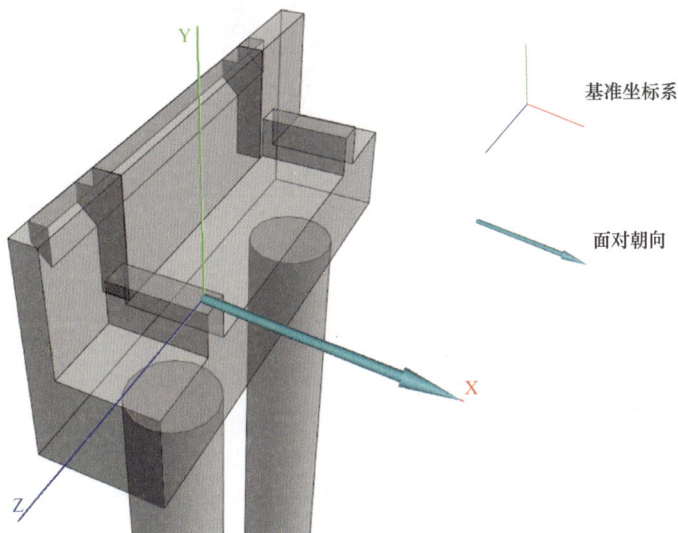

图 2-200　面对朝向与基准坐标系空间示意图

2.4.5.5　读取"支座垫石"工作表，并分离逐列数据

获取到上述基准坐标系之后，那么创建"支座垫石"的"树"便形成了，下一步需要将 Excel 中"支座垫石"工作表数据引入进 Dynamo 环境下，通过读取相关数据，进行支座垫石实际空间位置计算，以及相关参数、编码的编制。

读取"支座垫石"工作表，去除表头 2 行，并执行行列互换操作，最终获取分离逐列数据。建立"读取'支座垫石'工作表，并分离逐列数据"节点组，内部节点连接方式如图 2-201 所示。

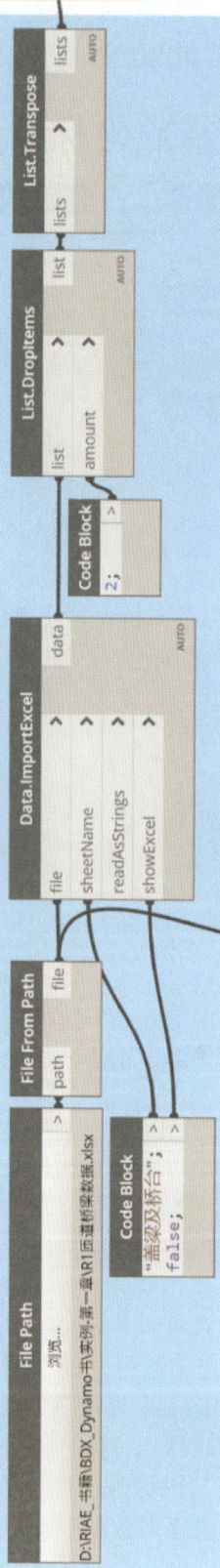

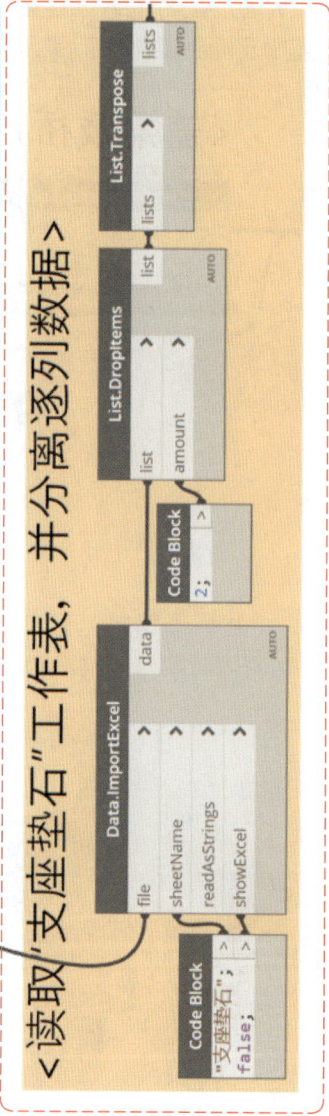

图 2-201　读取支座垫石 Excel 数据节点

2.4.5.6　位置、尺寸及编码参数综合计算

获取到空间坐标系及"支座垫石"工作表数据之后，下一步应根据数据计算创建支座垫石的点位（点的坐标分量应参照基准坐标系的坐标轴指向），以及分配尺寸参数。并且工作表中的构件编码、编码描述均为前缀，需要为每一个单独的支座垫石匹配实际构件编码及编码描述等项目编码。

所涉及的节点设计量较大，此时可通过创建"Python Script"节点（以下简称"Ps3"节点）实现快速综合计算。首先，为"Ps3"节点增加一项输入端，连接"IN［0］"输入端至"读取'支座垫石'工作表，并分离逐列数据"节点组末输出端，引入支座垫石创建数据。其次，连接"IN［1］"输入端至"盖梁及桥台基准坐标系"节点组末输出端，引入创建支座垫石所需的基准坐标系。

紧接着，进入"Ps3"节点内，设计 Python 程序。

A　引入数据

拆分"IN［0］"输入端引入的支座垫石创建数据，通过定义不同变量，分别存储如下所示第 1 至第 15 行数据。

```
1.  Dtnum = IN[0][0]
2.  FamilyTypeName = IN[0][1]
3.  H_base = IN[0][2]
4.  PJ_left = IN[0][3]
5.  PY_dszz = IN[0][4]
6.  Dis = IN[0][5]
7.  _i = IN[0][6]
8.  H_dszz = IN[0][7]
9.  H_zz = IN[0][8]
10. W_hqx = IN[0][9]
11. W_sqx = IN[0][10]
12. Code_pr = IN[0][11]
13. Description_pr = IN[0][12]
14. Material = IN[0][13]
15. Version = IN[0][14]
```

上述引入对象与 Excel 工作表"支座垫石"中数据的对应关系如表 2-38 所示。

表 2-38　Ps3 节点引入变量与 Excel 数据表对应关系

引入数据	"支座垫石"工作表数据列
DTnum＝IN［0］［0］	墩台号
FamilyTypeName＝IN［0］［1］	族类型名称
H_base＝IN［0］［2］	盖梁/台帽中心高度
PJ_left＝IN［0］［3］	最左垫石偏距
PY_dszz＝IN［0］［4］	垫石顺桥向偏移
Dis＝IN［0］［5］	垫石间距
_i＝IN［0］［6］	盖梁/台帽顶横坡值

续表 2-38

引入数据	"支座垫石"工作表数据列
H_dszz=IN[0][7]	垫石支座组合高
H_zz=IN[0][8]	支座高
W_hqx=IN[0][9]	横桥向宽
W_sqx=IN[0][10]	顺桥向宽
Code_pr=IN[0][11]	编码前缀
Description_pr=IN[0][12]	编码描述前缀
Material=IN[0][13]	建筑材料
Version=IN[0][14]	图纸版本

创建名称为"CS"的列表存储"IN[1]"输入端引入的 CoordinateSystem 空间坐标系：
1. CS=IN[1]

B　创建输存储列表

在主程序计算过程中，为收集存储数据，创建列表包含有支座垫石族实例的中心点、族类型、所在坐标系的 X 向量、实际高度、横桥向宽度、顺桥向宽度、底部横坡、构件编码、构件编码描述、建筑材料及图纸版本。另外，创建列表存储每一排支座垫石的间距，用于过程中逻辑判定，程序内容如下。

```
1.  # 创建空列表，用于存储支座垫石族实例的中心点
2.  InsPoints = []
3.  # 创建空列表，用于存储支座垫石族实例的族类型
4.  InsTypes = []
5.  # 创建空列表，用于存储支座垫石族实例所在坐标系的 X 向量
6.  InsVecs = []
7.  # 创建空列表，用于存储支座垫石族实例的实际高度
8.  InsHs = []
9.  # 创建空列表，用于存储支座垫石族实例的横桥向宽度
10. InsW_hqx = []
11. # 创建空列表，用于存储支座垫石族实例的顺桥向宽度
12. InsW_sqx = []
13. # 创建空列表，用于存储支座垫石族实例的底部横坡
14. Insis = []
15. # 创建空列表，用于存储支座垫石族实例的构件编码
16. Codes = []
17. # 创建空列表，用于存储支座垫石族实例的构件编码描述
18. Descriptions = []
19. # 创建空列表，用于存储支座垫石族实例的建筑材料
20. Materials = []
21. # 创建空列表，用于存储支座垫石族实例的图纸版本
22. Versions = []
23. # 记录每一排支座垫石的间距，用于过程逻辑判定
24. AllDis = []
```

C 主程序

构造 for 循环，遍历每一排支座垫石数据，为将目标锁定至每一块支座垫石，计算单块支座垫石的位置参数、尺寸参数及编码参数。

如图 2-202 所示的盖梁顶部，垫石间距为"1.08 * 3.12 * 1.08"表示共包含 4 块垫石，因最左垫石偏距已知，可建立第一块支座垫石与最左垫石偏距线的横向间距，避免漏创第一块支座垫石，最终应当记录[0,1.08,3.12,1.08]的相邻间距列表。

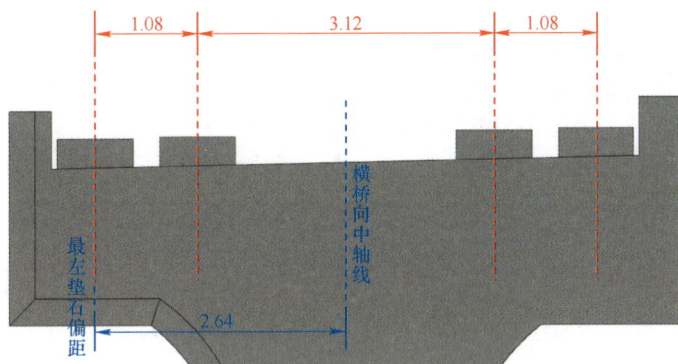

图 2-202 支座垫石与盖梁位置关系

以 Dtnum 墩台号列表长度构造循环范围"range(len(DTnum))"（等同于"range(0, len(DTnum))"），在主程序 for 循环开始时，创建一个包含"0"元素的列表"DisOfdszz"，用于存储当前循环排支座垫石中的两两相邻间距。

之后，需要对引入的"垫石间距"数据，进行拆分，拆分逻辑为：将垫石间距转化为字符串，判断字符串是否包含"*"符号，如果包含，则表示本排支座垫石包含 2 项及以上处相邻支座垫石间距数据，即包含 2 块以上的支座垫石，使用".Split("")"方法，将其转化为列表，与"DisOfdszz"列表串接。反之，表示支座垫石间距数据仅为单个数据，即包含 2 个支座垫石，此时，将其添加"DisOfdszz"列表中即可。判断结束之后，将上述"DisOfdszz"列表整体添加进"AllDis"列表中，作为所有排支座垫石的间距记录，最终数据为二维列表。

程序代码如下。

```
1.    for i in range(len(DTnum)):
2.        #在每排支座垫石创建数据循环开始时，创建一个包含"0"元素的列表
3.        DisOfdszz = [0]
4.        if "*" in str(Dis[i]):
5.            DisOfdszz += Dis[i].Split("*")
6.        else:
7.            DisOfdszz.append(DisOfdszz)
8.        AllDis.append(DisOfdszz)
```

紧接着，需要对上述"DisOfdszz"列表进行二次循环，将数据计算对象锁定至单块支座垫石。在二次循环前，创建变量"addDis"，用于二次循环中，赋值每一块支座垫石与最左垫石偏距线的间距。创建变量"index"，用于二次循环中，赋值当前排支座垫石所对应的基准坐标系索引，代码如下。

```
1.    # 创建"addDis"变量，用于创建支座垫石与最左垫石偏距线的间距
2.    addDis = 0
3.    # 通过提取墩台号中的数字，转化为整数，作为获取基准坐标系的索引值
4.    index = int(DTnum[i].replace("#",""))
```

以 DisOfdszz 本排支座垫石间距列表的长度构造循环范围"range(len(DisOfdszz))"，通过累计附加间距值，计算得到当前支座垫石距最左垫石偏距线的距离。

建立二次循环代码如下。

```
1.    for n in range(len(DisOfdszz)):
2.        # 计算当前支座垫石与最左垫石偏距线的间距
3.        addDis += float(DisOfdszz[n])
```

上述，"addDis"变量以 0 为基础，逐次增加循环中支座垫石与前一元素（支座垫石或最左侧偏距线）的间距。以图 2-203 为例，在每次循环时，分别增加 0、1.08、3.12、1.08 四项数值，"addDis"变量在四次循环过程中，分别为 0、1.08、4.2、5.28。

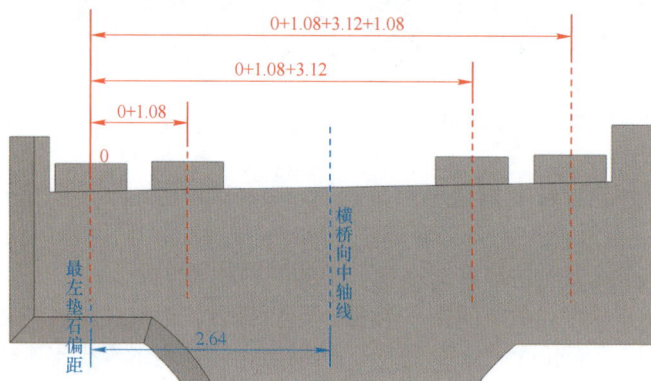

图 2-203 支座垫石横桥向位置关系

获取到当前循环中支座垫石与最左垫石偏距线的间距后，可以结合"盖梁/台帽中心高度""最左垫石偏距""垫石顺桥向偏移"三项数据，进行支座垫石在基准坐标系上的坐标值计算，支座垫石在基准坐标系中的 X、Y、Z 的分量关系如图 2-204 所示（以 1 号支座垫石为例）。

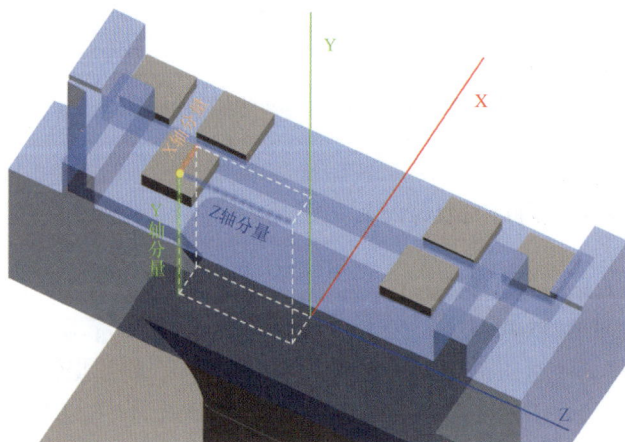

图 2-204 支座垫石在基准坐标系中位置示意图

根据上图所示空间关系，结合"盖梁/台帽中心高度""最左垫石偏距""垫石顺桥向偏移"三项数据，编制如下所示程序。

```
1.    # 遍历计算每一个支座垫石的坐标分量
2.    _z = PJ_left[i] + addDis
3.    _x = -PY_dszz[i]
4.    _y = H_base[i] + _z*_i[i]/100.0
5.    # 在基准坐标系上，通过 X、Y、Z 分量创建点
6.    InsPoints.append(Point.ByCartesianCoordinates(CS[index],_x,_y,_z))
```

同样的思路，为循环中的支座垫石匹配或计算族类型名称、基准坐标系 X 向量、高度、横桥向宽度、顺桥向宽度以及横坡值，需要注意循环中的支座垫石与支座垫石创建数据以及基准坐标系的对应关系。

```
1.     # 获取第 i+1 排支座垫石的族类型名称，作为本块支座垫石的族类型
2.     InsTypes.append(FamilyTypeName[i])
3.     # 获取第 index+1 项基准坐标系的 X 轴向量(本块支座垫石的面对朝向)
4.     InsVecs.append(CS[index].XAxis)
5.     # 获取第 i+1 排支座垫石的（垫石支座组合高-支座高）作为本块支座垫石的高度
6.     InsHs.append(H_dszz[i] - H_zz[i])
7.     # 获取第 i+1 排支座垫石的横桥向宽度，作为本块支座垫石的横桥向宽度
8.     InsW_hqx.append(W_hqx[i])
9.     # 获取第 i+1 排支座垫石的顺桥向宽度，作为本块支座垫石的顺桥向宽度
10.    InsW_sqx.append(W_sqx[i])
11.    # 获取第 i+1 排支座垫石的横坡值，作为本块支座垫石的横坡值
12.    Insis.append(_i[i])
```

支座垫石创建数据中的构件编码、构件编码描述不同于其他下部结构，仅提供了编码及编码描述的前缀，需要在二次循环体中，补充构件编码及构件编码描述。

补充的方式为：判断循环中支座垫石所在的创建数据是否为首行数据。如果是，将当前支座垫石编号 Tsort 设置为 n+1，当本排支座垫石并非首行创建数据时，继续判断上一排支座垫石是否与当前排支座垫石共墩台号。如果判断为是，则循环中的支座垫石在本墩台处的编号需要增加前一排支座垫石的总数，反之，则仅使用本排支座垫石的循环序号在增加 1 作为当前支座垫石在本墩台处的编号；当本排支座垫石为首行创建数据时，同样使用本排支座垫石的循环序号在增加 1 作为当前支座垫石在本墩台处的编号。根据编号，补充构件编码以及构件编码描述即可，程序设计如下。

```
1.    if i != 0:
2.        # 判断上一排支座垫石是否与当前排支座垫石共墩台号
3.        if DTnum[i] == DTnum[i-1]:
4.            # 创建"Tsort"变量，作为当前支座垫石在本墩台处的编号
5.            Tsort = len(AllDis[i-1])+1+n
6.        else:
7.            # 创建"Tsort"变量，作为当前支座垫石在本墩台处的编号
8.            Tsort = n+1
9.    # 当本排支座垫石为首行数据时，当前支座垫石编号为 n+1
```

```
10.    else:
11.        Tsort = n+1
12.    # 根据上述"Tsort"支座垫石编号，编制编码参数，并添加进对应列表
13.    Codes.append(Code_pr[i] + str(Tsort))
14.    Descriptions.append(Description_pr[i] + str(Tsort) + "号支座垫石")
15.    Materials.append(Material[i])
16.    Versions.append(Version[i])
```

注：本项目盖梁/桥台上最多为两排支座垫石，所以在二次循环体中仅需要考虑前一排支座垫石是否与本排支座垫石处于同一墩台处即可。

D　程序输出

经过上述程序设计，已经完成了所需数据的计算和整理，本实例中，通过以下程序输出数据。

```
1.  OUT =
       InsTypes,InsPoints,InsVecs,InsHs,InsW_hqx,InsW_sqx,Insis,Codes,Descri
       ptions,Mate-rials,Versions
```

将上述"Ps3"节点计算内容组合为代码组，标识为"位置、尺寸及编码参数综合计算"，便于讲解指代，如图 2-205 所示。

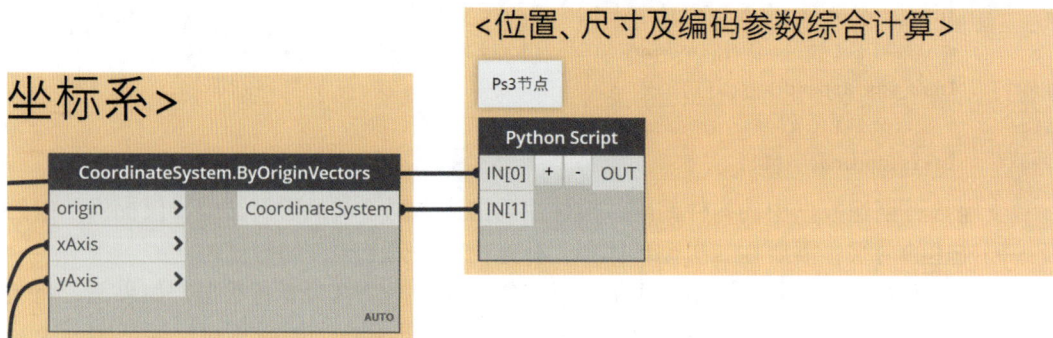

图 2-205　"Ps3"节点组及其连接关系

"Ps3"节点所有设计程序如下。

```
1.  import clr
2.  clr.AddReference('ProtoGeometry')
3.  from Autodesk.DesignScript.Geometry import *
4.  # 1 ————————————————————————————————
5.  # 引入支座垫石创建数据，通过定义列表，分别存储第 1 至第 15 行数据：
6.  DTnum = IN[0][0]
7.  FamilyTypeName = IN[0][1]
8.  H_base = IN[0][2]
9.  PJ_left = IN[0][3]
10.       PY_dszz = IN[0][4]
11.       Dis = IN[0][5]
```

```
12.         _i = IN[0][6]
13.         H_dszz = IN[0][7]
14.         H_zz = IN[0][8]
15.         W_hqx = IN[0][9]
16.         W_sqx = IN[0][10]
17.         Code_pr = IN[0][11]
18.         Description_pr = IN[0][12]
19.         Material = IN[0][13]
20.         Version = IN[0][14]
21.         # 引入 CoordinateSystem 空间坐标系
22.         CS = IN[1]
23.         # 2 ——————————————————————
24.         # 创建空列表，用于存储支座垫石族实例的中心点
25.         InsPoints = []
26.         # 创建空列表，用于存储支座垫石族实例的族类型
27.         InsTypes = []
28.         # 创建空列表，用于存储支座垫石族实例所在坐标系的 X 向量
29.         InsVecs = []
30.         # 创建空列表，用于存储支座垫石族实例的实际高度
31.         InsHs = []
32.         # 创建空列表，用于存储支座垫石族实例的横桥向宽度
33.         InsW_hqx = []
34.         # 创建空列表，用于存储支座垫石族实例的顺桥向宽度
35.         InsW_sqx = []
36.         # 创建空列表，用于存储支座垫石族实例的底部横坡
37.         Insis = []
38.         # 创建空列表，用于存储支座垫石族实例的构件编码
39.         Codes = []
40.         # 创建空列表，用于存储支座垫石族实例的构件编码描述
41.         Descriptions = []
42.         # 创建空列表，用于存储支座垫石族实例的建筑材料
43.         Materials = []
44.         # 创建空列表，用于存储支座垫石族实例的图纸版本
45.         Versions = []
46.         # 记录每一排支座垫石的间距，用于过程逻辑判定
47.         AllDis = []
48.         # 3 ——————————————————————
49.         # 通过 for 循环为每一颗桩基础结构构件计算中心点
50.         for i in range(len(DTnum)):
51.             # 在每排支座垫石创建数据循环开始时，创建一个包含"0"元素的列表
52.             DisOfdszz = [0]
53.             if "*" in str(Dis[i]):
54.                 DisOfdszz += Dis[i].Split("*")
55.             else:
```

56.	DisOfdszz.append(Dis[i])
57.	AllDis.append(DisOfdszz)
58.	# 创建"addDis"变量，用于创建支座垫石与最左垫石偏距线的间距
59.	addDis = 0
60.	# 通过提取墩台号中的数字，转化为整数，作为获取基准坐标系的索引值
61.	index = int(DTnum[i].replace("#",""))
62.	for n in range(len(DisOfdszz)):
63.	# 计算当前支座垫石与最左垫石偏距线的间距
64.	addDis += float(DisOfdszz[n])
65.	# 遍历计算每一个支座垫石的坐标分量
66.	_z = PJ_left[i] + addDis
67.	_x = -PY_dszz[i]
68.	_y = H_base[i] + _z*_i[i]/100.0
69.	# 在基准坐标系上，通过 X、Y、Z 分量创建点
70.	InsPoints.append(Point.ByCartesianCoordinates(CS[index],_x,_y,_z))
71.	# 获取第 i+1 排支座垫石的族类型名称，作为本块支座垫石的族类型
72.	InsTypes.append(FamilyTypeName[i])
73.	# 获取第 index+1 项基准坐标系的 X 轴向量(本块支座垫石的面对朝向)
74.	InsVecs.append(CS[index].XAxis)
75.	# 获取第 i+1 排支座垫石（垫石支座组合高-支座高）作为本块支座垫石高度
76.	InsHs.append(H_dszz[i] - H_zz[i])
77.	# 获取第 i+1 排支座垫石的横桥向宽度，作为本块支座垫石的横桥向宽度
78.	InsW_hqx.append(W_hqx[i])
79.	# 获取第 i+1 排支座垫石的顺桥向宽度，作为本块支座垫石的顺桥向宽度
80.	InsW_sqx.append(W_sqx[i])
81.	# 获取第 i+1 排支座垫石的横坡值，作为本块支座垫石的横坡值
82.	Insis.append(_i[i])
83.	# 当本排支座垫石并非首行创建数据时
84.	if i != 0:
85.	# 判断上一排支座垫石是否与当前排支座垫石共墩台号
86.	if DTnum[i] == DTnum[i-1]:
87.	# 创建"Tsort"变量，作为当前支座垫石在本墩台处的编号
88.	Tsort = len(AllDis[i-1])+1+n
89.	else:
90.	# 创建"Tsort"变量，作为当前支座垫石在本墩台处的编号
91.	Tsort = n+1
92.	# 当本排支座垫石为首行数据时，当前支座垫石编号为n+1
93.	else:
94.	Tsort = n+1
95.	# 根据上述"Tsort"支座垫石编号，编制编码参数，并添加进对应列表
96.	Codes.append(Code_pr[i] + str(Tsort))
97.	Descriptions.append(Description_pr[i] + str(Tsort) + "号支座垫石")

```
98.         Materials.append(Material[i])
99.         Versions.append(Version[i])
100.    # 4 —————————————————————————
101.    #将输出内容指定给 OUT 变量
102.    OUT =
        InsTypes,InsPoints,InsVecs,InsHs,InsW_hqx,InsW_sqx,Insis,Codes,Descri
        ptions,Materials,Versions
```

2.4.5.7 支座垫石族实例创建

参考上一小节"Ps3"节点输出内容,通过"Code Block"代码块节点连接"Ps3"节点输出端,引用其中族类型名称、族实例中心点,使用"FamilyType. ByName""FamilyInstance. ByPoint"节点,创建支座垫石族实例,组建"支座垫石族实例创建"节点组,节点组内连接方式如图2-206所示。

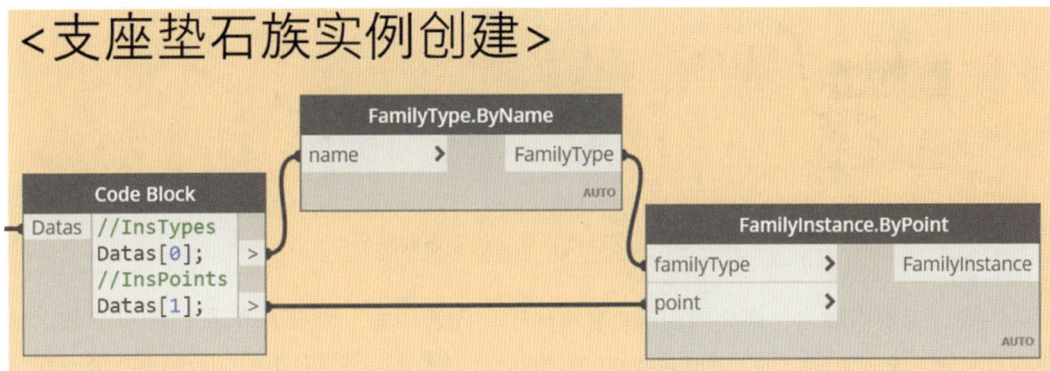

图2-206 支座垫石族实例创建节点

2.4.5.8 支座垫石族实例姿态调整

引用"Ps3"节点输出中的"InsVecs"面对朝向数据,通过"Vector. AngleAboutAxis"节点进行支座垫石面对朝向向量与世界坐标系中 Y 轴向量夹角计算,并使用"FamilyInstance. SetRotation"节点,对支座垫石执行旋转,整体思路与其他下部结构姿态调整一致。将节点组合为节点组,并标识为"支座垫石族实例姿态调整",节点组内容如图2-207所示。

2.4.5.9 尺寸参数及项目编码值设置

观察支座垫石参数,需要修改的尺寸参数包括"H""W_hqx""W_sqx""i",需要修改的项目编码参数包括"Description""Material""Version",创建参数名称列表:

["H","W_hqx","W_sqx","i","Code","Description","Material","Version"]

通过"Code Block"节点,连接"Ps3"节点输出端,从中引出与上述列表匹配的数据,组建参数值列表:

[Datas[3],Datas[4],Datas[5],Datas[6],Datas[7],Datas[8],Datas[9],Datas[10]]

新建"Python Script"节点(简称"Ps4"节点),增加其输出端至 3 个,分别连接"支座垫石族实例姿态调整"节点组末输出端、参数名称列表、参数值列表,设计"Ps4"

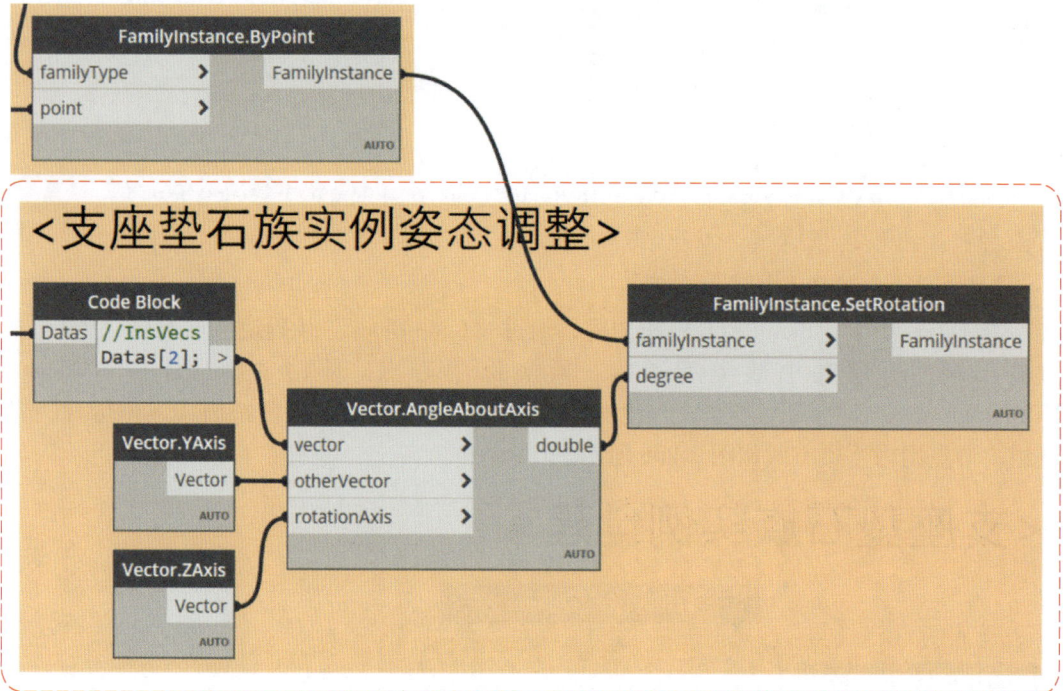

图 2-207　支座垫石族实例姿态调整节点

节点内容，主要内容为：建立两层 for 循环程序，先遍历每一块支座垫石，再对参数名称列表进行遍历，然后通过 ".SetParameterByName（参数名，参数值）" 方法，为每一块支座垫石设置参数名称列表中每一项参数值，代码如下。

```python
1.  # 加载 Python Standard 和 DesignScript 库
2.  import sys
3.  import clr
4.  clr.AddReference('ProtoGeometry')
5.  from Autodesk.DesignScript.Geometry import *
6.  # 该节点的输入内容将存储为 IN 变量中的一个列表
7.  Ins = IN[0]
8.  InsParamName = IN[1]
9.  InsParamValue = IN[2]
10. # 创建循环，为支座垫石族实例设置参数值
11. for i in range(len(Ins)):
12.     for v in range(len(InsParamName)):
13.         Ins[i].SetParameterByName(InsParamName[v],InsParamValue[v][i])
14. # 将输出内容指定给 OUT 变量
15. OUT = Ins
```

将节点组合为节点组，并标识为"尺寸参数及项目编码值设置"，节点连接如图 2-208 所示。

以上为"树上开花"法创建支座垫石的全过程，检查程序设计，运行无误后，将自动

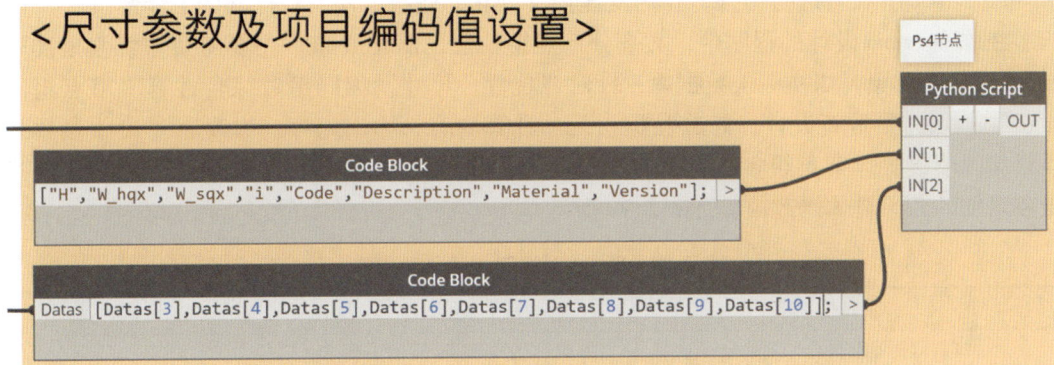

图 2-208 "Ps4"节点及其连接关系

创建支座垫石，并对其进行参数赋值，最终支座垫石及属性面板如图 2-209 所示。

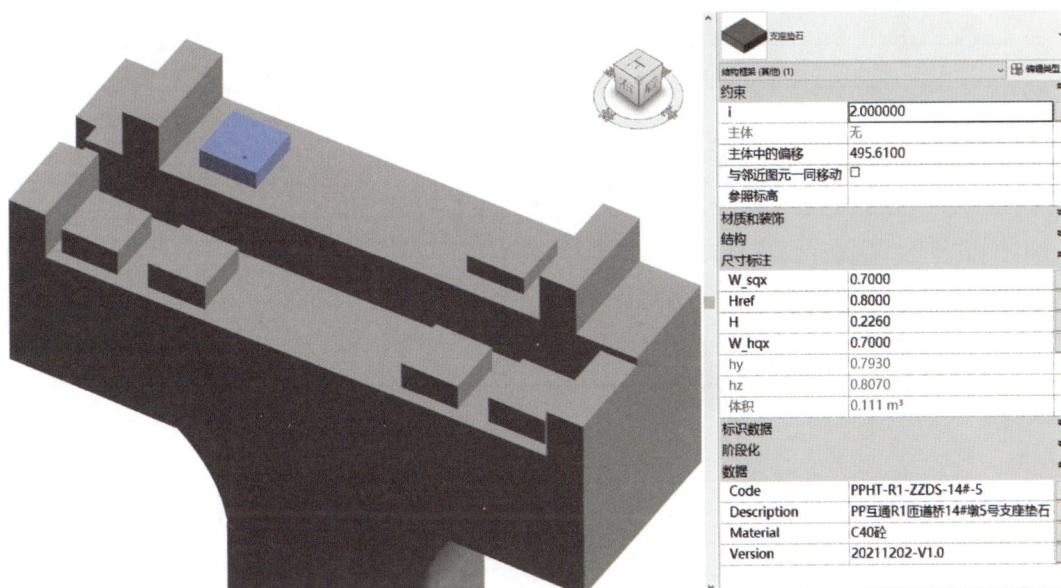

图 2-209 支座垫石及其属性面板

思 考

支座垫石的项目坐标、高程信息对施工管理也非常重要，参考桩基础、承台创建流程，思考如何为支座垫石增加项目坐标、高程信息，辅助施工管理及交付运维。

2.4.6 支座

在本项目中，载入"2.2.9"节所创建的支座族 GPZ（Ⅱ）8.0GD、GPZ（Ⅱ）8.0D、GPZ（Ⅱ）6.0GD、GPZ（Ⅱ）6.0DX、GPZ（Ⅱ）4.0DX、GPZ（Ⅱ）3.5DX、LNR（H）、HDR（Ⅱ）八个支座族。

在支座的创建中，可以参照"2.4.5"节创建支座垫石的程序设计。因此，将

"2.4.5"节 dyn 文件进行另存,作为支座模型创建的底版程序,在此基础上作修改。

在原 Dynamo 设计的程序中,大部分节点组功能已满足要求,主要需要作修改是读取 Excel 工作表对象,切换引入数据源;针对"位置、尺寸及编码参数综合计算"节点组内"Ps3"节点需要重新设计,修改数据引入、计算内容、输出内容;修改原"尺寸参数及项目编码值设置"节点组参数名称列表、参数值列表内容;修改节点组名称,与当前创建支座目的一致。具体修改内容如表 2-39 所示。

表 2-39　dyn 文件各节点组修改内容

序号	原节点组名称	修改后节点组名称	修改内容
1	读取"盖梁及桥台"工作表,并分离逐列数据	读取"盖梁及桥台"工作表,并分离逐列数据	无修改
2	获取盖梁及桥台所有族实例	获取盖梁及桥台所有族实例	无修改
3	通过构件编码匹配到具体族实例	通过构件编码匹配到具体族实例	无修改
4	盖梁及桥台基准坐标系	盖梁及桥台基准坐标系	无修改
5	读取"支座垫石"工作表,并分离逐列数据	读取"支座"工作表,并分离逐列数据	"Data.ImportExcel"节点"sheetName"输入端:"支座垫石"→"支座"
6	位置、尺寸及编码参数综合计算	位置、尺寸及编码参数综合计算	修改"Ps3"节点数据引入、计算内容、输出内容
7	支座垫石族实例创建	支座族实例创建	无修改
8	支座垫石族实例姿态调整	支座族实例姿态调整	无修改
9	尺寸参数及项目编码值设置	项目编码值设置	减少尺寸参数的设置,保留项目编码值设置,需要修改参数名称、参数值列表;其次,增加对 X、Y、Z_Base、Z_top 四项参数的设置
10	/	支座中心 X、Y 坐标计算	引用"Ps2"节点,计算支座中心 X、Y 坐标

2.4.6.1　修改既有节点

A　读取"支座"工作表,并分离逐列数据

参见表 2-39 第 5 项修改内容,修改"Data.ImportExcel"节点"sheetName"输入端,将"Code Block"节点中的"支座垫石"字符串更换为"支座",实现下部结构数据源切换为"支座"工作表(图 2-210)。

B　位置、尺寸及编码参数综合计算

为区分支座垫石与支座创建程序中节点称谓,修改支座创建程序中"Ps3"节点标签为"Ps3_zz"节点。编辑"Ps3_zz"节点内容,根据"支座"工作表与"支座垫石"工作的异同,修改引入支座创建数据,修改内容如表 2-40 所示。

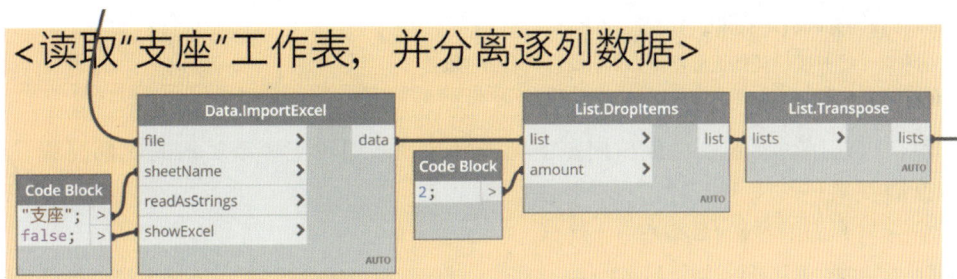

图 2-210 Excel 数据读取节点组修改

表 2-40 Python Script 节点引入变量修改

Ps3 节点引入数据	Ps3_zz 节点引入数据
W_hqx = IN[0][9]	删除
W_sqx = IN[0][10]	删除
Code_pr = IN[0][11]	Code_pr = IN[0][9]
Description_pr = IN[0][12]	Description_pr = IN[0][10]
Material = IN[0][13]	Material = IN[0][11]
Version = IN[0][14]	Version = IN[0][12]

因支座创建数据中没有横桥向宽度、顺桥向宽度、底部横坡、实际高度数据，删除此四项空列表的创建。

```
1.  # 创建空列表，用于存储支座垫石族实例的横桥向宽度
2.  InsW_hqx = []
3.  # 创建空列表，用于存储支座垫石族实例的顺桥向宽度
4.  InsW_sqx = []
5.  # 创建空列表，用于存储支座垫石族实例的底部横坡
6.  Insis = []
7.  # 创建空列表，用于存储支座垫石族实例的实际高度
8.  InsHs = []
```

同时，为输出支座族实例的底部高程、顶部高程，增加创建两项空列表：

```
1.  # 创建空列表，用于存储支座族实例的底部高程
2.  Z_Bases = []
3.  # 创建空列表，用于存储支座族实例的顶部高程
4.  Z_Tops = []
```

在主程序中，修改二次循环中对制作坐标 Y 分量的计算，其"_y"值需要增加支座垫石的高度，即"(H_dszz [i] -H_zz [i])"，故须修改"_y"计算式为：

```
1.  _y = H_base[i] + _z*_i[i]/100.0 + (H_dszz[i] - H_zz[i])
```

删除高度横桥向宽度、顺桥向宽度、横坡值数据的添加：

```
1.  # 获取第 i+1 排支座的（垫石支座组合高-支座高）作为本块支座垫石的高度
2.  InsHs.append(H_dszz[i] - H_zz[i])
3.  # 获取第 i+1 排支座的横桥向宽度，作为本块支座垫石的横桥向宽度
4.  InsW_hqx.append(W_hqx[i])
5.  # 获取第 i+1 排支座的顺桥向宽度，作为本块支座垫石的顺桥向宽度
```

```
6.    InsW_sqx.append(W_sqx[i])
7.    # 获取第 i+1 排支座的横坡值，作为本块支座垫石的横坡值
8.    Insis.append(_i[i])
```

同时，可在横桥向宽度、顺桥向宽度列表删除处增加对支座族实例的底部高程、顶部高程数据的收集：

```
1.    # 根据支座中心点，提取底部高程
2.    Z_Bases.append(InsPoints[-1].Z)
3.    # 根据支座中心点，以及支座高，计算顶部高程
4.    Z_Tops.append(InsPoints[-1].Z + H_zz[i])
```

上述 InsPoints[−1]，意为去 InsPoints 列表的最后一项，即刚创建添加进列表的点。

修改支座构件编码描述的整合，将"支座垫石"修改为"支座"。

```
1.    Descriptions.append(Description_pr[i] + str(Tsort) + "号支座")
```

修改 OUT 输出的内容，将其中的"InsHs，InsW_hqx，InsW_sqx，Insis"替换为"Z_Bases，Z_Tops"。

修改后的"Ps3_zz"节点全部设计程序为：

```
1.    import clr
2.    clr.AddReference('ProtoGeometry')
3.    from Autodesk.DesignScript.Geometry import *
4.    # 1 — — — — — — — — — — — — — — — — — — — — -
5.    # 引入支座创建数据，通过定义列表，分别存储第 1 至第 13 行数据：
6.    DTnum = IN[0][0]
7.    FamilyTypeName = IN[0][1]
8.    H_base = IN[0][2]
9.    PJ_left = IN[0][3]
10.   PY_dszz = IN[0][4]
11.   Dis = IN[0][5]
12.   _i = IN[0][6]
13.   H_dszz = IN[0][7]
14.   H_zz = IN[0][8]
15.   Code_pr = IN[0][9]
16.   Description_pr = IN[0][10]
17.   Material = IN[0][11]
18.   Version = IN[0][12]
19.   # 引入 CoordinateSystem 空间坐标系
20.   CS = IN[1]
21.   # 2 — — — — — — — — — — — — — — — — — — — — -
22.   # 创建空列表，用于存储支座族实例的中心点
23.   InsPoints = []
24.   # 创建空列表，用于存储支座族实例的族类型
25.   InsTypes = []
26.   # 创建空列表，用于存储支座族实例所在坐标系的 X 向量
```

```
27.  InsVecs = []
28.  # 创建空列表，用于存储支座族实例的构件编码
29.  Codes = []
30.  # 创建空列表，用于存储支座族实例的构件编码描述
31.  Descriptions = []
32.  # 创建空列表，用于存储支座族实例的建筑材料
33.  Materials = []
34.  # 创建空列表，用于存储支座族实例的图纸版本
35.  Versions = []
36.  # 记录每一排支座的间距，用于过程逻辑判定
37.  AllDis = []
38.  # 创建空列表，用于存储支座族实例的底部高程
39.  Z_Bases = []
40.  # 创建空列表，用于存储支座族实例的顶部高程
41.  Z_Tops = []
42.  # 3 — — — — — — — — — — — — — — — — — — —
43.  # 通过 for 循环为每一颗桩基础结构构件计算中心点
44.  for i in range(len(DTnum)):
45.      # 在每排支座创建数据循环开始时，创建一个包含"0"元素的列表
46.      DisOfdszz = [0]
47.      if "*" in str(Dis[i]):
48.          DisOfdszz += Dis[i].Split("*")
49.      else:
50.          DisOfdszz.append(Dis[i])
51.      AllDis.append(DisOfdszz)
52.      # 创建"addDis"变量，用于创建支座与最左垫石偏距线的间距
53.      addDis = 0
54.      # 通过提取墩台号中的数字，转化为整数，作为获取基准坐标系的索引值
55.      index = int(DTnum[i].replace("#",""))
56.      for n in range(len(DisOfdszz)):
57.          # 计算当前支座与最左垫石偏距线的间距
58.          addDis += float(DisOfdszz[n])
59.          # 遍历计算每一个支座的坐标分量
60.          _z = PJ_left[i] + addDis
61.          _x = -PY_dszz[i]
62.          _y = H_base[i] + _z*_i[i]/100.0 + (H_dszz[i] - H_zz[i])
63.          # 在基准坐标系上，通过 X、Y、Z 分量创建点
64.          InsPoints.append(Point.ByCartesianCoordinates(CS[index],_x,_y,_z))
65.          # 获取第 i+1 排支座的族类型名称，作为本块支座的族类型
66.          InsTypes.append(FamilyTypeName[i])
67.          # 获取第 index+1 项基准坐标系的 X 轴向量(本块支座的面对朝向)
68.          InsVecs.append(CS[index].XAxis)
69.          # 根据支座中心点，提取底部高程
70.          Z_Bases.append(InsPoints[-1].Z)
```

```
71.        # 根据支座中心点，以及支座高，计算顶部高程
72.        Z_Tops.append(InsPoints[-1].Z + H_zz[i])
73.        # 当本排支座并非首行创建数据时
74.        if i != 0:
75.            # 判断上一排支座是否与当前排支座共墩台号
76.            if DTnum[i] == DTnum[i-1]:
77.                # 创建"Tsort"变量，作为当前支座在本墩台处的编号
78.                Tsort = len(AllDis[i-1])+1+n
79.            else:
80.                # 创建"Tsort"变量，作为当前支座在本墩台处的编号
81.                Tsort = n+1
82.        # 当本排支座为首行数据时，当前支座编号为n+1
83.        else:
84.            Tsort = n+1
85.        # 根据上述"Tsort"支座编号，编制编码参数，并添加进对应列表
86.        Codes.append(Code_pr[i] + str(Tsort))
87.        Descriptions.append(Description_pr[i] + str(Tsort) + "号支座")
88.        Materials.append(Material[i])
89.        Versions.append(Version[i])
90. # 4 — — — — — — — — — — — — — — — —
91. #将输出内容指定给 OUT 变量
92. OUT =
    InsTypes,InsPoints,InsVecs,Z_Bases,Z_Tops,Codes,Descriptions,Materials,Version
    s
```

2.4.6.2 支座中心 X、Y 坐标计算

引用"Ps2"节点，获取 Revit 项目北距、东距值，创建"Code Block"代码块，通过"Datas[1].Y+Base[0]""Datas[1].X+Base[1]"计算式分别获取支座中心的 X、Y 项目坐标值，其中"Datas"输入端连接"Ps3_zz"节点输出端，"Base"输入端连接"Ps2"节点输出端，如图 2-211 所示。

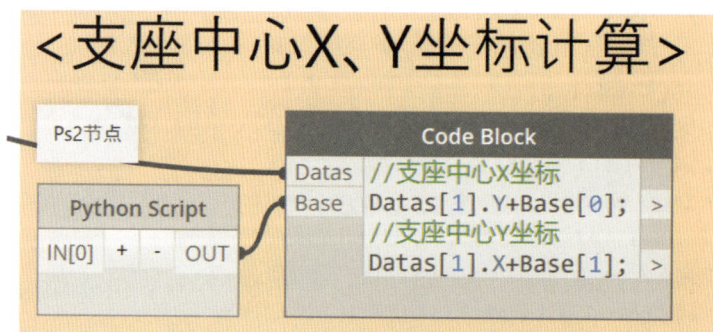

图 2-211　支座中心平面坐标值计算

2.4.6.3　尺寸参数及项目编码值设置

分析支座参数修改内容，主要包含"Code""Description""Material""Version"四项项目编码参数，其次，还应该有"X""Y""Z_Base""Z_Top"四项关于空间位置、高程的数据，因此，修改参数名称列表为：["X"，"Y"，"Z_Base"，"Z_Top"，"Code"，"Description"，"Material"，"Version"]。

同时，重新构造参数值列表，使之与参数名称列表匹配：[X_value，Y_value，Datas[3]，Datas[4]，Datas[5]，Datas[6]，Datas[7]，Datas[8]]。

参数值列表"Code Block"节点"X_value"输入端连接"支座中心 X、Y 坐标计算"节点组的支座中心 X 坐标对应值输出端，"Y_value"输入端则连接"支座中心 X、Y 坐标计算"节点组的支座中心 Y 坐标对应值输出端，"Datas"输入端连接"Ps3_zz"节点输出端，重新设计的节点组内容图 2-212 所示。

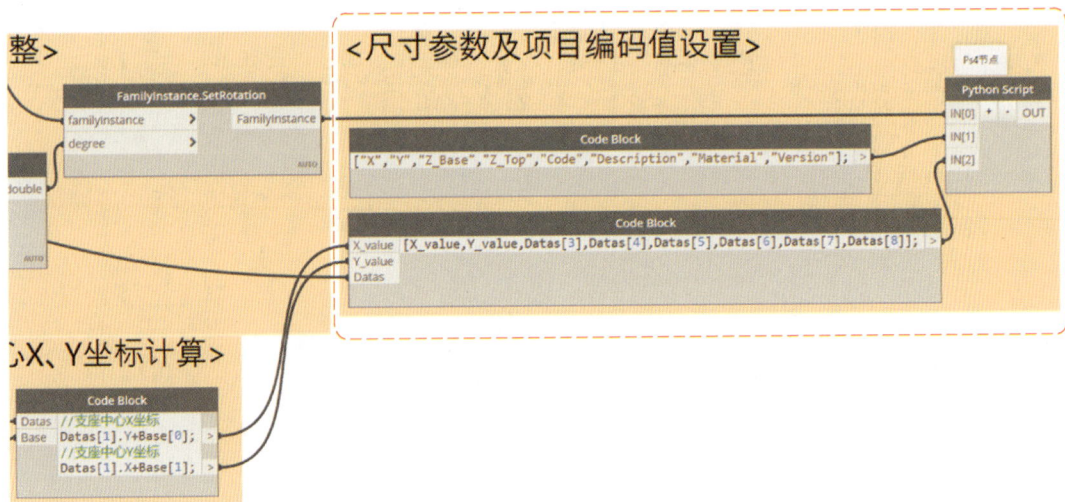

图 2-212　支座族实例尺寸参数及项目编码值赋值节点

运行程序，以 PP 互通 R1 匝道桥 14 号墩为例，支座族类型、相关参数准确无误（图 2-213）。

至此，完成桥梁中支座的创建。

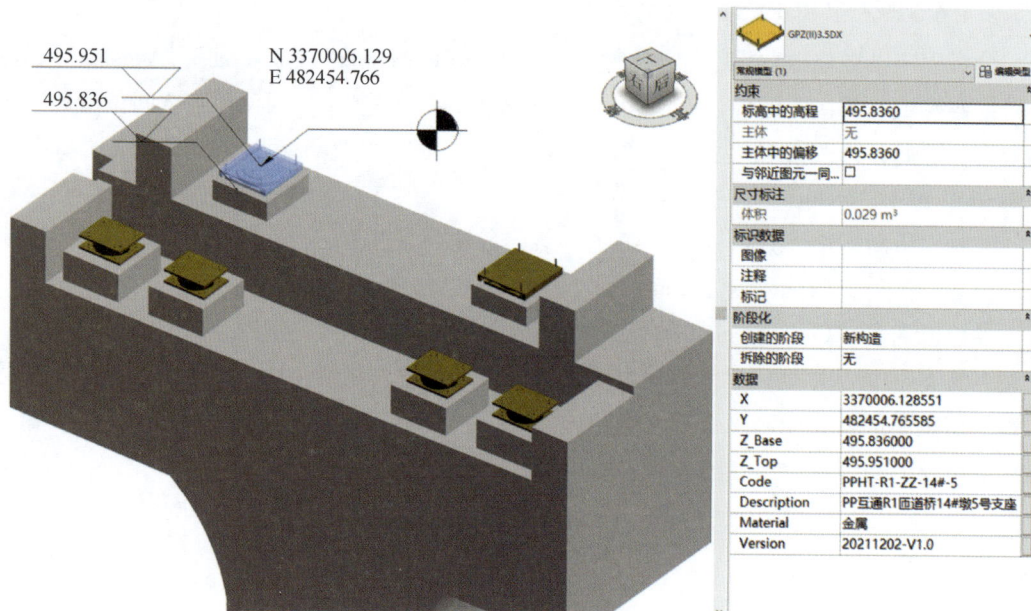

图 2-213　支座族实例创建效果及其属性面板

3 现浇箱梁桥桥跨结构创建

本章内容所述方法适用于一箱单室、一箱多室现浇箱梁桥桥跨结构创建，并且自适应桥宽，即同样适用于渐变段桥跨结构创建。

3.1 现浇箱梁桥跨结构创建思路

现浇箱梁是桥梁工程中梁的一种，内部为空心状，一般上部两侧有翼缘，类似箱子，因而得名。由于整体性好、适用性强、受力合理等优点，已成为被采用最广泛的桥型之一。

现浇箱梁桥因线路设计多样、桥梁箱式形式复杂、各地设计思想差异等原因，致使现浇箱梁桥的桥跨结构多为复杂的异形构件，为 BIM 三维建模工作增加了困难。其桥跨结构不仅随平面路线、纵断面设计曲线、横断面设计、沿三维设计中心线逐渐过渡变化，而且还需要考虑内部空心舱体、泄水孔、通风孔等结构设计。

综合分析，应对基于 Revit 的现浇箱梁桥桥跨结构的 BIM 三维建模，无法创建固定形式的结构族来满足需求的问题。创建现浇箱梁桥桥跨结构的思路为创建关键断面的轮廓，根据每一联现浇箱梁的情况，进行关键断面轮廓的空间排布、尺寸驱动、形体创建、布尔运算及族转换等步骤，完成桥跨结构族的创建。

关键断面轮廓应当包含桥跨结构形状变化节点处主梁体、内部空心结构轮廓，同时，为便于 Dynamo 环境下的尺寸驱动、元素提取及空间转换，通常使用"公制常规模型"族样板建立轮廓族。

在创建过程中，轮廓族的线图元根据创建的先后顺序持有不同 ID，线图元的 ID 顺序与几何形状的创建息息相关。并且可以通过嵌套族的方式确保满足调整轮廓尺寸、偏距和横坡等调整。关键断面轮廓示例如图 3-1 所示。

关键断面轮廓A　　　　　　　　关键断面轮廓B　　　　　　　　关键断面轮廓C

图 3-1　关键断面轮廓示例

观察桥跨结构设计，提取关键断面处的里程桩号、轮廓、横坡等数据，宜通过 Excel 等工具进行记录和维护，利于提高桥跨结构创建程序的适用性、便捷性。并且编制数据宜以联为单位。

Dynamo 环境下，根据关键断面轮廓处的数据，在项目基点处创建轮廓族族实例，并进行尺寸、横坡等参数赋值，提取族实例中的线元素。按照连接关系，将提取到的线图元进行组合、空间位置转换。转换至中心线上的关键断面轮廓如图 3-2 所示。

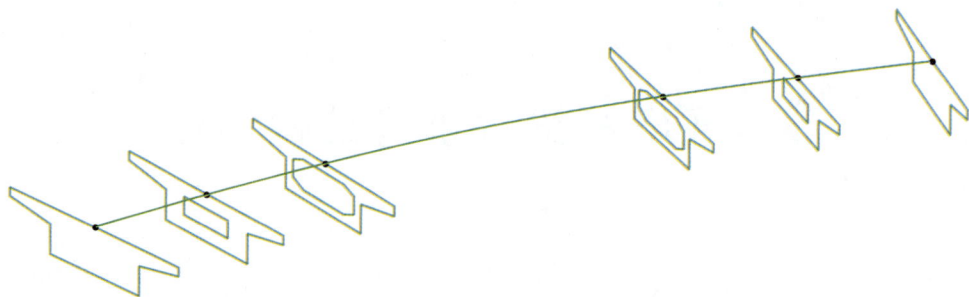

图 3-2 转换至中心线上的关键断面轮廓

整合主梁体（外部）断面轮廓，按照桥跨结构形状特征，采用批量式融合、分段式融合、封闭面成体等方式创建几何形体。并视不同项目需求，宜综合考虑翼板加厚、滴水槽等结构。主梁体形状融合示例如图 3-3 所示。

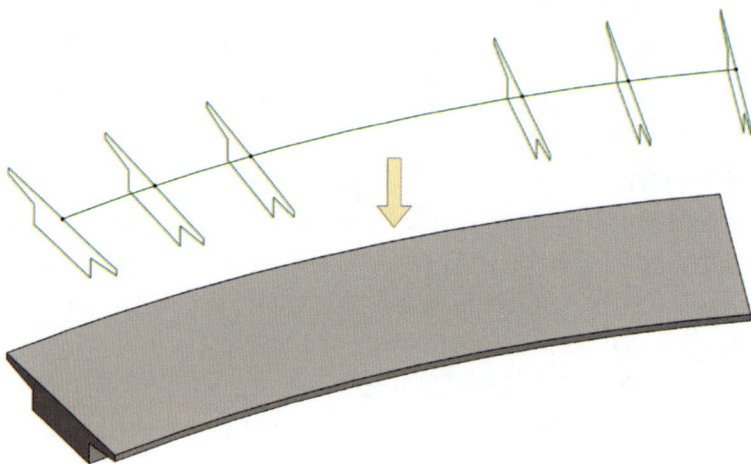

图 3-3 主梁体形状融合示例

内部构造，包含空心构造及其他实体构件，空心构造通常指内部空心仓、检修孔、泄水孔、通风孔等空心构造。而在 Dynamo 环境下，缺少空心形状的概念，通过实体进行表达即可。内部构造融合示例如图 3-4 所示。

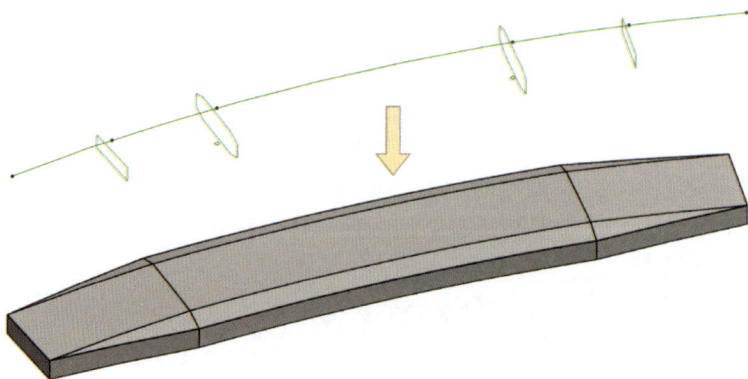

图 3-4 内部构造融合示例

其中空心仓，通常采用批量式融合、分段式融合、封闭面成体等方式创建几何形体。而检修孔、泄水孔、通风孔等构造，通常采用拉伸、融合及旋转等基础方式进行创建。

当创建形成主梁体、内部构造后，需要对其进行三维几何体的布尔运算，即联合、相交、相减，最终形成桥跨结构的几何形体。布尔运算后的现浇箱梁示例如图 3-5 所示。

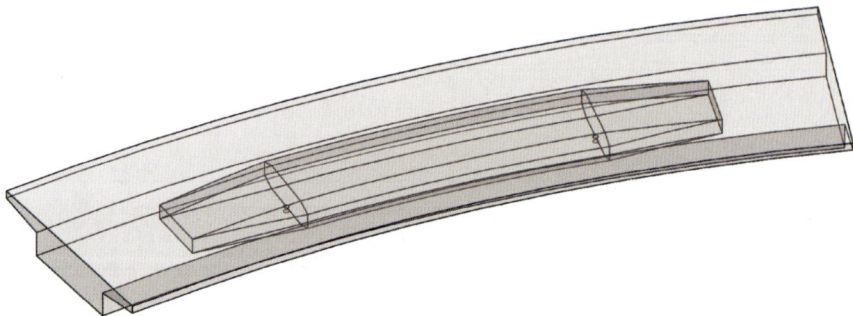

图 3-5　布尔运算后的现浇箱梁示例

形成桥跨结构几何形状还处于 Dynamo 环境下的 Solid 图形元素，需要对其进行转换，由 Dynamo 元素，转化为 SAT 格式文件，再选择对应族样板，调用 Revit 接口转化为族（自由形状），转化为族之后，在 Dynamo 环境下的同位置处创建族实例（图 3-6）。

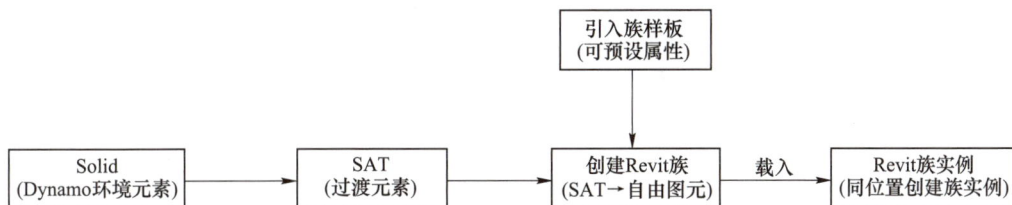

图 3-6　Dynamo 实体元素转化为 Revit 族流程

关于现浇箱梁桥桥跨结构的编码设计，如需增加项目统一编码外的其他编码，则需要为桥跨结构族增加其他参数。增加参数的方式，在族实例创建前、创建中、创建后三个时期都可进行。

创建前，采用预设族样板的方式，可预设族样板参数、材质等内容；创建中，针对目标族的 FamilyManager 执行 AddParameter 方法进行参数添加；创建后，通过路径读取族文档，同样针对目标族的 FamilyManager 执行 AddParameter 方法进行参数添加，随后重新载入项目环境。

3.2　关键断面轮廓设计

设计关键断面轮廓的首要重要工作，是解析设计意图，结合设计图纸、规范，总结现浇箱梁桥桥跨结构形状、尺寸信息及变化规律，掌握关键断面轮廓的种类、尺寸、参数化范围，从而确定关键断面轮廓设计流程及要点。

3.2.1 关键断面轮廓种类

以本书 R1 匝道为例，含有 27 跨，共计七联桥跨结构。其中第一、二、三、五、六、七联桥跨结构为现浇箱梁，现浇箱梁分一联三跨或一联四跨，均为一箱单室，其立面、平面构造简图及三维模型图如图 3-7~图 3-12 所示。

图 3-7　一联三跨立面构造简图

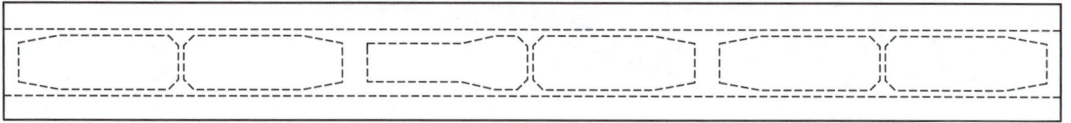

图 3-8　一联三跨平面构造简图

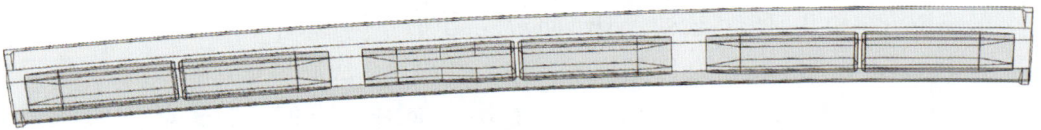

图 3-9　一联三跨三维模型图

图 3-10　一联四跨立面构造简图

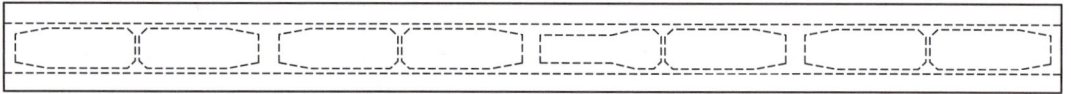

图 3-11　一联四跨平面构造简图

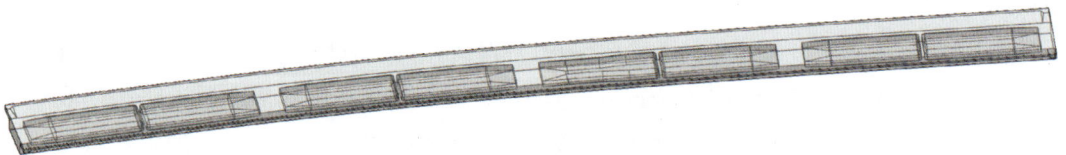

图 3-12　一联四跨三维模型图

观察一联三跨、一联四跨现浇箱梁，结构构造具有共通性。按照不同跨区分，共包含 2 类边跨、2 类中跨箱梁，如图 3-13~图 3-16 所示。

根据 2 类边跨、2 类中跨箱梁构造特征，结合设计图纸，关键断面轮廓类型主要可归属于 3 类，如图 3-17 所示。

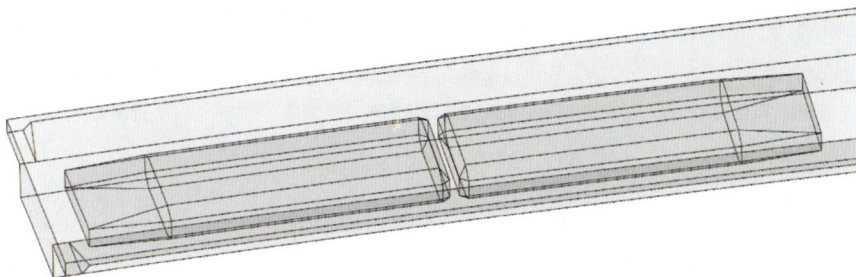

图 3-13 边跨（起始跨）现浇箱梁

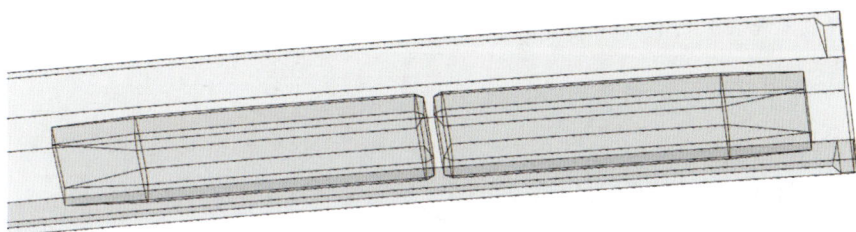

图 3-14 边跨（终止跨）现浇箱梁

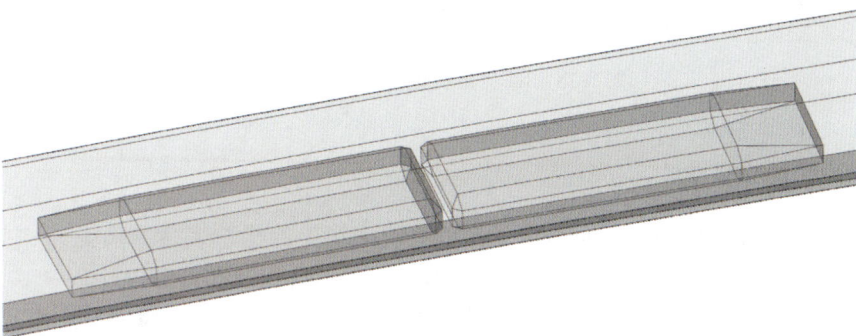

图 3-15 中跨现浇箱梁（类型 1）

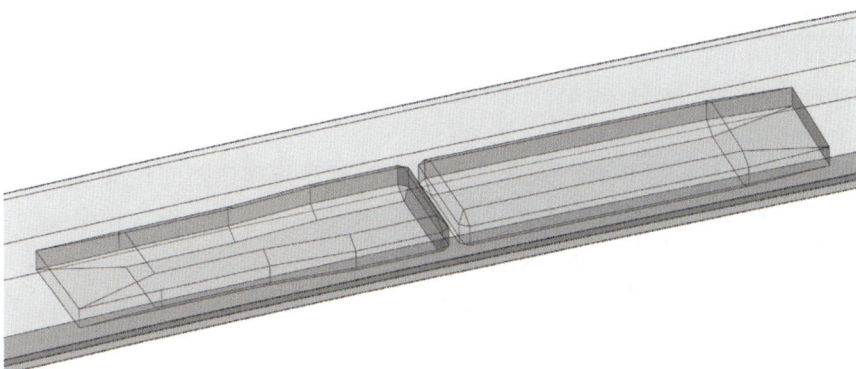

图 3-16 中跨现浇箱梁（类型 2）

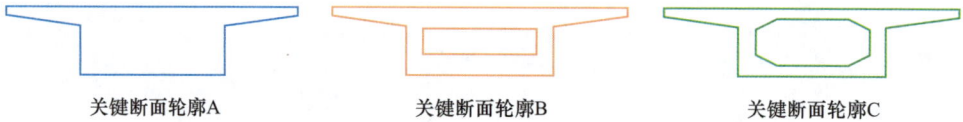

关键断面轮廓A   关键断面轮廓B   关键断面轮廓C

图 3-17　R1 匝道关键断面轮廓类型

并且，为了满足伸缩缝处，翼缘板的加厚设计，其中"关键断面轮廓 A"，应当能满足翼缘板高度参数化调整，翼缘板处尺寸变化如图 3-18 所示。

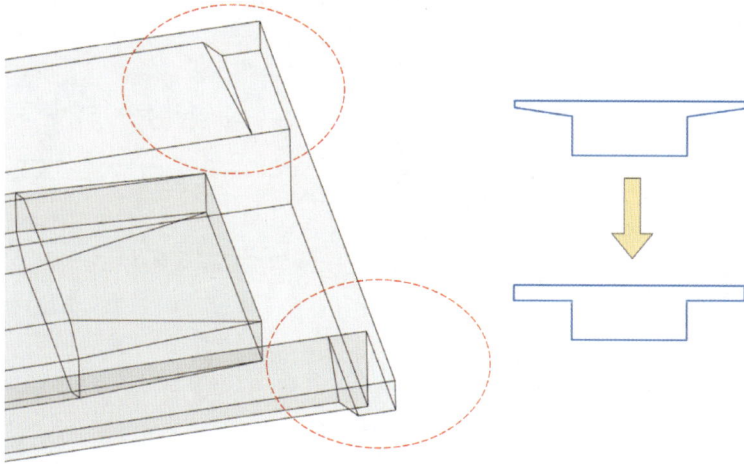

图 3-18　R1 匝道关键断面轮廓类型 A

3.2.2　关键断面轮廓设计

通过上述总结，为满足 R1 匝道桥一箱单室现浇箱梁的构造表达，须设计"关键断面轮廓 A""关键断面轮廓 B""关键断面轮廓 C"三项参数化断面轮廓设计。

断面轮廓的创建，需要满足一众条件，来满足现浇箱梁模型的创建，主要条件包含有：

（1）支持被提取出线图元；

（2）支持驱动尺寸；

（3）支持驱动水平偏距；

（4）支持驱动竖向偏移，满足桥面铺装层高度调整；

（5）支持驱动断面轮廓横坡。

基于上述条件，拟采用 Revit "公制常规模型"族样板创建断面轮廓族，通过模型线创建断面轮廓，采用尺寸标注关联参数进行约束。在创建过程中，制定模型线创建次序方案，为后期 Dynamo 提取及分组建立前提。

并且，采用嵌套族的方式，依次满足轮廓尺寸、水平偏距、竖向偏移、横坡值的调整。

3.2.2.1　关键断面轮廓 A

采用"公制常规模型"族样板，基于"参照标高"平面，创建上偏移界限、左偏距界限参照平面，分别关联至新建类型参数"PJmax""PYmax"上（具体数值根据项目情况调整），驱动整体断面轮廓竖向、横向位置，如图3-19所示。

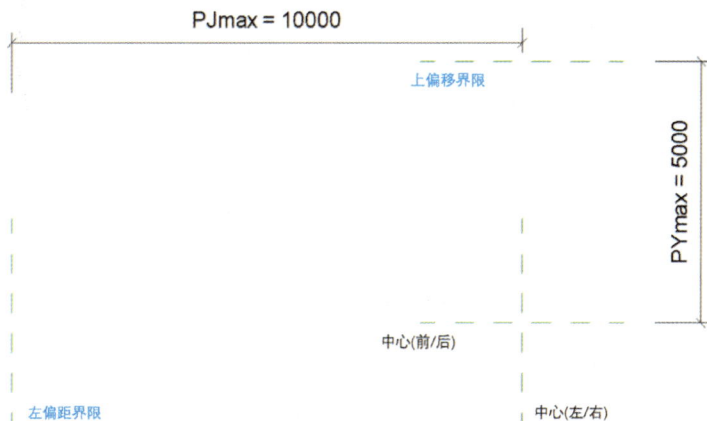

图3-19 上偏移界限、左偏距界限参照平面示意（单位：mm）

分析"关键断面轮廓A"水平线、竖向的线分布情况，需要创建4道水平参照平面、5道竖向参照平面进行约束。其中第3道竖向参照平面为断面水平偏向轴心位置。断面轮廓主要尺寸约束参照平面如图3-20所示。

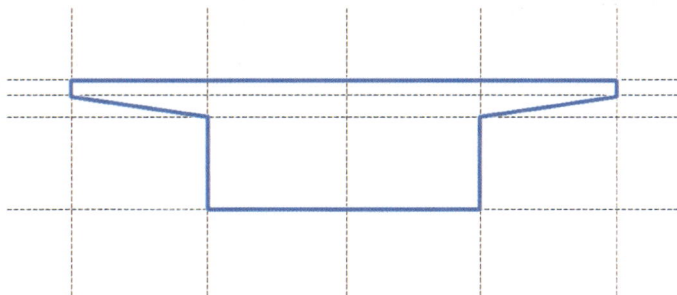

图3-20 断面轮廓主要尺寸约束参照平面

分别创建4道水平、竖向参照平面（分别标识为1~8号），设置1、5号参照平面关于3号参照平面对称，设置2、4号参照平面关于3号参照平面对称，创建1-5号参照平面尺寸标注并关联新建实例参数"L_top"，用于约束顶板宽度；创建2-4号参照平面尺寸标注并关联新建实例参数"L_base"，用于约束底板宽度；创建6-8号参照平面尺寸标注并关联新建实例参数"H_YB_inside"，用于约束翼板内侧厚度；创建6-7号参照平面尺寸标注并关联新建实例参数"H_YB_outside"，用于约束翼板外侧厚度；创建6-9号参照平面尺寸标注并关联新建实例参数"H"，用于约束箱梁高度（图3-21）。

分别创建6号参照平面与上偏移界限、3号参照平面与左偏距界限参照平面间的尺寸标注，并关联至新建实例参数"PY_top""PJ_mid"，确保实现对轮廓竖向偏移、偏距的驱动（图3-22）。

制定轮廓族竖向偏移、偏距的方向，如轮廓族向"中心（左/右）"右侧偏移为正，向"中心（前/后）"下方偏移为正（图3-23）。

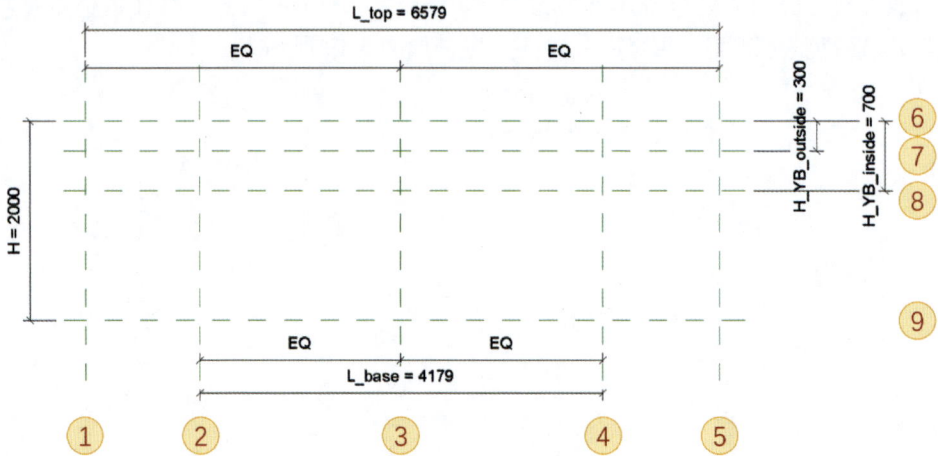

图 3-21　参照平面尺寸标注与参数关联（单位：mm）

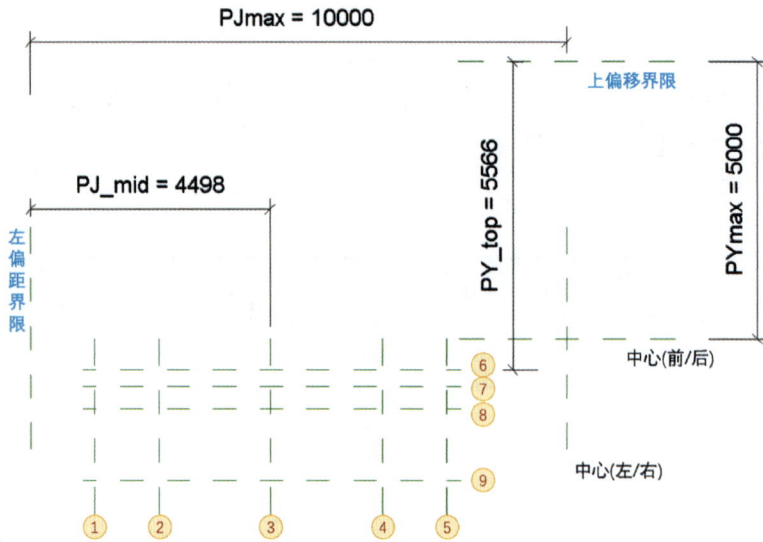

图 3-22　轮廓竖向偏移、偏距的驱动设置（单位：mm）

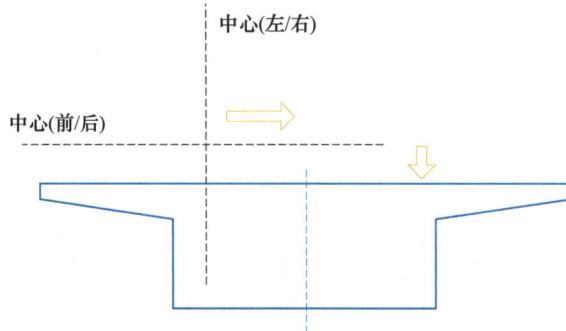

图 3-23　轮廓竖向偏移、偏距驱动逻辑

新建实例参数"PY""PJ",表示轮廓族整体实际竖向偏移、水平向偏距,并设置如表 3-1 所示参数公式关系。

表 3-1 竖向偏移、水平向偏距参数与公式

参数	公式
PY_top	PYmax+PY
PJ_mid	PJmax+PJ

按照如图 3-24 所示顺序,创建 1~8 号模型线,模型线起点指向终点,与箭头方向一致。

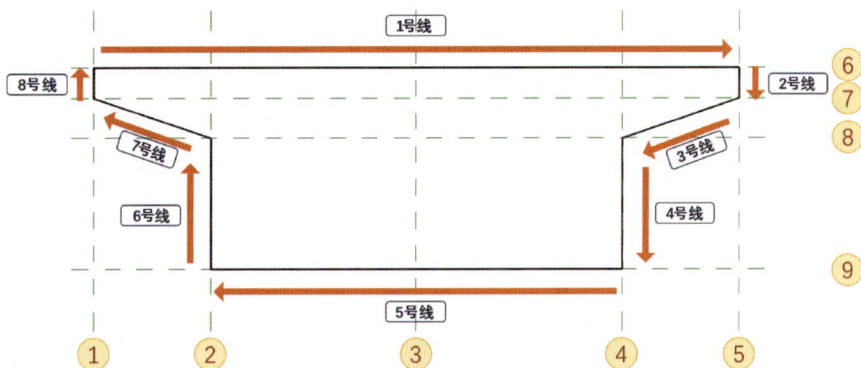

图 3-24 模型线绘制顺序与方向

并对上述模型线,与对应参照平面进行对齐锁定,如图 3-25 所示。

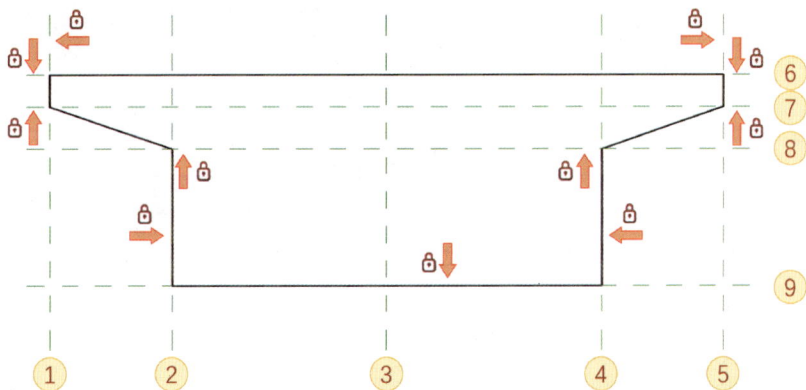

图 3-25 模型线对齐锁定关系

调试参数值,观察是否满足对断面轮廓尺寸、偏距、竖向偏移的驱动,如图 3-26 所示。

保存该族,命名为"Outline_A_n"。

基于"公制常规模型"族样板新建族,载入上述"Outline_A_n.rfa",并于"参照标高"平面原点处创建族实例。使用"角度尺寸标注",分别选择到当前族的"中心(前/后)"参照平面、"Outline_A_n.rfa"的"中心(前/后)"参照平面,并关联角度至新建

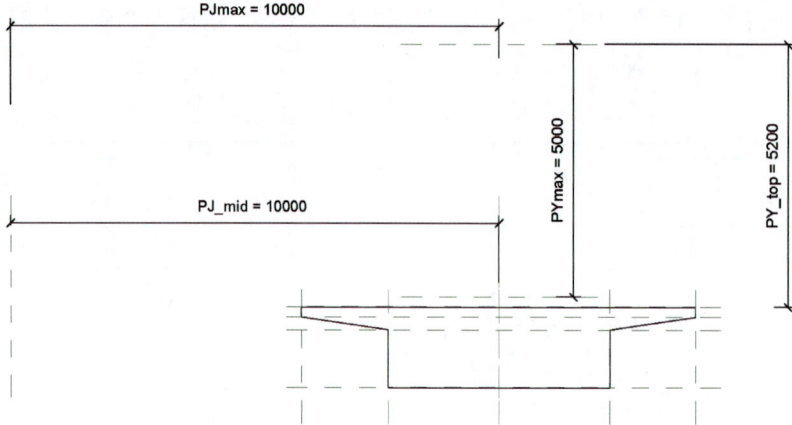

图 3-26 轮廓尺寸、偏距与竖向偏移的驱动测试（单位：mm）

实例参数"Angle"，如图 3-27 所示。

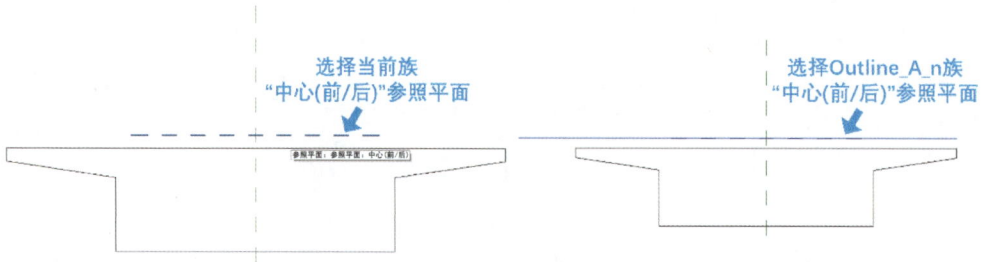

图 3-27 轮廓嵌套族的角度标注关联对象

新建数值参数"i"，作为轮廓族的横坡百分值参数，基于参数"i"设置"Angle"角度参数公式，如表 3-2 所示。

表 3-2 角度标注关联参数与公式设定

参数	公式
Angle	atan（i/100）

调试"i"参数，观察是否满足驱动断面轮廓角度。参数"i"驱动断面轮廓角度测试如图 3-28 所示。

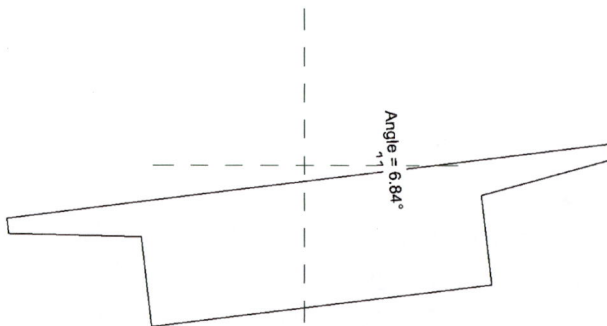

图 3-28 参数"i"驱动断面轮廓角度测试

选中"Outline_A_n"族实例，将其参数关联至当前族参数，参数名称保持一致，其中"PJmax""PYmax"族类型参数可视情况选择关联与否。嵌套族参数关联关系如图 3-29 所示。

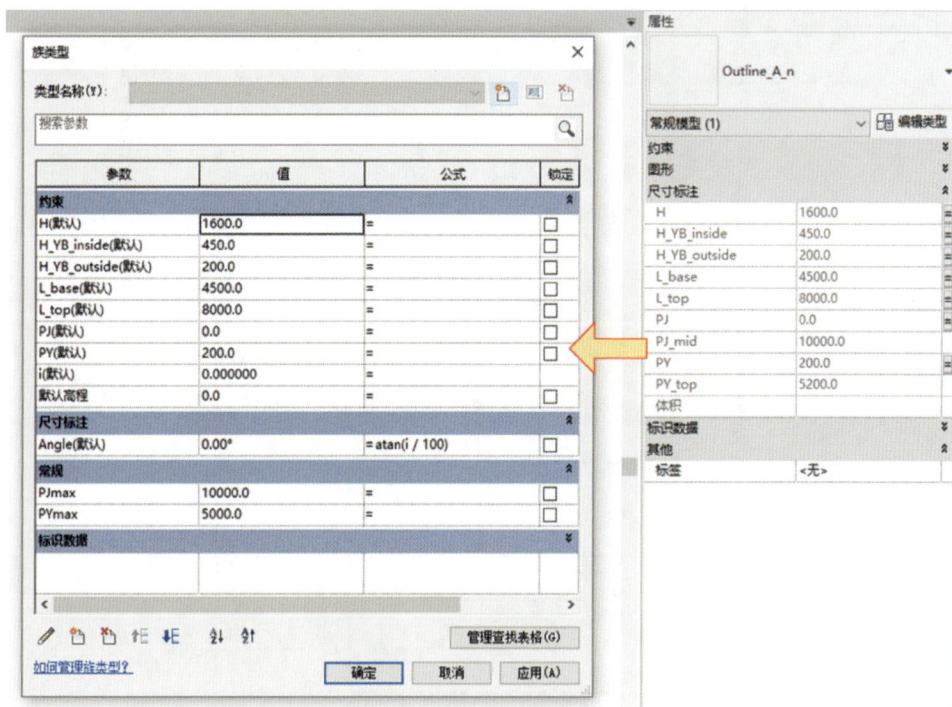

图 3-29　嵌套族参数关联关系

调试各项参数，观察是否支持对断面轮廓族进行驱动。保存该族，命名为"Outline_A"，完成"关键断面轮廓 A"的创建。

3.2.2.2　关键断面轮廓 B

采用"公制常规模型"族样板，基于"参照标高"平面，创建上偏移界限、左偏距界限参照平面，分别关联至新建类型参数"PJmax""PYmax"上，驱动整体断面轮廓竖向、横向位置，如图 3-30 所示。

分析"关键断面轮廓 B"水平线、竖向的线分布情况，需要创建 6 道水平参照平面、7 道竖向参照平面进行约束，其中第 4 道竖向参照平面为断面水偏向轴心位置。断面轮廓主要尺寸约束参照平面如图 3-31 所示。

在"关键断面轮廓 B"中 9 道水平、竖向参照平面及尺寸约束创建的基础上，增加 10~13 号参照平面，其中 10、11 号为竖向参照平面，12、13 号则为水平参照平面。创建 2-10 号参照平面尺寸标注并关联新建实例参数"Thick_fb1"，用于约束左侧腹板厚度；创建 4-11 号参照平面尺寸标注并关联新建实例参数"Thick_fb2"，用于约束右侧腹板厚度；创建 6-12 号参照平面尺寸标注并关联新建实例参数"Thick_top"，用于约束顶板厚度；创建 9-13 号参照平面尺寸标注并关联新建实例参数"Thick_base"，用于约束底板厚度，如图 3-32 所示。

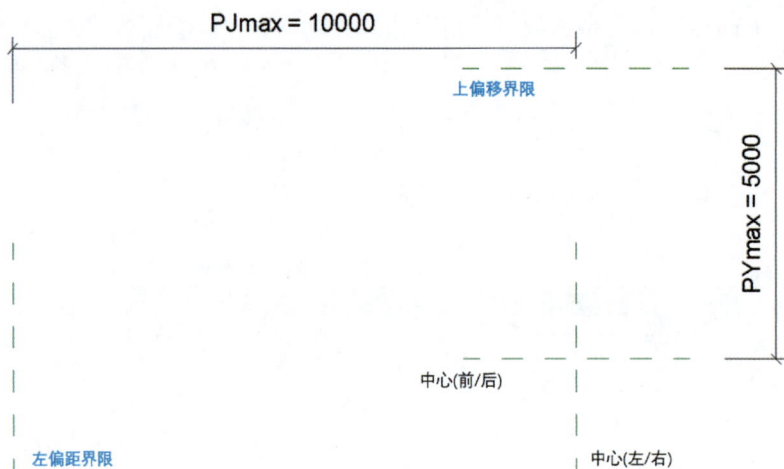

图 3-30 上偏移界限、左偏距界限参照平面（单位：mm）

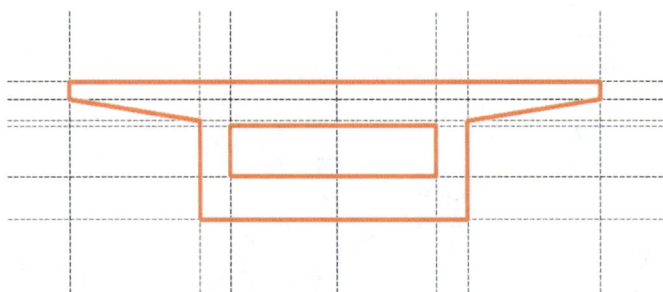

图 3-31 断面轮廓主要尺寸约束参照平面

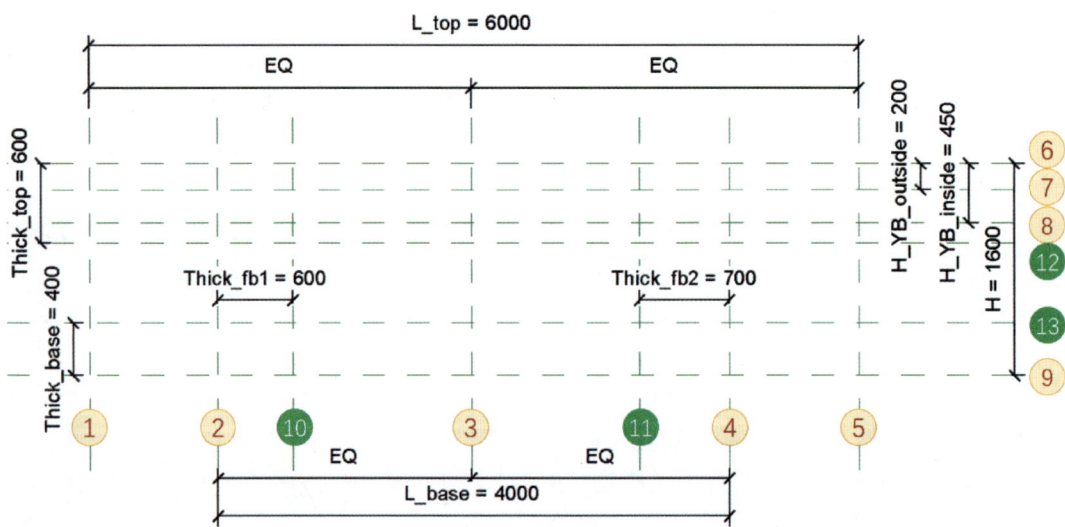

图 3-32 参照平面尺寸标注与参数关联（单位：mm）

同样，分别创建 6 号参照平面与上偏移界限、3 号参照平面与左偏距界限参照平面间的尺寸标注，并关联至新建实例参数"PY_top""PJ_mid"，确保实现对轮廓族竖向偏移、偏距的驱动。

新建实例参数"PY""PJ"，表示轮廓族整体实际竖向偏移、水平向偏距，并设置参数公式关系，如表 3-3 所示。

表 3-3　竖向偏移、水平向偏距参数与公式

参数	公式
PY_top	PYmax+PY
PJ_mid	PJmax+PJ

按照如图 3-33 所示顺序，创建 1～12 号模型线，模型线起点指向终点，与箭头方向一致。

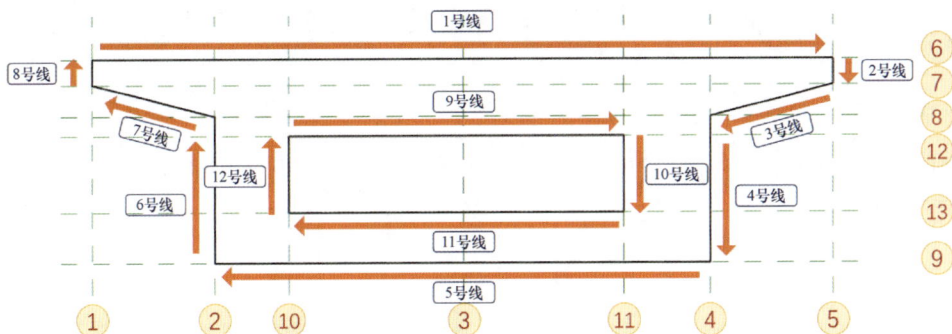

图 3-33　模型线绘制顺序与方向

并对上述模型线，与对应参照平面进行对齐锁定，如图 3-34 所示。

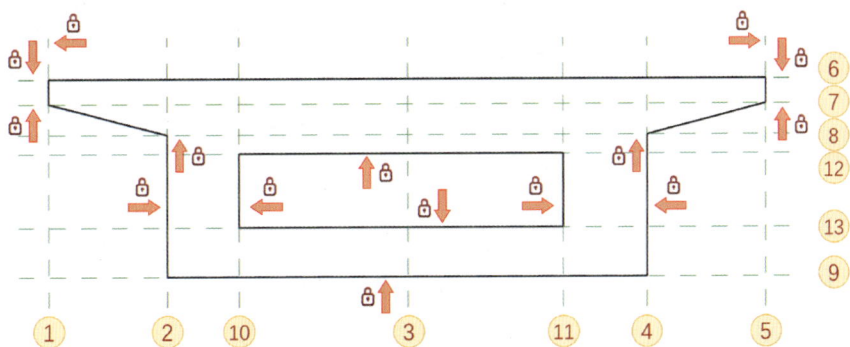

图 3-34　模型线对齐锁定关系

调试参数值，观察是否满足对断面轮廓线尺寸、偏距、竖向偏移的驱动。验证满足后保存该族，命名为"Outline_B_n"。

基于"公制常规模型"族样板新建族，载入上述"Outline_B_n. rfa"，并于"参照标高"平面原点处创建族实例。使用"角度尺寸标注"，分别选择到当前族的"中心（前/

后）"参照平面、"Outline_B_n. rfa"的"中心（前/后）"参照平面，并关联角度至新建实例参数"Angle"，如图 3-35 所示。

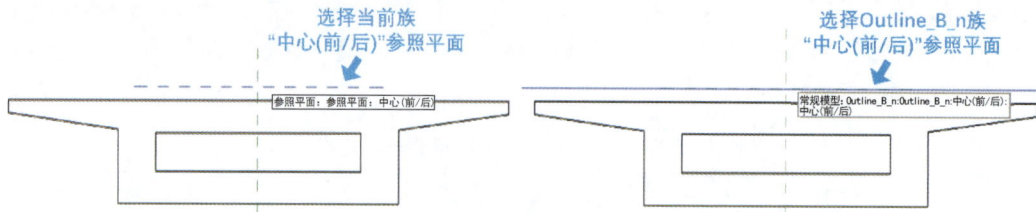

图 3-35 轮廓嵌套族的角度标注关联对象

新建数值参数"i"，作为轮廓族的横坡百分值参数，基于参数"i"设置"Angle"角度参数公式，如表 3-4 所示。

表 3-4 角度标注关联参数与公式设定

参数	公式
Angle	atan（i/100）

调试"i"参数，观察是否满足驱动断面轮廓角度。参数"i"驱动断面轮廓角度测试如图 3-36 所示。

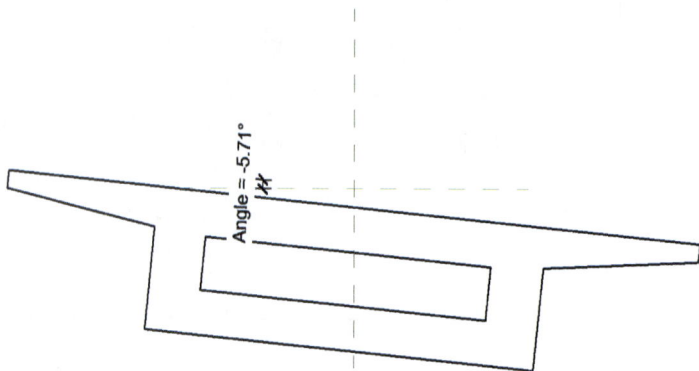

图 3-36 参数"i"驱动断面轮廓角度测试

选中"Outline_B_n"族实例，将其参数关联至当前族参数，参数名称保持一致，其中"PJmax""PYmax"族类型参数可视情况选择关联与否。嵌套族参数关联关系如图 3-37 所示。

调试各项参数，观察是否支持对断面轮廓族进行驱动。保存该族，命名为"Outline_B"，完成"关键断面轮廓 B"的创建。

3.2.2.3 关键断面轮廓 C

采用"公制常规模型"族样板，基于"参照标高"平面，创建上偏移界限、左偏距界限参照平面，分别关联至新建类型参数"PJmax""PYmax"上，驱动整体断面轮廓竖向、横向位置如图 3-38 所示。

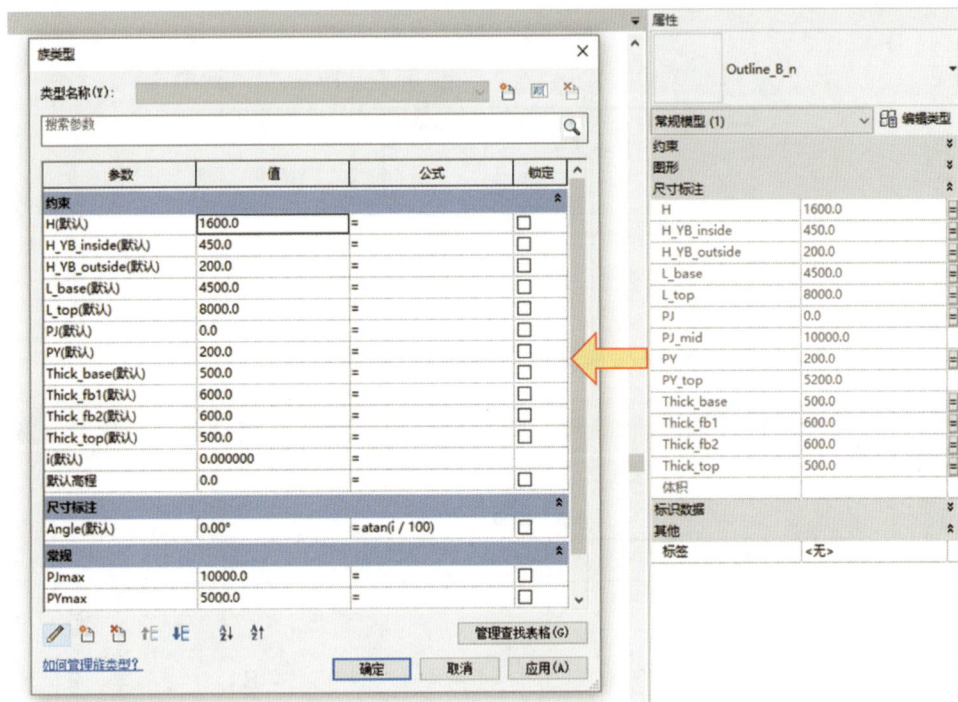

图 3-37　嵌套族参数关联关系

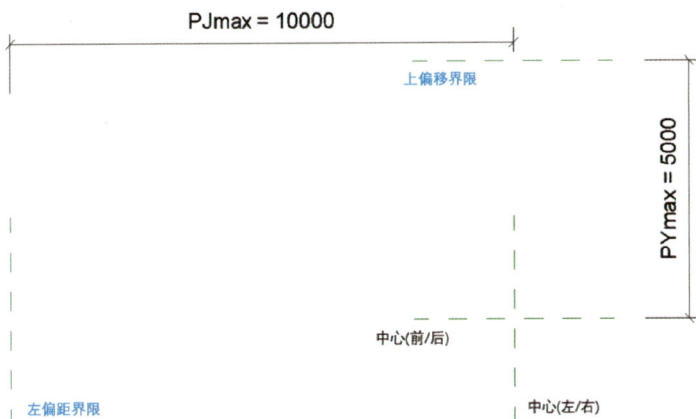

图 3-38　上偏移界限、左偏距界限参照平面示意（单位：mm）

　　分析"关键断面轮廓 C"水平线、竖向的线分布情况，需要创建 8 道水平参照平面、9 道竖向参照平面进行约束。其中第 5 道竖向参照平面为断面水平偏向轴心位置。断面轮廓主要尺寸约束参照平面如图 3-39 所示。

　　在"关键断面轮廓 C"中 13 道水平、竖向参照平面及尺寸约束创建的基础上，增加 14~17 号参照平面，其中 14、15 号为竖向参照平面，16、17 号则为水平参照平面。创建 10-14 号参照平面尺寸标注、11-15 号参照平面尺寸标注，同时关联至新建实例参数 "Rounding_A"，用于约束空心仓倒角横向宽；创建 12-16 号参照平面尺寸标注、13-17 号

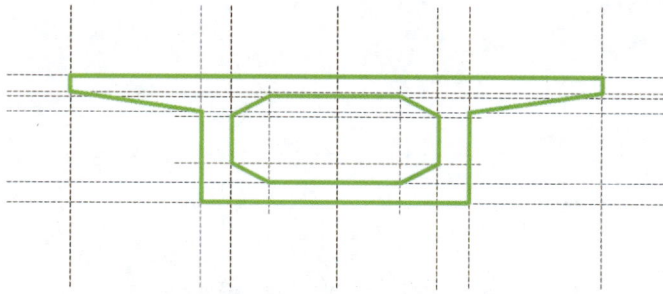

图 3-39　断面轮廓主要尺寸约束参照平面

参照平面尺寸标注并关联新建实例参数"Rounding_B"，用于约束空心仓倒角竖向宽。如图 3-40 所示。

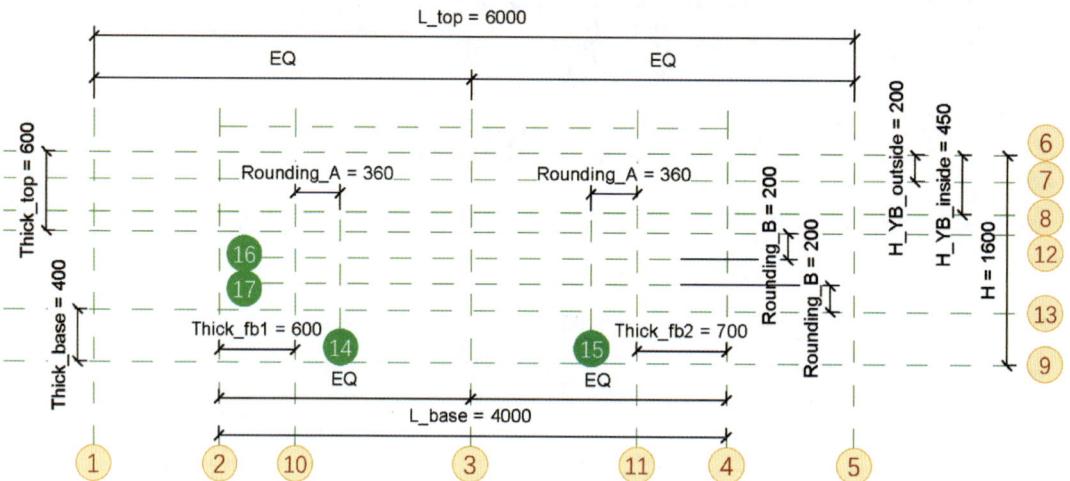

图 3-40　参照平面尺寸标注与参数关联（单位：mm）

同样，分别创建 6 号参照平面与上偏移界限、3 号参照平面与左偏距界限参照平面间的尺寸标注，并关联至新建实例参数"PY_top""PJ_mid"，确保实现对轮廓族竖向偏移、偏距的驱动。

新建实例参数"PY""PJ"，表示轮廓族整体实际竖向偏移、水平向偏距，并设置参数公式关系，如表 3-5 所示。

表 3-5　竖向偏移、水平向偏距参数与公式

参数	公式
PY_top	PYmax+PY
PJ_mid	PJmax+PJ

按照如图 3-41 所示顺序，创建 1～16 号模型线，模型线起点指向终点，与箭头方向一致。

并对上述模型线，与对应参照平面进行对齐锁定，如图 3-42 所示。

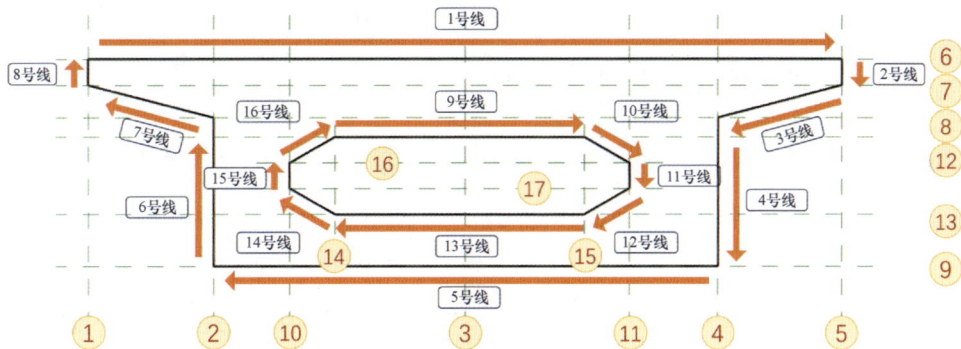

图 3-41　模型线绘制顺序与方向

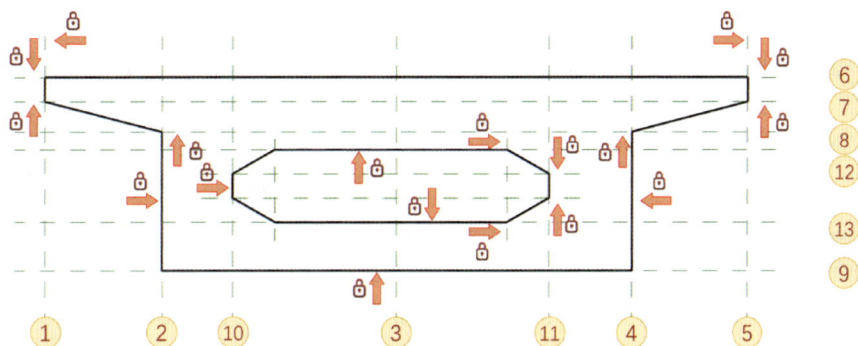

图 3-42　模型线对齐锁定关系

调试参数值，观察是否满足对断面轮廓线尺寸、偏距、竖向偏移的驱动。验证满足后保存该族，命名为"Outline_C_n"。

基于"公制常规模型"族样板新建族，载入上述"Outline_C_n.rfa"，并于"参照标高"平面原点处创建族实例。使用"角度尺寸标注"，分别选择到当前族的"中心（前/后）"参照平面、"Outline_C_n.rfa"的"中心（前/后）"参照平面，并关联角度至新建实例参数"Angle"，如图 3-43 所示。

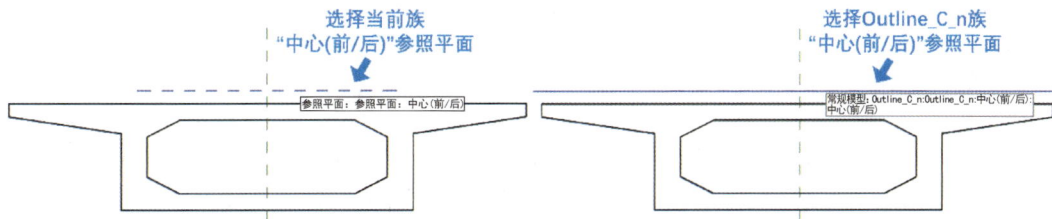

图 3-43　轮廓嵌套族的角度标注关联对象

新建数值参数"i"，作为轮廓族的横坡百分值参数，基于参数"i"设置"Angle"角度参数公式，如表 3-6 所示。

表 3-6　角度标注关联参数与公式设定

参数	公式
Angle	atan（i/100）

调试"i"参数，观察是否满足驱动断面轮廓角度。参数"i"驱动断面轮廓角度测试如图 3-44 所示。

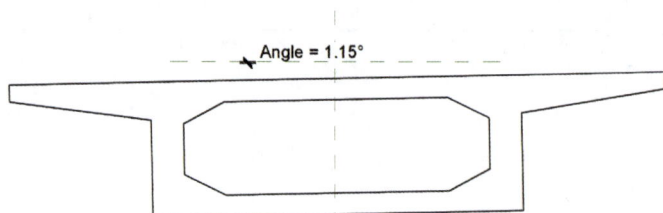

图 3-44　参数"i"驱动断面轮廓角度测试

选中"Outline_C_n"族实例，将其参数关联至当前族参数，参数名称保持一致，其中"PJmax""PYmax"族类型参数可视情况选择关联与否。嵌套族参数关联关系如图 3-45 所示。

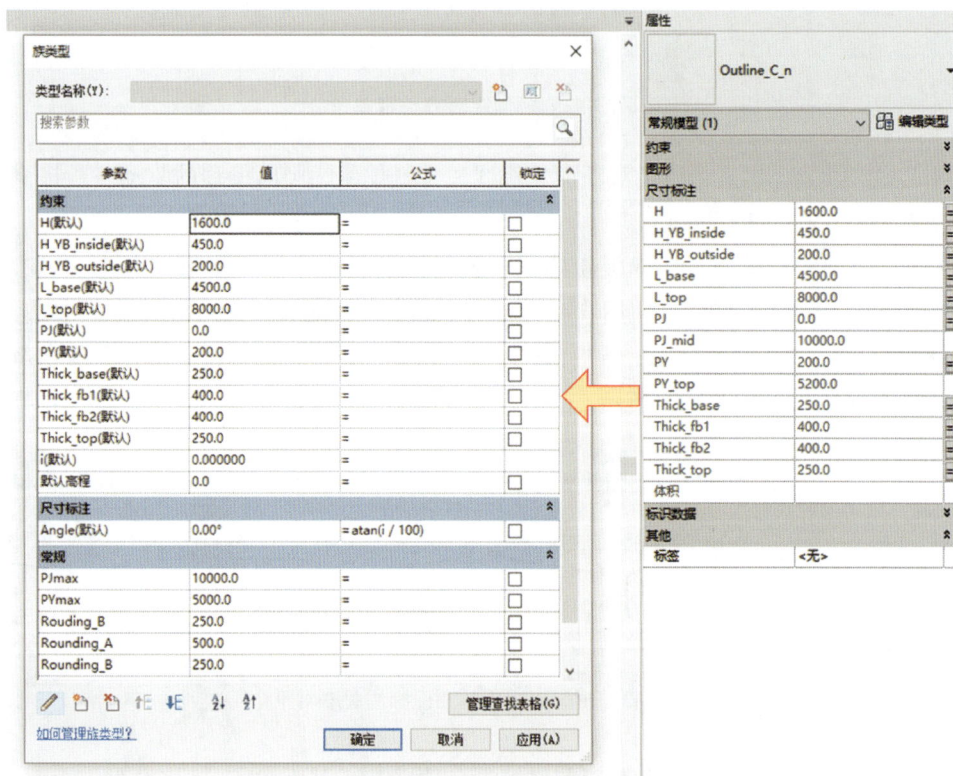

图 3-45　嵌套族参数关联关系

调试各项参数，观察是否支持对断面轮廓族进行驱动。保存该族，命名为"Outline_C"，完成"关键断面轮廓 C"的创建。

3.3 关键断面轮廓排布数据设计

根据现浇箱梁排布编制统一制式 Excel 工作表，宜建立现浇箱梁总体数据表、现浇箱梁构造数据表。

现浇箱梁总体数据表负责以单位工程为单位逐联记录现浇箱梁的族类型名称、边跨起始桩号、族类别属性、结构材质及项目编码等数据。

现浇箱梁构造数据表宜以联为单位，数据应当记录下关键断面轮廓与前一断面桩号间距、轮廓类型数据、位置参数数据、尺寸及横坡数据。

关键断面轮廓与前一断面桩号间距：应当记录关键断面轮廓与前一断面的里程桩号间距，当断面轮廓为某联现浇箱梁小里程侧梁端断面时，应记录该梁端所在墩台中心里程桩号（记为边跨起始桩号）的间距，并且结合边跨起始桩号，可间接计算出关键断面轮廓所处的里程桩号，宜根据设计图纸提供数据的不同，适宜选择现有数据进行填入，本书根据设计图纸数据，采用断面桩号间距数据进行填入。当项目桥跨分布、现浇箱梁关键断面排布组合类似时，数据将会有很高的通用性。现浇箱梁排布立面图（选段）如图 3-46 所示。

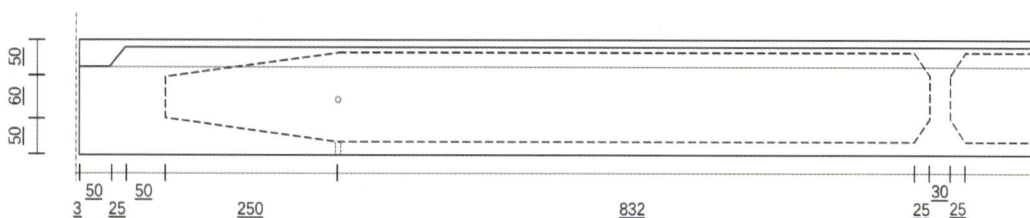

图 3-46 现浇箱梁排布立面图（选段）（单位：mm）

轮廓类型数据：应当与所设计及载入的族（族类型）名称一致，如本书设计的"Outline_A""Outline_B""Outline_C"等名称。

位置参数数据：主要包含竖向偏移、偏距，竖向偏移控制轮廓竖向偏移，可根据铺装层厚度不同，设置不同值。偏距控制轮廓水平中心轴线与设计线水平距离，可根据设计线与轮廓相对位置不同，设置不同值。

尺寸及横坡数据：主要包含梁高、翼板内侧厚、翼板外侧厚、顶板宽、底板宽、顶板厚、底板厚、腹板厚、空心仓倒角尺寸、横坡值。

翼板内/外侧厚，用于控制形成现浇箱梁梁端翼板加厚部位。腹板厚则根据空心仓室数量不同，依次增加设置（如一箱单室包含腹板 1 厚、腹板 2 厚，一箱双室包含腹板 1 厚、腹板 2 厚、腹板 3 厚）。

尺寸及横坡数据中，如遇整联轮廓族某项参数与载入族初始值一致，则可缺省数据编制。当不同轮廓间，组成的参数不同，如某项参数仅在部分轮廓族中存在，则针对未拥有改参数的轮廓族尺寸参数，可缺省填入或使用特殊符号代替。

现浇箱梁总体数据如表 3-7 所示。

表 3-7　现浇箱梁总体数据

族类型名称	边跨起始桩号	类别	材质	编码	编码描述	建筑材料	图纸版本
FamilyType Name	StartPileNo	Category	结构材质	Code	Description	Material	Version
现浇箱梁第 1 联	225.2	OST_StructuralFraming	C50_现浇箱梁	PPHT-R1-XJXL-1#	PP 互通 R1 匝道桥第 1 联现浇箱梁	C50	20211202-V1.0
现浇箱梁第 2 联	300.2	OST_StructuralFraming	C50_现浇箱梁	PPHT-R1-XJXL-2#	PP 互通 R1 匝道桥第 2 联现浇箱梁	C50	20211202-V1.0
现浇箱梁第 3 联	400.2	OST_StructuralFraming	C50_现浇箱梁	PPHT-R1-XJXL-3#	PP 互通 R1 匝道桥第 3 联现浇箱梁	C50	20211202-V1.0
现浇箱梁第 5 联	607.78	OST_StructuralFraming	C50_现浇箱梁	PPHT-R1-XJXL-5#	PP 互通 R1 匝道桥第 5 联现浇箱梁	C50	20211202-V1.0
现浇箱梁第 6 联	707.78	OST_StructuralFraming	C50_现浇箱梁	PPHT-R1-XJXL-6#	PP 互通 R1 匝道桥第 6 联现浇箱梁	C50	20211202-V1.0
现浇箱梁第 7 联	807.78	OST_StructuralFraming	C50_现浇箱梁	PPHT-R1-XJXL-7#	PP 互通 R1 匝道桥第 7 联现浇箱梁	C50	20211202-V1.0
现浇箱梁第 8 联	882.78	OST_StructuralFraming	C50_现浇箱梁	PPHT-R1-XJXL-8#	PP 互通 R1 匝道桥第 8 联现浇箱梁	C50	20211202-V1.0

将上述工作表命名为"现浇箱梁总体数据表"，完成 R1 匝道桥现浇箱梁总体布局数据的编制。

现浇箱梁构造数据表（以现浇箱梁第 1 联数据为例）如表 3-8 所示。将表 3-8 命名为"现浇箱梁第 1 联"，完成 R1 匝道桥第 1 联现浇箱梁构造数据的编制。

注：当项目中存在多座桥梁时，为便于区分不同桥梁中现浇箱梁，应在该现浇箱梁构造数据表前追加桥梁名称或简称。

表 3-8　第 1 联现浇箱梁构造数据表

（m）

桩间距 Spacing	断面类型	竖向偏移 PY	偏距 PJ2	梁高 H	翼板内侧厚 H_YB_inside	翼板外侧厚 H_YB_outside	顶板宽 L_top	底板宽 L_base	横坡值 i	顶板厚 Thick_top	底板厚 Thick_base	腹板 1 厚 Thick_fb1	腹板 2 厚 Thick_fb2
0.03	Outline_A	0.2	0	1.6	0.45	0.45	8	4.5	-1.5	/	/	/	/
0.5	Outline_A	0.2	0	1.6	0.45	0.45	8	4.5	-1.5	/	/	/	/
0.25	Outline_A	0.2	0	1.6	0.45	0.2	8	4.5	-1.5	/	/	/	/
0.5	Outline_B	0.2	0	1.6	0.45	0.2	8	4.5	-1.5	0.5	0.5	0.6	0.6
2.5	Outline_C	0.2	0	1.6	0.45	0.2	8	4.5	-1.5	0.25	0.25	0.4	0.4
8.32	Outline_C	0.2	0	1.6	0.45	0.2	8	4.5	-1.5	0.25	0.25	0.4	0.4
0.25	Outline_B	0.2	0	1.6	0.45	0.2	8	4.5	-1.5	0.5	0.5	0.6	0.6
0.3	Outline_B	0.2	0	1.6	0.45	0.2	8	4.5	-1.5	0.5	0.5	0.6	0.6
0.25	Outline_C	0.2	0	1.6	0.45	0.2	8	4.5	-1.5	0.25	0.25	0.4	0.4
8.35	Outline_C	0.2	0	1.6	0.45	0.2	8	4.5	-1.5	0.25	0.25	0.4	0.4
2.5	Outline_B	0.2	0	1.6	0.45	0.2	8	4.5	-1.5	0.5	0.5	0.6	0.6
1.25	Outline_A	0.2	0	1.6	0.45	0.2	8	4.5	-1.5	/	/	/	/
1.25	Outline_B	0.2	0	1.6	0.45	0.2	8	4.5	-1.5	0.5	0.5	0.6	0.6
2.5	Outline_C	0.2	0	1.6	0.45	0.2	8	4.5	-1.5	0.25	0.25	0.598	0.6
3.25	Outline_C	0.2	0	1.6	0.45	0.2	8	4.5	-1.5	0.25	0.25	0.598	0.6
2.5	Outline_C	0.2	0	1.6	0.45	0.2	8	4.5	-1.5	0.25	0.25	0.4	0.4
2.6	Outline_C	0.2	0	1.6	0.45	0.2	8	4.5	-1.5	0.25	0.25	0.4	0.4

续表 3-8

桩间距	断面类型	竖向偏移	偏距	梁高	翼板内侧厚	翼板外侧厚	顶板宽	底板宽	横坡值	顶板厚	底板厚	腹板1厚	腹板2厚
Spacing		PY	PJ	H	H_YB_inside	H_YB_outside	L_top	L_base	i	Thick_top	Thick_base	Thick_fb1	Thick_fb2
0.25	Outline_B	0.2	0	1.6	0.45	0.2	8	4.5	−1.5	0.5	0.5	0.6	0.6
0.3	Outline_B	0.2	0	1.6	0.45	0.2	8	4.5	−1.5	0.5	0.5	0.6	0.6
0.25	Outline_C	0.2	0	1.6	0.45	0.2	8	4.5	−1.5	0.25	0.25	0.4	0.4
8.35	Outline_C	0.2	0	1.6	0.45	0.2	8	4.5	−1.5	0.25	0.25	0.4	0.4
2.5	Outline_B	0.2	0	1.6	0.45	0.2	8	4.5	−1.5	0.5	0.5	0.6	0.6
1.25	Outline_A	0.2	0	1.6	0.45	0.2	8	4.5	−1.5	/	/	/	/
1.25	Outline_B	0.2	0	1.6	0.45	0.2	8	4.5	−1.5	0.5	0.5	0.6	0.6
2.5	Outline_C	0.2	0	1.6	0.45	0.2	8	4.5	−1.5	0.25	0.25	0.4	0.4
8.35	Outline_C	0.2	0	1.6	0.45	0.2	8	4.5	−1.5	0.25	0.25	0.4	0.4
0.25	Outline_B	0.2	0	1.6	0.45	0.2	8	4.5	−1.5	0.5	0.5	0.6	0.6
0.3	Outline_B	0.2	0	1.6	0.45	0.2	8	4.5	−1.5	0.5	0.5	0.6	0.6
0.25	Outline_C	0.2	0	1.6	0.45	0.2	8	4.5	−1.5	0.25	0.25	0.4	0.4
8.32	Outline_C	0.2	0	1.6	0.45	0.2	8	4.5	−1.5	0.25	0.25	0.4	0.4
2.5	Outline_B	0.2	0	1.6	0.45	0.2	8	4.5	−1.5	0.5	0.5	0.6	0.6
0.5	Outline_A	0.2	0	1.6	0.45	0.45	8	4.5	−1.5	/	/	/	/
0.25	Outline_A	0.2	0	1.6	0.45	0.45	8	4.5	−1.5	/	/	/	/
0.5	Outline_A	0.2	0	1.6	0.45	0.45	8	4.5	−1.5	/	/	/	/

3.4 桥梁中心线、路线的 **PythonScript** 创建方案

在下部结构的创建中，建立桥梁中心线、路线的方法是通过内置的节点，经过三维点创建、三维曲线创建、拉伸到曲面等流程实现的。但是在复杂的几何形体创建过程中，常涉及大量的数据计算、RevitAPI 接口方法调用，易造成节点过多、连接混淆、缓存冗余、操作卡顿等不良影响，降低人与程序的亲和度。

通常针对功能完善的节点组可采取的优化方式，包括将节点组创建为自定义节点，自定义节点将大大优化提高节点功能的重复利用便捷性，同时也适用于不同层级的数据处理。其次，也可以通过"Python Script"节点替代，通过 Python 脚本语言编制程序实现功能，PythonScript 脚本语言继承了 Python 语言的强大功能，语法简单，代码量低，针对庞大的数据计算、频繁的接口方法调用以及标准 Python 库或 dll 库文件引用时，"Python Script"节点的实现效果十分显著。

掌握"Python Script"节点的应用，一方面影响着程序执行效率，另一方面也促进了对逻辑运算、BIM 底层数据更深层次的了解，对掌握 BIM 数据结构同样有益。

所以在桥跨结构创建的 Dynamo 程序设计中，本书将强化"Python Script"节点的应用，提高基于 PythonScript 脚本语言实现相应功能。

桥梁中心线、路线的创建，包含了 Excel 数据的读取及分析转化。

3.4.1 Excel 数据的读取

新建 Dynamo 项目文件，命名为"桥跨结构创建 . dyn"，根据 Excel 数据的设计，创建现浇箱梁模型，需要读取"CenterLine""现浇箱梁总数据""现浇箱梁第 x 联"三个工作表，当需要读取多个工作表数据时，可修改"Data. ImportExcel"节点"sheetName"输入数据为列表，即可实现多个工作表的数据读取，同时，在节点输出端进行数据分离，创建为"多工作表读取"节点组，节点组设计如图 3-47 所示。

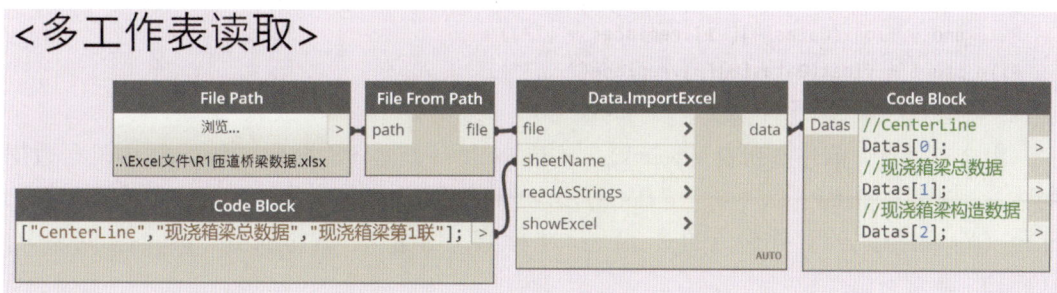

图 3-47 "多工作表读取"节点组

3.4.2 桥梁中心线、路线创建

基于上述 Excel 工作表的数据读取，创建"Python Script"节点（以下简称"Ps5 节点"），输入端连接至上述"CenterLine"数据输出端，如图 3-48 所示。

设计 Ps5 节点的程序，设计内容包含：读取输入列表主体数据、计算里程差、组合三

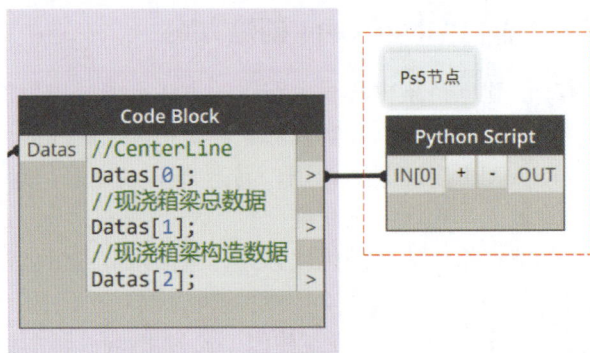

图 3-48　Ps5 节点及其连接关系

维点、创建桥梁中心线、创建路线、计算平面路线长度误差、内容输出。

　　读取输入列表主体数据，需要将"CenterLine"工作表的表头数据去除，采用、创建变量"Datas"进行存储，采用 PythonScript 语言的表达如下。

```
1. Datas = IN[0][1::]
```

　　此时，"Datas"为一个二维列表，每一行数据作为一个子列表存在，为便于后续程序操作，可将其进行行列互换的操作，采用 map( ) 方法实现，并将结果再次赋给"Datas"，转换后的二维列表中拥有 4 个子列表，分别对应桩号、北距（Y）、东距（X）、高程（Z）数据，代码如下所示。

```
1. Datas = map(list,zip(*Datas))
```

　　计算里程差，分别读取上述"Datas"桩号数据的第 1 项和最后 1 项，采用 replace( ) 方法将"+"符号去除，再使用 float( ) 方法将其转换为浮点数，获取到桥梁的起点（Pile _Start）、终点（Pile _ end）桩号。两者作差，计算出路线的起始桩号差（length _ Centerline），代码如下。

```
1. Pile_end = float(Datas[0][-1].replace("+",""))
2. Pile_Start = float(Datas[0][0].replace("+",""))
3. length_Centerline = Pile_end - Pile_Start
```

　　组合三维点，创建空列表（points），构造 for 循环，循环次数取"Datas"中桩号数据的数量，通过"Datas［2］［i］""Datas［1］［i］""Datas［3］［i］"依次取东距（X）、北距（Y）、高程（Z）作为点的 X、Y、Z 坐标值，创建点，并添加至"points"列表中，代码如下。

```
1. points = []
2. for i in range(0,len(Datas[0])):
3.    points.append(Point.ByCoordinates(Datas[2][i],Datas[1][i],Datas[3][i]))
```

　　创建桥梁中心线，使用"NurbsCurve. ByPoints( )"方法，赋予上述"points"点列表数据，创建为桥梁的中心线（SD_Curve），代码如下。

```
1. SD_Curve = NurbsCurve.ByPoints(points)
```

　　创建路线，使用"PullOntoPlane( )"方法，将上述桥梁中心线向世界坐标系的 XY 平面投影，获取二维的平面路线，代码如下。

```
1. TD_Curve = SD_Curve.PullOntoPlane(Plane.XY())
```

计算平面路线长度误差，对起始桩号差、平面路线的曲线长度作差，根据两者的差值范围（读者根据项目情况自拟），判断是否偏差过大，建立"Report"变量，存储结果，代码如下。

```
1. Redu = length_Centerline - TD_Curve.Length
2. if Redu > -0.001 and Redu < 0.001:
3.     Report = "误差小于 1mm，很精确！"
4. else:
5.     Report = ("误差大于 1mm！，建议调整 Civil 道路，误差为:" + str(Redu*1000) + "mm")
```

当上述起始桩号差、平面路线曲线长度差值过大时，"Report"变量被赋值为"误差大于？mm！，建议调整 Civil 道路，误差为：？mm)"，可以作为中心线误差一种甄别依据。

内容输出，经过上述计算，对后续工作有用的数据主要有起点桩号、路线、桥梁中心线及误差报告，通过 OUT 按照顺序进行输出，代码如下。

```
1. OUT = Pile_Start,TD_Curve,SD_Curve,Report
```

以上将实现桥梁中心线、路线的创建，全部代码如下。

```
1. # 加载 Python Standard 和 DesignScript 库
2. import clr
3. clr.AddReference('ProtoGeometry')
4. from Autodesk.DesignScript.Geometry import *
5. # 获取列表去除表头部分数据
6. Datas = IN[0][1::]
7. # 对数据进行行列互换
8. Datas = map(list,zip(*Datas))
9. #计算里程差
10. Pile_end = float(Datas[0][-1].replace("+",""))
11. Pile_Start = float(Datas[0][0].replace("+",""))
12. length_Centerline = Pile_end - Pile_Start
13. # 组合三维点
14. points = []
15. for i in range(0,len(Datas[0])):
16.     points.append(Point.ByCoordinates(Datas[2][i],Datas[1][i],Datas[3][i]))
17. # 创建三维中心线
18. SD_Curve = NurbsCurve.ByPoints(points)
19. # 将三维设计线投影到世界坐标系 XY 平面
20. TD_Curve = SD_Curve.PullOntoPlane(Plane.XY())
21. # 计算二维线长误差允许报告
22. Redu = length_Centerline - TD_Curve.Length
23. if Redu > -0.001 and Redu < 0.001:
24.     Report = "误差小于 1mm，很精确！"
```

```
25. else:
26.     Report = ("误差大于1mm!，建议调整Civil道路，误差为:" + str(Redu*1000) + "mm")
27. # 节点输出内容
28. OUT = Pile_Start,TD_Curve,SD_Curve,Report
```

最终结果如图 3-49 所示。

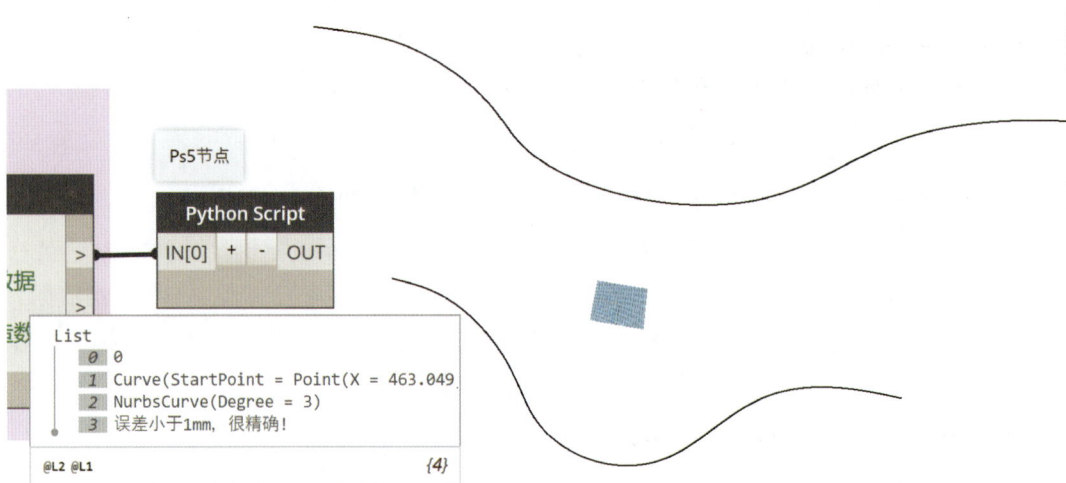

图 3-49　Ps5 节点创建桥梁中心线、路线效果

3.5　关键断面轮廓基准坐标系

根据"3.2"小节关于关键断面轮廓设计的内容，关键断面轮廓是采用"公制常规模型"族样板，并基于参照标高平面进行创建的，并且载入到 Revit 项目环境后，同样也只能基于标高平面进行族实例创建，导致最终由 Dynamo 提取的轮廓线也处于标高平面中。而现浇箱梁的关键断面轮廓处于桥梁中心线在目标里程桩号处的法平面上（斜角桥存在偏角），在此背景下，需要采用基于坐标系的几何形状转化来实现轮廓线的位置及姿态调整。

分析 Revit 项目中创建的关键断面轮廓姿态，默认情况下与族创建环境中一致，即处于 XY 平面中，关键断面轮廓与坐标系的位置关系如图 3-50 所示。

以"关键断面轮廓 A"为例，在现浇箱梁的形体创建中，需转换至特定里程桩号断面处。为便于采用基于空间坐标系的几何转换，在创建基准坐标系时，应当基于桥梁中心线，以特定里程桩号点为原点，以该点在桥梁中心线处切向量的反向量为 Z 轴，垂直该点处切向量水平指向线右方向为 X 轴，垂直 XZ 平面向上为 Y 轴，创建基准坐标系，如图 3-51 所示。

创建"Python Script"节点（以下简称"Ps6 节点"），为支撑 Ps6 节点进行关键断面轮廓基准坐标系创建，以及后续排布转换、梁体创建等操作，增加节点输入端至 4 个，IN［0］…IN［3］输入端分别连接 Ps5 节点输出端、现浇箱梁总数据、现浇箱梁构造数据及 Excel 工作表名称，如图 3-52 所示。

设计 Ps6 节点，包括引入数据的处理、相对桩号值计算、坐标系及点的收集。

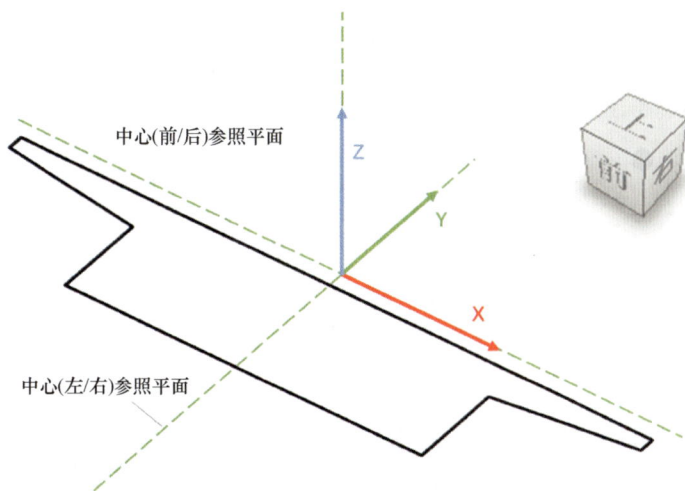

图 3-50　关键断面轮廓与坐标系的位置关系

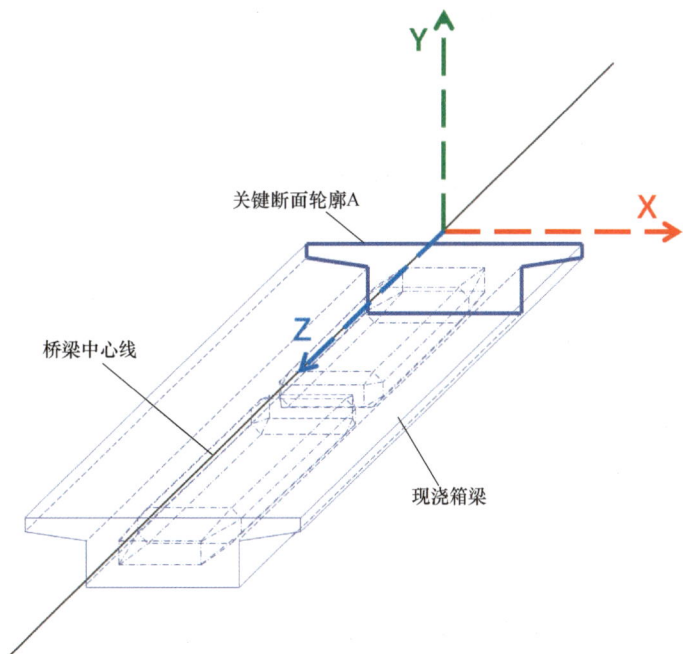

图 3-51　关键断面轮廓与基准坐标系的位置关系

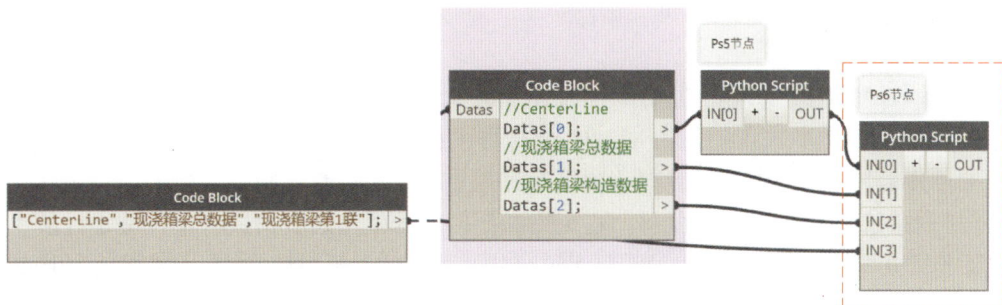

图 3-52　Ps6 节点及其连接关系

3.5.1 引入数据的处理

计算空间关键断面轮廓的基准坐标系，需要获取桥梁中心线及平面路线、现浇箱梁总数据中的边跨起始桩号、现浇箱梁第 X 联中桩间距列数据、工作表名称，为后续数据计算作准备。首先，针对 IN[0] 输入端数据，需要将其中第一、第二、第三项数据进行提取，即中心线起点桩号、平面路线、桥梁中心线，分别存储于变量"CurStartPlieNo""TD_Curve""SD_Curve"中，代码如下。

```
1. # 获取 IN[0]输入端列表去除表头部分数据，提取中心线起点桩号、平面路线、桥梁中心线
2. CurStartPlieNo = IN[0][0]
3. TD_Curve = IN[0][1]
4. SD_Curve = IN[0][2]
```

其次，需要引入 IN[1] 输入端列表主体数据（去除前两行），采用 IN[1][2::] 可以实现。根据其数据排布规则，可以通过 map(list，zip(＊待转换数据)) 方法，将其进行行列互换操作，将上述两项数据分别存储至"TotalDatas_Ori""TotalDatas_Modi"变量中，代码如下。

```
1. # 获取 IN[1]输入端列表去除表头部分数据，并执行行列互换
2. TotalDatas_Ori = IN[1][2::]
3. TotalDatas_Modi = map(list,zip(*TotalDatas_Ori))
```

需要 IN[2] 输入端列表中的第 2 行，即关键断面轮廓的参数名称，获取主体数据（去除前两行）中对应行数据并做行列互换操作，分别存储至"ParamNames""Datas"变量中，代码如下。

```
1. # 获取 IN[2]输入端列表去除表头部分数据，并执行行列互换
2. ParamNames = IN[2][1]
3. Datas = IN[2][2::]
4. Datas = map(list,zip(*Datas))
```

需要按照现浇箱梁构造工作表的名称，获取现浇箱梁总数据工作表中对应行数据的索引，代码如下。

```
1. #获取现浇箱梁总数据工作表中对应行数据的索引
2. BeamId = TotalDatas_Modi[0].index(IN[3][2])
```

以上为创建关键断面轮廓基准坐标系，以及后续梁体创建所需数据的前期处理过程。

3.5.2 相对桩号值计算

计算相对桩号值，其目的是计算关键断面轮廓所在的设计桩号值，对应在 Dynamo 平面路线曲线上的位置，因为根据 Civil 3D 软件导出的中心线数据不一定是从"0+000"的起始桩号开始的。所以，在计算起始桩号值时，应当采用边跨起始桩号减去中心线起点桩号，作为平面路线的实际起始桩号。将关键断面轮廓的桩间距数据进行累计叠加计算，附加实际起始桩号，最终计算得出关键断面轮廓在平面路线上的相对桩号，计算流程如图 3-53 所示。

根据以上流程，构造一个函数，Python 语言环境下，可用"def"申明函数，将上述

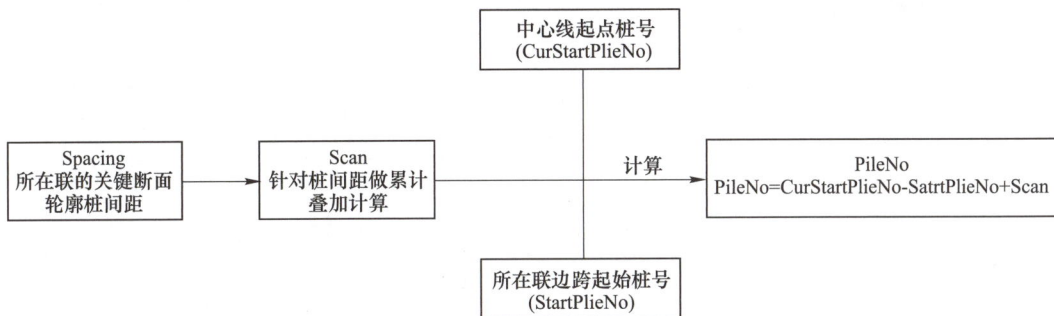

图 3-53 关键断面轮廓所处相对桩号计算流程

桩间距的累计叠加间距、实际起始桩号作为函数的参数，通过 for 循环，以实际起始桩号为基数，依次增加桩间距的累计叠加间距列表中的每一项数据，计算得出相对桩号，并进行导出，函数设计如下。

```
1. def PlieNoScan(list,StartPlieNo):
2.     scan = []
3.     AddPlieNo = StartPlieNo
4.     for i in list:
5.         AddPlieNo += i
6.         scan.append(AddPlieNo)
7.     return scan
```

使用上述函数，通过"Datas［0］"单独提取出桩间距数据（即 Spacing 列数据），通过"TotalDatas_Modi［1］［BeamId］"从现浇箱梁总数据工作表边跨起始桩号列数据中，单独提取出当前联所对应的边跨起始桩号，与"CurStartPlieNo"平面路线起点桩号数值作差，作为实际起始桩号参数，执行上述函数计算，获得相对桩号，代码如下。

```
1. PileNo = PlieNoScan(Datas[0],TotalDatas_Modi[1][BeamId] - CurStartPlieNo )
```

3.5.3 坐标系及中心桩号点的创建

当具备了桥梁中心线、平面路线及相对桩号值数据时，即可创建坐标系及中心桩号点，应当创建空列表，并分别进行坐标系、中心桩号点的数据存储，如下述创建的"CS""PilePoints"列表。

```
1. CS = []
2. PilePoints = []
```

依据"PileNo"相对桩号值数据，构造 for 循环，使用"Curve. PointAtSegmentLength（ ）"方法取每一项相对桩号值处在平面路线上对应的点，使用"Point. Project"方法将该点投影到桥梁中心线上，如图 3-54 所示。

使用"Curve. ParameterAtPoint（ ）"方法，获取投影点在桥梁中心线上的参数，基于该参数，使用"Curve. TangentAtParameter"方法，获取到该点处的切向量。紧接着，使用"CoordinateSystem. ByOriginVectors（ ）"方法，以投影点为原点，以切向量为 X 轴，取垂直 X 轴且 Z 分量最大的向量为 Z 轴，创建空间坐标系，如图 3-55 所示。

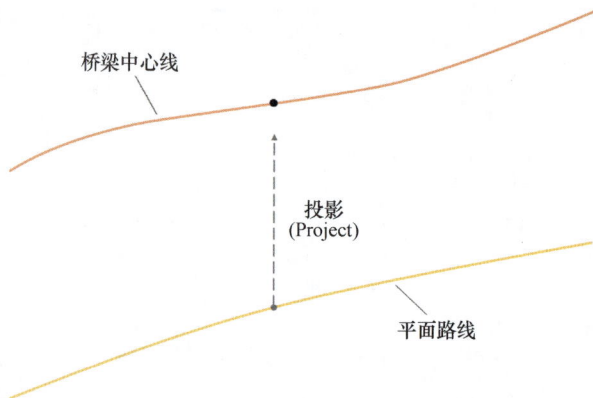

图 3-54　平面路线点的投影至桥梁中心线

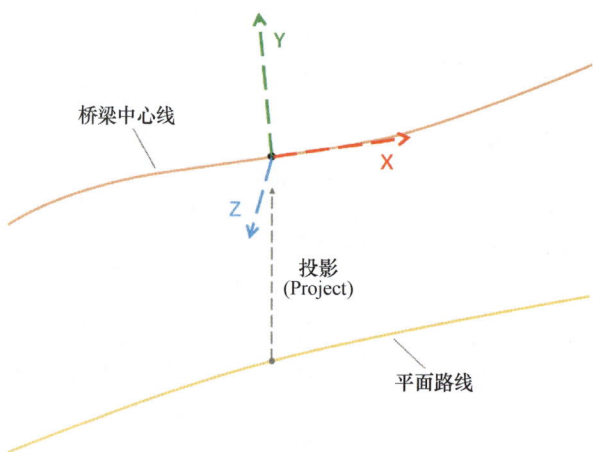

图 3-55　桥梁中心线上建立空间坐标系

此时，需要对空间坐标系进行调整，通过"CoordinateSystem. Rotate（ ）"坐标系旋转方法，以坐标系 Y 轴为旋转轴，顺时针旋转 90°，形成最终的基准坐标系（图 3-56）。

上述实现的过程，设计代码如下。

```
1. for p in range(len(PileNo)):
2.     segm = PileNo[p]
3.     TD_point = TD_Curve.PointAtSegmentLength(segm)
4.     SD_point = TD_point.Project(SD_Curve, Vector.ZAxis())[0]
5.     SD_param = SD_Curve.ParameterAtPoint(SD_point)
6.     SD_vector = SD_Curve.TangentAtParameter(SD_param)
7.     cs1 = CoordinateSystem.ByOriginVectors(SD_point, SD_vector, Vector.ZAxis())
8.     cs2 = CoordinateSystem.Rotate(cs1, SD_point, cs1.YAxis, -90)
9.     CS.append(cs2)
10.    PilePoints.append(SD_point)
```

可通过"OUT = CS，PilePoints"查看到输出结果，预览效果如图 3-57 所示。

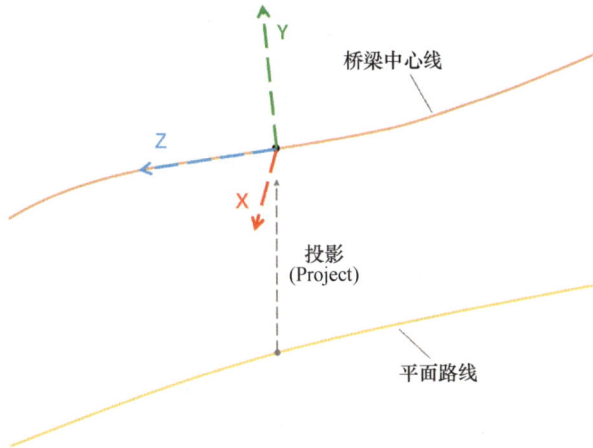

图 3-56　基准空间坐标系姿态

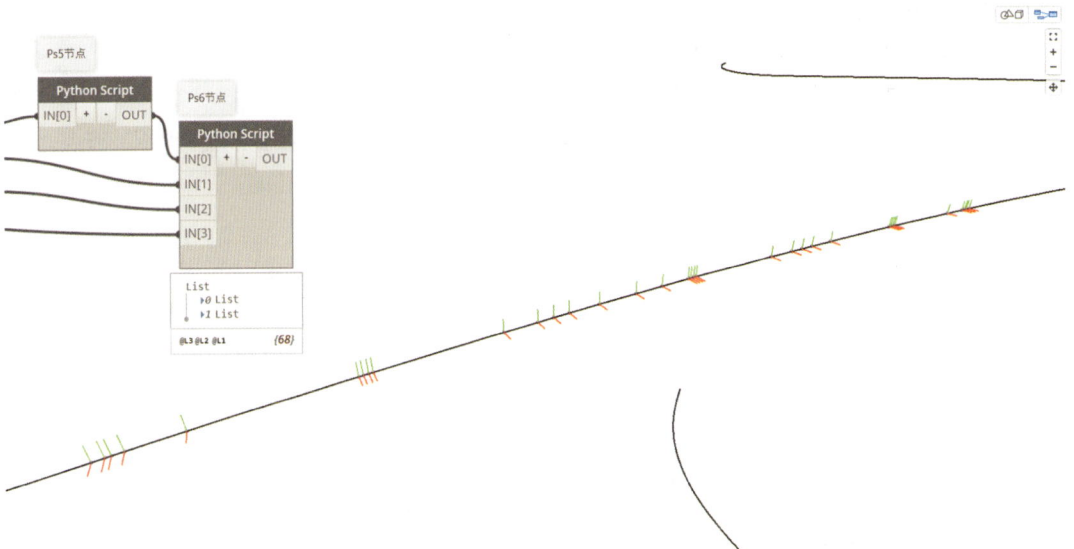

图 3-57　计算 CS、PilePoints 输出预览

3.6　关键断面轮廓排布转换

结合"3.3"节的排布数据内容，根据"断面类型"列数据，从当前 Revit 项目环境中提取对应的族类型，在项目基点处创建族实例。紧接着对"断面类型"列数据进行循环遍历，按照名称选择对应的族实例，对齐进行参数设置。完成参数设置后，提取出族实例中所有线元素，基于世界坐标系、目标坐标系，对线元素进行空间转换，将关键断面轮廓转化至"3.5"节所创建坐标系上，从而完成关键断面轮廓排布，流程如图 3-58 所示。

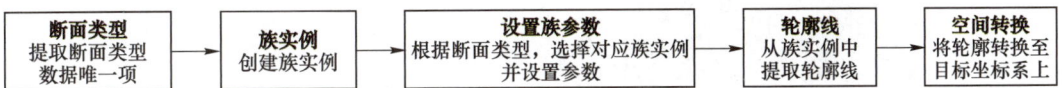

图 3-58　关键断面轮廓排布与转换流程

3.6.1 引用库

在上述流程中，选择族类型、创建族实例均需要调用 RevitAPI 来实现，如根据名称从当前项目中提取目标族类型，通常通过引用"RevitServices""RevitAPI"库，创建收集器，对收集到的族类型进行遍历，判断与预期名称一致的族类型，作为目标族类型。如预期从项目中提取"Outline_A"族类型，可通过以下方式获取。

```
1.  clr.AddReference('RevitServices')
2.  from RevitServices.Persistence import DocumentManager
3.  clr.AddReference('RevitAPI')
4.  from Autodesk.Revit.DB import *
5.  doc = DocumentManager.Instance.CurrentDBDocument
6.  symbols = FilteredElementCollector(doc).OfClass(FamilySymbol).ToElements()
7.  TargetType = None
8.  for i in symbols:
9.      if i.FamilyName == "Outline_A":
10.         TargetType = i
```

注：上述代码为讲述调用 RevitAPI 实现按名称获取族类型，无须添加进"Ps6"节点。

当项目中存在名称为"Outline_A"的族类型时，以上输出的"TargetType"即为"Outline_A"族类型。

但在 Dynamo 中，已经为我们组建了很多可以直接使用的节点，如"FamilyType. ByName"节点可实现通过名称找到族类型，"FamilyInstance. ByPoint"节点可实现通过点创建族实例。在 Python Script 节点中，我们仅需要通过引用"RevitNodes"库，导入对应命名空间即可使用对应的方法，本书通过导入"Revit. Elements"命名空间，达到了使用上述"FamilyType. ByName""FamilyInstance. ByPoint"等节点的目的。

Python Script 节点引用"RevitNodes"库方法的流程如图 3-59 所示。

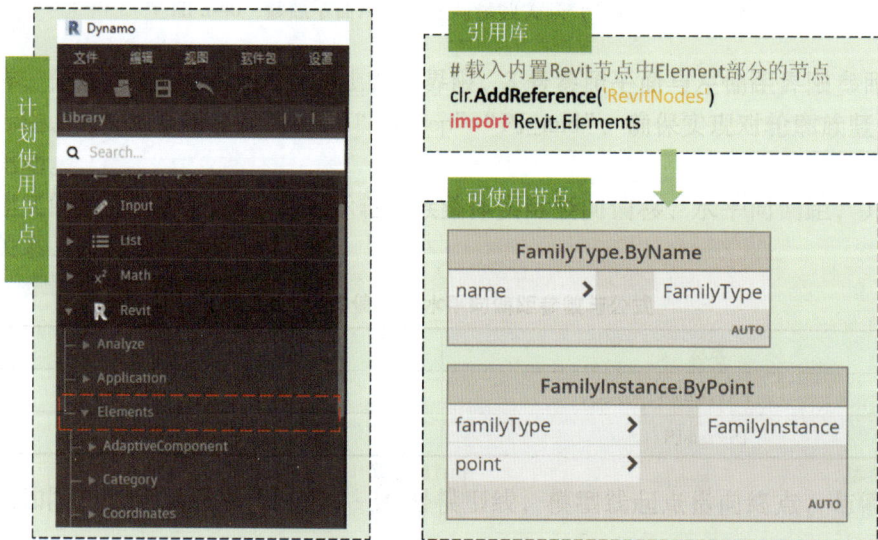

图 3-59　Python Script 节点引用"RevitNodes"库方法的流程

故此，在"Ps6"节点头部，增加对"RevitNodes"库的引用，书写为：

```
1. clr.AddReference('RevitNodes')
2. import Revit.Elements
```

3.6.2 关键断面轮廓唯一族实例的创建

从关键断面轮廓中提取轮廓线，首先需要创建族实例，才能满足对族实例进行参数设置、轮廓线提取，但关键断面轮廓数量众多，针对所有族类型列表逐一创建族实例，会过多占用计算机运行资源，延长运行时间。应对类似场景，仅需要提取族类型的唯一列表名称，选择族类型并创建族实例即可，紧接着，通过族类型名称为关键值匹配族实例，实现流程如图 3-60 所示。

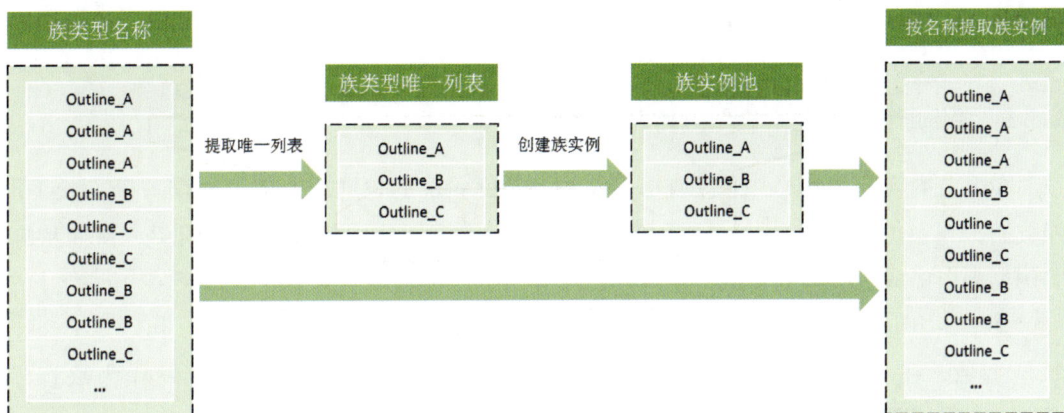

图 3-60　关键断面轮廓唯一族实例创建流程

在"Ps6"节点中，首先需要设计程序，提取出"断面类型"列数据中的唯一项，可通过创建"OnlyTypeNames"空列表，构造 for 循环，将未出现在"OnlyTypeNames"列表中的元素添加进列表，程序设计内容如下。

```
1. OnlyTypeNames = []
2. for x in Datas[1]:
3.     if x not in OnlyTypeNames:
4.         OnlyTypeNames.append(x)
```

其次，使用"FamilyType. ByName( )"方法，根据"OnlyTypeNames"族类型唯一列表，从当前 Revit 项目中提取对应族类型，存储于"OnlyTypes"列表；并且使用"FamilyInstance. ByPoint( )"方法，在项目基点处，基于"OnlyTypes"列表中的每项族类型，创建对应族实例，为后续轮廓提取作铺垫，程序设计内容如下。

```
1. # 根据族类型唯一列表，在项目基点处创建族实例
2. OnlyTypes = [Revit.Elements.FamilyType.ByName(n) for n in OnlyTypeNames]
3. OnlyIns = [Revit.Elements.FamilyInstance.ByPoint(m,Point.Origin()) for m in OnlyTypes]
```

可以通过"OUT = OnlyIns"将上述族实例创建结果输出进行查看，对比 Revit 环境中

项目基点处创建的关键断面轮廓族实例（图 3-61），是否一致。

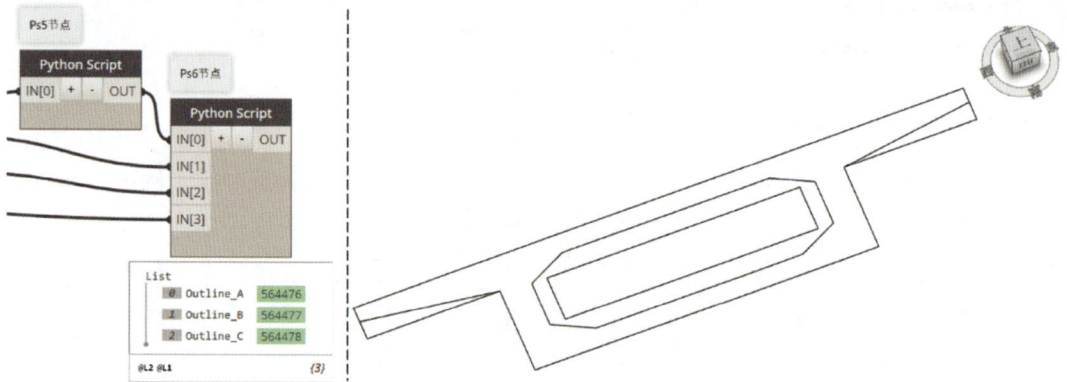

图 3-61　Revit 项目基点处创建的轮廓族实例

3.6.3　关键断面轮廓参数设置及轮廓线提取

在上节内容的基础上，为提取每一处关键断面轮廓的轮廓线，应当根据"断面类型"列数据，与上述"OnlyTypeNames"列表的元素做匹配，从中获取对应的索引，从而从族实例列表中提取对应项族实例，经过参数设置之后，提取族实例中的"Curves"元素。

其中，"Outline_A"族实例，没有"Thick_top""Thick_base""Thick_fb1""Thick_fb2"参数，在"3.3"节的数据设计中，通过"/"填充（读者可自拟字符作为缺省标记），在参数设计中，可以通过"try"方法尝试执行代码，当存在异常时，通过"except"进行出现错误的处理，一般采用"pass"跳过该过程。最后将提取族实例的所有曲线元素到"InsCurves"列表中，程序设计内容如下。

```python
1.  # 遍历"断面类型"列数据，设置参数，并提取所有族实例轮廓
2.  InsCurves = []
3.  for i in range(len(Datas[1])):
4.      # 获取当前断面轮廓族族类型对应的族实例
5.      id = OnlyTypeNames.index(Datas[1][i])
6.      ins = OnlyIns[id]
7.      # 循环所有参数，进行参数赋值
8.      for j in range(2, len(Datas)):
9.          try:
10.             ins.SetParameterByName(ParamNames[j],Datas[j][i])
11.         except:
12.             pass
13.     InsCurves.append(ins.Curves)
```

可以通过"OUT = InsCurves"将上述族实例的曲线提取结果输出进行查看。计算 InsCurves 输出预览如图 3-62 所示。

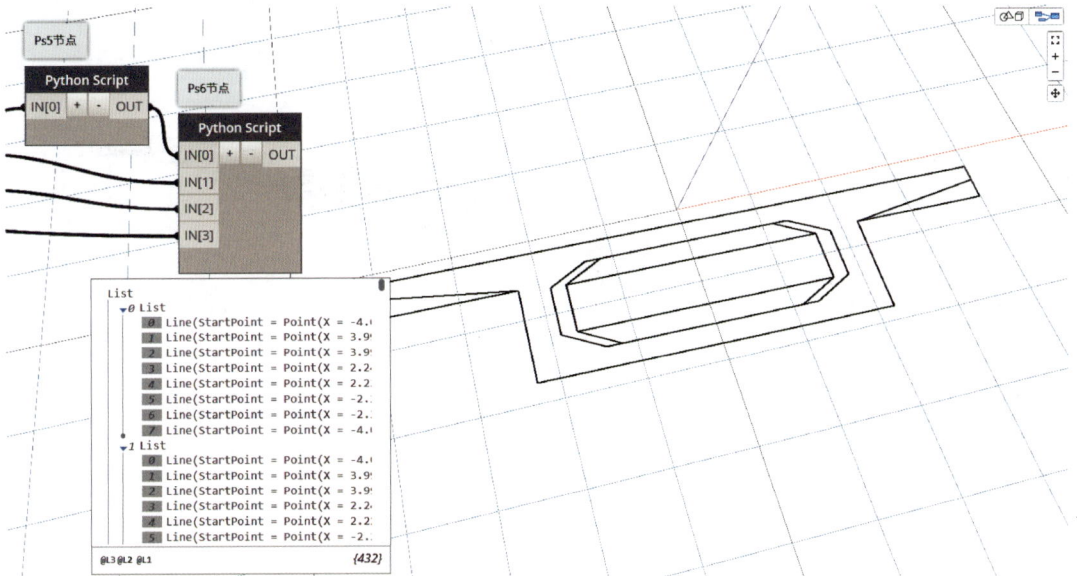

图 3-62　计算 InsCurves 输出预览

3.6.4　关键断面轮廓转换

分析上节"InsCurves"列表内的关键断面轮廓线，包含两个特点：其一，每组关键断面轮廓线为一个包含若干"Line"元素组成的列表，由此构成了一个二维列表；其二，轮廓线均处于世界坐标系 XY 平面上。此时，需要对上述"InsCurves"列表中的线元素进行空间转换，基于"3.5"节所创建的基准坐标系，应构造两层 for 循环，并采用"Transform( )"方法对每一项线元素进行空间转换，使用"curs"列表收集每一项关键断面轮廓转换后的构成线元素，如图 3-63 所示。

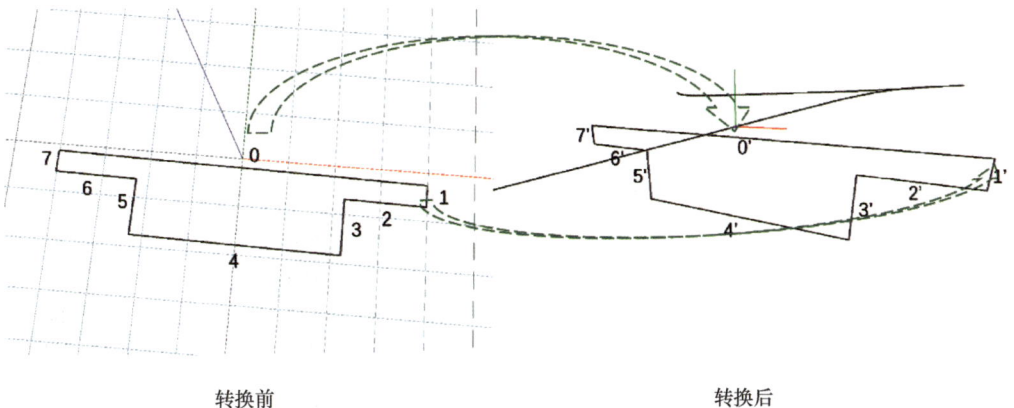

转换前　　　　　　　　　　　　　　　　转换后

图 3-63　关键断面轮廓世界坐标系转换至基准坐标系

使用"TransCurves"列表收集所有关键断面轮廓转换后的线元素，转换后的线元素如图 3-64 所示。

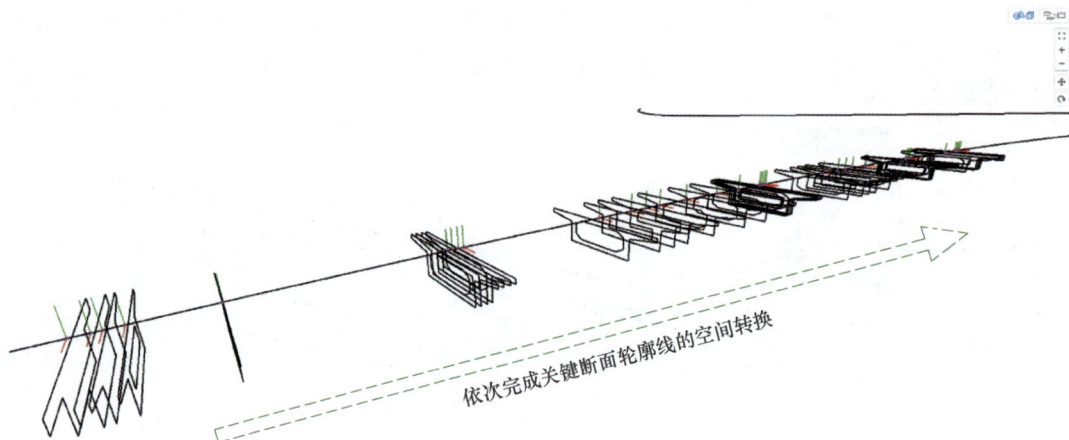

图 3-64　关键断面轮廓世界坐标系转换至基准坐标系

程序设计内容如下。

```
1. TransCurves = []
2. for c in range(len(CS)):
3.     curs = []
4.     for line in InsCurves[c]:
5.         curs.append(line.Transform(CS[c]))
6.     TransCurves.append(curs)
```

至此，完成关键断面轮廓排布转换。

3.7　主要梁体创建

正常情况下，主要梁体（可以理解为不含空心舱体等构造的实心梁体）的创建，主要依据"Loft"的放样方法来表达，即对两两相邻的关键断面轮廓中的外轮廓进行放样融合，从而形成若干梁体节段，进一步对梁体节段进行组合，最终实现主要梁体创建。但是一些特殊构造、分流节段部位则很难通过简单的放样可完成创建的，还需要针对具体形状，综合分段式融合、封闭面成体等多种方式进行创建。分段式融合与封闭面成体如图 3-65 所示。

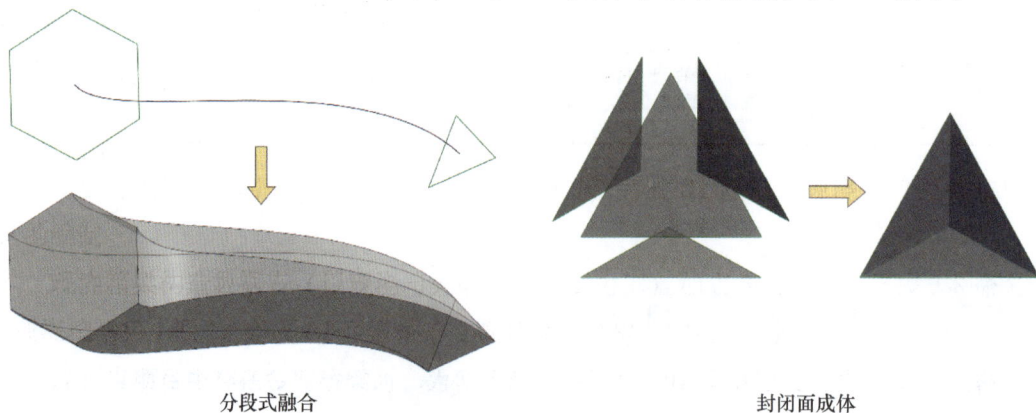

分段式融合　　　　　　　　　　　　　　　　　　封闭面成体

图 3-65　分段式融合与封闭面成体

结合本项目 R1 匝道桥形状特点，在翼缘板加厚段，需要使用封闭面成体的方法创建，即创建节段表面的每个曲面，并且将所有曲面组合为封闭的"PolySurface"，并转换为 Solid。而其他标准节段则可采用分段式融合的方法完成梁体创建。封闭面成体法创建翼缘板加厚段如图 3-66 所示。

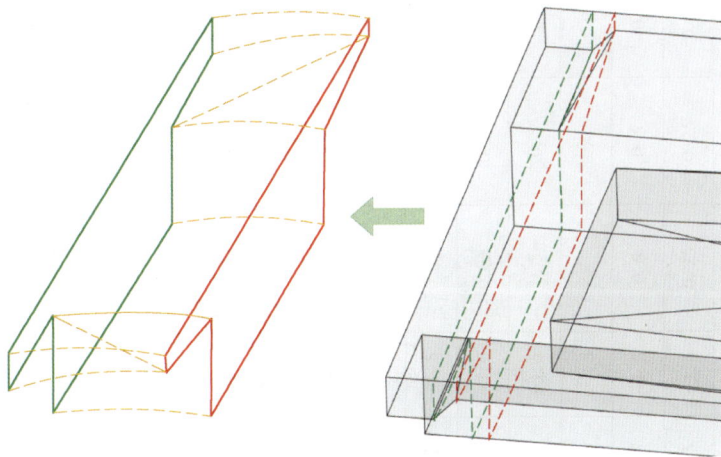

图 3-66　封闭面成体法创建翼缘板加厚段

3.7.1　放样导线创建

桥梁中心线（此节称为导线）作为梁体创建的主要基准，上述方法中，分段式融合需要基于导线完成放样融合，封闭面成体中的部分表面同样需要基于导线完成放样融合。

在实际操作过程中，可以将桥梁中心线直接作为导线，作为放样融合的导线，但是在平曲线半径较小的线路中，易导致基于导线的放样融合出现错误。所以，为提高放样融合的准确性，保证放样融合成功率，应使用桥梁中心线上的投影点对桥梁中心线进行分割，在两两相邻的关键断面轮廓融合中，取两者间的桥梁中心线截取段（图 3-67）作为导线，进行放样融合。

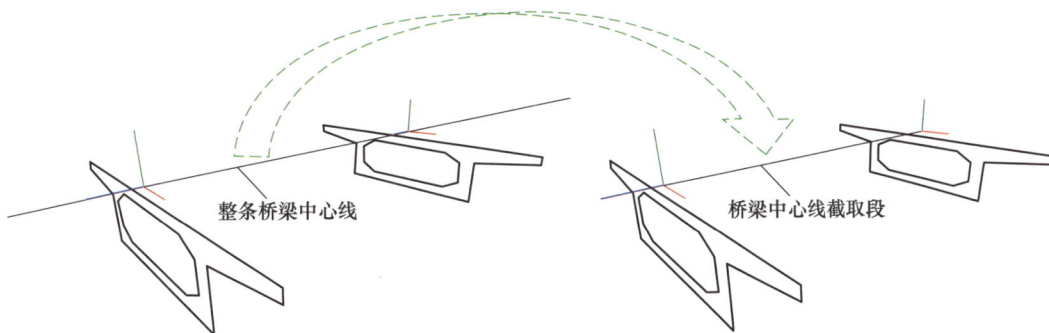

图 3-67　桥梁中心线截取段

采用"Curve. SplitByPoints( )"方法，输入桥梁中心线上的投影点列表，将桥梁中心线分为若干分段，除去第一项分段曲线、最后一项分段曲线，即为两两相邻的关键断面轮廓间的导线，如图 3-68 所示。

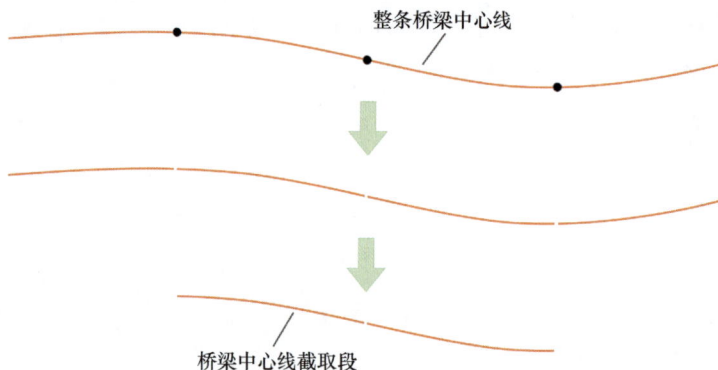

图 3-68　桥梁中心线截取段提取流程

在"Ps6"节点中，将最终桥梁中心线截取段存储至"GuideCurves"变量中，程序设计内容如下。

```
1. GuideCurves = SD_Curve.SplitByPoints(PilePoints)[1:-1]
```

3.7.2　翼缘板加厚段函数设计

翼缘板加厚段存在于现浇箱梁大、小里程方向梁端部位，并且翼缘板加厚段两侧关键断面轮廓均为"Outline_A"类型，因此，大、小里程方向梁端部位的翼缘板加厚段创建方式应当类似，以大里程方向梁端为例，推演翼缘板加厚段创建流程。

结合设计意图，小里程方向梁端翼缘板加厚段形状如图 3-69 所示（标识数字为关键断面轮廓线的索引）。

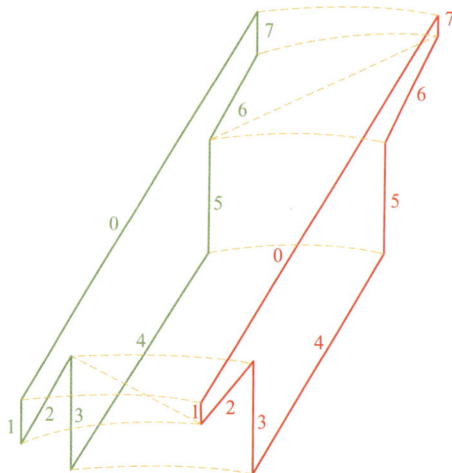

图 3-69　小里程方向梁端翼缘板加厚段形状

梁端翼缘板加厚段由 12 个构成封闭空间的曲面组成，其中，端面 A、B 则可通过封闭边界创建曲面。梁腋部位的 4 个面需要进行特殊处理，其余 7 个侧表面，则可通过曲面放样来实现创建。

在"Ps6"节点中，设计函数，将两组"Outline_A"类型关键断面轮廓线作为函数的"Cur_group"参数输入（即为"[[Line1，Line2…Line8]，[Line1′，Line2′…Line8′]]"），将桥梁中心线截取段作为"Cur_guide"参数输入，为将函数适应大、小里程方向梁端的翼缘板加厚段创建，可以通过判断"Line2"与"Line2′"的长度，如果前者长度大于后者，表示该翼缘板加厚段处于小里程侧梁端，此时保持当前列表状态。"Line2"长度大于"Line2′"表小里程侧梁端如图 3-70 所示。

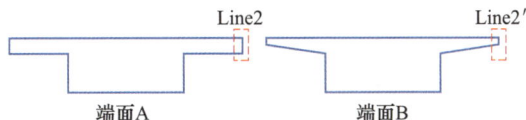

图 3-70 "Line2"长度大于"Line2′"表小里程侧梁端

当前者小于后者时，表示该翼缘板加厚段处于大里程侧梁端，即为如图 3-71 所示状态。

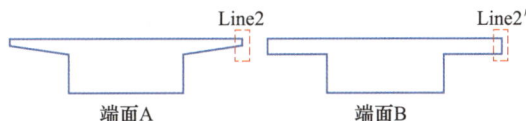

图 3-71 "Line2"长度小于"Line2′"表大里程侧梁端

此时对"Cur_group"列表进行倒序排布，将断面 B 的轮廓线放置在列表的第一项，即：[[Line1，Line2…Line8]，[Line1′，Line2′…Line8′]] → [[Line1′，Line2′…Line8′]，[Line1，Line2…Line8]]

在"Ps6"节点中，设计"Axilla"函数，将上述内容可表达为：

```
1. def Axilla(Cur_group,Cur_guide):
2.     if Cur_group[0][1].Length < Cur_group[1][1].Length:
3.         Cur_group.reverse()
```

遍历"Cur_group"列表中每一个子列表，使用"PolyCurve. ByJoinedCurves()"方法，将子列表中的曲线组合为首尾闭合的多段线，紧接着使用"Surface. ByPatch()"方法，将该多段线作为封闭边界创建曲面，形成首尾两个端面（标记为 1~2 号），如图 3-72 所示。

在"Axilla"函数中，创建空列表"Surf_1"，构造 for 循环，按上述方法创建端面，并将其添加进列表，函数中补充代码：

```
1.     Surf_1 = []
2.     for k in Cur_group:
3.         Surf_1.append(Surface.ByPatch(PolyCurve.ByJoinedCurves(k)))
```

紧接着，应遍历关键断面轮廓线，通过放样融合的方法创建除梁腋部位的其他侧表面，根据"3.2.2"节中"Outline_A"族的设计，梁腋部位的轮廓线对应的索引为 2 和 6，所以当索引不等于 2 或 6 时，使用"Surface. ByLoft()"方法，以此处的桥梁中心线截取段为导线，将两组轮廓线中索引一致的线进行放样融合，形成侧表面曲面（标记为 3~8号），如图 3-73 所示。

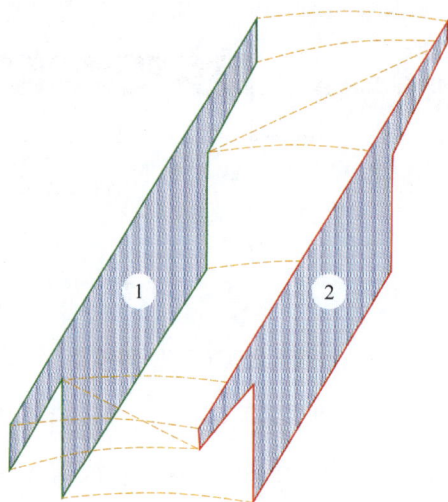

图 3-72   1、2 号首尾端面

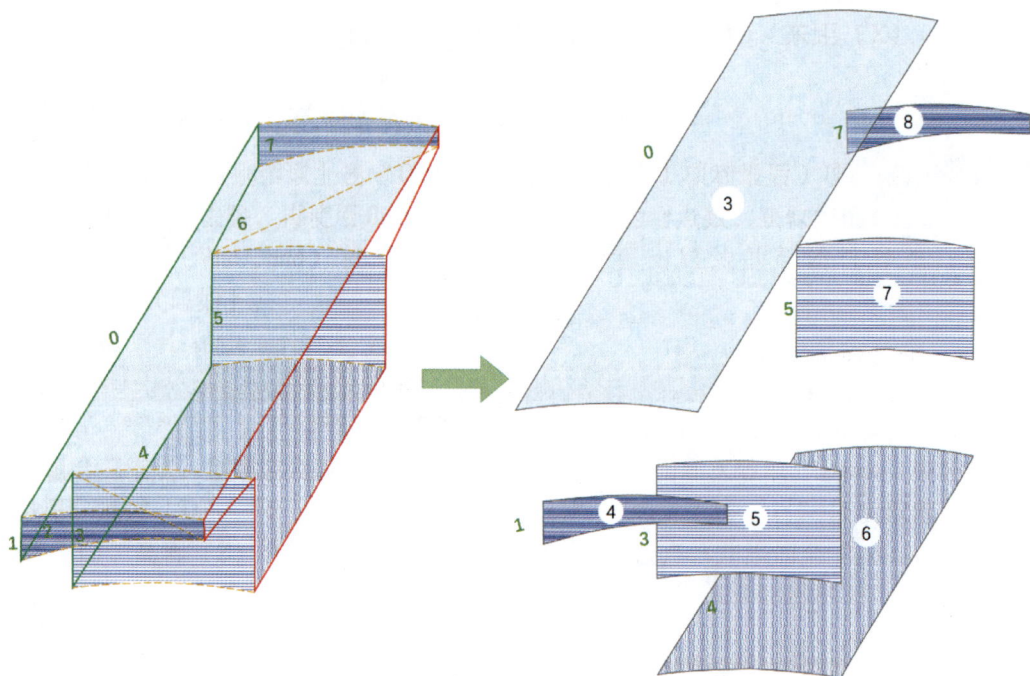

图 3-73   3~8 号侧表面曲面

在"Axilla"函数中，创建空列表"Surf_2"，构造 for 循环，对"Cur_group"列表中的第一项子列表进行遍历，当索引不等于 2 或 6 时，按上述方法创建端面，并将创建的侧表面曲面添加进列表"Surf_2"，函数中补充代码：

```
1.      Surf_2 = []
2.      for j in range(len(Cur_group[0])):
3.          if j not in [2,6]:
4.              Surf_2.append(Surface.ByLoft([Cur_group[0][j],Cur_group[1][j]],Cur_guide))
```

此时，剩余梁腋部位 4 个侧表面需要进行创建，在已有两端关键断面轮廓线及上述 "Surf_2" 列表侧表面的数据基础上观察分析，4 个侧表面（标记为 9～12 号）的边界均可被获取到（图 3-74）。

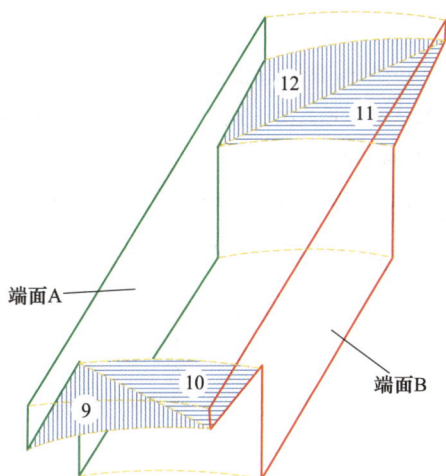

图 3-74　梁腋部位 9~12 号侧表面曲面

以 9 号侧表面（图 3-75）为例，构成曲面的 3 条边界（标识为 9-A、9-B、9-C），其中，"9-A" 是第一组断面轮廓线中的第三条线，可通过 "Cur_group[0][2]" 获取到；"9-B" 则是 4 号曲面终止 V 网格线，可通过 "Surface. GetIsoline（1，1）" 方法进行获取；"9-C" 可根据两组断面轮廓线中第三条的终点、起点，进行直线段创建获取。

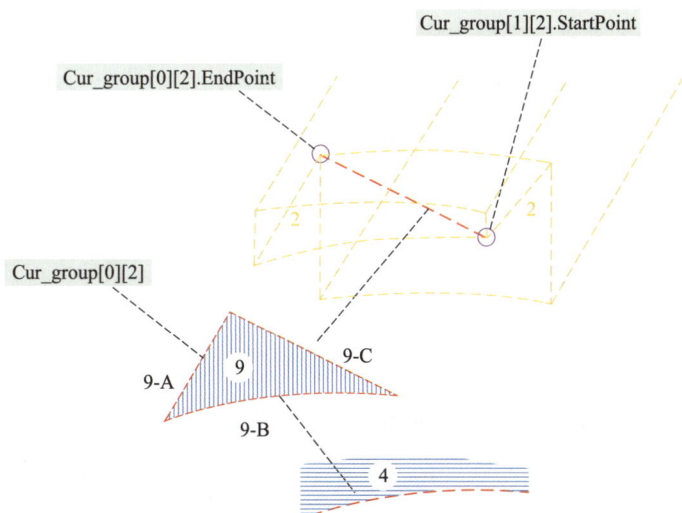

图 3-75　9 号侧表面创建依据

其余 10、11、12 号侧表面均采用同样方法获得，在"Axilla"函数中，创建空列表"Surf_3"，收集以上 4 个梁腋侧表面，函数中补充代码：

```
1.    Surf_3 = []
2.    _line1 = Line.ByStartPointEndPoint(Cur_group[0][2].EndPoint,Cur_group[1][2].StartPoint)
3.    poCur1 = PolyCurve.ByJoinedCurves([Cur_group[0][2],Surf_2[1].GetIsoline(1,1),_line1])
4.    Surf_3.append(Surface.ByPatch(poCur1))
5.    poCur2 = PolyCurve.ByJoinedCurves([Cur_group[1][2],Surf_2[2].GetIsoline(1,0),_line1])
6.    Surf_3.append(Surface.ByPatch(poCur2))
7.    _line2 = Line.ByStartPointEndPoint(Cur_group[0][6].StartPoint,Cur_group[1][6].EndPoint)
8.    poCur3 = PolyCurve.ByJoinedCurves([Cur_group[1][6],Surf_2[4].GetIsoline(1,1),_line2])
9.    Surf_3.append(Surface.ByPatch(poCur3))
10.   poCur4 = PolyCurve.ByJoinedCurves([Cur_group[0][6],Surf_2[5].GetIsoline(1,0),_line2])
11.   Surf_3.append(Surface.ByPatch(poCur4))
```

此时，构成封闭空间的 12 个曲面已经创建完毕，将以上"Surf_1""Surf_2""Surf_3"三个列表收集到的曲面赋值给新建列表"Allsurfaces"中，使用"PolySurface.ByJoinedSurfaces()"方法将所有曲面连接为一个整体，并使用"PolySurface.ExtractSolids()"方法从闭合的整体曲面中提取实体，最后将结果进行导出，函数中补充代码：

```
1.    Allsurfaces = Surf_1 + Surf_2 + Surf_3
2.    ExportSolid = PolySurface.ExtractSolids(PolySurface.ByJoinedSurfaces(Allsurfaces))
3.    return ExportSolid
```

至此"Axilla"函数代码创建完毕，详见附录 4。

3.7.3 主梁体创建

现浇箱梁主梁体的翼缘板加厚节段采用"3.7.2"节的函数可实现创建，并且适用于现浇箱梁大、小里程方向两侧梁段加厚节段。而主梁体其他节段，可通过放样融合直接实现创建。

进一步地，分析"Outline_A""Outline_B""Outline_C"关键断面轮廓族中模型线的创建顺序，主梁体轮廓（外轮廓）的数量均为 8，且在"3.6.4"节转换的"TransCurves"列表各子列表汇总，主梁体轮廓线索引均为 0~7。故此，构造 for 循环，遍历"TransCurves"列表的第一项至倒数第二项断面轮廓。

进一步地，通过 if 判断，将索引为 1 或倒数第三（len(TransCurves)-3）两项加以区分，该两处节段为翼缘板加厚节段，需要采用"3.7.2"节设计的"Axilla"函数进行创建，将循环中当前遍历到的断面轮廓前 8 条线，与后一断面轮廓前 8 条线，组成新的列表，作为函数第一项参数。将该主梁体节段对应的桥梁中心线截取段用作放样融合的导线，作为函数第二项参数，创建形成翼缘板加厚节段主梁体。

当索引不为 1 或 len(TransCurves)-3) 时，可以将循环中当前遍历到的断面轮廓前 8 条线、后一断面轮廓前 8 条线，各自通过"PolyCurve.ByJoinedCurves( )"方法，连接为一个整体，最后采用"Solid.ByLoft( )"方法，基于两项"PolyCurve"，以及该主梁体节段对应的桥梁中心线截取段，创建放样融合形状，形成标准节段主梁体。

在 for 循环前，创建"MainSolids"空列表，收集在上述循环中创建形成的翼缘板加厚节段主梁体、标准节段主梁体，在"Ps6"节点中，增加程序代码如下。

```
1.  # 创建主梁体形状
2.  MainSolids = []
3.  for o in range(len(TransCurves)-1):
4.      # 判断是否处于翼缘板加厚节段
5.      if o == 1 or o == len(TransCurves)-3:
6.          MainSolids.append(Axilla([TransCurves[o][0:8],TransCurves[o+1][0:8],GuideCurves[o])[0])
7.      # 反之为标准节段
8.      else:
9.          polycur1 = PolyCurve.ByJoinedCurves(TransCurves[o][0:8])
10.         polycur2 = PolyCurve.ByJoinedCurves(TransCurves[o+1][0:8])
11.         solid = Solid.ByLoft([polycur1,polycur2],GuideCurves[o])
12.         MainSolids.append(solid)
```

注：在上一小节"Axilla"函数中，"PolySurface.ExtractSolids( )"方法输出的结果以列表的形式存在，所以在使用"Axilla"函数时，可以在结果后面增加"[0]"，直接提取到翼缘板加厚节段主梁体，保证"MainSolids"始终为一维列表。

可以通过"OUT = MainSolids, CS, GuideCurves"将上述 MainSolids 主梁体列表、CS 基准坐标系列表、GuideCurves 桥梁中心线截取段列表全部输出查看，观察是否与预期结果一致，如图 3-76 所示。

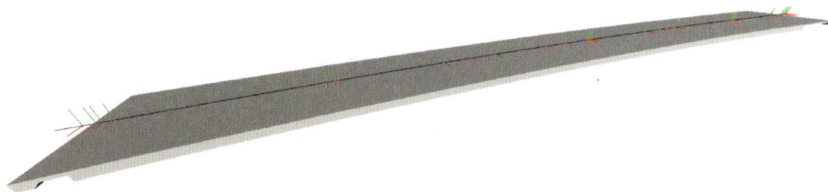

图 3-76　计算 MainSolids、CS、GuideCurves 输出预览

观察首尾两端翼缘板加厚部位，也与预期效果一致，如图 3-77 所示。

对比"Ps6"节点部分，程序为该联现浇梁共创建形成 33 个主梁体形状，也与"3.3"节设计的"现浇箱梁第 1 联"工作表中包含的 34 个端面数据相匹配，结果如图 3-78 所示。

此时，完成主梁体创建。

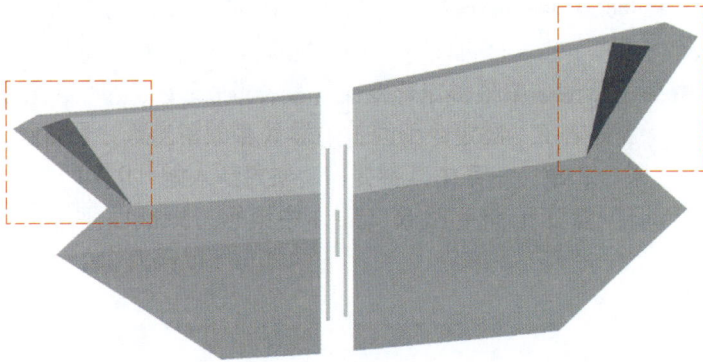

图 3-77 首尾两端翼缘板加厚部位

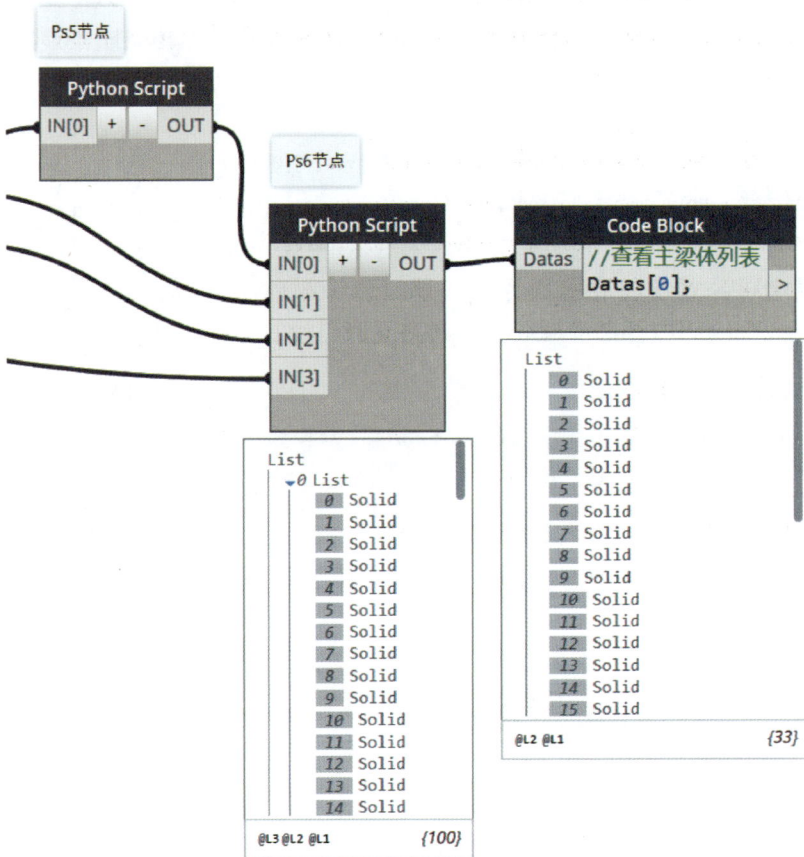

图 3-78 首尾两端翼缘板加厚部位

3.8 内部构造创建

在以空心仓形状为代表的内部构造中，根据两端关键断面轮廓的类型不同，创建的方式也有所不同，按照两端断面轮廓类型，内部构造节段主要分为 Outline_B-Outline_C 类型、Outline_C-Outline_C 类型、Outline_C-Outline_B 类型（以下简称为 B-C、C-C、C-B），如图 3-79 所示。

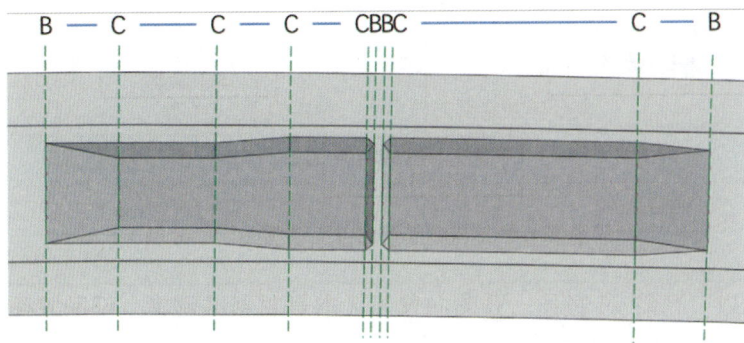

图 3-79　内部构造的关键断面轮廓组成

根据创建思路，可将上述内部构造节段简化为"B-C""C-C"两种组合类型，故此，针对"B-C""C-C"断面组合类型，可设计创建函数，为内部构造的创建做支撑。

3.8.1　B-C 节段函数设计

为满足本书 R1 匝道现浇箱梁（一箱单室）B-C 节段内部构造创建，以及一箱多室 B-C 节段内部构造创建（图 3-80），本函数的设计，综合应对一箱 N 室的解决方案。

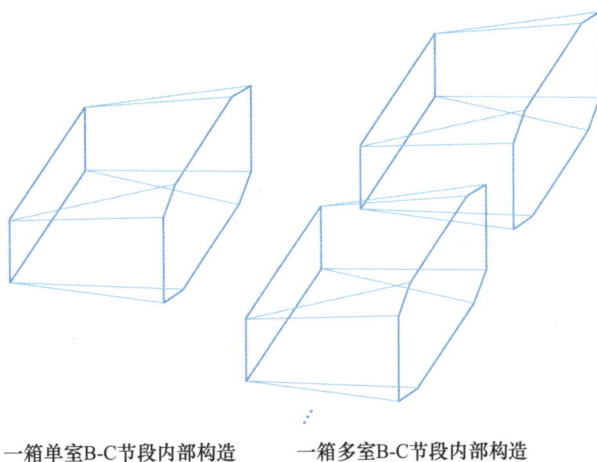

一箱单室B-C节段内部构造　　　一箱多室B-C节段内部构造

图 3-80　B-C 节段内部构造

观察 B-C 节段中一组形状的组成，形状由 10 个构成封闭空间的曲面组成，其中，包含两端内轮廓构成的端面，以及 B 类型断面内轮廓向 C 类型断面内轮廓对应边进行放样融合形成的曲面，按照图 3-81 所示的索引即为 0-0、1-2、2-4、3-6，其余 4 个三边形侧表面，则可通过从两两相邻的四边形曲面中获取边，结合 C 类型内轮廓线，构成封闭边界来实现曲面创建。

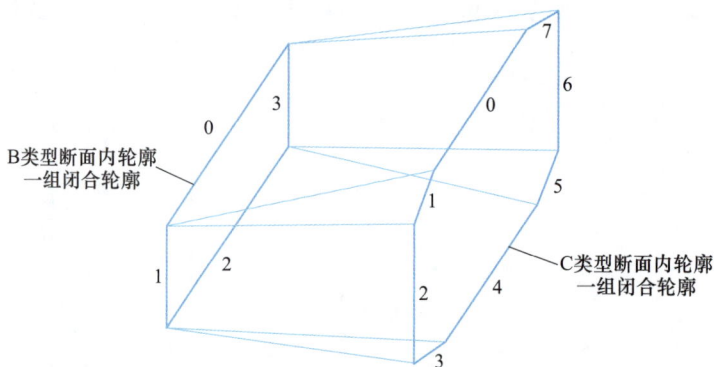

图 3-81　B-C 节段内部构造端面轮廓组成

注：当面临一箱多室现浇箱梁的创建时，B、C 断面类型轮廓的内轮廓中包括多组闭合轮廓，应当结合创建族时模型线的创建顺序，进行提取，按照本书轮廓族的设计原则，优先按顺序创建主箱体外轮廓模型线，后续逐步按构成闭合形状的内轮廓进行拓展创建，内轮廓单元模型线创建顺序参见本书"3.2.2"节内容。

根据上述分析，在"Ps6"节点中，设计函数，将 B、C 类型关键断面轮廓线中第 9 条及之后的轮廓线作为函数的"Cur_group"参数输入（即为"[[Line1，Line2…]，[Line1′，Line2′…]]"），将桥梁中心线截取段作为"Cur_guide"参数输入，为将函数适应"B-C""C-B"组合的节段创建，可以通过判断"[Line1，Line2…]"子列表与"[Line1′，Line2′…]"子列表的成员数量，如果前者数量小于后者，表示该节段为"B-C"节段，此时保持当前列表状态。

当前者数量大于后者时，表示该节段为"C-B"节段，此时对"Cur_group"列表进行倒叙排布，将断面 B 的内轮廓线放置在列表的第一项，即：

[[Line1，Line2…]，[Line1′，Line2′…]] → [[Line1′，Line2′…]，[Line1，Line2…]]

在"Ps6"节点中，设计"Port_BC"函数，将上述内容可表达为：

```
1. def Port_BC(Cur_group,Cur_guide):
2.     # 确保 Outline_B 内轮廓在 Outline_C 内轮廓前面
3.     if len(Cur_group[0]) > len(Cur_group[1]):
4.         Cur_group.reverse()
```

紧接着，需要判断引入进来的内轮廓包含多少组构成闭合形状的轮廓，而经过上述判断及处理之后，"Cur_group"列表中的第二项必定为 C 断面的内轮廓线，而每一组构成闭合形状的轮廓线均为 8 条线，所以"int(len(Cur_group[1])/8)"即为内轮廓的组数，在程序中赋值给新建变量"Cnum"，函数中补充代码：

```
1.     Cnum = int(len(Cur_group[1])/8)
```

根据组数，构造两层 for 循环：第一层，进行"Cnum"次循环，每次循环中，负责创建构成一组"B-C"形状的 10 个表面，并将其转化为实体；第二层，包含每组"B-C"形状中的四边形侧表面的创建，以及基于四边形侧表面进行三边形侧表面的创建。

第一层循环前，创建空列表"ExportSolid"，便于收集过程中每组"B-C"形状。在第一层循环中，首先需要对两侧端面进行创建，其中的核心是，根据第一层循环次数，结合关键断面轮廓族的模型线创建顺序，计算获取对应轮廓线，各组合索引推演如图 3-82 所示。

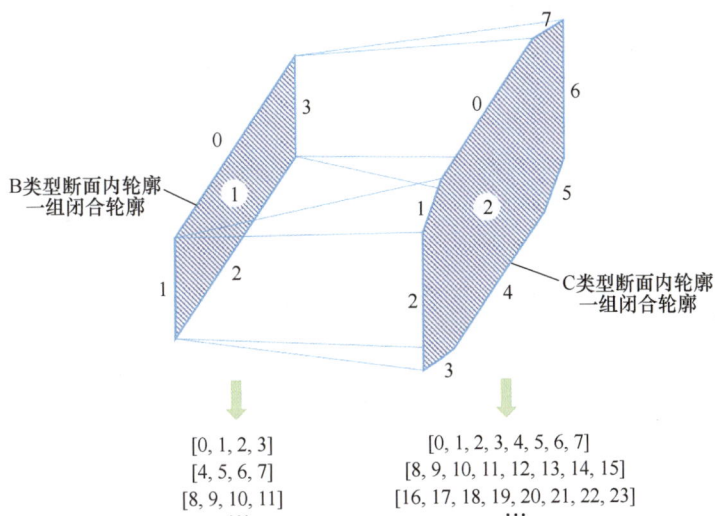

图 3-82　一箱 N 室现浇箱梁断面内轮廓中 B-C 轮廓索引组对应关系

将图 3-82 中 1、2 号端面分别存储至"surfA""surfB"变量中，并作为列表赋值给新建变量"Surf_Port"。同时，创建空列表"Surf_collect"，便于在第二层循环中，收集四边形侧表面。

第二层循环中，首先应建立一项次数为 4 的循环，以 B 类型断面内轮廓中每条轮廓线与对应 C 类型断面内轮廓中每条轮廓线进行放样融合，形成四边形侧表面，图示及轮廓线索引关系如图 3-83 所示。

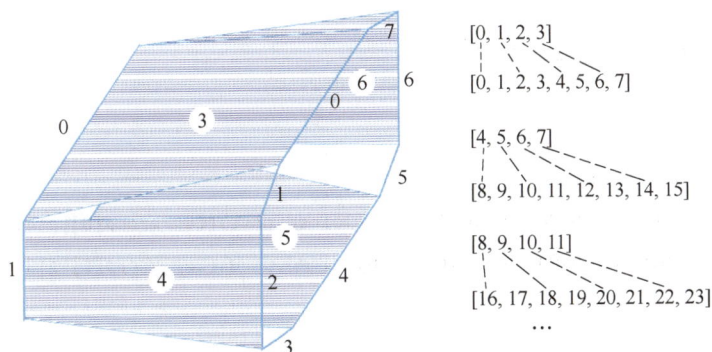

图 3-83　一箱 N 室现浇箱梁断面内轮廓中 B-C 形状索引组对应关系

将上述四边形侧表面添加进"Surf_Port"列表及"Surf_collect"列表。

其次，在第二层循环中，还应建立一项次数为 4 的循环，从上述"Surf_collect"列表收集到的四边形侧表面中，提取曲面起始、终止 V 网格线，以及 C 类型内轮廓线，构成闭合边界，创建三边形侧表面，并添加进"Surf_Port"列表。

以 7 号侧表面为例，构成曲面的 3 条边界（标识为 7-A、7-B、7-C），其中，"7-A"是 3 号侧表面的终止 V 网格线，可通过"Surface.Getlsoline（1，1）"方法进行获取；"7-B"则是 4 号曲面起始 V 网格线，可通过"Surface.Getlsoline（1，0）"方法进行获取；"7-C"可根据 C 类型断面轮廓线中第二条的轮廓线，可通过"Cur_group［1］［g＊8+1］"方法进行获取，其 g 为第一层循环次数，如图 3-84 所示。

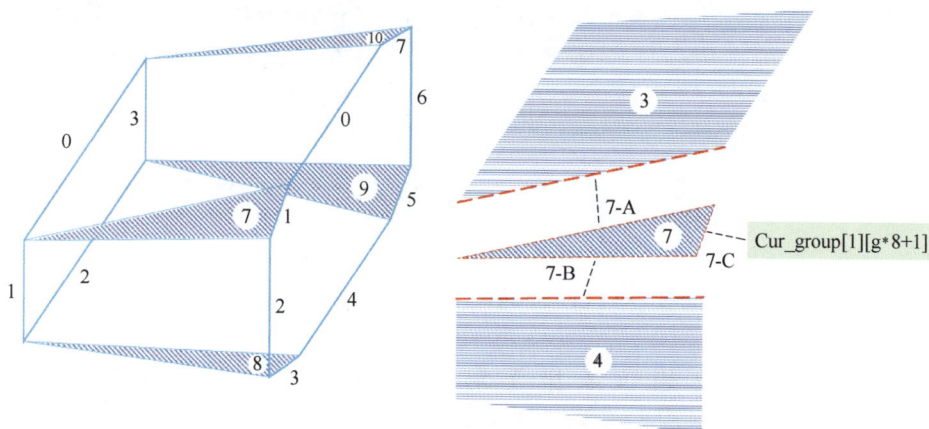

图 3-84　7 号侧表面创建依据

将上述三边形侧表面添加进"Surf_Port"列表。

最后同样将所有曲面连接为一个整体，并使用"PolySurface.ExtractSolids（）"方法从闭合的整体曲面中提取实体，最后将结果进行导出，函数全部代码如下。

```
1.  def Port_BC(Cur_group,Cur_guide):
2.      if len(Cur_group[0]) > len(Cur_group[1]):
3.          Cur_group.reverse()
4.      # 计算内部舱室数量
5.      Cnum = int(len(Cur_group[1])/8)
6.      # 创建形状曲面
7.      ExportSolid = []
8.      for g in range(Cnum):
9.          surfA = Surface.ByPatch(PolyCurve.ByJoinedCurves(Cur_group[0][g*4:(g+1)*4]))
10.         surfB = Surface.ByPatch(PolyCurve.ByJoinedCurves(Cur_group[1][g*8:(g+1)*8]))
11.         Surf_Port = [surfA, surfB]
12.         Surf_collect = []
13.         for i in range(0,4):
```

```
14.          curg1 = Cur_group[0][g*4+i]
15.          curg2 = Cur_group[1][g*8+2*i]
16.          surf = Surface.ByLoft([curg1,curg2],Cur_guide)
17.          Surf_Port.append(surf)
18.          Surf_collect.append(surf)
19.      for j in range(0,len(Surf_collect)):
20.          surf =
    [Surf_collect[j].GetIsoline(1,1),Surf_collect[(j+1)%4].GetIsoline(1,0),Cur_group[1][g*8+2
    *j+1]]
21.          Surf_Port.append(Surface.ByPatch(PolyCurve.ByJoinedCurves(surf)))
22.      ExportSolid.append(PolySurface.ExtractSolids(PolySurface.ByJoinedSurfaces(Surf_Port))[0])
23.      return ExportSolid
```

3.8.2　C-C 节段函数设计

同样为满足本书 R1 匝道现浇箱梁（一箱单室）C-C 节段内部构造创建，以及一箱多室 C-C 节段内部构造创建（图 3-85），本函数的设计，综合应对一箱 N 室的解决方案。

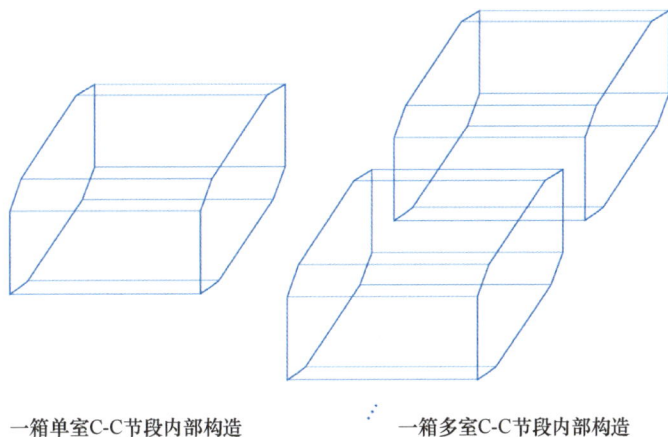

一箱单室C-C节段内部构造　　　　一箱多室C-C节段内部构造

图 3-85　C-C 节段内部构造

观察 C-C 节段中一组形状的组成，形状由 10 个构成封闭空间的曲面组成，其中，包含两端内轮廓构成的端面，以及 C 类型内轮廓间对应索引轮廓线进行放样融合形成的曲面，共同构成封闭边界来实现曲面创建。

需要判断引入进来的内轮廓包含多少组构成闭合形状的轮廓，通过 "int（len（Cur_group［0］）/8）" 即可计算出内轮廓的组数，在程序中赋值给新建变量 "Cnum"，在 "Ps6" 节点中，设计 "Port_CC" 函数，将上述内容可表达为：

```
1. def Port_CC(Cur_group,Cur_guide):
2. # 计算内部舱室数量
3.    Cnum = int(len(Cur_group[0])/8)
```

根据组数，构造两层 for 循环，第一层，进行 "Cnum" 次循环，每次循环中，负责创建构成一组"C-C"形状的 10 个表面，并将其转化为实体；第二层，包含每组"C-C"形状中的 8 项侧表面的创建。

第一层循环前，创建空列表"ExportSolid"，便于收集过程中每组"C-C"形状。在第一层循环中，需要对两侧端面进行创建，其中的核心是根据第一层循环次数，结合关键断面轮廓族的模型线创建顺序，计算获取对应轮廓线，各组合索引推演如图 3-86 所示。

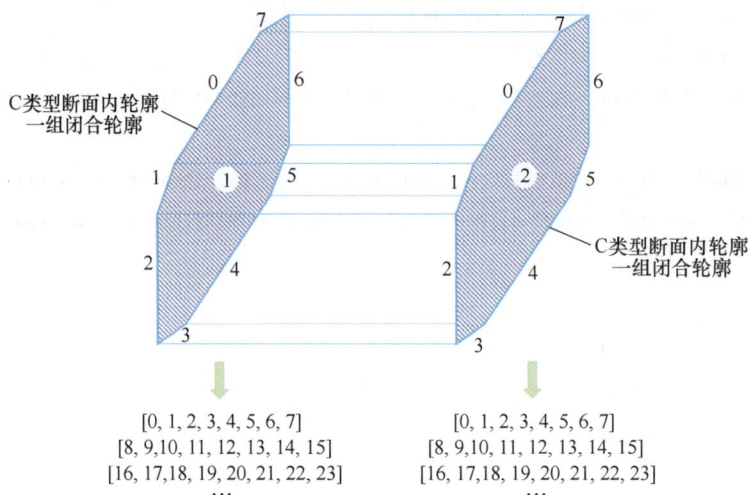

图 3-86　一箱 N 室现浇箱梁断面内轮廓中 C-C 轮廓索引组对应关系

将图 3-86 中 1、2 号端面分别存储至"surfA""surfB"变量中，并作为列表赋值给新建变量"Surf_Port"。

第二层循环中，建立一项次数为 8 的循环，将 C 类型断面内轮廓中每条轮廓线与另一组 C 类型断面内轮廓中对应轮廓线进行放样融合，形成四边形侧表面，图示及轮廓线索引关系如图 3-87 所示。

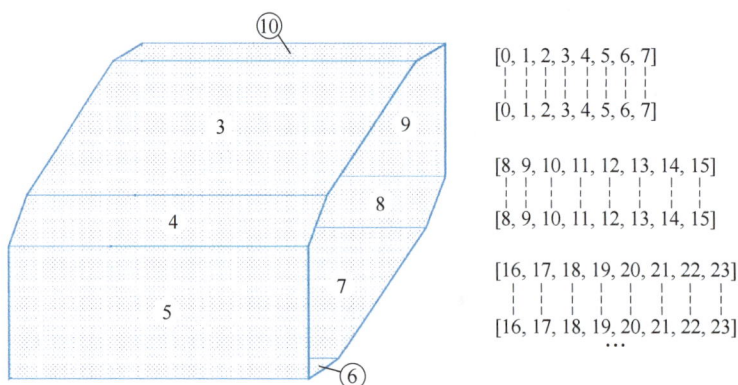

图 3-87　一箱 N 室现浇箱梁断面内轮廓中 C-C 形状索引组对应关系

将上述四边形侧表面添加进"Surf_Port"列表。

最后同样将所有曲面连接为一个整体，并使用"PolySurface. ExtractSolids（ ）"方法从闭合的整体曲面中提取实体，最后将结果进行导出，"Port_CC"函数全部代码如下。

```
1.  def Port_CC(Cur_group,Cur_guide):
2.      # 计算内部舱室数量
3.      Cnum = int(len(Cur_group[0])/8)
4.      # 创建形状曲面
5.      ExportSolid = []
6.      for g in range(Cnum):
7.          surfA = Surface.ByPatch(PolyCurve.ByJoinedCurves(Cur_group[0][g*8:(g+1)*8]))
8.          surfB = Surface.ByPatch(PolyCurve.ByJoinedCurves(Cur_group[1][g*8:(g+1)*8]))
9.          Surf_Port = [surfA, surfB]
10.         for i in range(8):
11.             curg1 = Cur_group[0][g*8+i]
12.             curg2 = Cur_group[1][g*8+i]
13.             surf = Surface.ByLoft([curg1,curg2],Cur_guide)
14.             Surf_Port.append(surf)
15.
    ExportSolid.append(PolySurface.ExtractSolids(PolySurface.ByJoinedSurfaces(Surf_Port))[0])
16.     return ExportSolid
```

3.8.3 内部构造创建

当建立 B-C、C-C 节段内部构造创建函数之后，已经具备了创建内部构造形状的条件，可构造 for 循环，遍历转换后的关键断面轮廓线列表（"TransCurves"）的第一项至倒数第二项，根据"Datas[1]"调取断面类型数据，判断当前关键断面轮廓的断面类型，与下一关键断面轮廓的断面类型，判断使用哪项函数进行模型创建。

例如，当前断面类型不为"Outline_A"，下一断面类型不为"Outline_A"，且两断面轮廓的轮廓线数量不相等，则只能是"B-C"或"C-B"，此时，采用"Port_BC"函数，而当前断面类型与下一断面类型均为"Outline_C"时，采用"Port_CC"函数。

而无论采用哪种方式，都以当前关键断面轮廓线、下一关键断面轮廓线中索引大于 7 的轮廓线，作为函数的第一项参数，目的是将关键断面轮廓中的外轮廓剥离出去。通过"Port_BC""Port_CC"函数计算结果为包含一组形状的列表，需要使用"Solid.ByUnion()"方法将其组合为单个形状。

在构造循环前，可建立空列表"CabinSolids"，用于在过程中收集内部构造形状，在"Ps6"节点中，增加程序代码如下。

```
1.  # 创建内部构造形状
2.  CabinSolids = []
3.  for v in range(len(TransCurves)-1):
4.      insidecur1 = TransCurves[v][8::]
5.      insidecur2 = TransCurves[v+1][8::]
6.      # 判断该节段是否包含内部构造形状，并区分 B-C、C-C 组合类型
```

```
7.    if "A" not in Datas[1][v] and "A" not in Datas[1][v+1] and Datas[1][v] != Datas[1][v+1]:
8.        CabinSolids.append(Solid.ByUnion(Port_BC([insidecur1,insidecur2],GuideCurves[v])))
9.    elif "C" in Datas[1][v] and "C" in Datas[1][v+1]:
10.       CabinSolids.append(Solid.ByUnion(Port_CC([insidecur1,insidecur2],GuideCurves[v])))
```

上述程序将完成本联现浇箱梁中主要内部构造的形状创建，可以通过"OUT = CabinSolids，CS，GuideCurves"将上述 CabinSolid 主梁体列表、CS 基准坐标系列表、GuideCurves 桥梁中心线截取段列表全部输出查看，观察是否与预期结果一致。

计算 CabinSolids、CS、GuideCurves 输出预览如图 3-88 所示。

图 3-88　计算 CabinSolids、CS、GuideCurves 输出预览

对比"Ps6"节点部分，程序为该联现浇梁共创建形成 20 个内部构造形状，也与本联现浇箱梁一箱单室的基本特征以及"B-C""C-C""C-B"断面组合数量相符，结果如图 3-89 所示。

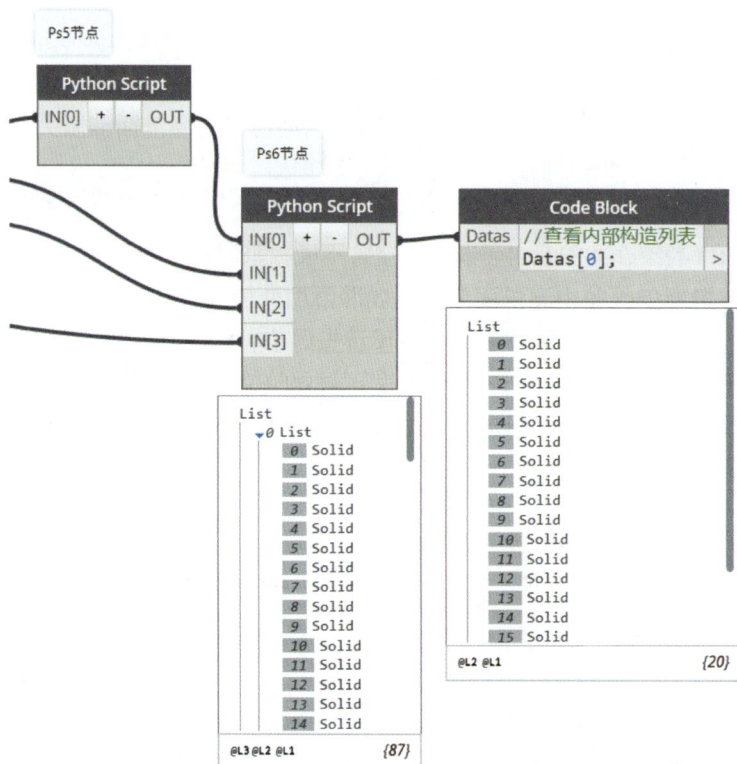

图 3-89　"Ps6"节点输出内部构造列表预览

此时，完成主要内部构造创建。

3.9　布尔运算

在"3.8""3.9"节中，主要完成了主梁体形状、内部构造形状创建，并且最终通过"MainSolids""CabinSolids"列表记录了对应 Solid 实体形状，紧接着需要通过布尔运算将其转化为最终的现浇箱梁形状，这主要包含两个步骤的工作：第一步，需要将主梁体、内部构造分别组合为一个整体形状，这里需要采用"Solid. ByUnion( )"方法，即将一组实体合并为一个实体（布尔并集）；第二步，对合并后的主梁体与合并后的内部构造实体形状作布尔差集运算，获得最终现浇箱梁实体形状，在"Ps6"节点中，增加程序代码如下。

```
1. MSolid = Solid.ByUnion(MainSolids)
2. ISolid = Solid.ByUnion(CabinSolids)
3. OutSolid = MSolid.Difference(ISolid)
```

将节点输出内容调整为"OUT = OutSolid，TotalDatas_Ori［BeamId］"，输出最终现浇箱梁实体形状，以及在"现浇箱梁总数据"工作表中，本联现浇箱梁的数据，作为"Ps6"节点的最终输出数据，预览如图 3-90 所示。

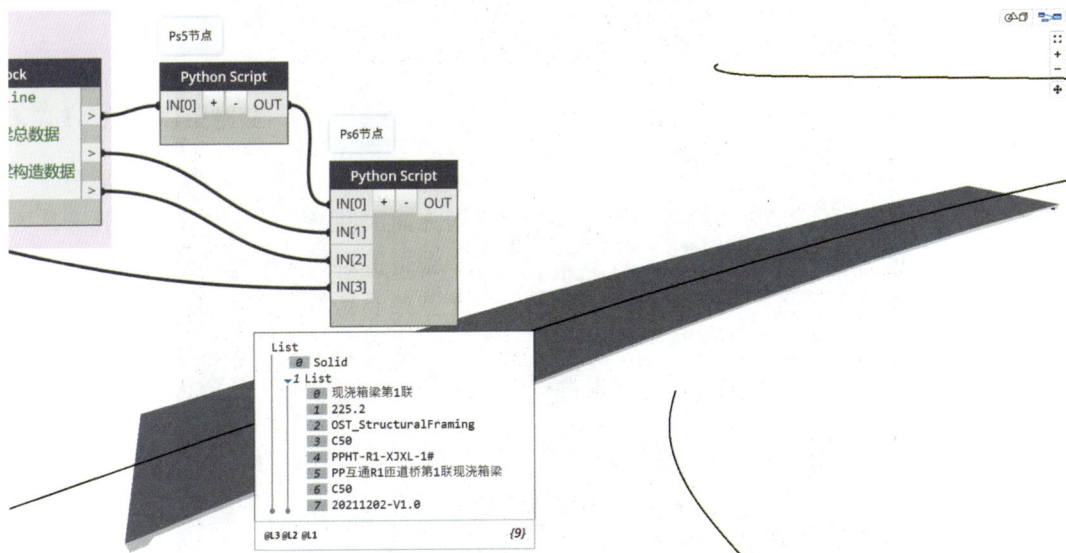

图 3-90　"Ps6"节点最终输出内容

以上设计程序为"Ps6"节点所有设计内容，也是现浇箱梁实体创建的核心方法。

注："Ps6"节点代码内容见附录 4"Ps6"节点完整代码。

3.10　向 Revit 族转化

当现浇箱梁模型创建完成后，此时形成桥跨结构几何形状还处于 Dynamo 环境下的 Solid 图形元素，需要进行转换，转换的流程在之前介绍过，由 Dynamo 元素，转化为 SAT 格式文件，再选择对应族样板，调用 Revit 接口转化自由形状，创建为 Revit 族，之后再创建族实例。Solid 图形元素转化为 Revit 族的主要流程如图 3-91 所示。

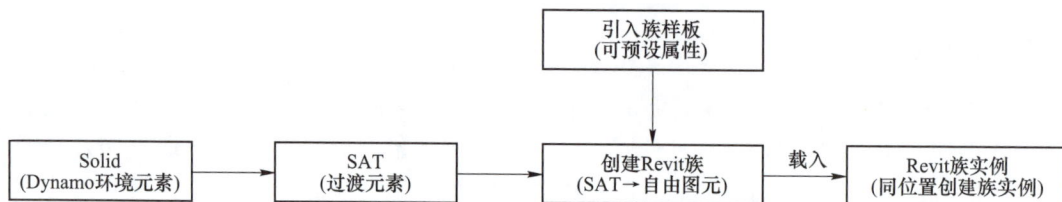

图 3-91 Solid 图形元素转化为 Revit 族的主要流程

目前较为常用的方法是使用"spring nodes"节点包进行上述转化，这是一个专注于加强 Dynamo 与 Revit 的交互，调用了大量的 Revit API 接口进行数据转换工作，例如其中的 "Springs. FamilyInstance. ByGeometry""Springs. FamilyInstance. ByFacePoints"以及"Springs. Form. ByGeometry"等节点可以将 Dynamo 中的几何形状转化为 Revit 中的族或族环境下的自由形状。

"spring nodes"节点包可以通过在 Dynamo 中通过搜索软件包查找到，安装后即可使用。"spring nodes"节点包获取方式如图 3-92 所示。

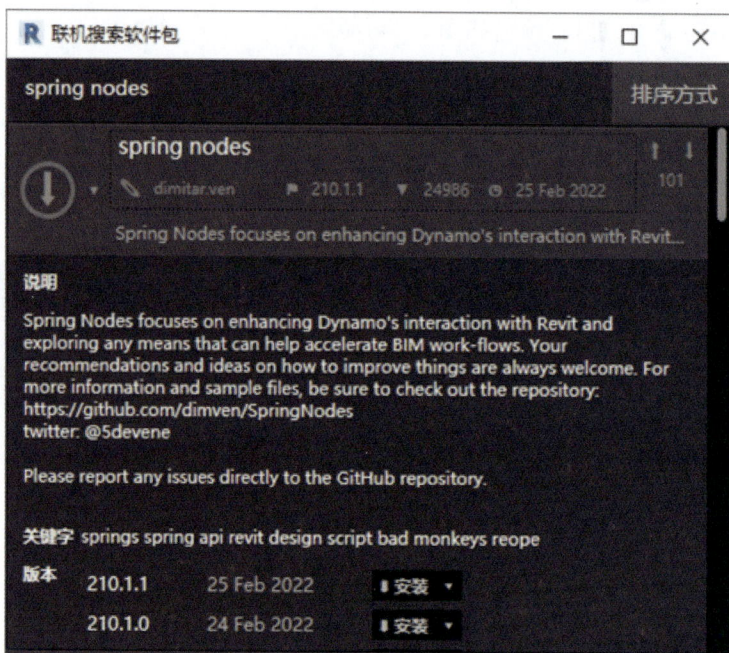

图 3-92 "spring nodes"节点包获取方式

本书根据现浇箱梁族的转化需求，将围绕"Springs. FamilyInstance. ByGeometry"节点，展开基于用户定制族样板、系统内置族样板的两种转化场景的实施方法。

3.10.1 基于用户定制族样板转化

基于"1.2.2"节创建的"现浇箱梁族样板. rft"定制族样板，进行现浇箱梁的转化，在上节的 Dynamo 项目文件中，添加"Springs. FamilyInstance. ByGeometry"节点，该节点包含 7 个输入端、2 个输出端，输入、输出端对应的内容如图 3-93 所示。

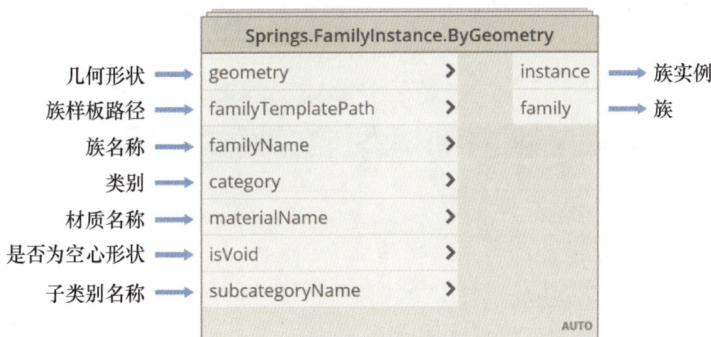

图 3-93 "Springs. FamilyInstance. ByGeometry" 节点输入输出对应内容

为更好地传达节点用途，适当进行一些功能的补充，双击上述节点，进入节点内部，节点内部内容如图 3-94 所示。

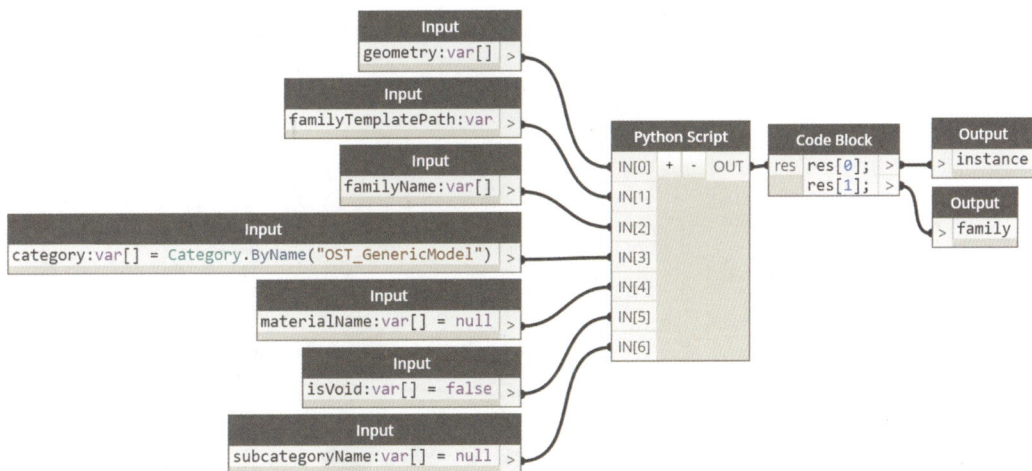

图 3-94 "Springs. FamilyInstance. ByGeometry" 节点内部内容

以 "materialName" 材质名称参数为例，对应的 Input 输入节点内容为 "materialName：var[ ]＝null"，其中 "var[ ]" 定义了输入端的数据类型，"null" 定义了默认值。将上述 "Python Script" 节点（以下简称 "Ps7 节点"）复制进当前的 Dynamo 项目空间中。

为满足 "Ps7" 节点的输入端需求，首先，创建 "File Path" 节点，引入 "1.2.2" 节创建的 "现浇箱梁族样板 . rft" 定制族样板，连接 "Ps7" 节点的 "IN[1]" 输入端；其次，创建 "Code Block" 代码块，引用 "Ps6" 节点输入端数据或创建数据，逐一获取现浇箱梁实体、现浇箱梁族名称、类别、材质名称、是否作为实心体布尔值、子列表名称数据，连接 "Ps7" 节点其他输入端，连接如图 3-95 所示。

此时，点击运行，"Ps7" 节点成功将现浇箱梁的 "Solid" 实体转化为族实例，如图 3-96 所示。

观察其中内、外部构造，现浇箱梁材质、预设参数，均与预期一致。现浇箱梁族细部如图 3-97 所示。

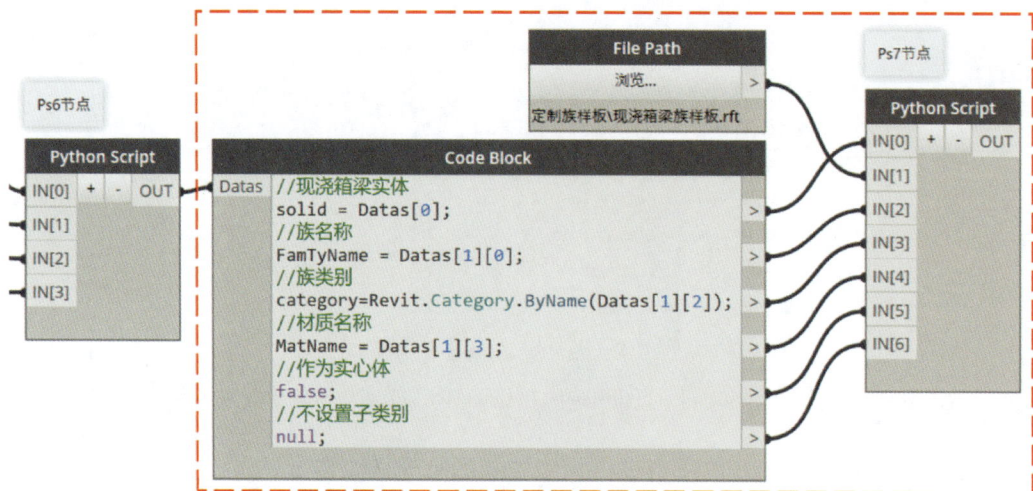

图 3-95　"Ps7"节点及其连接关系

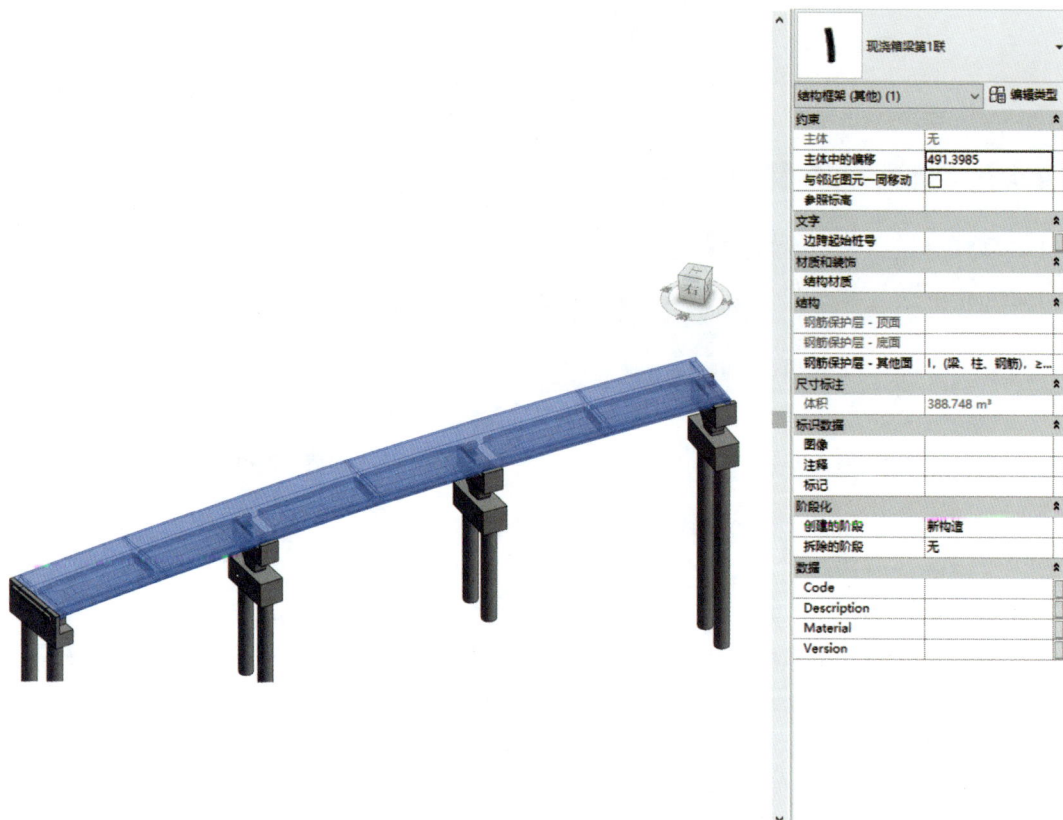

图 3-96　转化为族的第一联现浇箱梁

　　观察已创建完成的现浇箱梁族，其中的"结构材质"参数并未与现浇箱梁模型的实际材质形成关联关系，设置"结构材质"也不影响现浇箱梁族的实际材质。但伴随着工程的推进，后期会产生一些项目维护需求，例如现浇箱梁族的现有材质需要修改，以满足新的

图 3-97　现浇箱梁族细部

外观、明细统计、工程量计算等需求，此时不便对现浇箱梁的材质进行二次修改，在这样的背景下，我们希望现浇箱梁族环境中的几何体、属性能够被族的参数所操控，那么就需要在"Ps7"节点的现有基础上进行一些修改。

双击进入"Ps7"节点内部，定位到 122~130 行代码，如图 3-98 所示。

```
122             if enable_mat:
123                 try:
124                     mat_fec = FilteredElementCollector(famdoc).OfClass(Material)
125                     for m in mat_fec:
126                         if m.Name == mat1:
127                             fam_mat = m
128                             break
129                     mat_par = s2.get_Parameter(BuiltInParameter.MATERIAL_ID_PARAM).Set(fam_mat.Id)
130                 except: pass
```

图 3-98　"Ps7"节点 122~130 行代码

上述代码的含义是，先判断 enable_mat 变量的值，当输入给"Ps7"节点的材质名称参数为空值时，enable_mat 为"False"，当输入的材质名称值不为空值时，enable_mat 为"True"，参照上文中连接"Ps7"节点输入端的设置，材质名称为"C50_现浇箱梁"。通过收集器，收集 IN[1] 引入的族样板中的所有材质，进一步地，构造 for 循环，通过判断材质名称与输入的"C50_现浇箱梁"是否一致，当两者一致时，将该材质名称赋值给"fam_mat"，并终止循环。

此时，通过"get_Parameter（BuiltInParameter. MATERIAL_ID_PARAM）"获取当前现浇箱梁形状（即"s2"）的材质参数，进一步地，通过"Set（fam_mat. Id）"将已经被赋值的"fam_mat"材质，作为参数赋值给当前现浇箱梁形状。因上述操作在"try"方法下执行，所以当执行失败时执行"pass"，即跳过，不执行任何语句。

注：上述操作均基于"s2"对象，与族本身的族参数并无关联

为实现将现浇箱梁形状的材质与现浇箱梁族材质参数关联起来，可以在上述程序基础上，进行修改和增加，主要流程是获取族文档的材质参数，如采用上述"现浇箱梁族样板 .rft"定制族样板，则可获取到"结构材质"参数，增加代码：

1. `mat_pars=famdoc.FamilyManager.get_Parameter(BuiltInParameter.STRUCTURAL_MATERIAL_PARAM)`

进一步地，赋予族文档材质参数具体材质，即根据上述"Ps7"节点输入的"C50_现浇箱梁"名称，从族样板中提取的材质，增加代码：

```
1. famdoc.FamilyManager.Set(mat_pars,fam_mat.Id)
```

紧接着，将现浇箱梁形状的材质属性关联到族文档的材质参数上，既实现了对族文档的材质赋值，也实现了族内现浇箱梁形状材质与族文档材质参数的关联，增加代码：

```
1. famdoc.FamilyManager.AssociateElementParameterToFamilyParameter(s2.get_Paramete
   r(BuiltInParameter.MATERIAL_ID_PARAM), mat_pars)
```

并且上述过程须在事务中完成，流程如图 3-99 所示。

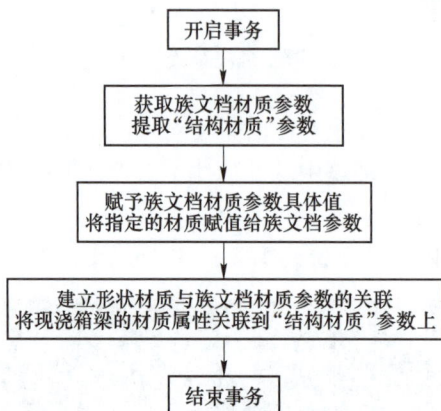

图 3-99 族文档参数赋值与新建流程

在程序设计上，需要将原 129 行代码删除或注释，增加新的材质设置、参数关联代码：

```
1. # 注释原有代码
2. # mat_par =
   s2.get_Parameter(BuiltInParameter.MATERIAL_ID_PARAM).Set(fam_mat.Id)
3. # 修改为如下代码
4. TransactionManager.Instance.EnsureInTransaction(famdoc)
5. mat_pars=famdoc.FamilyManager.get_Parameter(BuiltInParameter.STRUCTURAL_MATERIA
   L_PARAM)
6. famdoc.FamilyManager.Set(mat_pars,fam_mat.Id)
7. famdoc.FamilyManager.AssociateElementParameterToFamilyParameter(s2.get_Paramete
   r(BuiltInParameter.MATERIAL_ID_PARAM), mat_pars)
8. TransactionManager.Instance.TransactionTaskDone()
```

修改后的程序缩进格式如图 3-100 所示。

保存修改，删除之前创建的"现浇箱梁第 1 联"族，运行程序，观察新生成的"现浇箱梁第 1 联"族中，结构材质参数被赋予了"C50_现浇箱梁"材质，如图 3-101 所示。

此时，手动调整"结构材质"的值，发现现浇箱梁的真实材质会随之改变，至此完成现浇箱梁形状材质与族文档材质参数的关联。

```
122     if enable_mat:
123         try:
124             mat_fec = FilteredElementCollector(famdoc).OfClass(Material)
125             for m in mat_fec:
126                 if m.Name == mat1:
127                     fam_mat = m
128                     break
129             # 注释原有代码
130             # mat_par = s2.get_Parameter(BuiltInParameter.MATERIAL_ID_PARAM).Set(fam_mat.Id)
131             # 修改为如下代码
132             TransactionManager.Instance.EnsureInTransaction(famdoc)
133             mat_pars = famdoc.FamilyManager.get_Parameter(BuiltInParameter.STRUCTURAL_MATERIAL_PARAM)
134             famdoc.FamilyManager.Set(mat_pars,fam_mat.Id)
135             famdoc.FamilyManager.AssociateElementParameterToFamilyParameter(s2.get_Parameter(BuiltInParameter.MATERIAL_ID_PARAM), mat_pars)
136             TransactionManager.Instance.TransactionTaskDone()
137         except: pass
```

图 3-100　修改后的程序段落

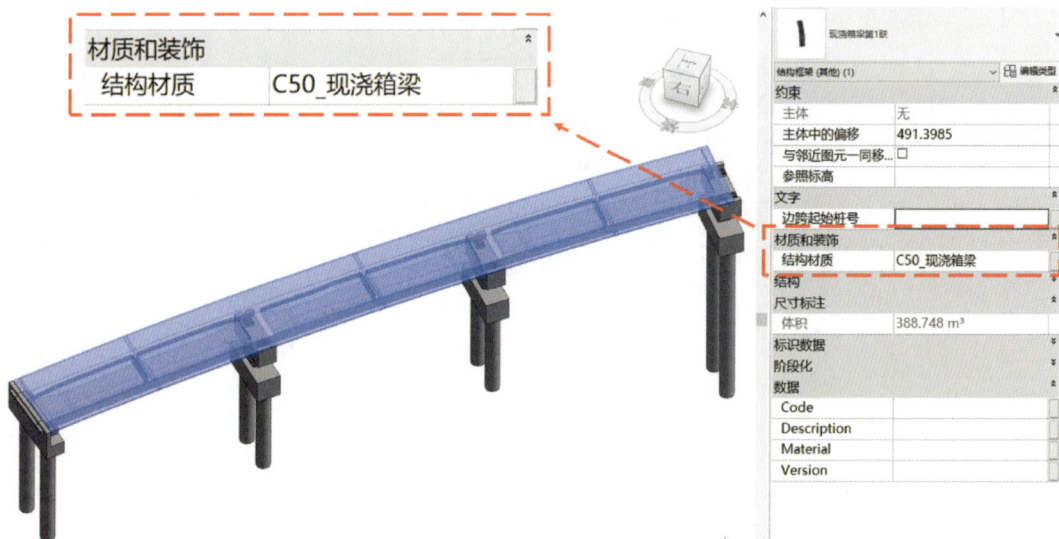

图 3-101　重新执行程序的族实例材质参数

3. 10. 2　基于系统内置族样板转化

根据需求的不同，Revit 已经为用户建立了一套不同用途的系统内置族样板，内置族持有一些特殊属性，例如在结构中，使用"公制结构基础"族样板创建的族，在同一竖向空间中，其族实例会限定在使用"公制结构柱"族样板族实例下方。或者，使用一般公制结构类族样板，默认支持在结构中创建钢筋。

此处以"公制结构框架-综合体和桁架"族样板为例，通过引用该族样板直接进行现浇箱梁族的转化创建，并且依然以预设参数、材质参数关联需求为目标，进行详细阐述。

主要流程是，首先通过基于"公制结构框架-综合体和桁架"族样板，在族文档管理器下使用"AddParameter"方法创建"边跨起始桩号"参数，参数分组可选择文字，即"PG_TEXT"，参数类型选择文字，即"Text"，并且通过"True"设定为实例参数，回到上述"Ps7"节点代码修改前的阶段，注释或删除"try"方法下所有代码，并增加代码：

```
1. famdoc.FamilyManager.AddParameter("边跨起始桩号", BuiltInParameterGroup.PG_TEXT,
   ParameterType.Text, True)
```

其次，创建到"梁体材质"参数，分组为材质与装饰，即"PG_MATERIALS"，参数类型为材质，即"Material"，同样设为实例参数，并将新建材质赋值给变量"newMaterial"，便于后续进行关联，增加代码：

```
1. newMaterial = famdoc.FamilyManager.AddParameter("梁体材质",
   BuiltInParameterGroup.PG_MATERIALS, ParameterType.Material, True)
```

进一步地，为实现族内现浇箱梁形状材质与新建材质参数的关联，使用"AssociateElementParameterToFamilyParameter"方法进行关联，增加代码：

```
1. famdoc.FamilyManager.AssociateElementParameterToFamilyParameter(s2.get_Paramete
   r(BuiltInParameter.MATERIAL_ID_PARAM), newMaterial)
```

上述操作须在事务中完成，流程如图3-102所示。

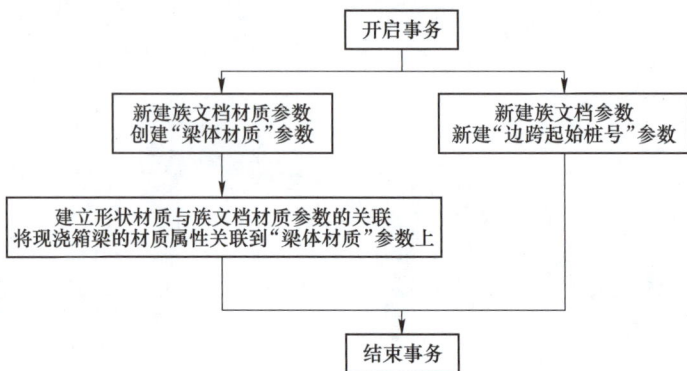

图 3-102　族文档参数新建与参数关联流程

在程序设计上，需要将原123行"try"方法下的原代码删除或注释，代码调整为：

```
1.  # 注释原有代码
2.  #mat_fec = FilteredElementCollector(famdoc).OfClass(Material)
3.  #for m in mat_fec:
4.  #    if m.Name == mat1:
5.  #        fam_mat = m
6.  #        break
7.  #mat_par = s2.get_Parameter(BuiltInParameter.MATERIAL_ID_PARAM).Set(fam_mat.Id)
8.  # 修改为如下代码
9.  TransactionManager.Instance.EnsureInTransaction(famdoc)
10.    famdoc.FamilyManager.AddParameter("边跨起始桩号",
    BuiltInParameterGroup.PG_TEXT, ParameterType.Text, True)
11.    newMaterial = famdoc.FamilyManager.AddParameter("梁体材质",
    BuiltInParameterGroup.PG_MATERIALS, ParameterType.Material, True)
12.    famdoc.FamilyManager.AssociateElementParameterToFamilyParameter(s2.get_Param
    eter(BuiltInParameter.MATERIAL_ID_PARAM), newMaterial)
13.    TransactionManager.Instance.TransactionTaskDone()
```

修改后的程序缩进格式如图3-103所示。

```
122    if enable_mat:
123        try:
124            # 注释原有代码
125            #mat_fec = FilteredElementCollector(famdoc).OfClass(Material)
126            #for m in mat_fec:
127            #    if m.Name == mat1:
128            #        fam_mat = m
129            #        break
130            #mat_par = s2.get_Parameter(BuiltInParameter.MATERIAL_ID_PARAM).Set(fam_mat.Id)
131            # 修改为如下代码
132            TransactionManager.Instance.EnsureInTransaction(famdoc)
133            famdoc.FamilyManager.AddParameter("边跨起始桩号", BuiltInParameterGroup.PG_TEXT, ParameterType.Text, True)
134            newMaterial = famdoc.FamilyManager.AddParameter("梁体材质", BuiltInParameterGroup.PG_MATERIALS, ParameterType.Material, True)
135            famdoc.FamilyManager.AssociateElementParameterToFamilyParameter(s2.get_Parameter(BuiltInParameter.MATERIAL_ID_PARAM), newMaterial)
136            TransactionManager.Instance.TransactionTaskDone()
137        except: pass
```

图 3-103　修改后的程序段落

保存修改，删除之前创建的"现浇箱梁第 1 联"族，选择"公制结构框架-综合体和桁架"族样板，运行程序，观察新生成的"现浇箱梁第 1 联"族中，基于系统族样板的情况下，创建了"边跨起始桩号""梁体材质"参数，如图 3-104 所示。

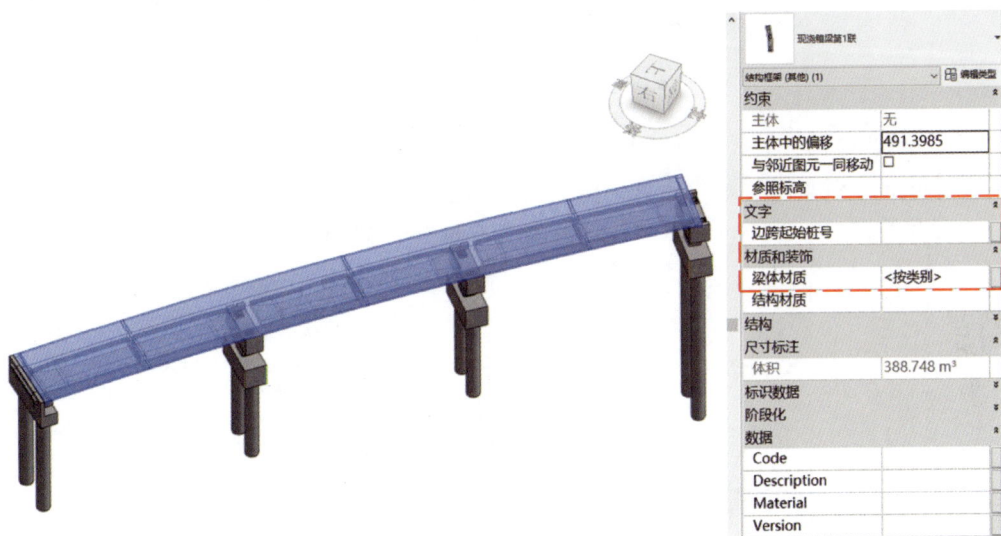

图 3-104　重新执行程序的族实例材质参数

并且，因上述流程未采用定制族样板，系统内置族样板不一定持有用户预期设置的材质，因此未对上述"现浇箱梁第 1 联"族实例赋予材质，以实现形状与族参数的关联为重点，为族创建后的参数赋值奠定基础。

小提示

针对上述"基于用户定制族样板转化""基于系统内置族样板转化"两种方法的应用，在族样板的应用频次、使用范围较高时，较适宜使用前一种方法，第二种方法胜在更加灵活，不依赖或较少依赖族样板属性，并且可依托 Revit 项目的材质，不局限于族样板。

3.11　参数赋值

基于上述"3.10.2"节完成的内容基础上，为"现浇箱梁第 1 联"族实例设置构件编码、边跨起始桩号及材质参数值，首先创建"Code Block"代码块，通过"Dates［0］［0］"从"Ps7"节点中引出族实例；其次，创建"Code Block"代码块，通过"Dates［1］

[1]、Dates[1][3]"从"Ps6"节点中引出边跨起始桩号和材质名称，进一步地，通过"String from Object"节点将边跨起始桩号数据转化为字符，通过"Material.ByName"节点从 Revit 项目中与材质名称匹配的材质；再次，创建"Code Block"代码块，组合形成参数名称、参数值，该节点"Datas"输入端连接"Ps6"节点输出端；最后，使用"Element.SetParameterByName"节点完成参数设置，并将上述节点组合为节点组，标识为"参数赋值（编码、边跨起始桩号、材质）"，节点组内外连接关系如图 3-105 所示。

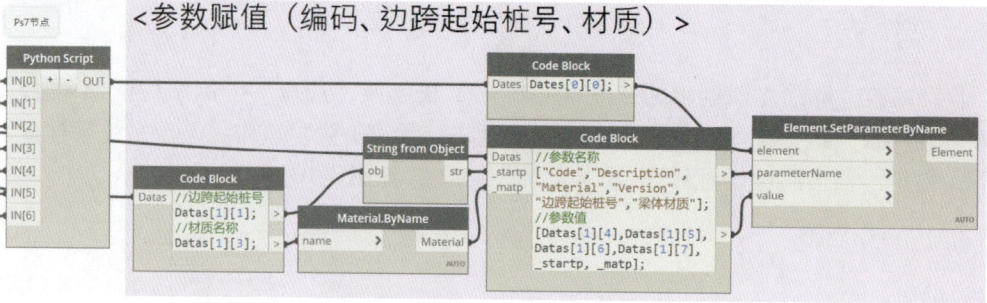

图 3-105　参数赋值节点设计

保存 dyn 程序，命名为"桥跨结构创建"，运行程序，结束后，观察现浇箱梁构件编码、边跨起始桩号、梁体材质参数均已被修改，如图 3-106 所示。

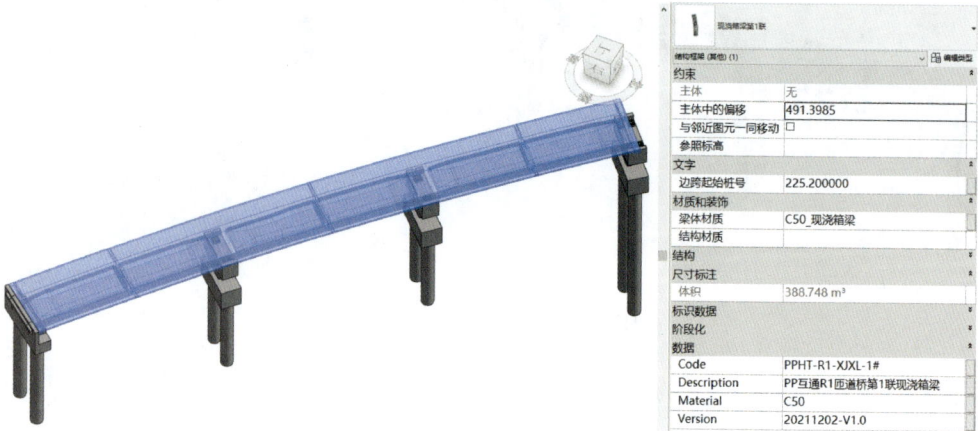

图 3-106　现浇箱梁参数赋值效果

以"梁体材质"参数为例，如设置为"玻璃"，观察材质关联效果如图 3-107 所示。

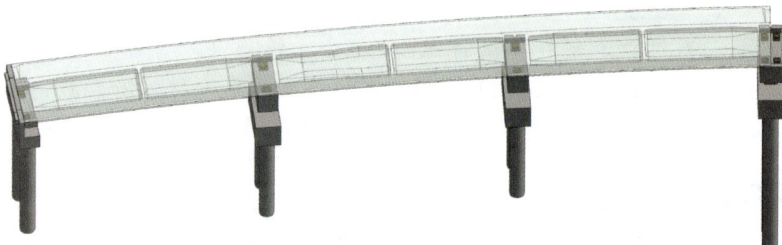

图 3-107　玻璃材质现浇箱梁效果

至此，完成现浇箱梁桥桥跨结构的创建。

4 现浇箱梁桥设计建模进阶技能

4.1 一箱多室渐变段桥跨结构

在 PP 互通中，以 G 匝道 1 号桥（以下简称 G1 桥）为例，进行一箱多室渐变段桥跨结构创建方法解析，G1 桥桥跨结构为一箱三室现浇箱梁，共计现浇箱梁 1 联，包含 3 跨，G1 桥立面图如图 4-1 所示。

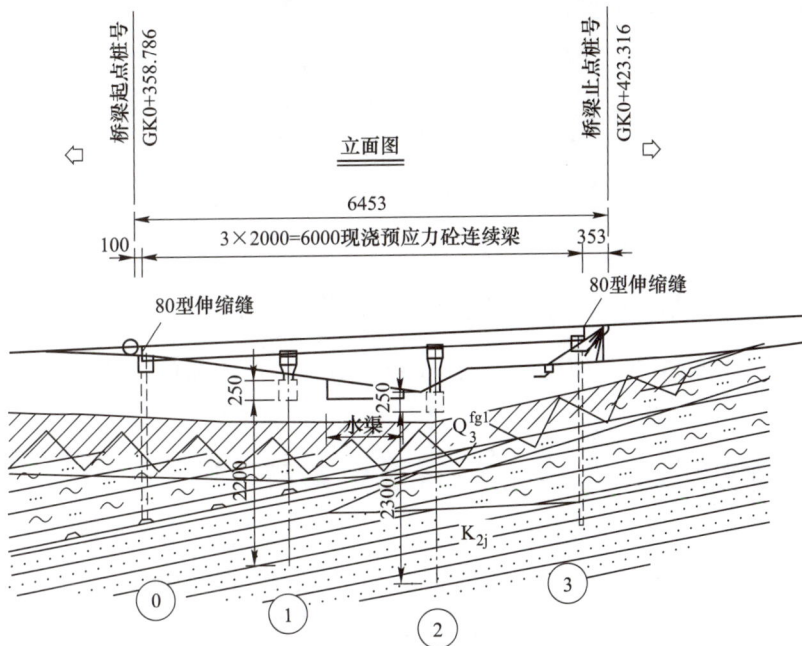

图 4-1　G 匝道 1 号桥立面图（单位：cm）

G1 桥平面图如图 4-2 所示。

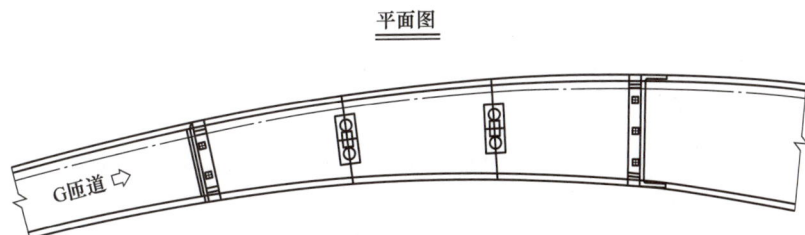

图 4-2　G1 桥平面图

为体现 G1 桥现浇箱梁模型的创建效果，按照第 2 章内容创建 G1 桥下部结构，可以在

R1 匝道桥的 Revit 项目基础上进行创建，也可单独创建 Revit 项目，本书通过单独创建"G1 桥 . rvt"项目进行流程讲解，G1 桥下部结构如图 4-3 所示。

图 4-3　G1 桥下部结构

观察 G1 桥现浇箱梁的平面构造，与 R1 匝道类似，但内部包含三组空心舱室，如图 4-4 所示。

4.1.1　关键断面轮廓设计

结合设计图纸，关键断面轮廓类型主要可归属于三类，如图 4-5 所示。

与 R1 匝道一箱单室的关键断面轮廓相比，A 类型关键断面轮廓设计内容一致，可直接使用"Outline_A. rfa"族作为 G1 桥的 A 类型关键断面轮廓，B、C 类型关键断面轮廓，相比 R1 匝道多出两组内轮廓，可按照"3. 2. 2"节内容进行设计，或基于"Outline_B. rfa""Outline_C. rfa"族的基础上进行拓展。

如采用"Outline_B. rfa""Outline_C. rfa"族进行修改，应该修改嵌入族"Outline_B_n. rfa""Outline_C_n. rfa"族的名称，避免载入项目后出现被覆盖。本节内容将依据 R1 匝道桥跨结构关键断面轮廓族进行修改。

4.1.1.1　关键断面轮廓 B

在 R1 匝道"关键断面轮廓 B"基础上进行修改。首先，针对"Outline_B_n. rfa"族，在 10、11 号竖向参照平面之间，增加 4 道竖向参照平面（"△"标注）。按图示创建尺寸标注并关联实例参数"Thick_fb1""Thick_fb2""Thick_fb3"（新建）、"Thick_fb4"（新建）、"L_C1"（新建）、"L_C2"（新建），用于约束各腹板厚度、空心仓宽度，其他内容保持不变，如图 4-6 所示。

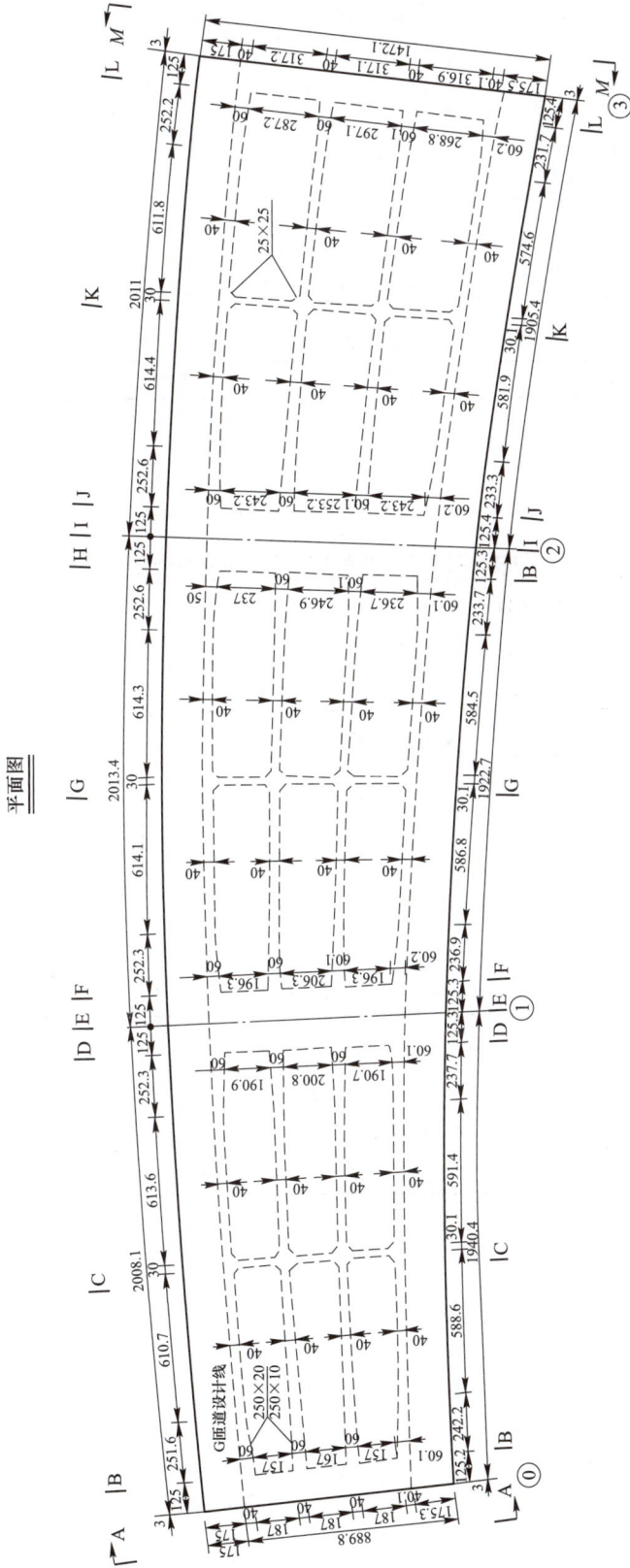

平面图

图 4-4 G1桥第1联现浇箱梁平面图

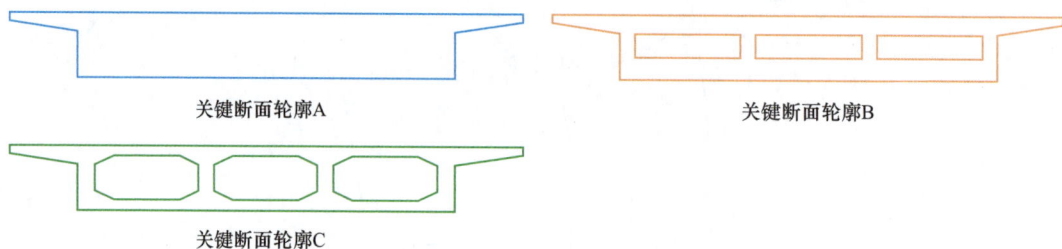

关键断面轮廓A

关键断面轮廓B

关键断面轮廓C

图4-5 G1桥第1联现浇箱梁关键断面轮廓类型

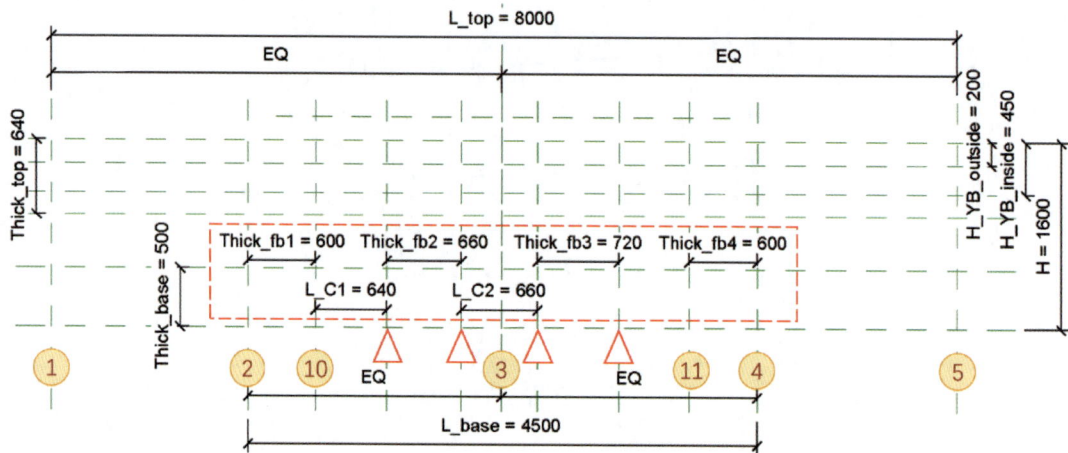

图4-6 参照平面尺寸标注与参数关联

紧接着，按照如图4-7所示顺序，创建1~20号模型线，模型线起点指向终点，与箭头方向一致。

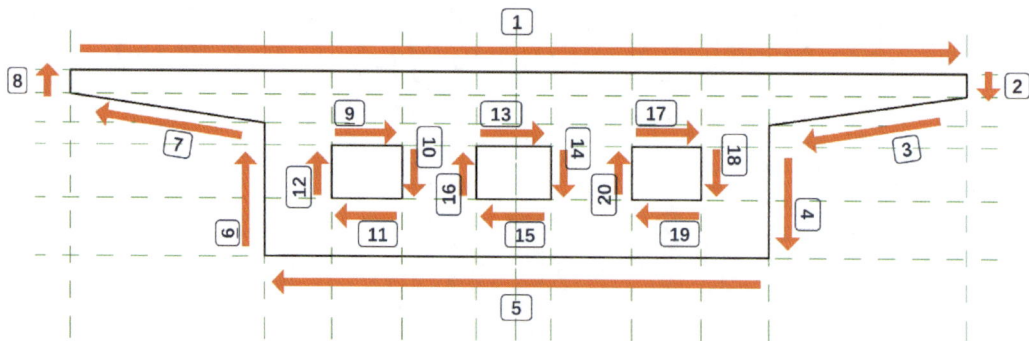

图4-7 模型线绘制顺序与方向

参照相关方法，对上述模型线或模型线端点，与对应参照平面进行对齐锁定。另存该族，命名为"Outline_B_3n"。

将上述"Outline_B_3n.rfa"族，载入到"Outline_B.rfa"，不进行实例创建，选中已创建的"Outline_B_n"族实例，从属性面板中将"Outline_B_n"替换为"Outline_B_3n"，如图4-8所示。

为避免后续载入项目中覆盖嵌入族，可从项目浏览器中删除"Outline_B_n"族，如图 4-9 所示。

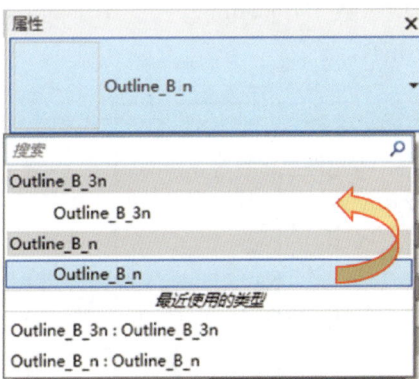

图 4-8 族实例的族类型更替

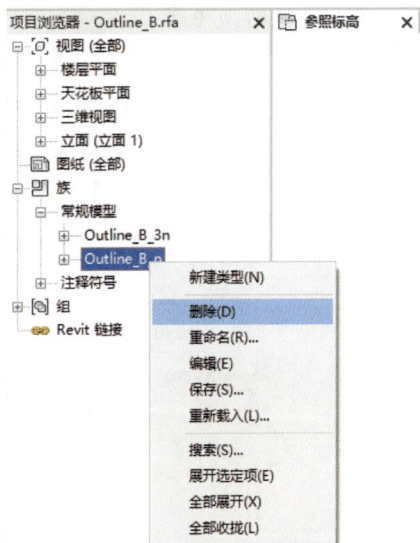

图 4-9 删除多余的载入族

选中"Outline_B_3n"族实例，将新增加的"Thick_fb3""Thick_fb4""L_C1""L_C2"参数关联到当前族文档上，参数名称保持一致，如图 4-10 所示。

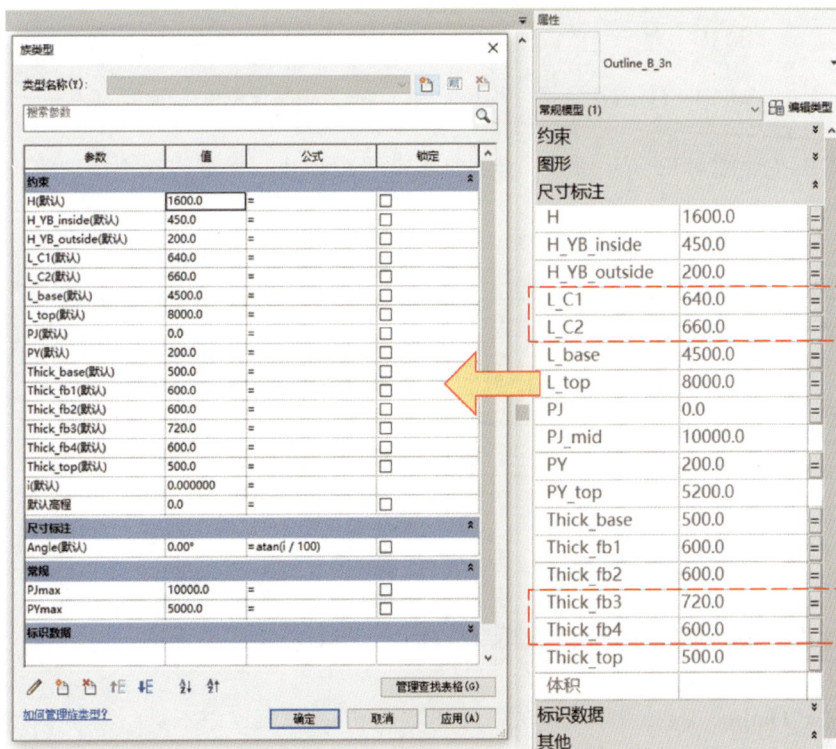

图 4-10 载入族新增参数关联至当前族

调试各项参数，观察是否支持对断面轮廓族进行驱动。另存该族，命名为"Outline_B3"，完成"关键断面轮廓 B"的创建。

4.1.1.2 关键断面轮廓 C

在 R1 匝道"关键断面轮廓 C"基础上进行修改，首先，针对"Outline_C_n.rfa"族，在 10、11 号竖向参照平面之间，增加 8 道竖向参照平面（"△"标注）。按图示创建尺寸标注并关联实例参数"Thick_fb1""Thick_fb2""Thick_fb3"（新建）、"Thick_fb4"（新建）、"L_C1"（新建）、"L_C2"（新建）以及类型参数"Rounding_A"，用于约束各腹板厚度、倒角宽度，其他内容保持不变，如图 4-11 所示。

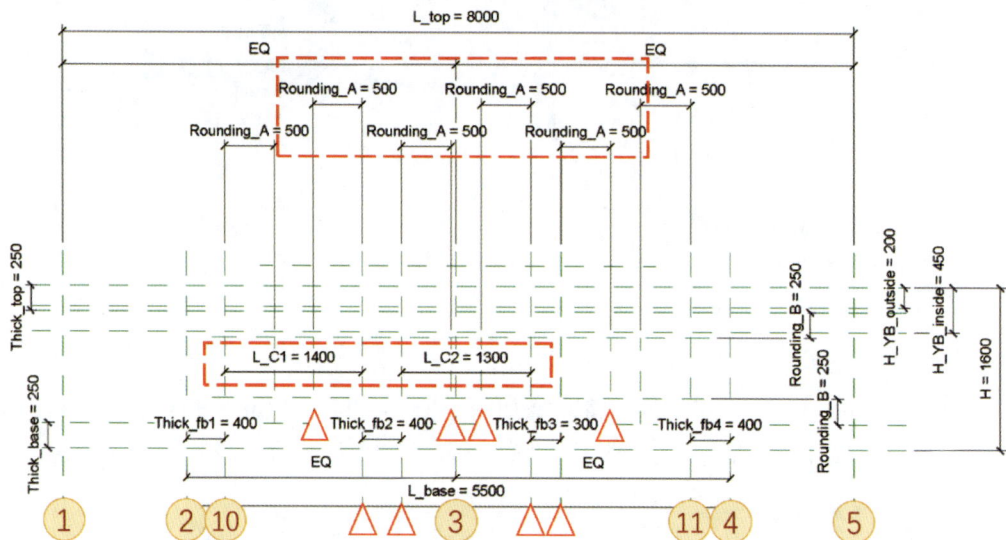

图 4-11　新增参照平面尺寸标注与参数关联（单位：mm）

紧接着，按照图 4-12 所示顺序，创建 1~32 号模型线，模型线起点指向终点，与箭头方向一致。

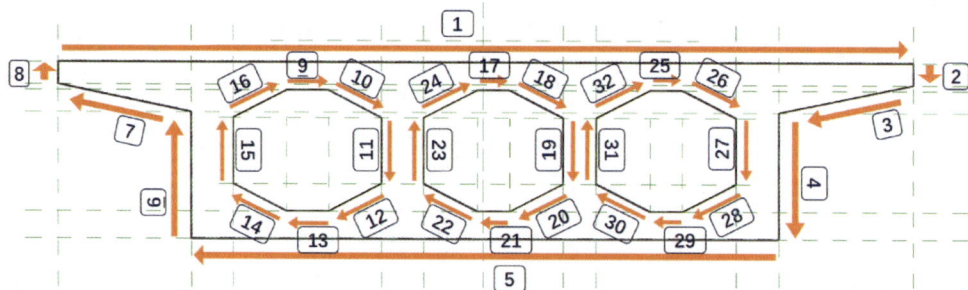

图 4-12　模型线绘制顺序与方向

参照相关方法，对上述模型线或模型线端点，与对应参照平面进行对齐锁定。另存该族，命名为"Outline_C_3n"。

将上述"Outline_C_3n.rfa"族，载入到"Outline_C.rfa"，不进行实例创建，选中已创建的"Outline_C_n"族实例，从属性面板中将"Outline_C_n"替换为"Outline_C_3n"，如图 4-13 所示。

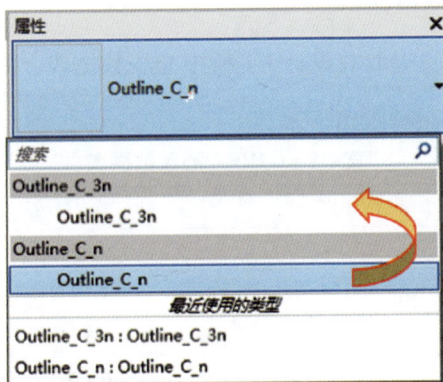

图4-13 族实例的族类型更替

为避免后续载入项目中覆盖嵌入族，可从项目浏览器中删除"Outline_C_n"族。

选中"Outline_C_3n"族实例，将新增加的"Thick_fb3""Thick_fb4""L_C1""L_C2"参数关联到当前族文档上，参数名称保持一致，如图4-14所示。

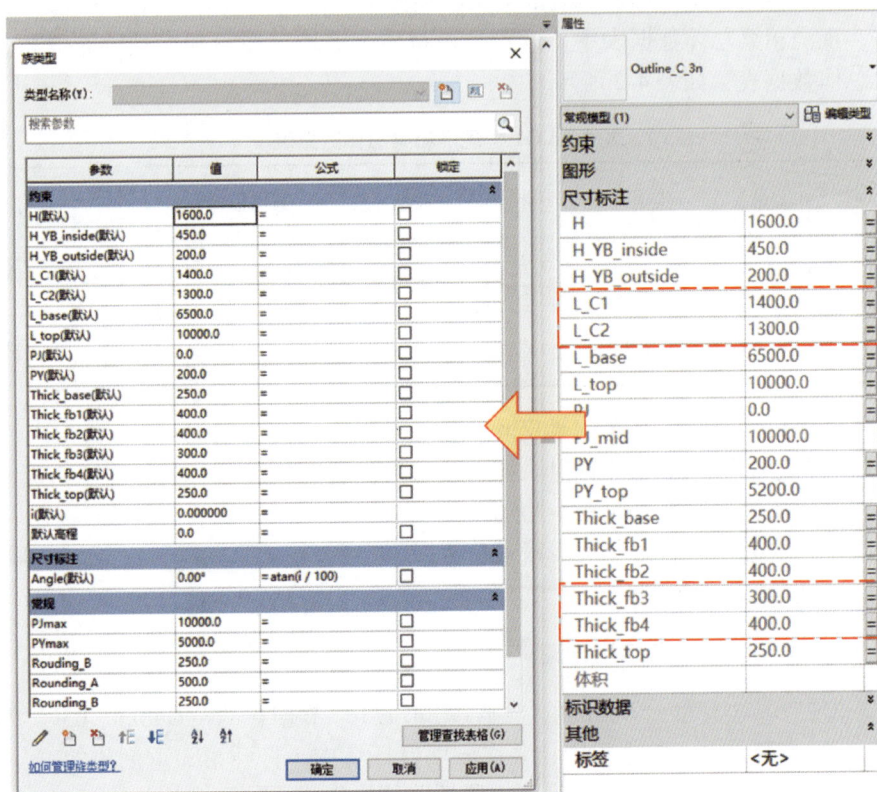

图4-14 载入族新增参数关联至当前族

调试各项参数，观察是否支持对断面轮廓族进行驱动。另存该族，命名为"Outline_C3"，完成"关键断面轮廓C"的创建。

4.1.2 关键断面轮廓排布数据设计

按照"1.1.5"节内容，提取并设计 G1 桥中心线数据表，如表 4-1 所示（完整数据见附表 B2-8）。

表 4-1　G1 桥中心线数据表　　　　　　　　　（m）

桩号	北距（Y）	东距（X）	高程（Z）
3+00.00	−417.04	719.2348	482.6
3+13.95	−403.18	717.6748	483.018
3+20.81	−396.354	716.9993	483.224
3+25.00	−392.178	716.6202	483.351
…	…	…	…
11+63.01	−101.646	1362.9638	499.893

创建"G1 匝道桥梁数据"Excel 文件，设定上述数据表名称为"CenterLine"。

按照"3.3"节对现浇箱梁排布 Excel 工作表设计内容，在"G1 匝道桥梁数据"Excel 文件中建立**现浇箱梁总体数据表、现浇箱梁构造数据表**。

其中，现浇箱梁总体数据表中，设置结构材质为玻璃，便于观察现浇箱梁整体形状，现浇箱梁总体数据表，如表 4-2 所示。

表 4-2　G1 桥现浇箱梁总体数据表

族类型名称	边跨起始桩号	类别	材质	编码	编码描述	建筑材料	图纸版本
FamilyType Name	StartPileNo	Category	结构材质	Code	Description	Material	Version
现浇箱梁第 1 联	225.2m	OST_StructuralFraming	玻璃	PPHT-G1-XJXL-1#	PP 互通 G1 匝道桥第 1 联现浇箱梁	C50	20211202-V1.0

其中现浇箱梁构造数据表在记录尺寸及横坡数据中，应当增加"Thick_fb3""Thick_fb4""L_C1""L_C2"列数据。针对未拥有改参数的轮廓族尺寸参数，同样使用"/"符号代替，现浇箱梁构造数据表如表 4-3 所示。

将上述工作表分别命名为"现浇箱梁总数据""现浇箱梁第 1 联"，完成 G1 匝道桥第 1 联现浇箱梁构造数据的编制。

4.1.3 一箱多室渐变段桥跨结构创建

将"3.2.2"节创建的"Outline_A"族、"4.1.1"节创建的"Outline_B3""Outline_C3"均载入至"G1 桥.rvt"项目中，并在该项目环境中，打开第 3 章创建的"桥跨结构创建.dyn"文件，另存为"一箱多室渐变段桥跨结构创建.dyn"。

观察 G1 桥与 R1 匝道桥的不同，需要修改"多工作表读取"节点组中，关于 Excel 文件的读取路径，切换为上一小节创建的"G1 匝道桥梁数据"表，如图 4-15 所示。

其他程序设计内容，均已符合一箱多室渐变段桥跨结构的创建需求，不需要作更改（图 4-16）。

表 4-3　G1 桥现浇箱梁总体数据表

(m)

桩间距 Spacing	断面类型	竖向偏移 PY	偏距 PJ	梁高 H	翼板内侧厚 H_YB_inside	翼板外侧厚 H_YB_outside	顶板宽 L_top	底板宽 L_base	横坡值 i	顶板厚 Thick_top	底板厚 Thick_base	腹板1厚 Thick_fb1	腹板2厚 Thick_fb2	腹板3厚 Thick_fb3	腹板4厚 Thick_fb4	空心仓宽 L_C1	空心仓宽 L_C2
0.03	Outline_A	0.2	3.5735	1.4	0.45	0.45	10.647	7.147	-2.63	/	/	/	/	/	/	/	/
0.5	Outline_A	0.2	3.5871	1.4	0.45	0.45	10.6742	7.1742	-2.65	/	/	/	/	/	/	/	/
0.25	Outline_A	0.2	3.5939	1.4	0.45	0.2	10.6878	7.1878	-2.66	/	/	/	/	/	/	/	/
0.5	Outline_B3	0.2	3.6075	1.4	0.45	0.2	10.715	7.215	-2.68	0.5	0.5	0.6	0.6	0.6	0.6	1.57	1.675
2.5	Outline_C3	0.2	3.6755	1.4	0.45	0.2	10.851	7.351	-2.78	0.25	0.25	0.4	0.4	0.4	0.4	1.917	1.917
5.82	Outline_C3	0.2	3.8285	1.4	0.45	0.2	11.157	7.657	-3.02	0.25	0.25	0.4	0.4	0.4	0.4	2.019	2.019
0.25	Outline_B3	0.2	3.84	1.4	0.45	0.2	11.18	7.68	-3.03	0.5	0.5	0.6	0.6	0.6	0.6	1.76	1.76
0.3	Outline_B3	0.2	3.8505	1.4	0.45	0.2	11.201	7.701	-3.04	0.5	0.5	0.6	0.6	0.6	0.6	1.767	1.767
0.25	Outline_C3	0.2	3.857	1.4	0.45	0.2	11.214	7.714	-3.05	0.25	0.25	0.4	0.4	0.4	0.4	2.038	2.038
5.85	Outline_C3	0.2	4.037	1.4	0.45	0.2	11.574	8.074	-3.28	0.25	0.25	0.4	0.4	0.4	0.4	2.158	2.158
2.5	Outline_B3	0.2	4.1135	1.4	0.45	0.2	11.727	8.227	-3.38	0.5	0.5	0.6	0.6	0.6	0.6	1.909	2.009
1.25	Outline_A	0.2	4.1555	1.4	0.45	0.2	11.811	8.311	-3.43	/	/	/	/	/	/	/	/
1.25	Outline_B3	0.2	4.1945	1.4	0.45	0.2	11.889	8.389	-3.47	0.5	0.5	0.6	0.6	0.6	0.6	1.964	2.063
2.5	Outline_C3	0.2	4.28	1.4	0.45	0.2	12.06	8.56	-3.54	0.25	0.25	0.4	0.4	0.4	0.4	2.32	2.32
5.85	Outline_C3	0.2	4.4705	1.4	0.45	0.2	12.441	8.941	-3.71	0.25	0.25	0.4	0.4	0.4	0.4	2.447	2.447
0.25	Outline_B3	0.2	4.4805	1.4	0.45	0.2	12.461	8.961	-3.71	0.5	0.5	0.6	0.6	0.6	0.6	2.187	2.187

续表 4-3

桩间距 Spacing	断面 类型	竖向 偏移 PY	偏距 PJ	梁高 H	翼板内 侧厚 H_YB_ inside	翼板外 侧厚 H_YB_ outside	顶板宽 L_top	底板宽 L_base	横坡值 i	顶板厚 Thick_top	底板厚 Thick_base	腹板 1厚 Thick_fb1	腹板 2厚 Thick_fb2	腹板 3厚 Thick_fb3	腹板 4厚 Thick_fb4	空心 仓宽 L_C1	空心 仓宽 L_C2
0.3	Outline_B3	0.2	4.491	1.4	0.45	0.2	12.482	8.982	-3.72	0.5	0.5	0.6	0.6	0.6	0.6	2.194	2.194
0.25	Outline_C3	0.2	4.5005	1.4	0.45	0.2	12.501	9.001	-3.73	0.25	0.25	0.4	0.4	0.4	0.4	2.467	2.467
5.85	Outline_C3	0.2	4.715	1.4	0.45	0.2	12.93	9.43	-3.89	0.25	0.25	0.4	0.4	0.4	0.4	2.61	2.61
2.5	Outline_B3	0.2	4.806	1.4	0.45	0.2	13.112	9.612	-3.96	0.5	0.5	0.6	0.6	0.6	0.6	2.371	2.47
1.25	Outline_A	0.2	4.8545	1.4	0.45	0.2	13.209	9.709	-4	/	/	/	/	/	/	/	/
1.25	Outline_B3	0.2	4.9025	1.4	0.45	0.2	13.305	9.805	-4	0.5	0.5	0.6	0.6	0.6	0.6	2.435	2.535
2.5	Outline_C3	0.2	4.9925	1.4	0.45	0.2	13.485	9.985	-4	0.25	0.25	0.4	0.4	0.4	0.4	2.795	2.795
5.85	Outline_C3	0.2	5.201	1.4	0.45	0.2	13.902	10.402	-4	0.25	0.25	0.4	0.4	0.4	0.4	2.934	2.934
0.25	Outline_B3	0.2	5.211	1.4	0.45	0.2	13.922	10.422	-4	0.5	0.5	0.6	0.6	0.6	0.6	2.674	2.674
0.3	Outline_B3	0.2	5.223	1.4	0.45	0.2	13.946	10.446	-4	0.5	0.5	0.6	0.6	0.6	0.6	2.682	2.682
0.25	Outline_C3	0.2	5.2325	1.4	0.45	0.2	13.965	10.465	-4	0.25	0.25	0.4	0.4	0.4	0.4	2.955	2.955
5.82	Outline_C3	0.2	5.4605	1.4	0.45	0.2	14.421	10.921	-4	0.25	0.25	0.4	0.4	0.4	0.4	3.107	3.107
2.5	Outline_B3	0.2	5.5595	1.4	0.45	0.2	14.619	11.119	-4	0.5	0.5	0.6	0.6	0.6	0.6	2.873	2.973
0.5	Outline_A	0.2	5.5799	1.4	0.45	0.2	14.6598	11.1598	-4	/	/	/	/	/	/	/	/
0.25	Outline_A	0.2	5.5901	1.4	0.45	0.45	14.6802	11.1802	-4	/	/	/	/	/	/	/	/
0.5	Outline_A	0.2	5.6105	1.4	0.45	0.45	14.721	11.221	-4	/	/	/	/	/	/	/	/

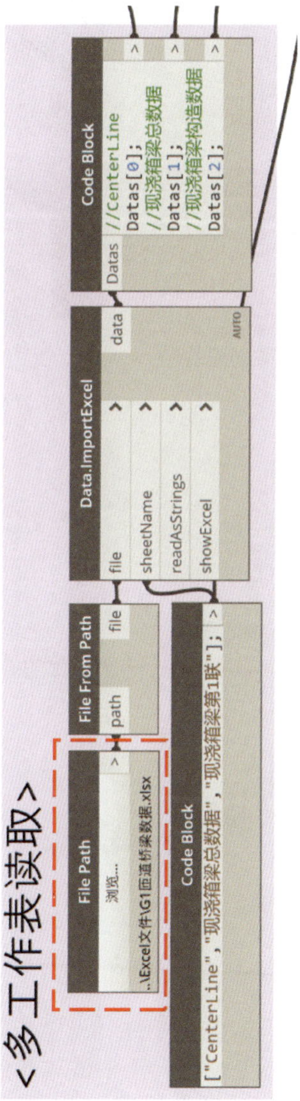

图 4-15 G1 桥现浇箱梁数据读取节点

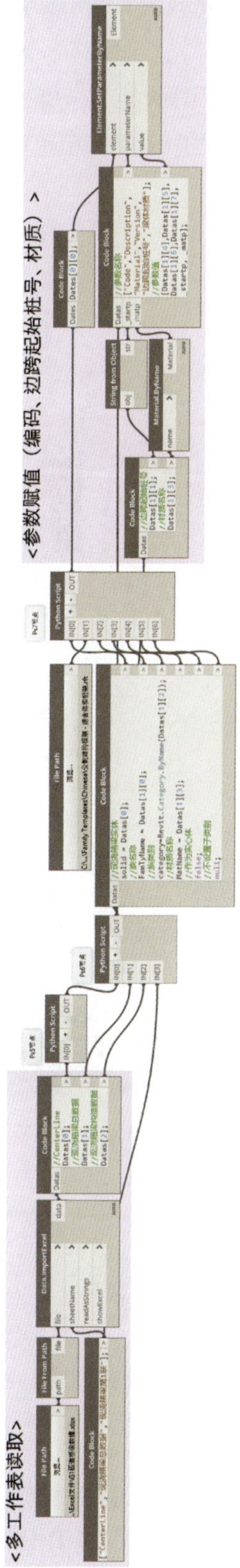

图 4-16 其他程序设计内容无须修改

运行程序，程序能够按照预期创建形成一箱多室渐变段桥跨结构，观察结果如图 4-17 所示。

细部构造均符合程序设定，一箱多室渐变段现浇箱梁梁端细部如图 4-18 所示。

上述结果表明，程序适应一箱单室、一箱多室现浇箱梁创建，主梁体、内部构造符合预期。

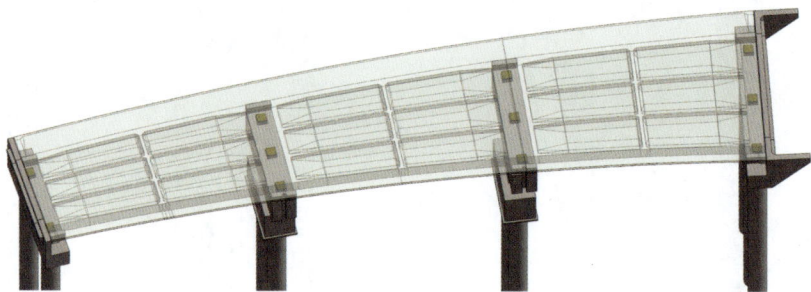

图 4-17 G1 桥一箱多室渐变段现浇箱梁创建效果

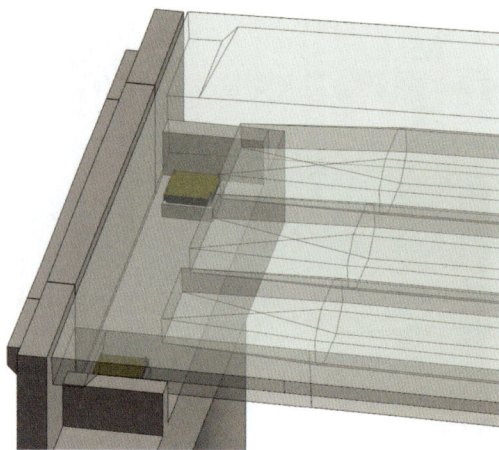

图 4-18 一箱多室渐变段现浇箱梁梁端细部

4.2 分/合流鼻创建

在互通立交桥梁中，依靠分流、合流的方式融合主路与匝道，其中最具几何美，并具有较高 BIM 建模难度的部位，即是分流鼻、合流鼻（以下统称分流跨），为详细介绍如何通过 Revit+Dynamo 实现分流跨创建，本书选取 PP 互通立交中 C4 匝道与 D 匝道的交汇分流跨为实例（以下简称 C4-D 分流跨），详细阐述分流跨模型的思路分析、创建流程及方法。C4-D 分流跨所处位置如图 4-19 所示。

在 PP 互通中，选择 C4-D 分流跨为例，进行分流跨创建方法解析，C4-D 分流跨为一箱四室现浇箱梁，包含 2 跨，C4-D 分流跨所在主线 C4 匝道桥立面图如图 4-20 所示。

C4-D 分流跨部分平面图如图 4-21 所示。

图 4-19 C4-D 分流跨所处位置

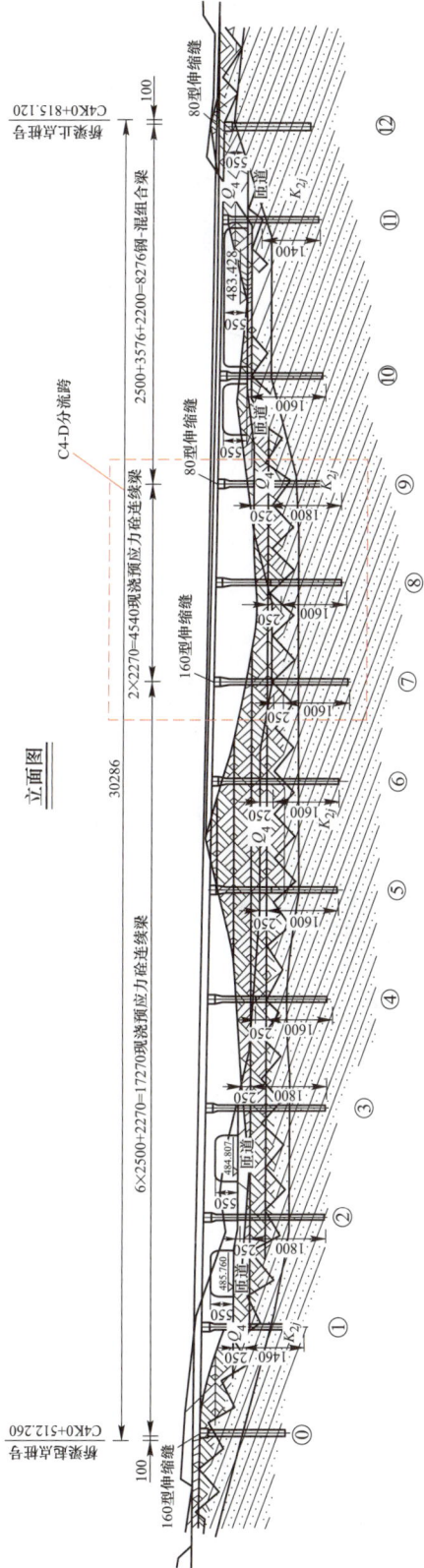

图 4-20 C4 匝道桥立面图

平面图

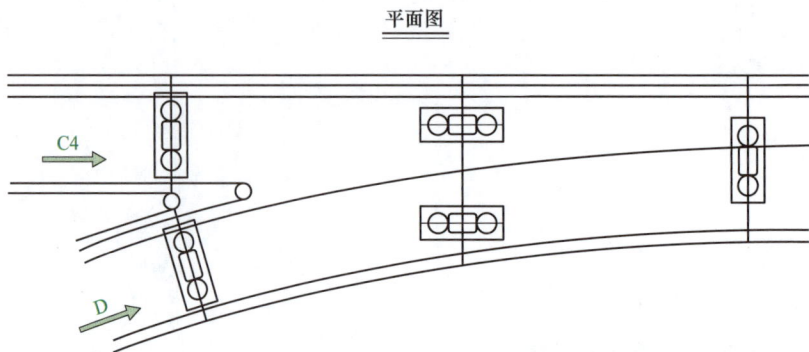

图 4-21   C4-D 分流跨部分平面图

为体现 C4-D 分流跨现浇箱梁模型的创建效果，按照第 2 章内容创建 C4-D 分流跨桥下部结构及 C4 匝道桥、D 匝道桥中相邻跨的桥跨模型，可以在 R1 匝道桥的 Revit 项目基础上进行创建，也可单独创建 Revit 项目，本书通过单独创建 "C4-D 分流跨 . rvt" 项目进行流程讲解，如图 4-22 所示。

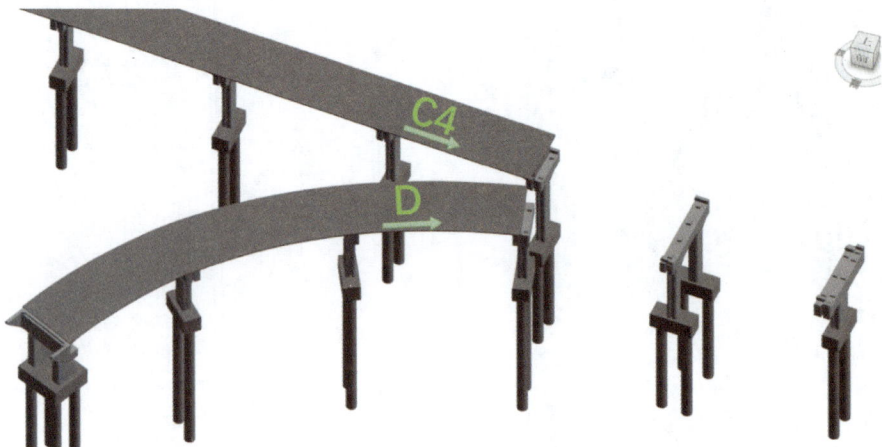

图 4-22   C4-D 分流跨下部结构及相邻跨桥跨结构

4.2.1   创建思路

4.2.1.1   解析分流跨形状关键断面

结合设计图纸信息，理解包括分流跨主梁体及内部构造的形状特征，与 R1 匝道、G1 桥类似的，该分流跨由主梁体、内部空心仓组成，不同则在于关键断面的空间形状，C4-D 分流跨的平面及立面设计图如图 4-23、图 4-24 所示。

根据上述设计内容，可以想象 C4-D 分流跨的空间几何形状如图 4-25 所示。

进一步地，应当明确关键断面轮廓的组成及构造，在 C4-D 分流跨交汇伊始，存在若干折弯、类似于前文中 A/B/C 类型的关键断面轮廓，交汇后，回归到常规一箱多室关键断面轮廓类型，如图 4-26 所示。

平面图

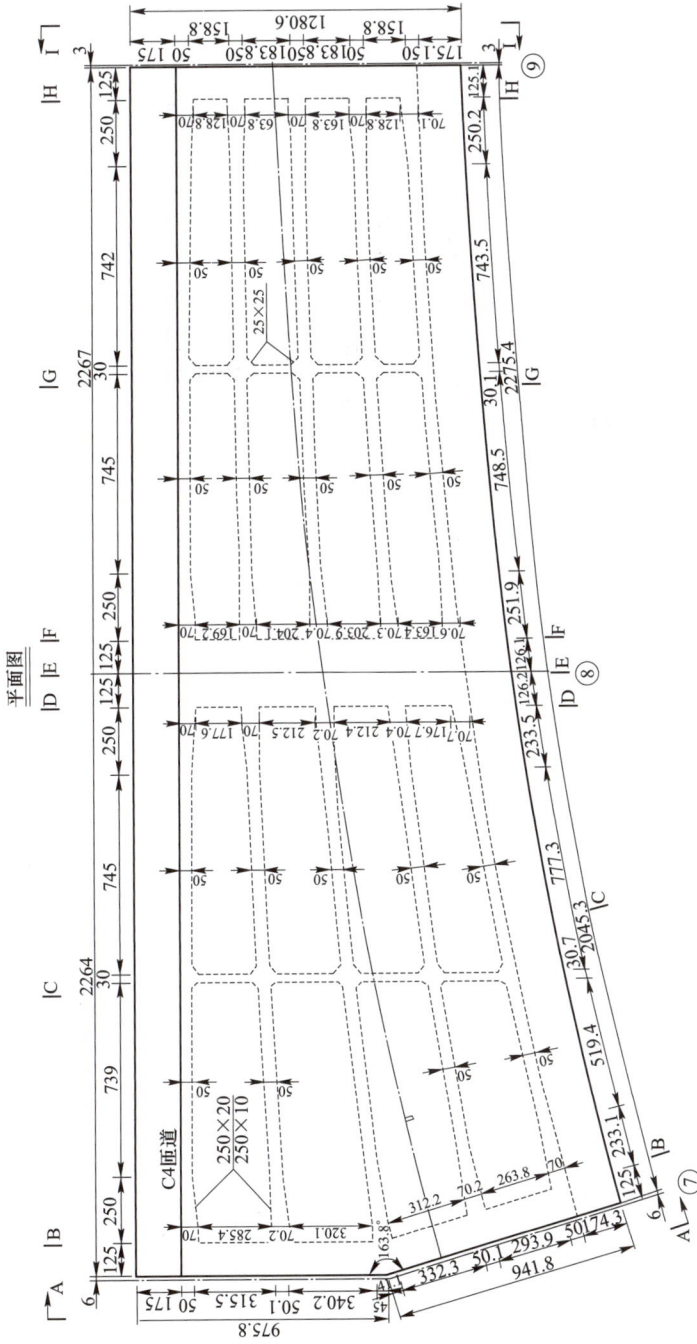

图 4-23 C4-D 分流跨现浇箱梁平面图

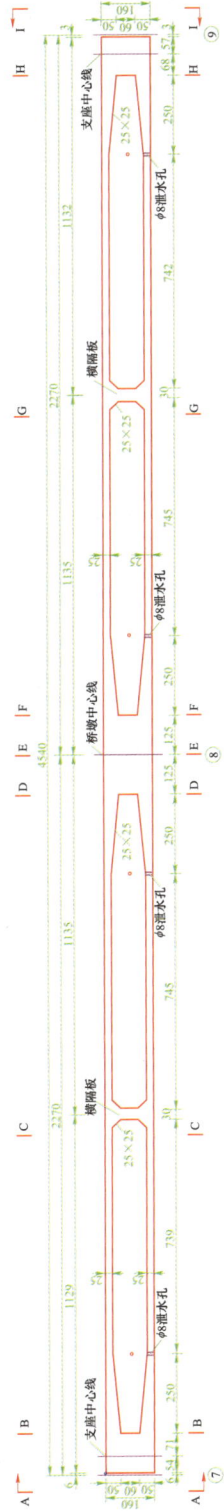

图 4-24 C4-D 分流跨现浇箱梁立面图

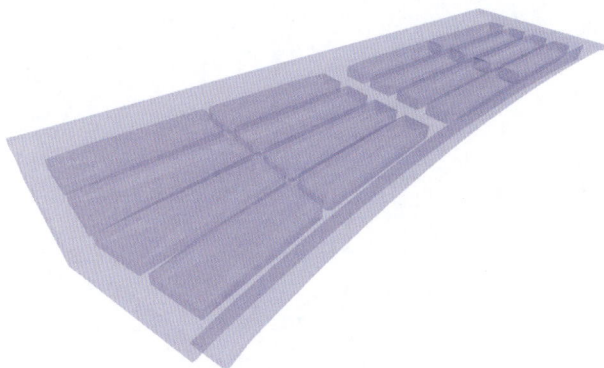

图 4-25　C4-D 分流跨空间几何形状

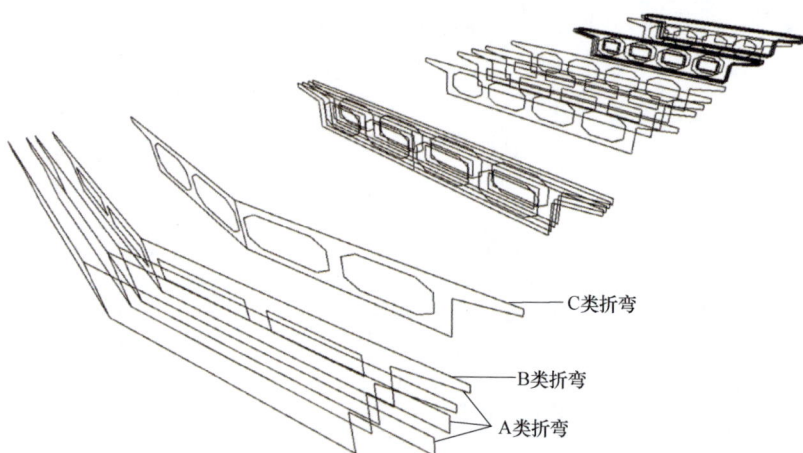

图 4-26　C4-D 分流跨关键断面轮廓

4.2.1.2　折弯类关键断面轮廓设计推演

上述解析的分流跨形状关键断面引发出折弯关键断面轮廓如何设计的问题，折弯类关键断面根据折弯轴划分，可分为两部分，不同于常规的关键断面轮廓设计，折弯类关键断面的轮廓线并非处于同一平面上，并且两部分的横坡设计不一。折弯类关键断面轮廓构成如图 4-27 所示。

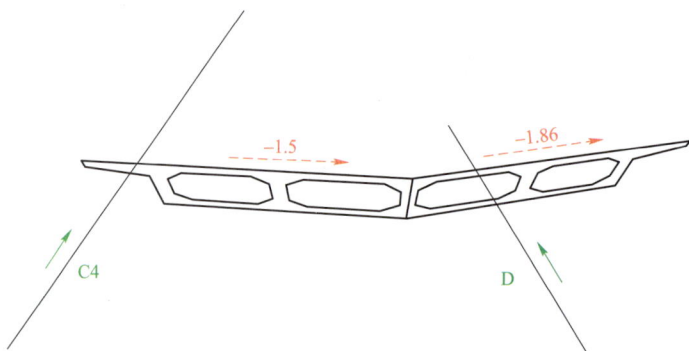

图 4-27　折弯类关键断面轮廓构成

由此推断，要实现折弯类关键断面的轮廓创建，解决方法主要包括以下 3 种。

方法 1：基于族绘制模型线创建法。在族环境中，基于不同工作平面，构造连续但具有独立横坡设计的关键断面轮廓（图 4-28）。

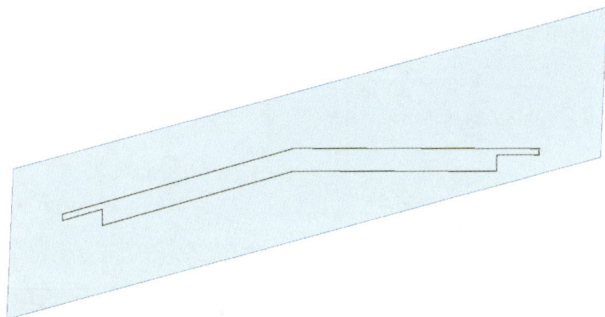

图 4-28 基于族绘制模型线创建折弯类关键断面轮廓

方法 2：依据轮廓族空间重组创建法。将其拆分为两部分，依托各自所处的中心线，进行空间组合。依据轮廓族空间重组创建折弯类关键断面轮廓如图 4-29 所示。

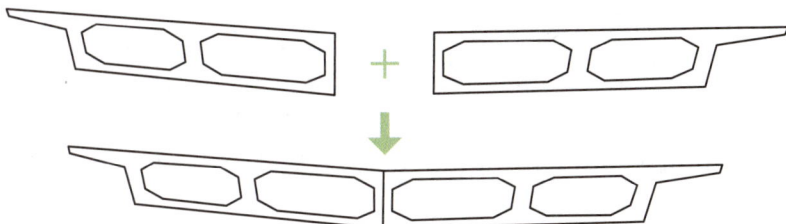

图 4-29 依据轮廓族空间重组创建折弯类关键断面轮廓

方法 3：轮廓关键点空间计算构造创建法。通过设计图纸数据，依托各自所处的中心线，通过 Dynamo 计算轮廓线端点，在 Dynamo 环境下重新连接、组合，构造完整轮廓线（图 4-30）。

对比上述 3 种方法，各拥有以下优缺点如表 4-4 所示。

表 4-4 折弯类关键断面轮廓创建方法优缺点对比

方 法	优 点	缺 点
基于族绘制模型线创建法	规避了基于 Dynamo 进行大量计算工作，仅依赖主线中心线数据	族的可参数化性差，一族一制，创建中需要进行空间几何计算
依据轮廓族空间重组创建法	断面轮廓族设计难度低，精度高，设计还原性好	须设计拆分的子断面轮廓，须依赖 Dynamo 进行轮廓组合计算，依赖两座桥的相关数据
轮廓关键点空间计算构造创建法	不依赖族，精度高，设计还原性好	轮廓计算复杂，计算量庞大，一轮廓一算法，依赖两座桥的相关数据

4.2.1.3 折弯类关键断面轮廓设计优化

综上所述，比较各项方案优缺点，本书推荐 B 方案，族的设计难度、Dynamo 计算量

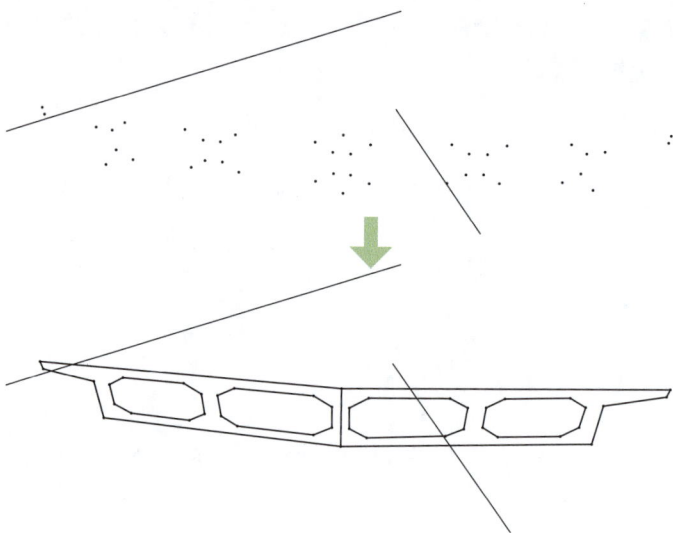

图 4-30　轮廓关键点空间计算构造创建折弯类关键断面轮廓

对桥梁专业的 BIM 工作开展较为适宜，且精度高，设计还原性好。进一步地，本书基于 B 方案的基础上，直接采用通用族，避免族的特殊设计，将一侧翼缘板作为交汇外的部分，后续通过 Dynamo 对轮廓进行重组计算即可。采用该方式还原折弯类关键断面轮廓，一方面，提高了关键断面轮廓族的通用性，另一方面也较大程度上降低了关键断面轮廓排布数据设计的难度。

即采用"3.2.2""4.1.1"节方法，进行一箱 N 室关键断面轮廓族的设计，分步创建断面轮廓并执行空间转换，如图 4-31、图 4-32 所示。

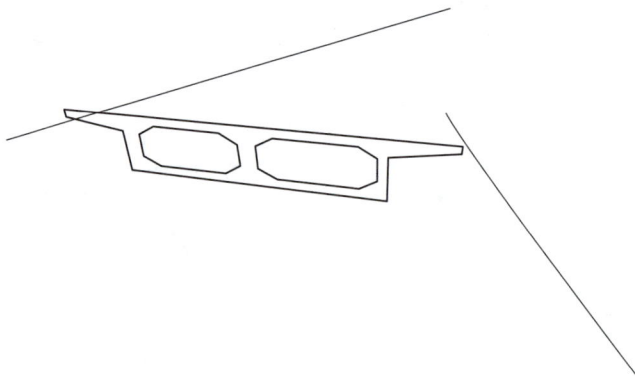

图 4-31　关键断面轮廓 1

进一步地，使用 Dynamo 设计重组的程序，将上述两组轮廓组合为目标轮廓，如图 4-33 所示。

注：此处的组合，应当理解为实现两部分轮廓的无缝衔接，实质上还是两组轮廓列表。

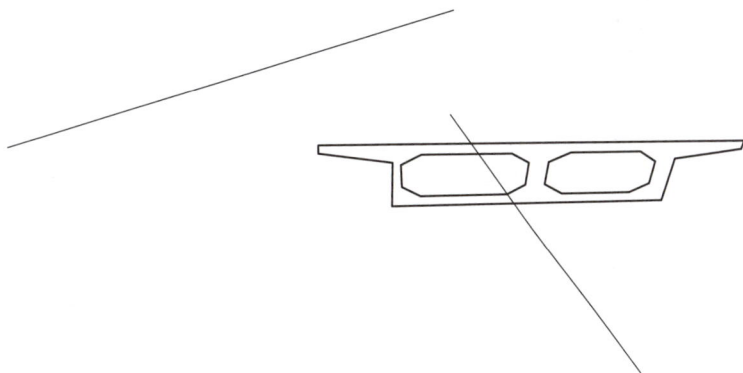

图 4-32　关键断面轮廓 2

图 4-33　目标轮廓

4.2.1.4　分流跨几何形状创建分步走

综上所述，分流跨的组成断面轮廓中，主要包含折弯类、常规类，所以在几何形状的创建工作中，应当考虑 3 种类型，分别是相邻折弯类断面轮廓构造的交汇节段、相邻折弯类与常规类断面轮廓构造的融合节段、相邻常规类断面轮廓构造的汇合节段，3 种类型从几何上也概括了分段跨的融合过程。

其中，交汇节段应当分步创建主梁体、内部构造，如图 4-34 所示。

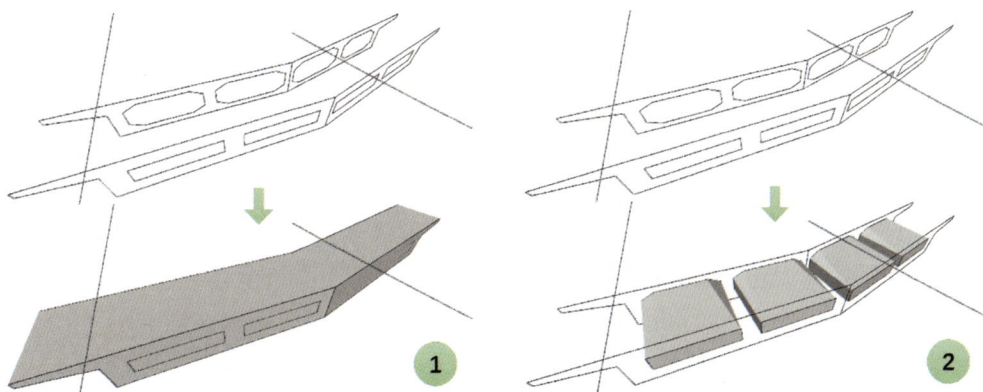

图 4-34　交汇节段主梁体与内部构造示意

融合节段应当分步创建主梁体、内部构造，如图 4-35 所示。

汇合节段应当分步创建主梁体、内部构造，与常规段、渐变段思路一致，如图 4-36 所示。

上述即为分流跨的主要创建思路，包括进一步将几何形状进行布尔并集计算、转化为

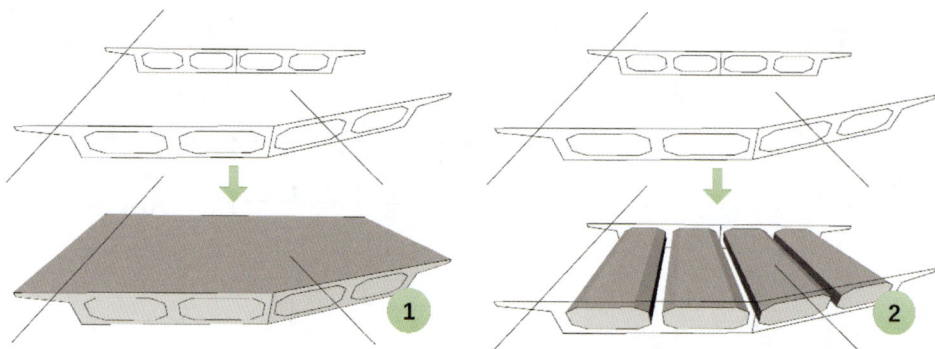

图 4-35 融合节段主梁体与内部构造示意

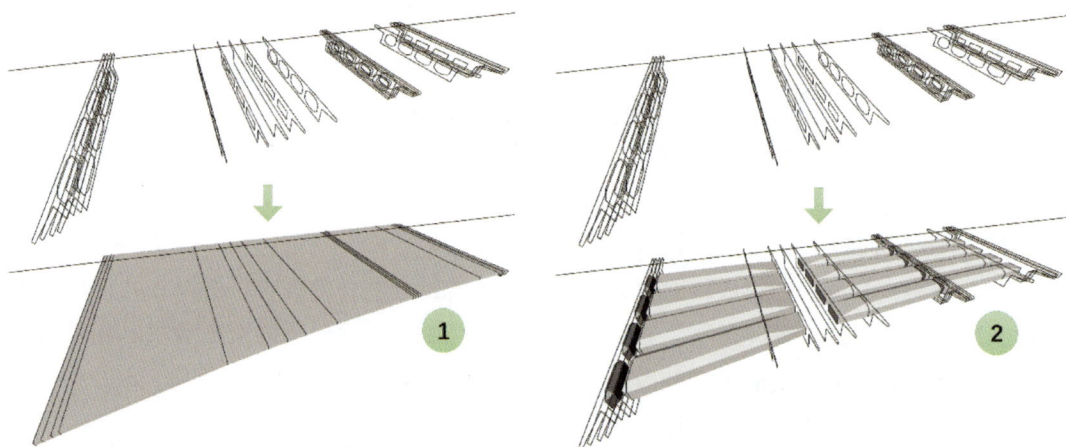

图 4-36 汇合节段主梁体与内部构造示意

Revit 族、参数赋值等步骤，完成分流跨阶段的建模工作。

4.2.2 关键断面轮廓设计

观察分析 C4-D 分流跨，主要关键断面轮廓包含折弯类子断面轮廓、常规一箱四室断面轮廓。其中折弯类子断面轮廓为一箱双室，A 类关键断面轮廓使用"Outline_A"族即可，B、C 类关键断面轮廓则参考"3.2.2""4.1.1"节设计流程、方法，进行"Outline_B2""Outline_C2"关键断面轮廓的设计，如图 4-37、图 4-38 所示。

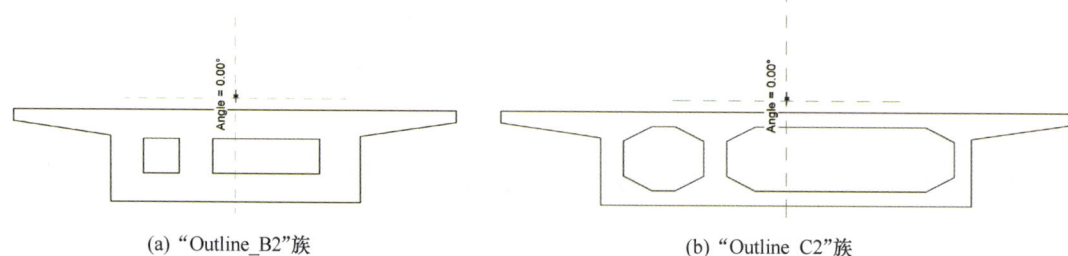

(a)"Outline_B2"族　　　　　　　　　　　(b)"Outline_C2"族

图 4-37 B、C 类子断面轮廓族样式

<table>
<tr><td>(a) "Outline_B2"参数列表</td><td>(b) "Outline_C2"参数列表</td></tr>
</table>

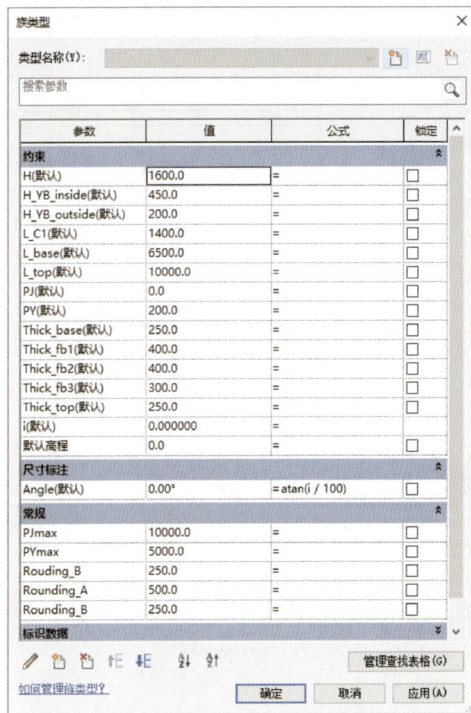

图 4-38 B、C 类子断面轮廓族类型对话框

其中，常规类一箱四室断面轮廓中，A、B、C 类关键断面轮廓均参考 "3.2.2" "4.1.1" 节设计流程、方法。考虑到其中左右翼缘板宽度不等的情况，须取消梁底关于中心等分，以 A 类关键断面轮廓为例，修改嵌入族尺寸约束如图 4-39 所示。

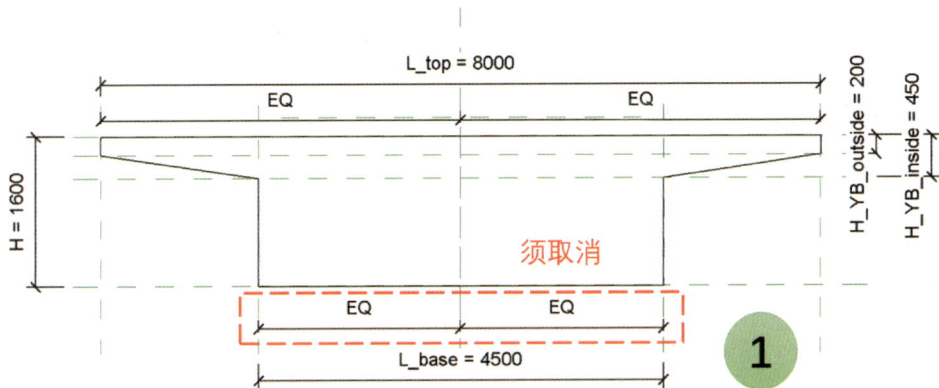

图 4-39 取消梁底关于中心等分（单位：mm）

进一步地，需要增加左翼缘板宽度参数控制，增加实例参数 "L_z"，并关联到对应尺寸标注，如图 4-40 所示。

结合上述要求，设计 "Outline_A_4n" "Outline_B_4n" "Outline_C_4n" 族，分别载入并创建 "Outline_A4" "Outline_B4" "Outline_C4" 族，设计成果如图 4-41、图 4-42 所示。

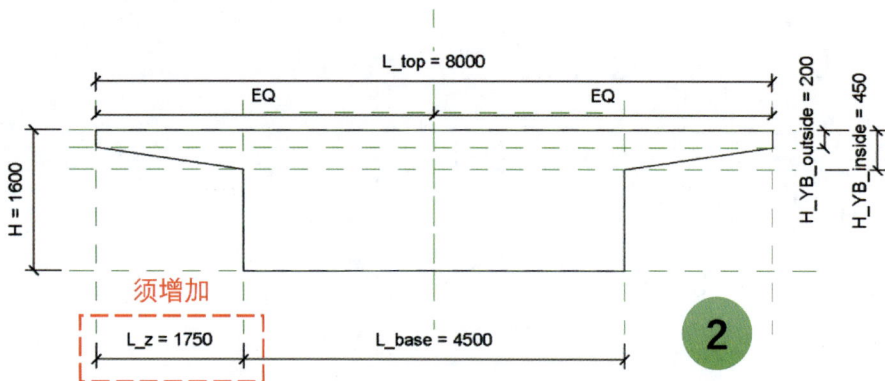

图 4-40 增加左翼缘板宽度参数控制（单位：mm）

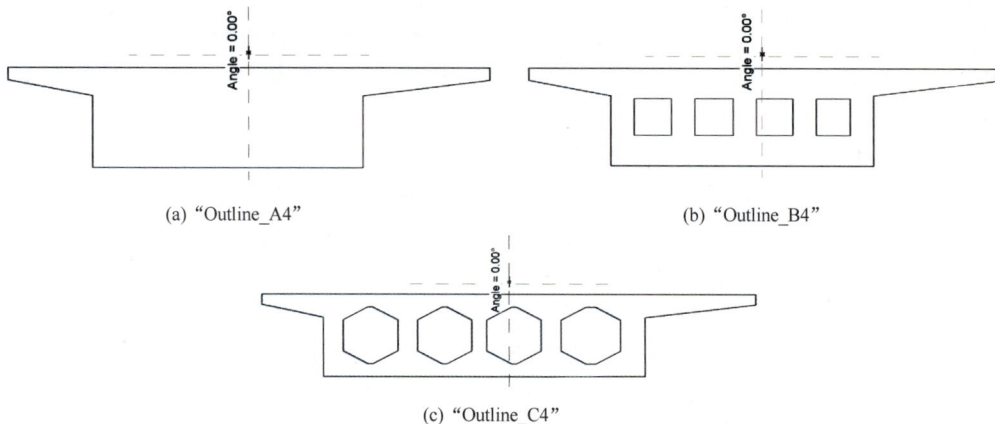

(a)"Outline_A4"

(b)"Outline_B4"

(c)"Outline_C4"

图 4-41 修改后的 A、B、C 三类轮廓族设计效果

(a)"Outline_A4"参数列表

(b)"Outline_B4"参数列表

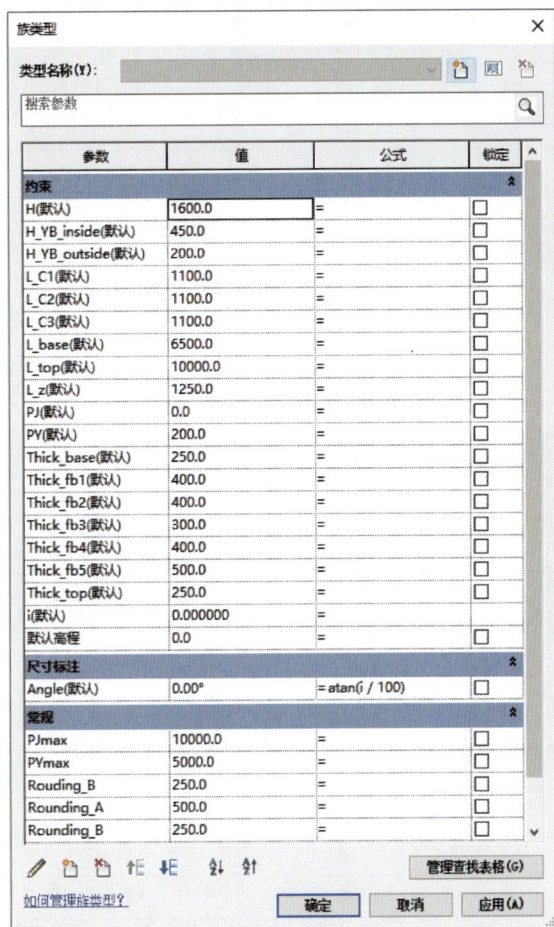

(c)"Outline_C4"参数列表

图 4-42 修改后的 A、B、C 三类轮廓族类型对话框

4.2.3 关键断面轮廓排布数据设计

按照"1.1.5"节内容，提取并设计 C4 匝道桥、D 匝道桥中心线数据表，如表 4-5
所示。

表 4-5 C4 匝道桥中心线数据 （m）

桩号	北距（Y）	东距（X）	高程（Z）
4+50.00	−18.07	281.5908	496.43
4+75.00	−19.981	306.5177	496.035
5+00.00	−21.891	331.4446	495.64
5+25.00	−23.801	356.3715	495.245
5+50.00	−25.712	381.2984	494.85
5+75.00	−27.622	406.2253	494.455

续表 4-5

桩号	北距（Y）	东距（X）	高程（Z）
6+00.00	−29.532	431.1522	494.06
6+25.00	−31.443	456.0791	493.665
6+50.00	−33.353	481.006	493.27
6+75.00	−35.263	505.9329	492.875
7+00.00	−37.174	530.8598	492.48
7+25.00	−39.084	555.7867	492.085
7+50.00	−40.994	580.7136	491.69
7+75.00	−42.905	605.6406	491.295
8+00.00	−44.815	630.5675	490.9
8+12.94	−45.804	643.4666	490.696
8+25.00	−46.745	655.4929	490.505
8+50.00	−48.818	680.4067	490.11

创建"C4-D 分流段桥跨数据"Excel 文件，设定上述数据表名称为"CenterLine_A"，如表 4-6 所示。

表 4-6 D 匝道桥中心线数据   （m）

桩号	北距（Y）	东距（X）	高程（Z）
1+50.00	−150.7073	571.0819	482.264
1+75.00	−168.7984	554.0511	482.895
1+80.24	−171.6808	549.6802	483.116
2+00.00	−179.1778	531.4768	484.005
2+25.00	−180.329	506.6573	485.13
2+49.99	−172.09	483.2297	486.254
2+50.00	−172.0838	483.2191	486.255
2+75.00	−155.6468	464.5869	487.38
3+00.00	−133.4199	453.483	488.505
3+25.00	−108.6506	451.53	489.63
3+50.00	−84.958	459.0133	490.755
3+57.19	−78.8466	462.79	491.078
3+63.37	−73.9472	466.5585	491.357
3+75.00	−65.7266	474.7653	491.819
4+00.00	−52.6877	495.987	492.405
4+13.72	−48.125	508.9156	492.489
4+25.00	−45.5947	519.9037	492.432
4+27.12	−45.2297	521.9968	492.409
4+27.36	−45.1918	522.2259	492.406

在"C4-D 分流段桥跨数据"Excel 文件中，增加上述数据表名称为"CenterLine_B"。此处须将主线作为 A，被融合线路作为 B。

结合"3.3""4.1.2"节对常规段、渐变段现浇箱梁排布 Excel 工作表设计内容，在"G1 匝道桥梁数据"Excel 文件中建立现浇箱梁总体数据表、现浇箱梁构造数据表。

其中，现浇箱梁总体数据表中，不同常规段、渐变段数据编制，此处需要记录两条中心线上的起始桩号，即"StartPileNo_A""StartPileNo_B"，分别记录主线、融合线路在分流跨小里程端的起始桩号值。设置结构材质为玻璃，便于观察现浇箱梁整体形状，现浇箱梁总体数据表如表 4-7 所示。

表 4-7　现浇箱梁总体数据表

族类型名称	边跨起始桩号 A	边跨起始桩号 B	类别	材质	编码	编码描述	建筑材料	图纸版本
FamilyType Name	StartPile No_A	StartPile No_B	Category	结构材质	Code	Description	Material	Version
现浇箱梁第 2 联	685.96	421.73	OST_StructuralFraming	玻璃	PPHT-C4-XJXL-2#	PP 互通 C4 匝道桥第 2 联现浇箱梁	C50	20211202-V1.0

现浇箱梁构造数据表，包含主线、被融合线路在分流跨中的关键断面轮廓数据，须分设"现浇箱梁第 N 联_A""现浇箱梁第 N 联_B"，此分流跨对应 C4 匝道桥的第 2 联，因此，应建立"现浇箱梁第 2 联_A""现浇箱梁第 2 联_B"数据，其中"现浇箱梁第 2 联_A"数据表应记录基于 C4 匝道路线的折弯类关键断面轮廓、常规一箱四室关键断面轮廓，且须增加左翼缘板宽"L_z"列数据，数据表内容如表 4-8 所示。

其中"现浇箱梁第 2 联_B"数据表应记录基于 D 匝道路线的折弯类关键断面轮廓，数据表内容如表 4-9 所示。

以上工作完成了 C4-D 分流段桥跨构造数据的编制。

小提示

在部分渐变段、分流跨的设计图中，常见断面数据错漏、不准确情况，需要读者基于设计平面、立面图，量取或计算获得全部数据。

4.2.4　关键断面轮廓的转换

将"3.2.2"节创建的"Outline_A"族、"4.2.2"节创建的"Outline_B2""Outline_C2""Outline_A4""Outline_B4""Outline_C4"均载入至"C4-D 分流跨.rvt"项目中，并在该项目环境中，新建 Dynamo 项目文件，命名为"C4-D 分流跨创建.dyn"。

首先，为引入"4.2.3"节创建 Excel 数据，新建"多工作表读取"节点组，选择对应 Excel 文件的读取路径，读取"CenterLine_A""CenterLine_B""现浇箱梁总数据""现浇箱梁第 2 联_A""现浇箱梁第 2 联_B"五项工作表，并将"Data.ImportExcel"节点输出内容拆解，如图 4-43 所示。

表 4-8　现浇箱梁第 2 联_A 构造数据表

间距 Spacing	断面类型	竖向偏移 PY	偏距 PJ	梁高 H	翼板内侧厚 H_YB_inside	翼板外侧厚 H_YB_outside	顶板宽 L_top	底板宽 L_base	左翼缘板宽 L_z	横坡值 i	顶板厚 Thick_top	底板厚 Thick_base	腹板1厚 Thick_fb1	腹板2厚 Thick_fb2	腹板3厚 Thick_fb3	腹板4厚 Thick_fb4	腹板5厚 Thick_fb5	空心仓宽 L_C1	空心仓宽 L_C2	空心仓宽 L_C3
0.06	Outline_A	0.2	4.004	1.6	0.45	0.45	11.508	8.008	1.75	-1.5	/	/	/	/	/	/	/	/	/	/
0.5	Outline_A	0.2	3.9685	1.6	0.45	0.45	11.437	7.937	1.75	-1.5	/	/	/	/	/	/	/	/	/	/
0.25	Outline_A	0.2	3.951	1.6	0.45	0.2	11.402	7.902	1.75	-1.5	/	/	/	/	/	/	/	/	/	/
0.5	Outline_B2	0.2	3.915	1.6	0.45	0.2	11.33	7.83	1.75	-1.5	0.5	0.5	0.7	0.701	0.519	/	/	2.906	/	/
2.5	Outline_C2	0.2	3.73	1.6	0.45	0.2	10.96	7.46	1.75	-1.5	0.25	0.25	0.5	0.501	0.255	/	/	2.978	/	/
7.14	Outline_C4	0.2	6.6055	1.6	0.45	0.2	16.711	13.166	1.75	-1.5	0.25	0.25	0.5	0.501	0.502	0.506	0.512	2.5424	2.791	2.788
0.25	Outline_B4	0.2	6.5785	1.6	0.45	0.2	16.657	13.117	1.75	-1.5	0.5	0.5	0.75	1.001	1.006	1.013	0.768	2.029	2.276	2.27
0.3	Outline_B4	0.2	6.5465	1.6	0.45	0.2	16.593	13.054	1.75	-1.5	0.5	0.5	0.75	1.001	1.006	1.013	0.768	2.013	2.26	2.254
0.25	Outline_C4	0.2	6.52	1.6	0.45	0.2	16.54	13.002	1.75	-1.5	0.25	0.25	0.5	0.501	0.503	0.506	0.508	2.5	2.749	2.746
7.2	Outline_C4	0.2	5.85	1.6	0.45	0.2	15.2	11.683	1.75	-1.5	0.25	0.25	0.5	0.5	0.502	0.504	0.51	2.171	2.42	2.418
2.5	Outline_B4	0.2	5.6625	1.6	0.45	0.2	14.825	11.305	1.75	-1.5	0.5	0.5	0.7	0.7	0.702	0.704	0.707	1.776	2.125	2.124
1.25	Outline_A	0.2	5.574	1.6	0.45	0.2	14.648	11.13	1.75	-1.5	/	/	/	/	/	/	/	/	/	/
1.25	Outline_B4	0.2	5.49	1.6	0.45	0.2	14.48	10.965	1.75	-1.5	0.5	0.5	0.7	0.7	0.701	0.703	0.706	1.692	2.041	2.039
2.5	Outline_C4	0.2	5.3375	1.6	0.45	0.2	14.175	10.665	1.75	-1.5	0.25	0.25	0.5	0.5	0.501	0.502	0.505	1.916	2.165	2.165
7.2	Outline_C4	0.2	4.9875	1.6	0.45	0.2	13.475	9.97	1.75	-1.5	0.25	0.25	0.5	0.5	0.5	0.501	0.503	1.742	1.992	1.992

续表 4-8

间距 Spacing	断面类型	竖向偏移 PY	偏距 PJ	梁高 H	翼板内侧厚 H_YB_inside	翼板外侧厚 H_YB_outside	顶板宽 L_top	底板宽 L_base	左翼缘板宽 L_z	横坡值 i	顶板厚 Thick_top	底板厚 Thick_base	腹板1厚 Thick_fb1	腹板2厚 Thick_fb2	腹板3厚 Thick_fb3	腹板4厚 Thick_fb4	腹板5厚 Thick_fb5	空心仓宽 L_C1	空心仓宽 L_C2	空心仓宽 L_C3
0.25	Outline_B4	0.2	4.98	1.6	0.45	0.2	13.46	9.95	1.75	-1.5	0.5	0.5	0.75	1	1.001	1.002	0.753	1.237	1.487	1.486
0.3	Outline_B4	0.2	4.9675	1.6	0.45	0.2	13.435	9.925	1.75	-1.5	0.5	0.5	0.75	1	1.001	1.002	0.751	1.231	1.481	1.48
0.25	Outline_C4	0.2	4.9575	1.6	0.45	0.2	13.415	9.908	1.75	-1.5	0.25	0.25	0.5	0.5	0.5	0.501	0.502	1.727	1.976	1.976
7.17	Outline_C4	0.2	4.735	1.6	0.45	0.2	12.97	9.465	1.75	-1.5	0.25	0.25	0.5	0.5	0.5	0.5	0.501	1.616	1.866	1.866
2.5	Outline_B4	0.2	4.68	1.6	0.45	0.2	12.86	9.354	1.75	-1.5	0.5	0.5	0.7	0.7	0.7	0.7	0.701	1.288	1.638	1.638
0.5	Outline_A4	0.2	4.6675	1.6	0.45	0.2	12.835	9.335	1.75	-1.5	/	/	/	/	/	/	/	/	/	/
0.25	Outline_A4	0.2	4.6625	1.6	0.45	0.45	12.825	9.325	1.75	-1.5	/	/	/	/	/	/	/	/	/	/
0.5	Outline_A4	0.2	4.65325	1.6	0.45	0.45	12.8065	9.305	1.75	-1.5	/	/	/	/	/	/	/	/	/	/

表 4-9 现浇箱梁第 2 联_B 构造数据表

间距 Spacing	断面类型	竖向偏移 PY	偏距 PJ	梁高 H	翼板内侧厚 H_YB_inside	翼板外侧厚 H_YB_outside	顶板宽 L_top	底板宽 L_base	横坡值 i	顶板厚 Thick_top	底板厚 Thick_base	腹板1厚 Thick_fb1	腹板2厚 Thick_fb2	腹板3厚 Thick_fb3	空心仓宽 L_C1
0.06	Outline_A	0.2	1.666	1.6	0.45	0.45	11.168	7.668	-1.86	/	/	/	/	/	/
0.5	Outline_A	0.2	1.696	1.6	0.45	0.45	11.104	7.604	-1.843	/	/	/	/	/	/
0.25	Outline_A	0.2	1.710	1.6	0.45	0.2	11.072	7.572	-1.835	/	/	/	/	/	/
0.5	Outline_B2	0.2	1.742	1.6	0.45	0.2	11.016	7.517	-1.818	0.5	0.5	0.353	0.702	0.7	3.122
2.435	Outline_C2	0.2	1.88	1.6	0.45	0.2	10.67	7.17	-1.735	0.25	0.25	0.215	0.501	0.502	3.158

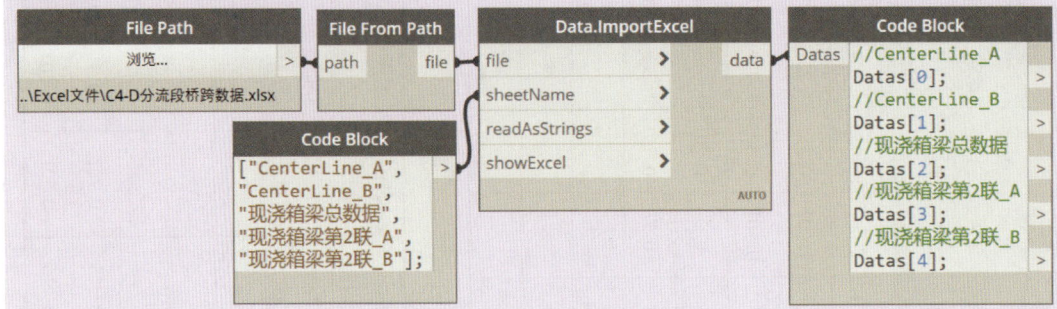

图 4-43   C4-D 分流跨数据读取节点

其次，复制"3.4.2"节创建的"Ps5"节点，在本项目中粘贴 2 项"Ps5"节点，分别连接上述"CenterLine_A""CenterLine_B"输出端路线数据，为区分两者称谓，分别标识为"Ps5_A"节点、"Ps5_B"节点，分别创建形成 C4 匝道、D 匝道路线数据，如图4-44 所示。

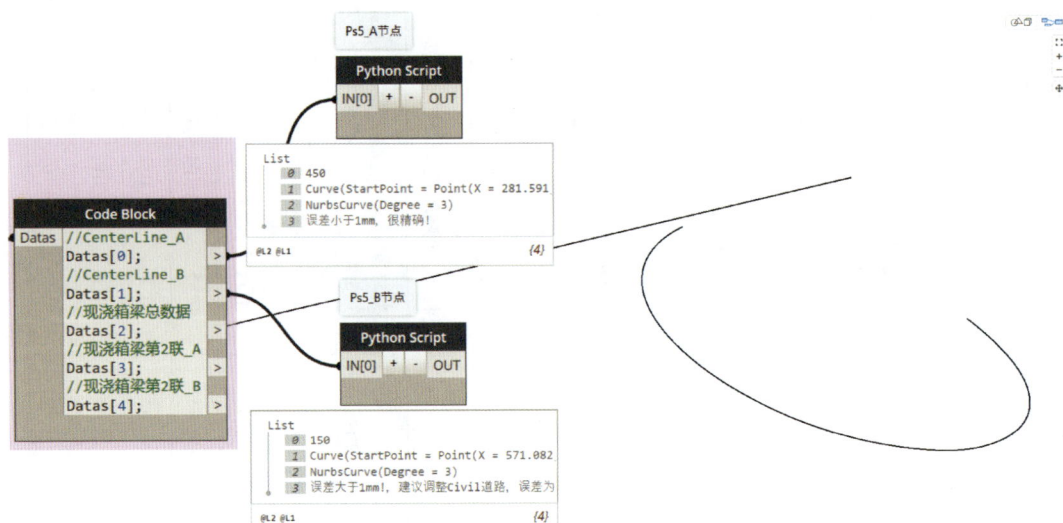

图 4-44   C4 匝道、D 匝道路线数据

最后，复制"3.5"节创建的"Ps6"节点，在本项目中粘贴 2 项"Ps6"节点，分别标识为"Ps6′_A"节点和"Ps6′_B"节点，采用与"3.5"节内容相同的节点连接方式，"IN[0]"输入端连接对应路线数据，即分别为"Ps5_A""Ps5_B"节点；"IN[1]"输入端连接现浇箱梁总数据；"IN[2]"输入端分别连接对应现浇箱梁构造数据；"IN[3]"输入端连接"多工作表读取"节点组中 Excel 工作表名称，节点连接如图4-45 所示。

按照"Ps6"节点的工作思路，主要进行关键断面轮廓基准坐标系的建立、关键断面轮廓排布转换、主要梁体创建、内部构造创建及布尔运算等工作，但分流跨的现状需要结

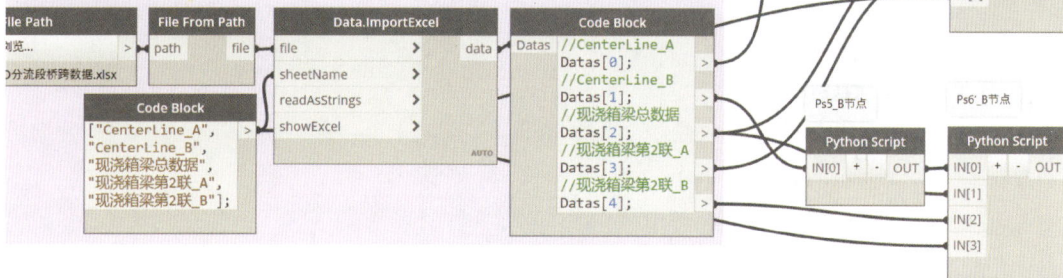

图 4-45 建立"Ps6′_A"节点和"Ps6′_B"节点

合轮廓线进一步分析。因此，可保留关键断面轮廓基准坐标系的建立、关键断面轮廓排布转换以及放样导线创建的内容。进一步地，针对输入端内容的改变，还需对保留代码进行合理修改，节点修减内容主要包含三部分。

（1）删除"Ps6′_A""Ps6′_B"节点内放样导线"GuideCurves"列表创建后续的所有内容。

```
1.    # 加载 Python Standard 和 DesignScript 库
2.    import sys
3.    import clr
4.    clr.AddReference('ProtoGeometry')
5.    from Autodesk.DesignScript.Geometry import *
6.    # 载入内置 Revit 节点中 Element 部分的节点
7.    clr.AddReference('RevitNodes')
8.    import Revit.Elements
9.    # 1 引入数据的处理
10.   # 获取 IN[0]输入端列表去除表头部分数据，提取中心线起点桩号、平面路线、桥梁中心线
11.   CurStartPlieNo = IN[0][0]
12.   TD_Curve = IN[0][1]
13.   SD_Curve = IN[0][2]
14.   # 获取 IN[1]输入端列表去除表头部分数据，并执行行列互换
15.   TotalDatas_Ori = IN[1][2::]
16.   TotalDatas_Modi = map(list,zip(*TotalDatas_Ori))
17.   # 获取 IN[2]输入端列表去除表头部分数据，并执行行列互换
18.   ParamNames = IN[2][1]
19.   Datas = IN[2][2::]
20.   Datas = map(list,zip(*Datas))
```

```
21.    # 获取现浇箱梁总数据工作表中对应行数据的索引
22.    BeamId = TotalDatas_Modi[0].index(IN[3][2])
23.    # 2 实际桩号值计算
24.    def PlieNoScan(list,StartPlieNo):
25.        scan = []
26.        AddPlieNo = StartPlieNo
27.        for i in list:
28.            AddPlieNo += i
29.            scan.append(AddPlieNo)
30.        return scan
31.    PileNo = PlieNoScan(Datas[0],TotalDatas_Modi[1][BeamId] - CurStartPlieNo)
32.    # 3 坐标系及点的收集    # 为每一个桩号处创建基准坐标系
33.    CS = []
34.    PilePoints = []
35.    for p in range(len(PileNo)):
36.        segm = PileNo[p]
37.        TD_point = TD_Curve.PointAtSegmentLength(segm)
38.        SD_point = TD_point.Project(SD_Curve, Vector.ZAxis())[0]
39.        SD_param = SD_Curve.ParameterAtPoint(SD_point)
40.        SD_vector = SD_Curve.TangentAtParameter(SD_param)
41.        cs1 = CoordinateSystem.ByOriginVectors(SD_point, SD_vector, Vector.ZAxis())
42.        cs2 = CoordinateSystem.Rotate(cs1, SD_point, cs1.YAxis, -90)
43.        CS.append(cs2)
44.        PilePoints.append(SD_point)
45.    # 4 关键断面轮廓排布转换
46.    # 获取族类型名称唯一项对应的族类型列表
47.    OnlyTypeNames = []
48.    for x in Datas[1]:
49.        if x not in OnlyTypeNames:
50.            OnlyTypeNames.append(x)
51.    # 根据族类型唯一列表，在项目基点处创建族实例
52.    OnlyTypes = [Revit.Elements.FamilyType.ByName(n) for n in OnlyTypeNames]
53.    OnlyIns = [Revit.Elements.FamilyInstance.ByPoint(m,Point.Origin()) for m in OnlyTypes]
54.    # 遍历所有族实例，设置参数，并提取所有族实例轮廓
55.    InsCurves = []
56.    for i in range(len(Datas[1])):
57.        # 获取当前断面轮廓族族类型对应的族实例
58.        id = OnlyTypeNames.index(Datas[1][i])
59.        ins = OnlyIns[id]
```

```
60.     # 循环所有参数，进行参数赋值
61.     for j in range(2, len(Datas)):
62.         try:
63.             ins.SetParameterByName(ParamNames[j],Datas[j][i])
64.         except:
65.             pass
66.     InsCurves.append(ins.Curves)
67. # 将所有轮廓线转换至对应空间坐标系
68. TransCurves = []
69. for c in range(len(CS)):
70.     curs = []
71.     for line in InsCurves[c]:
72.         curs.append(line.Transform(CS[c]))
73.     TransCurves.append(curs)
74. # 放样导线创建
75. GuideCurves = SD_Curve.SplitByPoints(PilePoints)[1:-1]
```

（2）修改索引。

1）修改获取现浇箱梁总数据工作表中对应行数据的索引。根据"多工作表读取"节点组中"Data. ImportExcel"节点"sheetName"输入端数据排布顺序，现浇箱梁总数据的索引更改为"2"，现浇箱梁构造数据（包含 A、B 构造表）的索引分别更改为"3"和"4"，即需进行如下修改。

原代码：

```
1. BeamId = TotalDatas_Modi[0].index(IN[3][2])
```

"Ps6′_A"节点修改为：

```
1. BeamId = TotalDatas_Modi[0].index(IN[3][3].replace("_A",""))
```

"Ps6′_B"节点修改为：

```
1. BeamId = TotalDatas_Modi[0].index(IN[3][3].replace("_B",""))
```

上述修改内容使"现浇箱梁第 2 联_A""现浇箱梁第 2 联_B"的现浇箱梁构造数据表均可对应现浇箱梁总数据中族类型名称列数据为"现浇箱梁第 2 联"的行数据。

2）修改现浇箱梁总数据表对应行数据的列索引。

原代码（"Ps6′_A"节点维持不变）：

```
1. PileNo = PlieNoScan(Datas[0],TotalDatas_Modi[1][BeamId] - CurStartPlieNo)
```

"Ps6′_B"节点修改为：

```
1. PileNo = PlieNoScan(Datas[0],TotalDatas_Modi[2][BeamId] - CurStartPlieNo)
```

上述修改内容使程序分别获取到 C4 匝道路线的起点桩号、D 匝道路线的起点桩号。

（3）修改输出内容。上述工作的目的是，使"Ps6′_A""Ps6′_B"节点能够将转换之后的关键断面轮廓，以及放样导线进行输出，所以，调整节点输出内容为"TransCurves，GuideCurves"，即：

```
1. # 节点输出内容
2. OUT = TransCurves, GuideCurves
```

完成修改后，执行上述代码，可成功完成关键断面轮廓线、放样导线的创建（图4-46）。

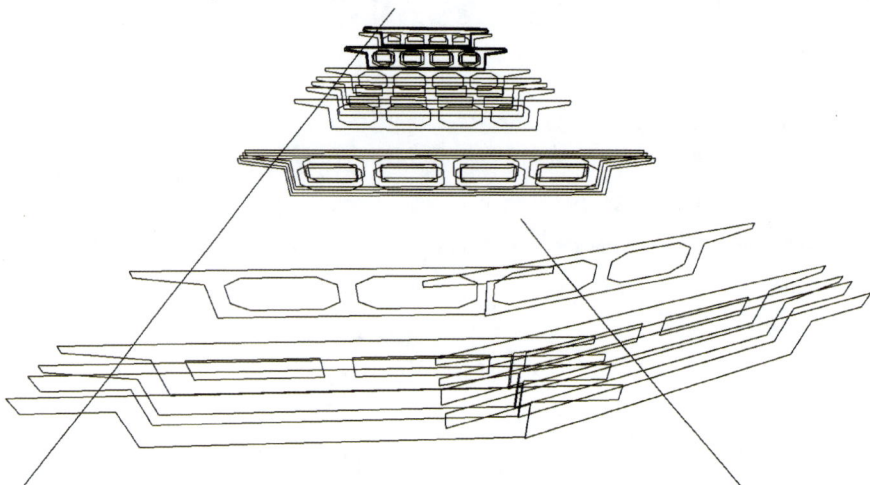

图4-46　关键断面轮廓线及放样导线创建

4.2.5　交汇节段主梁体创建设计

分析上述转换后的关键断面轮廓线，其中交汇节段共包含4个子节段，包括梁端翼缘板加厚节段、翼缘板加厚过渡段、翼缘板非加厚段、B-C节段，如图4-47所示。

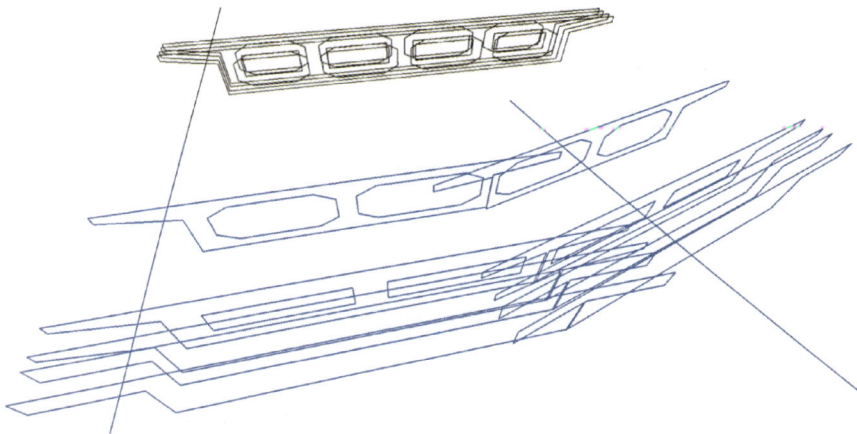

图4-47　交汇节段关键断面轮廓线及放样导线

交汇节段主梁体的创建，应当将"4.2.1"节中关于折弯类关键断面轮廓设计优化，应当包含对C4匝道、D匝道上临近的断面轮廓线进行重新组合，形成折弯类关键断面轮廓。

进一步地，再对交汇节段范围内两两相邻的折弯类断面轮廓进行主梁体节段的融合创建。

4.2.5.1 折弯类关键断面轮廓重组

首先使用 "Code Block" 代码块，分别将 "Ps6′_A" "Ps6′_B" 节点输出的 "TransCurves，GuideCurves" 单独分开，便于后续调用对应数据。其次，提取交汇节段中的第一道关键断面轮廓为例，为轮廓重组测试做准备，如图 4-48 所示。

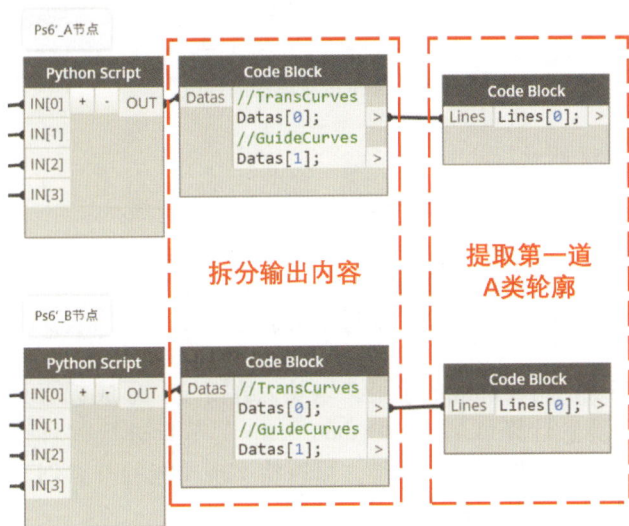

图 4-48　提取交汇节段第一道关键断面轮廓线

上述代码，执行结果如图 4-49 所示。

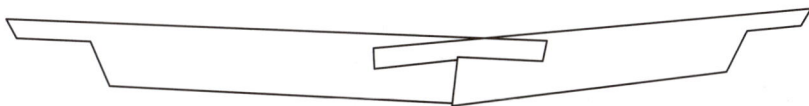

图 4-49　交汇节段第一道关键断面轮廓线（单独显示）

观察两组轮廓衔接部位，部分设计图纸数据无法保证轮廓间完美衔接，可能会存在高度、位置的间隙，如图 4-50 所示。

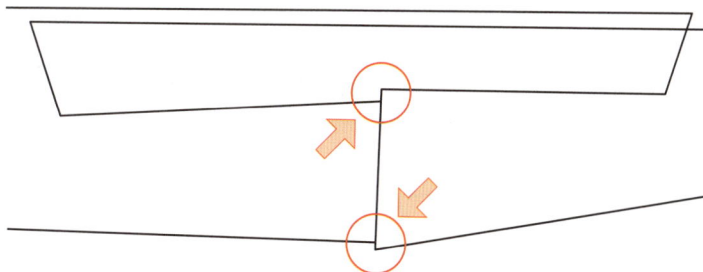

图 4-50　关键断面轮廓线错位放大显示

为保证折弯类断面轮廓的顺利重组和满足设计要求，应保持主线（C4 匝道）轮廓不变，适当调整副线（D 匝道）轮廓的高度或位置（具体应当结合设计方意见进行调整），如本 C4-D 分流跨实例中，可适当提高副线高度，实现轮廓间的完整衔接，代码如图 4-51 所示。

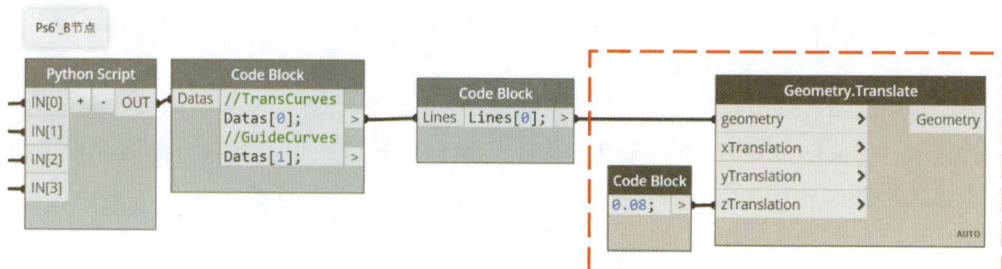

图 4-51 D 匝道轮廓的高度微调

实现效果如图 4-52 所示。

图 4-52 微调之后的轮廓位置关系

进一步地，为实现两组轮廓线的重组，以及无缝衔接，形成折弯类轮廓，应当基于两组独立轮廓，进行计算。计算可基于"Python Script"节点进行数据计算设计，也可以采用系统内置节点完成计算工作。进一步地，可以将实现功能的节点创建为自定义节点，便于节点功能的重复使用，以及保持工作界面的简洁。

本书采用创建自定义节点的方式，开展两组轮廓线的重组计算，计算的原则是以主线的空间位置为准，计算流程包括，首先找到主线上的折弯衔接点，如图 4-53 所示 P2、P3 点位。

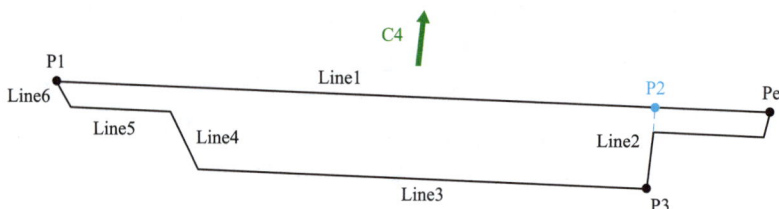

图 4-53 C4 匝道轮廓折弯衔接点

上述 P2 点位的计算，创建由 Pe 指向 P1 方向的向量，将 Pe 点位沿该向量向内侧偏移一定距离，与右侧翼缘板宽度一致。进一步地，创建由 P1 指向 P2 点的线段作为 Line1，创建由 P2 指向 P3 点的线段作为 Line2。其次，提取原断面轮廓中的部分轮廓线，重组创建包含 6 条轮廓线的列表，即"〔Line1，Line2，Line3，Line4，Line5，Line6〕"，如图 4-54 所示。

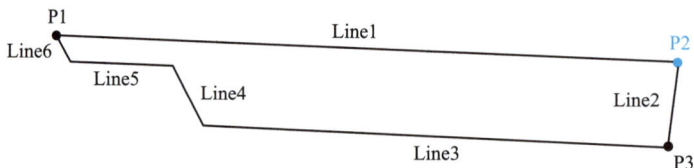

图 4-54 C4 匝道第一道轮廓重组效果

上述流程，基于"Ps6′_A"节点中提取出的第一道 A 类轮廓，追加节点设计，并将该部分节点创建为节点组，标识为"ReGroupCur_A"，节点组及内部连接关系如图 4-55 所示。

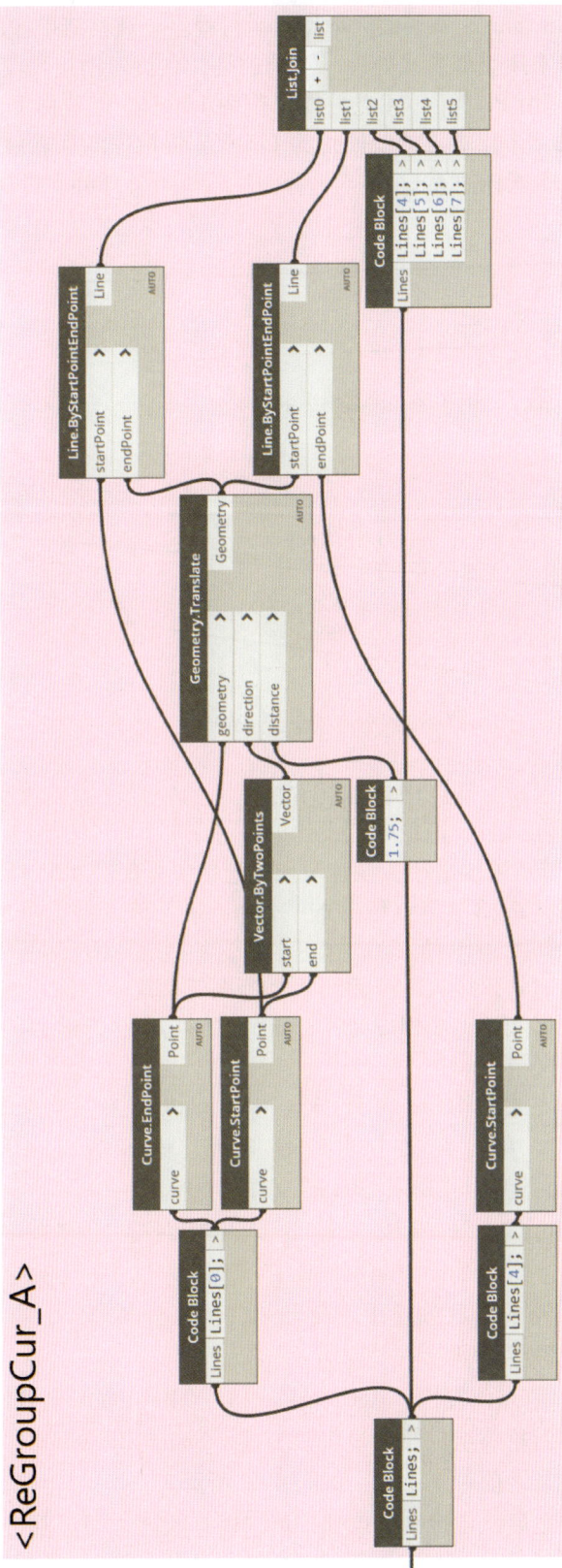

图 4-55 "ReGroupCur_A" 节点设计

此时，设置仅上述"List. Join"节点预览可见，运行程序，观察结果如图 4-56 所示。

针对副线的轮廓重组，采用类似方式处理，不同的是，在折弯衔接采集，使用主线的 P2、P3 点。进一步地，创建由 P2 指向 P4 点的线段作为 Line1′，创建由 P4 指向 P3 点的线段作为 Line5′，创建由 P3 指向 P2 点的线段作为 Line6′，提取原断面轮廓中的部分轮廓线，重组创建包含 6 条轮廓线的列表，即"［Line1′，Line2′，Line3′，Line4′，Line5′，Line6′]"，如图 4-57 所示。

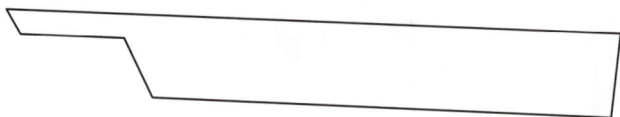

图 4-56　轮廓线组合效果

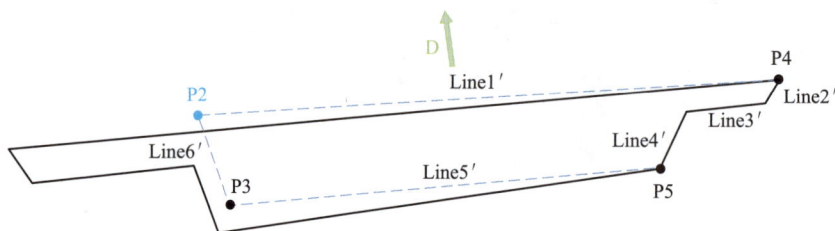

图 4-57　副线轮廓线重组示意图

上述流程，基于"Ps6′_B"节点中提取出的第一道 A 类轮廓的微调轮廓（上一"Geometry. Translate"节点输出端），追加节点设计，并将该部分节点创建为节点组，标识为"ReGroupCur_B"，部分节点需要引用，设计节点及连接关系如图 4-58 所示。

此时，设置仅"ReGroupCur_B"节点组中的"List. Join"节点预览可见，运行程序，观察结果。轮廓线组合效果如图 4-59 所示。

观察上述两项节点组，对外仅接收 2 项标准 A 类断面轮廓线，当输入的 2 项标准断面轮廓发生改变时，节点组依据能够完成相应计算，认为它们具备一定的通用性，则可以将上述节点组内容创建为自定义节点。

具体操作流程为，框选上述"ReGroupCur_A""ReGroupCur_B"节点组，鼠标右击，选择"创建自定义节点"，在自定义节点特性面板，输入节点名称为"Shunt_ReGroupCur"，输入附加模块类型为"BDX_Shunt"（图 4-60）。

完成输入后点击"确定"，完成该自定义节点的创建，原"ReGroupCur_A""ReGroupCur_B"节点组将会被"Shunt_ReGroupCur"节点替代，并且保持与外部节点的连接状态，该节点将在分流跨的形状创建中重复使用，为区分各节点，将该节点标识为"Shunt_ReGroupCur_1"，如图 4-61 所示。

"Shunt_ReGroupCur_1"节点能替代"ReGroupCur_A""ReGroupCur_B"节点组功能，成功重组第一道折弯关键断面轮廓组，通过设置仅上述"Shunt_ReGroupCur_1"节点预览可见，运行程序，观察结果与之前效果一致，如图 4-62 所示。

注：当创建自定义节点之后，自定义节点处于尚未保存状态，切记双击进入新建节点编辑界面，如图 4-63 所示。

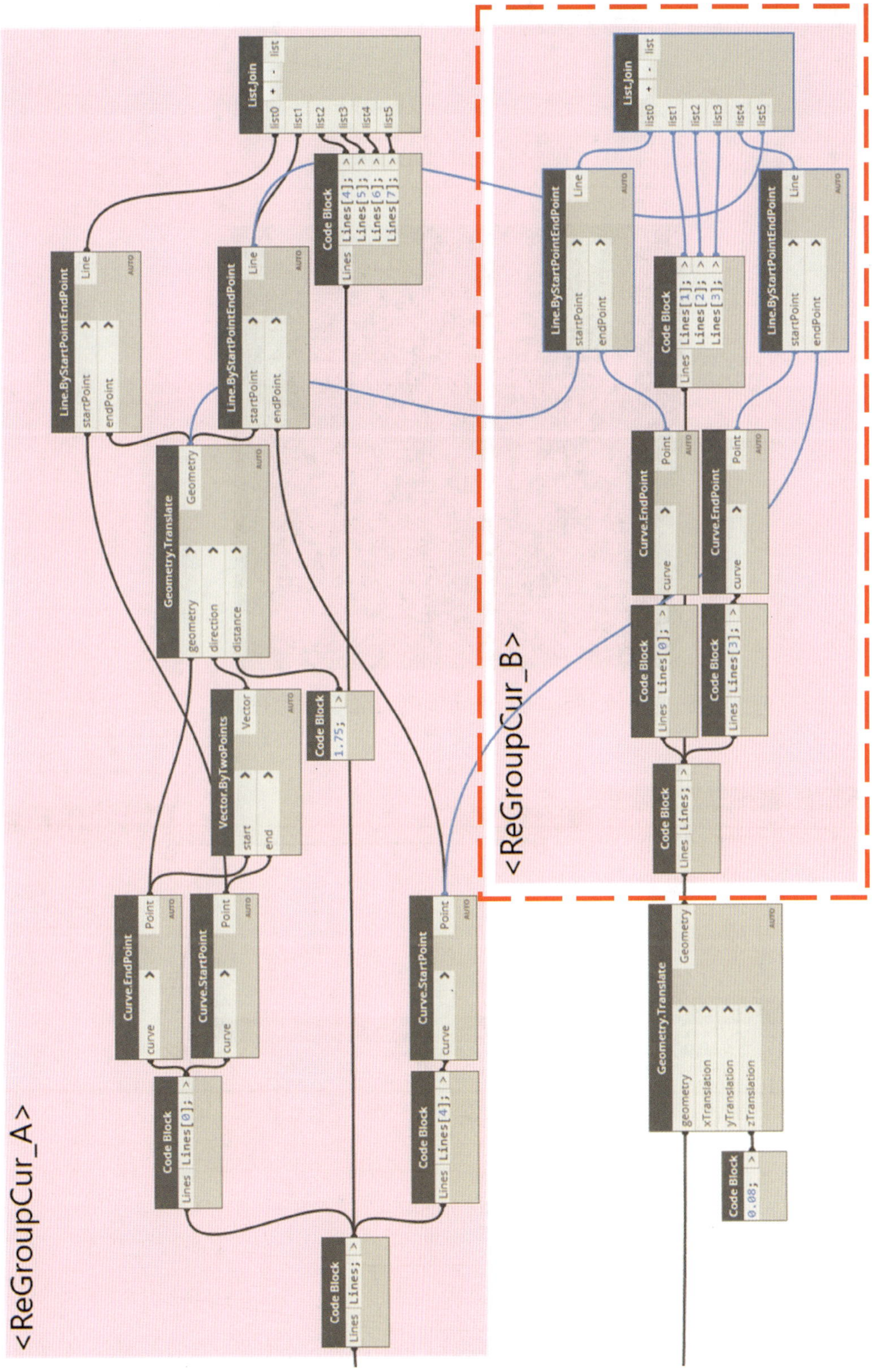

图 4-58 "ReGroupCur_B" 节点设计

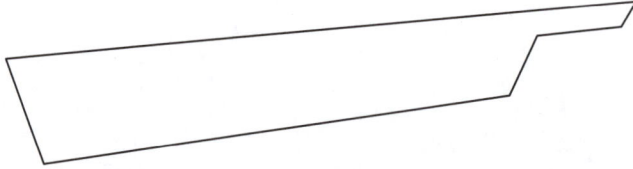

图 4-59　轮廓线组合效果

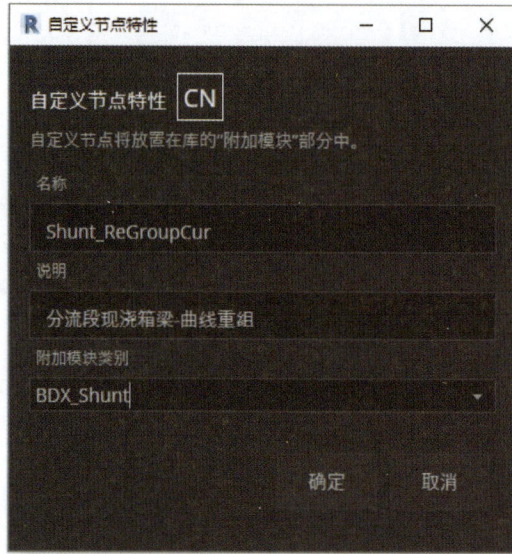

图 4-60　"Shunt_ReGroupCur" 自定义节点特性

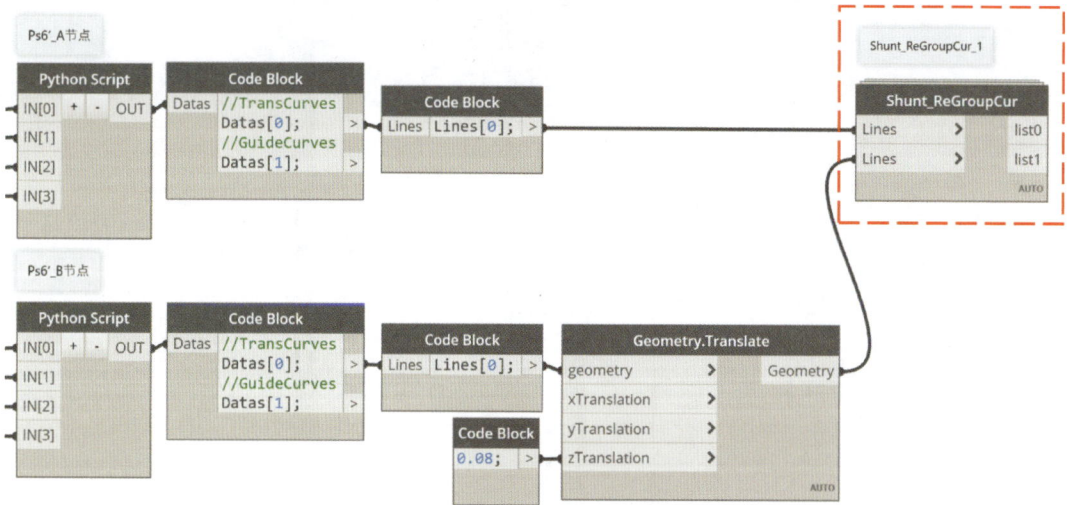

图 4-61　"Shunt_ReGroupCur_1" 节点建立

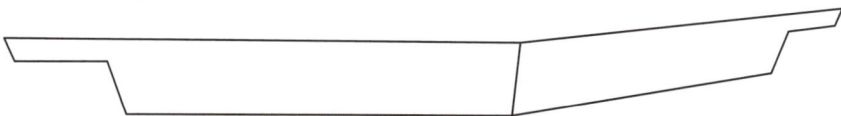

图 4-62　第一道折弯关键断面轮廓组创建效果

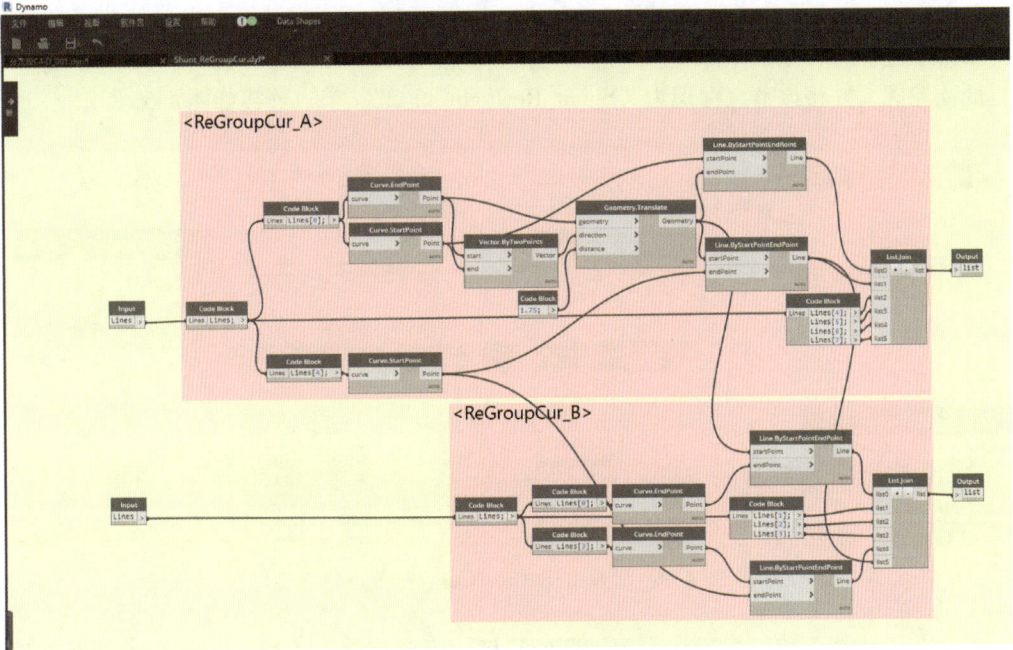

图 4-63　自定义节点编辑界面

适当调整布局排版，便于后期维护，另外，通过上方按钮关闭节点窗口，如图 4-64 所示。

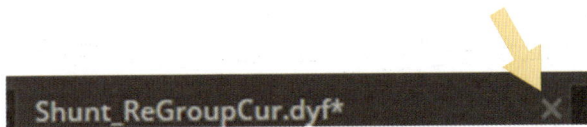

图 4-64　关闭自定义节点编辑状态

在确认窗口中，点击"是"，确认"是"，并且将节点存储到指定目录下，如"C：\ Users \ BDX \ AppData \ Roaming \ Dynamo \ Dynamo Revit \ 2.1 \ definitions"，其中 "BDX"为计算机名，至此完成自定义节点的保存（图 4-65），在下一次使用 Dynamo 时，自动载入节点。

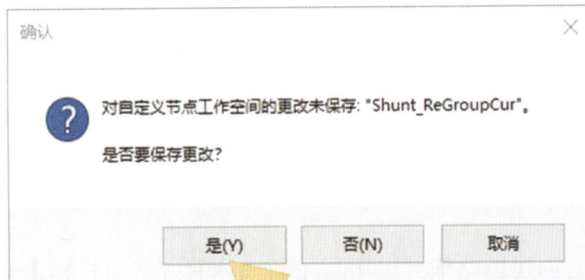

图 4-65　保存自定义节点

4.2.5.2　交汇节段主梁体创建

参照上述流程，增加 "Ps6′_A" "Ps6′_B" 节点 "TransCurves" 输出内容的第二道 A 类关键断面轮廓，并将该节点标识为 "Shunt_ReGroupCur_2"，节点连接如图 4-66 所示。

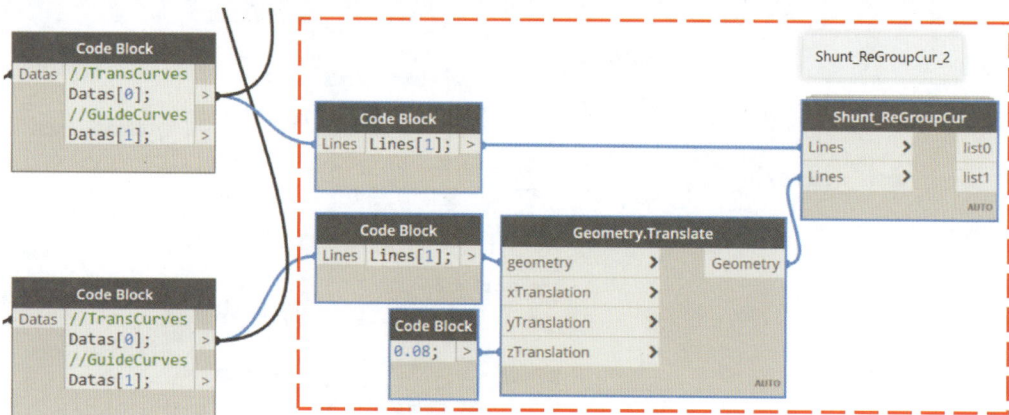

图 4-66　"Shunt_ReGroupCur_2" 节点建立

上述节点成功重组第二道折弯关键断面轮廓，设置仅第一、第二道折弯关键断面轮廓可见，即仅 "Shunt_ReGroupCur_1" "Shunt_ReGroupCur_2" 节点可见，运行程序，预览结果如图 4-67 所示。

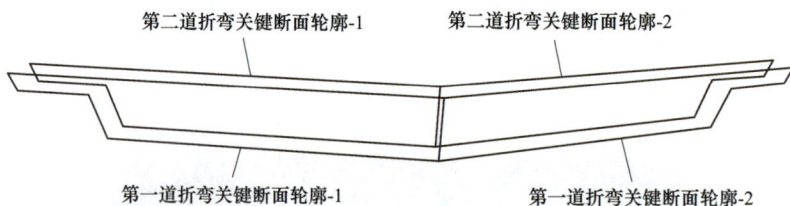

图 4-67　第一、第二道折弯关键断面轮廓组创建效果

上述两道折弯关键断面轮廓，共包含 4 组可构成首尾闭合多段线的列表，为使本书描述及程序设计更具有指代性，将上述 4 组列表命名为 "ReGroCurs_Ls" "ReGroCurs_Rs" "ReGroCurs_Le" "ReGroCurs_Re"，分别表示前后两道关键断面轮廓中左右两侧的断面轮廓线列表，如图 4-68 所示。

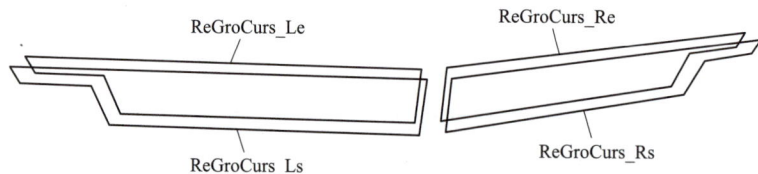

图 4-68　第一、第二道折弯关键断面轮廓成组关系

交汇节段主梁体的创建思路依然采用封闭面成体的方式，根据上述 4 个列表的线段进行创建，并以主线上主梁体的融合形状为基准，在创建流程上，应优先创建 "ReGroCurs_Ls" 与 "ReGroCurs_Le" 的融合侧表面，并提取其中衔接曲面的起止 V 网格线 "Public_Cur1" "Public_Cur2"，为副线主梁体侧表面创建提供依据，如图 4-69 所示。

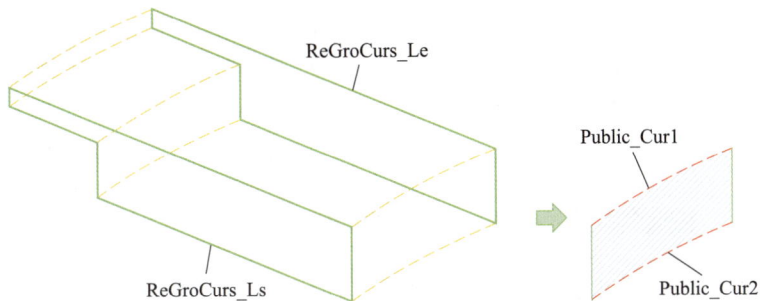

图 4-69　衔接曲面起止 V 网格线提取

创建"ReGroCurs_Rs"与"ReGroCurs_Re"的融合侧表面，其中梁顶、梁底侧表面应当基于上述"Public_Cur1""Public_Cur2"线，以及副线其他面的 V 网格线"Rside_Cur1""Rside_Cur2"进行创建，如图 4-70 所示。

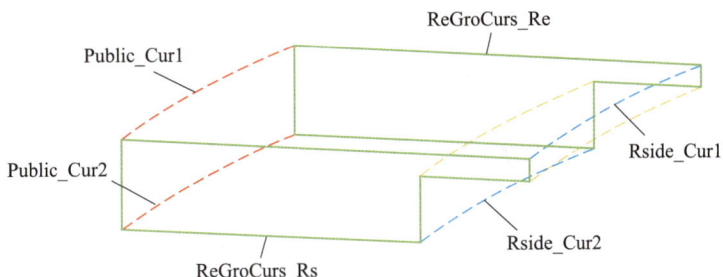

图 4-70　副线融合侧表面内容

在交汇节段的主梁体创建过程中，主线、副线侧表面均需基于所在路线的中心线进行放样融合，可从"Ps6′_A""Ps6′_B"节点的"GuideCurves"输出内容中提取对应分段，如"GCurs_L[0]""GCurs_R[0]"提取第一项分段中心线，如图 4-71 所示。

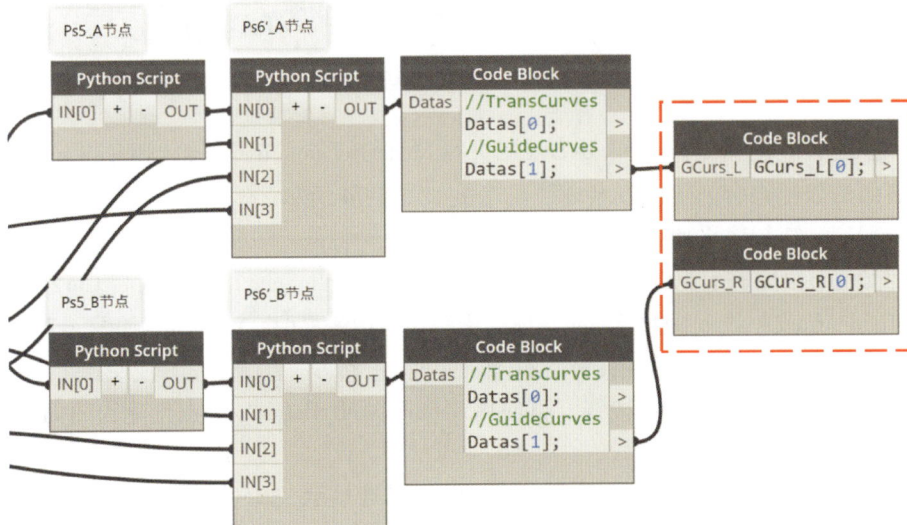

图 4-71　第一项分段中心线提取

注：为保持界面整洁，TransCurves 输出端连接暂时取消。

上述过程中的"ReGroCurs_Ls"与"ReGroCurs_Le"的侧表面，应当使用"Surface.ByLoft"进行放样融合创建，节点设计及连接如图 4-72 所示。

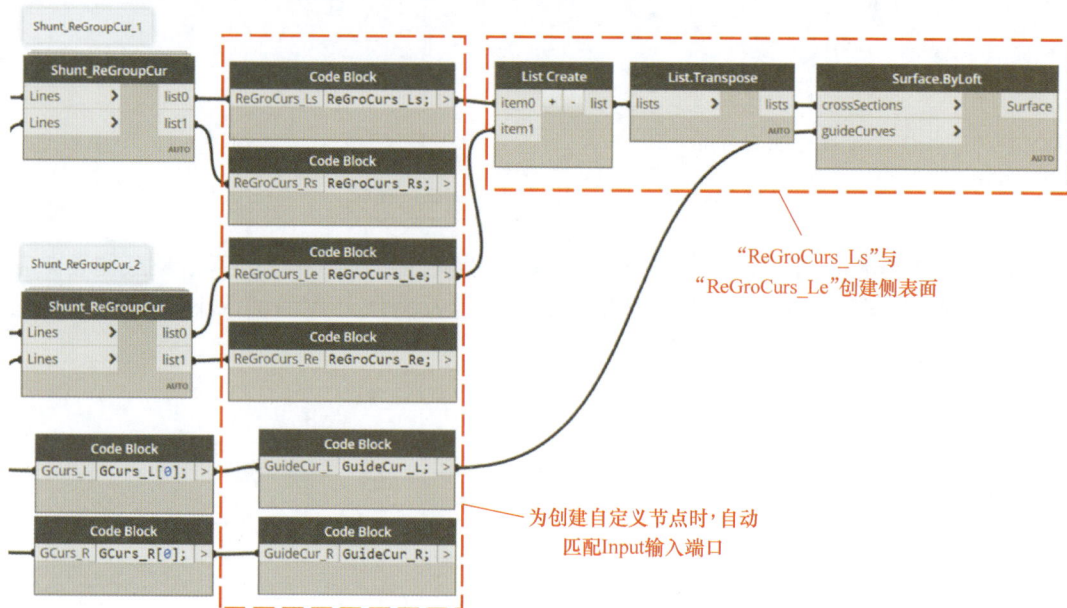

图 4-72　主线放样融合创建侧表面

运行程序，执行效果如图 4-73 所示。

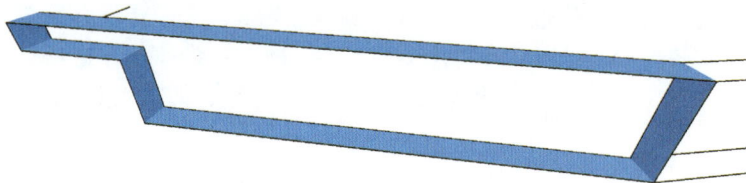

图 4-73　主线侧表面创建效果

进一步地，应使用"Surface.ByLoft"进行"ReGroCurs_Rs"与"ReGroCurs_Re"的融合侧表面的放样融合创建，节点设计及连接如图 4-74 所示。

运行程序，执行效果如图 4-75 所示。

为使交汇节段侧表面无缝衔接，需要基于上述"Public_Cur1""Public_Cur2""Rside_Cur1""Rside_Cur2"线重新进行副线梁顶、梁底曲面边线提取，设计节点如图 4-76 所示。

进一步地，对副线梁顶、梁底侧表面进行列表重组，使用"PolyCurve.ByJoinedCurves"节点创建为多段线，再使用"Surface.ByPatch"节点创建为曲面，节点设计如图 4-77 所示。

上述两项"Code Block"节点中的"Lines1"均连接至"ReGroCurs_Rs"节点输出端，"Lines2"均连接至"ReGroCurs_Re"节点输出端。

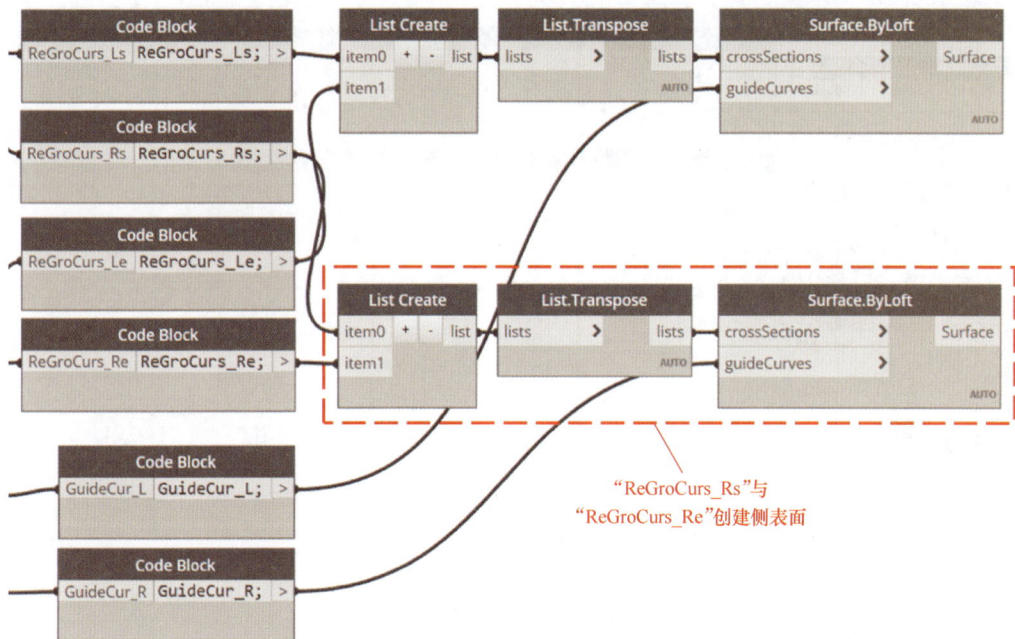

图 4-74 副线放样融合创建侧表面

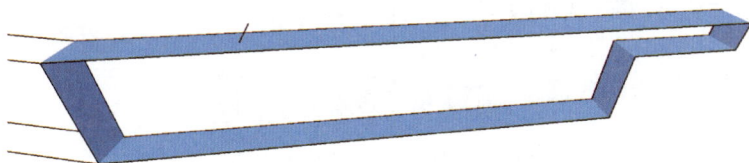

图 4-75 副线侧表面创建效果

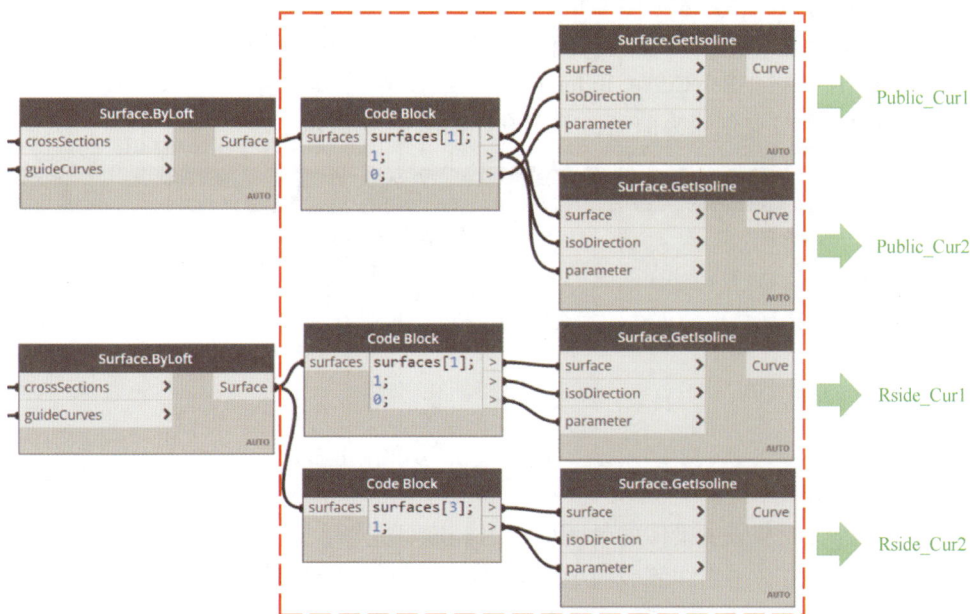

图 4-76 副线梁顶、梁底曲面边线提取节点

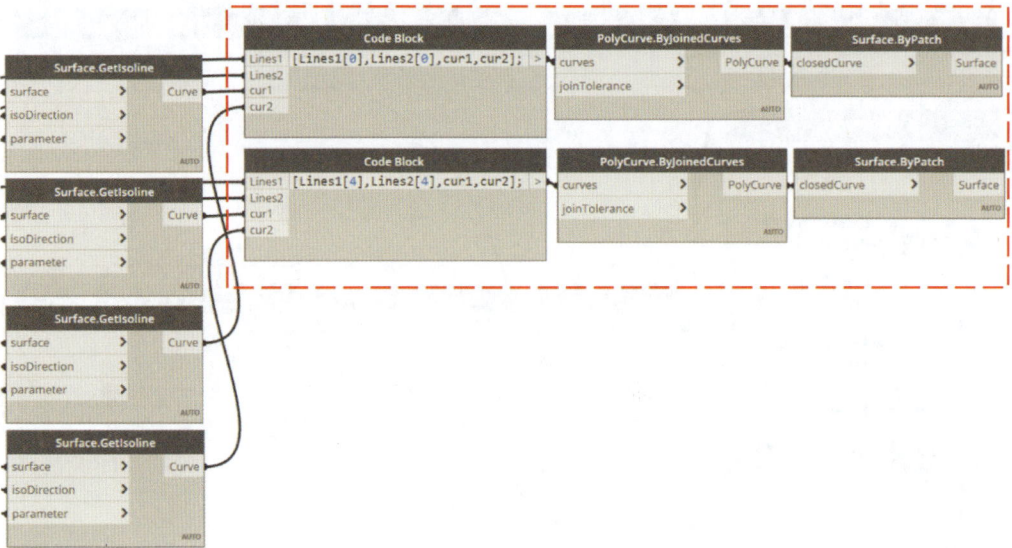

图 4-77　副线梁顶、梁底曲面边线重组创建节点

设置上述梁顶、梁底侧表面可见，运行程序，如图 4-78 所示。

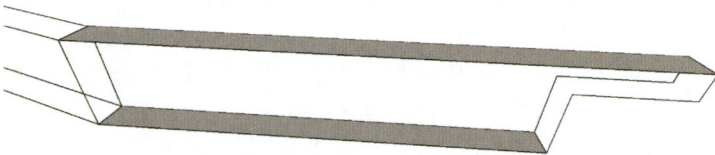

图 4-78　副线梁顶、梁底曲面创建效果

进一步地，创建折弯类关键断面轮廓平面，即交汇节段大、小里程侧方向端面，使用"List Create"节点将"ReGroCurs_Ls""ReGroCurs_Le""ReGroCurs_Rs""ReGroCurs_Re"连接起来，使用"PolyCurve. ByJoinedCurves"节点创建为多段线，再使用"Surface. ByPatch"节点创建为曲面，节点设计如图 4-79 所示。

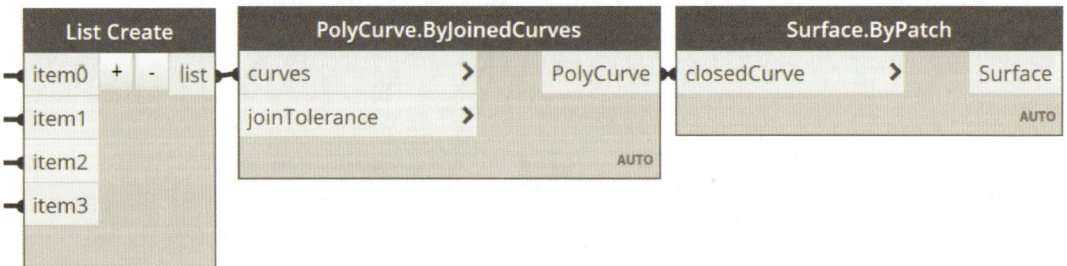

图 4-79　大、小里程侧方向端面创建节点

此时，创建交汇节段主梁体的封闭曲面已经准备完毕，还需要将上述节点进行重组，其中侧表面部分，应舍去主线侧表面中的衔接曲面，以及副线侧表面汇总的衔接曲面、梁顶和梁底侧表面，采用"Code Block"读取"Surface. ByLoft"中的列表项进行收集，节点设计如图 4-80 所示。

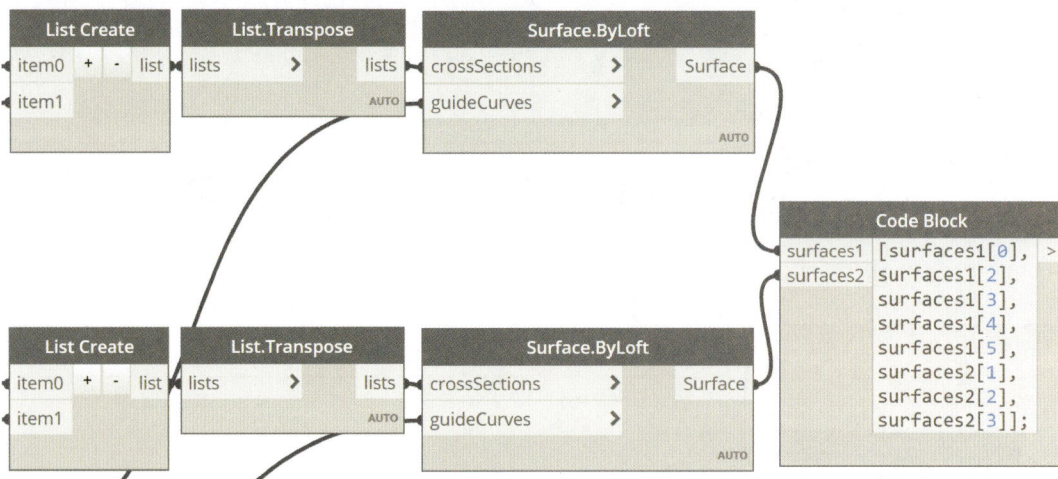

图 4-80　初步融合侧表面筛选

注：为保持界面整洁，Surface. ByLoft 输出端其他连接暂时取消。

设置仅上述"Code Block"代码块内部的侧表面可见，运行程序，效果如图 4-81 所示。

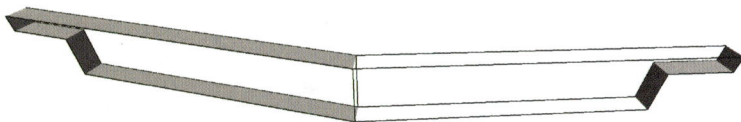

图 4-81　初步融合侧表面筛选结果

使用"List. Join"节点将上述"Code Block"代码块输出的侧表面、副线梁顶及梁底重组侧表面、端面进行组合，并将其连接为"PolySurface"，并基于该组合曲面，使用"PolySurface. ExtractSolids"节点转化为实体，节点设计如图 4-82 所示。

设置仅上述"PolySurface. ExtractSolids"节点预览可见，运行程序，效果如图 4-83 所示。

上述节点完成交汇节段主梁体的创建。

在本小节内容中，基于"Shunt_ReGroupCur_1""Shunt_ReGroupCur_2""GCurs_L[0]""GCurs_R[0]"数据，进行了交汇节段主梁体的创建，结合交汇节段形体组合特征，该方式应适用于除翼缘板加厚过渡段外的其他交汇节段主梁体节段。因此，宜将其设计为自定义节点，便于重复使用和维护界面整洁，方法参照"Shunt_ReGroupCur"节点设计过程，框选对应节点内容，创建为自定义节点，命名为"Shunt_Loft1"，并设置至"BDX_Shunt"模块类别中，如图 4-84 所示。

创建完成后，上述节点代码将优化图 4-85 所示内容。

为方便本项目中，区分对重复"Shunt_Loft1"节点使用情况下的称呼，将该节点标识为"Shunt_Loft1_1"。

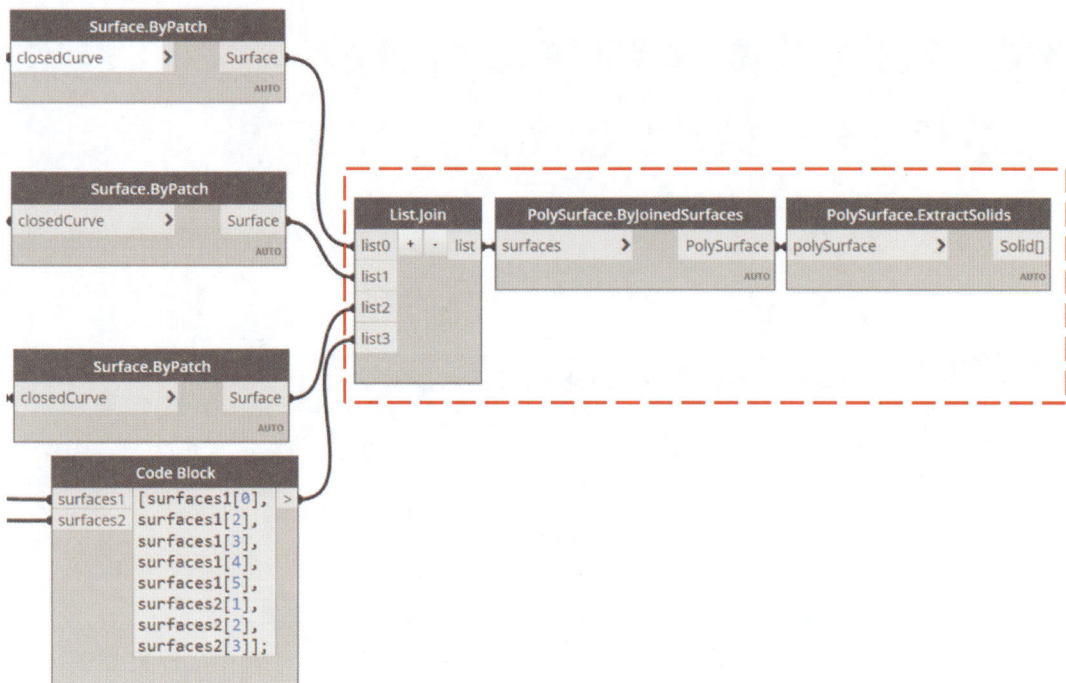

图 4-82 节段表面汇总及实体创建

图 4-83 节段实体创建效果

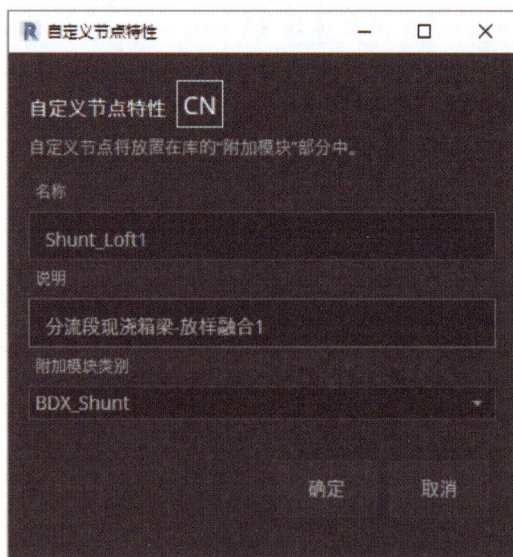

图 4-84 "Shunt_Loft1" 自定义节点特性

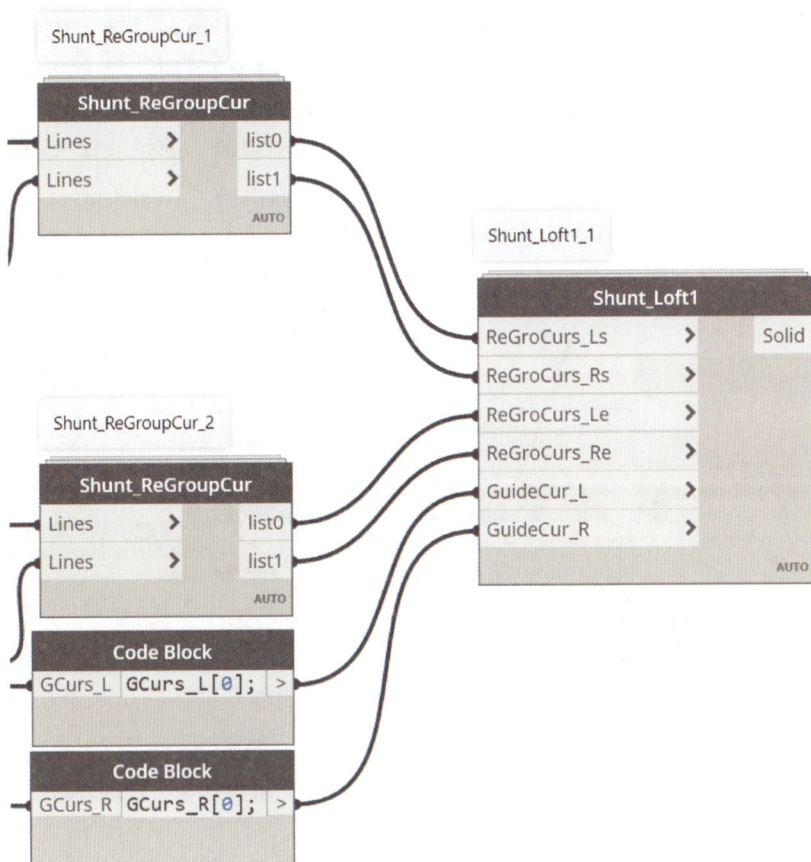

图 4-85 "Shunt_Loft1_1"节点建立

注：应进入**"Shunt_Loft1"**节点编辑界面，对节点进行保存，保存路径与**"Shunt_ ReGroupCur"**节点路径一致。

4.2.6 交汇节段翼缘板加厚过渡段主梁体创建设计

交汇节段的 4 个子节段中，第二节段为翼缘板加厚过渡段，由第二道折弯类关键断面轮廓与第三道折弯类关键断面轮廓融合形成，如图 4-86 所示。

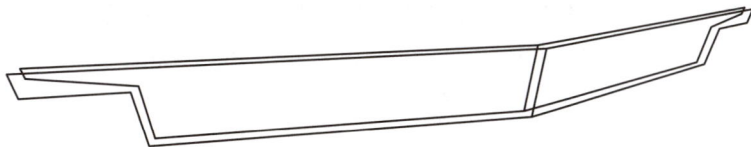

图 4-86 第二、第三道折弯类关键断面轮廓

交汇节段翼缘板加厚过渡段主梁体的创建，同样可采用"Shunt_ReGroupCur"节点功能进行断面轮廓线的重新组合，形成折弯类关键断面轮廓。再与第二道折弯类关键断面轮廓进行主梁体节段的融合创建。

4.2.6.1 折弯类关键断面轮廓重组

参照上述流程，增加"Ps6′_A""Ps6′_B"节点"TransCurves"输出内容的第三道 A 类关键断面轮廓，其中在调整副线折弯类子断面轮廓的空间位置时，结合实际情况，调整 X、Y、Z 的偏移值，使其与主线子断面轮廓衔接顺畅。将该节点标识为"Shunt_ReGroupCur_3"，进一步地，针对后续节点放样融合所需的导线，创建编写"GCurs_L［1］""GCurs_R［1］"的代码块，从"Ps6′_A""Ps6′_B"节点输出的"GuideCurves"列表中，引出主线、副线第二项导线，节点接连如图 4-87 所示。

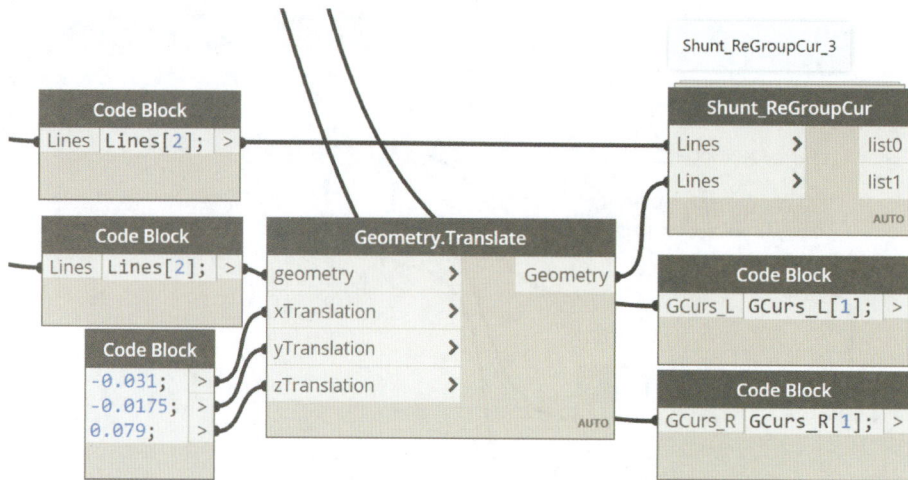

图 4-87　第三道折弯类关键断面轮廓重组及主线、副线第二项导线的提取

上述节点成功重组第三道折弯关键断面轮廓，设置仅"Shunt_ReGroupCur_2""Shunt_ReGroupCur_3"节点可见，运行程序，预览结果如图 4-88 所示。

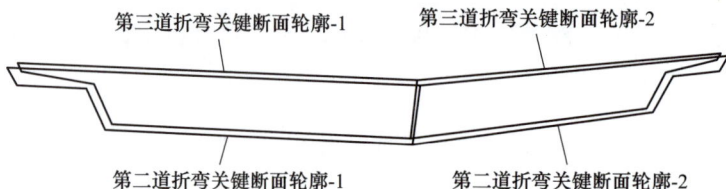

图 4-88　第三道折弯类关键断面轮廓重组及主线、副线第二项导线的提取预览结果

为使本书描述及程序设计更具有指代性，在本小节内容中，同样将上述 4 组列表命名为"ReGroCurs_Ls""ReGroCurs_Rs""ReGroCurs_Le""ReGroCurs_Re"，分别表示前后两道关键断面轮廓中左右两侧的断面轮廓线列表，如图 4-89 所示。

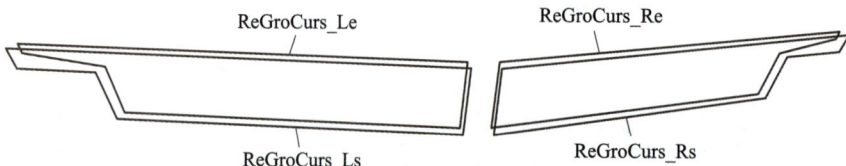

图 4-89　第二、第三道折弯关键断面轮廓成组关系

4.2.6.2 交汇节段翼缘板加厚过渡段主梁体创建

在交汇节段翼缘板加厚过渡段主梁体法的创建流程上，首先创建"ReGroCurs_Ls"与"ReGroCurs_Le"的融合侧表面，针对梁腋部分，采用创建斜拉线，结合边界轮廓线、临近侧表面 V 网格线组成闭合区域的方式创建曲面。并提取其中衔接曲面的起止 V 网格线"Public_Cur1""Public_Cur2"，为副线主梁体侧表面创建提供依据，如图 4-90 所示。

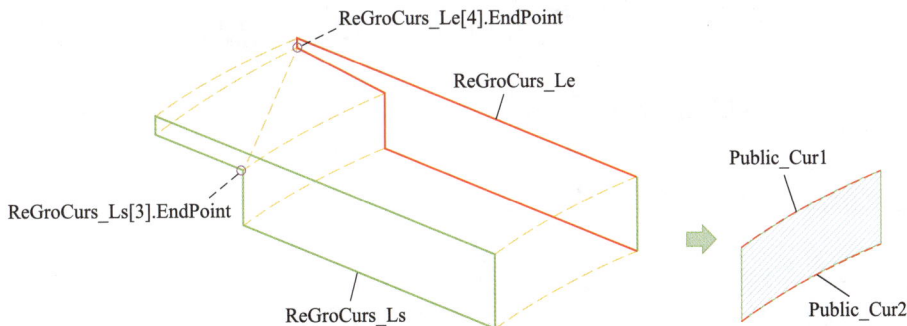

图 4-90 梁腋斜拉线及衔接曲面起止 V 网格线

其次创建"ReGroCurs_Rs"与"ReGroCurs_Re"的融合侧表面，其中梁顶、梁底侧表面应当基于上述"Public_Cur1""Public_Cur2"线，以及副线其他面的 V 网格线"Rside_Cur1""Rside_Cur2"进行创建；梁腋则同样采用创建斜拉线，结合边界轮廓线、临近侧表面 V 网格线组成闭合区域的方式创建曲面，如图 4-91 所示。

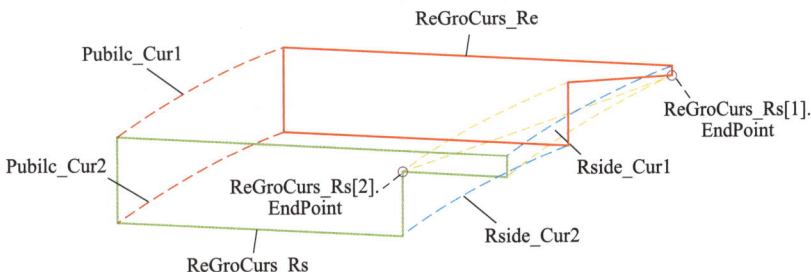

图 4-91 融合侧表面创建依据

与"Shunt_Loft1"节点的设计类似，为实现翼缘板加厚过渡段的创建，针对"ReGroCurs_Ls"与"ReGroCurs_Le"，"ReGroCurs_Rs"与"ReGroCurs_Re"两组轮廓创建侧表面，使用"Surface.ByLoft"进行放样融合创建，节点设计及连接如图 4-92 所示。

运行程序，执行效果如图 4-93 所示。

为使交汇节段侧表面无缝衔接，须提取"ReGroCurs_Ls"与"ReGroCurs_Le"融合侧表面中的"Public_Cur1""Public_Cur2"线，与"ReGroCurs_Rs""ReGroCurs_Re"融合侧表面中的"Rside_Cur1""Rside_Cur2"线重新进行副线梁顶、梁底曲面创建，其中关键边线提取的设计节点如图 4-94 所示。

进一步地，对副线梁顶、梁底侧表面进行列表重组，使用"PolyCurve.ByJoinedCurves"节点创建为多段线，再使用"Surface.ByPatch"节点创建为曲面，节点设计如图 4-95 所示。

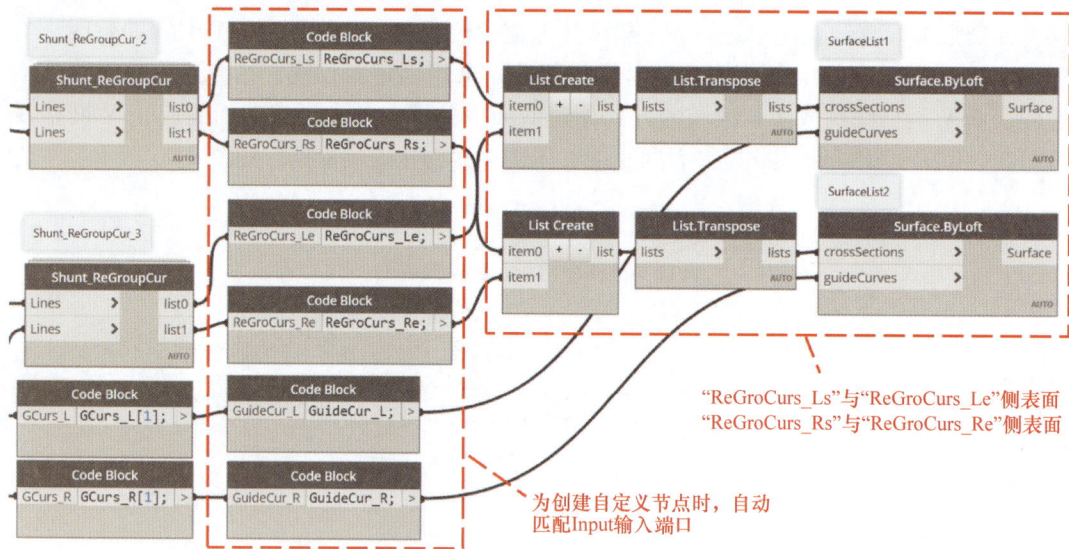

图 4-92　初步创建侧表面

图 4-93　初步侧表面创建效果

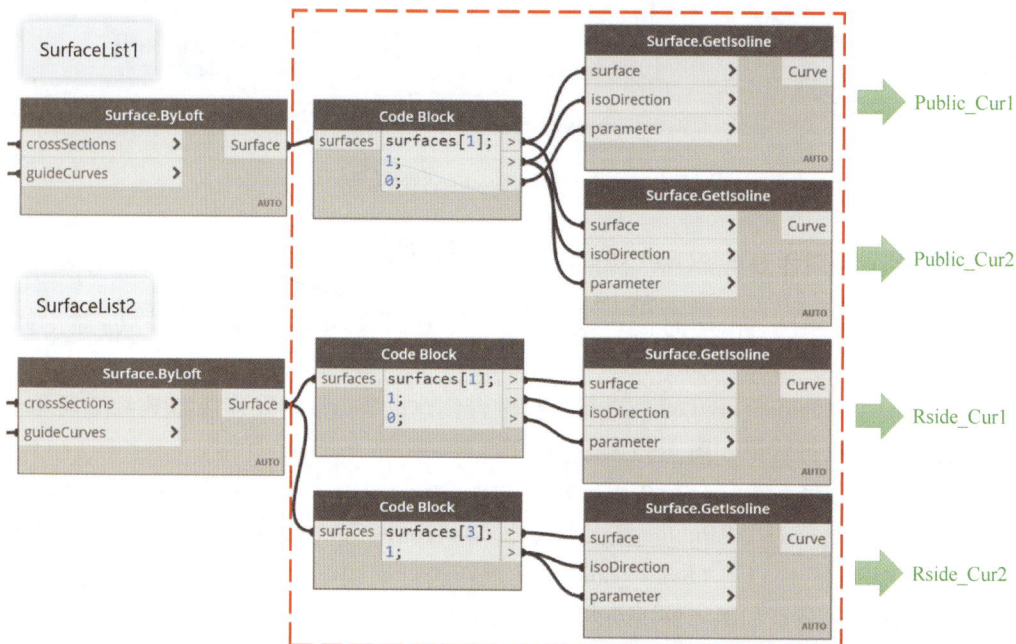

图 4-94　副线梁顶、梁底曲面边线提取节点

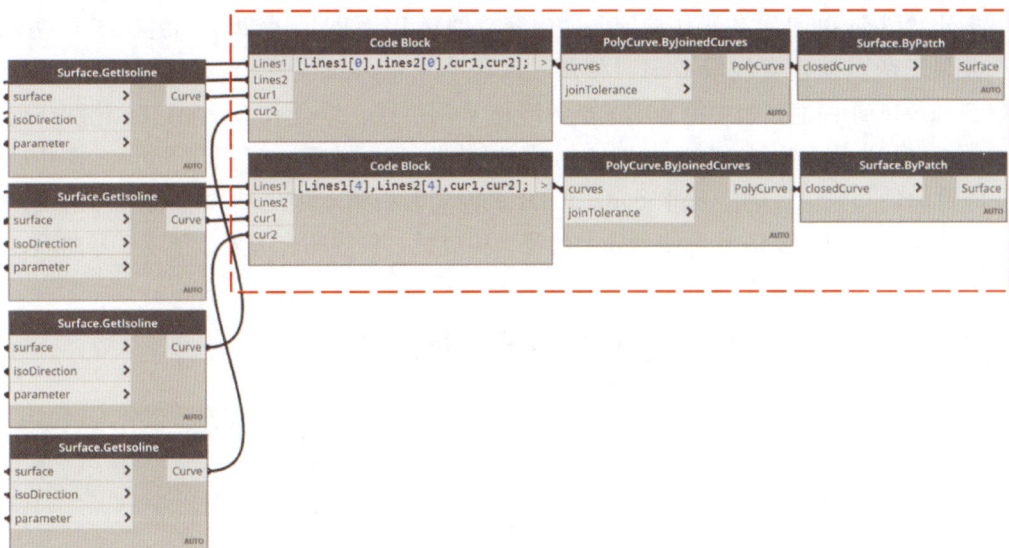

图 4-95　副线梁顶、梁底曲面重建节点

上述两项"Code Block"节点中的"Lines1"均连接至"ReGroCurs_Rs"节点输出端，"Lines2"均连接至"ReGroCurs_Re"节点输出端。

注：副线梁顶、梁底侧表面创建部分的方法与"4.2.5"节一致。

设置上述梁顶、梁底侧表面可见，运行程序，如图 4-96 所示。

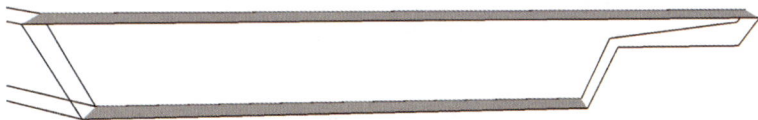

图 4-96　副线梁顶、梁底曲面创建效果

进一步地，应对主线、副线梁腋部分的曲面进行设计，依据斜拉线将梁腋曲面划分为两部分，与"3.7"节类似，以斜拉线、轮廓线、曲面 V 网格线进行组合，各创建包含 3 条边界线的列表，主线梁腋 1 号、2 号曲面及边界关系示意图如图 4-97 所示。

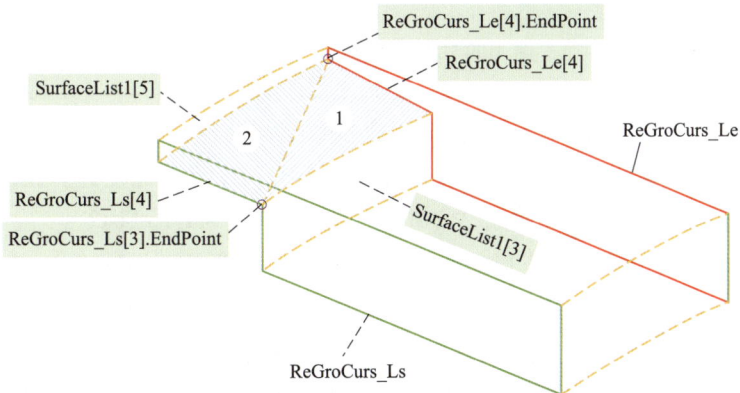

图 4-97　主线梁腋曲面及边界关系示意图

创建"Code Block"代码块梳理上述内容，创建 P1、P2 点存储上述斜拉线的两个端点，并基于两点创建直线段 Cur1，使用"Surface.GetIsoline（SurfaceList1［3］，1，1）"提取 SurfaceList1 曲面列表中第 4 项成员的终止 V 网格线，结合 ReGroCurs_Le 轮廓线列表中的第 5 项成员，构成闭合边界，创建 1 号曲面。同理，使用"Surface.GetIsoline（SurfaceList1［5］，1，0）"提取 SurfaceList1 曲面列表中第 6 项成员的起始 V 网格线，结合斜拉线与 ReGroCurs_Ls 轮廓线列表中的第 5 项成员，构成闭合边界，创建 2 号曲面，代码内容如图 4-98 所示。

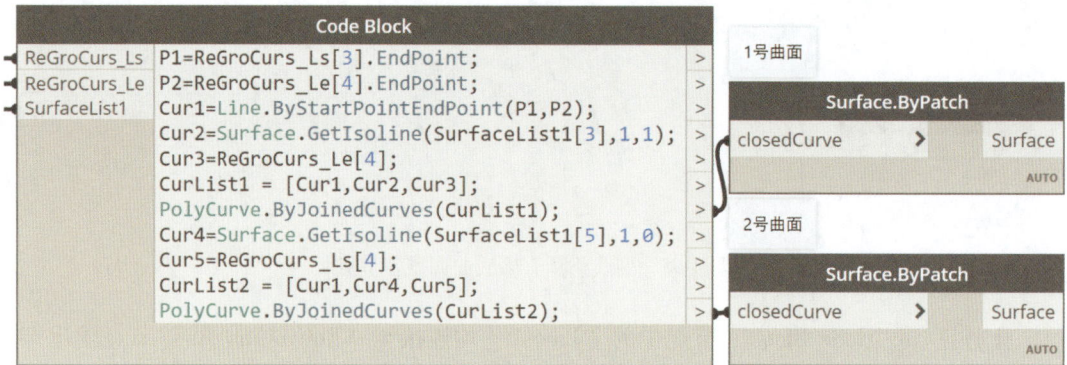

图 4-98　基于"Code Block"代码块创建主线梁腋曲面

设置曲面预览中，仅上述 1 号曲面、2 号曲面可见，运行程序，预览效果如图 4-99 所示。

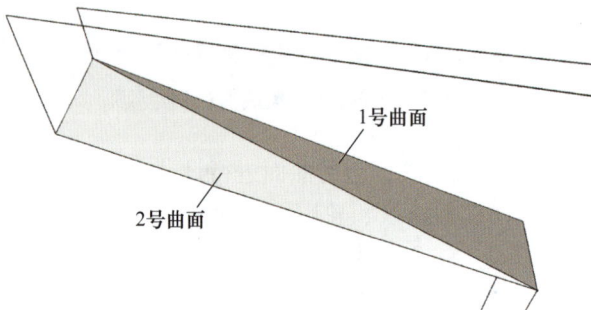

图 4-99　主线梁腋曲面创建效果

副线梁腋 3 号、4 号曲面创建示意图如图 4-100 所示。

创建"Code Block"代码块梳理该内容，创建 P1、P2 点存储上述斜拉线的两个端点，并基于两点创建直线段 Cur1，使用"Surface.GetIsoline（SurfaceList2［3］，1，0）"提取 SurfaceList2 曲面列表中第 4 项成员的起始 V 网格线，结合 ReGroCurs_Re 轮廓线列表中的第 3 项成员，构成闭合边界，创建 3 号曲面。同理，使用"Surface.GetIsoline（SurfaceList2［1］，1，1）"提取 SurfaceList2 曲面列表中第 2 项成员的终止 V 网格线，结合斜拉线与 ReGroCurs_Rs 轮廓线列表中的第 3 项成员，构成闭合边界，创建 4 号曲面，代码内容如图 4-101 所示。

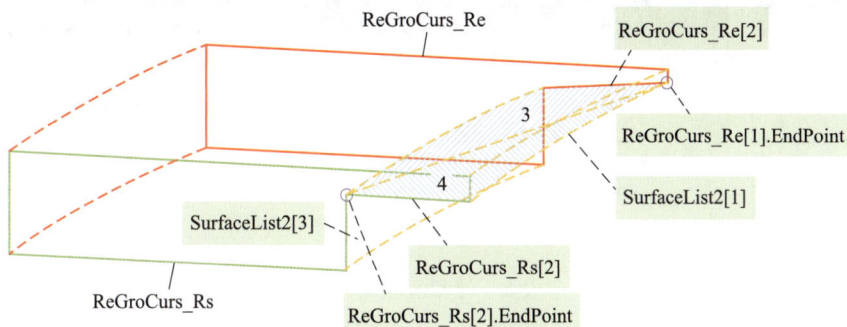

图 4-100　副线梁腋曲面及边界关系示意图

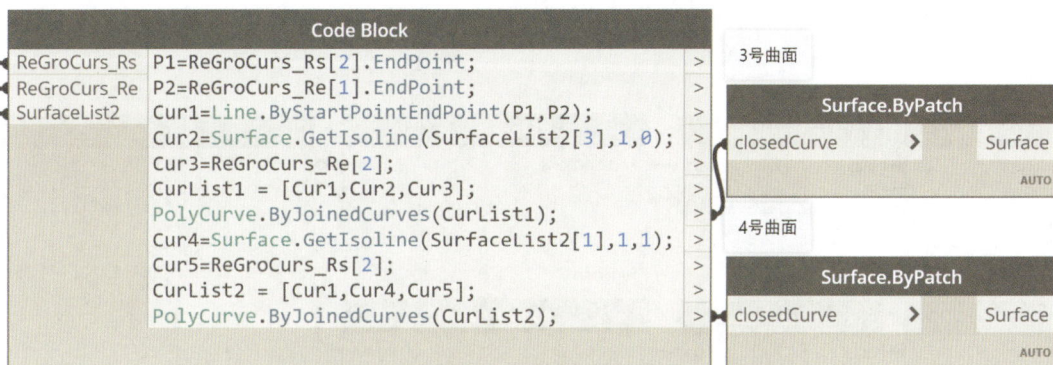

图 4-101　基于"Code Block"代码块创建副线梁腋曲面

设置曲面预览中，仅上述 3 号曲面、4 号曲面可见，运行程序，预览效果如图 4-102 所示。

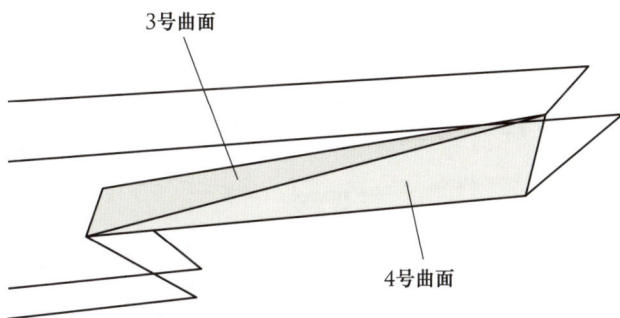

图 4-102　副线梁腋曲面创建效果

创建折弯类关键断面轮廓平面，即交汇节段大、小里程侧方向端面，使用"List Create"节点将"ReGroCurs_Ls""ReGroCurs_Le""ReGroCurs_Rs""ReGroCurs_Re"连接起来，使用"PolyCurve. ByJoinedCurves"节点创建为多段线，再使用"Surface. ByPatch"节点创建为曲面，节点设计如图 4-103 所示。

此时，创建交汇节段主梁体的封闭曲面已经准备完毕，此时需要将上述节点进行重

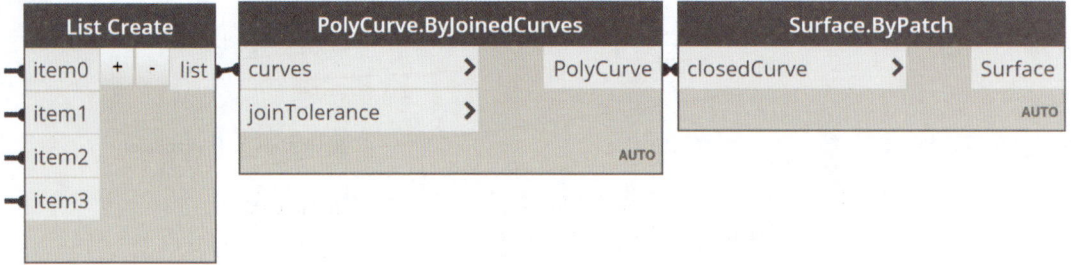

图 4-103　节段大、小里程侧方向端面创建节点

组，其中侧表面部分，应舍去主线侧表面中的衔接曲面、梁腋曲面，以及副线侧表面汇总的衔接曲面、梁腋曲面、梁顶和梁底侧表面，采用"Code Block"读取"Surface.ByLoft"中的列表项进行收集，节点设计如图 4-104 所示。

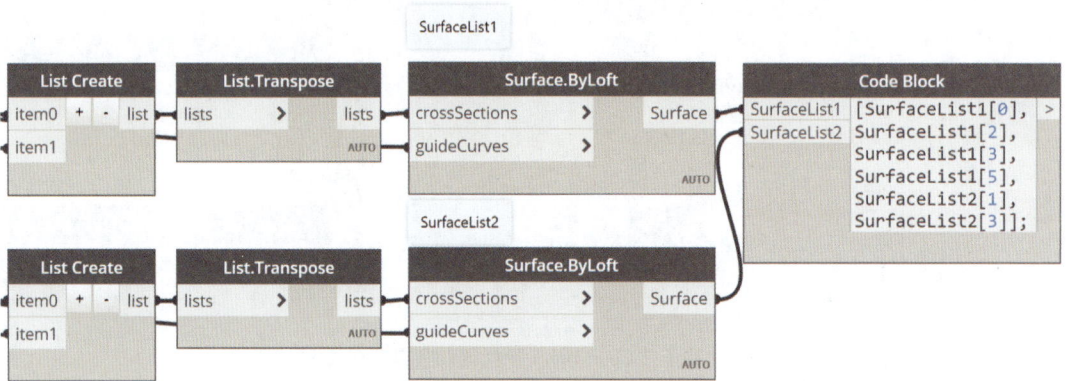

图 4-104　初步融合侧表面筛选

注：为保持界面整洁，Surface. ByLoft 输出端其他连接暂时取消。

设置仅上述"Code Block"代码块内部的侧表面可见，运行程序，效果如图 4-105 所示。

图 4-105　初步融合侧表面筛选结果

使用"List. Join"节点将上述"Code Block"代码块输出的侧表面、副线梁顶及梁底重组侧表面、端面以及 1～4 号梁腋曲面进行组合，并将其连接为"PolySurface"，并基于该组合曲面，使用"PolySurface. ExtractSolids"节点转化为实体，节点设计如图 4-106 所示。

设置仅上述"PolySurface. ExtractSolids"节点预览可见，运行程序，效果如图 4-107 所示。

其中，梁腋部位形状如图 4-108 所示。

在本小节内容中，基于"Shunt_ReGroupCur_1""Shunt_ReGroupCur_2""GCurs_L［1］"

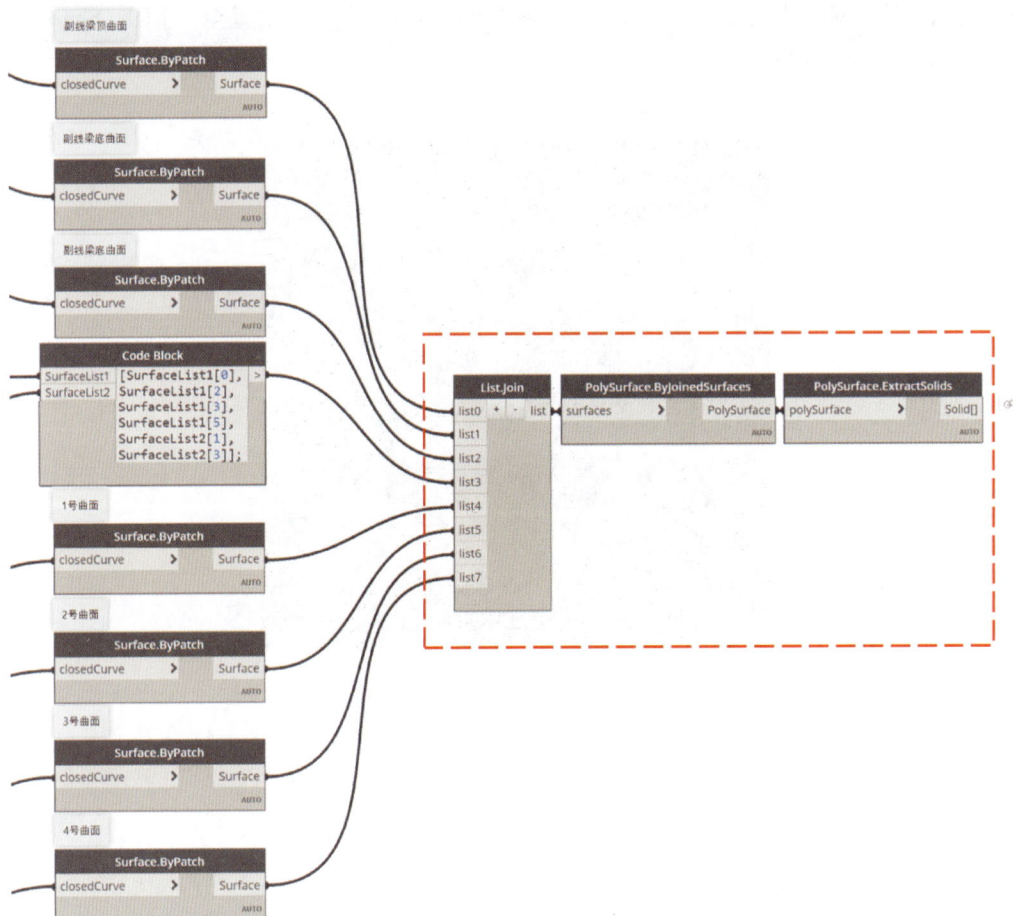

图 4-106　节段表面汇总及实体创建

图 4-107　节段实体创建效果

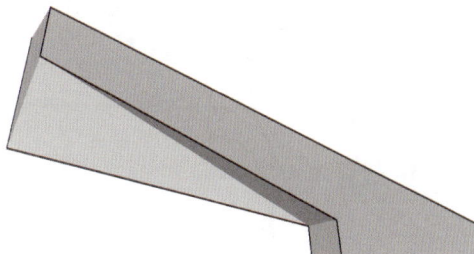

图 4-108　梁腋部位效果

"GCurs_R［1］"数据，进行了交汇节段主梁体的创建，结合交汇节段形体组合特征，该方式应适用于翼缘板加厚过渡段的交汇节段主梁体节段创建，因此，宜将其设计为自定义节点，便于重复使用和维护界面整洁，方法参照"Shunt_ReGroupCur"节点设计过程，框选对应节点内容，创建为自定义节点，命名为"Shunt_Loft2"，并设置至"BDX_Shunt"模块类别中，如图 4-109 所示。

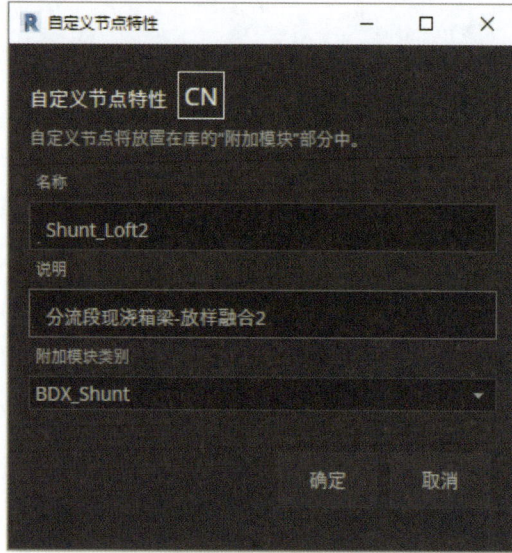

图 4-109 "Shunt_Loft2"自定义节点特性

创建完成后，上述节点代码将优化如图 4-110 所示。

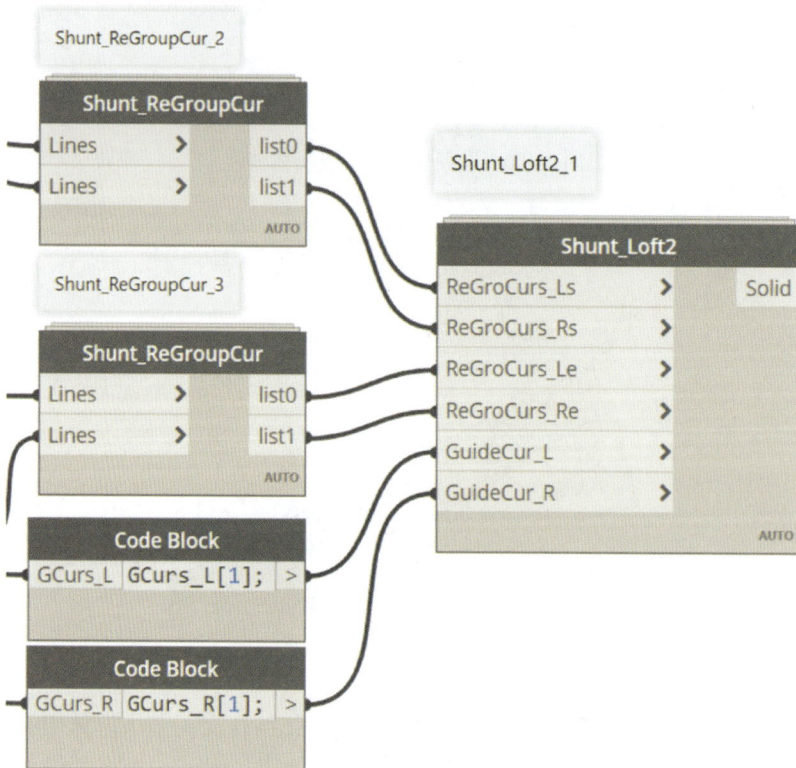

图 4-110 "Shunt_Loft2_1"节点建立

为方便本项目中对"Shunt_Loft2"节点的指代，将该节点标识为"Shunt_Loft2_1"。

注：应进入"Shunt_Loft2"节点编辑界面，对节点进行保存，保存路径与"Shunt_ReGroupCur"节点路径一致。

4.2.7 交汇节段主梁体完整创建

交汇节段包含的 4 个子节段中，除去"4.2.5""4.2.6"节创建的第一、二节段外，还包含翼缘板非加厚段（A-B 节段）、B-C 节段，如图 4-111 所示。

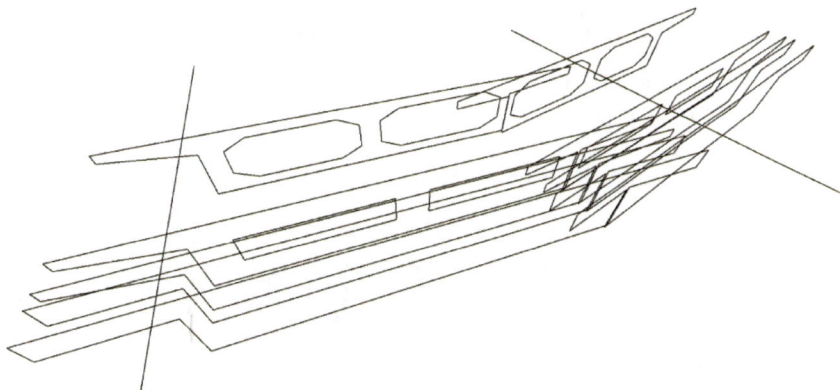

图 4-111 交汇节段所有初始轮廓

A-B 节段、B-C 节段均可采用"4.2.5""4.2.6"节设计的方法进行创建，首先，A-B 节段创建时，应结合实际情况，调整副线折弯类子断面轮廓的 X、Y、Z 偏移值，使其与主线子断面轮廓衔接顺畅。其次，依然可正常使用"Shunt_ReGroupCur"节点重组 B 类折弯关键断面轮廓，"Shunt_ReGroupCur"操纵的是输入曲线列表的前 8 项内容。最后，结合 A-B 节段的梁腋形状特征，融合时采用"Shunt_Loft1"节点即可实现，并将其标识为"Shunt_Loft1_2"，如图 4-112 所示。

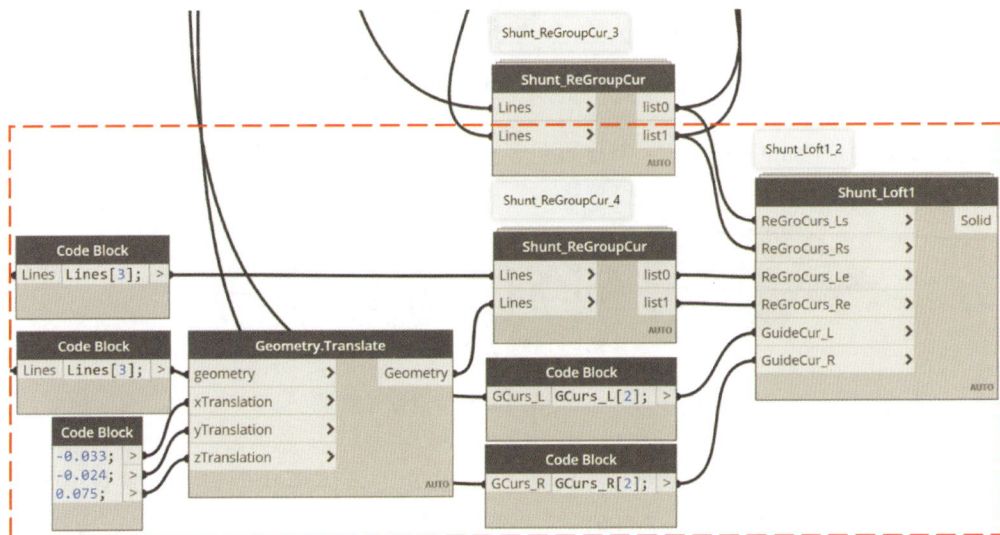

图 4-112 交汇节段 A-B 节段创建节点

设置仅上述"Shunt_Loft1_2"节点可见，运行程序，效果如图 4-113 所示。

图 4-113　交汇节段 A-B 节段创建效果

B-C 节段创建时，应结合实际情况，调整副线折弯类子断面轮廓的 X、Y、Z 偏移值，使其与主线子断面轮廓衔接顺畅。使用"Shunt_ReGroupCur"节点重组 C 类折弯关键断面轮廓。结合 B-C 节段的梁腋形状特征，融合时采用"Shunt_Loft1"节点即可，并将其标识为"Shunt_Loft1_3"，如图 4-114 所示。

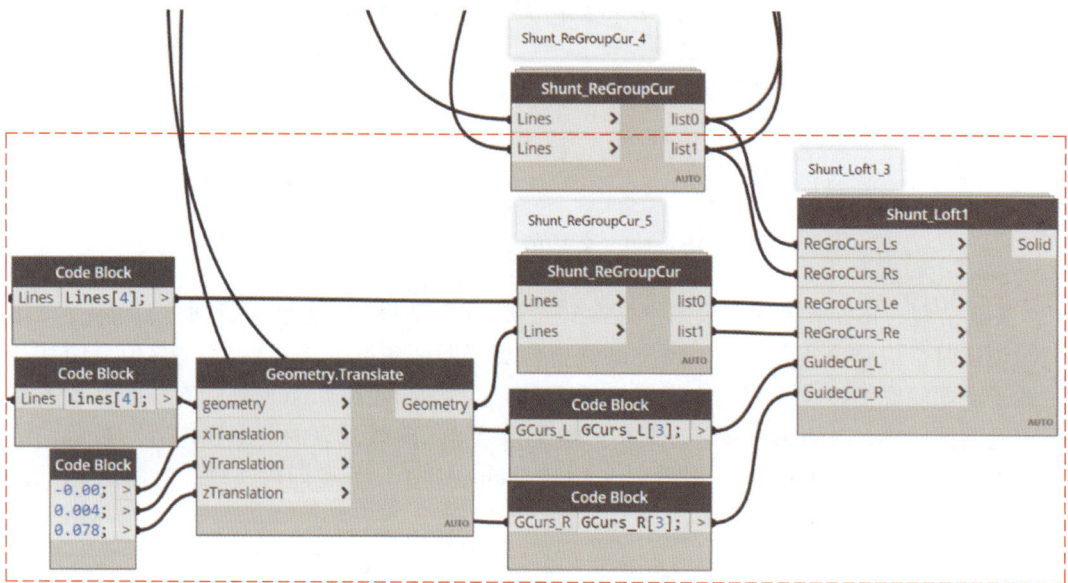

图 4-114　交汇节段 B-C 节段创建节点

设置仅上述"Shunt_Loft1_3"节点可见，运行程序，效果如图 4-115 所示。

图 4-115　交汇节段 B-C 节段创建效果

以上工作完成交汇节段中 A-B 节段、B-C 节段的主梁体形状创建，设置仅"Shunt_Loft1_1""Shunt_Loft1_2""Shunt_Loft1_3""Shunt_Loft2_1"主梁体形状可见，运行程序，效果如图 4-116 所示。

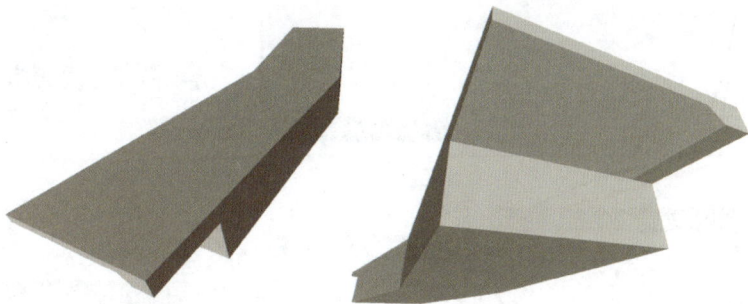

图 4-116 交汇节段主梁体形状创建效果（两组视角）

4.2.8 交汇节段内部构造创建设计

交汇节段包含的 4 个子节段中，仅在第 4 节段，即 B-C 节段中，包含内部构造形状。本书在"3.8"节内容中针对 B-C 节段、C-C 节段的内部构造都设计了对应的函数作为解决方案，在分流跨中，内部构造的创建思路其实是一致的，并且在交汇节段中，将主线、副线内部构造分开创建即可。

创建交汇节段 B-C 节段内部构造的首要任务是将内部关键断面轮廓中的内部轮廓单独提取出来，便于分析与操作，定位到"4.2.7"节创建的节点中"Shunt_Loft1_2"创建部分，创建"Code Block"代码块编写"DSCore. List. DropItems（Llines，8）"代码，读取主线部分的内部轮廓，编写"DSCore. List. DropItems（Rlines，8）"代码，提取副线部分的内部轮廓，标识该节点为"内部轮廓 1"，增加节点及节点连接关系如图 4-117 所示。

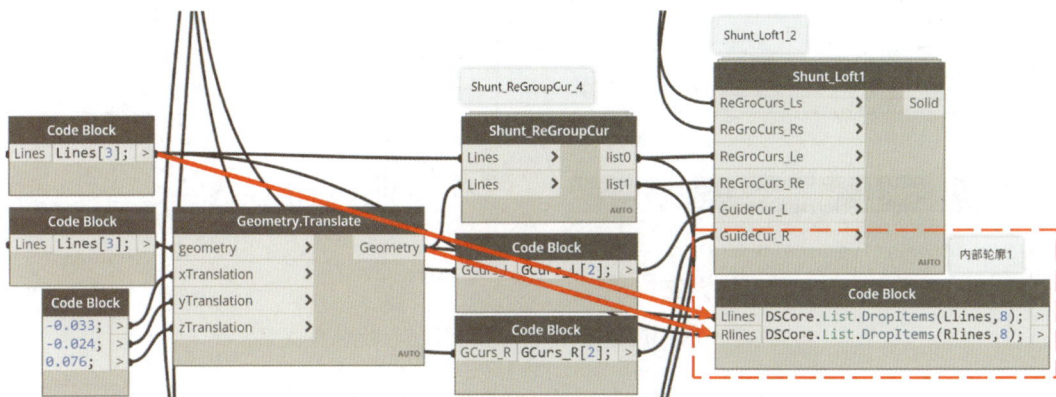

图 4-117 交汇节段内部轮廓 1 提取节点

定位到"4.2.7"节创建的节点中"Shunt_Loft1_3"创建部分，创建"Code Block"代码块编写"DSCore. List. DropItems（Llines，8）"代码，读取主线部分的内部轮廓，编写"DSCore. List. DropItems（Rlines，8）"代码，读取副线部分的内部轮廓，标识该节点为"内部轮廓 2"，增加节点及节点连接关系如图 4-118 所示。

上述"内部轮廓 1""内部轮廓 2"节点可获取到交汇节段 B-C 节段的内部轮廓，且对应关系如图 4-119 所示。

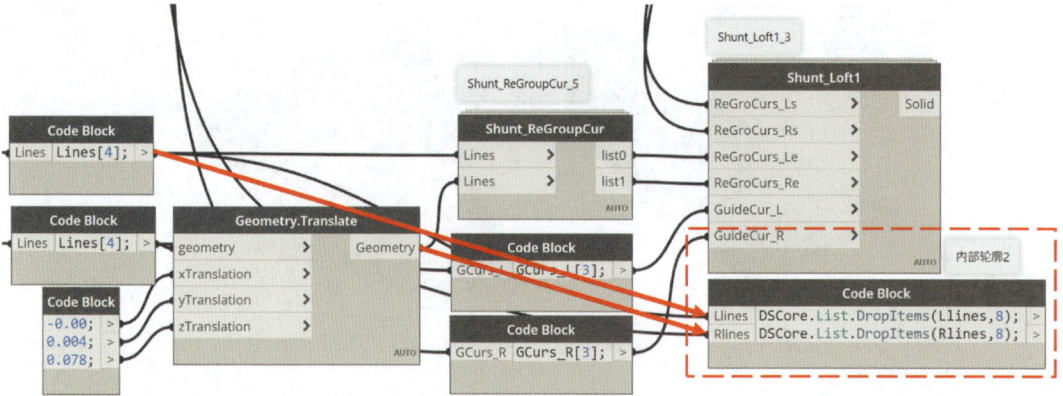

图 4-118　交汇节段内部轮廓 2 提取节点

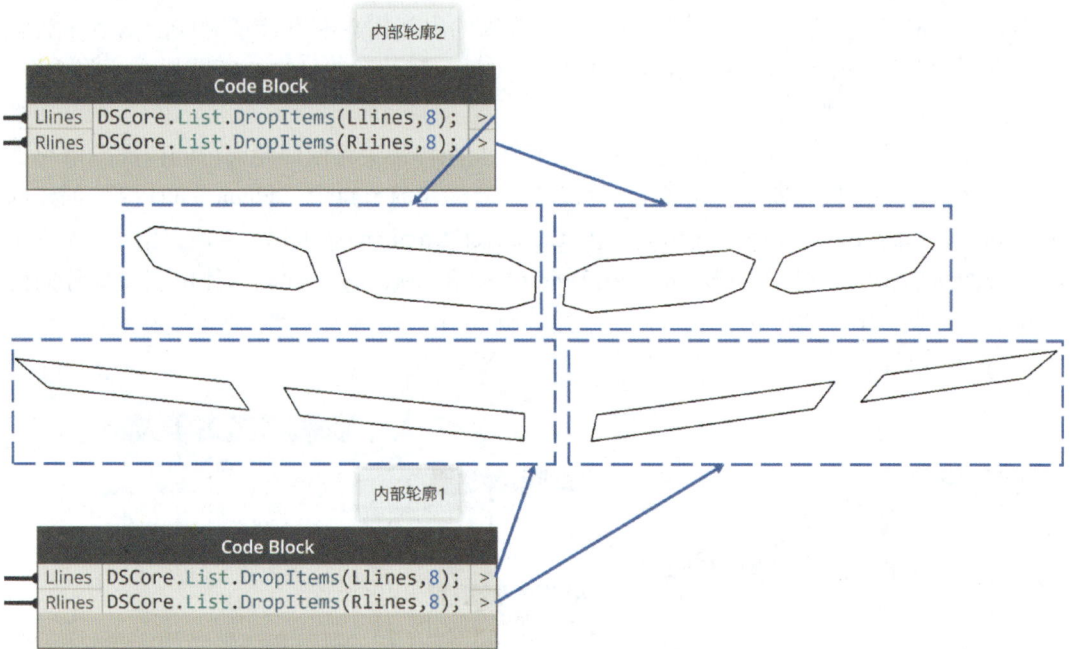

图 4-119　交汇节段内部轮廓 1、2 提取节点与空间关系

进一步地，我们需要用到"Ps6"节点内部的部分代码功能，主要包括"Port_BC""Port_CC"函数，因此，复制"Ps6"节点至本 Dynamo 项目中，设置输入端口数量为 3，编辑节点内代码，确定引入 3 个输入端口数据内容，设置"IN[0]"端口引入 A 组内部轮廓线，设置"IN[1]"端口引入 B 组内部轮廓线，设置"IN[2]"端口引入节段对应的导线，如下：

```
1.  Groupcurs_A = IN[0]
2.  Groupcurs_B = IN[1]
3.  Guidecur = IN[2]
```

主体代码中，仅保留"Port_BC""Port_CC"函数。创建"CabinSolids"空列表，并使用 if 函数判断"Groupcurs_A"与"Groupcurs_B"列表长度是否相等。当两者相等时，代表当前需要创建 C-C 型内部构造形状，调用"Port_CC"函数实现；当两者不等时，代表当前需要创建 B-C 型内部构造形状，调用"Port_BC"函数实现。最终使用"Solid. ByUnion( )"方法将所有内部构造形状组合为 1 个形状并输出，节点所有代码如下所示。

```python
1.    # 加载 Python Standard 和 DesignScript 库
2.    import sys
3.    import clr
4.    clr.AddReference('ProtoGeometry')
5.    from Autodesk.DesignScript.Geometry import *
6.    # 引入数据的处理
7.    Groupcurs_A = IN[0]
8.    Groupcurs_B = IN[1]
9.    Guidecur = IN[2]
10.   # B-C 节段内部构造创建函数设计
11.   def Port_BC(Cur_group,Cur_guide):
12.       if len(Cur_group[0]) > len(Cur_group[1]):
13.           Cur_group.reverse()
14.       # 计算内部舱室数量
15.       Cnum = int(len(Cur_group[1])/8)
16.       # 创建形状曲面
17.       ExportSolid = []
18.       for g in range(Cnum):
19.           surfA = Surface.ByPatch(PolyCurve.ByJoinedCurves(Cur_group[0][g*4:(g+1)*4]))
20.           surfB = Surface.ByPatch(PolyCurve.ByJoinedCurves(Cur_group[1][g*8:(g+1)*8]))
21.           Surf_Port = [surfA, surfB]
22.           Surf_collect = []
23.           for i in range(4):
24.               curg1 = Cur_group[0][g*4+i]
25.               curg2 = Cur_group[1][g*8+2*i]
26.               surf = Surface.ByLoft([curg1,curg2])
27.               Surf_Port.append(surf)
28.               Surf_collect.append(surf)
29.           for j in range(4):
30.               surf =
      [Surf_collect[j].GetIsoline(1,1),Surf_collect[(j+1)%4].GetIsoline(1,0),Cur_group[1][g*8+
      2*j+1]]
31.               Surf_Port.append(Surface.ByPatch(PolyCurve.ByJoinedCurves(surf)))
```

```
32.
            ExportSolid.append(PolySurface.ExtractSolids(PolySurface.ByJoinedSurfaces
            (Surf_Port))[0])
33.     return ExportSolid
34. # C-C 节段内部构造创建函数设计
35. def Port_CC(Cur_group,Cur_guide):
36.     # 计算内部舱室数量
37.     Cnum = int(len(Cur_group[0])/8)
38.     # 创建形状曲面
39.     ExportSolid = []
40.     for g in range(Cnum):
41.         surfA = Surface.ByPatch(PolyCurve.ByJoinedCurves(Cur_group[0][g*8:(g+1)*8]))
42.         surfB = Surface.ByPatch(PolyCurve.ByJoinedCurves(Cur_group[1][g*8:(g+1)*8]))
43.         Surf_Port = [surfA, surfB]
44.         for i in range(8):
45.             curg1 = Cur_group[0][g*8+i]
46.             curg2 = Cur_group[1][g*8+i]
47.             surf = Surface.ByLoft([curg1,curg2],Cur_guide)
48.             Surf_Port.append(surf)
49.
            ExportSolid.append(PolySurface.ExtractSolids(PolySurface.ByJoinedSurfaces
            (Surf_Port))[0])
50.     return ExportSolid
51. # 创建内部构造形状
52. CabinSolids = []
53. # 判断该节段是否包含内部构造形状，并区分 B-C、C-C 组合类型
54. if len(Groupcurs_A) == len(Groupcurs_B):
55.     CabinSolids.append(Solid.ByUnion(Port_CC([Groupcurs_A,Groupcurs_B],Guidecur)))
56. else:
57.     CabinSolids.append(Solid.ByUnion(Port_BC([Groupcurs_A,Groupcurs_B],Guidecur)))
58. # 布尔运算
59. ISolid = Solid.ByUnion(CabinSolids)
60. # 节点输出内容
61. OUT = Isolid
```

将上述基于"Ps6"节点修改的节点复制 2 份，标识为"Ps6″_1""Ps6″_2"，分为引

入主线及副线的 B、C 类内部轮廓线，其中"Ps6″_1"节点"IN[2]"输入端连接内容为"GCurs_L[3]"的"Code Block"代码块，"Ps6″_2"节点"IN[2]"输入端则连接内容为"GCurs_R[3]"的"Code Block"代码块，节点连接关系如图 4-120 所示。

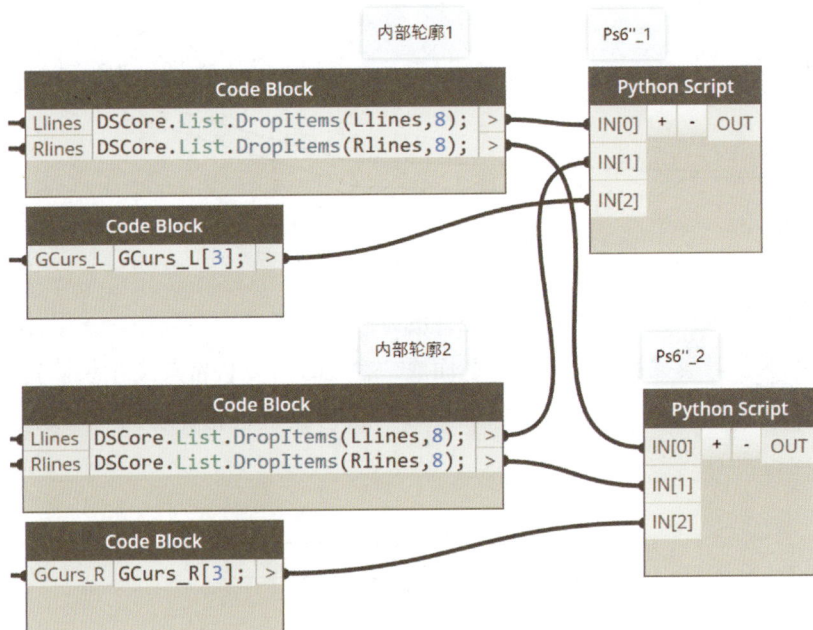

图 4-120 "Ps6″_1""Ps6″_2"节点创建及连接关系

"Ps6″_1""Ps6″_2"节点生成内容如图 4-121 所示。

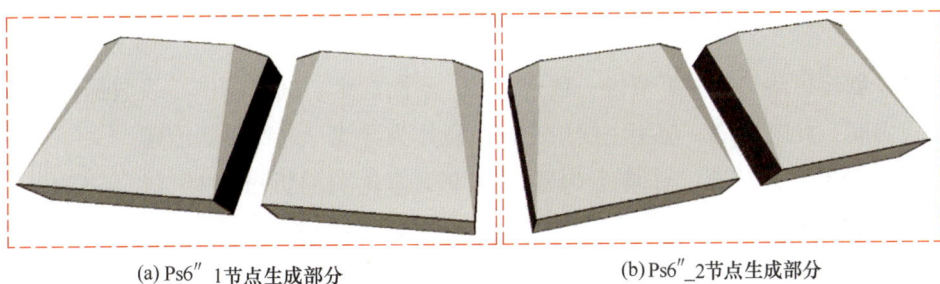

(a) Ps6″_1节点生成部分　　　　　(b) Ps6″_2节点生成部分

图 4-121 "Ps6″_1""Ps6″_2"节点创建效果

注：不同的现浇箱梁桥内部构造创建思路类似，根据不同的构造特征，分析创建类似"Port_BC""Port_CC"的函数，实现内部构造创建的功能即可。

4.2.9 融合节段主梁体创建设计

融合节段是指一端为折弯类关键断面轮廓、一端为常规类关键断面轮廓的融合构造节段，其中重组后的折弯类关键断面轮廓包含 2 组轮廓线列表，分别包含 6 条常规类关键断面主梁体轮廓为包含 8 条轮廓线的列表，如图 4-122 所示。

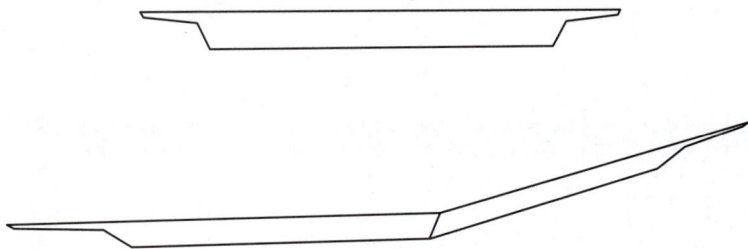

图 4-122　"Ps6″_1""Ps6″_2"节点创建效果

　　主梁体创建的难点，在于梳理两者融合的方式，参考交汇节段中，主梁体由前后各包含 2 族轮廓线的折弯类关键断面轮廓构造而成，在此，可以将常规类主梁体轮廓从中拆分并重组为 2 个轮廓线列表，列表成员排布顺序与折弯类重组轮廓线列表一致，如图 4-123 所示。

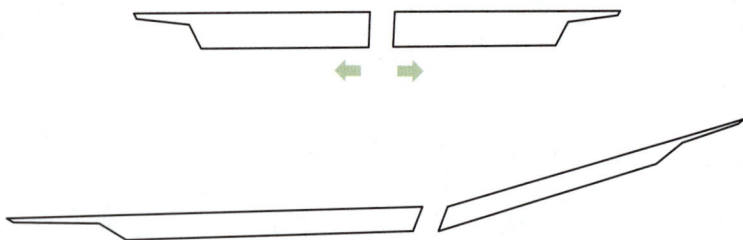

图 4-123　常规断面轮廓拆分建立主梁体形状示意图

　　此时，创建思路又与交汇节段一致了，唯一不同的是，副线的中心线数据可能截止于融合节段之间，此时应统一使用主线中心线节段作为导线，进行形状创建。
　　按照上述思路，首要工作应当为常规类主梁体轮廓的拆解设计（图 4-124），结合设计图纸及相关信息，确定该主梁体轮廓的拆分位置应为轮廓水平中间处，则思路为获取轮廓列表中的第 1 项轮廓线，读取线段中点 Pm1，获取轮廓列表中的第 5 项轮廓线，读取线段中点 Pm2。

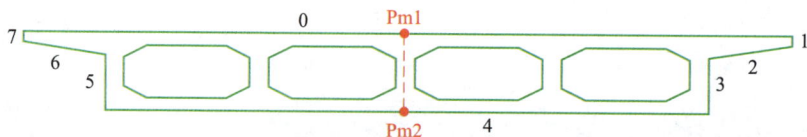

图 4-124　常规类主梁体轮廓的拆解设计示意图

创建由第 1 项轮廓线的起点至 Pm1 点的线段 a1，创建由 Pm1 点至 Pm2 点的线段 a2，创建由 Pm2 点至第 5 项轮廓线终点的线段 a3，建立"[a1，a2，a3，5，6，7]"列表即为主线主梁体轮廓，如图 4-125 所示。

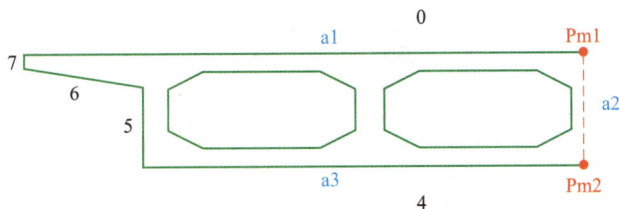

图 4-125 主线主梁体轮廓

同理，创建由 Pm1 点至第 1 项轮廓线的终点的线段 a4，创建由第 5 项轮廓线起点至 Pm2 点的线段 a5，建立"[a4，1，2，3，a5，a2]"列表即为副线主梁体轮廓，如图 4-126 所示。

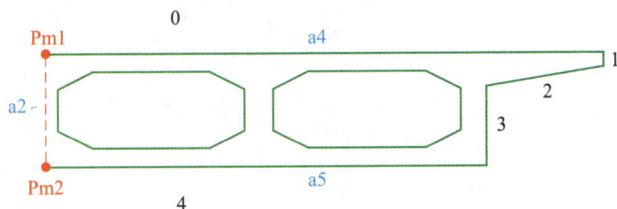

图 4-126 副线主梁体轮廓

创建包含"Lines [5]"内容的"Code Block"代码块，连接"Ps6′_A"节点后的"TransCurves"输出内容，获取主线中的第 6 道关键断面轮廓。再创建相应节点，实现上述主梁体轮廓拆分重组的功能，如图 4-127 所示。

针对上述拆分重组节点功能，可框选"Code Block"代码块（"Lines[5]"）后续的节点内容，创建为自定义节点，命名为"Shunt_Split"，附加模块类别与节点保存路径与其他自定义节点一致。"Shunt_Split"自定义节点特性如图 4-128 所示。

创建完成后，上述节点将显示如图 4-129 所示。

将该节点标识为"Shunt_Split_1"，此时，设置仅"Shunt_Split_1"节点预览可见，运行程序，显示内容如图 4-130 所示。

此时，可创建"Shunt_Loft1"节点，并标识为"Shunt_Loft1_4"，基于"Shunt_ReGroupCur_5""Shunt_Split_1"节点重组的轮廓，以及通过"GCurs_L[4]"连接获取"Ps6′_A"节点后的"GuideCurves"输出的第 5 项中心线节段作为放样融合导线，执行融合节段主梁体创建，节点设计如图 4-131 所示。

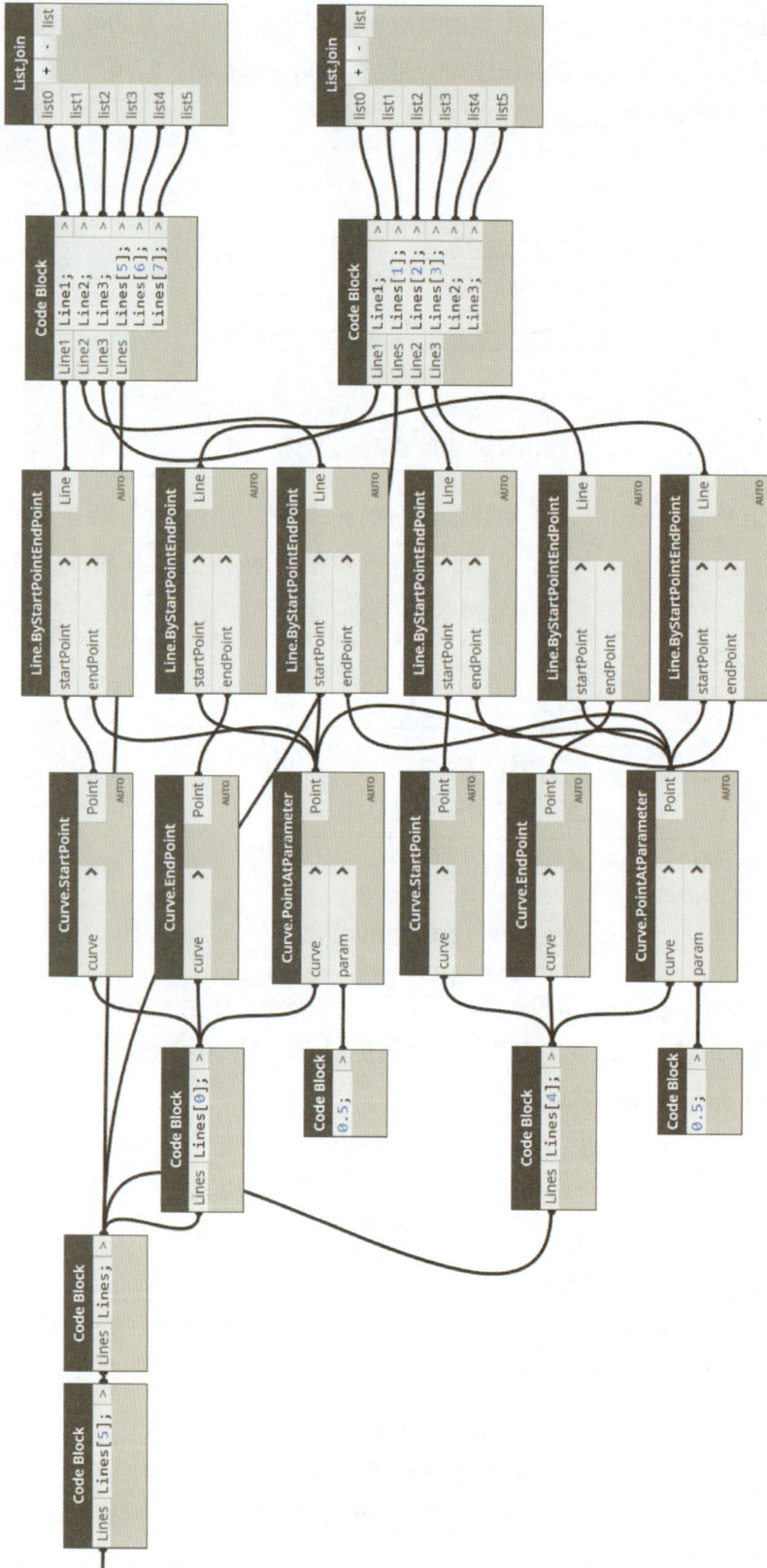

图 4-127 主梁体轮廓拆分重组节点设计

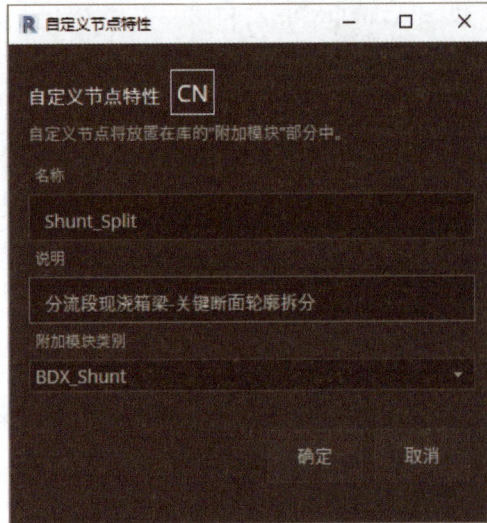

图 4-128 "Shunt_Split" 自定义节点特性

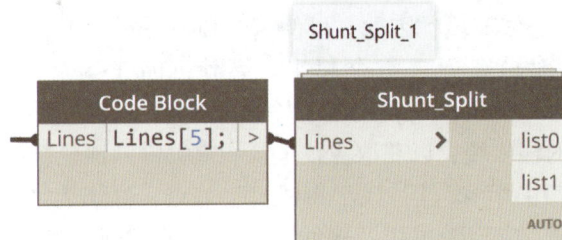

图 4-129 "Shunt_Split" 节点建立

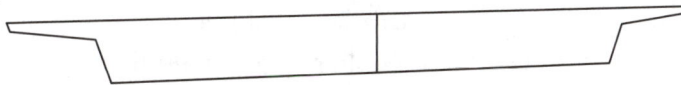

图 4-130 主梁体轮廓拆分重组效果

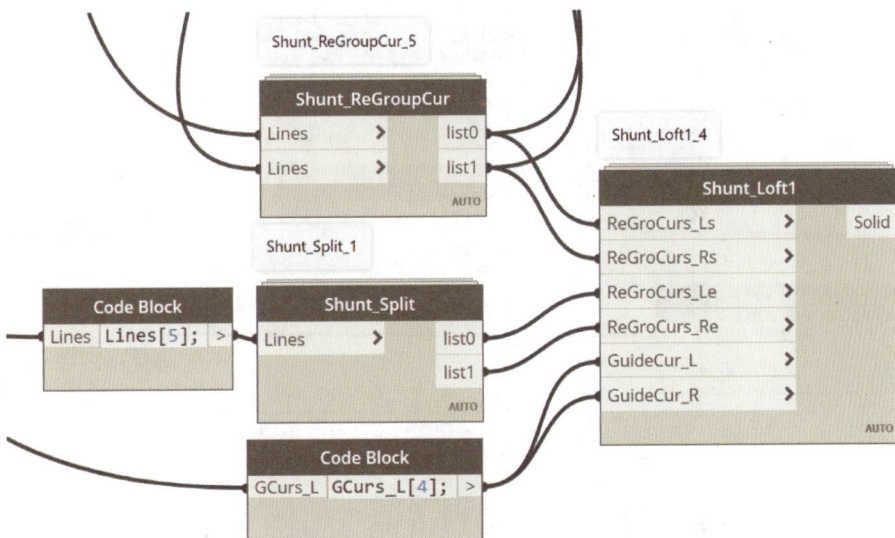

图 4-131 融合节段主梁体创建节点

设置仅"Shunt_Loft1_4"节点可见，运行程序，预览效果如图 4-132 所示。

图 4-132 融合节段主梁体创建节点

注：上述流程完成了融合节段的主梁体创建，需要注意的是，该节段副线形状融合过程中，应尽量使用副线中心线节段作为导线进行创建，使副线翼缘板过渡圆滑，当缺失该部分的副线中心线节段数据时，使用主线中心线节段。

4.2.10 融合节段内部构造创建设计

融合节段内部构造创建与交汇节段内部构造创建方法类似，并且因上述融合节段形状融合导线均采用主线中心线节段，因此，可使用"List. Join"节点将上述内部轮廓 2 节点输出的主线、副线内部轮廓列表组合起来。另外，创建编写"DSCore. List. DropItems（lines，8）"内容的"Code Block"代码块，输入端连接上文中包含"Lines［5］"内容的"Code Block"代码块的输出端，以获取主线上第 6 道关键断面轮廓的内轮廓线。

进一步地，复制使用"Ps6″_1"或"Ps6″_2"节点，标识为"Ps6″_3"，此时需要为该节点匹配输入端数据，应当为主线及副线上第 5 道关键断面轮廓的内轮廓线，即上述"List. Join"节点输出的轮廓线列表，以及主线上第 6 道关键断面轮廓的内轮廓线，并且设置放样融合的导线为主线上的第 5 项中心线节段，即上文中包含"GCurs_L［4］"内容的"Code Block"代码块的输出内容，新增节点内容及连接关系如图 4-133 所示。

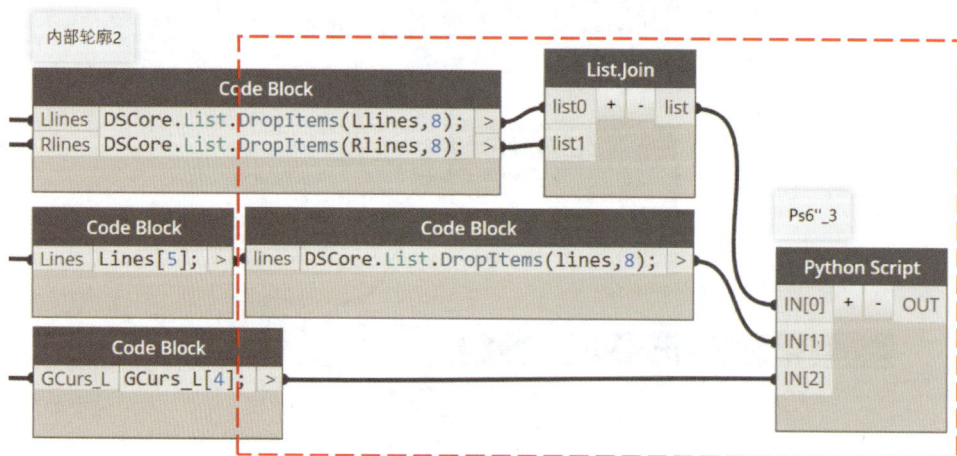

图 4-133 融合节段内部构造创建节点

注：为保持界面整洁，包含"Lines［5］""GCurs_L［4］"内容的节点输出端其他连接暂时取消。

设置仅上述"Ps6″_3"节点预览可见，运行程序，效果如图4-134所示。

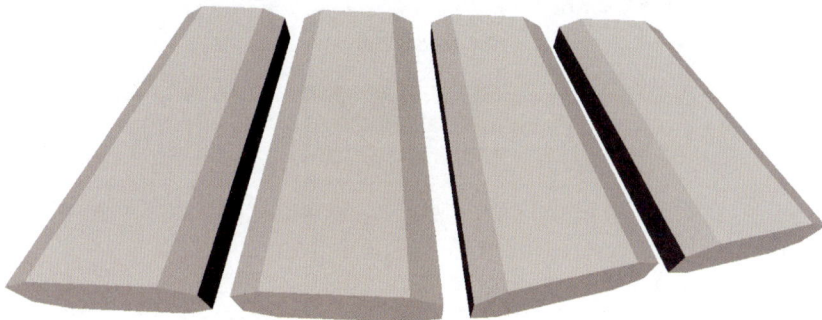

图4-134 融合节段内部构造创建效果

上述过程讲述了融合节段内部构造如何创建，原理与常规B-C、C-C型节段类似，但需要对内部轮廓进行组合或分组，例如上述融合节段中，副线中心线数据完整，则应尽量使用副线中心线节段作为导线进行创建。

4.2.11 汇合节段整体创建设计

经历了交汇节段、融合节段之后，那么当分流跨进入了汇合节段后，观察关键断面轮廓排布，与常规段、渐变段类似，如图4-135所示。

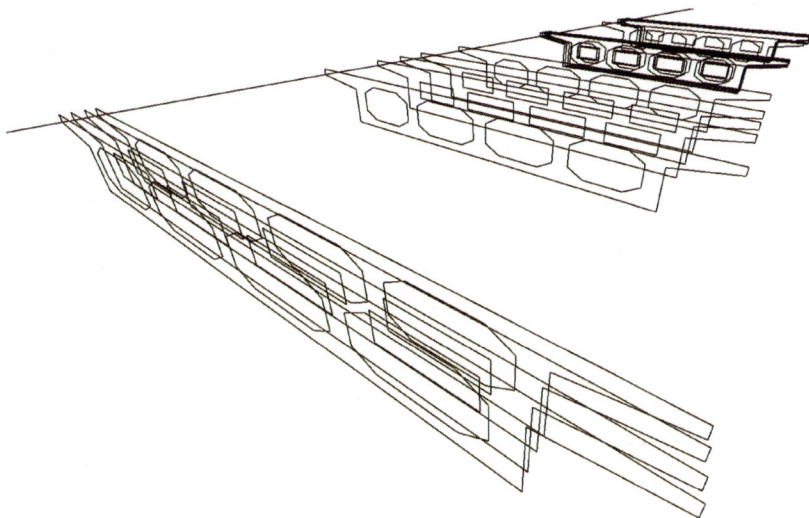

图4-135 汇合节段关键断面轮廓及其排布

与常规段、渐变段不同的是，主线关键断面轮廓对应的现浇箱梁构造表"现浇箱梁第2联_A"与当前关键断面轮廓不匹配，包含交汇节段、融合节段断面轮廓数据。为使创建过程简单化，尽量使用已有节点功能实现汇合节段形状创建，应当通过Dynamo处理获取到的Excel工作表数据，使之与汇合节段断面轮廓相匹配。

结合常规段、渐变段现浇箱梁形状创建的实现过程，计划使用"Ps6"节点完成汇合节段形状创建，复制1项"Ps6"节点至本项目空间中，为方便下文对该节点的称呼，将其标识为"Ps6_Modify"节点，如图 4-136 所示。

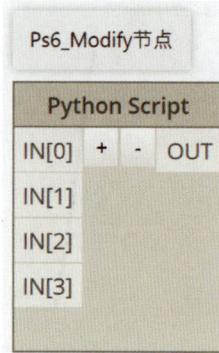

图 4-136　"Ps6_Modify"节点

　　为提供与"Ps6_Modify"节点创建汇合节段形状相匹配的数据，应分析"现浇箱梁第 2 联_A""现浇箱梁总数据"工作表数据与当前汇合节段关系，替换或修改其中不匹配的数据。其中包括"现浇箱梁第 2 联_A"工作表中第 3 至第 7 行数据，即主线交汇节段及融合节段的关键断面轮廓数据，在使用 Dynamo 去除多余数据的同时，应当记录交汇节段及融合节段的桩号长度，作为确定融合节段起始桩号的依据。还包括"现浇箱梁总数据"工作表中第 3 列数据，即"边跨起始桩号 B"数据，将其还原为常规段、渐变段现浇箱梁总数据的编制模式。

　　根据上述分析，在为"Ps6_Modify"节点匹配第一项数据时，参考"4.2.4"节创建的"Ps5_A"节点输出内容，其中第一项成员为分流跨主线中心线起点对应的里程桩号，如图 4-137 所示。

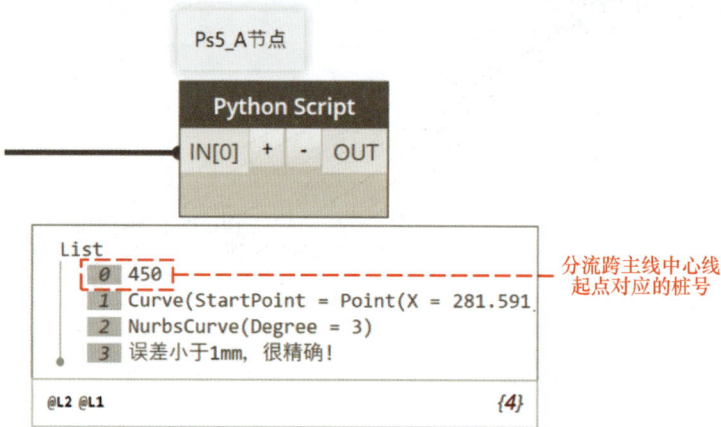

图 4-137　"Ps5_A"节点及输出内容

　　在"Ps6_Modify"节点中通过"PlieNoScan( )"函数计算关键断面轮廓相对中心线起点桩号差，公式如下：

```
1. PileNo = PlieNoScan(Datas[0],TotalDatas_Modi[2][BeamId] - CurStartPlieNo)
```

其中，"TotalDatas_Modi[1][BeamId]"为现浇箱梁总数据工作表对应行中"边跨起始桩号A"列数据，即主线当前联现浇箱梁起点处对应的里程桩号，将与"Ps5_A"节点输出的第一项数据作差，得到当前联现浇箱梁起点处与主线中心线起点桩号的相对里程桩号值，作为相对起始桩号。

而当前汇合节段首道关键断面轮廓为主线第6道关键断面轮廓，为使关键断面轮廓定位准确，应当通过提取出前5道断面轮廓的第一列数据，即关键断面轮廓与前一断面桩号间距，计算间距总和，结合主线大里程方向（沿交汇节段向汇合节段递增），使用"Ps5_A"节点输出的分流跨主线中心线起点对应的里程桩号减去间距总和，实现里程桩号位置的纠偏。

当前分流跨中交汇、融合节段包含5道断面轮廓（不含汇合节段起始断面轮廓），按照上述流程，应当从"多工作表读取"节点组输出的"现浇箱梁第2联_A"数据中提取出交汇、融合节段的关键断面轮廓数据，即提取第3~7行数据，创建"Code Block"代码块，创建删减轮廓索引列表"2..Num+1"，其中"Num"即为需要删减的轮廓数量，将该节点标识为"交汇及融合轮廓数量"。再采用"List.FirstItem"节点（使用级别L2）从每一行数据中提取第一项数据，并使用"Math.Sum"节点计算总和。提取"Ps5_A"节点的第一项数据，即分流跨主线中心线起点对应的里程桩号，与"Math.Sum"节点输出的总和数据作差，并将计算结果替换"Ps5_A"节点的第一项数据，形成新的数据，设计的节点及连接方式如图4-138所示。

上述"List.ReplaceItemAtIndex"节点数据的结果，即为"Ps6_Modify"节点"IN[0]"输入端所需数据。

"Ps6_Modify"节点"IN[1]"输入端所需数据为"现浇箱梁总数据"工作表数据，但在分流跨中的Excel表格设计中，我们增加了副线的边跨起始桩号数据，为避免调整"Ps6_Modify"节点对现浇箱梁总数据的解析、读取，可通过"List.RemoveItemAtIndex"节点，删除第3列数据，即"边跨起始桩号B"列数据（图4-139）。

上述"List.RemoveItemAtIndex"节点的"indices"输入端连接整数2，节点连接关系如图4-140所示。

"Ps6_Modify"节点"IN[2]"输入端所需数据为现浇箱梁构造数据，对应"现浇箱梁第2联_A"工作表内容，但其中应当剥离交汇、融合节段包含5道断面轮廓数据，创建"List.RemoveItemAtIndex"节点，"list"输入端连接"现浇箱梁第2联_A"数据，"indices"输入端则连接上述"交汇及融合轮廓数量"节点输出的删减轮廓索引列表，如图4-141所示。

上述"List.RemoveItemAtIndex"节点输出结果即为"Ps6_Modify"节点"IN[2]"输入端所需数据。

"Ps6_Modify"节点"IN[3]"输入端所需数据为"多工作表读取"节点组中创建的Excel工作表名称列表，结合上述过程，为"Ps6_Modify"节点所有输入端设置连接，最终连接如图4-142所示。

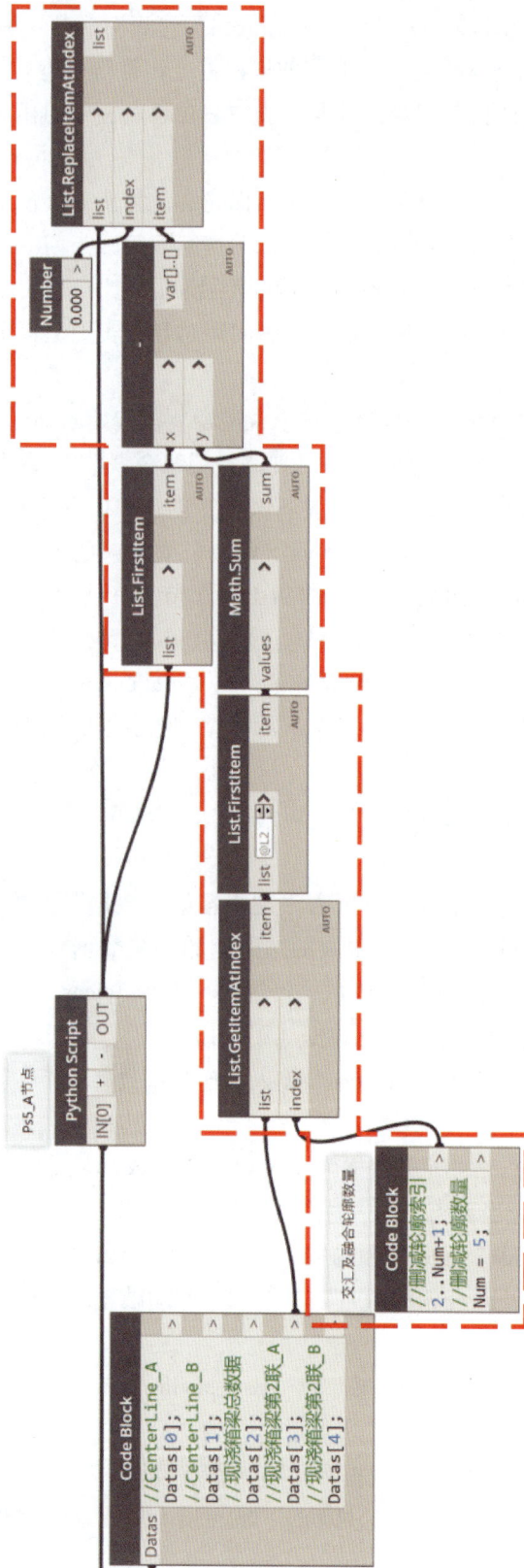

图 4-138 数据提取及计算节点设计

族类型名称	边跨起始桩号A		边跨起始桩号B		类别
FamilyTypeName	StartPileNo_A		StartPileNo_B		Category
现浇箱梁第2联	685.96		421.73		OST_StructuralFraming

图 4-139 第 3 列数据删除图示

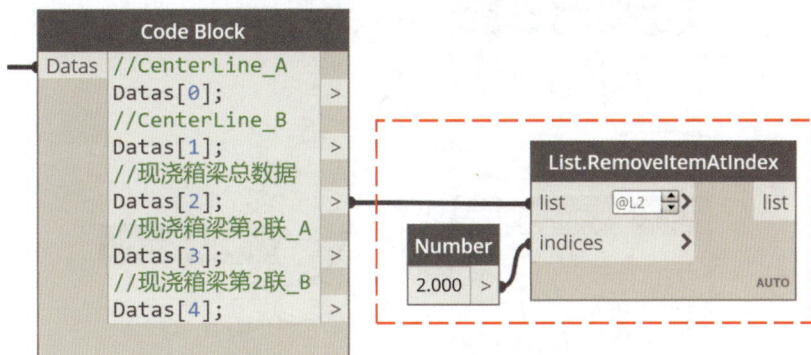

图 4-140　现浇箱梁总数据第 3 列提取

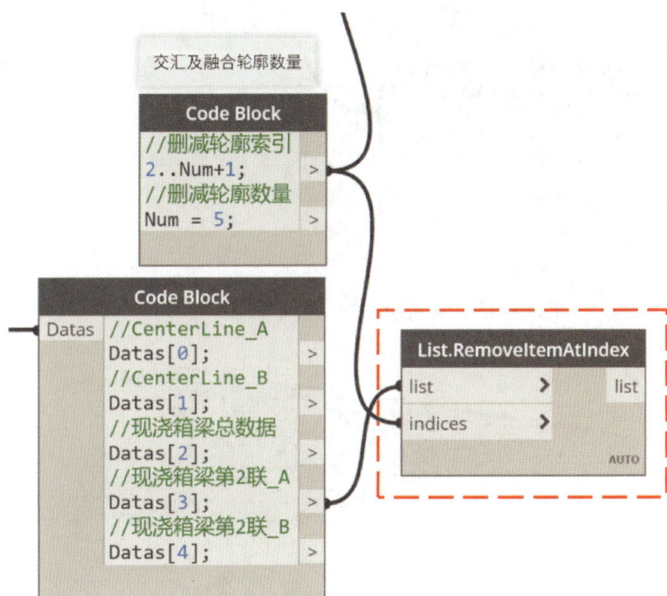

图 4-141　提取主线汇合节段关键断面轮廓

最后，需要结合输入数据对"Ps6_Modify"节点内部代码进行微调，修改获取现浇箱梁总数据工作表中对应行数据的索引，打开"Ps6_Modify"节点编辑模式，定位至 22 行代码，做如下修改。

原代码：

```
1. BeamId = TotalDatas_Modi[0].index(IN[3][2])
```

"Ps6_Modify"节点修改为：

```
1. BeamId = TotalDatas_Modi[0].index(IN[3][3].replace("_A",""))
```

保存上述修改，其他内容维持不变，运行程序，汇合节段形状创建效果如图 4-143 所示。

梁端位置如图 4-144 所示。

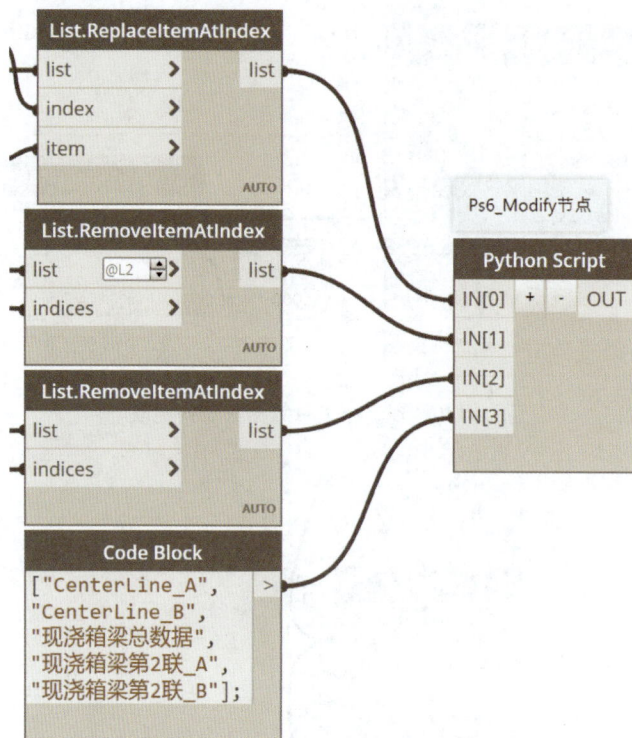

图 4-142 "Ps6_Modify" 节点及其连接关系

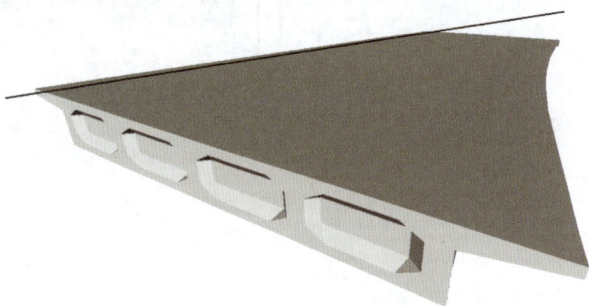

图 4-143 汇合节段形状创建效果

图 4-144 汇合节段梁端形状创建效果

注：上述过程完成汇合节段创建，应当合理利用常规段、渐变段形状创建的经验和节点，对汇合节段数据进行处理，调整为**"Ps6"**节点接收数据的格式，并针对**"Ps6"**节点代码作必要的修改。

4.2.12　分流跨形状整合及族转化

"4.2.1"~"4.2.11"节内容已经完整阐述了分流跨主梁体、内部构造的创建过程，基于上述数据，需要作进一步的整合和族转化，最终形成 Revit 环境下的分流跨现浇箱梁族。

4.2.12.1　分流跨形状整合

分流跨形状的整合，首先需要对主梁体形状进行整合，通过"List.Join"节点，将"Shunt_Loft1_1""Shunt_Loft2_1""Shunt_Loft1_2""Shunt_Loft1_3""Shunt_Loft1_4"节点输出结果，及"Ps6_Modify"节点输出结果的第一项 Solid 数据进行组合，并通过"Solid.ByUnion"节点合并为一个实体形状，节点连接如图 4-145 所示。

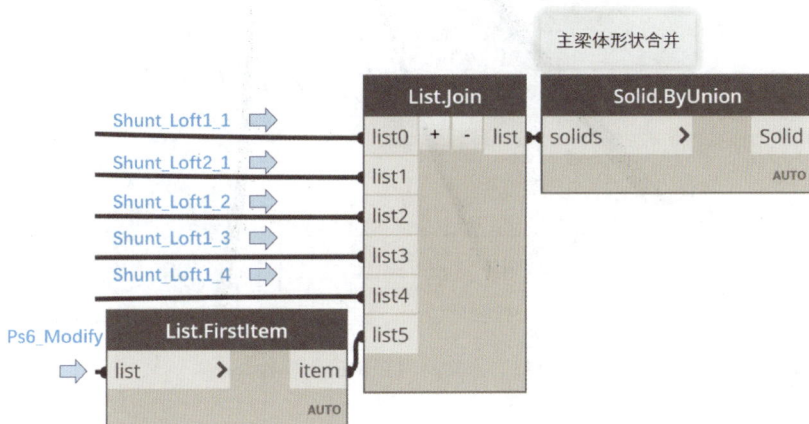

图 4-145　分流跨主梁体形状合并节点

设置仅上述"Solid.ByUnion"节点预览可见，运行程序，预览效果如图 4-146 所示。

图 4-146　分流跨主梁体创建效果

还需要对交汇、融合节段的内部构造形状进行整合，同样通过"List.Join"节点，将"Ps6″_1""Ps6″_2""Ps6″_3"节点数据进行组合，并通过"Solid.ByUnion"节点合并为一个实体形状，节点连接如图 4-147 所示。

交汇、融合节段内部构造形状合并

图 4-147　分流跨内部构造形状合并节点

设置仅上述"Solid. ByUnion"节点预览可见，运行程序，预览效果如图 4-148 所示。

图 4-148　分流跨内部构造创建效果

再从主梁体合并形状中，减去交汇与融合节段内部构造合并，使用"Solid. Difference"节点对主梁体合并形状、交汇与融合节段内部构造合并形状执行布尔计算，该节点输出结果为分流跨现浇箱梁的目标形状，将"Solid. Difference"节点标识为"最终分流跨现浇箱梁形状"，节点连接如图 4-149 所示。

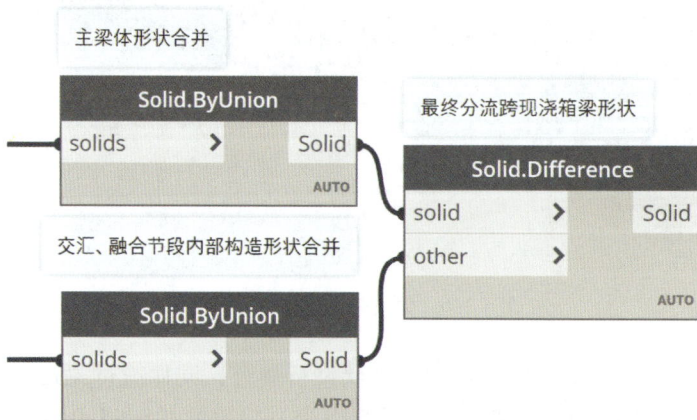

图 4-149　分流跨最终形状布尔运算节点

4.2.12.2 Revit 族转化

根据"3.10"节设计内容，本书设计了"基于用户定制族样板转化""基于系统内置族样板转化"两种场景需求下将现浇箱梁形状转化为 Revit 族的方法，本书采用"基于系统内置族样板转化"方法，进行分流跨现浇箱梁的族转化。

复制"File Path""Ps7"节点及"Code Block"数据拆分代码块至本项目工作空间中，如图 4-150 所示。

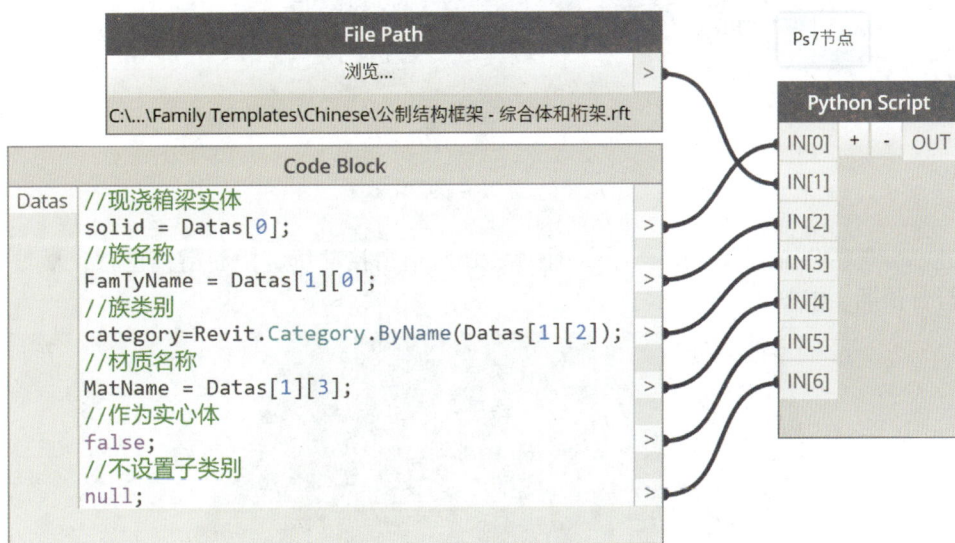

图 4-150 "Ps7"及相关节点

结合最终分流跨现浇箱梁形状的创建情况，将上述"Code Block"代码块中的"solid = Datas[0]"替换为"solid = TargetSolid"，此时，"Code Block"代码块的输入端增加至两项，设置"TargetSolid"输入端连接"最终分流跨现浇箱梁形状"节点，"Datas"输入端连接"Ps6_Modify"节点，如图 4-151 所示。

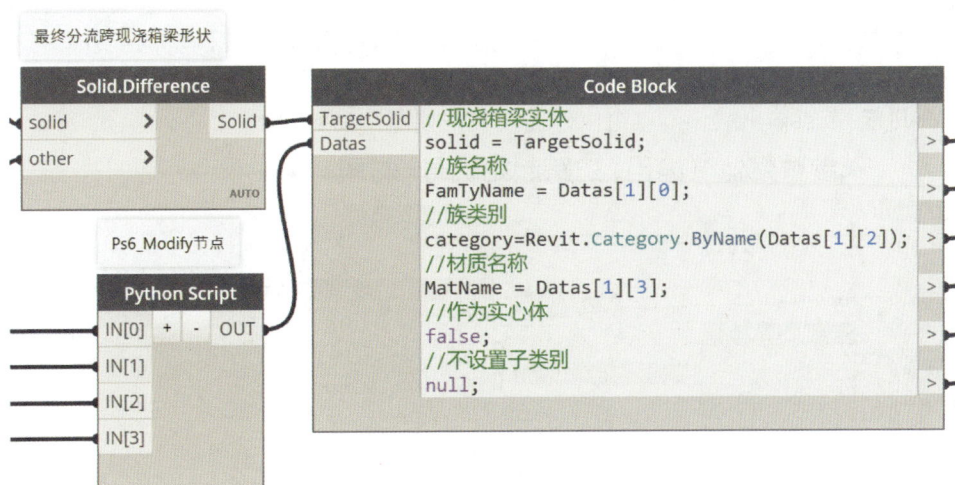

图 4-151 分流跨 Revit 族转化节点修改及连接关系

运行程序，将在 Revit 环境下自动创建名称为"现浇箱梁第 2 联"的分流跨现浇箱梁族，为便于观察现浇箱梁内部构造，设置视图显示的透明度为 60%，如图 4-152 所示。

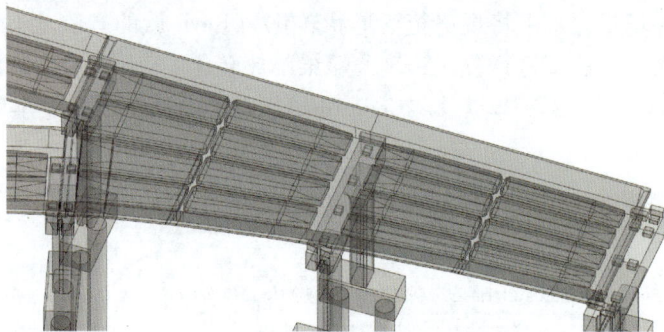

图 4-152　分流跨族转化效果

进一步观察分流跨现浇箱梁与 C4 匝道、D 匝道衔接部位，桥面衔接正常，横坡及位置也符合预期，如图 4-153 所示。

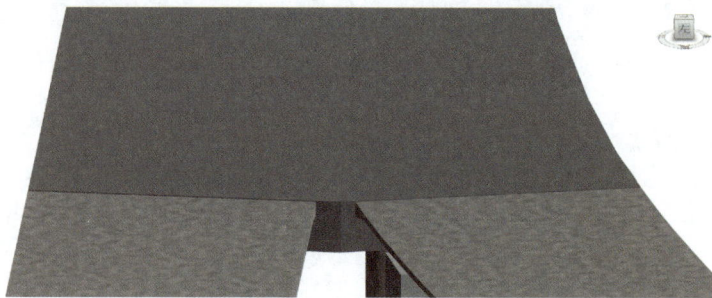

图 4-153　分流跨梁端衔接效果

4.2.12.3　族材质及参数设置

在完成分流跨族转化之后，可进一步对族进行材质及参数的设置，基于"3.11"节的设计成果，复制"参数赋值（编码、边跨起始桩号、材质）"节点组至本项目工作空间，节点连接方式参照"3.11"节内容，其中最上方"Code Block"代码块的"Datas"输入端连接"Ps7"节点输出端，其他两项"Code Block"代码块的"Datas"输入端连接"Ps6_Modify"节点输出端，节点组内外连接关系如图 4-154 所示。

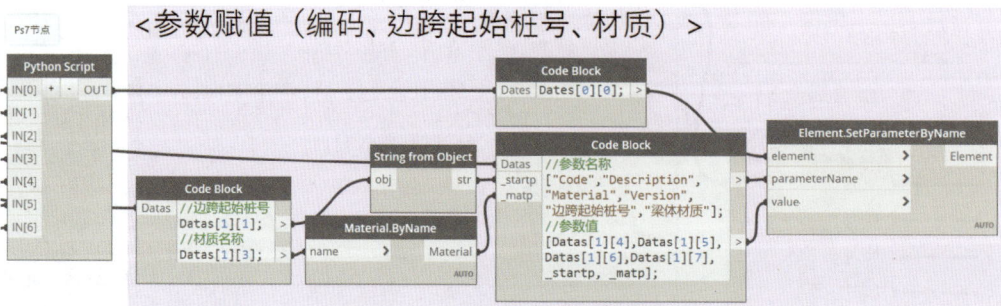

图 4-154　族材质及参数设置节点

运行程序，观察 Revit 环境下，现浇箱梁的材质已经发生变化，如图 4-155 所示。

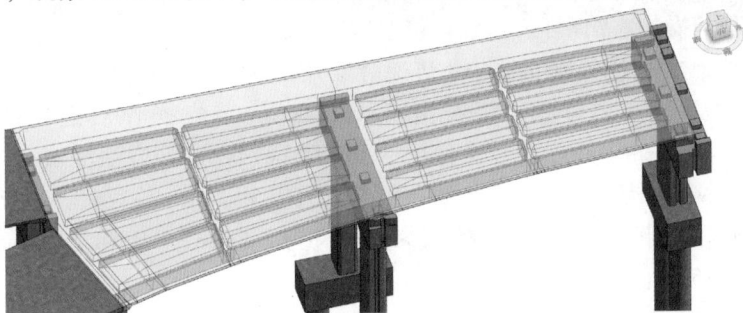

图 4-155　族材质设置效果

选中构件，族的"边跨起始桩号"及"Code"等编码均被正确赋值，如图 4-156 所示。

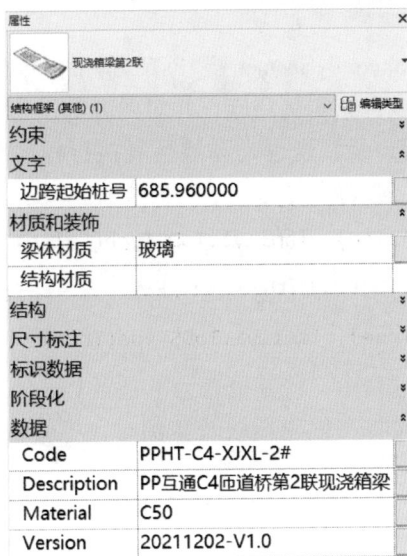

图 4-156　族参数及编码设置效果

至此，分流跨现浇箱梁的详细创建思路和实施方法均已介绍完毕，类似于分流跨的模型创建，需要掌握"分"与"合"的技巧。

4.3　关于重复执行程序时旧构件消失的解决方案

当设计成果拥有一定适用性的时候，我们常常会基于同一程序，通过修改 Excel 等数据源或参数的方式，创建其他族和族实例。但是发现新构件被创建的同时，旧构件会被清除，这使得设计师们非常苦恼，那么针对重复执行程序时旧构件自动消失的情况，在这里提出一项解决方案。

在提出解决方案之前，首先需要了解一下 RevitAPI 与 Dynamo 的数据交互中，针对 Element 元素传递，存在"解封"与"封装"这两个概念。当通过 Dynamo 接收 Revit 中的元素时，我们在 Python Script 节点中常使用"UnwrapElement（）"方法对元素执行"解封"，便于解析出元素中的属性进行进一步的提取或操作，当传入的对象并非 Revit 元素时该函数将不作任何操作。

同样的道理，当由 Dynamo 向 Revit 传递对象时，我们希望转换为 Revit 可识别的元素类型，这便是"封装"的过程，将经由 Python Script 节点操作后返回的元素封装成"Revit. Elements. Element"中的类，常使用"ToDSType（bool）"方法完成，当需要进行转化的元素是从 Revit 文档读取的，传入的布尔参数值应为"True"，当需要进行转化的元素是从 Dynamo 环境下创建的，传入的布尔参数值应为"False"。Revit 和 Dynamo 元素的封装与解封如图 4-157 所示。

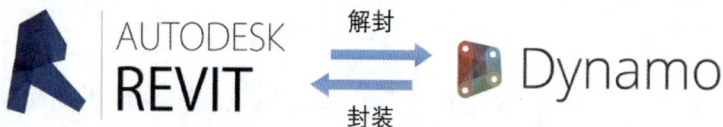

图 4-157　Revit 和 Dynamo 元素的封装与解封

而在"Springs. FamilyInstance. ByGeometry""Ps7"等节点中的"NewForm_background（）"函数正常执行后返回的内容包含族实例和族，并对两者都进行了封装处理，其中，对族进行封装时传入的布尔值为"True"，这也是导致重复执行程序时旧构件消失的原因，原代码如下：

```
1. return inst1.ToDSType(False), family1.ToDSType(False)
```

针对该问题，可将上述两项内容中传入的"False"均修改为"True"，即：

```
1. return inst1.ToDSType(True), family1.ToDSType(True)
```

该方法即在封装元素的过程中，将其更替为不是由 Python 脚本创建的，此时修改传入节点的族名称，再执行程序时将在创建新族及实例时，不会清除该 Dynamo 程序之前创建的族实例。

小提示

该解决方式在使用过程中需要慎重，当传入的族名称或创建的族实例位置重复时，容易出现错误，运行后应当及时检查，避免出现错误！

4.4　构件参数的增减处理

在项目建设过程中，BIM 模型的应用场景较为广泛，例如施工阶段的进度模拟、预算分析，以及全生命期智能建造管理平台、智慧运维等应用场景，应对不同需求，BIM 模型所需要承载的信息内容也有所差异，那么就可能需要在已经建立完成的项目模型中，对部分族的参数进行增减，以满足应用需求。

使用"Orchid"节点包可以很好地解决参数的增加与删减，该节点包可以通过在 Dynamo 的"搜索软件包"中查询下载。

4.4.1　增加族参数

基于"4.1.3"节中完成现浇箱梁创建的 G1 桥项目，通过编辑"现浇箱梁第 1 联"

族，将保存至一个单独的文件夹中（简称文件夹为"PathOfRfa"），在 G1 桥项目中，新建 Dynamo 文件，使用"Directory.Contents"节点读取 PathOfRfa 文件夹下所有".rfa"格式文件，通过"Document.BackgroundOpen"节点后台打开族文档，进一步使用"Parameter.AddParameter"节点实现参数的增加，如图 4-158 所示。

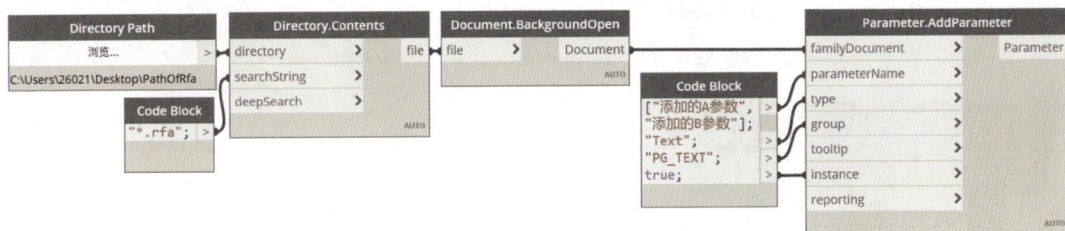

图 4-158　批量增加族参数节点

运行上述程序，可实现为 PathOfRfa 文件夹中的"现浇箱梁第 1 联"族增加两项参数（"添加的 A 参数""添加的 B 参数"），参数类型与分组为"文字"，并设置为实例参数。还需要增加"Document.Close"节点，关闭并保存族文档，参数至此才算增加成功，增加节点如图 4-159 所示。

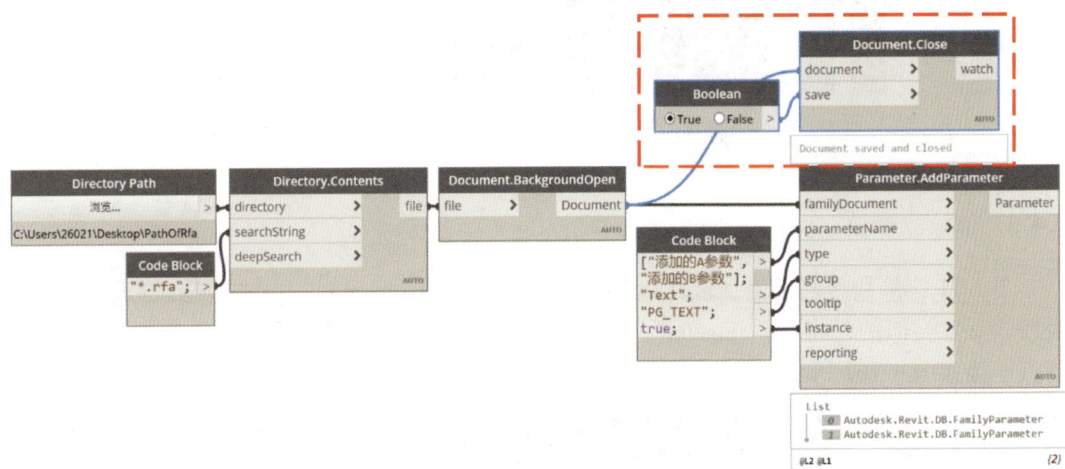

图 4-159　增加关闭族文档节点

最后，还需要将增加参数之后的族载入 G1 桥项目中，覆盖"现浇箱梁第 1 联"族，可以通过手动载入，也可以通过新建 Dynamo 文件，设计以下节点实现自动载入（图 4-160）。

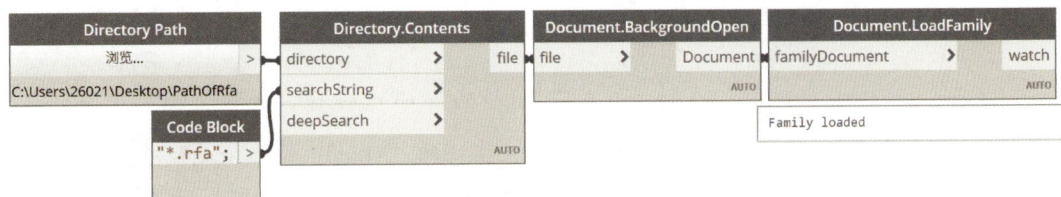

图 4-160　批量载入族节点

注：不可以在增加族参数的 Dynamo 文件中，通过"Document. BackgroundOpen"节点后追加"Document. LoadFamily"节点实现自动载入，因为此时的族文档已经被"Document. Close"关闭了。

使用 Dynamo 的族载入方式，可以省去确认覆盖现有版本及参数值的流程，增加参数后的"现浇箱梁第 1 联"族属性栏如图 4-161 所示。

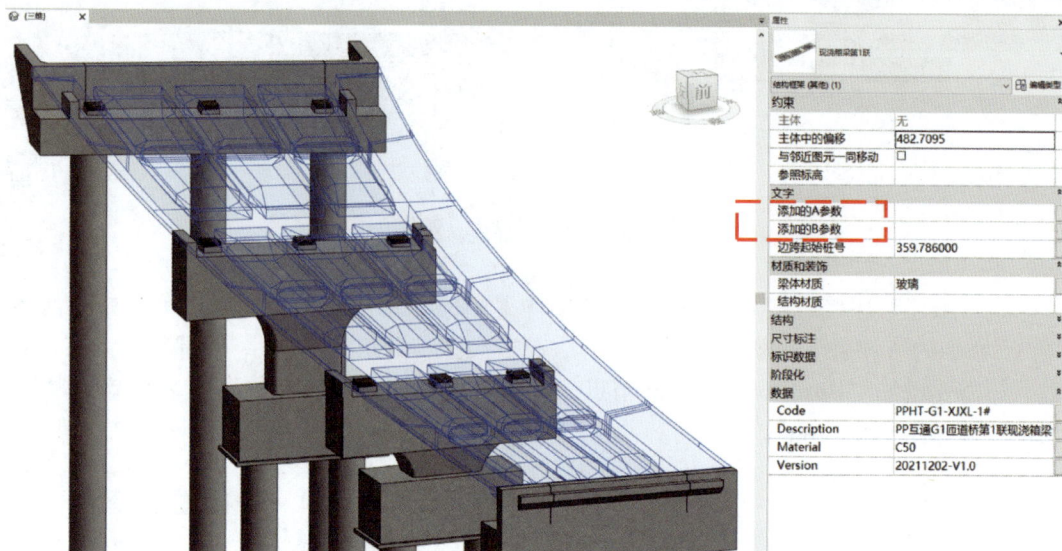

图 4-161　增加参数后的族载入效果

4.4.2　删除族参数

当 BIM 族参数涉密或信息量冗杂时，可以通过使用"Orchid"节点包删减族参数，与增加族参数类似的，将"Parameter. AddParameter"节点替换为"Parameter. Delete"即可，节点连接如图 4-162 所示。

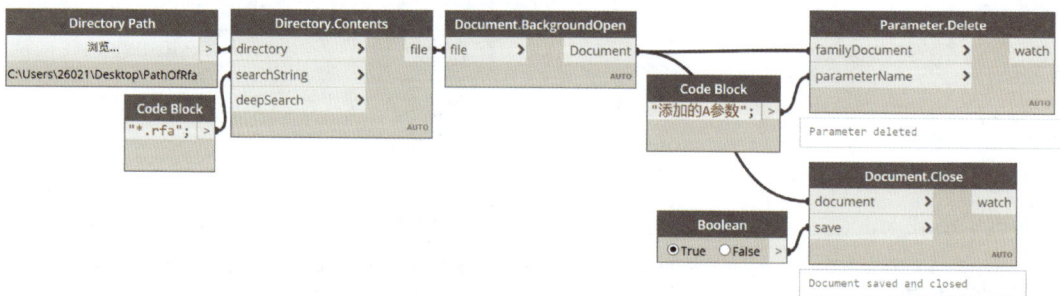

图 4-162　批量删除族参数节点

注："Parameter. Delete"节点执行完之后，再连接"Document. Close"节点并执行。

删除参数后，仍然需要将 PathOfRfa 文件夹中的"现浇箱梁第 1 联"族载入项目中，载入后的"现浇箱梁第 1 联"族属性栏如图 4-163 所示。

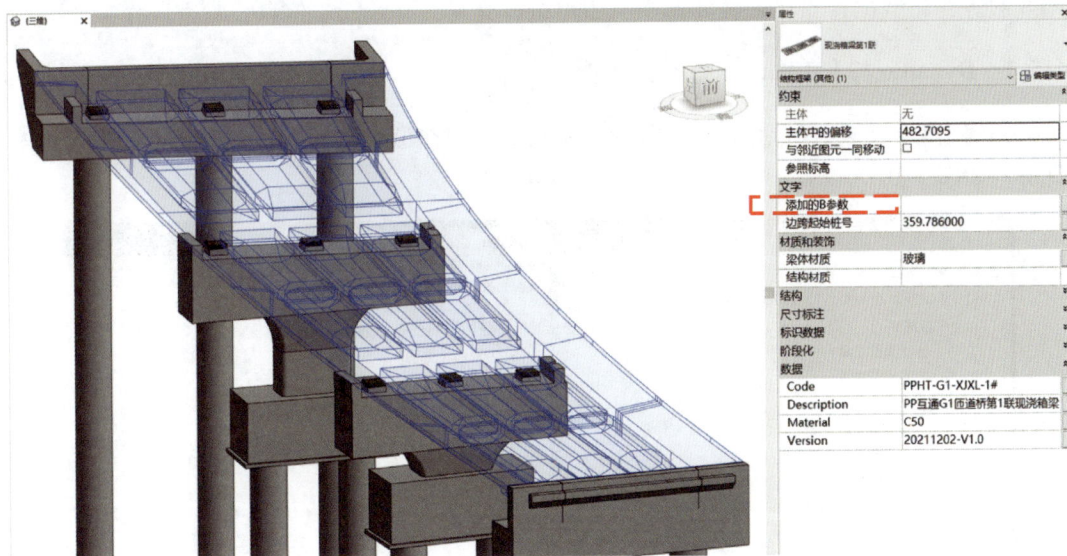

图 4-163　删除参数后的族载入效果

4.5　其他数据交互方式

Dynamo 在内置节点与 IronPython 的支持下，与外部数据交互的文件格式可以是多样的，并且针对数据所在位置不同，也分为不同交互方式，常用数据交互包括以下几种，如图 4-164 所示。

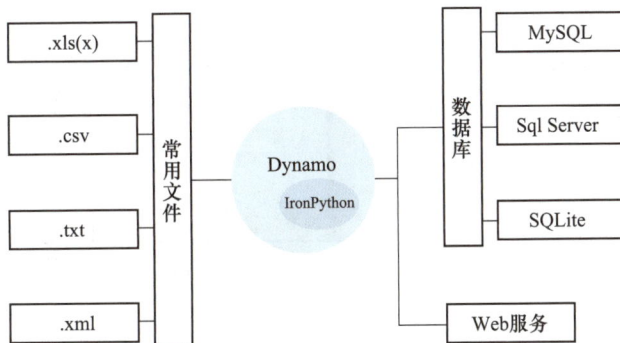

图 4-164　常用数据交互方式

基于 Revit+Dynamo 模式创建桥梁模型的过程中，需要引用大量的工程数据，这些数据包括中心线数据、结构位置、结构参数、构件编码等，而依靠 Dynamo 的节点作为载体进行存储是非常不便于维护和程序操作的。通过 Dynamo 与常用文件的交互，尤其是 Excel，作为用途最广泛的办公软件之一，功能强大，数据易维护，是桥梁模型创建中，工程数据存储的不二选择。

但同时，在基于 BIM 技术的工程全生命期管理与应用中，还涉及很多落地应用技术，例如模型与现实的协同、复杂数据计算等，采用 MySQL、Sql Server 数据库管理系统或

Web 服务，将数据存储在云服务器中与用户进行交互，有效同步信息，紧密协作。

4.5.1 Dynamo 与 Sql Server 进行数据交互

如使用 Dynamo 与 Sql Server 进行数据交互中，存在 Test 数据表，记录了人员的名字及身份，如图 4-165 所示。

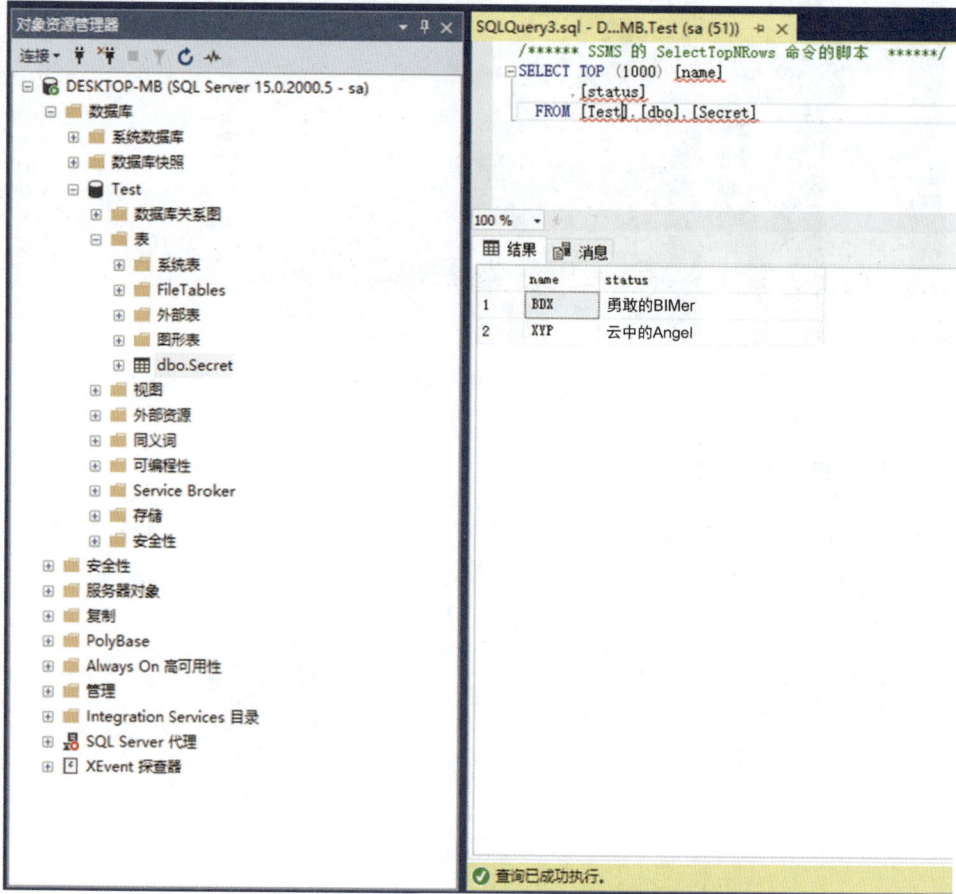

图 4-165　Sql Server 中的 Test 数据表

通过 Dynamo 内置 Python Script 节点，引用 System. Data 命名空间，连接 Sql Server 数据库，并执行数据库查询、更新、删除的操作，如图 4-166 所示。

上述操作访问了本地 Sql Server 数据库管理系统下，Test 数据库中的 Secret 数据表，执行了"Select status from Secret Where name = BDX"查询语句，即在 Secret 表中寻找 name 列名称为 BDX 的行，所对应 status 列的值，即"勇敢的 BIMer"，如图 4-167 所示。

4.5.2 Dynamo 与 Web Server 进行数据交互

Revit+Dynamo 模式下，当需要查询互联网数据，协助 BIM 工作开展时，通过发送 Http 协议请求，动态获取网络信息。

图 4-166 基于 Python Script 节点实现数据库查询

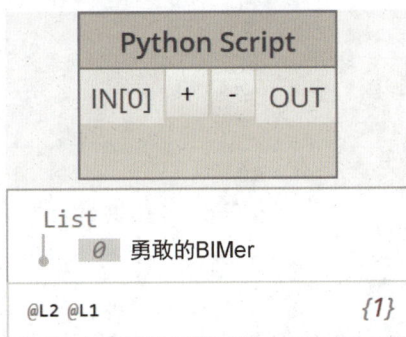

图 4-167 Python Script 节点查询结果预览

同时，可以对云数据库执行增删改查，交互 BIM 工作中的数据，从而实现协作。但是当 BIM 团队或者访问用户过于庞大时，会增加云数据库服务器的荷载，通过 Web 服务，解决队列、分布式服务器集群、负载均衡等问题，所以通过 Http 协议进行数据库操作的协作方式更有保障。

当面临大体量的复杂计算时，Dynamo 不仅受制于 IronPython 第三方算法库兼容性，而且无法处理巨大的运算量。此时，通过将巨大的数据计算内容发送至服务器，分解成无数个小程序，由若干服务器组成的系统快速处理和分析这些小程序，得到结果并返回给 Dynamo，从而实现 Revit+Dynamo 模式下云计算（图 4-168）。

以查询互联网数据为例，发送 Http 请求获取北京空气实况，引用 System. Net 命名空间下的 WebRequest 类，执行 Http 请求，引用 System. IO 命名空间下的 StreamReader 类取回 Http 响应的内容（图 4-169）。

通过引用 json 模块，将取回的响应数据转换为 json 数据，依次读取 json 数据中，"data" 对象下的城市名称、更新时间、天气等级、PM2.5、SO_2 浓度，并将结果输出，完成互联网数据的查询（图 4-170）。

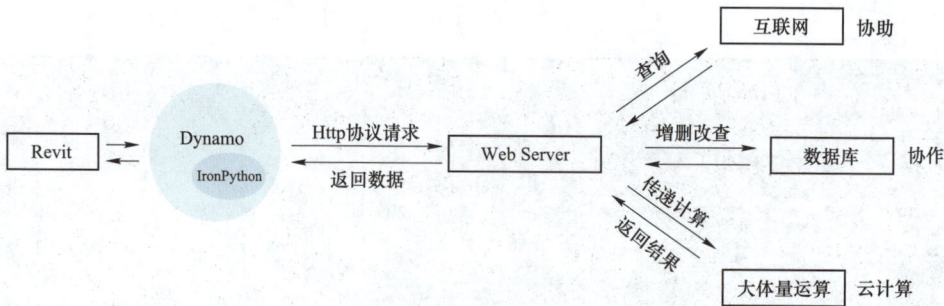

图 4-168 Dynamo 与 Web Server 数据交互方式

图 4-169 基于 Python Script 节点实现 Http 访问

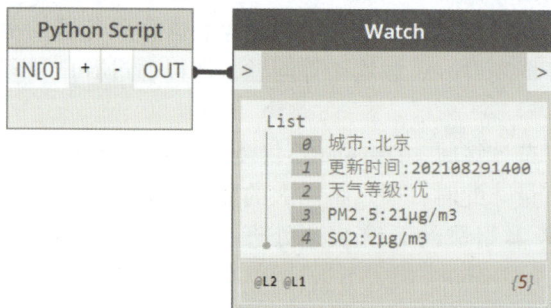

图 4-170 Python Script 节点天气查询结果

同理，可抓取网络数据结合建筑信息生产复合数据，作为 BIM 信息的一部分。

相比模型应用、维护阶段，在桥梁参数化建模设计作业中，采用 Excel 编制、维护建模数据，是最高效、简易的方式。

5　其余桥梁部件创建

5.1　防撞护栏创建

查阅桥梁附属工程承设计图纸，PP 互通中 R1 匝道桥、G1 桥、C4 匝道桥等桥梁的防撞护栏横断面设计均按图 5-1 所示构造进行施工。

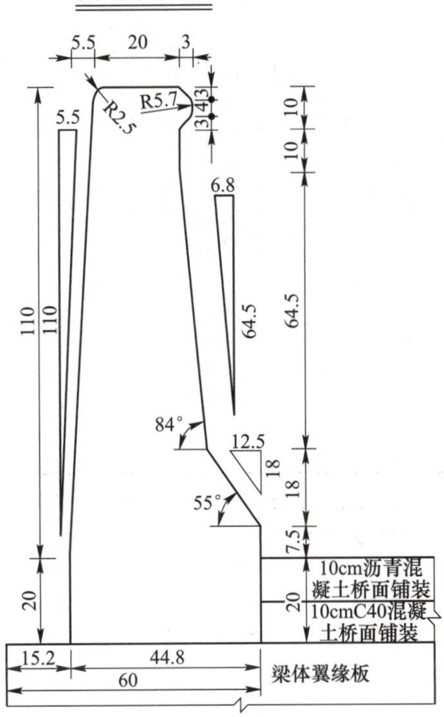

图 5-1　防撞护栏构造图（单位：cm）

注：上述防撞护栏外侧距梁边间距 15.2cm。

防撞护栏与现浇箱梁关键断面轮廓有异同。与现浇箱梁相同的地方在于防撞护栏在桥面上的位置随竖向偏移、水平偏距、桥面宽及横坡值改变而改变；与现浇箱梁不同的地方在于防撞护栏自身形状相对固定。

为便于防撞护栏轮廓族适用于常规段、渐变段、分流跨等场景，应单独建立左、右侧护栏轮廓，尤其在分流跨中，两侧防撞护栏可分别依托主线、副线桥梁中心线进行创建，提高 Dynamo 程序适用性，减少节点改动。

综合分析，防撞护栏轮廓族可基于 "Outline_A_n.rfa" 族文件的基础上进行修改，删除模型线及部分专门约束现浇箱梁断面轮廓的参照平面、尺寸标注及参数，保留左偏距界限、上偏移界限，以及 1 号、3 号、5 号和 6 号参照平面等内容，最终简化为如图 5-2 所示内容。

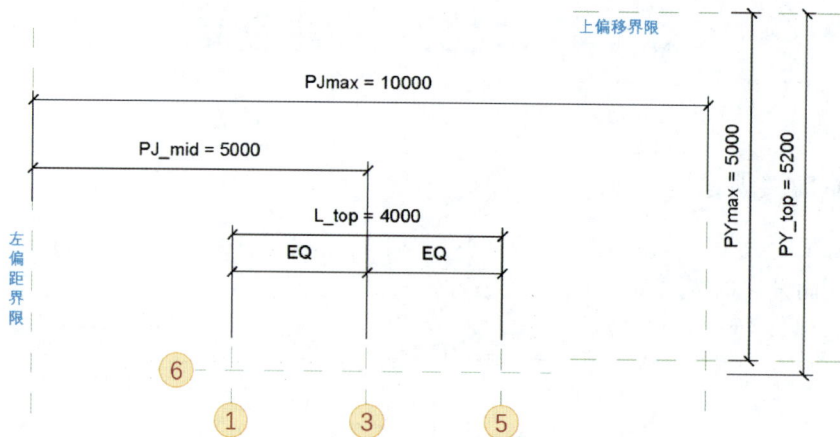

图 5-2 参照平面尺寸标注与参数关联（单位：mm）

同时，应当删除用于约束现浇箱梁尺寸形状的参数，保留 "L_top""PJ""PJ_mid" "PJmax""PY""PY_top""PYmax"参数，如图 5-3 所示。

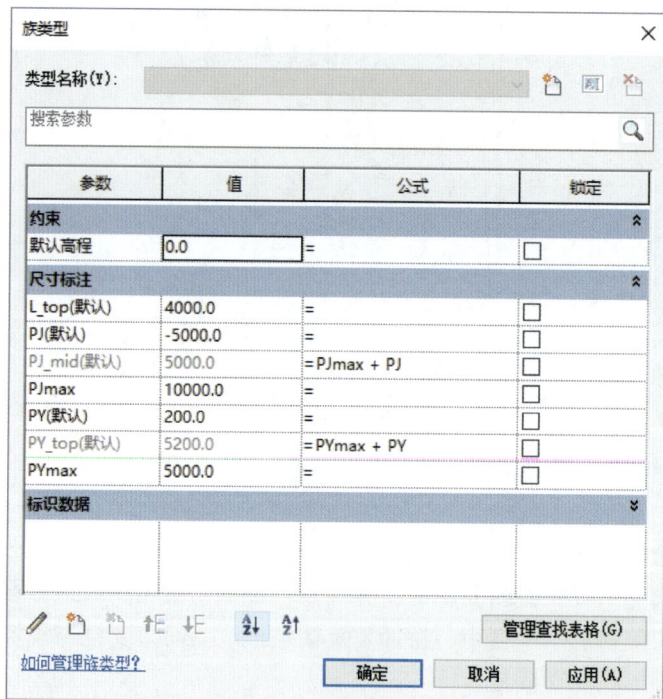

图 5-3 族参数及其公式

将该状态下的族另存为"桥面系轮廓基础_n. rfa"，后续也在此基础上，进行左、右侧防撞护栏以及其他桥面系构件轮廓的进一步创建。

5.1.1　左护栏轮廓族设计

在"桥面系轮廓基础_n.rfa"族文件基础上，增加一道竖向参照平面，标识为 L 参照平面，位置如图 5-4 所示，并增加与 L-1 号参照平面的尺寸为 152mm，该数据与防撞护栏外侧距梁边间距一致，当桥梁防护的设计中，该间距数值固定不变，可对尺寸标注进行锁定，如图 5-4 所示。

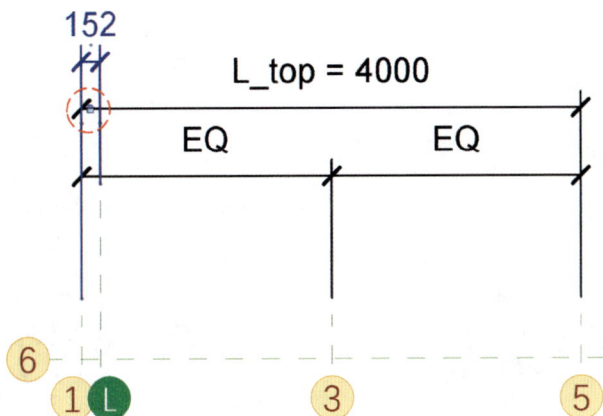

图 5-4　左护栏外侧约束参照平面（单位：mm）

贴近 L 参照平面，绘制左侧防撞护栏轮廓线（可参照 CAD 底图快速拾取创建），如图 5-5 所示。

选中上述防撞护栏轮廓线，观察属性面板约束栏中是否存在"与邻近图元一同移动"属性，如存在，则设置为勾选状态，如图 5-6 所示。

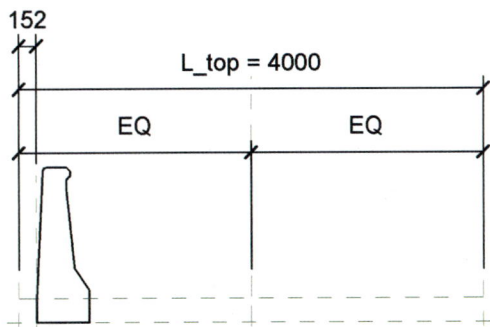

图 5-5　左护栏轮廓线绘制（单位：mm）

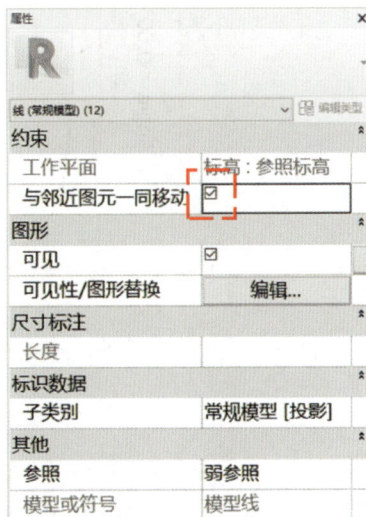

图 5-6　勾选"与邻近图元一同移动"属性

此时，调整"L_top"数值，观察防撞护栏轮廓线是否跟随 L 参照平面一同变化，当防撞护栏轮廓线与之形成联动关系时，将该族另存为"Guardrail_L_n.rfa"文件，完成左侧防撞护栏轮廓嵌入族的设计；当防撞护栏轮廓线与 L 参照平面未形成联动关系时，可通过增加尺寸标注并设置锁定完成联动。

为实现防撞护栏轮廓族随横坡值变化，巧用"Outline_A.rfa"族的已有尺寸约束、参数预设环境，将上述"Guardrail_L_n.rfa"文件载入至"Outline_A.rfa"族文件中，选中已创建的"Outline_A_n"族实例，从属性面板中，将族类型替换为"Guardrail_L_n"，如图 5-7 所示。

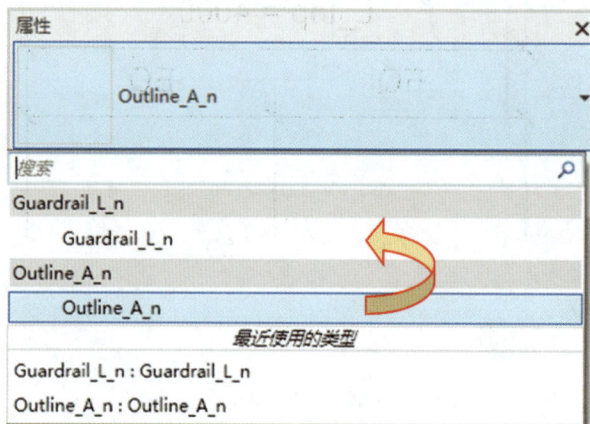

图 5-7　族实例的族类型更替

替换后，从项目浏览器中找到并删除"Outline_A_n"族。观察当前族环境下的已被更替为"Guardrail_L_n"的族实例，其中角度尺寸标注的关联对象发生了变化，如图 5-8 所示。

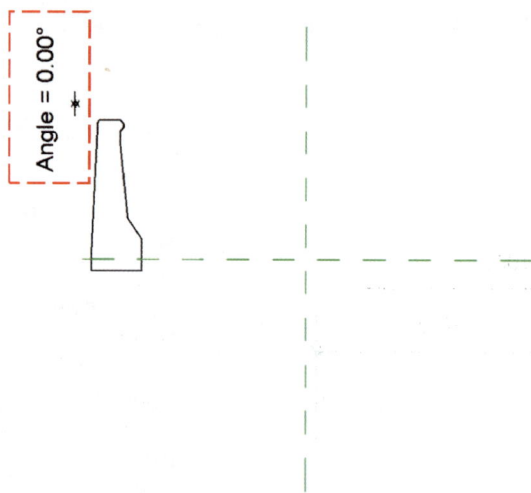

图 5-8　族实例的族类型更替

造成该问题的原因是角度尺寸标注无法在载入的防撞护栏族的"中心（前/后）"参

照平面处找到约束目标。为弥补角度尺寸标注约束目标不足的问题，可以人为进行增加，方法为选中"Guardrail_L_n"族实例，编辑族，回到"Guardrail_L_n"族编辑环境中，从"中心（前/后）"参照平面处创建一道横向参照线，并将两端对齐锁定至1号、5号参照平面上，如图5-9所示。

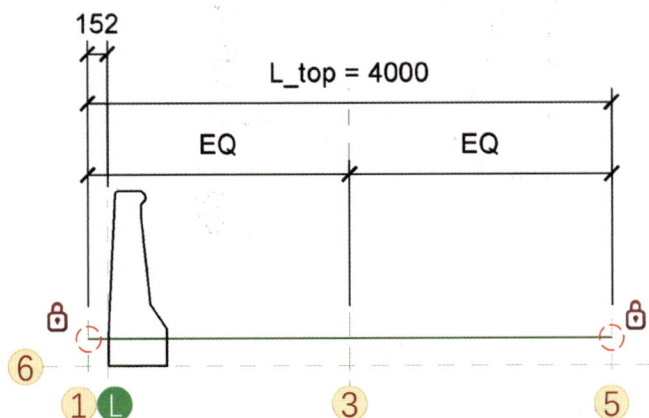

图5-9　横向参照线创建及端点对齐锁定（单位：mm）

保存"Guardrail_L_n"族，并将其重新载入"Outline_A"族中，删除现有角度尺寸标注并重新创建，使用Tab键依次选择"参照平面：参照平面：中心（前/后）：参照""常规模型：Guardrail_L_n：Guardrail_L_n：弱参照"，完成角度尺寸标注创建，再将其关联至"Angle"参数上，如图5-10所示。

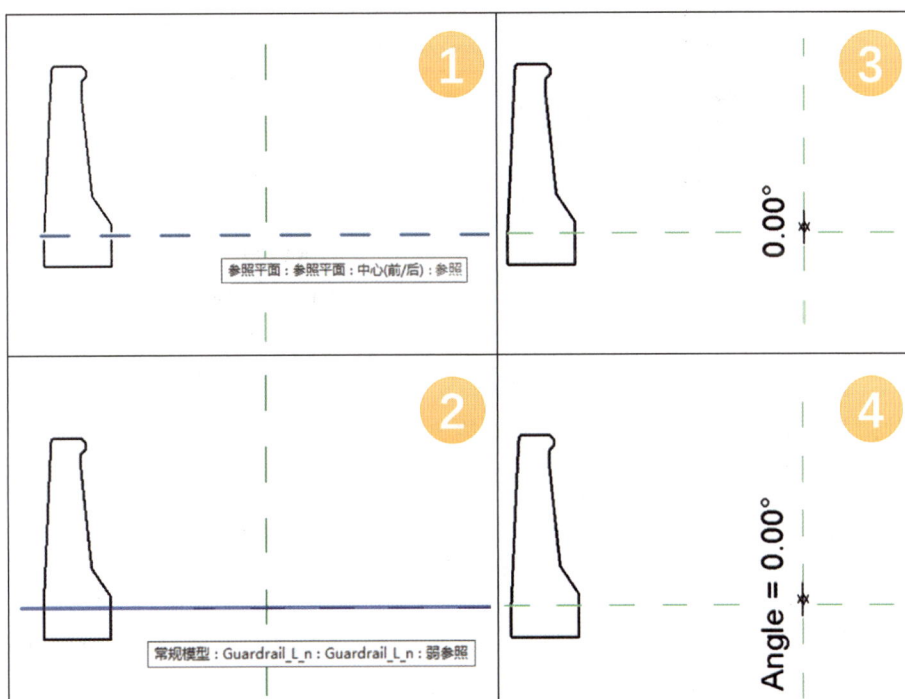

图5-10　角度尺寸标注重建与参数关联

改变"i""L_top"等参数数值，防撞护栏轮廓将会被正确驱动（图 5-11）。

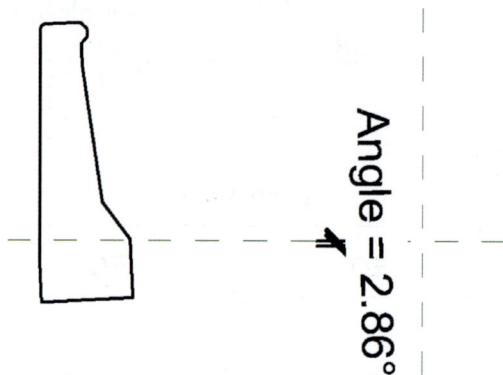

图 5-11　角度尺寸参数驱动测试效果

打开族类型面板，删除多余无效族参数，保留参数如图 5-12 所示。

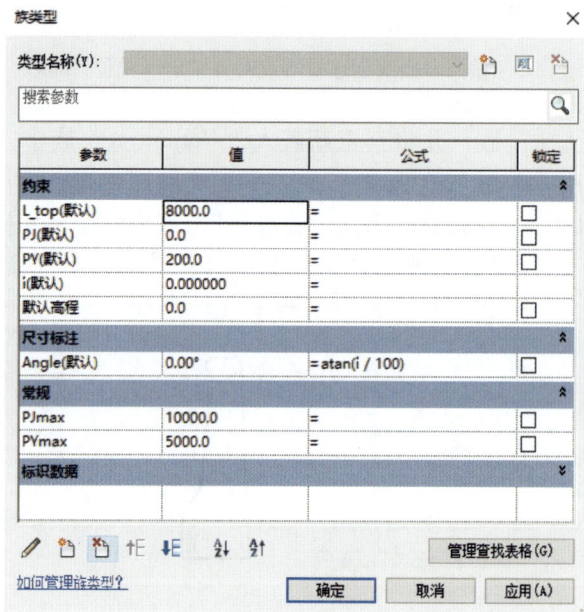

图 5-12　族参数整理

此时，左侧防撞护栏轮廓族设计完毕，将该族另存为"Guardrail_L. rfa"。

注：在"桥面系轮廓基础_n. rfa"族文件中补充参照线的创建，便于其他桥面系构件轮廓创建时使用。

5.1.2　右护栏轮廓族设计

为快速创建有护栏轮廓族，进入"Guardrail_L_n"族编辑环境，选中左侧防撞护栏轮廓线、L 参照平面及标注为"152"的尺寸标注，使用拾取轴镜像命令，选择"中心（左/右）"参照平面为镜像轴，即可快速实现右侧防撞护栏的创建，如图 5-13 所示。

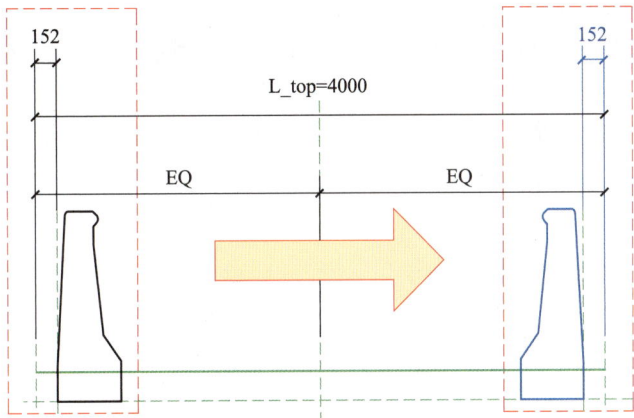

图 5-13　镜像创建右护栏轮廓（单位：mm）

　　删除左侧轮廓线、L 参照平面及尺寸标注，将该族另存为"Guardrail_R_n"族，并将其载入至"Guardrail_L"族中，替换族实例的类型，从项目浏览器处删除该族环境中的"Guardrail_L_n"族，将当前族另存为"Guardrail_R. rfa"，完成右侧防撞护栏族的创建。右护栏轮廓族创建效果如图 5-14 所示。

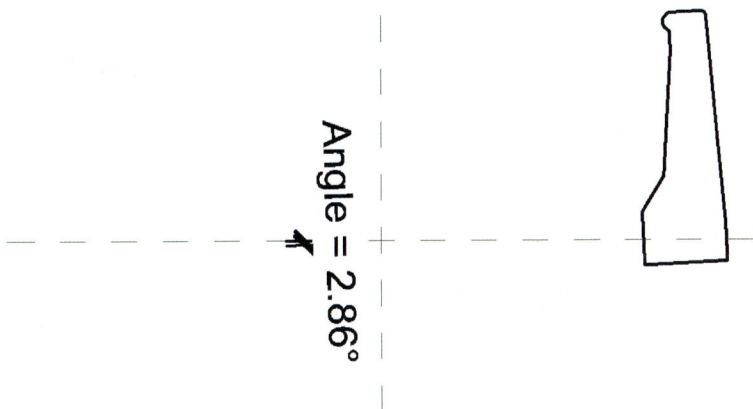

图 5-14　右护栏轮廓族创建效果

5.1.3　护栏创建程序设计

　　本书将基于"4.1.3"节创建的"G1 桥. rvt"项目文件基础上，进行防撞护栏创建程序设计。复制"G1 桥. rvt"文件，命名为"G1 桥桥面系. rvt"，并将"5.1.1""5.1.2"节创建的"Guardrail_L""Guardrail_R"族载入该项目中。

　　为创建防撞护栏模型，应当充分利用"CenterLine""现浇箱梁总数据""现浇箱梁第1 联"三个已有工作表，避免增加 Excel 工作表的编制工作。并在该项目环境中，打开第 4章创建的"一箱多室渐变段桥跨结构创建. dyn"文件，另存为"防撞护栏创建. dyn"。

　　防撞护栏在创建方法上，与现浇箱梁有所区分，应对现有"Ps6"节点进行修改，使其满足防撞护栏的形状创建，并将其标识为"Ps6_Guardrail"节点，具体内容包含以下部分。

（1）删除多余代码。在防撞护栏形状创建中，翼缘板加厚段函数、B-C 及 C-C 节段内部构造创建函数并不适用于处理防撞护栏的形状融合，所以，首先应当删除"Axilla""Port_BC""Port_CC"三项函数的定义。其次，防撞护栏不包含内部构造形状以及主梁体与内部构造形状的布尔运算，也应当删除（图 5-15）。

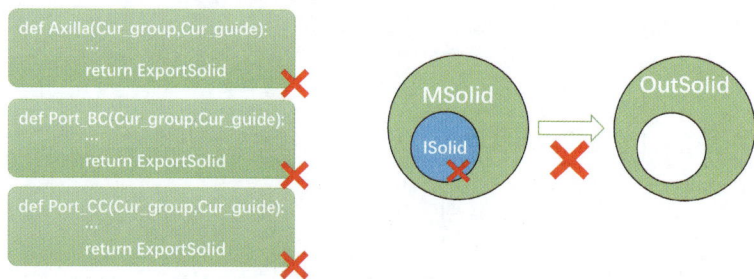

图 5-15 节点代码多余函数删除

（2）修改局部代码。在获取族类型名称唯一项对应的族类型列表的程序设计中，对"Datas［1］"（"现浇箱梁第 1 联"工作表的"断面类型"列数据）进行遍历，记录形成现浇箱梁"断面类型"的唯一列表，而防撞护栏的族类型名称并不包含在内。考虑到防撞护栏仅区分左、右侧两种族类型，可以通过引入"Code Block"数据来解决，通过创建左侧护栏族类型名称列表，连接"Ps6_Guardrail"节点的"IN［4］"输入端，如图 5-16 所示。

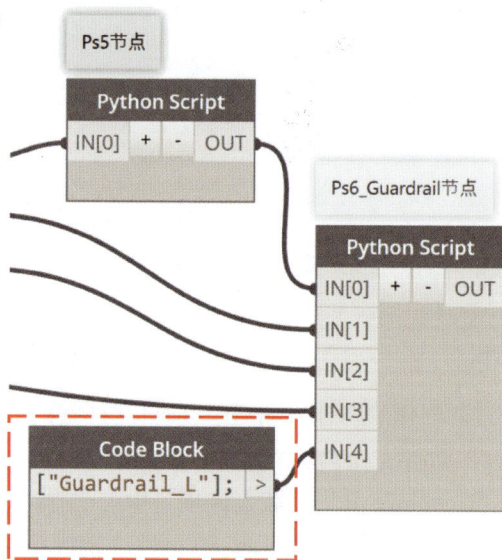

图 5-16 "Ps6_Guardrail"节点创建及连接关系

在获取族类型名称唯一项对应的族类型列表的循环中，将"Datas［1］"修改为"IN［4］"：

```
1. OnlyTypeNames = []
2. for x in IN[4]:
3.     if x not in OnlyTypeNames:
4.         OnlyTypeNames.append(x)
```

在"遍历所有族实例，设置参数并提取所有族实例轮廓"的程序设计中，应注释或删除掉"id = OnlyTypeNames. index（Datas［1］［i］）"行，因为此时已经无须根据"断面类型"去族实例唯一列表中匹配族实例了，护栏族类型名称只有唯一一项。同理，应将"ins = OnlyIns［id］"修改为"ins = OnlyIns［0］"，如下所示：

```
1. for i in range(len(Datas[1])):
2.     # 获取当前断面轮廓族族类型对应的族实例
3.     #id = OnlyTypeNames.index(Datas[1][i])
4.     ins = OnlyIns[0]
5.     # 循环所有参数，进行参数赋值
6.     for j in range(2, len(Datas)):
7.         try:
8.             ins.SetParameterByName(ParamNames[j],Datas[j][i])
9.         except:
10.            pass
11.    InsCurves.append(ins.Curves)
```

分析创建主梁体形状的程序设计内容，防撞护栏轮廓两两之间的融合方式固定，应删除循环内的 if 判断，保留其中的基本"Loft"融合方式，并且去除对"TransCurves［o］"轮廓线列表中提取前 8 项的设定，for 循环及形状合并程序修改如下：

```
1. for o in range(len(TransCurves)-1):
2.     polycur1 = PolyCurve.ByJoinedCurves(TransCurves[o])
3.     polycur2 = PolyCurve.ByJoinedCurves(TransCurves[o+1])
4.     solid = Solid.ByLoft([polycur1,polycur2],GuideCurves[o])
5.     MainSolids.append(solid)
6. MSolid = Solid.ByUnion(MainSolids)
```

最后，针对该节点输出的"TotalDatas_Ori［BeamId］"内容，应当作相应调整，使其适用于和现浇箱梁同联的防撞护栏构件，包括族名称、"Code"与"Description"编码内容，并根据左右侧的不同加以区分：

```
1. _Code = TotalDatas_Ori[BeamId]
2. if "_L" in IN[4][0]:
3.     _Code[0] = _Code[0].replace("现浇箱梁","")+"左防撞护栏"
4.     _Code[4] = _Code[4].replace("-XJXL-","-FZHL-")+"-1"
5.     _Code[5] = _Code[5].replace("现浇箱梁","左防撞护栏")
6. else:
7.     _Code[0] = _Code[0].replace("现浇箱梁","")+"右防撞护栏"
8.     _Code[4] = _Code[4].replace("-XJXL-","-FZHL-")+"-2"
9.     _Code[5] = _Code[5].replace("现浇箱梁","右防撞护栏")
```

该节点内其他程序以及其他节点设计内容，均已符合防撞护栏的创建需求，不需要作更改，运行程序，完成左侧防撞护栏的创建，其中"Ps6_Guardrail"节点输出预览如图5-17 所示。

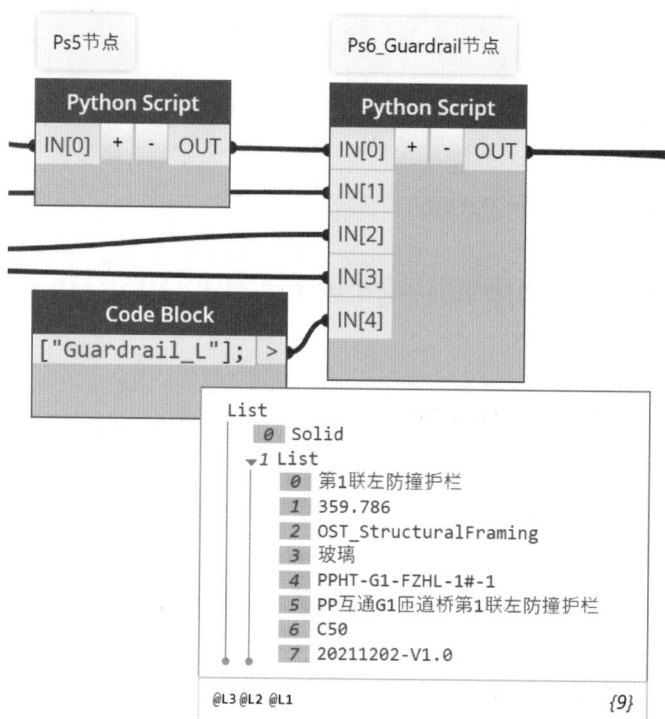

图 5-17　"Ps6_Guardrail"节点输出预览

Revit 环境中，创建的左侧防撞护栏如图 5-18 所示。

同理，将"Ps6_Guardrail"节点"IN[4]"输入内容修改为"["Guardrail_R"]"后，运行程序将自动创建右侧护栏构件（图 5-19）。

上述即为常规段、渐变段的防撞护栏创建思路及过程，针对主线、副线中心线数据完整地分流跨，左右侧护栏分别依据主线或副线的中心线即可，针对副线中心线数据不完整的分流跨，读者可结合"4.2"节分流跨的创建思路，通过划分节段，并在不同节段依托中心线数据的不同，来实现防撞护栏的创建。

图 5-18 左侧防撞护栏创建效果

图 5-19 两侧防撞护栏创建效果

5.2 桥面铺装层创建

桥面铺装层，是指铺筑在桥面板上的防护层，用以防止车轮（或履带）直接磨耗桥面板，并扩散车轮荷载，也为车辆提供平整防滑的行驶表面，一般包含铺装主体、防水层和黏结层。在本项目桥梁中，主要为"10cm 厚沥青混凝土桥面铺装""防水黏结层"及"10cm 厚 C40 水泥混凝土调平层"，不考虑排水系统及桥面其他构造时，其断面轮廓为矩形。本节以其中沥青混凝土层、水泥混凝土调平层为例，介绍如何通过 Dynamo 进行构件创建设计，主要通过轮廓族设计和 Dynamo 程序设计内容。

5.2.1 桥面铺装层轮廓族创建

为快速实现桥面铺装层族轮廓的设计，可基于"5.1.1"节创建的"桥面系轮廓基础_n"族进行进一步创建，以 6 号参照平面为顶部界限，1 号、5 号参照平面为左右侧界限，创建矩形模型线，并设置对齐锁定，为矩形的高度设置尺寸标注并关联至新建实例参数"H_pz"上，如图 5-20 所示。

将该族另存为"SurfaceCourse_n"族，并将其载入"Guardrail_L"族中，替换族实例

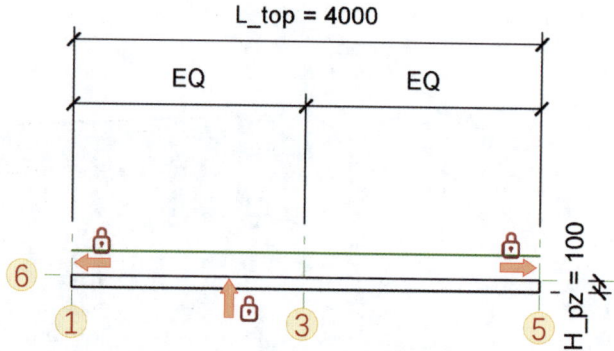

图 5-20　桥面铺装层轮廓线创建及约束关系（单位：mm）

的类型，从项目浏览器处删除该族环境中的"Guardrail_L_n"族，再在当前族类型面板中增加"H_pz"实例参数，并将"SurfaceCourse_n"族实例的"H_pz"参数关联至当前族文档上，完成后将当前族另存为"SurfaceCourse.rfa"，即完成桥面铺装层轮廓族的创建。桥面铺装层轮廓族创建效果如图 5-21 所示。

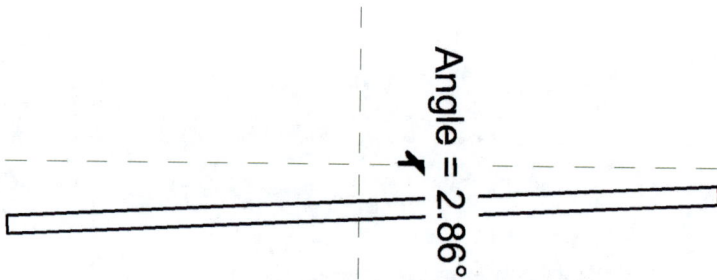

图 5-21　桥面铺装层轮廓族创建效果

5.2.2　桥面铺装层创建程序设计

本书将基于"5.1.3"节完成防撞护栏创建的"G1 桥桥面系.rvt"项目文件基础上，进行桥面铺装层创建程序设计。并将"5.2.2"节创建的"SurfaceCourse"族载入该项目中。

考虑到桥面系构件创建思路的相似性，复制"5.1.3"节设计的"防撞护栏创建.dyn"为"桥面铺装层创建.dyn"，基于该程序的设计基础，将"Ps6_Guardrail"节点标识为"Ps6_SurfaceCourse"，围绕该节点为核心进行修改，直至满足桥面铺装层构件的创建。

首先，为区分沥青混凝土层、水泥混凝土调平层，应在"Ps6_SurfaceCourse"节点前增加族类型名称列表、轮廓竖向偏移值、编码中汉字及字符节段的设置，如图 5-22 所示。

其次，"Ps6_SurfaceCourse"节点内部也应当作相应调整，其中包括遍历所有参数并赋值程序、构件编码修改。

在遍历所有参数，进行参数赋值阶段，应对"PY""L_top"两项参数加以区分，当

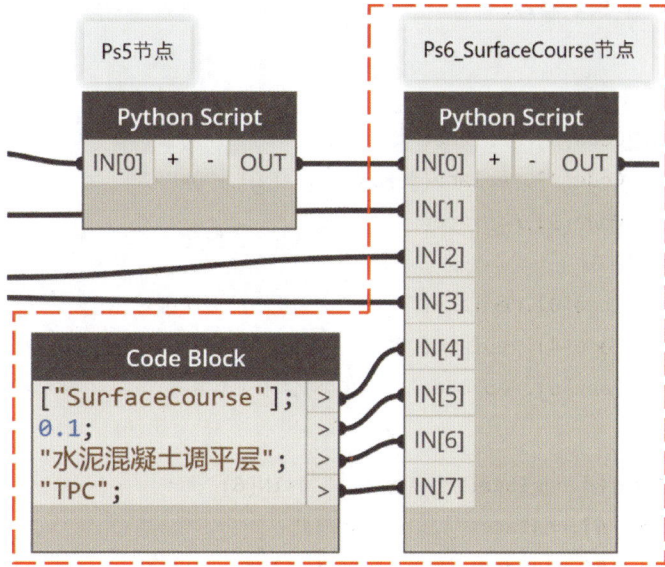

图 5-22　"Ps6_SurfaceCourse"节点创建及连接关系

构件为调平层时，轮廓竖向偏移为 0.1m，当构件为沥青混凝土层时，轮廓竖向偏移为 0，且宽度均须减去两端防撞护栏占据的宽度，所以在原程序中应作如下修改。

原程序内容：

```
1.    for j in range(2, len(Datas)):
2.        try:
3.            ins.SetParameterByName(ParamNames[j],Datas[j][i])
4.        except:
5.            pass
```

应修改为：

```
1.    for j in range(2, len(Datas)):
2.        try:
3.            if ParamNames[j] == "PY":
4.                ins.SetParameterByName(ParamNames[j],IN[5])
5.            elif ParamNames[j] == "L_top":
6.                ins.SetParameterByName(ParamNames[j],Datas[j][i] - 1.2)
7.            else:
8.                ins.SetParameterByName(ParamNames[j],Datas[j][i])
9.        except:
10.           pass
```

上述程序修改是在"try"方法内部增加一层判断，当参数名称为"PY""L_top"时，引用外部"Code Block"输入内容或修改 Excel 数据值。

在构件编码修改程序阶段，应将其中固定为防撞护栏的关键字段替换为外部"Code

Block"输入内容，作如下修改。

原程序内容：

```
1. if "_L" in IN[4][0]:
2.     _Code[0] = _Code[0].replace("现浇箱梁","")+"左防撞护栏"
3.     _Code[4] = _Code[4].replace("-XJXL-","-FZHL-")+"-1"
4.     _Code[5] = _Code[5].replace("现浇箱梁","左防撞护栏")
5. else:
6.     _Code[0] = _Code[0].replace("现浇箱梁","")+"右防撞护栏"
7.     _Code[4] = _Code[4].replace("-XJXL-","-FZHL-")+"-2"
8.     _Code[5] = _Code[5].replace("现浇箱梁","右防撞护栏")
```

应修改为：

```
1. _Code[0] = _Code[0].replace("现浇箱梁","")+IN[6]
2. _Code[4] = _Code[4].replace("XJXL",IN[7])
3. _Code[5] = _Code[5].replace("现浇箱梁",IN[6])
```

上述程序修改是去除了 if 判断，直接采用结合外部"Code Block"输入内容修改族名称、"Code"与"Description"编码的方法完成修改工作，保存更改，完成"Ps6_SurfaceCourse"节点内部修改。

最后，根据铺装层与现浇箱梁材质的不同，应调整"参数赋值"节点组中材质名称及"Material"编码，其中材质名称应为当前 Revit 项目已建材质的名称（图 5-23）。

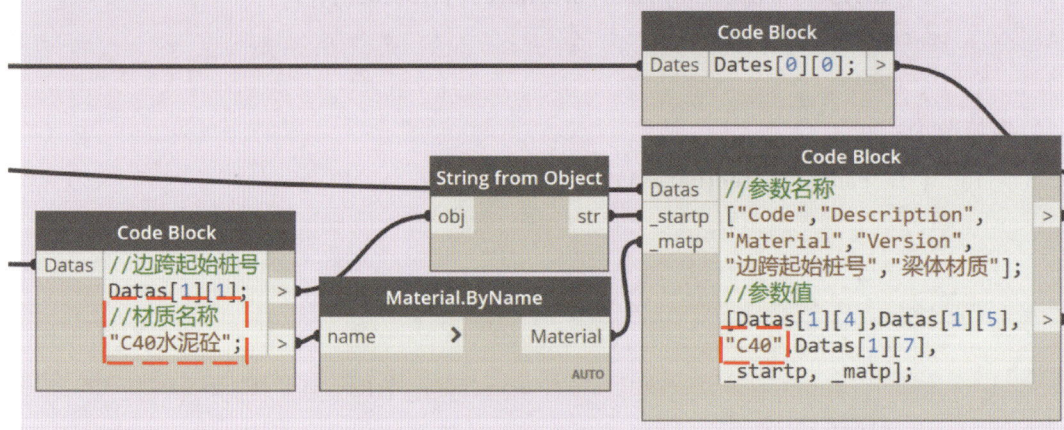

图 5-23 材质名称替换内容

保存上述修改内容，运行程序，将在 Revit 项目中自动完成调平层创建，如图 5-24 所示。

在创建沥青层构件时，应对"Ps6_SurfaceCourse"节点前的"Code Block"内容进行调整。沥青层创建关键参数如图 5-25 所示。

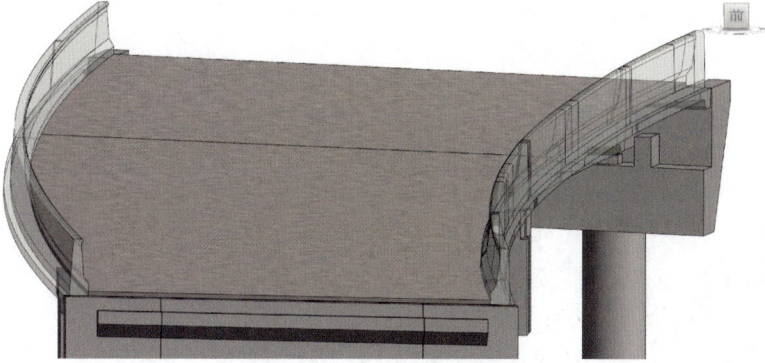

图 5-24　调平层创建效果

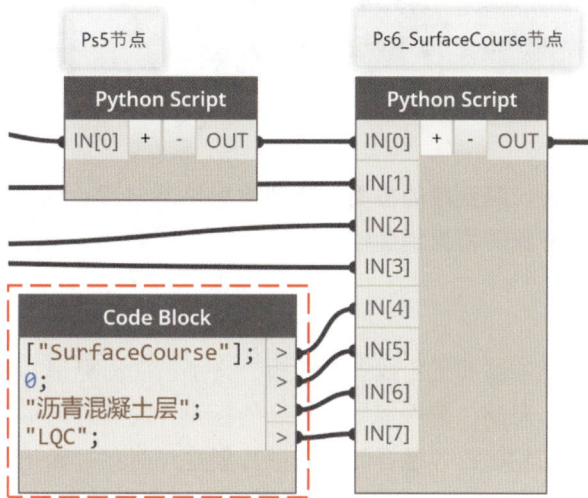

图 5-25　沥青层创建关键参数

调整"参数赋值"节点组中材质名称及"Material"编码，如图 5-26 所示。

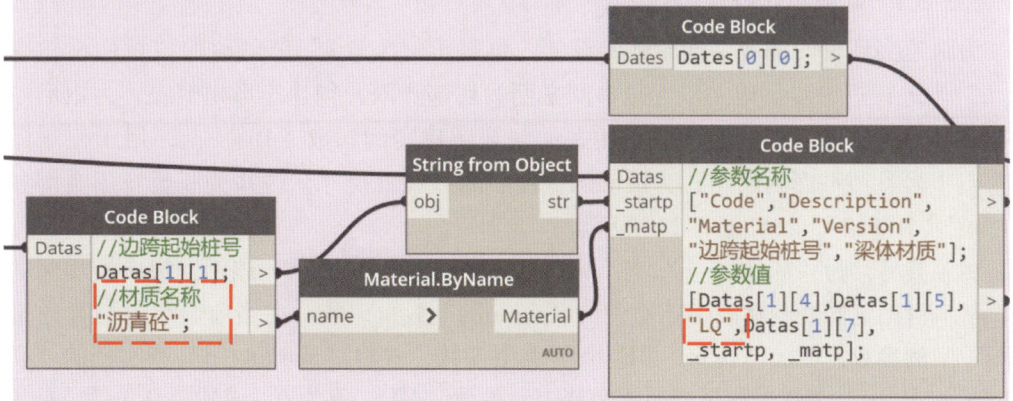

图 5-26　材质名称替换内容

运行程序，将在 Revit 项目中自动完成沥青层创建，如图 5-27 所示。

图 5-27　沥青层创建效果

注：上述即为常规段、渐变段的桥面铺装创建思路及过程，读者可结合"4.2"节分流跨的创建思路，拟定分流跨桥面铺装创建过程。

5.3　道路标线创建

道路标线是指在道路的路面上用线条、箭头、文字、立面标记、突起路标和轮廓标等向交通参与者传递引导、限制、警告等交通信息的标识。按照几何形状特征划分，其中沿线路方向的线条适合采用轮廓放样融合的方式进行创建，而字符标记、箭头等形状则适合采用投影法创建。

5.3.1　轮廓融合法创建标线

常规桥梁段中，路面标线与桥梁线型息息相关，呈线状敷设在路面，根据该特征，常规桥梁段中的标线宜采用轮廓融合法进行创建。

5.3.1.1　路面标线轮廓族创建

为快速实现桥面铺装层族轮廓的设计，可基于"5.1.1"节创建的"桥面系轮廓基础_n"族进行进一步创建。以 6 号参照平面为底部界限，创建矩形模型线，为矩形左边线与 1 号参照平面间距设置尺寸标注并关联至新建实例参数"Dis"上，用于控制标线轮廓与 1 号参照平面的间距；为矩形的宽度、高度设置尺寸标注并关联至新建实例参数"D_bx""H_bx"上，如图 5-28 所示。

将该族另存为"Marking_n"族，并将其载入"Guardrail_L"族中，替换族实例的类型，从项目浏览器处删除该族环境中的"Guardrail_L_n"族。在当前族类型面板中增加"Dis"实例参数，增加"D_bx""H_bx"类型参数，并将"Marking_n"族实例的"Dis""D_bx""H_bx"参数关联至当前族文档上，设置"PY"值为 0，设置"D_bx""H_bx"参数数值与实际项目相符（其中"H_bx"可视项目情况进行放大），完成后将当前族另存

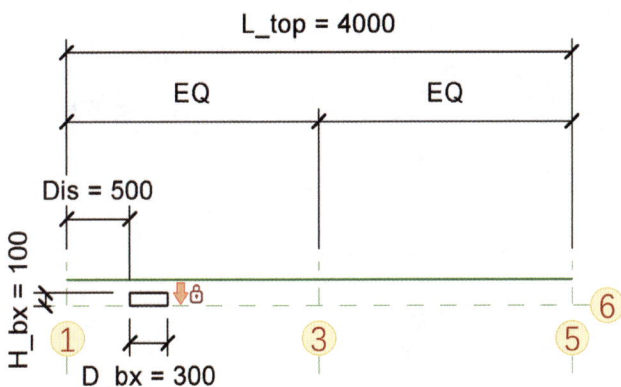

图 5-28　标线轮廓线创建及约束关系（单位：mm）

为 "Marking. rfa"，即完成标线轮廓族的创建。标线轮廓族创建效果如图 5-29 所示。

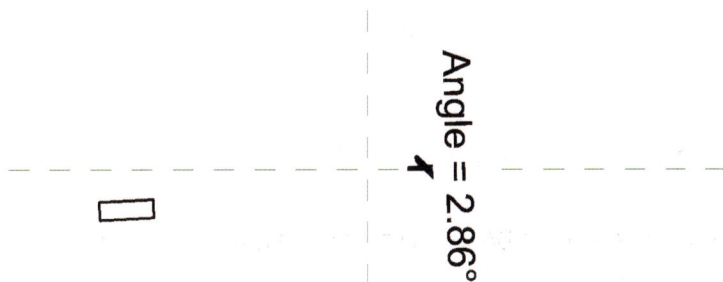

图 5-29　标线轮廓族创建效果

5.3.1.2　路面标线创建程序设计

本书将基于 "5.1.3" 节完成防撞护栏创建的 "G1 桥桥面系 . rvt" 项目文件基础上，进行路面标线创建程序设计。并将本节创建的 "Marking" 族载入该项目中。

考虑到桥面系构件创建思路的相似性，复制 "5.1.3" 节设计的 "防撞护栏创建 . dyn" 为 "路面标线创建 . dyn"，基于该程序的设计基础，将 "Ps6_Guardrail" 节点标识为 "Ps6_Marking"，围绕该节点为核心进行修改，直至满足路面标线构件的创建。

首先，为区分同一联桥面上的各道标线，应在 "Ps6_Marking" 节点前增加族类型名称列表、标线偏距值（对应 "Marking_n" 族的 "Dis" 参数）、标线编号的设置，如图 5-30 所示。

其次，"Ps6_Marking" 节点内部也应当作相应调整，其中包括遍历所有参数并赋值程序、构件编码修改。

在遍历所有参数，进行参数赋值阶段，应对 "PY" 参数加以区分，并增加对 "Dis" 参数的设置，所以在原程序中应作如下修改。

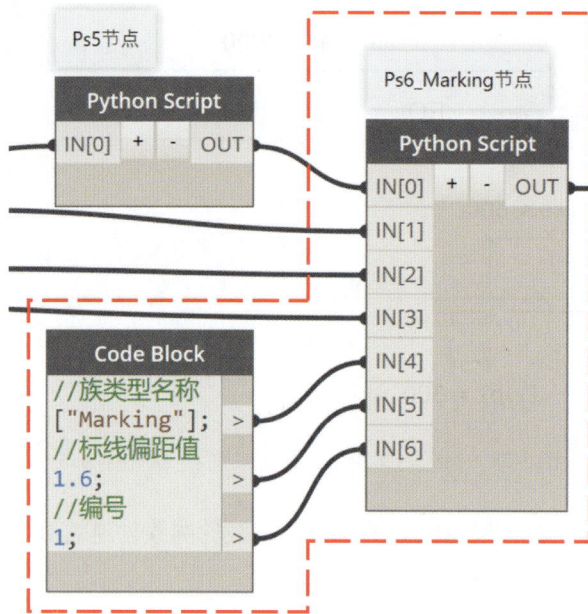

图 5-30　"Ps6_Marking"节点创建及连接关系

原程序内容：

```
1.    for j in range(2, len(Datas)):
2.        try:
3.            ins.SetParameterByName(ParamNames[j],Datas[j][i])
4.        except:
5.            pass
```

应修改为：

```
1.    for j in range(2, len(Datas)):
2.        try:
3.            if ParamNames[j] == "PY":
4.                ins.SetParameterByName(ParamNames[j],0)
5.            else:
6.                ins.SetParameterByName(ParamNames[j],Datas[j][i])
7.                ins.SetParameterByName("Dis",IN[5])
8.        except:
9.            pass
```

上述程序修改是在"try"方法内部增加一层判断，当参数名称为"PY"时，设置参数值为0，当参数名称不为"PY"时，引用"IN［5］"的值。

在构件编码修改程序阶段，应将其中固定为防撞护栏的关键字段替换为外部"Code Block"输入内容，作如下修改。

原程序内容：

```
1. if "_L" in IN[4][0]:
2.     _Code[0] = _Code[0].replace("现浇箱梁","")+"左防撞护栏"
3.     _Code[4] = _Code[4].replace("-XJXL-","-FZHL-")+"-1"
4.     _Code[5] = _Code[5].replace("现浇箱梁","左防撞护栏")
5. else:
6.     _Code[0] = _Code[0].replace("现浇箱梁","")+"右防撞护栏"
7.     _Code[4] = _Code[4].replace("-XJXL-","-FZHL-")+"-2"
8.     _Code[5] = _Code[5].replace("现浇箱梁","右防撞护栏")
```

应修改为：

```
1. _Code[0] = _Code[0].replace("现浇箱梁","")+ str(IN[6]) +"号路面标线"
2. _Code[4] = _Code[4].replace("-XJXL-","-LMBX-")+ str(IN[6])
3. _Code[5] = _Code[5].replace("现浇箱梁",str(IN[6]) +"号路面标线")
```

上述程序修改是去除了 if 判断，直接采用结合外部"Code Block"输入内容修改族名称、"Code"与"Description"编码的方法完成修改工作，保存更改，完成"Ps6_Marking"节点内部修改。

注：当标线偏距值具有变化趋势时，应计算配给标线偏距值列表，并在"Ps6_Marking"节点中遍历选择"IN［5］"对应值，进行参数设置。

为使程序适应不同线型的标线建模，主要包括实线、虚线标线（图 5-31），需要在"Ps6_Marking"节点后追加线型区分算法。

图 5-31　实线与虚线标线

虚线标线可以视作由实线标线进行切分形成，而实现虚线标线创建的方式，可以是通过平面切割实线标线形成，如图 5-32 所示。

所以，需要在实线标线里程桩号范围内，创建具有一定排布规律的平面，应设计节点如图 5-33 所示，主要通过获取"多工作表读取"中"现浇箱梁构造数据"数据，行列互换后提取里程坐标数据，去除表头并计算桩号总和，创建数值滑块，用于调整首道切割平面的桩号值。基于该值与桩号总和，创建决定间隔的数列（取间隔长度为 3m）。

然后，需要设计节点从"Ps5""Ps6_Marking"节点汇总引用计算出二维路线、实际起始桩号、标线实体。其中，通过实际起始桩号+切割平面间隔数列，获取到切割平面在二维路面曲线上的长度位置，最后使用"Curve. PlaneAtSegmentLength"节点创建切割平

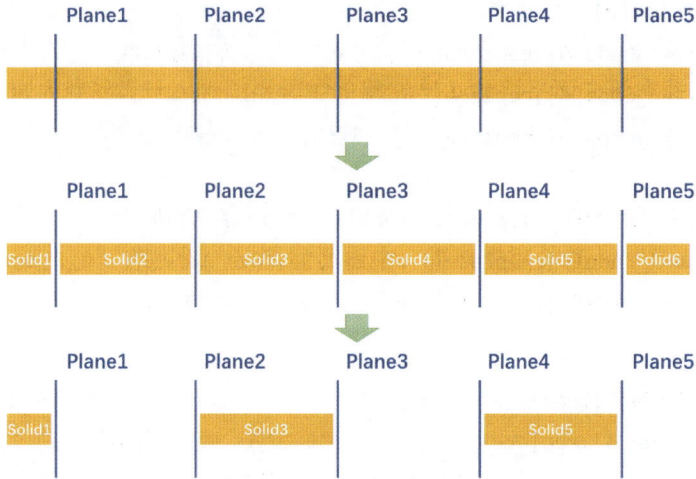

图 5-32　实线表现切割实现虚线标线的流程

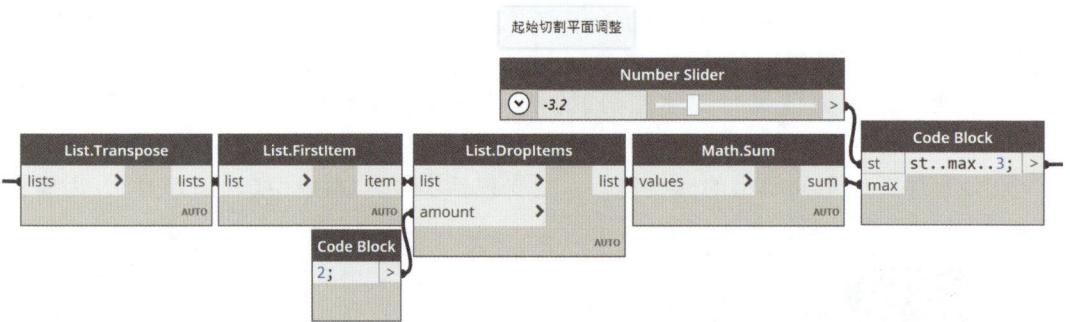

图 5-33　切割桩号值数列计算节点

面，节点设计如图 5-34 所示。

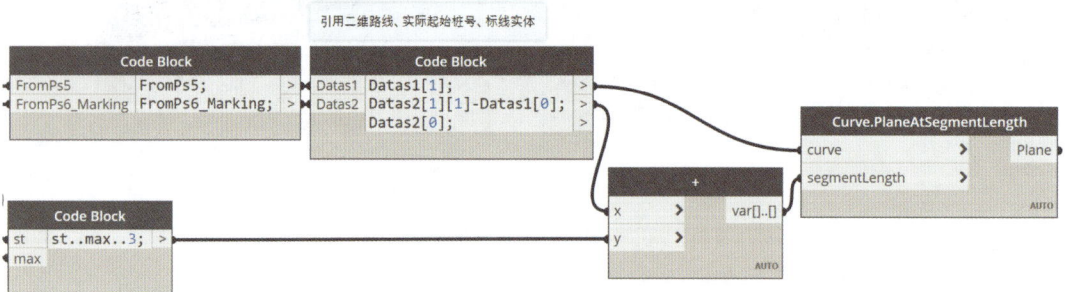

图 5-34　创建切割平面节点

运行程序，Dynamo 环境中的预览效果如图 5-35 所示。

紧接着，需逐项使用切割平面，对"Ps6_Marking"节点输出的标线实体进行分割，当分割后的列表数量等于 1 时，表示分割失败，切割平面可能在标线实体范围外部；当分割后的列表数量大于 1 时，表示分割成功，可以将其中靠近大里程侧的实体交由下一个切割平面进行分割。依次类推，直至所有切割平面都完成分割工作，流程示意如图 5-36 所示。

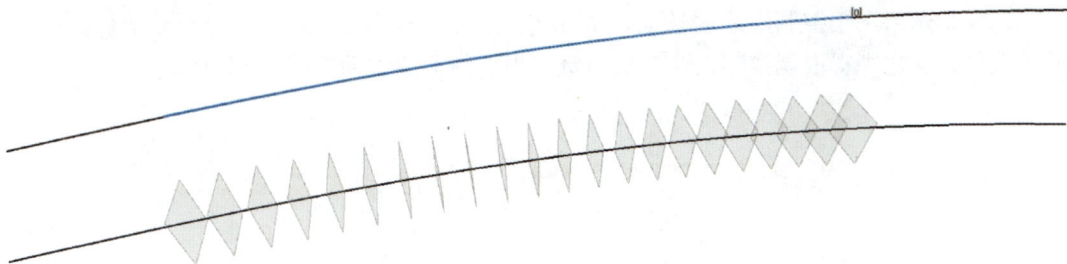

图 5-35　Dynamo 环境中的切割平面

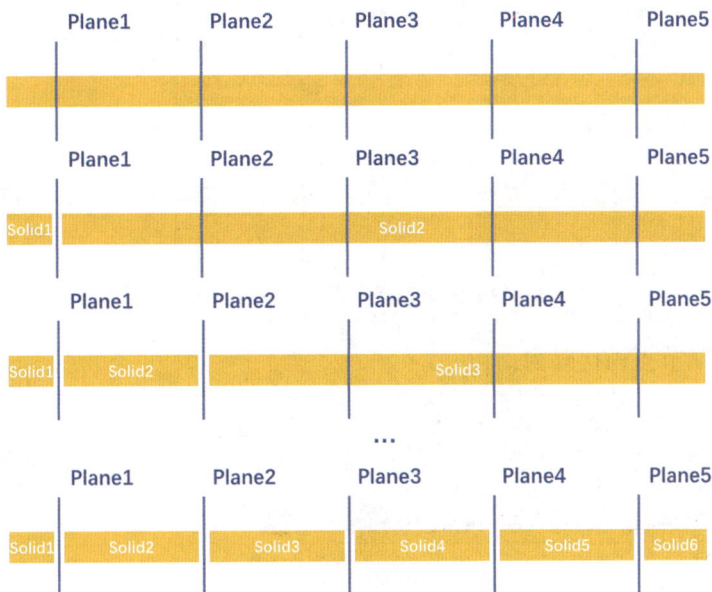

图 5-36　标线实体逐项切割流程

　　注：由于实际工作中切割平面法向量的不确定性，可以通过调试确定分割后的列表中哪一项为靠近大里程侧的成员，应将该目标传递至下一次分割任务。

　　针对上述设计流程，通过创建"Python Script"节点（标识为"Ps8"节点），设置输入端数量为 3，分别引入标线实体、切割平面和 1 项布尔值，节点连接如图 5-37 所示。

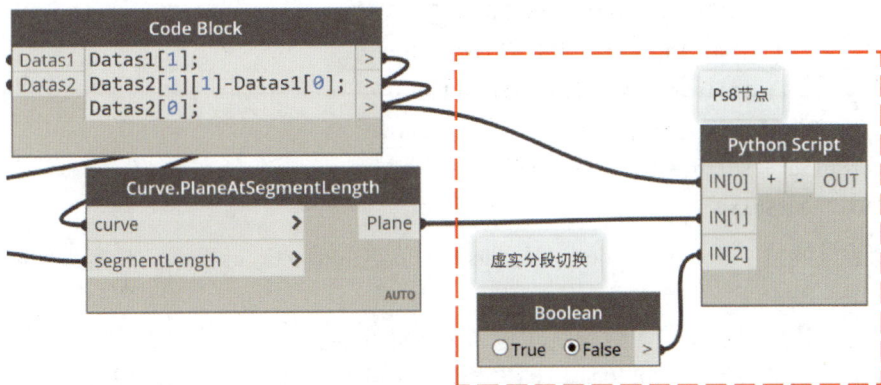

图 5-37　"Ps8"节点及其连接关系

其中布尔值用于控制虚线的选段，例如当选择"True"，则提取经切割后的标线实体的奇数项，反之则提取偶数项。布尔值与奇偶项标线分段关系如图 5-38 所示。

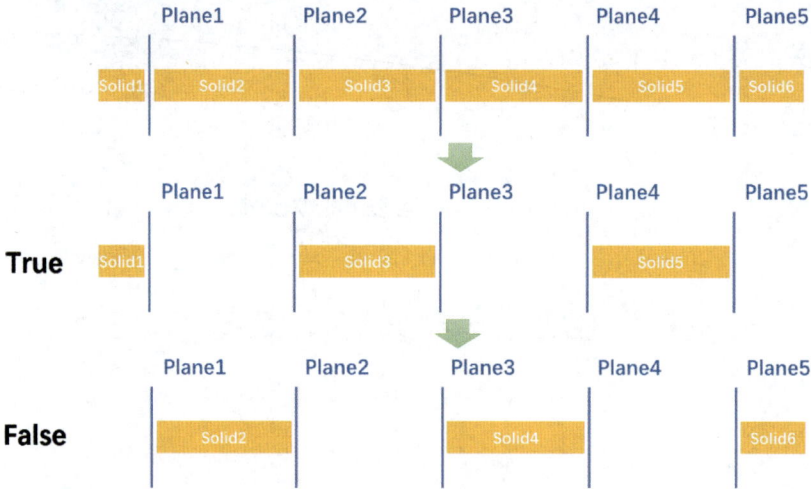

图 5-38　布尔值与奇偶项标线分段关系

上述"Ps8"节点内代码为：

```python
1. import sys
2. import clr
3. clr.AddReference('ProtoGeometry')
4. from Autodesk.DesignScript.Geometry import *
5. solid = IN[0]
6. planes = IN[1]
7. cutSolids = solid
8. collect = []
9. for i in range(len(planes)):
10.     cutSolids = cutSolids.Split(planes[i])
11.     if len(cutSolids) > 1:
12.         if IN[2] and i%2 == 0:
13.             collect.append(cutSolids[1])
14.         elif not IN[2] and i%2 == 1:
15.             collect.append(cutSolids[1])
16.     cutSolids = cutSolids[0]
17.     OutSolid = Solid.ByUnion(collect)
18.     OUT = OutSolid
```

可以通过调整"Number Slider""Boolean"节点的值，运行程序，观察虚线标线的创建效果如图 5-39 所示。

上述节点设计完成了将实线标线转化为虚线标线的工作，为使得设计师可以在实线标线、虚线标线间进行切换，可增加"If"节点，通过布尔节点控制实线标线、虚线标线的切换，节点设计如图 5-40 所示。

图 5-39 虚线标线切割效果

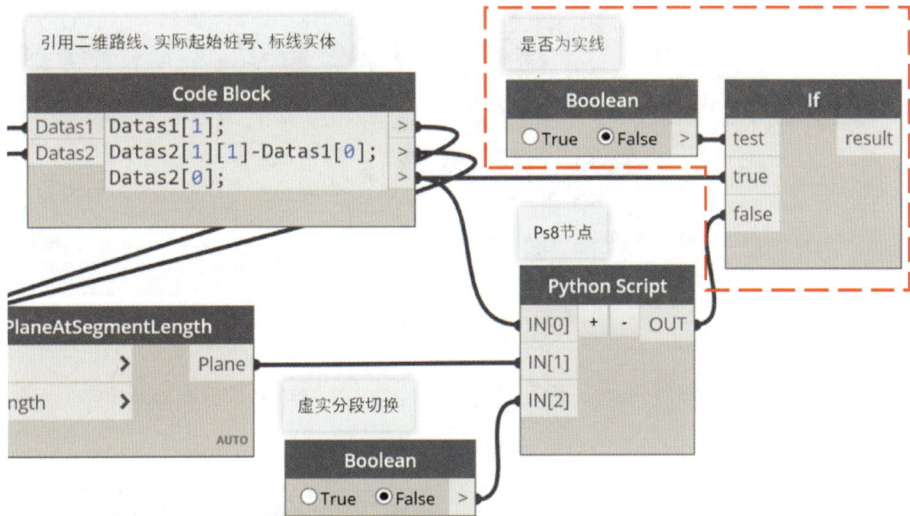

图 5-40 布尔值操控实线与虚线标线选择

当上述新增"Boolean"节点为"True"时，"If"节点输出实线标线，反之输出虚线标线。

最后，在族转化节点中，将"solid = Datas［0］"更改为"solid = BXsolid"，并设置"BXsolid"输入端连接上述"If"节点输出端，如图 5-41 所示。

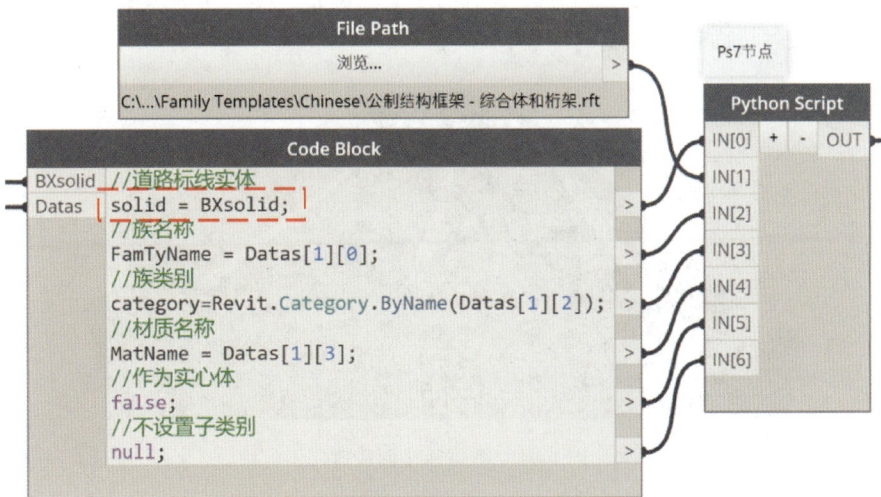

图 5-41 Revit 族转化节点代码修改与连接设置

再根据标线与现浇箱梁材质的不同，调整"参数赋值"节点组中材质名称及"Material"编码，其中材质名称应为当前 Revit 项目已建材质的名称（图 5-42）。

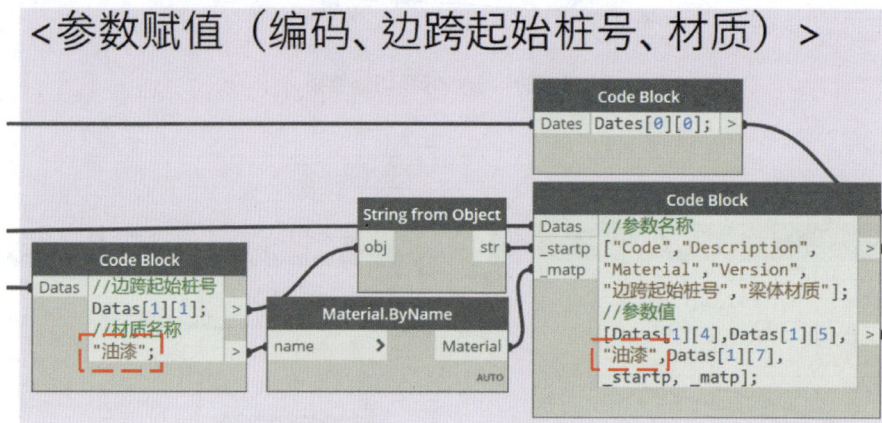

图 5-42　材质名称替换内容

保存上述修改内容，运行程序，将在 Revit 项目中自动完成 1 道标线的创建，如图 5-43 所示。

图 5-43　标线族创建示例

通过调整边线偏距值、标线标号、起始切割平面调整、虚实分段切换、实线虚线切换等内容，完成该联桥面道路标线的创建，设置三维视图为透视效果，如图 5-44 所示。

图 5-44　桥面标线创建效果

上述即为轮廓融合法创建道路标线的思路及过程。

5.3.2 投影法创建标线

在互通立交桥梁、市政道路中，道路标线的内容更加丰富、密集，应对相对较为复杂的道路标线建模，应当充分利用 CAD 图纸等数据资源，采用投影法将标线内容投影到道路表面，再结合几何算法创建为几何形状。特殊路段复杂道路标线如图 5-45 所示。

图 5-45 特殊路段复杂道路标线

以本书中创建完防撞护栏、桥面铺装层后的 C4-D 分流跨为例，在此基础上进行道路标线投影法建模方法设计。C4-D 分流跨桥面如图 5-46 所示。

图 5-46 C4-D 分流跨桥面

因其处于分流节段中，道路标线包含车道线、导流线，如何通过轮廓族沿线路方向融合放样难度较高。C4-D 分流跨道路标线组成如图 5-47 所示。

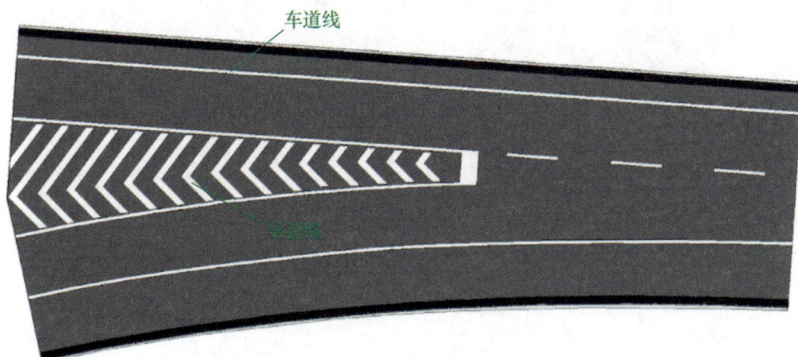

图 5-47 C4-D 分流跨道路标线组成

5.3.2.1　创建道路标线轮廓线

采用投影法，应在 C4-D 分流跨上方标高平面中，创建包含车道线及导流线内容的 CAD 图纸或模型线，作为道路标线建模依据，下面以创建模型线为例，通过在高于分流跨道路表面的标高平面上，创建标线轮廓模型线，如图 5-48 所示。

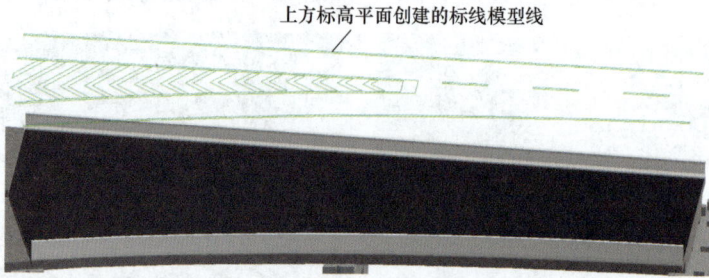

图 5-48　道路标线轮廓线

创建标线轮廓模型线应遵循原则为：平面相对位置准确、轮廓线自成闭环组、闭环组间互不相交。C4-D 分流跨标线轮廓线创建效果如图 5-49 所示。

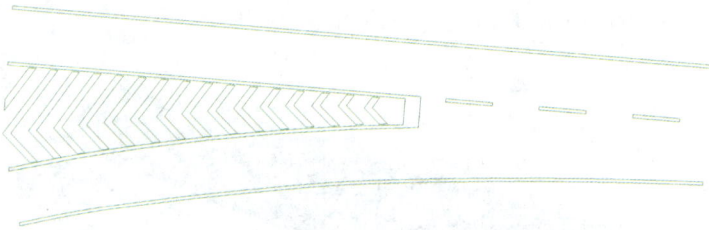

图 5-49　C4-D 分流跨标线轮廓线创建效果

5.3.2.2　Dynamo 拾取标线模型线

需要通过 Dynamo 创建标线构件，分析操作道路标线轮廓模型线是第一步，所以应创建"Select Model Elements"节点拾取标线轮廓模型线，以及使用"Element.Curves"节点从 Revit 模型线中提取转化为 Dynamo 环境下的曲线，如图 5-50 所示。

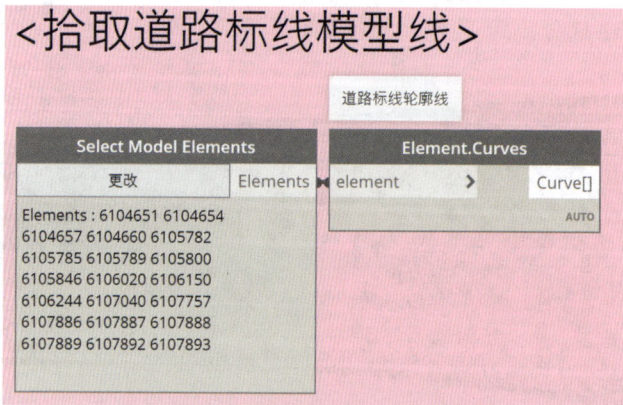

图 5-50　标线轮廓线拾取转化节点

将上述"Element. Curves"节点标识为"道路标线轮廓线"。

5.3.2.3 轮廓线的投影

为将上述道路标线轮廓线投影至 C4-D 分流跨道路表面，应在 Dynamo 中建立投影面，该投影面的建立包含多种方式，主要包含拾取分流跨沥青混凝土层上表面作为投影面，以及通过桥跨结构或桥面系创建方法还原投影面。再将标线轮廓线向下投影至投影面上，使轮廓线与道路表面相贴合。

其中，拾取分流跨沥青混凝土层上表面作为投影面的节点设计方案如图 5-51 所示。

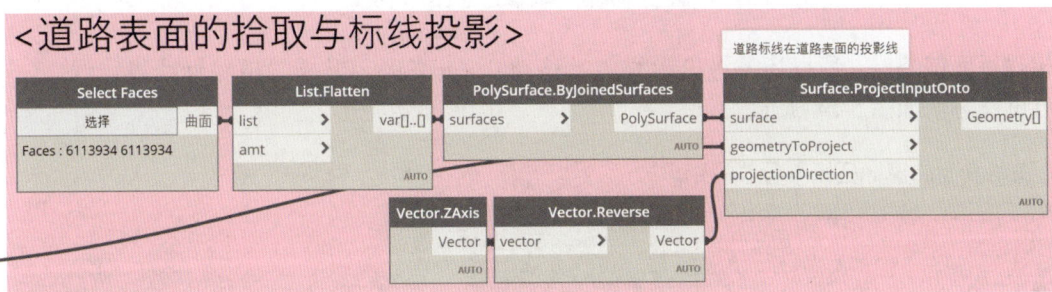

图 5-51　标线轮廓线投影至桥面节点

上述节点是通过拾取分流跨沥青混凝土层上表面的所有曲线，拍平后连接为一个 PolySurface，再经由"Surface. ProjectInputOnto"节点竖直向下投影至投影面上，该节点"geometryToProject"输入端连接"道路标线轮廓线"，实现效果如图 5-52 所示。

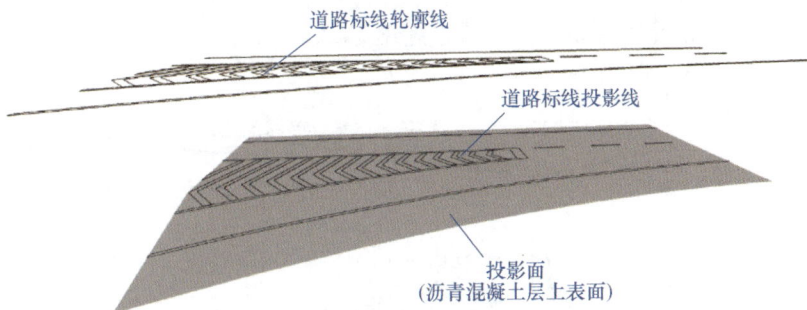

图 5-52　标线轮廓线投影至桥面效果

当分流跨沥青混凝土层上表面因特殊原因无法获取时，或导致后期标线模型形状不完整时，可通过桥跨结构或桥面系创建方法还原投影面。该方法也分两类思路，一种通过读取 Excel 表数据，通过"4.2"节创建分流跨现浇箱梁的方式，并从形成的现浇箱梁形状中提取梁顶曲面，作为投影面；另一种思路则是通过拾取现浇箱梁或桥面铺装层构件顶面中处在关联轮廓断面位置的边缘线，放样融合形成投影面。投影面重建融合线示例如图 5-53 所示。

上述方法中，前者基于"4.2"节设计的节点程序进行进一步创建即可，后者采用拾取现浇箱梁顶面中处在关联轮廓断面位置的边缘线放样融合形成投影面，并将道路标线轮廓线竖直向下投影至该表面，形成"箱梁顶面投影线"。由于现浇箱梁顶面与道路表面间

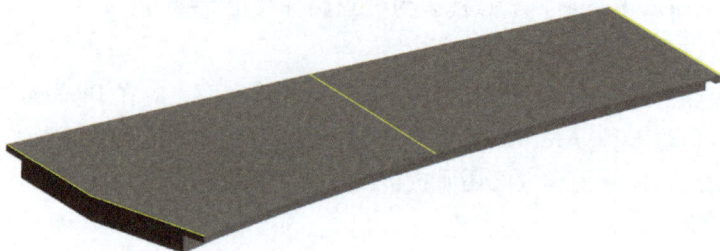

图 5-53　投影面重建融合线示例

相隔桥面铺装层，所以还需将投影线向上移动 0.2m 高度，形成"道路标线投影线"，节点设计方案如图 5-54 所示。

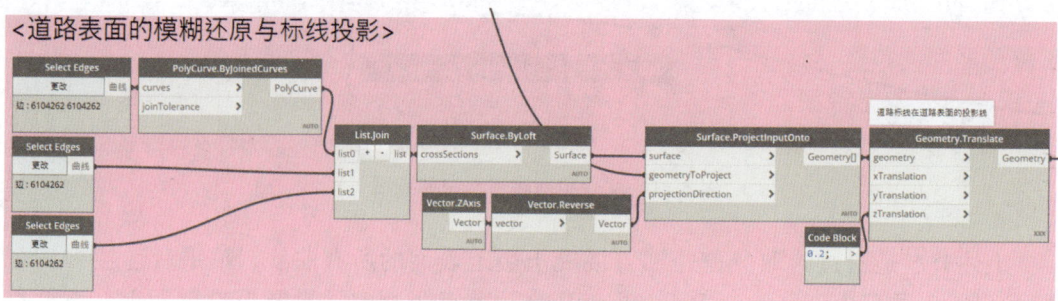

图 5-54　标线轮廓线投影及移动节点

注：以上"Geometry. Translate"节点连缀为"叉积"。

实现效果如图 5-55 所示。

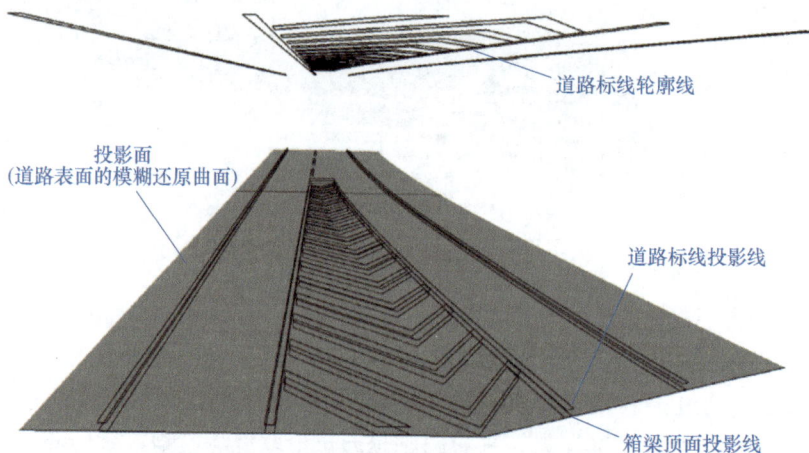

图 5-55　标线轮廓线投影痕迹及效果

5.3.2.4　道路标线几何形状创建

为创建道路标线几何形状，宜采用的方法是基于"Solid. Loft"节点的闭合曲线融合，流程上可划分为三个阶段，分别是轮廓线分组与连接、标线形状融合组构造、标线形状融合与合并，其中为确定轮廓线连接曲线是否闭合，可进行曲线闭合校验，流程如图 5-56 所示。

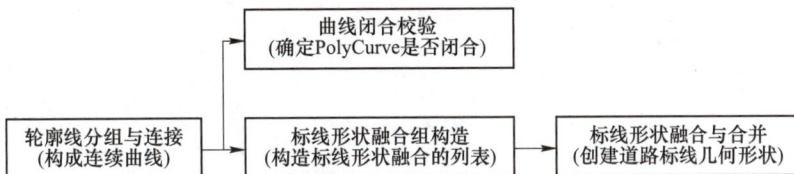

图 5-56　道路标线几何形状创建流程图

A　轮廓线分组与连接

上述两种方案获取到道路标线投影线结果均为三维列表，如图 5-57 所示。

图 5-57　两种方案获取到道路标线投影线结果预览

首先，选取上述方案中的一种，输出道路标线投影线，并对轮廓线列表进行拍平处理，降为一维列表；其次，针对一维轮廓线列表进行重组，将可构成连续曲线的曲线单独作为一个子列表，可借助"archilab"节点包中的"Group Curves"节点实现；最后，采用"PolyCurve.ByJoinedCurves"节点将各子列表曲线连接为 PolyCurve，如图 5-58 所示。

注："archilab"节点包可通过搜索软件包查找下载。

B　曲线闭合校验

为验证所有 PolyCurve 是否闭合，可采用"Curve.IsClosed"＋"List.AllTrue"节点加以验证，当且仅当"List.AllTrue"输出为"true"时，代表所有轮廓线子列表构成闭合曲线，如图 5-59 所示。

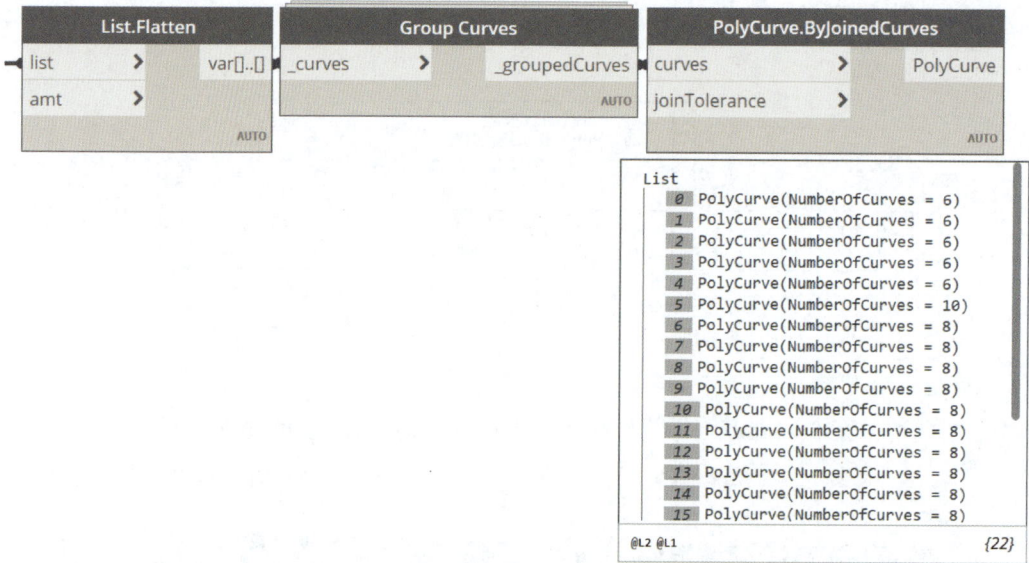

图 5-58　道路标线重组结果

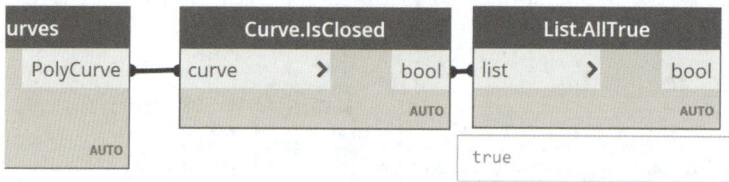

图 5-59　判断道路标线是否全部闭合

当上述"List. AllTrue"输出不为"true"时，需校核道路标线 CAD 中线图元或道路标线模型线是否构成若干个闭合不重合曲线，或道路标线是否超出投影面范围。

C　标线形状融合组构造

道路标线一般采用热熔型或冷涂型材料，厚度均十分微小，例如热熔型涂料标线的厚度为 1.5～2.0mm。在道路标线模型的创建思路上，分为标线实体、标线曲面两种方式，若由标线曲面转化为 Revit 族构件的方法，经过模型格式转化之后，在轻量化、漫游及渲染等平台中展示效果不佳，本书建议采用标线实体转 Revit 构件的方式创建道路标线构件。

在建立的 PolyCurve 标线轮廓基础上，可采用竖向平移的方式快速构造标线形状融合组，便于后续融合操作。采用"Geometry. Translate"节点，设置连缀为"叉积"，通过输入 Z 轴平移数值列表，如"[0, 0.01]"列表，可将 PolyCurve 标线轮廓在原位置与竖向 10mm 处分别移动一项曲线，并构成单独子列表，如图 5-60 所示。

注：读者可根据需求，调整 Z 轴平移数值列表的值，控制道路标线位置与厚度。

D　标线形状融合与合并

在上述标线形状融合组的基础上，采用"Solid. ByLoft"节点（不含 guideCurves 输入端），并使用"Solid. ByUnion"将其合并为一个实体形状，节点连接如图 5-61 所示。

运行程序，实现效果如图 5-62 所示。

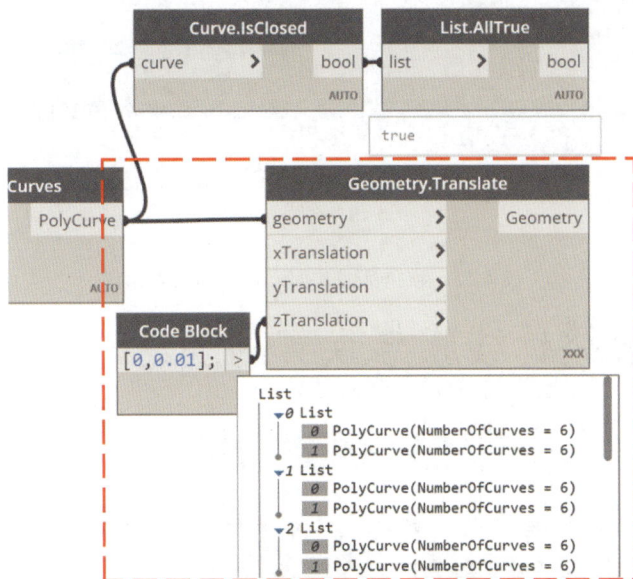

图 5-60　PolyCurve 标线轮廓竖向移动

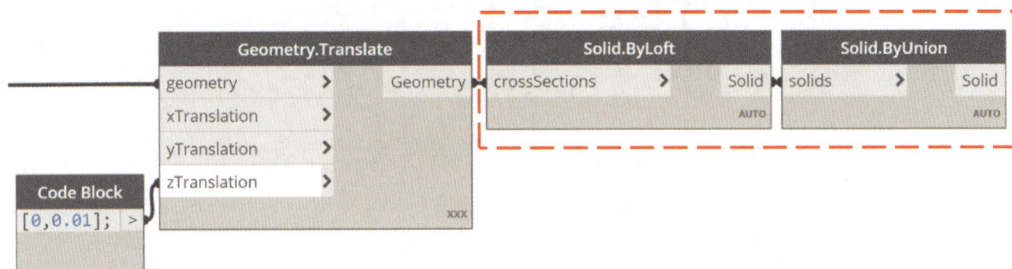

图 5-61　标线实体创建与合并

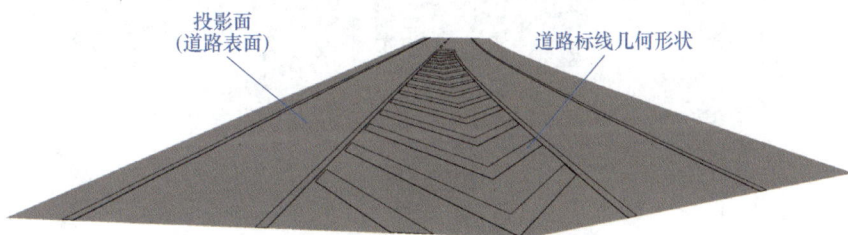

图 5-62　标线实体创建效果

为便于节点管理，将上述道路标线几何形状创建的节点创建为节点组，如图 5-63 所示。

5.3.2.5　道路标线族与族实例创建

引用"3.10"节的"Ps7"节点进行由道路标线实体至 Revit 族及族实例转化，使用投影法创建道路标线更多的是适用于较为复杂的分流跨、交叉口、收费站等应用场景，其中族名称、材质名称（系统族样板既有材质）等参数名称适合在 Dynamo 中直接维护，无须依托 Excel 表格记录，设计节点如图 5-64 所示。

运行程序，道路标线族与族实例将被创建完成，如图 5-65 所示。

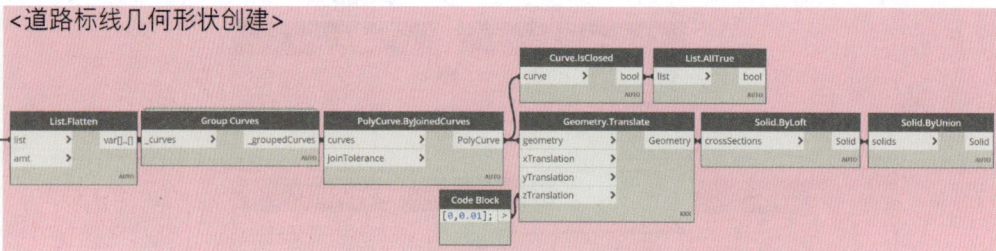

图 5-63　道路标线几何形状创建节点组

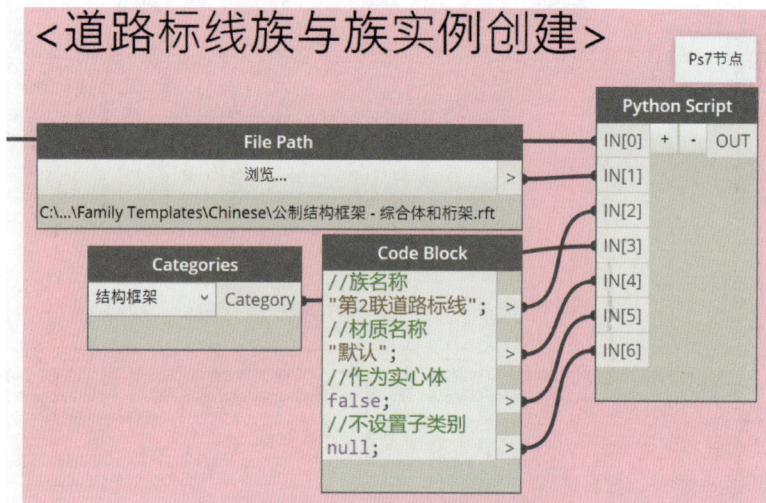

图 5-64　道路标线族转化节点

图 5-65　道路标线族实例创建效果

5.3.2.6　族实例参数及编码赋值

与现浇箱梁、防撞护栏及桥面铺装等构件参数即编码赋值类似的，同样可以为道路标线进行参数、编码赋值。其中参数主要包含边跨起始桩号、材质（当前项目既有材质），结合投影法创建道路标线的应用场景范围较小，可在 Dynamo 中直接进行参数值的维护，其中"OUTput"输入端连接上述"Ps7"节点输出端，节点如图 5-66 所示。

运行程序，观察 Revit 项目中，C4-D 分流跨道路标线族的参数、编码赋值情况如图 5-67、图 5-68 所示。

图 5-66 道路标线族实例编码及材质赋值节点

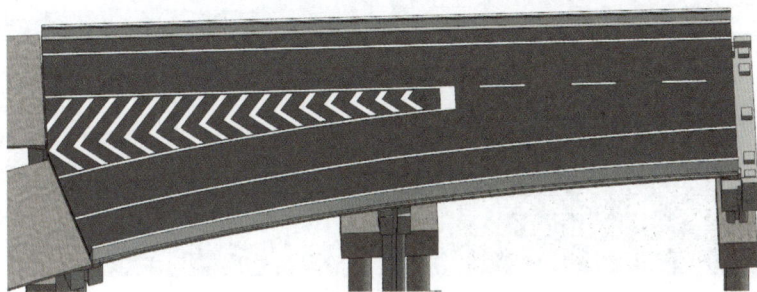

图 5-67 参数及编码赋值后的道路标线

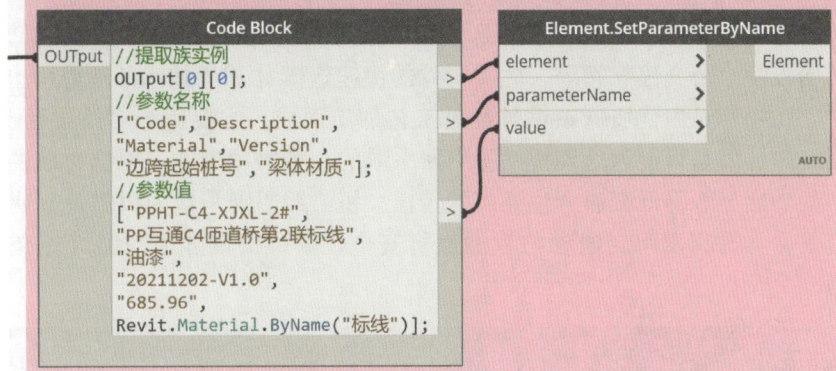

图 5-68 道路标线族实例属性面板

5.4　其他构件创建简述

在桥梁及道路工程中，还存在很多息息相关的道路交通设施，例如护柱、分隔设施、防眩屏、照明设备、公交停靠站等，此类构件的快速建模对 BIM 技术落地应用也具有重要意义。其中，防抛网是由优质低碳钢丝经过工艺加工而成，主要用于对桥梁两侧的保护、防护等作用；声屏障是目前为处理桥梁噪声所采取的一种常用措施，根据材质的不同，以吸声、隔声的功能显著降低交通产生噪声的传播；桥梁照明则是指为桥梁及其附属设施设置的照明灯具，为提高夜间交通参与者的通行安全性。桥梁声屏障与路灯等交通设施如图 5-69 所示。

图 5-69　桥梁声屏障与路灯等交通设施

5.4.1　防抛网、声屏障构件创建

桥梁防抛网、隔音板等工艺构件通过 BIM 模型进行表达时，因其包含模型图元较多、空间位置复杂，常通过自适应族的方式进行表达，基于若干自适应点的驱动，完成项目模型的搭建。创建的流程主要包含自适应构件族创建、计算自适应定位点、构造定位点组以及创建自适应族，创建的流程如图 5-70 所示。

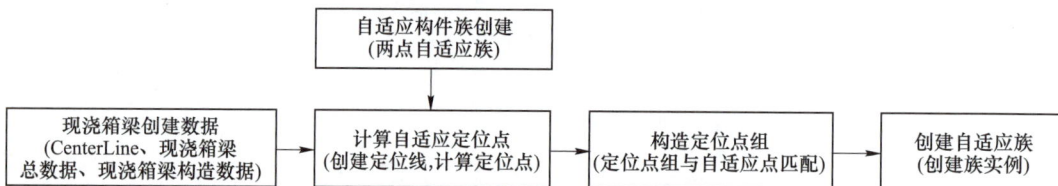

图 5-70　防抛网与声屏障构件创建流程

5.4.1.1　自适应构件族创建

防抛网、声屏障自适应构件族宜基于两点自适应点，依托设计及供应商的构件物理信息，选取适宜工作平面，进行几何形状图元的创建表达。防抛网自适应族创建如图 5-71 所示。声屏障自适应族创建如图 5-72 所示。

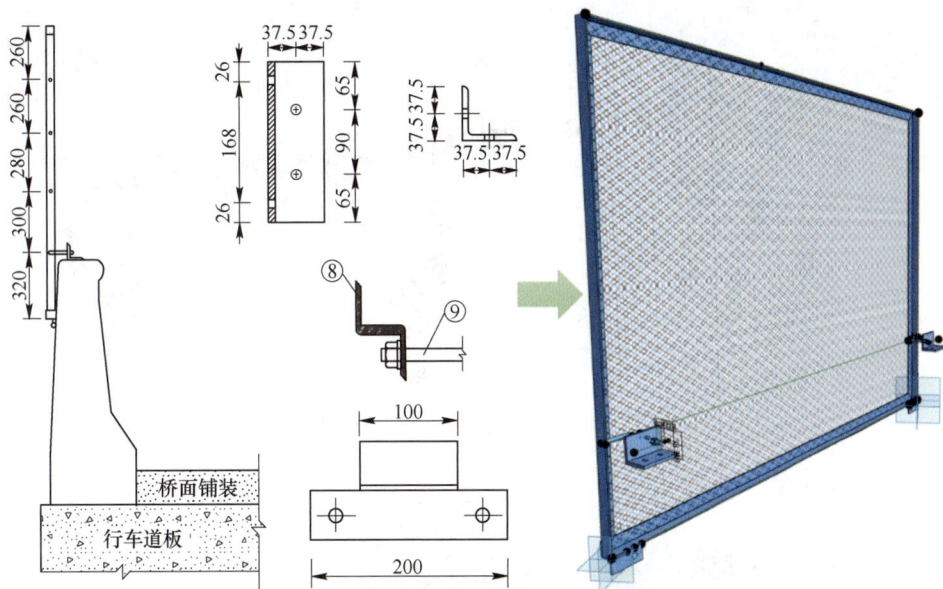

图 5-71 防抛网自适应族创建（单位：cm）

图 5-72 声屏障自适应族创建

5.4.1.2 计算自适应定位点

自适应点的点位计算主要包括创建定位线、创建定位点及构造定位点组合。其中，定位线是定位点沿线路方向的轨迹线，可以通过计算定位线在关键断面处的交点，并基于所有点创建 NurbsCurves 形成。

桥梁左侧防抛网定位线的组成点如图 5-73 所示，桥梁左侧防抛网定位线如图 5-74 所示。

进一步地，在该定位线上，通过起始点（起始距离）、间隔长度及点位数量，创建一组定位点（图 5-75）。

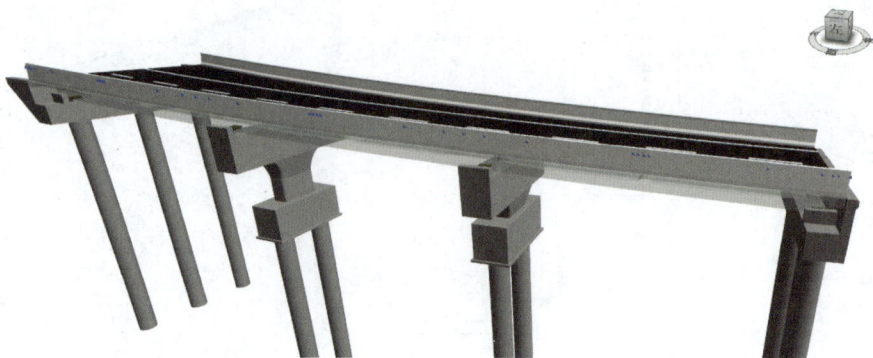

图 5-73　桥梁左侧防抛网定位线的组成点

图 5-74　桥梁左侧防抛网定位线

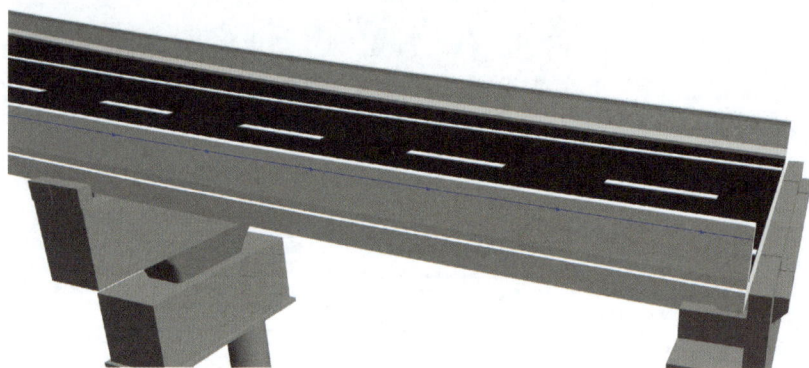

图 5-75　桥梁左侧防抛网定位点

5.4.1.3　构造定位点组

构造定位点组是为了满足自适应构件族的创建，每一个自适应族都由若干个自适应点所驱动，即需要一个点组。点组内点位的排布顺序需要和自适应族点位排布顺序相匹配，例如线左、线右应当有所区分，如图 5-76 所示。

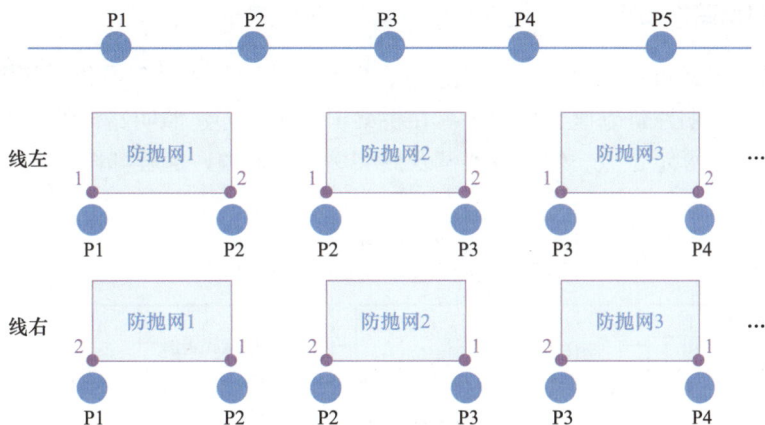

图 5-76　构造定位点组排布规律

5.4.1.4　创建自适应族

使用"AdaptiveComponent. ByPoints"节点功能，基于构造定位点组、族类型即可实现自适应构件族的创建，如图 5-77、图 5-78 所示。

图 5-77　线左防抛网创建效果

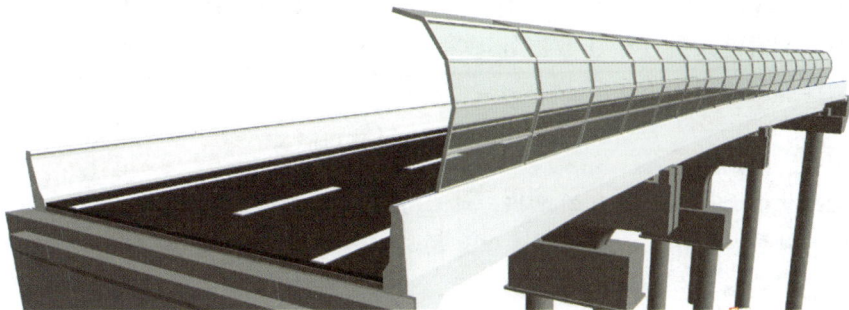

图 5-78　线右声屏障创建效果

5.4.2 桥梁照明路灯创建

桥梁照明路灯通过 BIM 模型进行表达时，常基于公制照明设备或公制常规模型族样板进行创建，且以照明路灯基座为族原点。在桥梁项目中，创建照明路灯的流程主要包含照明路灯族创建、计算定位点、创建族实例及族实例姿态调整，流程如图 5-79 所示。

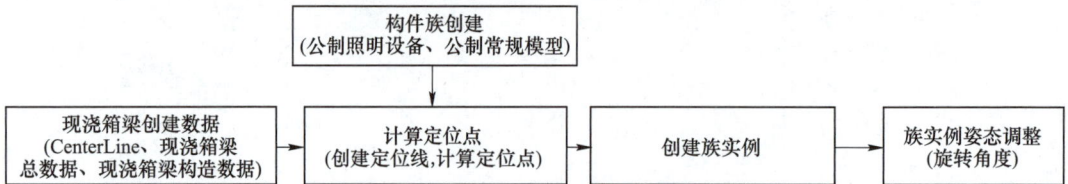

图 5-79　桥梁照明路灯创建流程

5.4.2.1　构件族创建

路灯构件族的创建没有太多特殊要求，依托设计及供应商的构件物理信息，选取适宜工作平面，进行几何形状图元的创建表达（图 5-80）。

5.4.2.2　计算定位点

路灯族的点位计算，主要包括创建定位线、创建定位点，方法与"5.4.1"节所述内容一致。桥梁照明路灯定位点获取流程如图 5-81 所示。

5.4.2.3　创建族实例

使用"FamilyInstance. ByPoint"节点功能，基于定位点、族类型即可实现路灯族实例的创建。线左路灯创建效果如图 5-82 所示。

5.4.2.4　族实例姿态调整

计算定位点所处的桩号断面处路线的切向量，并基于"Vector. AngleAboutAxis( )"节点功能计算切向量与世界坐标系 Y轴（具体需要结合族创建情况而定）的夹角，进一步使用

图 5-80　构件族创建

"FamilyInstance. SetRotation"节点功能，对族实例进行旋转，使路灯灯杆与桥梁路线呈垂直关系，或与实际情况相符。线右声屏障创建效果如图 5-83 所示。

其余桥梁构件的创建方法，基本可从上述实例中找到相匹配的思路与流程，核心是找准参照依据，针对复杂的建模、数据处理需求进行"降维打击"，达到简化问题的目的。其余桥梁构件创建效果如图 5-84 所示。

小提示

为方便维护桥面系构件信息的维护，读者可在"现浇箱梁总数据"工作表中，进行防撞护栏、桥面铺装层及路面标线等构件信息的编制，为 Dynamo 创建过程提供依据。

在创建除现浇箱梁外的桥梁上部结构时，读者可根据实际需求修改"Ps7"节点内的新增参数、材质参数名称，以及采用系统族样板与定制族样板时，代码的调整，具体参见"3.10"节内容。

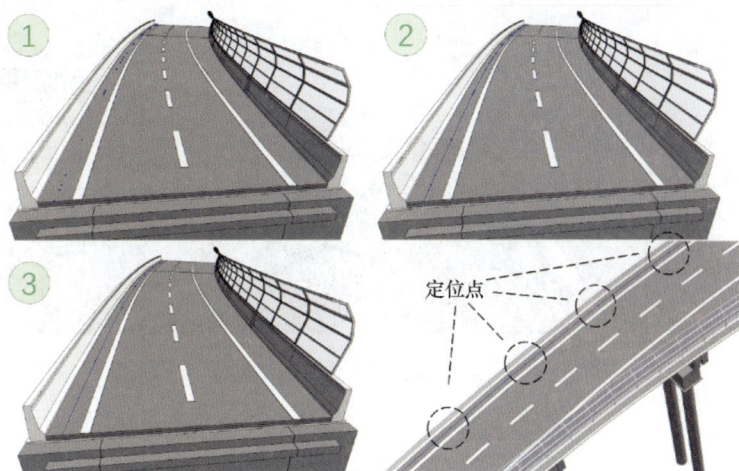

图 5-81　桥梁照明路灯定位点获取流程

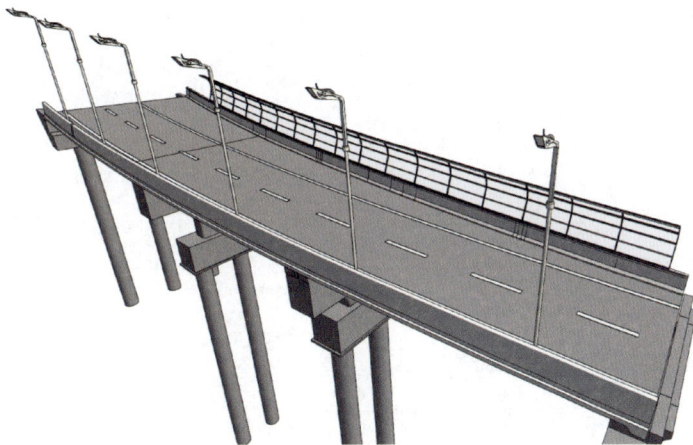

图 5-82　线左路灯创建效果

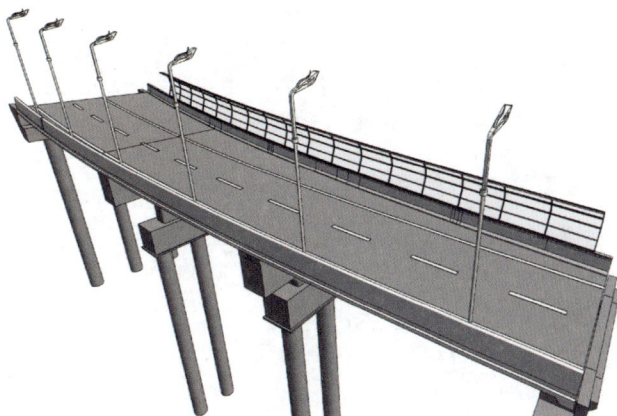

图 5-83　线右声屏障创建效果

图 5-84 其余桥梁部件创建效果

附 录

附录1 现浇梁桥编码表

A1.1 总体编码规则

为指导现浇梁桥构件的编码，规范模型构件命名，实现现浇梁桥全生命期信息的传递、交换与共享，推动 BIM 技术的深入应用与发展，提升 BIM 技术应用价值及效益，制定现浇梁桥构件编码方案，并遵循以下规则：

（1）应结合 BIM 设计行为、设计过程中的编码规则进行约定，确保现浇梁桥模型及相关数据的规范化、标准化和可持续化。

（2）应结合不同项目的施工工艺方法、工程检验单元等因素，对构件编码规则进行细化约定，以保证 BIM 设计数据高效交互和 BIM 成果质量。

（3）应结合业主单位要求，遵照数字化交付相关标准及要求。

（4）应结合计算机语言，BIM 协同平台数据交互依据，规避特殊字符等不易识别或计算机字符编码转化的字段，确保编码能正常流通、传递。

（5）编码采用的字段及组织方式，应当符合工程人员辨识习惯，编码信息可读、易读。

（6）参照本编码中现浇梁桥构件分类、编码，应遵守国家、行业、地方有关现行标准的规定。

A1.2 文件编码规则

除此之外，现浇梁桥的 BIM 建模应该对文件命名组成进行约定，BIM 数据文件包含中/英文字段、连接符、分隔符、井字符、括号：只用"-""_""#"字符分隔（"-"表示分隔或并列的文件内容，"_"表示两字段之间的分隔）；严禁使用空格分隔；需要注释的可以用西文括号"（""）"注明。

（1）在 BIM 工作过程中，向业主交付的模型文件需要在原有的文件后面增加版本号后缀识别（对于有链接关系的模型文件，如 Revit 模型，须在模型内部/默认视图保存版本信息）、并定期管理、存档。

（2）版本号样式如下：

【_】+【交付时间】

【交付时间】该文件交付时间，以 YYYYMMDD 格式描述。例：_20230101 表示 2023年1月1日提交，当同一天内交付多版文件时，可追加 V1.0、V2.0…进行区分，V1.0 默认缺省。

（3）文件编码。文件编码的对象，常为 Revit、Navisworks、Civil 3D 等项目文件，本文件编码以 Revit 文件为例，其他格式项目文件参照执行，BIM 模型文件编码依据原则如表 A1-1~表 A1-5 所示。

表 A1-1　BIM 模型文件命名规则表

序号	1	2	3	4	5
字段	项目简称	阶段编码	单体编码	分幅编码	版本
必填	☑	☑	☑	☑	☑
编码取值	表 4	表 5	表 6	表 7	YYYYMMDD
举例	PPHT	CA	R1	D	20230101

表 A1-2　项目简称表

序号	编码	中文名称
1	PPHT	PP 互通

表 A1-3　阶段编码表

序号	阶段	代码
1	策划阶段	PP
2	方案设计阶段	SD
3	初步设计阶段	DD
4	施工图设计阶段	CD
5	招投标阶段	BP
6	深化设计阶段	CP
7	施工阶段	CA
8	竣工阶段	DP
9	运维阶段	OP

表 A1-4　单体编码表

序号	编码	中文名称
1	R1	R1 匝道桥
2	H	H 匝道桥
3	Main	主桥
4	…	…

表 A1-5 分幅编码表

序号	编码	中文名称
1	Z	左幅
2	Y	右幅
3	S	左幅+右幅
4	D	单幅

说明：

（1）整合模型文件名不允许使用空格（包含全角空格），宜使用下划线"_"来隔开字段；

（2）举例：PPHT_CA_R1_D_20230101.rvt（PP 互通施工阶段 R1 单幅桥，20230101 交付版）

A1.3 构件编码规则

现浇梁桥构件通用规则如表 A1-6、表 A1-7 所示。

表 A1-6 构件族命名规则表

序号	1	2	3	4	5	6	7
字段	项目编码	单体编码	分幅编码	构件编码	墩台号	位置序号	位置序号补充
必填	☑	☑	☐	☑	☑	☑	☐
编码取值	《项目简称表》	《单体编码表》	《分幅编码表》	《构件编码表》	X#	01、02、03…	a、b、c…
举例	PPHT	R1	D	ZJ	9#	03	a

表 A1-7 现浇梁桥构件编码表

序号	编码	中文名称
1	ZJC	桩基础
2	CT	承台
3	XL	系梁
4	DZ	墩柱
5	GL	盖梁
6	QTD	桥台顶部（指台帽+背墙+耳墙）
7	TM	台帽
8	BQ	背墙
9	EQ	耳墙
10	DB	搭板
11	DK	挡块
12	DS	垫石
13	XJXL	现浇箱梁

序号	编码	中文名称
14	FSC	防水层
15	TPC	调平层
16	LQC	沥青层
17	FZHL	防撞护栏
18	LMBX	路面标线

上述"位置序号"遵循先顺桥向从小到大排列，同一桩号断面，自左向右排列，如图 A1-1 所示。

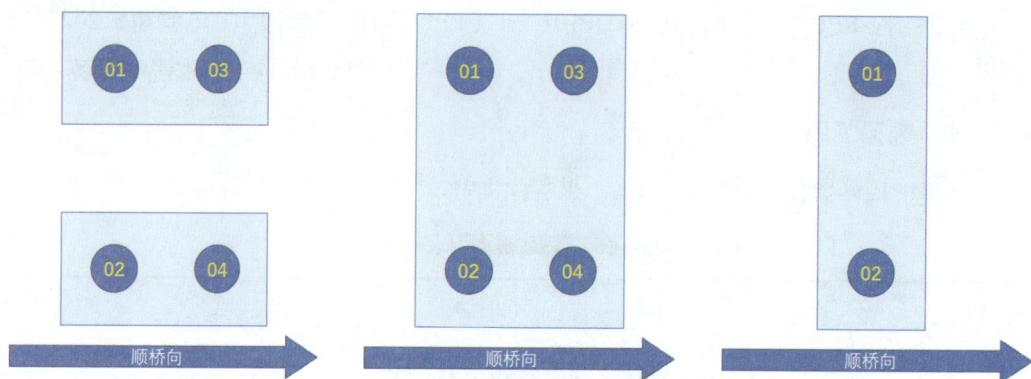

图 A1-1　"位置序号"遵循规则

说明：

（1）族名称不允许使用空格（包含全角空格），宜使用下划线"_""–"等符号来隔开字段；

（2）举例：PPHT-R1-D-ZJC-9#-03、PPHT-R1-ZJC-16#-01。

附录 2　Excel 数据编制

"R1 匝道桥梁数据 . xlsx" Excel 文件中数据编制相关表格如表 B2-1~表 B2-8 所示。

表 B2-1　R1 匝道桥梁中心线数据　　　　　　（m）

桩号	北距（Y）	东距（X）	高程（Z）
0+000. 00	32. 883	463. 049	488. 358
0+000. 36	32. 91	462. 692	488. 356
0+006. 58	33. 385	456. 492	488. 341
0+010. 16	33. 659	452. 919	488. 346
0+025. 00	34. 825	438. 124	488. 477
0+036. 33	35. 835	426. 842	488. 698
0+050. 00	37. 326	413. 252	489. 026
0+068. 87	40. 133	394. 593	489. 479
0+075. 00	41. 287	388. 574	489. 626
0+099. 04	47. 042	365. 245	490. 203
0+100. 00	47. 313	364. 319	490. 226
0+125. 00	55. 425	340. 68	490. 826
0+129. 20	56. 988	336. 782	490. 927
0+150. 00	65. 537	317. 824	491. 426
0+175. 00	77. 399	295. 823	492. 026
0+200. 00	90. 706	274. 664	492. 626
0+208. 90	95. 738	267. 323	492. 839
0+225. 00	105. 187	254. 289	493. 226
0+250. 00	120. 71	234. 696	493. 826
0+275. 00	137. 233	215. 938	494. 426
0+278. 26	139. 457	213. 558	494. 504
0+300. 00	154. 71	198. 066	495. 026
0+325. 00	173. 093	181. 127	495. 626
0+347. 61	190. 461	166. 649	496. 168
0+350. 00	192. 334	165. 169	496. 226
0+375. 00	212. 279	150. 099	496. 826
0+390. 10	224. 49	141. 215	497. 188
0+400. 00	232. 493	135. 388	497. 426
0+425. 00	252. 154	119. 957	498. 026
0+432. 59	257. 802	114. 892	498. 208
0+435. 91	260. 204	112. 6	498. 288
0+450. 00	269. 887	102. 366	498. 593
0+475. 00	284. 859	82. 373	498. 971
0+500. 00	296. 74	60. 402	499. 141
0+507. 89	299. 804	53. 136	499. 151

桩号	北距（Y）	东距（X）	高程（Z）
0+525.00	305.274	36.928	499.102
0+543.19	309.27	19.194	498.943
0+550.00	310.275	12.456	498.856
0+564.87	311.527	−2.358	498.61
0+575.00	311.637	−12.484	498.417
0+600.00	309.329	−37.355	497.942
0+625.00	303.402	−61.619	497.468
0+650.00	293.984	−84.753	496.993
0+653.79	292.264	−88.127	496.921
0+675.00	281.35	−106.303	496.518
0+700.00	266.256	−126.219	496.043
0+725.00	249.533	−144.796	495.568
0+750.00	231.89	−162.507	495.093
0+762.27	223.084	−171.057	494.859
0+775.00	213.949	−179.917	494.618
0+800.00	196.182	−197.504	494.143
0+825.00	178.956	−215.62	493.668
0+850.00	162.665	−234.578	493.193
0+861.62	155.532	−243.751	492.972
0+870.76	150.16	−251.147	492.824
0+875.00	147.749	−254.632	492.772
0+892.77	138.204	−269.622	492.676
0+900.00	134.592	−275.881	492.692
0+925.00	123.331	−298.192	492.993
0+928.55	121.893	−301.435	493.066
0+950.00	114.053	−321.399	493.675
0+950.14	114.007	−321.531	493.68
0+975.00	106.827	−345.323	494.55
0+986.33	104.243	−356.356	494.947
1+000.00	101.699	−369.784	495.425
1+025.00	98.531	−394.577	496.3
1+050.00	97.017	−419.527	497.175
1+075.00	96.831	−444.524	498.05
1+100.00	97.643	−469.51	498.925
1+110.29	98.189	−479.787	499.285
1+111.60	98.265	−481.094	499.331
1+112.91	98.343	−482.401	499.377

表 B2-2　R1 匝道桥梁桩基础数据

墩台号	桩号 PileNo	族类型名称 FamilyType Name	横桥向偏距 PJ_HQX /m	横桥向偏角 Angle_HQX /(°)	顺桥向偏移 PY_SQX /m	顺桥向偏角 Angle_SQX /(°)	桩顶高程 H_Top /m	桩底高程 H_Base /m	桩径 D/m	编码 Code	编码描述 Description	建筑材料 Material	图纸版本 Version
0	225.17	桩基础	-2.2	0	-0.65	0	489.563	477.063	1.5	PPHT-R1-ZJC-0#-1	PP 互通 R1 匝道桥 0 号台 1 号桩基础	C30 水下砼	20211202-V1.0
0	225.17	桩基础	2.2	0	-0.65	0	489.497	476.997	1.5	PPHT-R1-ZJC-0#-2	PP 互通 R1 匝道桥 0 号台 2 号桩基础	C30 水下砼	20211202-V1.0
1	250.2	桩基础	-1.9	0	0	0	485.801	475.801	1.5	PPHT-R1-ZJC-1#-1	PP 互通 R1 匝道桥 1 号墩 1 号桩基础	C30 水下砼	20211202-V1.0
1	250.2	桩基础	1.9	0	0	0	485.801	475.801	1.5	PPHT-R1-ZJC-1#-2	PP 互通 R1 匝道桥 1 号墩 2 号桩基础	C30 水下砼	20211202-V1.0
2	275.2	桩基础	-1.9	0	0	0	486.376	476.376	1.5	PPHT-R1-ZJC-2#-1	PP 互通 R1 匝道桥 2 号墩 1 号桩基础	C30 水下砼	20211202-V1.0
2	275.2	桩基础	1.9	0	0	0	486.376	476.376	1.5	PPHT-R1-ZJC-2#-2	PP 互通 R1 匝道桥 2 号墩 2 号桩基础	C30 水下砼	20211202-V1.0
3	300.2	桩基础	-1.9	0	0	0	486.751	466.751	1.5	PPHT-R1-ZJC-3#-1	PP 互通 R1 匝道桥 3 号墩 1 号桩基础	C30 水下砼	20211202-V1.0
3	300.2	桩基础	1.9	0	0	0	486.751	466.751	1.5	PPHT-R1-ZJC-3#-2	PP 互通 R1 匝道桥 3 号墩 2 号桩基础	C30 水下砼	20211202-V1.0
4	325.2	桩基础	-1.9	0	0	0	487.126	469.126	1.5	PPHT-R1-ZJC-4#-1	PP 互通 R1 匝道桥 4 号墩 1 号桩基础	C30 水下砼	20211202-V1.0
4	325.2	桩基础	1.9	0	0	0	487.126	469.126	1.5	PPHT-R1-ZJC-4#-2	PP 互通 R1 匝道桥 4 号墩 2 号桩基础	C30 水下砼	20211202-V1.0
5	350.2	桩基础	-1.9	0	0	0	487.461	474.461	1.5	PPHT-R1-ZJC-5#-1	PP 互通 R1 匝道桥 5 号墩 1 号桩基础	C30 水下砼	20211202-V1.0
5	350.2	桩基础	1.9	0	0	0	487.461	474.461	1.5	PPHT-R1-ZJC-5#-2	PP 互通 R1 匝道桥 5 号墩 2 号桩基础	C30 水下砼	20211202-V1.0

续表 B2-2

墩台号	桩号 PileNo	族类型名称 FamilyType Name	横桥向偏距 /m PJ_HQX /m	横桥向偏角 /(°) Angle_HQX /(°)	顺桥向偏移 /m PY_SQX /m	顺桥向偏角 /(°) Angle_SQX /(°)	桩顶高程 /m H_Top /m	桩底高程 /m H_Base /m	桩径 /m D/m	编码 Code	编码描述 Description	建筑材料 Material	图纸版本 Version
6	375.2	桩基础	-1.9	0	0	0	487.591	477.591	1.5	PPHT-R1-ZJC-6#-1	PP互通R1匝道桥6号墩1号桩基础	C30水下砼	20211202-V1.0
6	375.2	桩基础	1.9	0	0	0	487.591	477.591	1.5	PPHT-R1-ZJC-6#-2	PP互通R1匝道桥6号墩2号桩基础	C30水下砼	20211202-V1.0
7	400.3	桩基础	-1.9	0	0	0	487.498	477.498	1.5	PPHT-R1-ZJC-7#-1	PP互通R1匝道桥7号墩1号桩基础	C30水下砼	20211202-V1.0
7	400.3	桩基础	1.9	0	0	0	487.498	477.498	1.5	PPHT-R1-ZJC-7#-2	PP互通R1匝道桥7号墩2号桩基础	C30水下砼	20211202-V1.0
8	432.2	桩基础	-1.9	0	0	0	487.052	467.052	1.5	PPHT-R1-ZJC-8#-1	PP互通R1匝道桥8号墩1号桩基础	C30水下砼	20211202-V1.0
8	432.2	桩基础	1.9	0	0	0	487.052	467.052	1.5	PPHT-R1-ZJC-8#-2	PP互通R1匝道桥8号墩2号桩基础	C30水下砼	20211202-V1.0
9	464.2	桩基础	-13.5	0	1.9	-30	482.365	460.365	1.5	PPHT-R1-ZJC-9#-1	PP互通R1匝道桥9号墩1号桩基础	C30水下砼	20211202-V1.0
9	464.2	桩基础	9.5	0	1.9	-27	482.365	460.365	1.5	PPHT-R1-ZJC-9#-2	PP互通R1匝道桥9号墩2号桩基础	C30水下砼	20211202-V1.0
9	464.2	桩基础	-13.5	0	-1.9	-30	482.365	460.365	1.5	PPHT-R1-ZJC-9#-3	PP互通R1匝道桥9号墩3号桩基础	C30水下砼	20211202-V1.0
9	464.2	桩基础	9.5	0	-1.9	-27	482.365	460.365	1.5	PPHT-R1-ZJC-9#-4	PP互通R1匝道桥9号墩4号桩基础	C30水下砼	20211202-V1.0
10	496.2	桩基础	-1.9	0	0	0	480.634	458.634	1.5	PPHT-R1-ZJC-10#-1	PP互通R1匝道桥10号墩1号桩基础	C30水下砼	20211202-V1.0
10	496.2	桩基础	1.9	0	0	0	480.634	458.634	1.5	PPHT-R1-ZJC-10#-2	PP互通R1匝道桥10号墩2号桩基础	C30水下砼	20211202-V1.0

续表 B2-2

墩台号	桩号 PileNo	族类型名称 FamilyType Name	横桥向偏距 PJ_HQX /m	横桥向偏角 Angle_HQX /(°)	顺桥向偏移 PY_SQX /m	顺桥向偏角 Angle_SQX /(°)	桩顶高程 H_Top /m	桩底高程 H_Base /m	桩径 D/m	编码 Code	编码描述 Description	建筑材料 Material	图纸版本 Version
11	528	桩基础	-1.9	0	0	0	489.091	467.091	1.5	PPHT-R1-ZJC-11#1	PP 互通 R1 匝道桥 11 号墩 1 号桩基础	C30 水下砼	20211202-V1.0
11	528	桩基础	1.9	0	0	0	489.091	467.091	1.5	PPHT-R1-ZJC-11#2	PP 互通 R1 匝道桥 11 号墩 2 号桩基础	C30 水下砼	20211202-V1.0
12	550.2	桩基础	-1.9	0	0	0	483.883	470.883	1.5	PPHT-R1-ZJC-12#1	PP 互通 R1 匝道桥 12 号墩 1 号桩基础	C30 水下砼	20211202-V1.0
12	550.2	桩基础	1.9	0	0	0	483.883	470.883	1.5	PPHT-R1-ZJC-12#2	PP 互通 R1 匝道桥 12 号墩 2 号桩基础	C30 水下砼	20211202-V1.0
13	585.78	桩基础	-1.9	0	0	0	482.574	464.574	1.5	PPHT-R1-ZJC-13#1	PP 互通 R1 匝道桥 13 号墩 1 号桩基础	C30 水下砼	20211202-V1.0
13	585.78	桩基础	1.9	0	0	0	482.574	464.574	1.5	PPHT-R1-ZJC-13#2	PP 互通 R1 匝道桥 13 号墩 2 号桩基础	C30 水下砼	20211202-V1.0
14	607.88	桩基础	-1.9	0	0	0	474.963	452.963	1.5	PPHT-R1-ZJC-14#1	PP 互通 R1 匝道桥 14 号墩 1 号桩基础	C30 水下砼	20211202-V1.0
14	607.88	桩基础	1.9	0	0	0	474.963	452.963	1.5	PPHT-R1-ZJC-14#2	PP 互通 R1 匝道桥 14 号墩 2 号桩基础	C30 水下砼	20211202-V1.0
15	632.78	桩基础	-1.9	0	0	0	473.924	451.924	1.5	PPHT-R1-ZJC-15#1	PP 互通 R1 匝道桥 15 号墩 1 号桩基础	C30 水下砼	20211202-V1.0
15	632.78	桩基础	1.9	0	0	0	473.924	451.924	1.5	PPHT-R1-ZJC-15#2	PP 互通 R1 匝道桥 15 号墩 2 号桩基础	C30 水下砼	20211202-V1.0
16	657.78	桩基础	-13.8	0	1.9	0	473.273	453.273	1.5	PPHT-R1-ZJC-16#1	PP 互通 R1 匝道桥 16 号墩 1 号桩基础	C30 水下砼	20211202-V1.0
16	657.78	桩基础	5.4	0	1.9	0	473.273	453.273	1.5	PPHT-R1-ZJC-16#2	PP 互通 R1 匝道桥 16 号墩 2 号桩基础	C30 水下砼	20211202-V1.0
16	657.78	桩基础	-13.8	0	-1.9	0	473.273	453.273	1.5	PPHT-R1-ZJC-16#3	PP 互通 R1 匝道桥 16 号墩 3 号桩基础	C30 水下砼	20211202-V1.0

续表 B2-2

墩台号	桩号 PileNo	族类型名称 FamilyType Name	横桥向偏距 /m PJ_HQX /m	横桥向偏角 /(°) Angle_HQX /(°)	顺桥向偏距 /m PY_SQX /m	顺桥向偏角 /(°) Angle_SQX /(°)	桩顶高程 /m H_Top /m	桩底高程 /m H_Base /m	桩径 /m D/m	编码 Code	编码描述 Description	建筑材料 Material	图纸版本 Version
16	657.78	桩基础	5.4	0	-1.9	0	473.273	453.273	1.5	PPHT-R1-ZJC-16#-4	PP 互通 R1 匝道桥 16 号墩 4 号桩基础	C30 水下砼	20211202-V1.0
17	682.78	桩基础	-1.9	0	0	0	472.964	452.964	1.5	PPHT-R1-ZJC-17#-1	PP 互通 R1 匝道桥 17 号墩 1 号桩基础	C30 水下砼	20211202-V1.0
17	682.78	桩基础	1.9	0	0	0	472.964	452.964	1.5	PPHT-R1-ZJC-17#-2	PP 互通 R1 匝道桥 17 号墩 2 号桩基础	C30 水下砼	20211202-V1.0
18	707.78	桩基础	-1.9	0	0	0	473.587	457.587	1.5	PPHT-R1-ZJC-18#-1	PP 互通 R1 匝道桥 18 号墩 1 号桩基础	C30 水下砼	20211202-V1.0
18	707.78	桩基础	1.9	0	0	0	473.587	457.587	1.5	PPHT-R1-ZJC-18#-2	PP 互通 R1 匝道桥 18 号墩 2 号桩基础	C30 水下砼	20211202-V1.0
19	732.78	桩基础	-1.9	0	0	0	474.107	459.107	1.5	PPHT-R1-ZJC-19#-1	PP 互通 R1 匝道桥 19 号墩 1 号桩基础	C30 水下砼	20211202-V1.0
19	732.78	桩基础	1.9	0	0	0	474.107	459.107	1.5	PPHT-R1-ZJC-19#-2	PP 互通 R1 匝道桥 19 号墩 2 号桩基础	C30 水下砼	20211202-V1.0
20	757.78	桩基础	-1.9	0	0	0	475.856	460.856	1.5	PPHT-R1-ZJC-20#-1	PP 互通 R1 匝道桥 20 号墩 1 号桩基础	C30 水下砼	20211202-V1.0
20	757.78	桩基础	1.9	0	0	0	475.856	460.856	1.5	PPHT-R1-ZJC-20#-2	PP 互通 R1 匝道桥 20 号墩 2 号桩基础	C30 水下砼	20211202-V1.0
21	782.78	桩基础	-1.9	0	0	0	480.579	458.579	1.5	PPHT-R1-ZJC-21#-1	PP 互通 R1 匝道桥 21 号墩 1 号桩基础	C30 水下砼	20211202-V1.0
21	782.78	桩基础	1.9	0	0	0	480.579	458.579	1.5	PPHT-R1-ZJC-21#-2	PP 互通 R1 匝道桥 21 号墩 2 号桩基础	C30 水下砼	20211202-V1.0
22	807.78	桩基础	-1.9	0	0	0	484.781	459.781	1.5	PPHT-R1-ZJC-22#-1	PP 互通 R1 匝道桥 22 号墩 1 号桩基础	C30 水下砼	20211202-V1.0
22	807.78	桩基础	1.9	0	0	0	484.781	459.781	1.5	PPHT-R1-ZJC-22#-2	PP 互通 R1 匝道桥 22 号墩 2 号桩基础	C30 水下砼	20211202-V1.0

续表 B2-2

墩台号	桩号 PileNo	族类型名称 FamilyType Name	横桥向偏距 PJ_HQX /m	横桥向偏角 Angle_HQX /(°)	顺桥向偏移 PY_SQX /m	顺桥向偏角 Angle_SQX /(°)	桩顶高程 H_Top /m	桩底高程 H_Base /m	桩径 D/m	编码 Code	编码描述 Description	建筑材料 Material	图纸版本 Version
23	832.78	桩基础	−1.9	0	0	0	481.475	459.475	1.5	PPHT-R1-ZJC-23#1	PP 互通 R1 匝道桥 23 号墩 1 号桩基础	C30 水下砼	20211202-V1.0
23	832.78	桩基础	1.9	0	0	0	481.475	459.475	1.5	PPHT-R1-ZJC-23#2	PP 互通 R1 匝道桥 23 号墩 2 号桩基础	C30 水下砼	20211202-V1.0
24	857.78	桩基础	−1.9	0	0	0	483.111	458.111	1.5	PPHT-R1-ZJC-24#1	PP 互通 R1 匝道桥 24 号墩 1 号桩基础	C30 水下砼	20211202-V1.0
24	857.78	桩基础	1.9	0	0	0	483.111	458.111	1.5	PPHT-R1-ZJC-24#2	PP 互通 R1 匝道桥 24 号墩 2 号桩基础	C30 水下砼	20211202-V1.0
25	882.78	桩基础	−1.9	0	0	0	477.864	455.864	1.5	PPHT-R1-ZJC-25#1	PP 互通 R1 匝道桥 25 号墩 1 号桩基础	C30 水下砼	20211202-V1.0
25	882.78	桩基础	1.9	0	0	0	477.864	455.864	1.5	PPHT-R1-ZJC-25#2	PP 互通 R1 匝道桥 25 号墩 2 号桩基础	C30 水下砼	20211202-V1.0
26	907.78	桩基础	−1.9	0	0	0	478.559	453.559	1.5	PPHT-R1-ZJC-26#1	PP 互通 R1 匝道桥 26 号墩 1 号桩基础	C30 水下砼	20211202-V1.0
26	907.78	桩基础	1.9	0	0	0	478.559	453.559	1.5	PPHT-R1-ZJC-26#2	PP 互通 R1 匝道桥 26 号墩 2 号桩基础	C30 水下砼	20211202-V1.0
27	932.78	桩基础	−1.9	0	0	0	480.287	455.287	1.5	PPHT-R1-ZJC-27#1	PP 互通 R1 匝道桥 27 号墩 1 号桩基础	C30 水下砼	20211202-V1.0
27	932.78	桩基础	1.9	0	0	0	480.287	455.287	1.5	PPHT-R1-ZJC-27#2	PP 互通 R1 匝道桥 27 号墩 2 号桩基础	C30 水下砼	20211202-V1.0
28	957.81	桩基础	−2.2	0	3.05	0	485.131	468.631	1.5	PPHT-R1-ZJC-28#1	PP 互通 R1 匝道桥 28 号台 1 号桩基础	C30 水下砼	20211202-V1.0
28	957.81	桩基础	2.2	0	3.05	0	485.131	468.631	1.5	PPHT-R1-ZJC-28#2	PP 互通 R1 匝道桥 28 号台 2 号桩基础	C30 水下砼	20211202-V1.0
28	957.81	桩基础	−2.2	0	−0.7	0	485.131	468.631	1.5	PPHT-R1-ZJC-28#3	PP 互通 R1 匝道桥 28 号台 3 号桩基础	C30 水下砼	20211202-V1.0
28	957.81	桩基础	2.2	0	−0.7	0	485.131	468.631	1.5	PPHT-R1-ZJC-28#4	PP 互通 R1 匝道桥 28 号台 4 号桩基础	C30 水下砼	20211202-V1.0

表 B2-3　R1 匝道桥梁承台数据

墩号	桩号 PileNo	族类型名称 FamilyType Name	横桥向偏距/m PJ_HQX /m	横桥向偏角/(°) Angle_HQX /(°)	顺桥向偏移/m PY_SQX /m	顺桥向偏角/(°) Angle_SQX /(°)	承台底高程/m H_base /m	横桥向宽/m W_hqx /m	顺桥向宽/m W_sqx /m	承台高/m H/m	承台顶横坡 i	编码 Code	编码描述 Description	建筑材料 Material	图纸版本 Version
1	250.2	承台	0	0	0	0	485.801	6.3	2.5	2.5	0	PPHT-R1-CT-1#-1	PP 互通 R1 匝道桥 1 号墩 1 号承台	C30 砼	20211202-V1.0
2	275.2	承台	0	0	0	0	486.376	6.3	2.5	2.5	0	PPHT-R1-CT-2#-1	PP 互通 R1 匝道桥 2 号墩 1 号承台	C30 砼	20211202-V1.0
3	300.2	承台	0	0	0	0	486.751	6.3	2.5	2.5	0	PPHT-R1-CT-3#-1	PP 互通 R1 匝道桥 3 号墩 1 号承台	C30 砼	20211202-V1.0
4	325.2	承台	0	0	0	0	487.126	6.3	2.5	2.5	0	PPHT-R1-CT-4#-1	PP 互通 R1 匝道桥 4 号墩 1 号承台	C30 砼	20211202-V1.0
5	350.2	承台	0	0	0	0	487.461	6.3	2.5	2.5	0	PPHT-R1-CT-5#-1	PP 互通 R1 匝道桥 5 号墩 1 号承台	C30 砼	20211202-V1.0
6	375.2	承台	0	0	0	0	487.591	6.3	2.5	2.5	0	PPHT-R1-CT-6#-1	PP 互通 R1 匝道桥 6 号墩 1 号承台	C30 砼	20211202-V1.0
7	400.3	承台	0	0	0	0	487.498	6.3	2.5	2.5	0	PPHT-R1-CT-7#-1	PP 互通 R1 匝道桥 7 号墩 1 号承台	C30 砼	20211202-V1.0
8	432.2	承台	0	0	0	0	487.052	6.3	2.5	2.5	0	PPHT-R1-CT-8#-1	PP 互通 R1 匝道桥 8 号墩 1 号承台	C30 砼	20211202-V1.0
9	464.2	承台	-13.5	0	0	-30	482.365	3	6.3	2.5	0	PPHT-R1-CT-9#-1	PP 互通 R1 匝道桥 9 号墩 1 号承台	C30 砼	20211202-V1.0
9	464.2	承台	9.5	0	0	-27	482.365	3	6.3	2.5	0	PPHT-R1-CT-9#-2	PP 互通 R1 匝道桥 9 号墩 2 号承台	C30 砼	20211202-V1.0

续表 B2-3

墩台号	桩号 PileNo	族类型名称 FamilyType Name	横桥向偏距/m PJ_HQX /m	横桥向偏角/(°) Angle_HQX /(°)	顺桥向偏移/m PY_SQX /m	顺桥向偏角/(°) Angle_SQX /(°)	承台底高程/m H_base /m	横桥向宽/m W_hqx /m	顺桥向宽/m W_sqx /m	承台高/m H/m	承台顶横坡 i	编码 Code	编码描述 Description	建筑材料 Material	图纸版本 Version
10	496.2	承台	0	0	0	0	480.634	6.3	2.5	2.5	0	PPHT-R1-CT-10#1	PP 互通 R1 匝道桥 10 号墩 1 号承台	C30 砼	20211202-V1.0
11	528	承台	0	0	0	0	489.091	6.3	2.5	2.5	0	PPHT-R1-CT-11#1	PP 互通 R1 匝道桥 11 号墩 1 号承台	C30 砼	20211202-V1.0
12	550.2	承台	0	0	0	0	483.883	6.3	2.5	2.5	0	PPHT-R1-CT-12#1	PP 互通 R1 匝道桥 12 号墩 1 号承台	C30 砼	20211202-V1.0
13	585.78	承台	0	0	0	0	482.574	6.3	2.5	2.5	0	PPHT-R1-CT-13#1	PP 互通 R1 匝道桥 13 号墩 1 号承台	C30 砼	20211202-V1.0
14	607.88	承台	0	0	0	0	474.963	6.3	2.5	2.5	0	PPHT-R1-CT-14#1	PP 互通 R1 匝道桥 14 号墩 1 号承台	C30 砼	20211202-V1.0
15	632.78	承台	0	0	0	0	473.924	6.3	2.5	2.5	0	PPHT-R1-CT-15#1	PP 互通 R1 匝道桥 15 号墩 1 号承台	C30 砼	20211202-V1.0
16	657.78	承台	-13.8	0	0	0	473.273	3	6.3	2.5	0	PPHT-R1-CT-16#1	PP 互通 R1 匝道桥 16 号墩 1 号承台	C30 砼	20211202-V1.0
16	657.78	承台	5.4	0	0	0	473.273	3	6.3	2.5	0	PPHT-R1-CT-16#2	PP 互通 R1 匝道桥 16 号墩 2 号承台	C30 砼	20211202-V1.0
17	682.78	承台	0	0	0	0	472.964	6.3	2.5	2.5	0	PPHT-R1-CT-17#1	PP 互通 R1 匝道桥 17 号墩 1 号承台	C30 砼	20211202-V1.0
18	707.78	承台	0	0	0	0	473.587	6.3	2.5	2.5	0	PPHT-R1-CT-18#1	PP 互通 R1 匝道桥 18 号墩 1 号承台	C30 砼	20211202-V1.0

续表 B2-3

墩号号	桩号 PileNo	族类型名称 FamilyType Name	横桥向偏距/m PJ_HQX /m	横桥向偏角/(°) Angle_HQX /(°)	顺桥向偏移/m PY_SQX /m	顺桥向偏角/(°) Angle_SQX /(°)	承台底高程/m H_base /m	横桥向宽/m W_hqx /m	顺桥向宽/m W_sqx /m	承台高/m H/m	承台顶横坡 i	编码 Code	编码描述 Description	建筑材料 Material	图纸版本 Version
19	732.78	承台	0	0	0	0	474.107	6.3	2.5	2.5	0	PPHT-R1-CT-19#1	PP 互通 R1 匝道桥 19 号墩 1 号承台	C30 砼	20211202-V1.0
20	757.78	承台	0	0	0	0	475.856	6.3	2.5	2.5	0	PPHT-R1-CT-20#1	PP 互通 R1 匝道桥 20 号墩 1 号承台	C30 砼	20211202-V1.0
21	782.78	承台	0	0	0	0	480.579	6.3	2.5	2.5	0	PPHT-R1-CT-21#1	PP 互通 R1 匝道桥 21 号墩 1 号承台	C30 砼	20211202-V1.0
22	807.78	承台	0	0	0	0	484.781	6.3	2.5	2.5	0	PPHT-R1-CT-22#1	PP 互通 R1 匝道桥 22 号墩 1 号承台	C30 砼	20211202-V1.0
23	832.78	承台	0	0	0	0	481.475	6.3	2.5	2.5	0	PPHT-R1-CT-23#1	PP 互通 R1 匝道桥 23 号墩 1 号承台	C30 砼	20211202-V1.0
24	857.78	承台	0	0	0	0	483.111	6.3	2.5	2.5	0	PPHT-R1-CT-24#1	PP 互通 R1 匝道桥 24 号墩 1 号承台	C30 砼	20211202-V1.0
25	882.78	承台	0	0	0	0	477.864	6.3	2.5	2.5	0	PPHT-R1-CT-25#1	PP 互通 R1 匝道桥 25 号墩 1 号承台	C30 砼	20211202-V1.0
26	907.78	承台	0	0	0	0	478.559	6.3	2.5	2.5	0	PPHT-R1-CT-26#1	PP 互通 R1 匝道桥 26 号墩 1 号承台	C30 砼	20211202-V1.0
27	932.78	承台	0	0	0	0	480.287	6.3	2.5	2.5	0	PPHT-R1-CT-27#1	PP 互通 R1 匝道桥 27 号墩 1 号承台	C30 砼	20211202-V1.0
28	957.81	承台	0	0	1.175	0	485.131	7	6.25	2.5	0	PPHT-R1-CT-28#1	PP 互通 R1 匝道桥 28 号台 1 号承台	C30 砼	20211202-V1.0

表 B2-4　R1 匝道桥梁墩柱及肋板数据

墩台号	桩号 PileNo	族类型名称 Family Type Name	横桥向偏距/m PJ_HQX/m	横桥向偏角/(°) Angle_HQX/(°)	顺桥向偏移/m PY_SQX/m	顺桥向偏角/(°) Angle_SQX/(°)	结构底高程/m H_base/m	参数名称 Para_Name	参数值 Para_Value	编码 Code	编码描述 Description	建筑材料 Material	图纸版本 Version
1	250.2	花瓶墩	0	0	0	0	488.301	H * L1 * D1 * D3 * Lsc	1.738 * 2 * 1.4 * 2 * 1	PPHT-R1-DZ-1#-1	PP 互通 R1 匝道桥 1 号墩 1 号墩柱	C40 砼	20211202-V1.0
2	275.2	花瓶墩	0	0	0	0	488.876	H * L1 * D1 * D3 * Lsc	1.763 * 2 * 1.4 * 2 * 1	PPHT-R1-DZ-2#-1	PP 互通 R1 匝道桥 2 号墩 1 号墩柱	C40 砼	20211202-V1.0
3	300.2	花瓶墩	0	0	0	0	489.251	H * L1 * D1 * D3 * Lsc	1.988 * 2 * 1.4 * 2 * 1	PPHT-R1-DZ-3#-1	PP 互通 R1 匝道桥 3 号墩 1 号墩柱	C40 砼	20211202-V1.0
4	325.2	花瓶墩	0	0	0	0	489.626	H * L1 * D1 * D3 * Lsc	2.213 * 2 * 1.4 * 2 * 1	PPHT-R1-DZ-4#-1	PP 互通 R1 匝道桥 4 号墩 1 号墩柱	C40 砼	20211202-V1.0
5	350.2	花瓶墩	0	0	0	0	489.961	H * L1 * D1 * D3 * Lsc	2.478 * 2 * 1.4 * 2 * 1	PPHT-R1-DZ-5#-1	PP 互通 R1 匝道桥 5 号墩 1 号墩柱	C40 砼	20211202-V1.0
6	375.2	花瓶墩	0	0	0	0	490.091	H * L1 * D1 * D3 * Lsc	2.948 * 2 * 1.4 * 2 * 1	PPHT-R1-DZ-6#-1	PP 互通 R1 匝道桥 6 号墩 1 号墩柱	C40 砼	20211202-V1.0
7	400.3	花瓶墩	0	0	0	0	489.998	H * L1 * D1 * D3 * Lsc	3.443 * 2.5 * 1.4 * 2 * 1	PPHT-R1-DZ-7#-1	PP 互通 R1 匝道桥 7 号墩 1 号墩柱	C40 砼	20211202-V1.0
8	432.2	花瓶墩	0	0	0	0	489.552	H * L1 * D1 * D3 * Lsc	4.593 * 2.5 * 1.4 * 2 * 1	PPHT-R1-DZ-8#-1	PP 互通 R1 匝道桥 8 号墩 1 号墩柱	C40 砼	20211202-V1.0
9	464.2	圆柱墩	-13.5	0	0	-30	484.865	H * D	11.929 * 1.8	PPHT-R1-DZ-9#-1	PP 互通 R1 匝道桥 9 号墩 1 号墩柱	C40 砼	20211202-V1.0
9	464.2	圆柱墩	9.5	0	0	-27	484.865	H * D	11.929 * 1.8	PPHT-R1-DZ-9#-2	PP 互通 R1 匝道桥 9 号墩 2 号墩柱	C40 砼	20211202-V1.0
10	496.2	花瓶墩	0	0	0	0	483.134	H * L1 * D1 * D3 * Lsc	11.939 * 2.5 * 1.4 * 2 * 1	PPHT-R1-DZ-10#-1	PP 互通 R1 匝道桥 10 号墩 1 号墩柱	C40 砼	20211202-V1.0

续表 B2-4

墩台号	桩号 PileNo	族类型名称 Family Type Name	横桥向偏距/m PJ_HQX/m	横桥向偏角/(°) Angle_HQX/(°)	顺桥向偏移/m PY_SQX/m	顺桥向偏角/(°) Angle_SQX/(°)	结构底高程/m H_base/m	参数名称 Para_Name	参数值 Para_Value	编码 Code	编码描述 Description	建筑材料 Material	图纸版本 Version
11	528	花瓶墩	0	0	0	0	491.591	H * L1 * D1 * D3 * Lsc	2.972 * 2.5 * 1.4 * 2 * 1	PPHT-R1-DZ-11#-1	PP 互通 R1 匝道桥 11 号墩 1 号墩柱	C40 砼	20211202-V1.0
12	550.2	花瓶墩	0	0	0	0	486.383	H * L1 * D1 * D3 * Lsc	7.949 * 2.5 * 1.4 * 2 * 1	PPHT-R1-DZ-12#-1	PP 互通 R1 匝道桥 12 号墩 1 号墩柱	C40 砼	20211202-V1.0
13	585.78	花瓶墩	0	0	0	0	485.074	H * L1 * D1 * D3 * Lsc	8.617 * 2.5 * 1.4 * 2 * 1	PPHT-R1-DZ-13#-1	PP 互通 R1 匝道桥 13 号墩 1 号墩柱	C40 砼	20211202-V1.0
14	607.88	花瓶墩	0	0	0	0	477.463	H * L1 * D1 * D3 * Lsc	15.809 * 2.5 * 1.4 * 2 * 1	PPHT-R1-DZ-14#-1	PP 互通 R1 匝道桥 14 号墩 1 号墩柱	C40 砼	20211202-V1.0
15	632.78	花瓶墩	0	0	0	0	476.424	H * L1 * D1 * D3 * Lsc	17.09 * 2 * 1.4 * 2 * 1	PPHT-R1-DZ-15#-1	PP 互通 R1 匝道桥 15 号墩 1 号墩柱	C40 砼	20211202-V1.0
16	657.78	花瓶墩	-13.8	0	0	0	475.773	H * L1 * D1 * D3 * Lsc	16.52 * 1.8 * 1.4 * 2.2 * 0	PPHT-R1-DZ-16#-1	PP 互通 R1 匝道桥 16 号墩 1 号墩柱	C40 砼	20211202-V1.0
16	657.78	花瓶墩	5.4	0	0	0	475.773	H * L1 * D1 * D3 * Lsc	16.52 * 1.8 * 1.4 * 2.2 * 0	PPHT-R1-DZ-16#-2	PP 互通 R1 匝道桥 16 号墩 2 号墩柱	C40 砼	20211202-V1.0
17	682.78	花瓶墩	0	0	0	0	475.464	H * L1 * D1 * D3 * Lsc	17.114 * 2 * 1.4 * 2 * 1	PPHT-R1-DZ-17#-1	PP 互通 R1 匝道桥 17 号墩 1 号墩柱	C40 砼	20211202-V1.0
18	707.78	花瓶墩	0	0	0	0	476.087	H * L1 * D1 * D3 * Lsc	16.016 * 2 * 1.4 * 2 * 1	PPHT-R1-DZ-18#-1	PP 互通 R1 匝道桥 18 号墩 1 号墩柱	C40 砼	20211202-V1.0
19	732.78	花瓶墩	0	0	0	0	476.607	H * L1 * D1 * D3 * Lsc	15.021 * 2 * 1.4 * 2 * 1	PPHT-R1-DZ-19#-1	PP 互通 R1 匝道桥 19 号墩 1 号墩柱	C40 砼	20211202-V1.0
20	757.78	花瓶墩	0	0	0	0	478.356	H * L1 * D1 * D3 * Lsc	12.797 * 2 * 1.4 * 2 * 1	PPHT-R1-DZ-20#-1	PP 互通 R1 匝道桥 20 号墩 1 号墩柱	C40 砼	20211202-V1.0

续表 B2-4

墩台号	桩号 PileNo	族类型 名称 Family Type Name	横桥向 偏距 /m PJ_ HQX /m	横桥向 偏角 /(°) Angle_ HQX /(°)	顺桥向 偏移 /m PY_ SQX/m	顺桥向 偏角 /(°) Angle_ SQX /(°)	结构底 高程/m H_base /m	参数名称 Para_Name	参数值 Para_Value	编码 Code	编码描述 Description	建筑 材料 Material	图纸版本 Version
21	782.78	花瓶墩	0	0	0	0	483.079	H * L1 * D1 * D3 * Lsc	7.599 * 2 * 1.4 * 2 * 1	PPHT-R1-DZ-21#1	PP 互通 R1 匝道桥 21 号墩 1 号墩柱	C40 砼	20211202-V1.0
22	807.78	花瓶墩	0	0	0	0	487.281	H * L1 * D1 * D3 * Lsc	2.922 * 2 * 1.4 * 2 * 1	PPHT-R1-DZ-22#1	PP 互通 R1 匝道桥 22 号墩 1 号墩柱	C40 砼	20211202-V1.0
23	832.78	花瓶墩	0	0	0	0	483.975	H * L1 * D1 * D3 * Lsc	5.753 * 2 * 1.4 * 2 * 1	PPHT-R1-DZ-23#1	PP 互通 R1 匝道桥 23 号墩 1 号墩柱	C40 砼	20211202-V1.0
24	857.78	花瓶墩	0	0	0	0	485.611	H * L1 * D1 * D3 * Lsc	3.642 * 2 * 1.4 * 2 * 1	PPHT-R1-DZ-24#1	PP 互通 R1 匝道桥 24 号墩 1 号墩柱	C40 砼	20211202-V1.0
25	882.78	花瓶墩	0	0	0	0	480.364	H * L1 * D1 * D3 * Lsc	8.551 * 2 * 1.4 * 2 * 1	PPHT-R1-DZ-25#1	PP 互通 R1 匝道桥 25 号墩 1 号墩柱	C40 砼	20211202-V1.0
26	907.78	花瓶墩	0	0	0	0	481.059	H * L1 * D1 * D3 * Lsc	7.894 * 2 * 1.4 * 2 * 1	PPHT-R1-DZ-26#1	PP 互通 R1 匝道桥 26 号墩 1 号墩柱	C40 砼	20211202-V1.0
27	932.78	花瓶墩	0	0	0	0	482.787	H * L1 * D1 * D3 * Lsc	6.585 * 2 * 1.4 * 2 * 1	PPHT-R1-DZ-27#1	PP 互通 R1 匝道桥 27 号墩 1 号墩柱	C40 砼	20211202-V1.0
28	957.81	肋板	-2.2	0	0	180	487.631	H * i	2.65 * 1.5	PPHT-R1-LB-28#1	PP 互通 R1 匝道桥 28 号台 1 号肋板	C40 砼	20211202-V1.0
28	957.81	肋板	2.2	0	0	180	487.631	H * i	2.584 * 1.5	PPHT-R1-LB-28#2	PP 互通 R1 匝道桥 28 号台 2 号肋板	C40 砼	20211202-V1.0

表 B2-5　R1 匝道桥梁盖梁及桥台数据

墩台号	桩号 PileNo	族类型名称 Family Type Name	横桥向偏距/m PJ_HQX/m	横桥向偏角/(°) Angle_HQX/(°)	顺桥向偏移/m PY_SQX/m	顺桥向偏角/(°) Angle_SQX/m	结构底高程/m H_base/m	参数名称 Para_Name	参数值 Para_Value	编码 Code	编码描述 Description	建筑材料 Material	图纸版本 Version
0	225.17	桥台	0	0	0	0	489.53	Type_S * EQ_Z * EQ_Y * i	1 * 0 * 0 * -1.5	PPHT-R1-QTD-0#-1	PP 互通 R1 匝道桥 0号台 1 号桥台	C30 砼	20211202-V1.0
1	250.2	盖梁	0	0	0	0	490.039	Lz * Ly * Ldk_Start * Ldk_End * D_Start * D_End * H_Start * H_End * Lsc * HaveDK * L3 * i	2.8 * 2.8 * 5.6 * 5.6 * 1 * 1 * 1.6 * 1.6 * 1 * 1 * 3.6 * -1.5	PPHT-R1-GL-1#-1	PP 互通 R1 匝道桥 1 号墩 1 号盖梁	C40 砼	20211202-V1.0
2	275.2	盖梁	0	0	0	0	490.639	Lz * Ly * Ldk_Start * Ldk_End * D_Start * D_End * H_Start * H_End * Lsc * HaveDK * L3 * i	2.8 * 2.8 * 5.6 * 5.6 * 1 * 1 * 1.6 * 1.6 * 1 * 1 * 3.6 * -1.5	PPHT-R1-GL-2#-1	PP 互通 R1 匝道桥 2 号墩 1 号盖梁	C40 砼	20211202-V1.0
3	300.2	盖梁	0	0	0	0	491.239	Lz * Ly * Ldk_Start * Ldk_End * D_Start * D_End * H_Start * H_End * Lsc * HaveDK * L3 * i	2.8 * 2.8 * 5.6 * 5.6 * 1.1 * 1.1 * 1.6 * 1.6 * 1 * 1 * 3.6 * -1.5	PPHT-R1-GL-3#-1	PP 互通 R1 匝道桥 3 号墩 1 号盖梁	C40 砼	20211202-V1.0
4	325.2	盖梁	0	0	0	0	491.839	Lz * Ly * Ldk_Start * Ldk_End * D_Start * D_End * H_Start * H_End * Lsc * HaveDK * L3 * i	2.8 * 2.8 * 5.6 * 5.6 * 1 * 1 * 1.6 * 1.6 * 1 * 1 * 3.6 * -1.5	PPHT-R1-GL-4#-1	PP 互通 R1 匝道桥 4 号墩 1 号盖梁	C40 砼	20211202-V1.0
5	350.2	盖梁	0	0	0	0	492.439	Lz * Ly * Ldk_Start * Ldk_End * D_Start * D_End * H_Start * H_End * Lsc * HaveDK * L3 * i	2.8 * 2.8 * 5.6 * 5.6 * 1 * 1 * 1.6 * 1.6 * 1 * 1 * 3.6 * -1.5	PPHT-R1-GL-5#-1	PP 互通 R1 匝道桥 5 号墩 1 号盖梁	C40 砼	20211202-V1.0

续表 B2-5

墩台号	桩号 PileNo	族类型名称 Family Type Name	横桥向偏距/m PJ_HQX /m	横桥向偏角/(°) Angle_HQX /(°)	顺桥向偏移/m PY_SQX /m	顺桥向偏角/(°) Angle_SQX /m	结构底高程/m H_base /m	参数名称 Para_Name	参数值 Para_Value	编码 Code	编码描述 Description	建筑材料 Material	图纸版本 Version
6	375.2	盖梁	0	0	0	0	493.039	Lz * Ly * Ldk_Start * Ldk_End * D_Start * D_End * H_Start * H_End * Lsc * HaveDK * L3 * i	2.8 * 2.8 * 5.6 * 5.6 * 1 * 1 * 1.6 * 1.6 * 1 * 1 * 3.6 * -1.5	PPHT-R1-GL-6#-1	PP 互通 R1 匝道桥 6 号墩 1 号盖梁	C40 砼	20211202-V1.0
7	400.3	盖梁	0	0	0	0	493.441	Lz * Ly * Ldk_Start * Ldk_End * D_Start * D_End * H_Start * H_End * Lsc * HaveDK * L3 * i	2.8 * 2.8 * 5.6 * 5.6 * 1.1 * 1.4 * 1.8 * 1.6 * 1 * 1 * 4.1 * -1.5	PPHT-R1-GL-7#-1	PP 互通 R1 匝道桥 7 号墩 1 号盖梁	C40 砼	20211202-V1.0
8	432.2	盖梁	0	0	0	0	494.145	Lz * Ly * Ldk_Start * Ldk_End * D_Start * D_End * H_Start * H_End * Lsc * HaveDK * L3 * i	2.8 * 2.8 * 5.6 * 5.6 * 1 * 1 * 1.6 * 1.6 * 1 * 1 * 4.1 * 1.932	PPHT-R1-GL-8#-1	PP 互通 R1 匝道桥 8 号墩 1 号盖梁	C40 砼	20211202-V1.0
9	464.2	盖梁	0	0	0	0	496.794	Lz * Ly * D_Start * D_End * H_Start * H_End * Lsc * Have DK * L3 * i	14.4 * 10.4 * 1.5 * 1.5 * 1.504 * 1.054 * 0 * 0 * 2	PPHT-R1-GL-9#-1	PP 互通 R1 匝道桥 9 号墩 1 号盖梁	C40 砼	20211202-V1.0
10	496.2	盖梁	0	0	0	0	495.073	Lz * Ly * Ldk_Start * Ldk_End * D_Start * D_End * H_Start * H_End * Lsc * HaveDK * L3 * i	2.8 * 2.8 * 5.6 * 5.6 * 1 * 1 * 1.6 * 1.6 * 1 * 1 * 4.1 * 2	PPHT-R1-GL-10#-1	PP 互通 R1 匝道桥 10 号墩 1 号盖梁	C40 砼	20211202-V1.0

续表 B2-5

墩台号	桩号 PileNo	族类型名称 Family Type Name	横桥向偏距 PJ_HQX /m	横桥向偏角 Angle_HQX /(°)	顺桥向偏移 PY_SQX /m	顺桥向偏角 Angle_SQX /m	结构底高程 H_base /m	参数名称 Para_Name	参数值 Para_Value	编码 Code	编码描述 Description	建筑材料 Material	图纸版本 Version
11	528	盖梁	0	0	0	0	494.563	Lz * Ly * Ldk_Start * Ldk_End * D_Start * D_End * H_Start * H_End * Lsc * HaveDK * L3 * i	3.55 * 3.55 * 5.6 * 7.1 * 1.5 * 1.1 * 2.1 * 1.6 * 1 * 1 * 4.1 * 2	PPHT-R1-GL-11#1	PP 互通 R1 匝道桥 11 号墩 1 号盖梁	C40 砼	20211202-V1.0
12	550.2	盖梁	0	0	0	0	494.332	Lz * Ly * Ldk_Start * Ldk_End * D_Start * D_End * H_Start * H_End * Lsc * HaveDK * L3 * i	3.55 * 3.55 * 7.1 * 7.1 * 1 * 1 * 1.6 * 1.6 * 1 * 1 * 4.1 * 2	PPHT-R1-GL-12#1	PP 互通 R1 匝道桥 12 号墩 1 号盖梁	C40 砼	20211202-V1.0
13	585.78	盖梁	0	0	0	0	493.691	Lz * Ly * Ldk_Start * Ldk_End * D_Start * D_End * H_Start * H_End * Lsc * HaveDK * L3 * i	3.55 * 3.55 * 7.1 * 7.1 * 1 * 1 * 1.6 * 1.6 * 1 * 1 * 4.1 * 2	PPHT-R1-GL-13#1	PP 互通 R1 匝道桥 13 号墩 1 号盖梁	C40 砼	20211202-V1.0
14	607.88	盖梁	0	0	0	0	493.272	Lz * Ly * Ldk_Start * Ldk_End * D_Start * D_End * H_Start * H_End * Lsc * HaveDK * L3 * i	3.55 * 5.6 * 1.1 * 1.3 * 1.6 * 2.3 * 1 * 1 * 4.1 * 2	PPHT-R1-GL-14#1	PP 互通 R1 匝道桥 14 号墩 1 号盖梁	C40 砼	20211202-V1.0
15	632.78	盖梁	0	0	0	0	493.514	Lz * Ly * Ldk_Start * Ldk_End * D_Start * D_End * H_Start * H_End * Lsc * HaveDK * L3 * i	2.8 * 2.8 * 5.6 * 5.6 * 1 * 1.6 * 1.6 * 1 * 1 * 3.6 * 2	PPHT-R1-GL-15#1	PP 互通 R1 匝道桥 15 号墩 1 号盖梁	C40 砼	20211202-V1.0
16	657.78	盖梁	0	0	0	0	492.293	Lz * Ly * Ldk_Start * Ldk_End * D_Start * D_End * H_Start * H_End * Lsc * HaveDK * i	15.5 * 7.1 * 5.6 * 5.6 * 1.2 * 1.2 * 2.2 * 2.2 * 0 * 1.301	PPHT-R1-GL-16#1	PP 互通 R1 匝道桥 16 号墩 1 号盖梁	C40 砼	20211202-V1.0

续表 B2-5

墩台号	桩号 PileNo	族类型名称 Family Type Name	横桥向偏距 /m PJ_HQX /m	横桥向偏角 /(°) Angle_HQX /(°)	顺桥向偏移 /m PY_SQX /m	顺桥向偏角 /(°) Angle_SQX /m	结构底高程/m H_base /m	参数名称 Para_Name	参数值 Para_Value	编码 Code	编码描述 Description	建筑材料 Material	图纸版本 Version
17	682.78	盖梁	0	0	0	0	492.578	Lz * Ly * Ldk_Start * Ldk_End * D_Start * D_End * H_Start * H_End * Lsc * HaveDK * L3 * i	2.8 * 2.8 * 5.6 * 5.6 * 1 * 1 * 1.6 * 1.6 * 1 * 1 * 3.6 * -1.5	PPHT-R1-GL-17#1	PP 互通 R1 匝道桥 17 号墩 1 号盖梁	C40 砼	20211202-V1.0
18	707.78	盖梁	0	0	0	0	492.103	Lz * Ly * Ldk_Start * Ldk_End * D_Start * D_End * H_Start * H_End * Lsc * HaveDK * L3 * i	2.8 * 2.8 * 5.6 * 5.6 * 1.1 * 1.1 * 1.6 * 1.6 * 1 * 1 * 3.6 * -1.5	PPHT-R1-GL-18#1	PP 互通 R1 匝道桥 18 号墩 1 号盖梁	C40 砼	20211202-V1.0
19	732.78	盖梁	0	0	0	0	491.628	Lz * Ly * Ldk_Start * Ldk_End * D_Start * D_End * H_Start * H_End * Lsc * HaveDK * L3 * i	2.8 * 2.8 * 5.6 * 5.6 * 1 * 1 * 1.6 * 1.6 * 1 * 1 * 3.6 * -1.5	PPHT-R1-GL-19#1	PP 互通 R1 匝道桥 19 号墩 1 号盖梁	C40 砼	20211202-V1.0
20	757.78	盖梁	0	0	0	0	491.153	Lz * Ly * Ldk_Start * Ldk_End * D_Start * D_End * H_Start * H_End * Lsc * HaveDK * L3 * i	2.8 * 2.8 * 5.6 * 5.6 * 1 * 1 * 1.6 * 1.6 * 1 * 1 * 3.6 * -1.5	PPHT-R1-GL-20#1	PP 互通 R1 匝道桥 20 号墩 1 号盖梁	C40 砼	20211202-V1.0
21	782.78	盖梁	0	0	0	0	490.678	Lz * Ly * Ldk_Start * Ldk_End * D_Start * D_End * H_Start * H_End * Lsc * HaveDK * L3 * i	2.8 * 2.8 * 5.6 * 5.6 * 1 * 1 * 1.6 * 1.6 * 1 * 1 * 3.6 * -1.5	PPHT-R1-GL-21#1	PP 互通 R1 匝道桥 21 号墩 1 号盖梁	C40 砼	20211202-V1.0
22	807.78	盖梁	0	0	0	0	490.203	Lz * Ly * Ldk_Start * Ldk_End * D_Start * D_End * H_Start * H_End * Lsc * HaveDK * L3 * i	2.8 * 2.8 * 5.6 * 5.6 * 1.1 * 1.1 * 1.6 * 1.6 * 1 * 1 * 3.6 * -1.5	PPHT-R1-GL-22#1	PP 互通 R1 匝道桥 22 号墩 1 号盖梁	C40 砼	20211202-V1.0

续表 B2-5

墩台号	桩号 PileNo	族类型 名称 Family Type Name	横桥向 偏距 /m PJ_ HQX /m	横桥向 偏角 /(°) Angle_ HQX /(°)	顺桥向 偏移 /m PY_ SQX /m	顺桥向 偏角 /(°) Angle_ SQX /m	结构底 高程/m H_base /m	参数名称 Para_Name	参数值 Para_Value	编码 Code	编码描述 Description	建筑 材料 Material	图纸版本 Version
23	832.78	盖梁	0	0	0	0	489.728	Lz * Ly * Ldk_Start * Ldk_End * D_Start * D_ End * H_Start * H_End * Lsc * HaveDK * L3 * i	2.8 * 2.8 * 5.6 * 5.6 * 1 * 1 * 1.6 * 1.6 * 1 * 1 * 3.6 * -1.5	PPHT-R1- GL-23#+1	PP 互通 R1 匝道桥 23 号墩 1 号盖梁	C40 砼	20211202-V1.0
24	857.78	盖梁	0	0	0	0	489.253	Lz * Ly * Ldk_Start * Ldk_End * D_Start * D_ End * H_Start * H_End * Lsc * HaveDK * L3 * i	2.8 * 2.8 * 5.6 * 5.6 * 1 * 1 * 1.6 * 1.6 * 1 * 1 * 3.6 * -1.5	PPHT-R1- GL-24#+1	PP 互通 R1 匝道桥 24 号墩 1 号盖梁	C40 砼	20211202-V1.0
25	882.78	盖梁	0	0	0	0	488.915	Lz * Ly * Ldk_Start * Ldk_End * D_Start * D_ End * H_Start * H_End * Lsc * HaveDK * L3 * i	2.8 * 2.8 * 5.6 * 5.6 * 1.1 * 1.1 * 1.6 * 1.6 * 1 * 1 * 3.6 * -1.5	PPHT-R1- GL-25#+1	PP 互通 R1 匝道桥 25 号墩 1 号盖梁	C40 砼	20211202-V1.0
26	907.78	盖梁	0	0	0	0	488.953	Lz * Ly * Ldk_Start * Ldk_End * D_Start * D_ End * H_Start * H_End * Lsc * HaveDK * L3 * i	2.8 * 2.8 * 5.6 * 5.6 * 1 * 1 * 1.6 * 1.6 * 1 * 1 * 3.6 * -1.5	PPHT-R1- GL-26#+1	PP 互通 R1 匝道桥 26 号墩 1 号盖梁	C40 砼	20211202-V1.0
27	932.78	盖梁	0	0	0	0	489.372	Lz * Ly * Ldk_Start * Ldk_End * D_Start * D_ End * H_Start * H_End * Lsc * HaveDK * L3 * i	2.8 * 2.8 * 5.6 * 5.6 * 1 * 1 * 1.6 * 1.6 * 1 * 1 * 3.6 * -1.5	PPHT-R1- GL-27#+1	PP 互通 R1 匝道桥 27 号墩 1 号盖梁	C40 砼	20211202-V1.0
28	957.81	桥台	0	0	0	0	490.248	Type_S * EQ_Z * EQ_Y * i	0 * 0 * 1 * -1.5	PPHT-R1- QTD-28#+1	PP 互通 R1 匝道桥 28 号台 1 号桥台	C30 砼	20211202-V1.0

附录 2　Excel 数据编制

表 B2-6　R1 匝道桥梁支座垫石数据

墩台号	族类型名称 FamilyType Name	盖梁/台帽中心高度/m H_base/m	最左垫石偏距/m PJ_left/m	垫石顺桥向偏移/m PY_dsz u/m	垫石间距/m Dis/m	盖梁/台帽顶横坡值 _i	垫石支座组合高/m H_dsz/m	支座高/m H_zz/m	横桥向宽/m W_hqx/m	顺桥向宽/m W_sqx/m	编码前缀 Code_pr	编码描述前缀 Description_pr	建筑材料 Material	图纸版本 Version
0	支座垫石	1.5	-1.65	-0.63	3.3	-1.5	0.4	0.115	0.7	0.7	PPHT-R1-ZZDS-6#	PP 互通 R1 匝道桥 0 号台	C40 砼	20211202-V1.0
1	支座垫石	1.642	-1.65	0	3.3	-1.5	0.35	0.15	0.9	0.9	PPHT-R1-ZZDS-7#	PP 互通 R1 匝道桥 1 号墩	C40 砼	20211202-V1.0
2	支座垫石	1.642	-1.65	0	3.3	-1.5	0.35	0.14	0.9	0.9	PPHT-R1-ZZDS-7#	PP 互通 R1 匝道桥 2 号墩	C40 砼	20211202-V1.0
3	支座垫石	1.642	-1.65	0.6	3.3	-1.5	0.336	0.115	0.7	0.7	PPHT-R1-ZZDS-8#	PP 互通 R1 匝道桥 3 号墩	C40 砼	20211202-V1.0
3	支座垫石	1.642	-1.65	-0.6	3.3	-1.5	0.364	0.115	0.7	0.7	PPHT-R1-ZZDS-10#	PP 互通 R1 匝道桥 3 号墩	C40 砼	20211202-V1.0
4	支座垫石	1.642	-1.65	0	3.3	-1.5	0.35	0.15	0.9	0.9	PPHT-R1-ZZDS-11#	PP 互通 R1 匝道桥 4 号墩	C40 砼	20211202-V1.0
5	支座垫石	1.642	-1.65	0	3.3	-1.5	0.35	0.14	0.9	0.9	PPHT-R1-ZZDS-11#	PP 互通 R1 匝道桥 5 号墩	C40 砼	20211202-V1.0
6	支座垫石	1.642	-1.65	0	3.3	-1.5	0.35	0.15	0.9	0.9	PPHT-R1-ZZDS-12#	PP 互通 R1 匝道桥 6 号墩	C40 砼	20211202-V1.0
7	支座垫石	1.842	-1.65	0.5	3.3	-1.5	0.35	0.115	0.7	0.7	PPHT-R1-ZZDS-13#	PP 互通 R1 匝道桥 7 号墩	C40 砼	20211202-V1.0
7	支座垫石	1.642	-1.65	-0.7	3.3	-1.5	0.333	0.13	0.8	0.8	PPHT-R1-ZZDS-14#	PP 互通 R1 匝道桥 7 号墩	C40 砼	20211202-V1.0
8	支座垫石	1.654096	-1.65	0	3.3	1.932	0.362	0.115	1	1	PPHT-R1-ZZDS-14#	PP 互通 R1 匝道桥 8 号墩	C40 砼	20211202-V1.0
10	支座垫石	1.656	-1.65	0	3.3	2	0.4	0.17	1	1	PPHT-R1-ZZDS-15#	PP 互通 R1 匝道桥 10 号墩	C40 砼	20211202-V1.0

续表 B2-6

墩台号	族类型名称 FamilyType Name	盖梁台帽中心高度/m H_base /m	最左垫石偏距/m PJ_left /m	垫石顺桥向偏移/m PY_dsz/m	垫石间距/m Dis /m	盖梁/台帽顶横坡值 i	垫石支座组合高/m H_dssz /m	支座高/m H_zz /m	横桥向宽/m W_hqx /m	顺桥向宽/m W_sqx /m	编码前缀 Code_pr	编码描述前缀 Description_pr	建筑材料 Material	图纸版本 Version
11	支座垫石	2.171	-1.65	0.4	3.3	2	0.353	0.13	0.8	0.8	PPHT-R1-ZZDS-16#	PP 互通 R1 匝道桥 11 号墩	C40 砼	20211202-V1.0
11	支座垫石	1.671	-2.64	-0.8	1.08 * 3.12 * 1.08	2	0.465	0.159	0.7	0.7	PPHT-R1-ZZDS-17#	PP 互通 R1 匝道桥 11 号墩	C40 砼	20211202-V1.0
12	支座垫石	1.671	-2.64	0	1.08 * 3.12 * 1.08	2	0.47	0.173	0.8	0.8	PPHT-R1-ZZDS-18#	PP 互通 R1 匝道桥 12 号墩	C40 砼	20211202-V1.0
13	支座垫石	1.671	-2.64	0	1.08 * 3.12 * 1.08	2	0.47	0.173	0.8	0.8	PPHT-R1-ZZDS-18#	PP 互通 R1 匝道桥 13 号墩	C40 砼	20211202-V1.0
14	支座垫石	1.671	-2.64	0.7	1.08 * 3.12 * 1.08	2	0.483	0.159	0.7	0.7	PPHT-R1-ZZDS-19#	PP 互通 R1 匝道桥 14 号墩	C40 砼	20211202-V1.0
14	支座垫石	2.371	-1.65	-0.5	3.3	2	0.341	0.115	0.7	0.7	PPHT-R1-ZZDS-20#	PP 互通 R1 匝道桥 14 号墩	C40 砼	20211202-V1.0
15	支座垫石	1.656	-1.65	0	3.3	2	0.35	0.15	0.9	0.9	PPHT-R1-ZZDS-21#	PP 互通 R1 匝道桥 15 号墩	C40 砼	20211202-V1.0
16	支座垫石	2.401655	-1.65	0	3.3	1.301	0.35	0.115	0.7	0.7	PPHT-R1-ZZDS-22#	PP 互通 R1 匝道桥 16 号墩	C40 砼	20211202-V1.0
17	支座垫石	1.642	-1.65	0.6	3.3	-1.5	0.35	0.15	0.9	0.9	PPHT-R1-ZZDS-22#	PP 互通 R1 匝道桥 17 号墩	C40 砼	20211202-V1.0
18	支座垫石	1.642	-1.65	-0.6	3.3	-1.5	0.361	0.115	0.7	0.7	PPHT-R1-ZZDS-23#	PP 互通 R1 匝道桥 18 号墩	C40 砼	20211202-V1.0
18	支座垫石	1.642	-1.65	0	3.3	-1.5	0.339	0.115	0.7	0.7	PPHT-R1-ZZDS-24#	PP 互通 R1 匝道桥 18 号墩	C40 砼	20211202-V1.0
19	支座垫石	1.642	-1.65	0	3.3	-1.5	0.35	0.15	0.9	0.9	PPHT-R1-ZZDS-25#	PP 互通 R1 匝道桥 19 号墩	C40 砼	20211202-V1.0

续表 B2-6

墩台号	族类型名称 FamilyType Name	盖梁/台帽中心高度/m H_base /m	最左垫石偏距/m PJ_left /m	垫石顺桥向偏移/m PY_dsz x/m	垫石间距/m Dis /m	盖梁/台帽顶横坡值 _j	垫石支座组合高/m H_dszz /m	支座高/m H_zz /m	横桥向宽/m W_hqx /m	顺桥向宽/m W_sqx /m	编码前缀 Code_pr	编码描述前缀 Description_pr	建筑材料 Material	图纸版本 Version
20	支座垫石	1.642	-1.65	0	3.3	-1.5	0.35	0.14	0.9	0.9	PPHT-R1-ZZDS-25#	PP 互通 R1 匝道桥 20 号墩	C40 砼	20211202-V1.0
21	支座垫石	1.642	-1.65	0	3.3	-1.5	0.35	0.15	0.9	0.9	PPHT-R1-ZZDS-26#	PP 互通 R1 匝道桥 21 号墩	C40 砼	20211202-V1.0
22	支座垫石	1.642	-1.65	0.6	3.3	-1.5	0.361	0.115	0.7	0.7	PPHT-R1-ZZDS-27#	PP 互通 R1 匝道桥 22 号墩	C40 砼	20211202-V1.0
22	支座垫石	1.642	-1.65	-0.6	3.3	-1.5	0.339	0.115	0.7	0.7	PPHT-R1-ZZDS-28#	PP 互通 R1 匝道桥 22 号墩	C40 砼	20211202-V1.0
23	支座垫石	1.642	-1.65	0	3.3	-1.5	0.35	0.15	0.9	0.9	PPHT-R1-ZZDS-6#	PP 互通 R1 匝道桥 23 号墩	C40 砼	20211202-V1.0
24	支座垫石	1.642	-1.65	0.6	3.3	-1.5	0.35	0.14	0.9	0.9	PPHT-R1-ZZDS-7#	PP 互通 R1 匝道桥 24 号墩	C40 砼	20211202-V1.0
25	支座垫石	1.642	-1.65	-0.6	3.3	-1.5	0.354	0.115	0.7	0.7	PPHT-R1-ZZDS-7#	PP 互通 R1 匝道桥 25 号墩	C40 砼	20211202-V1.0
25	支座垫石	1.642	-1.65	0	3.3	-1.5	0.346	0.115	0.7	0.7	PPHT-R1-ZZDS-8#	PP 互通 R1 匝道桥 25 号墩	C40 砼	20211202-V1.0
26	支座垫石	1.642	-1.65	0	3.3	-1.5	0.35	0.15	0.9	0.9	PPHT-R1-ZZDS-10#	PP 互通 R1 匝道桥 26 号墩	C40 砼	20211202-V1.0
27	支座垫石	1.642	-1.65	0	3.3	-1.5	0.35	0.14	0.9	0.9	PPHT-R1-ZZDS-11#	PP 互通 R1 匝道桥 27 号墩	C40 砼	20211202-V1.0
28	支座垫石	1.5	-1.65	0.63	3.3	-1.5	0.4	0.115	0.7	0.7	PPHT-R1-ZZDS-11#	PP 互通 R1 匝道桥 28 号台	C40 砼	20211202-V1.0

表 B2-7 R1 匝道桥梁支座数据

墩台号	族类型名称 FamilyType Name	盖梁/台帽中心高度 H_base /m	最左支座偏距 PJ_left /m	支座顺桥向偏移 PY_dssz /m	支座间距 Dis /m	盖梁/台帽顶横坡值 i	垫石支座组合高 H_dsszz /m	支座高 H_zz /m	编码前缀 Code_pr	编码描述前缀 Description_pr	建筑材料 Material	图纸版本 Version
0	GPZ(II)3.5DX	1.5	-1.65	-0.63	3.3	-1.5	0.4	0.115	PPHT-R1-ZZ-0#-	PP 互通 R1 匝道桥 0 号墩	金属	20211202-V1.0
1	GPZ(II)6.0DX	1.642	-1.65	0	3.3	-1.5	0.35	0.15	PPHT-R1-ZZ-1#-	PP 互通 R1 匝道桥 1 号墩	金属	20211202-V1.0
2	GPZ(II)6.0GD	1.642	-1.65	0	3.3	-1.5	0.35	0.14	PPHT-R1-ZZ-2#-	PP 互通 R1 匝道桥 2 号墩	金属	20211202-V1.0
3	GPZ(II)3.5DX	1.642	-1.65	0.6	3.3	-1.5	0.336	0.115	PPHT-R1-ZZ-3#-	PP 互通 R1 匝道桥 3 号墩	金属	20211202-V1.0
3	GPZ(II)3.5DX	1.642	-1.65	-0.6	3.3	-1.5	0.364	0.115	PPHT-R1-ZZ-3#-	PP 互通 R1 匝道桥 3 号墩	金属	20211202-V1.0
4	GPZ(II)6.0DX	1.642	-1.65	0	3.3	-1.5	0.35	0.15	PPHT-R1-ZZ-4#-	PP 互通 R1 匝道桥 4 号墩	金属	20211202-V1.0
5	GPZ(II)6.0GD	1.642	-1.65	0	3.3	-1.5	0.35	0.14	PPHT-R1-ZZ-5#-	PP 互通 R1 匝道桥 5 号墩	金属	20211202-V1.0
6	GPZ(II)6.0DX	1.642	-1.65	0	3.3	-1.5	0.35	0.15	PPHT-R1-ZZ-6#-	PP 互通 R1 匝道桥 6 号墩	金属	20211202-V1.0
7	GPZ(II)3.5DX	1.842	-1.65	0.5	3.3	-1.5	0.333	0.115	PPHT-R1-ZZ-7#-	PP 互通 R1 匝道桥 7 号墩	金属	20211202-V1.0
7	GPZ(II)4.0DX	1.642	-1.65	-0.7	3.3	-1.5	0.362	0.13	PPHT-R1-ZZ-7#-	PP 互通 R1 匝道桥 7 号墩	金属	20211202-V1.0
8	GPZ(II)8.0GD	1.654096	-1.65	0	3.3	1.932	0.4	0.115	PPHT-R1-ZZ-8#-	PP 互通 R1 匝道桥 8 号墩	金属	20211202-V1.0
10	GPZ(II)8.0DX	1.656	-1.65	0	3.3	2	0.4	0.17	PPHT-R1-ZZ-10#-	PP 互通 R1 匝道桥 10 号墩	金属	20211202-V1.0

续表 B2-7

墩台号	族类型名称 FamilyType Name	盖梁/台帽中心高度/m H_base/m	最左支座偏距/m PJ_left/m	支座顺桥向偏移/m PY_dssz/m	支座间距/m Dis/m	盖梁/台帽顶横坡值 _j	垫石支座组合高/m H_dssz/m	支座高/m H_zz/m	编码前缀 Code_pr	编码描述前缀 Description_pr	建筑材料 Material	图纸版本 Version
11	GPZ(II)4.0DX	2.171	-1.65	0.4	3.3	2	0.353	0.13	PPHT-R1-ZZ-11#	PP互通R1匝道桥11号墩	金属	20211202-V1.0
11	LNR(H)	1.671	-2.64	-0.8	1.08*3.12*1.08	2	0.465	0.159	PPHT-R1-ZZ-11#	PP互通R1匝道桥11号墩	金属	20211202-V1.0
12	HDR(II)	1.671	-2.64	0	1.08*3.12*1.08	2	0.47	0.173	PPHT-R1-ZZ-12#	PP互通R1匝道桥12号墩	金属	20211202-V1.0
13	HDR(II)	1.671	-2.64	0	1.08*3.12*1.08	2	0.47	0.173	PPHT-R1-ZZ-13#	PP互通R1匝道桥13号墩	金属	20211202-V1.0
14	LNR(H)	1.671	-2.64	0.7	1.08*3.12*1.08	2	0.483	0.159	PPHT-R1-ZZ-14#	PP互通R1匝道桥14号墩	金属	20211202-V1.0
14	GPZ(II)3.5DX	2.371	-1.65	-0.5	3.3	2	0.341	0.115	PPHT-R1-ZZ-14#	PP互通R1匝道桥14号墩	金属	20211202-V1.0
15	GPZ(II)6.0DX	1.656	-1.65	0	3.3	2	0.35	0.15	PPHT-R1-ZZ-15#	PP互通R1匝道桥15号墩	金属	20211202-V1.0
16	GPZ(II)6.0GD	2.401655	-1.65	0	3.3	1.301	0.35	0.115	PPHT-R1-ZZ-16#	PP互通R1匝道桥16号墩	金属	20211202-V1.0
17	GPZ(II)6.0DX	1.642	-1.65	0	3.3	-1.5	0.35	0.15	PPHT-R1-ZZ-17#	PP互通R1匝道桥17号墩	金属	20211202-V1.0
18	GPZ(II)3.5DX	1.642	-1.65	0.6	3.3	-1.5	0.361	0.115	PPHT-R1-ZZ-18#	PP互通R1匝道桥18号墩	金属	20211202-V1.0
18	GPZ(II)3.5DX	1.642	-1.65	-0.6	3.3	-1.5	0.339	0.115	PPHT-R1-ZZ-18#	PP互通R1匝道桥18号墩	金属	20211202-V1.0
19	GPZ(II)6.0DX	1.642	-1.65	0	3.3	-1.5	0.35	0.15	PPHT-R1-ZZ-19#	PP互通R1匝道桥19号墩	金属	20211202-V1.0

续表 B2-7

墩台号	族类型名称 FamilyType Name	盖梁/台帽中心高度/m H_base/m	最左支座偏距/m PJ_left/m	支座顺桥向偏移/m PY_dszz/m	支座间距/m Dis/m	盖梁/台帽顶横坡值 _i	垫石支座组合高/m H_dszz/m	支座高/m H_zz/m	编码前缀 Code_pr	编码描述前缀 Description_pr	建筑材料 Material	图纸版本 Version
20	GPZ(II)6.0GD	1.642	-1.65	0	3.3	-1.5	0.35	0.14	PPHT-R1-ZZ-20#	PP 互通 R1 匝道桥 20 号墩	金属	20211202-V1.0
21	GPZ(II)6.0DX	1.642	-1.65	0	3.3	-1.5	0.35	0.15	PPHT-R1-ZZ-21#	PP 互通 R1 匝道桥 21 号墩	金属	20211202-V1.0
22	GPZ(II)3.5DX	1.642	-1.65	0.6	3.3	-1.5	0.361	0.115	PPHT-R1-ZZ-22#	PP 互通 R1 匝道桥 22 号墩	金属	20211202-V1.0
22	GPZ(II)3.5DX	1.642	-1.65	-0.6	3.3	-1.5	0.339	0.115	PPHT-R1-ZZ-22#	PP 互通 R1 匝道桥 22 号墩	金属	20211202-V1.0
23	GPZ(II)6.0DX	1.642	-1.65	0	3.3	-1.5	0.35	0.15	PPHT-R1-ZZ-23#	PP 互通 R1 匝道桥 23 号墩	金属	20211202-V1.0
24	GPZ(II)6.0GD	1.642	-1.65	0	3.3	-1.5	0.35	0.14	PPHT-R1-ZZ-24#	PP 互通 R1 匝道桥 24 号墩	金属	20211202-V1.0
25	GPZ(II)3.5DX	1.642	-1.65	0.6	3.3	-1.5	0.354	0.115	PPHT-R1-ZZ-25#	PP 互通 R1 匝道桥 25 号墩	金属	20211202-V1.0
25	GPZ(II)3.5DX	1.642	-1.65	-0.6	3.3	-1.5	0.346	0.115	PPHT-R1-ZZ-25#	PP 互通 R1 匝道桥 25 号墩	金属	20211202-V1.0
26	GPZ(II)6.0DX	1.642	-1.65	0	3.3	-1.5	0.35	0.15	PPHT-R1-ZZ-26#	PP 互通 R1 匝道桥 26 号墩	金属	20211202-V1.0
27	GPZ(II)6.0GD	1.642	-1.65	0	3.3	-1.5	0.35	0.14	PPHT-R1-ZZ-27#	PP 互通 R1 匝道桥 27 号墩	金属	20211202-V1.0
28	GPZ(II)3.5DX	1.5	-1.65	0.63	3.3	-1.5	0.4	0.115	PPHT-R1-ZZ-28#	PP 互通 R1 匝道桥 28 号墩	金属	20211202-V1.0

表 B2-8　G1 桥桥梁中心线数据 　　　　　　　　　　（m）

桩号	北距（Y）	东距（X）	高程（Z）
3+00.00	−417.04	719.2348	482.6
3+13.95	−403.18	717.6748	483.018
3+20.81	−396.354	716.9993	483.224
3+25.00	−392.178	716.6202	483.351
3+50.00	−367.231	715.0445	484.157
3+75.00	−342.236	715.0289	485.046
3+93.95	−323.34	716.3827	485.776
3+95.64	−321.657	716.57	485.843
4+00.00	−317.332	717.1041	486.018
4+25.00	−292.753	721.6169	487.018
4+50.00	−268.748	728.561	488.018
4+63.21	−256.381	733.1875	488.546
4+75.00	−245.555	737.8669	489.018
5+00.00	−223.408	749.4417	490.018
5+25.00	−202.527	763.1697	491.017
5+32.46	−196.571	767.6649	491.316
5+50.00	−183.116	778.9086	492.017
5+75.00	−165.314	796.4476	493.017
6+00.00	−149.196	815.5469	494.017
6+25.00	−134.8	835.9773	495.017
6+43.76	−125.137	852.0485	495.767
6+50.00	−122.134	857.5235	496.009
6+75.00	−111.177	879.9876	496.822
6+82.46	−108.231	886.8443	497.015
7+00.00	−101.889	903.1927	497.383
7+14.99	−97.1248	917.4003	497.6
7+25.00	−94.2822	927.0017	497.695
7+31.17	−92.6677	932.9572	497.734
7+47.51	−88.9022	948.855	497.815
7+50.00	−88.3936	951.2928	497.828
7+75.00	−84.2049	975.9348	497.953
8+00.00	−81.5412	1000.789	498.078
8+25.00	−80.19	1025.7501	498.203
8+50.00	−79.9318	1050.7471	498.328
8+75.00	−80.5441	1075.7387	498.453
9+00.00	−81.8034	1100.7065	498.578
9+25.00	−83.4862	1125.6496	498.703
9+47.51	−85.1791	1148.0956	498.815
9+50.00	−85.3694	1150.5785	498.828
9+75.00	−87.2797	1175.5054	498.953
10+00.00	−89.1901	1200.4324	499.078
10+25.00	−91.1004	1225.3593	499.203
10+50.00	−93.0107	1250.2862	499.328
10+75.00	−94.9211	1275.2131	499.453
11+00.00	−96.8314	1300.14	499.578
11+25.00	−98.7417	1325.0669	499.703
11+50.00	−100.652	1349.9938	499.828
11+63.01	−101.646	1362.9638	499.893

附录 3 Dynamo 节点连接大图

C3.1 墩台空间坐标系创建与转换

墩台空间坐标系创建与转换如图 C3-1 所示。

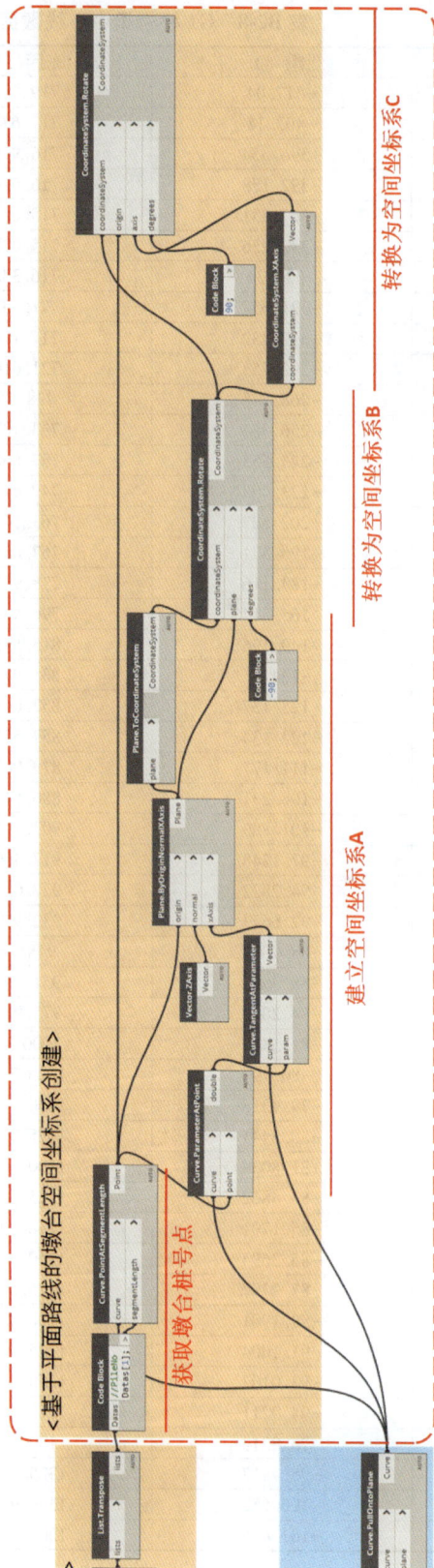

图 C3-1 墩台空间坐标系创建与转换

C3.2　其余桩基础参数及编码赋值节点

其余桩基础参数及编码赋值节点如图 C3-2 所示。

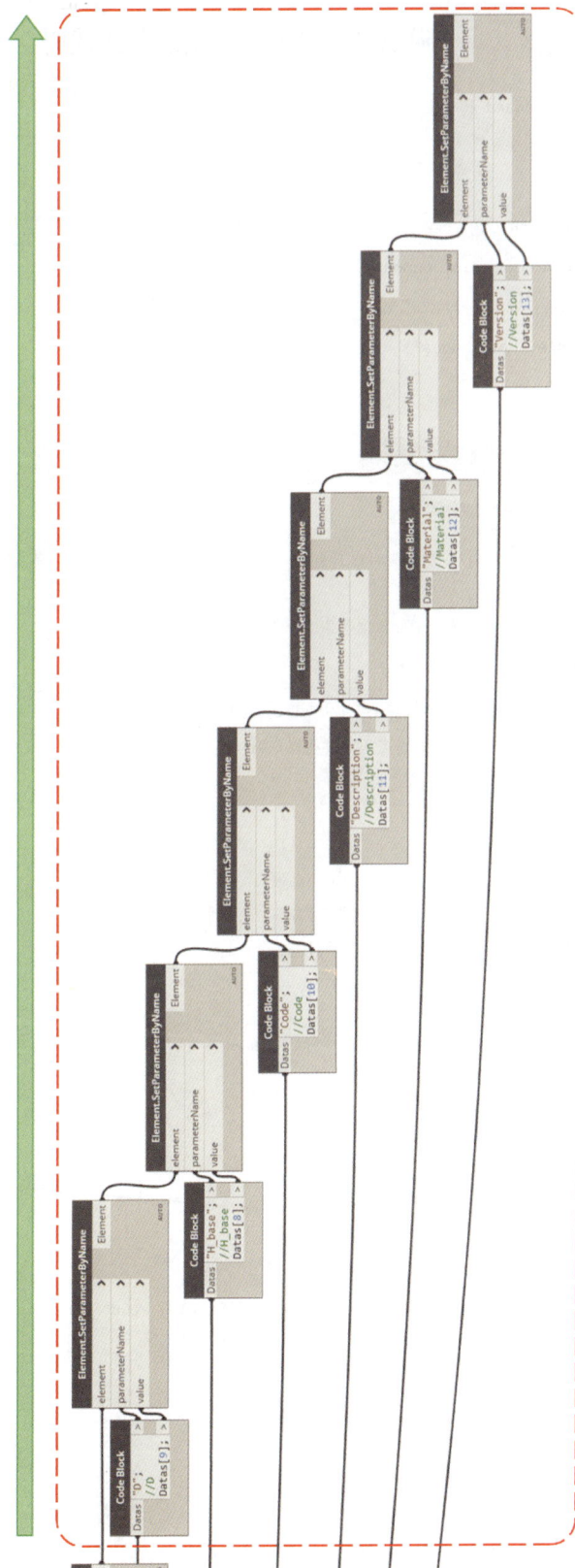

图 C3-2　其余桩基础参数及编码赋值节点

附录4 "Ps6"节点完整代码

```python
1.    # 加载 Python Standard 和 DesignScript 库
2.    import sys
3.    import clr
4.    clr.AddReference('ProtoGeometry')
5.    from Autodesk.DesignScript.Geometry import *
6.    # 载入内置 Revit 节点中 Element 部分的节点
7.    clr.AddReference('RevitNodes')
8.    import Revit.Elements
9.    # 1 引入数据的处理
10.   # 获取 IN[0]输入端列表去除表头部分数据，提取中心线起点桩号、平面路线、桥梁中心线
11.   CurStartPlieNo = IN[0][0]
12.   TD_Curve = IN[0][1]
13.   SD_Curve = IN[0][2]
14.   # 获取 IN[1]输入端列表去除表头部分数据，并执行行列互换
15.   TotalDatas_Ori = IN[1][2::]
16.   TotalDatas_Modi = map(list,zip(*TotalDatas_Ori))
17.   # 获取 IN[2]输入端列表去除表头部分数据，并执行行列互换
18.   ParamNames = IN[2][1]
19.   Datas = IN[2][2::]
20.   Datas = map(list,zip(*Datas))
21.   # 获取现浇箱梁总数据工作表中对应行数据的索引
22.   BeamId = TotalDatas_Modi[0].index(IN[3][2])
23.   # 2 实际桩号值计算
24.   def PlieNoScan(list,StartPlieNo):
25.       scan = []
26.       AddPlieNo = StartPlieNo
27.       for i in list:
28.           AddPlieNo += i
29.           scan.append(AddPlieNo)
30.       return scan
31.   PileNo = PlieNoScan(Datas[0],TotalDatas_Modi[1][BeamId] - CurStartPlieNo)
32.   # 3 坐标系及点的收集    # 为每一个桩号处创建基准坐标系
33.   CS = []
34.   PilePoints = []
35.   for p in range(len(PileNo)):
36.       segm = PileNo[p]
37.       TD_point = TD_Curve.PointAtSegmentLength(segm)
```

```
38.     SD_point = TD_point.Project(SD_Curve, Vector.ZAxis())[0]
39.     SD_param = SD_Curve.ParameterAtPoint(SD_point)
40.     SD_vector = SD_Curve.TangentAtParameter(SD_param)
41.     cs1 = CoordinateSystem.ByOriginVectors(SD_point, SD_vector, Vector.ZAxis())
42.     cs2 = CoordinateSystem.Rotate(cs1, SD_point, cs1.YAxis, -90)
43.     CS.append(cs2)
44.     PilePoints.append(SD_point)
45. # 4 关键断面轮廓排布转换
46. # 获取族类型名称唯一项对应的族类型列表
47. OnlyTypeNames = []
48. for x in Datas[1]:
49.     if x not in OnlyTypeNames:
50.         OnlyTypeNames.append(x)
51. # 根据族类型唯一列表，在项目基点处创建族实例
52. OnlyTypes = [Revit.Elements.FamilyType.ByName(n) for n in OnlyTypeNames]
53. OnlyIns = [Revit.Elements.FamilyInstance.ByPoint(m,Point.Origin()) for m in OnlyTypes]
54. # 遍历所有族实例，设置参数，并提取所有族实例轮廓
55. InsCurves = []
56. for i in range(len(Datas[1])):
57.     # 获取当前断面轮廓族类型对应的族实例
58.     id = OnlyTypeNames.index(Datas[1][i])
59.     ins = OnlyIns[id]
60.     # 循环所有参数，进行参数赋值
61.     for j in range(2, len(Datas)):
62.         try:
63.             ins.SetParameterByName(ParamNames[j],Datas[j][i])
64.         except:
65.             pass
66.     InsCurves.append(ins.Curves)
67. # 将所有轮廓线转换至对应空间坐标系
68. TransCurves = []
69. for c in range(len(CS)):
70.     curs = []
71.     for line in InsCurves[c]:
72.         curs.append(line.Transform(CS[c]))
73.     TransCurves.append(curs)
74. # 5 主要梁体创建
75. # 放样导线创建
76. GuideCurves = SD_Curve.SplitByPoints(PilePoints)[1:-1]
```

```python
77.   # 翼缘板加厚段函数设计
78.   def Axilla(Cur_group,Cur_guide):
79.       if Cur_group[0][1].Length < Cur_group[1][1].Length:
80.           Cur_group.reverse()
81.       Surf_1 = []
82.       for k in Cur_group:
83.           Surf_1.append(Surface.ByPatch(PolyCurve.ByJoinedCurves(k)))
84.       Surf_2 = []
85.       for j in range(len(Cur_group[0])):
86.           if j not in [2,6]:
87.               Surf_2.append(Surface.ByLoft([Cur_group[0][j],Cur_group[1][j]],Cur_guide))
88.       Surf_3 = []
89.       _line1 = Line.ByStartPointEndPoint(Cur_group[0][2].EndPoint,Cur_group[1][2].StartPoint)
90.       poCur1 = PolyCurve.ByJoinedCurves([Cur_group[0][2],Surf_2[1].GetIsoline(1,1),_line1])
91.       Surf_3.append(Surface.ByPatch(poCur1))
92.       poCur2 = PolyCurve.ByJoinedCurves([Cur_group[1][2],Surf_2[2].GetIsoline(1,0),_line1])
93.       Surf_3.append(Surface.ByPatch(poCur2))
94.       _line2 = Line.ByStartPointEndPoint(Cur_group[0][6].StartPoint,Cur_group[1][6].EndPoint)
95.       poCur3 = PolyCurve.ByJoinedCurves([Cur_group[1][6],Surf_2[4].GetIsoline(1,1),_line2])
96.       Surf_3.append(Surface.ByPatch(poCur3))
97.       poCur4 = PolyCurve.ByJoinedCurves([Cur_group[0][6],Surf_2[5].GetIsoline(1,0),_line2])
98.       Surf_3.append(Surface.ByPatch(poCur4))
99.       Allsurfaces = Surf_1 + Surf_2 + Surf_3
100.      ExportSolid = PolySurface.ExtractSolids(PolySurface.ByJoinedSurfaces(Allsurfaces))
101.      return ExportSolid
102.  # B-C 节段内部构造创建函数设计
103.  def Port_BC(Cur_group,Cur_guide):
104.      if len(Cur_group[0]) > len(Cur_group[1]):
105.          Cur_group.reverse()
106.      # 计算内部舱室数量
107.      Cnum = int(len(Cur_group[1])/8)
108.      # 创建形状曲面
109.      ExportSolid = []
110.      for g in range(Cnum):
111.          surfA = Surface.ByPatch(PolyCurve.ByJoinedCurves(Cur_group[0][g*4:(g+1)*4]))
112.          surfB = Surface.ByPatch(PolyCurve.ByJoinedCurves(Cur_group[1][g*8:(g+1)*8]))
113.          Surf_Port = [surfA, surfB]
114.          Surf_collect = []
115.          for i in range(4):
```

```
116.        curg1 = Cur_group[0][g*4+i]
117.        curg2 = Cur_group[1][g*8+2*i]
118.        surf = Surface.ByLoft([curg1,curg2],Cur_guide)
119.        Surf_Port.append(surf)
120.        Surf_collect.append(surf)
121.      for j in range(4):
122.        surf =
    [Surf_collect[j].GetIsoline(1,1),Surf_collect[(j+1)%4].GetIsoline(1,0),Cur_group[1][g*8+2*j+1]]
123.        Surf_Port.append(Surface.ByPatch(PolyCurve.ByJoinedCurves(surf)))
124.        ExportSolid.append(PolySurface.ExtractSolids(PolySurface.ByJoinedSurfaces(Surf_Port))[0])
125.    return ExportSolid
126. # C-C 节段内部构造创建函数设计
127. def Port_CC(Cur_group,Cur_guide):
128.    # 计算内部舱室数量
129.    Cnum = int(len(Cur_group[0])/8)
130.    # 创建形状曲面
131.    ExportSolid = []
132.    for g in range(Cnum):
133.      surfA = Surface.ByPatch(PolyCurve.ByJoinedCurves(Cur_group[0][g*8:(g+1)*8]))
134.      surfB = Surface.ByPatch(PolyCurve.ByJoinedCurves(Cur_group[1][g*8:(g+1)*8]))
135.      Surf_Port = [surfA, surfB]
136.      for i in range(8):
137.        curg1 = Cur_group[0][g*8+i]
138.        curg2 = Cur_group[1][g*8+i]
139.        surf = Surface.ByLoft([curg1,curg2],Cur_guide)
140.        Surf_Port.append(surf)
141.        ExportSolid.append(PolySurface.ExtractSolids(PolySurface.ByJoinedSurfaces(Surf_Port))[0])
142.    return ExportSolid
143. # 6 创建主梁体形状
144. MainSolids = []
145. for o in range(len(TransCurves)-1):
146.    # 判断是否处于翼缘板加厚节段
147.    if o == 1 or o == len(TransCurves)-3:
148.      MainSolids.append(Axilla([TransCurves[o][0:8],TransCurves[o+1][0:8]],GuideCurves[o])[0])
149.    else:
150.      polycur1 = PolyCurve.ByJoinedCurves(TransCurves[o][0:8])
151.      polycur2 = PolyCurve.ByJoinedCurves(TransCurves[o+1][0:8])
152.      solid = Solid.ByLoft([polycur1,polycur2],GuideCurves[o])
153.      MainSolids.append(solid)
```

```
154.  # 7 创建内部构造形状
155.  CabinSolids = []
156.  for v in range(len(TransCurves)-1):
157.      insidecur1 = TransCurves[v][8::]
158.      insidecur2 = TransCurves[v+1][8::]
159.      # 判断该节段是否包含内部构造形状，并区分 B-C、C-C 组合类型
160.      if "A" not in Datas[1][v] and "A" not in Datas[1][v+1] and Datas[1][v] != Datas[1][v+1]:
161.          CabinSolids.append(Solid.ByUnion(Port_BC([insidecur1,insidecur2],GuideCurves[v])))
162.      elif "C" in Datas[1][v] and "C" in Datas[1][v+1]:
163.          CabinSolids.append(Solid.ByUnion(Port_CC([insidecur1,insidecur2],GuideCurves[v])))
164.
165.  # 8 布尔运算
166.  MSolid = Solid.ByUnion(MainSolids)
167.  ISolid = Solid.ByUnion(CabinSolids)
168.  OutSolid = MSolid.Difference(ISolid)
169.  # 节点输出内容
170.  OUT = OutSolid,TotalDatas_Ori[BeamId]
```

后　记

鉴于"Revit+Dynamo"模式的应用场景非常广阔，作者在编写本书过程中，随笔记录下"Revit+Dynamo"模式下线路工程相关领域的解决方案，在此与读者进行分享。

桥梁预应力管道建模有助于管道施工定位、钢筋碰撞及优化等应用。管道在桥跨结构平面、立面曲线设计的基础上，还拥有相对桥跨结构的平面及立面曲线设计，可使用反投影法，通过密集点连线的方式完成预应力管道建模工作。

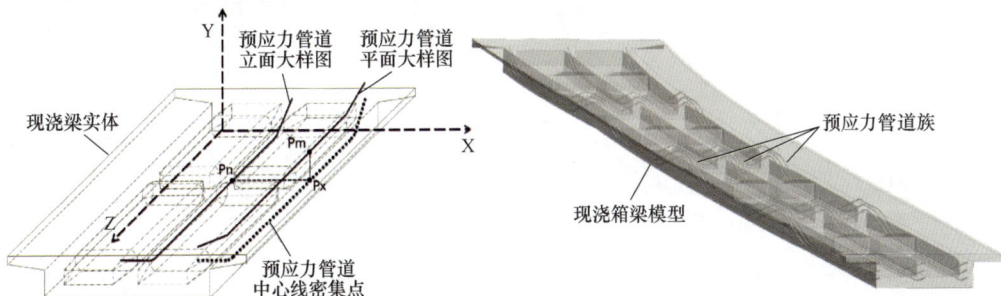

预制小箱梁/T型梁桥建模有助于校核设计成果、支撑智慧梁场等一体化管理。设计参数化预制梁两点自适应族，结合桥跨排布规律，计算预制梁定位点、尺寸参数并进行赋值。

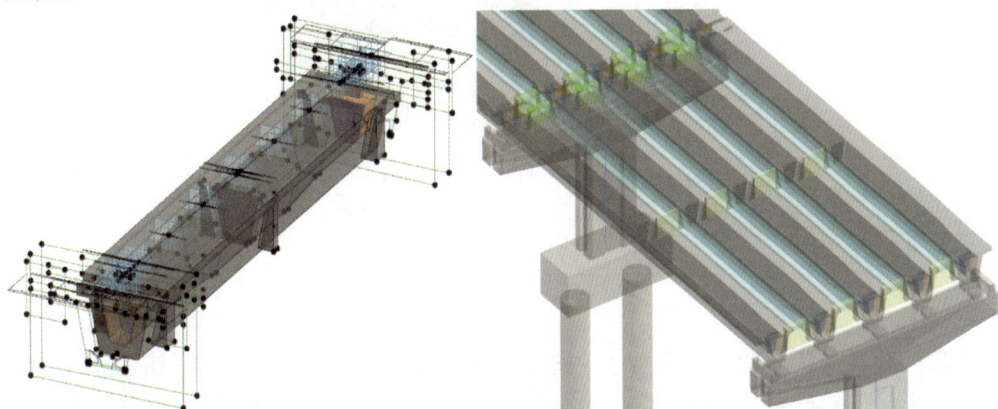

横隔板、湿接缝等构件应基于预制梁预埋线进行定位创建，即"金蝉脱壳"法，桥面系构件创建则与本书方法一致。

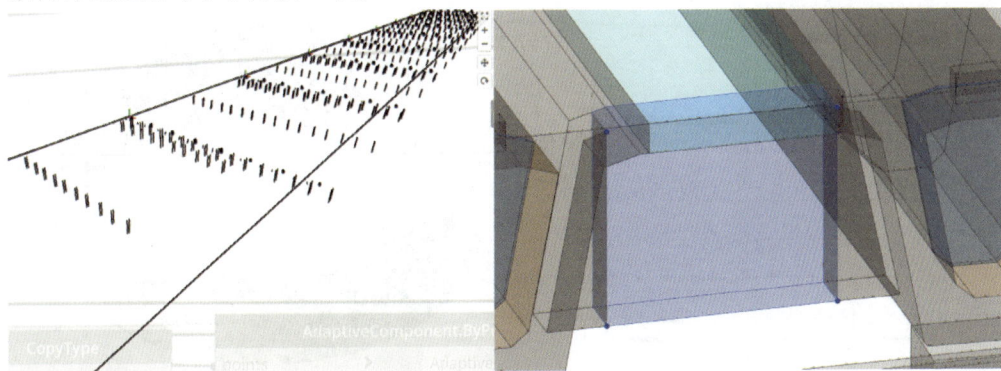

盾构管环排版建模有助于在设计阶段确定管环参数与排版方案，以及在施工阶段动态纠偏调整排版方案。根据管环类型、楔形量、封顶块允许点位、错缝要求等计算规则，采用"树上开花"方法确定下一环定位信息与偏移量，选取最优姿态环，逐环计算创建直至满足排版环数或线路长度要求，记录最大偏移量，同时可取与偏移量匹配的颜色覆盖构件视图颜色，并赋予管环偏移量、K块点位等参数信息，指导施工作业。

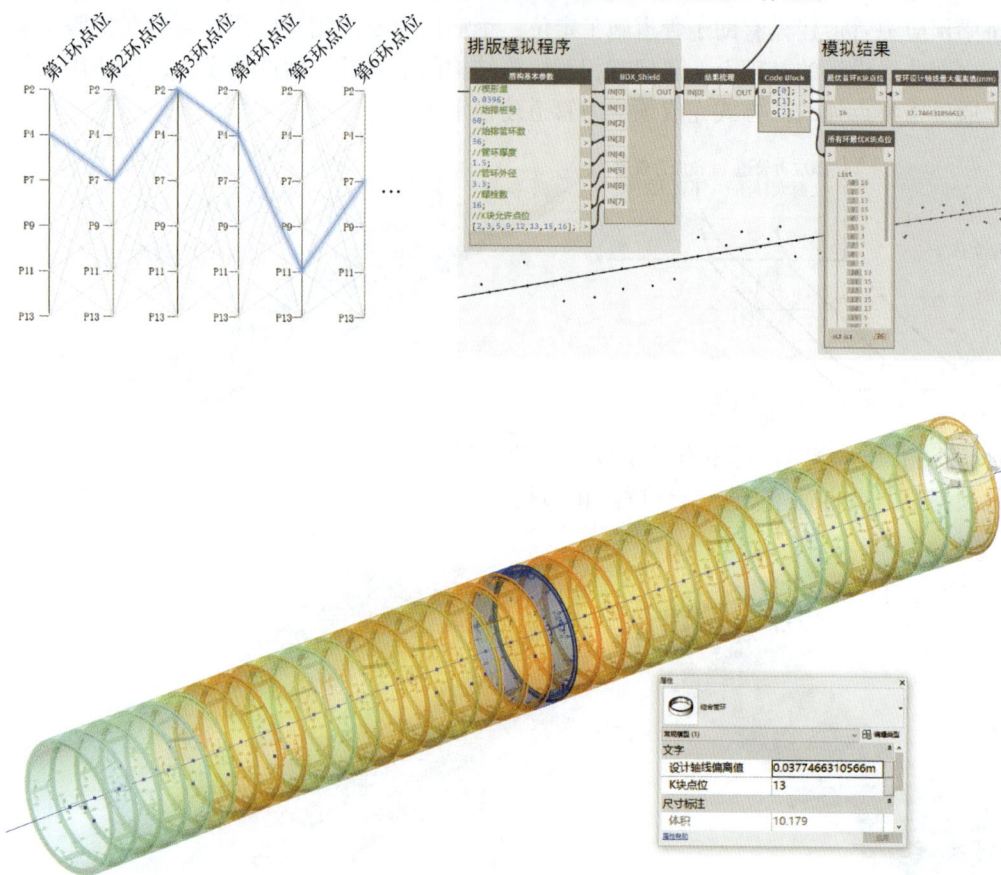

其中盾构管环形状复杂，基本尺寸、楔形量及类型等因素多变，宜采用 Dynamo 创建，通过设定楔形量、锚栓数、K 块点位、标准块数量等信息，以及 K 块、邻接块及标准块等基本尺寸，自动逐片转化为自由图元，并添加自适应点，满足不同设计参数场景下的快速建模。

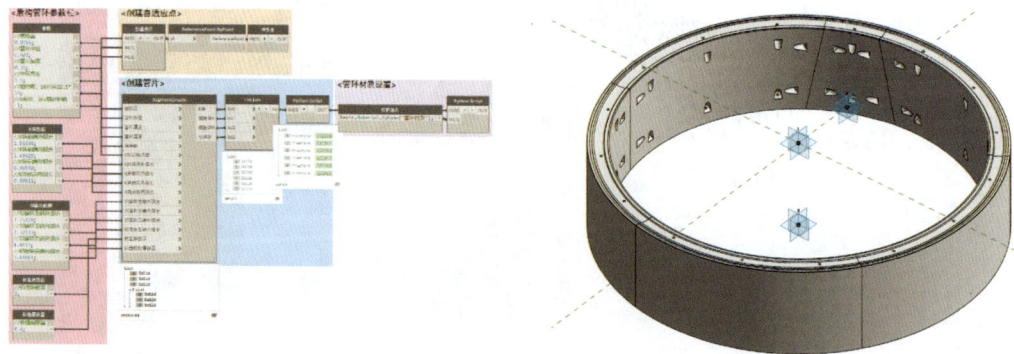

　　新奥法施工隧道的精细化建模有助于超欠挖快速校验、进度管控等应用需求。混凝土结构均宜采用 Dynamo 融合转化建立，以榀、台车长度以及规范要求参数切分建模与编码，锚杆、注浆导管、钢拱架、钢筋网片等构件宜基于嵌套共享族建立，且应基于参照线平面建立，进一步通过角度尺寸驱动参照线实现横坡与纵坡变化，根据项目管控要求设定嵌套层级。

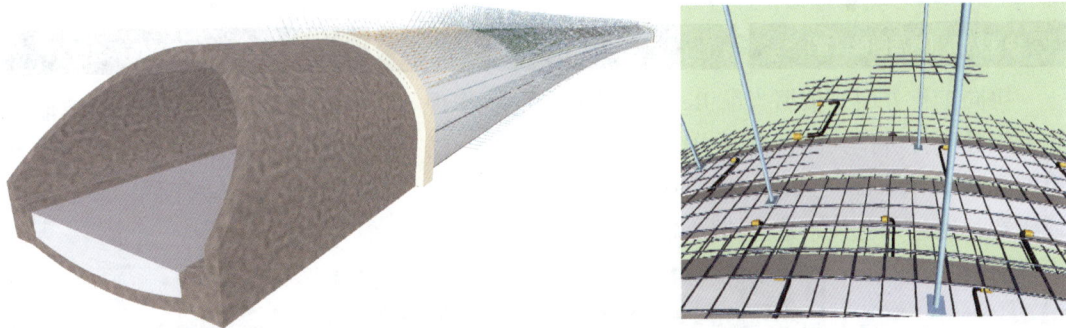

　　应对简易的道路建模需求，可以通过设计参数化断面轮廓族，并将地形或地质数据转化为实体，通过放样融合形成道路基本形状，进一步与地形地质实体进行布尔运算，并按施工长度进行划分，完成路基、路面及附属结构创建与编码。

　　互通式立交等线路工程 BIM 建模设计的核心在于找准合适的定位参照系统，对三维异形构件的创建流程进行"降维"，合理选定参数族的类型与内容，编制简明易读、可操作、可拓展的 Excel 外部数据，作为建模基础数据来源，进一步通过数据处理以及几何计算，形成具有一定适用范围的设计程序，形成满足工程设计、施工或运维需求的信息化模型。

　　"Revit+Dynamo"模式的应用场景不局限于线路工程的快速建模，在快速方案、协同工作及物联互联等领域均有较为实用的应用点。

　　快速方案方面，主要包含 BIM 建模、施工方案、信息化应用等方面的快速方案实现，例如通过 Dynamo 读取系统剪切板图像并调用 RevitAPI，可快速完成材质贴图，辅助建模作业；又如通过 Dynamo 读取地铁盾构井钢支撑 CAD 平面布置图，结合钢支撑构件参数，创建形成钢支撑配节方案模型；再如通过 Dynamo 模拟三维模型场景中枪机摄像机在不同位置、设备型号下的可视范围，形成枪机摄像机布置与镜头选型方案。

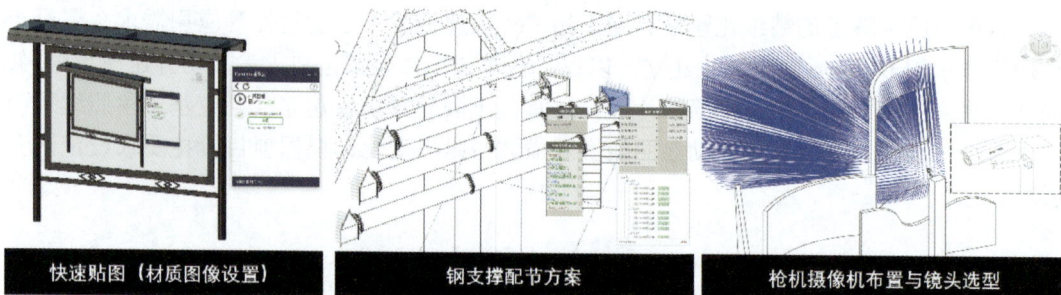

| 快速贴图（材质图像设置） | 钢支撑配节方案 | 枪机摄像机布置与镜头选型 |

协同工作方面，依据当前 Revit 建模平台的协作现状，BIM 团队更多的是依赖微信等聊天工具进行协作共同，主要内容则是截图与文字，方法虽然便捷，但协同内容不容易被追溯，基于 Dynamo 与云数据库的设计，可以形成轻量级协同工具，传递截图、文字描述或语音，通过角色关系建立协同流程。

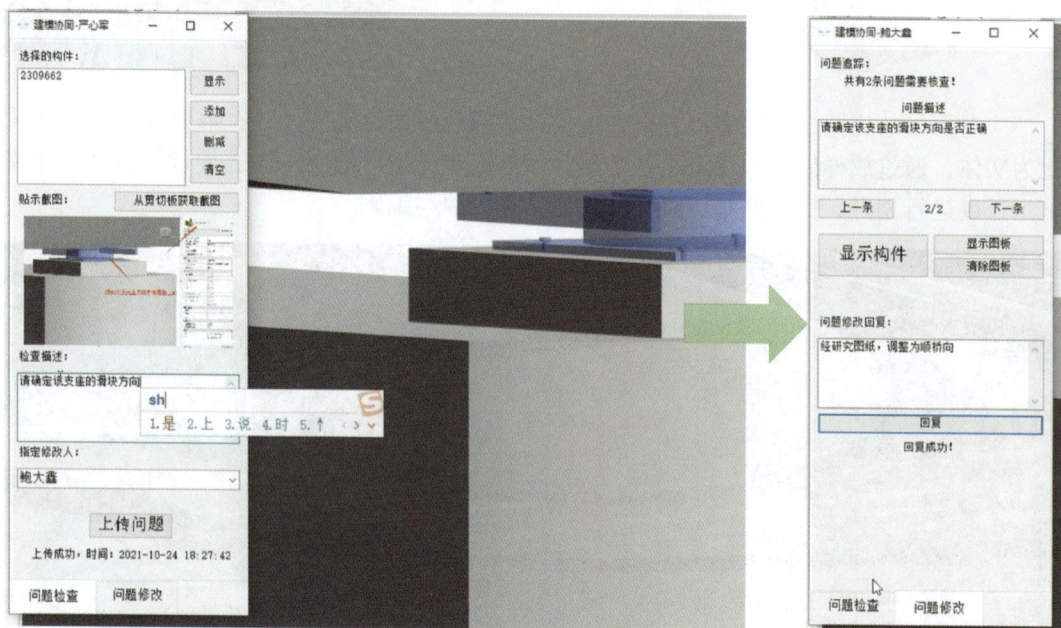

物联互联方面，基于 Dynamo 与外部数据较好的数据交互能力，可以连接智慧工地、结构健康监测等系统的数据库，结合 BIM 模型与施工现场数据状态，或基于本地衍生式设计形成模架加固解决方案，或向计算服务器发送模架加固方案请求，并抓取服务器解决方案，最后将加固措施通过 BIM 可视化的形式进行表达和输出，指导施工现场作业。

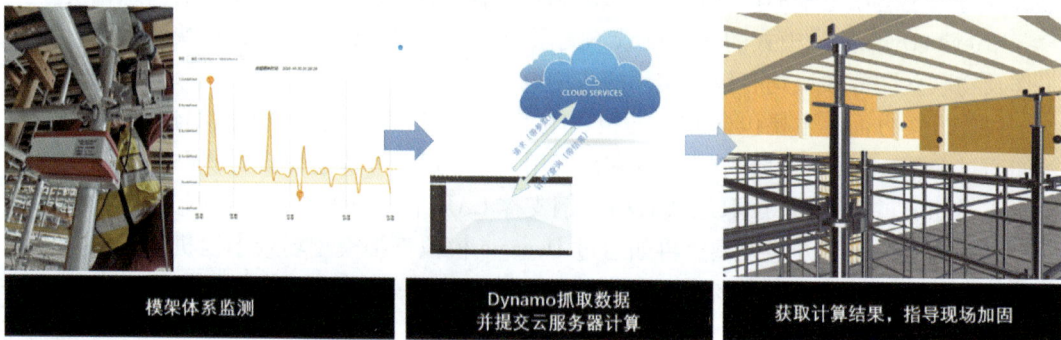

| 模架体系监测 | Dynamo抓取数据并提交云服务器计算 | 获取计算结果，指导现场加固 |

　　Revit+Dynamo 的模式为工程师打开了一扇数字之门，虽不知其应用范围是否有穷尽时，但数据的应用和创造途径是相通的，我们坚信，Revit+Dynamo 的模式能为工程师带来更进一步地突破，正如相信 BIM 技术的彼岸一定开着一朵展示数据之美的彼岸花！